도승하
감정평가 및 보상법규

도승하 편저

2차 | 기본사례노트 182선 제1판

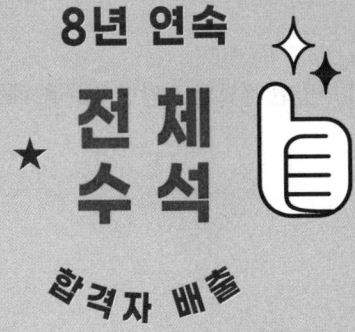

8년 연속 전체수석 합격자 배출

박문각 감정평가사

브랜드만족 1위 박문각

머리말
PREFACE | GUIDE | CONTENTS

감정평가 및 보상법규에 필요한 기본쟁점문제로 구성되었다.

해당 사례 182선은 기본이론 사례를 중복되는 것 없이 필요한 쟁점 위주로 구성하였기에 짧은 시간에 각 사례를 정리할 수 있을 것이다.

여기에 더하여 "감정평가 및 보상법규 판례사례노트"와 "감정평가 및 보상법규 기출사례노트"를 추가하여 판례 쟁점을 통한 응용력을 키우고 기출사례를 확인함으로써 완벽한 준비가 될 것으로 사료된다.

네이버 카페(https://cafe.naver.com/tbrap)에 정오표 및 공부방법론 등이 잘 설명되어 있으므로 이를 활용하여 수험에 도움이 되기를 바라며,

또한, 카카오톡 오픈채팅방에서 다양한 정보와 간단한 질문을 해결하기 바란다.

https://open.kakao.com/o/gkPP4Gqh(비번 0703)

차례

1권 행정법

PART 01 　권리구제의 유형 및 대상적격

- CHAPTER 01 　거부 및 부작위에 대한 불복수단 　　10
- CHAPTER 02 　변경처분과 제소기간 　　30
- CHAPTER 03 　원처분주의 　　35
- CHAPTER 04 　행정입법에 대한 불복쟁점 　　48
- CHAPTER 05 　신고 및 사실행위에 대한 대상적격 인정논의 　　60

PART 02 　대상적격 외 소송요건

- CHAPTER 01 　원고적격 　　82
- CHAPTER 02 　피고적격 및 협의의 소익 　　95

PART 03 　가구제(집행정지)

- CHAPTER 01 　가구제 　　110

PART 04 　위법성 판단

- CHAPTER 01 　법의 일반원칙 　　120
- CHAPTER 02 　절차상 하자 및 하자치유 　　132
- CHAPTER 03 　행정입법의 법적 성질(및 위법성 판단) 　　161
- CHAPTER 04 　부관, 취소, 철회 등 　　174
- CHAPTER 05 　행정계획 　　192
- CHAPTER 06 　판단여지 　　199
- CHAPTER 07 　하자승계 　　202

PART 05 본안심사

- CHAPTER 01 직권심리주의와 소의 병합 및 변경 212
- CHAPTER 02 처분사유의 추가·변경 222

PART 06 판결 및 판결의 효력

- CHAPTER 01 기속력 226
- CHAPTER 02 형성력(제3자효 및 일부취소) 242
- CHAPTER 03 기판력 및 선결문제 246
- CHAPTER 04 사정판결 263

PART 07 기타

- CHAPTER 01 국가배상청구 270
- CHAPTER 02 당사자소송 274
- CHAPTER 03 행정심판 관련 287
- CHAPTER 04 기타 301

2권 개별법

PART 01 사업인정

- CHAPTER 01 공용수용과 공공성 326
- CHAPTER 02 사업인정과 공공성 등 338
- CHAPTER 03 조서작성과 재결신청청구권 358

PART 02 재결

- CHAPTER 01 재결의 불복수단 376
- CHAPTER 02 토지수용위원회 및 수용의 효과 389

| CHAPTER 03 | 권리구제와 대집행 | 393 |
| CHAPTER 04 | 환매권과 공용사용 | 428 |

PART 03   손실보상 총론

CHAPTER 01	정당보상과 개발이익 배제	450
CHAPTER 02	손실보상의 요건 및 기준	465
CHAPTER 03	현금보상과 생활보상	477
CHAPTER 04	손실보상의 산정기준 및 절차	501

PART 04   손실보상 각론

CHAPTER 01	간접손실과 현황평가	516
CHAPTER 02	평가방법 및 보상평가기준	534
CHAPTER 03	영업손실보상과 농업손실보상	554
CHAPTER 04	주거이전비의 성격 및 보상협의회	560

PART 05   부동산공시법

CHAPTER 01	표준지공시지가	568
CHAPTER 02	개별공시지가	581
CHAPTER 03	공시지가와 부동산가격공시위원회	597
CHAPTER 04	주택가격 및 비주거용 부동산가격 공시제도	602

PART 06   감정평가사법

CHAPTER 01	등록, 신고 및 인가의 법적 성질	612
CHAPTER 02	감정평가법인등의 권리, 의무 및 책임	618
CHAPTER 03	손해배상책임 및 징계	621
CHAPTER 04	불공정감정과 과태료	638
CHAPTER 05	기타 감정	646

주요 쟁점

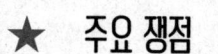

번호	내용	배점
1	거부처분 대상적격	20점
2	소극적 침해에 대한 구제수단 (부작위, 거부, 무명항고소송)	55점
3	예방적 금지청구소송 및 가처분	20점
4	부작위에 대한 쟁송수단(심판 및 소송)	20점
5	부작위에 대한 쟁송수단(심판 및 소송)	20점
6	변경처분과 제소기간	20점
7	각하재결과 제소기간	20점
8	원처분주의 기본	15점
9	변경재결과 피고적격	15점
10	변경명령재결, 제소기간 및 피고적격	20점
11	제3자 인용재결	30점
12	법령에 대한 불복수단	15점
13	법령보충적 행정규칙과 불복수단	20점
14	법령보충적 행정규칙과 불복수단	30점
15	법령보충적 행정규칙의 법적 성질(비준표)	10점
16	조례의 대상적격 판단	10점
17	행정입법부작위 및 권리구제수단	50점
18	사실행위(철거)	20점
19	사실행위(행정지도)	10점
20	소속평가사 변경신고	20점
21	건축신고	30점
22	경원자 원고적격	20점
23	경원자 원고적격	20점
24	제3자 원고적격	20점
25	제3자 원고적격	25점
26	피고적격	20점
27	협의소익(재량준칙과 가중처벌)	30점
28	협의소익(기본행위의 하자)	20점
29	확인의 이익	10점
30	확인의 이익(무효등확인소송과 취소사유 포함)	25점
31	집행정지(대상)	30점
32	집행정지(거부 및 요건)	20점
33	신뢰보호원칙(확약)	20점
34	비례원칙	10점
35	부당결부금지원칙 및 비례원칙	40점
36	사전통지(거부) 및 절차하자의 독자성 인정여부	20점
37	사전통지(거부) 및 거부처분의 위법사유 판단	25점
38	절차하자(협의) 및 절차하자의 독자성 인정여부	20점
39	청문절차의 하자와 절차하자의 독자성 인정여부	25점
40	청문절차하자와 하자의 치유	40점
41	이유제시하자와 하자의 치유	40점
42	사전통지 및 이유제시하자와 절차하자의 독자성 인정여부	30점
43	법규명령의 한계	20점
44	재량준칙과 행정처분의 위법성 판단	30점
45	행정규칙 및 자기구속원칙	20점
46	행정규칙 및 행정처분의 위법성 판단	10점
47	부관(부당결부원칙 및 불복)	40점
48	부관(불복 및 사후부관)	30점
49	취소	20점
50	취소의 취소	10점
51	철회와 철회의 취소	30점
52	행정계획(대상적격 및 위법성 판단)	30점
53	계획변경(보장)청구권	20점
54	판단여지	15점
55	하자승계(사업인정과 재결)	30점
56	하자승계(표준지공시지가와 재결)	20점
57	직권심리주의	20점
58	소의 병합	10점
59	소의 변경(부작위→거부) 및 소의 병합	20점
60	위법성 판단시점	20점
61	처분사유의 추가·변경	20점
62	처분과 기속력(반복금지효)	40점
63	기속력(반복금지효)	15점
64	기속력(재처분의무: 법령개정) 및 간접강제	40점
65	기속력(부작위위법확인소송) 및 간접강제	30점
66	형성력	15점
67	일부취소	10점
68	선결문제 및 기판력	40점
69	선결문제 및 기판력	40점
70	선결문제(형사사건)	20점
71	선결문제(형사사건)	20점
72	사정판결	20점
73	사정판결	20점
74	국가배상청구(요건, 선택적 청구)	30점
75	당사자소송 종류	20점
76	당사자소송 가구제 등	20점
77	당사자소송 가구제	10점
78	행정심판의 종류 및 가구제	15점
79	임시처분, 직접처분, 간접강제	20점
80	임시처분	10점
81	고지제도	35점
82	일부취소심판	10점
83	위법한 행정조사에 기초한 처분의 효력	10점
84	제재처분의 승계 등	5점
85	인허가의제제도	40점
86	대집행 계고	10점
87	이행강제금 및 대집행 요건	40점
88	공용수용과 공공성	10점
89	수용주체와 객체의 법률관계	10점
90	담보물권자의 법적 지위	20점

번호	제목	배점
91	공공적 사용수용	10점
92	공물의 수용가능성	20점
93	사업인정과 공공성 판단	30점
94	사업인정 전 협의취득	20점
95	사업인정의 절차	20점
96	사업인정 전·후 협의비교	20점
97	사업인정 종합(요건 등 및 권리구제)	40점
98	사업인정의제제도의 문제점	10점
99	토지물건 조서작성	20점
100	협의성립확인	20점
101	협의불복(확인 전·후 비교)	30점
102	협의 및 협의성립확인 비교	10점
103	재결신청청구권(청구기간 기본)	25점
104	재결불복수단 기본	40점
105	재결의 실효	10점
106	협의 내용 이행을 위한 실효성 확보수단	25점
107	화해	10점
108	토지수용위원회	10점
109	수용의 효과	10점
110	사업인정과 재결의 권리구제 차이점	10점
111	수용의 보통절차 및 주거용 건물의 총체적 보상	30점
112	확장수용(잔여지)에 대한 불복수단	30점
113	잔여지 가격감소에 대한 불복수단	15점
114	잔여지 권리구제 및 사업폐지로 인한 권리구제	20점
115	대집행	15점
116	대집행 및 공탁	50점
117	대집행 및 공탁	30점
118	대집행(점유자 퇴거)	20점
119	대집행(실력행사)	10점
120	환매권 행사요건	20점
121	환매권 행사요건 및 동시이행항변	40점
122	환매권 불복(행사요건 및 환매금액)	40점
123	공익사업 변환규정의 정당성 논의	10점
124	공익사업 변환규정의 정당성 논의	10점
125	공용사용(일시적 사용 제38조 및 제39조)	15점
126	정당보상과 손실보상기준	45점
127	정당보상과 개발이익 배제	20점
128	시점수정	25점
129	그 밖의 요인 보정	20점
130	손실보상청구권의 법적 성질 및 소송유형	30점
131	특별한 희생과 보상규정	15점
132	특별한 희생과 보상규정	20점
133	공용제한에 대한 보상기준	10점
134	채권보상과 대토보상	20점
135	생활보상 및 이주대책 불복수단	30점
136	이주대책 불복(계획수립 및 대상자 결정)	40점
137	생활보상	20점
138	이주대책(생활기본시설설치의무 및 대상자 결정 불복)	50점
139	이주대책(대상자요건 판단)	10점
140	손실보상의 산정기준 및 산정절차	25점
141	실무기준 법적 성질, 산출근거 기재의 정도, 비교표준지 선정 및 공법상 제한	50점
142	간접손실보상	30점
143	간접손실보상	20점
144	간접손실보상	30점
145	간접손실보상 유형(시행규칙 제59조 내지 제65조)	20점
146	간접침해 구제수단	10점
147	정신적 손실	10점
148	**무허가건축부지 및 불법형질변경 토지의 평가방법**	30점
149	미지급용지	15점
150	공법상 제한	15점
151	공법상 제한과 개발이익	20점
152	무허가건축물의 보상대상 판단 및 보상내용	25점
153	공도, 사도, 사실상 사도	5점
154	개간비	5점
155	공작물(대체시설)	15점
156	영업손실보상	15점
157	농업손실보상	20점
158	주거이전비 지급요건 및 불복수단	40점
159	보상협의회	5점
160	표준지공시지가 평가절차 및 위법성 판단	40점
161	표준지공시지가와 개별공시지가의 비교	20점
162	시가보정(그 밖의 요인 보정)	20점
163	개별공시지가의 적정성 확보	20점
164	이의신청의 법적 성질	15점
165	개별공시지가 종합(법적 성질 및 불복(위법성 및 제소기간등))	50점
166	공무원의 과실책임(인과관계)	10점
167	공시지가와 시가	10점
168	시가와 현실화 계획	10점
169	부동산가격공시위원회	10점
170	주택가격공시제도	20점
171	비주거용 부동산가격공시제도	20점
172	자격등록, 소속평가사 신고, 법인합병인가 취소소송(협의소익)	40점
173	법인등의 법적 지위(권리, 의무, 책임)	30점
174	손해배상	30점
175	감정평가 법률관계 및 감정평가 외의 업무	30점
176	과징금	20점
177	과징금	20점
178	감정평가관리·징계위원회	10점
179	불공정 감정과 재평가(보상)	25점
180	벌금과 과태료의 병합가능성	20점
181	과태료 불복	20점
182	징계의 공고	10점

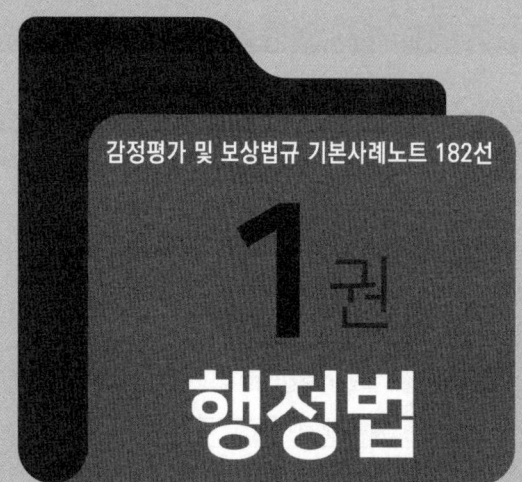

PART 01

권리구제의 유형 및 대상적격

- 1권 행정법 -

Chapter 01 거부 및 부작위에 대한 불복수단
Chapter 02 변경처분과 제소기간
Chapter 03 원처분주의
Chapter 04 행정입법에 대한 불복쟁점
Chapter 05 신고 및 사실행위에 대한 대상적격 인정논의

감정평가 및 보상법규 기본사례노트 182선 - 1권 행정법 -

Chapter 01 거부 및 부작위에 대한 불복수단

> **사례 1**　거부처분 대상적격

甲은 충청북도 청주시 근처에 소규모 아파트단지를 건설하기 위하여 공용수용을 위한 사업인정이 가능한지를 사전에 국토교통부에 문의하였다. 이에 대해 국토교통부장관은 관련법규에서 요구하는 사항만 충족한다면 주택공급의 필요성을 인정하여 사업인정을 해주겠다는 회신을 하였다. 이에 甲은 관련요건을 모두 충족시키고 사업인정을 신청하였다. 그러나 그 사이에 해당 지역이 관광진흥법에 따라 대규모 관광산업단지(관광특구)로 지정되었고, 국토교통부장관은 관광산업단지로서의 공익이 더 크다고 판단하여 해당 사업인정을 거부하였다. 甲은 사업인정거부는 위법하므로 취소되어야 한다고 주장하면서 취소소송을 제기하였는데 소의 제기는 적법한가? [20점]

Ⅰ 쟁점의 정리
Ⅱ 관련행위인 사업인정의 검토
　1. 사업인정의 의의 및 취지(법 제20조 내지 제22조)
　2. 사업인정 및 사업인정거부의 법적 성질
Ⅲ 소송요건의 충족 여부
　1. 개설(소송요건의 개념 및 취지 등)

2. 거부가 처분이 되기 위한 요건
　(1) 판례의 태도
　(2) 신청권의 의미
　(3) 신청권 존부의 견해 대립
　(4) 검토
3. 소송요건 충족 여부(그 외 요건 충족 여부)
Ⅳ 사안의 해결(소제기의 적법성과 가구제수단)

Ⅰ 쟁점의 정리

설문은 사업인정거부에 대한 취소소송 제기의 적법 유무를 묻고 있다. 소제기의 적법 유무는 소송요건의 충족 여부에 따라 달라지며, 설문상 가장 문제가 되는 것은 거부행위가 행정소송법상 '처분'에 해당되는가이다. 거부처분이란 공권력 행사의 신청에 대해 처분의 발령을 거부하는 행정청의 의사작용으로서, 거절의사가 명확한 점에서 부작위와 구별된다.

Ⅱ 관련행위인 사업인정의 검토

1. 사업인정의 의의 및 취지(법 제20조 내지 제22조)

사업인정이란, 국토교통부장관이 관련된 중앙행정기관과의 협의 및 이해관계인의 의견청취 등을 거쳐(관련된 제 이익을 종합·고려하고), 해당 사업의 공익성이 침해되는 사익보다 크다고 인정되는 경우에 한하여 타인의 토지 등을 수용할 수 있는 사업으로 결정하는 것을 말하며, 이는 공공복리의 증진을 도모함에 제도적 취지가 인정된다.

2. 사업인정 및 사업인정거부의 법적 성질

토지보상법 제20조의 문언상 기속·재량인지가 불분명하나, 국토교통부장관이 관련된 제 이익을 종합·고려하여 해당 사업이 수용할 만한 사업인지를 판단하므로, 사업인정은 특허이자 재량행위이다. 또한 그 거부도 재량행위로 볼 수 있다.

Ⅲ 소송요건의 충족 여부

1. 개설(소송요건의 개념 및 취지 등)

소송요건이라 함은 본안심리를 하기 위하여 갖추어야 하는 요건을 말한다. 소송요건이 충족된 소송을 적법한 소송이라 하고 이 경우 법원은 본안심리로 넘어 간다. 행정소송법에서는 대상적격(제19조)·원고적격(제12조)·재판관할(제9조)·제소기간(제20조) 등을 소송요건으로 규정하고 있으며, 소송요건은 불필요한 소송을 배제하여 법원의 부담을 경감하고, 이렇게 함으로써 적법한 소송에 대한 충실한 심판을 도모하기 위하여 요구된다.

2. 거부가 처분이 되기 위한 요건

(1) 판례의 태도

거부처분이 처분성을 갖기 위해서는 ① 공권력 행사의 거부일 것, ② 국민의 권리와 의무에 영향을 미칠 것, ③ 법규상·조리상 신청권을 가질 것을 요구한다. 소송법상 처분개념에는 신청권의 내용이 없음에도 신청권이 필요한지에 대해서 견해의 대립이 있다.

(2) 신청권의 의미

판례는 신청의 인용이라는 만족할 만한 결과를 얻을 권리가 아닌, 일반·추상적인 응답요구권(형식적 신청권)을 의미한다고 한다.

(3) 신청권 존부의 견해 대립

① 처분성은 소송법상 개념요소만 갖추면 된다고 하여 원고적격 및 본안문제로 보는 견해와 ② 국민에게 형식적 신청권이 인정되지 않는다면 부적법한 것으로 각하하는 것이 합당하므로 대상적격으로 보는 견해가 있다.

(4) 검토

판례와 같이 일반적·추상적 응답요구권으로 보게 되면 개별·구체적 권리일 것을 요하는 원고적격과 구별되고 이러한 신청권이 없다면 바로 각하하여 법원의 심리부담의 가중도 덜어줄 수 있으므로 대상적격의 문제로 보는 것이 타당하다.

3. 소송요건의 충족 여부(그 외 요건충족 여부)

갑은 토지보상법 제20조에 근거하여 사업인정을 신청하였으며, 국토교통부장관의 거부로 인하여 사업시행의 자유를 침해받은 바, 거부처분취소소송을 제기할 수 있을 것이며, 설문상 제소기간 등은 문제되지 않는 것으로 보인다.

Ⅳ 사안의 해결(소제기의 적법성과 가구제수단)

국토교통부장관의 사업인정(공권력 행사)거부는 행정소송법상 처분이며, 설문상 제소기간 및 관할 등은 문제되지 않으므로, 갑이 사업시행의 이익을 향유하기 위해 제기한 취소소송은 적법하다고 판단된다. 또한 취소소송의 인용판결의 실효성을 위하여 집행정지를 신청하는 것을 고려할 수 있으나 판례는 '신청 이전의 상태로 돌아갈 뿐 원고의 손해방지에 아무런 보탬이 되지 않는다.'고 하여 부정하므로 이에 따를 때 집행정지는 불가할 것이다.

사례 2   소극적 침해에 대한 구제수단(부작위, 거부, 무명항고소송)

사업시행자 갑은 화물자동차의 주차난을 해결하고자 신림9동 일대에 공영차고지 건설을 계획하고, 관련된 준비를 철저히 하여 국토교통부장관에게 사업인정을 신청하려고 한다. 이에 신림9동에 위치한 수용대상 토지의 소유자 을은 신림9동에 공영차고지를 건설한다면 각종 공사소음과 화물자동차의 진출입으로 인한 교통난이 더욱 심해질 것이며, 자신의 토지를 수용하는 것은 수인할 수 없는 재산권의 침해에 해당하므로 사업인정을 하여서는 안 된다고 주장하고 있다. 이러한 사실관계를 바탕으로 각 물음에 답하시오. [55점]

(1) 갑이 사업인정을 신청한 경우, 국토교통부장관에게 사업인정을 거부하지 않을 것을 구하는 소송을 제기할 수 있는지 검토하시오. [10점]
(2) 갑이 사업인정을 신청하였으나 국토교통부장관이 상당기간이 지나도록 아무런 처분을 하지 아니하거나, 사업인정을 거부한 경우(취소사유의 위법성 존재)에 갑이 구제방법으로 생각할 수 있는 항고소송에는 어떤 것이 있으며 그러한 항고소송이 현행법상 허용되는지를 검토하시오. [30점]
(3) 사업인정의 부작위나 거부처분의 위법을 이유로 국토교통부장관이 사업인정을 발령했다면 을의 입장에서 제기할 수 있는 구제수단을 검토하시오. [15점]

(설문 1)의 해결
Ⅰ 쟁점의 정리
Ⅱ 예방적 부작위소송의 가능 여부
　1. 의의
　2. 인정 여부의 견해대립
　　(1) 학설
　　(2) 판례
　3. 검토
Ⅲ 사안의 경우

(설문 2)의 해결
Ⅰ 쟁점의 정리
Ⅱ 갑이 제기할 수 있는 구제방법
　1. 부작위위법확인소송의 제기
　　(1) 부작위위법확인소송의 의의 및 성질
　　(2) 아무런 처분을 하지 않은 것이 부작위에 해당하기 위한 요건
　　　1) 당사자의 신청이 있을 것
　　　2) 신청권의 의미와 존부
　　　3) 상당한 기간이 경과할 것
　　　4) 아무런 처분을 하고 있지 않을 것
　　(3) 사안의 경우
　2. 거부에 대한 취소소송 제기
　　(1) 거부처분의 의의 및 구별개념
　　(2) 거부가 처분이 되기 위한 요건
　　　1) 판례의 태도 2) 검토
　　(3) 사안의 해결
　3. 의무이행소송의 현행법상 인정 여부
　　(1) 문제점
　　(2) 의의
　　(3) 인정 여부
　　　1) 학설
　　　2) 판례
　　　3) 검토
　　(4) 사안의 해결
Ⅲ 쟁점의 정리

(설문 3)의 해결
Ⅰ 쟁점의 정리
Ⅱ 을의 입장에서 제기할 수 있는 구제수단
1. 사업인정의 직권취소 신청
2. 행정쟁송
   (1) 개설
   (2) 행정심판
   (3) 행정소송
   (4) 집행정지 신청
3. 손해전보제도
4. 기타 구제수단
Ⅲ 사안의 해결

(설문 1)의 해결

Ⅰ 쟁점의 정리

설문 (1)에서는 사업인정 신청 후에 사업인정의 금지나 거부하지 않을 것을 구하는 예방적 부작위소송이 인정되는지를 검토한다.

Ⅱ 예방적 부작위소송의 가능 여부

1. 의의

예방적 부작위청구소송이란 행정청의 공권력 행사에 의해 국민의 권익이 침해될 것이 예상되는 경우에 미리 그 예상되는 침익적 처분을 저지하는 것을 목적으로 하여 제기되는 소송을 말한다. 예방적 금지소송이라고도 한다. 의무이행소송은 현상의 개선을 구하기 위하지만, 예방적 부작위소송은 현상의 가일층의 악화를 막기 위하여 제기하는 소송인 점에서 차이가 있다.

2. 인정 여부의 견해대립

(1) 학설

① 〈부정설〉은 현행법상 법정된 소송에 의해서도 침해된 권익의 구제가 불가능하지 않으므로 부정한다. ② 〈긍정설〉은 공권력 행사에는 행정강제와 같이 즉시에 완결되어 버리는 경우가 있으며 이러한 경우에는 취소소송을 제기할 수 없게 되므로 긍정한다. ③ 〈제한적 긍정설〉은 처분이 행하여질 개연성이 절박하고, 처분이 일의적이어서 행정청의 판단권을 침해할 우려가 없으며, 미리 구제하지 않으면 회복할 수 없는 손해가 발생할 우려가 있고, 다른 구제수단이 없는 경우에 한하여 예외적으로 인정된다고 본다.

(2) 판례

"행정소송법상 행정청이 일정한 처분을 하지 못하도록 그 부작위를 구하는 청구는 허용되지 않는 부적법한 소송이다."라고 판시하여 인정하고 있지 않다.

3. 검토

판례의 태도에 따를 때 현행법상 예방적 부작위소송은 인정되지 않을 것으로 보인다. 단, 입법론으로는 실효적인 권리구제를 위하여 예방적 소송도입이 요구되며 개정안에서는 엄격한 요건하에 예방적 부작위소송과 현상유지 가처분을 인정하고 있다.

Ⅲ 사안의 경우

사업인정의 신청에 대한 사업시행자와 토지소유자의 입장은 상반되며, 회복할 수 없는 손해를 사전에 보호하기 위해서 예방적 부작위소송의 도입필요성은 인정되나 판례에 따를 때 현행법상 인정되기 어려우므로 갑과 을은 예방적 부작위소송을 제기할 수 없다.

(설문 2)의 해결

Ⅰ 쟁점의 정리

설문 (2)에서는 ① 아무런 처분을 하지 않은 것이 부작위인 경우 부작위위법확인소송을, ② 거부한 경우 거부처분취소소송의 구제수단을 검토하고, ③ 양 소송에 대한 실효적인 수단으로써 의무이행소송이 인정되는지를 살펴본다.

Ⅱ 갑이 제기할 수 있는 구제방법

1. 부작위위법확인소송의 제기

(1) 부작위위법확인소송의 의의 및 성질

부작위란 행정청이 당사자의 신청에 대하여 상당한 기간 내에 일정한 처분을 해야 할 법률상 의무가 있음에도 이를 행하지 않는 것을 말하며(행정소송법 제2조 제1항 제2호), 부작위위법확인소송이란 그 부작위가 위법함을 확인하는 소송을 말한다. 확인소송의 성질을 갖는다.

(2) 아무런 처분을 하지 않은 것이 부작위에 해당하기 위한 요건

1) 당사자의 신청이 있을 것

신청의 내용은 처분일 것을 요하나, 부적법한 사항은 그에 상응하는 응답을 하면 되므로 신청의 적법은 불문한다.

2) 신청권의 의미와 존부

판례는 신청권의 인용이라는 만족된 결과를 얻을 권리가 아닌 응답요구권의 의미인 형식적

신청권을 요하나 학설은 ① 원고적격으로 보는 견해, ② 대상적격으로 보는 견해(처분의무에 대응하는 것이 형식적 신청권이다), ③ 본안문제로 보는 견해로 나뉜다.

생각건대 법률상 의무에 대응하는 신청권을 대상적격으로 보는 것이 부작위개념의 해석에 부합하고, 소송요건 단계에서 신청권은 추상적으로 판단하면 족하다고 본다.

3) 상당한 기간이 경과할 것

사회통념상 처분을 함에 있어 통상 요구되는 기간을 말한다.

4) 아무런 처분을 하고 있지 않을 것

아무런 처분을 하지 않고 방치한 상태, 즉 처분으로 볼 만한 외관이 없어야 한다.

(3) 사안의 경우

갑은 토지보상법 제20조에 근거하여 사업인정을 신청하였으며, 설문상 국토교통부장관은 신청에 대한 응답의무가 있음에도 상당한 기간이 지나도록 아무런 처분을 하지 아니하였으므로 부작위에 해당한다. 설문상 제소기간이나 협의 소익 등은 문제되지 않는 것으로 보이므로 갑은 부작위위법확인소송을 통해 구제받을 수 있을 것이다.

2. 거부에 대한 취소소송 제기

(1) 거부처분의 의의 및 구별개념

거부란 공권력 행사의 신청에 대한 처분의 발령을 거부하는 행정청의 의사작용으로서, 거절의사가 명확한 점에서 부작위와 구별된다.

(2) 거부가 처분이 되기 위한 요건

1) 판례의 태도

거부처분이 처분성을 갖기 위해서는 ① 공권력 행사의 거부일 것, ② 국민의 권리와 의무에 영향을 미칠 것, ③ 법규상・조리상 신청권을 가질 것을 요구한다. 행정소송법상 처분개념에는 신청권의 내용이 없음에도 신청권이 필요한지에 대해서 부작위의 논의와 같이 견해의 대립이 있다.

2) 검토

판례와 같이 일반적・추상적 응답요구권으로 보게 되면 개별・구체적 권리일 것을 요하는 원고적격과 구별되고 이러한 신청권이 없다면 바로 각하하여 법원의 심리부담의 가중도 덜어줄 수 있다. 따라서 거부처분의 경우에도 대상적격의 문제로 보는 것이 타당하다.

(3) 사안의 해결

갑은 토지보상법 제20조에 근거하여 사업인정을 신청하였으며, 국토교통부장관의 거부로 인하여 사업시행의 자유를 침해받은 바, 영업의 자유 등을 실현하기 위하여 거부처분취소소송을 제기할 수 있을 것이다.

취소소송의 인용판결의 실효성을 위하여 집행정지를 신청하는 것을 고려할 수 있으나 판례는 '신청 이전의 상태로 돌아갈 뿐 원고의 손해방지에 아무런 보탬이 되지 않는다.'고 하여 부정하므로 이에 따를 때 집행정지는 불가할 것이다.

3. 의무이행소송의 현행법상 인정 여부

(1) 문제점
거부처분 및 부작위에 대한 소송의 실효성을 확보하기 위하여 행정소송법 제34조에서는 간접강제를 규정하고 있지만, 우회적이라는 문제가 있으므로 실효적인 구제수단으로써 의무이행소송을 인정할 수 있는지가 문제된다.

(2) 의의
행정청이 당사자의 신청에 대하여 거부나 부작위로 대응한 경우 행정청에게 일정한 처분을 해줄 것을 구하는 소송을 말한다.

(3) 인정 여부

1) 학설

① 〈부정설〉은 행정소송법 제4조의 소송유형을 제한적 열거규정으로 해석하고 권력분립에 반한다고 한다. ② 〈긍정설〉은 소송유형을 예시적 규정으로 보고, 권력분립의 실질적 이해를(권리구제 유리) 이유로 긍정한다. ③ 〈제한적 긍정설〉은 현행 항고소송만으로는 실효적인 권리구제가 될 수 없는 예외적인 경우에만 인정될 수 있다고 한다.

2) 판례

판례는 '검사에게 압수물 환부를 이행하라는 청구는 행정청의 부작위에 대하여 일정한 처분을 하도록 하는 의무이행소송으로 현행 행정소송법상 허용되지 아니한다.'고 하여 부정하는 입장이다.

3) 검토

현행법상 거부처분취소소송 및 부작위위법확인소송은 의무이행소송을 인정하지 않는 입법의 취지로 해석할 수 있으므로, 입법론으로 이를 도입하여 효율적인 권리구제를 도모함이 바람직하다고 판단한다. 개정안에서는 의무이행소송과 임시적 지위를 구하는 가처분을 인정하고 있다.

(4) 사안의 해결
갑은 부작위위법확인소송 및 거부처분취소소송에 대한 가장 실효적인 수단으로 의무이행소송을 고려할 수 있으나 현행법상 인정되지 않으므로 이를 제기할 수 없다.

Ⅲ 쟁점의 정리

사업시행자 갑은 국토교통부장관이 아무런 처분을 하지 않는 경우에는 부작위위법확인소송을 제기할 수 있고, 거부하는 경우에는 거부처분취소소송을 제기할 수 있다. 단 집행정지는 인정되지 않을 것이다. 또한 갑의 가장 실효적인 구제수단으로 의무이행소송을 고려해 볼 수 있으나, 현행법상 인정되기 어려울 것이므로 입법상의 보완이 요구된다.

(설문 3)의 해결

Ⅰ 쟁점의 정리

설문 (3)에서는 사업인정이 발령된 경우 토지소유자 을이 강구할 수 있는 구제수단으로 직권취소의 신청과 행정쟁송 및 손해전보를 살펴보고 그 외에 조정, 중재, 알선 등을 검토한다.

Ⅱ 을의 입장에서 제기할 수 있는 구제수단

1. 사업인정의 직권취소 신청

토지소유자 을은 자신의 재산권 침해를 이유로 국토교통부장관에게 사업인정을 직권으로 취소해 줄 것을 신청할 수 있으나, 현행법상 이러한 취소를 구하는 신청권이 을에게 인정되고 있지 않으므로 직접적인 구제수단이 되기는 어려울 것이다.

2. 행정쟁송

(1) 개설

행정쟁송이란 행정상의 법률관계에 관한 다툼, 또는 의문이 있는 경우에 이해관계인의 신청에 의하여 일정한 판단기관이 이를 심판하는 절차의 총칭이다. 행정기관에서 심판하는 행정심판과 법원에서 심판하는 행정소송의 2가지를 포함한다.

(2) 행정심판

행정심판이란 행정청의 위법·부당한 처분 및 그밖에 공권력의 행사·불행사 등으로 인한 국민의 권리 또는 이익을 침해받은 국민이 행정기관에 제기하는 제도를 말한다. 사업인정의 위법성 사유에 따라 을은 취소심판 및 무효등확인심판을 제기할 수 있다.

(3) 행정소송

행정소송이란 행정청의 위법한 행정처분을 법원에서 정식으로 다투는 소송절차를 말한다. 따라서 을은 사업인정의 위법성 정도에 따라서 사업인정 취소소송이나 무효등확인소송을 제기할 수 있을 것이다.

(4) 집행정지 신청

을은 행정쟁송의 실효성을 확보하기 위하여 회복되기 어려운 손해의 예방을 위하여 집행정지를 신청할 수 있을 것이다.

3. 손해전보제도

손해전보란 행정작용으로 말미암아 발생한 국민의 재산상의 손해를 국가 또는 공공단체가 갚아 주는 재산상의 실체적 구제제도를 말한다. 여기에는 행정상의 손해배상, 즉 국가배상과 행정상의 손실보상이 있다.

4. 알선, 조정, 재정(대체적 분쟁해결수단 : 환경분쟁조정 피해구제법)

사업시행자와의 분쟁이 있을 시에는 ① 알선위원이 분쟁당사자의 의견을 듣고 사건이 공정하게 해결되도록 주선하는 알선과 ② 조정기관이 분쟁당사자의 의견을 들어 직권으로 분쟁해결을 위한 타협방안(조정안)을 마련하여 분쟁당사자에게 수락을 권고하고, 분쟁당사자들이 이를 받아들임으로써 분쟁을 해결하는 조정 및 ③ 재정기관이 준사법적 절차에 따라 일방적으로 분쟁해결을 위한 결정을 내리는 것을 말하는 재정을 생각해 볼 수 있으나 현실적으로 이를 통한 구제방안의 확보는 기대되기 어려울 것으로 보인다.

5. 기타 구제수단

상기 방법 외에도 간접적, 우회적인 구제수단으로 청원 또는 진정을 하거나 여론에 호소하는 방법 등을 생각할 수 있을 것이다.

Ⅲ 사안의 해결

을은 자신의 재산권을 보호하기 위하여 직권취소신청, 쟁송제기, 알선, 중재, 재정 등의 수단을 생각할 수 있으나 가장 실효적인 수단으로는 행정쟁송이 될 것이다.

사례 3   예방적 금지청구소송 및 가처분

감정평가사 갑은 감정평가법인을 설립하고자 국토교통부장관에게 법인설립인가 신청을 하였다. 그러나 국토교통부장관은 갑의 불성실한 태도를 문제 삼으며 설립인가를 거부할 태도를 취하고 있다. 이러한 상태에서 갑이 제기할 수 있는 권리구제 수단에 대해서 설명하시오. 20점

Ⅰ 개설
Ⅱ 예방적 부작위소송의 인정 여부
  1. 예방적 부작위청구소송의 의의
  2. 인정 여부에 대한 견해의 대립
    (1) 학설
      1) 부정설
      2) 긍정설
      3) 제한적 긍정설
    (2) 판례
  3. 검토

Ⅲ 가처분의 인정 여부
  1. 의의
  2. 인정 여부에 대한 견해의 대립 및 판례의 태도
    (1) 학설
    (2) 판례
  3. 검토

Ⅰ 개설

설문에서는 법인설립인가 신청에 대한 구체적인 처분이 없는 상태이므로, 현 상태에서는 법인설립인가에 대한 거부를 예방하기 위한 소송을 고려해 볼 수 있을 것이다. 이와 관련하여 예방적 금지소송이 명문의 규정이 없음에도 인정될 수 있는지와 이에 대한 가구제 수단에 대해서 논하고자 한다.

Ⅱ 예방적 부작위소송의 인정 여부

1. 예방적 부작위청구소송의 의의

예방적 부작위청구소송이란 행정청의 공권력 행사에 의해 국민의 권익이 침해될 것이 예상되는 경우에 미리 그 예상되는 침익적 처분을 저지하는 것을 목적으로 하여 제기되는 소송을 말한다. 예방적 부작위소송은 예방적 금지소송이라고도 한다(일종의 소극적 형태의 의무이행소송이라 할 수 있다).

2. 인정 여부에 대한 견해의 대립

(1) 학설

  1) 부정설

    현행 행정소송법은 행정소송의 유형을 열거하고 있는 것이므로 법정된 항고소송 이외의 소송은 원칙적으로 인정되지 않으며, 현행법상 법정된 소송에 의해서도 침해된 권익의 구제가 불가능하지 않다고 한다.

2) 긍정설

현행 행정소송법이 항고소송의 종류를 제한적으로 열거한 것으로 보아서는 안 되며, 특정의 권익침해가 예상되고 임박한 경우에는 행정청의 제1차적 판단권이 행사된 것에 준하는 것으로 볼 수 있다고 한다.

3) 제한적 긍정설(사건의 성숙성 및 보충성 요건)

제한적 긍정설은 처분이 행하여질 개연성이 절박하고, 처분이 일의적이어서 행정청의 판단권을 침해할 우려가 없고(사건의 성숙성), 미리 구제하지 않으면 회복할 수 없는 손해가 발생할 우려가 있고, 다른 구제수단이 없는 경우(보충성)에 예외적으로 인정된다고 본다. 즉, 현행 항고소송만으로는 실효적인 권리구제가 될 수 없는 예외적인 경우에만 긍정한다.

(2) 판례

행정소송법상 행정청이 일정한 처분을 하지 못하도록 그 부작위를 구하는 청구는 허용되지 않는 부적법한 소송이라고 판시한 바 있다.

3. 검토

입법론으로 실효적인 권리구제를 위하여 예방적 소송도입이 요구되며 개정안에서는 엄격한 요건하에 예방적 금지소송을 인정하고 있다. 예방적 금지소송은 침익적 처분이 임박한 경우에 제기되는 것이므로 "현상유지를 구하는 가처분"이 인정되어야만 권리구제수단으로서의 실효성을 가질 수 있다.

Ⅲ 가처분의 인정 여부

1. 의의

가처분이란 금전 이외의 급부를 목적으로 하는 청구권의 보전 및 다툼 있는 권리관계에 관하여 임시적 지위를 구하는 것을 말한다.

2. 인정 여부에 대한 견해의 대립 및 판례의 태도

(1) 학설

① 행정소송법에는 민법상 가처분을 배제하는 규정이 없고, 권력분립을 실질적으로 이해하여 긍정하는 긍정설과 ② 집행정지제도는 가처분배제의 특별규정이며, 권력분립에 반한다는 부정설, ③ 집행정지만으로 권리구제에 미흡한 예외적인 경우에만 인정하는 제한적 긍정설의 대립이 있다.

(2) 판례

민사소송법상의 가처분으로서 행정청의 어떠한 행정행위의 금지를 구하는 것은 허용될 수 없다고 하여 부정설의 입장을 취하고 있다(대결 2011.4.18, 2010마1576).

3. 검토

현행법상 집행정지제도를 마련한 것은 공익과의 관련성 때문에 민사집행법상 가처분을 그대로 적용할 수 없다는 입장에서 민사집행법상의 가처분을 배제하는 특별한 규정을 둔 것이므로 가처분에 관한 민사집행법상의 규정은 행정소송에는 적용되지 않는다고 할 것이다.

> 예방적 금지소송에 대한 가처분은 침익적 처분의 발급을 금지하는 내용의 가처분이 될 것이다. 따라서 현상유지를 구하는 가처분이 인정되어야 한다.

사례 4 부작위에 대한 쟁송수단(심판 및 소송)

K시는 10여 년 전까지 석탄산업으로 번창하던 도시였으나, 최근 석탄산업의 쇠퇴로 현저하게 인구가 줄어들고 있다. 국토교통부장관은 관광레저형 기업도시를 건설하려는 민간기업(私)인 주식회사 갑과 지역 개발을 위해 이를 유치하려는 K시장의 공동 제안에 따라 K시 외곽지역에 개발구역을 지정·고시(사업인정의제)하고 갑을 개발사업의 시행자로 지정하였다(해당 사업의 시행에 따른 이주대책은 토지보상법을 준용함). 그 후 갑은 개발사업의 시행을 위해 필요한 토지면적의 60%를 확보한 후, 해당 지역의 나머지 토지에 대한 소유권을 취득하기 위하여 토지소유자 을·병 등과 협의하였으나 협의가 성립되지 않자 중앙토지수용위원회에 수용재결을 신청하였고, 동 위원회는 수용재결을 하였다. 을은 갑에게 생활대책에 필요한 대체용지의 공급을 포함하는 이주대책의 수립을 신청하였지만 상당한 기간이 경과했는데도 갑은 이주대책을 수립하지 않고 있다. 이를 다툴 수 있는 권리구제수단을 설명하시오. (이주대책 수립에 의해 이주대책에 의한 정착지 분양 및 이주정착금 지급이 가능하므로 이주대책 수립은 국민의 권익에 영향을 미치는 공권력 행사임을 전제로 할 것) 20점

관련 규정

[토지보상법 제78조(이주대책의 수립 등)]
① 사업시행자는 공익사업의 시행으로 인하여 주거용 건축물을 제공함에 따라 생활의 근거를 상실하게 되는 자(이하 "이주대책대상자"라 한다)를 위하여 대통령령으로 정하는 바에 따라 이주대책을 수립·실시하거나 이주정착금을 지급하여야 한다.

[토지보상법 시행령 제40조(이주대책의 수립·실시)]
② 이주대책은 국토교통부령으로 정하는 부득이한 사유가 있는 경우를 제외하고는 이주대책대상자 중 이주정착지에 이주를 희망하는 자의 가구 수가 10호(戶) 이상인 경우에 수립·실시한다. 다만, 사업시행자가 「택지개발촉진법」 또는 「주택법」 등 관계 법령에 따라 이주대책대상자에게 택지 또는 주택을 공급한 경우(사업시행자의 알선에 의하여 공급한 경우를 포함한다)에는 이주대책을 수립·실시한 것으로 본다.
⑤ 다음 각 호의 어느 하나에 해당하는 자는 이주대책대상자에서 제외한다.
  1. 허가를 받거나 신고를 하고 건축 또는 용도변경을 하여야 하는 건축물을 허가를 받지 아니하거나 신고를 하지 아니하고 건축 또는 용도변경을 한 건축물의 소유자
  2. 해당 건축물에 공익사업을 위한 관계 법령에 따른 고시 등이 있은 날부터 계약체결일 또는 수용재결일까지 계속하여 거주하고 있지 아니한 건축물의 소유자. 다만, 다음 각 목의 어느 하나에 해당하는 사유로 거주하고 있지 아니한 경우에는 그러하지 아니하다.
     가. 질병으로 인한 요양
     나. 징집으로 인한 입영
     다. 공무
     라. 취학
     마. 해당 공익사업지구 내 타인이 소유하고 있는 건축물에의 거주
     바. 그 밖에 가목부터 라목까지에 준하는 부득이한 사유
  3. 타인이 소유하고 있는 건축물에 거주하는 세입자. 다만, 해당 공익사업지구에 주거용 건축물을 소유한 자로서 타인이 소유하고 있는 건축물에 거주하는 세입자는 제외한다.

> Ⅰ 쟁점의 정리
> Ⅱ 이주대책 미수립이 쟁송법상 부작위에 해당하는지 여부
>   1. 부작위의 개념 및 요건
>   (1) 부작위의 의의(소송법 제2조 제1항 제2호)
>   (2) 부작위의 성립요건
>   2. 토지보상법상 이주대책규정이 강행규정인지 여부
>   3. 사안의 경우
>
> Ⅲ 권리구제수단
>   1. **의무이행심판**
>   2. **부작위위법확인소송(소송법 제4조 제3호)**
>   3. **의무이행소송**
>   (1) 의무이행소송의 의의
>   (2) 의무이행소송의 인정 여부
>   1) 학설 및 판례의 태도
>   2) 검토
> Ⅳ 사안의 해결

Ⅰ 쟁점의 정리

행정쟁송법에서는 처분과 부작위에 대한 구제수단을 규정하고 있으므로 이주대책의 미수립행위가 행정쟁송법상 부작위에 해당하는지를 검토하고, 부작위에 해당된다면 의무이행심판과 부작위위법확인소송 및 의무이행소송의 인정 여부에 대하여 설명한다.

Ⅱ 이주대책 미수립이 쟁송법상 부작위에 해당하는지 여부

1. 부작위의 개념 및 요건

(1) 부작위의 의의(소송법 제2조 제1항 제2호)

부작위라 함은 행정청이 당사자의 신청에 대하여 상당한 기간 내에 일정한 처분을 하여야 할 법률상 의무가 있음에도 불구하고 이를 하지 아니하는 것을 말한다.

(2) 부작위의 성립요건

① 당사자의 처분의 신청이 있어야 하나 신청이 적법할 것을 요하지는 않는다. ② 판례는 부작위가 성립하기 위해서는 처분의무에 대응하는 절차적 권리인 법규상 또는 조리상 신청권이 있어야 한다고 한다. ③ 상당기간 내 아무런 처분이 없어야 한다.

2. 토지보상법상 이주대책규정이 강행규정인지 여부

토지보상법 시행령 제40조에서는 사업사업시행자에게 이주대책 수립의무를 부여하고 있으며, 판례도 "사업시행자의 이주대책 수립·실시의무는 사업시행자의 재량에 의하여 적용을 배제할 수 없는 강행규정"이라고 판시하고 있다(대판 2013.6.28, 2011다40465).

3. 사안의 경우

이주대책의 수립의무는 사업시행자가 재량에 의하여 배제할 수 없으며, 토지보상법 제78조 및 동법 시행령 제40조 규정에 의해 이주대책의 수립의무가 부여된다고 할 것이다. 따라서 을의 신청에

대하여 상당기간이 경과하도록 아무런 계획을 수립하지 않는 것은 행정쟁송법상 부작위에 해당된다고 할 것이다.

Ⅲ 권리구제수단

1. 의무이행심판

의무이행심판이란 당사자의 신청에 대한 행정청의 위법 또는 부당한 거부처분이나 부작위에 대하여 일정한 처분을 하도록 하는 행정심판을 말한다. 의무이행심판은 처분을 신청한 자로서 행정청의 거부처분 또는 부작위에 대하여 일정한 처분을 구할 법률상 이익이 있는 자가 청구할 수 있다.

2. 부작위위법확인소송(소송법 제4조 제3호)

부작위위법확인소송이란 행정청의 부작위가 위법하다는 것을 확인하는 소송을 말한다.
① 부작위위법확인소송은 부작위를 대상으로 하며(행정소송법 제4조 제3호), ② 처분의 신청을 한 자로서 부작위의 위법의 확인을 구할 법률상 이익이 있는 자만이 제기할 수 있다(행정소송법 제36조).

3. 의무이행소송

(1) 의무이행소송의 의의

의무이행소송은 행정청의 거부처분 또는 부작위에 대하여 법상의 작위의무의 이행을 청구하는 소송을 말한다.

(2) 의무이행소송의 인정 여부

1) 학설 및 판례의 태도

명문의 규정 없이 이를 인정할 수 있는가에 대하여 국민의 권리보호 필요성에 비추어 인정할 수 있다는 견해와, 권력분립원칙상 부정하는 견해 및 다른 구제수단이 없는 경우에 제한적으로 긍정해야 한다는 견해가 대립되지만, 판례는 '검사에게 압수물 환부를 이행하라는 청구는 행정청의 부작위에 대하여 일정한 처분을 하도록 하는 의무이행소송으로 현행 행정소송법상 허용되지 아니한다.'고 한다.

2) 검토

현행법상 거부처분취소소송 및 부작위확인소송은 의무이행소송을 인정하지 않는 입법의 취지로 해석할 수 있으나 입법론으로 이를 도입하여 효율적인 권리구제를 도모함이 바람직하다고 판단한다.

Ⅳ 사안의 해결

설문상 갑이 이주대책을 수립하지 않고 있는 것은 행정쟁송법상 부작위에 해당된다. 따라서 을은 행정심판법상 의무이행심판 및 행정소송법상 부작위위법확인소송을 제기할 수 있으나 의무이행소송은 판례의 태도에 따를 때 제기할 수 없을 것이다.

사례 5 부작위에 대한 쟁송수단(심판 및 소송)

사업시행자 갑은 도시공원 내 체육시설인 골프연습장의 조성사업을 위하여 국토교통부장관에게 사업인정을 받았다. 갑은 국내에서 골프연습장을 전문적으로 조성하는 건설업체로서 골프연습장 건설에 필요한 장비와 기술력을 보유하고 있었다. 그런데 최근 건축경기의 침체로 인하여 갑 건설회사는 경영에 중대한 어려움을 겪게 되었고, 결국 파산의 위기에 도달하게 되었다. 또한 갑 건설회사의 건설장비 등 유·무형자산은 이미 경매절차에 의해 제3자에게 낙찰된 상태이다. 토지소유자는 '갑 건설회사는 현재, 골프연습장 등을 조성하는 데 필요한 장비들도 없고 중대한 경영상 어려움에 처해있는 등, 더 이상 골프연습장을 조성할 시행능력이 없다'고 판단하여 국토교통부장관에게 사업인정의 철회를 요청하였으나 국토교통부장관은 이에 대하여 아무런 응답을 하고 있지 않다. 국토교통부장관의 행위가 부작위에 해당하는지 여부와 부작위에 대한 행정쟁송수단에 대해서 설명하시오. 20점

Ⅰ 쟁점의 정리
Ⅱ 부작위의 성립요건
  1. 부작위의 개념
  2. 아무런 처분을 하지 않은 것이 부작위에 해당하기 위한 요건
    (1) 당사자의 신청이 있을 것
    (2) 신청권의 존부
      1) 학설
        ① 신청권필요설
        ② 신청권불필요설
      2) 판례
      3) 검토
    (3) 상당한 기간이 경과할 것
    (4) 행정청이 아무런 처분을 하고 있지 않을 것

Ⅲ 행정쟁송의 검토
  1. 의무이행심판
  2. 부작위위법확인소송
  3. 의무이행소송의 제기가능성
Ⅳ 사안의 해결
  1. 국토교통부장관의 행위가 부작위에 해당하는지 여부
    (1) 관련 판례의 검토
    (2) 관련 규정의 검토(행정기본법 제19조)
    (3) 사안의 경우
  2. 불복쟁송

Ⅰ 쟁점의 정리

토지소유자는 사업시행자의 사업시행의 능력이 상실되었음을 이유로 국토교통부장관에게 철회를 요청하고 있는데 국토교통부장관은 토지소유자의 신청에 대하여 아무런 응답을 하고 있지 않다. 이러한 행위가 위법한 부작위에 해당하는지 검토한다.

II 부작위의 성립요건

1. 부작위의 개념

부작위위법확인소송의 대상은 부작위이다. 부작위위법확인소송에서의 '부작위'라 함은 행정청이 당사자의 신청에 대하여 상당한 기간 내에 일정한 처분을 하여야 할 법률상 의무가 있음에도 불구하고 이를 하지 아니하는 것을 말한다(행정소송법 제2조 제1항 제2호). 즉, 행정청의 모든 부작위가 모두 부작위위법확인소송의 대상이 되는 것이 아니며 일정한 요건을 갖추어야 한다.

2. 아무런 처분을 하지 않은 것이 부작위에 해당하기 위한 요건

(1) 당사자의 신청이 있을 것

신청의 내용은 처분일 것을 요하나, 부적법한 사항은 그에 상응하는 응답을 하면 되므로 신청의 적법은 불문한다.

(2) 신청권의 존부

1) 학설

① 신청권필요설

행정소송법 제2조 제1항 제2호가 부작위의 성립요건으로 '일정한 처분을 하여야 할 법률상 의무가 있을 것'을 요구하고 있고, 이 처분의무에 대응하는 것이 신청권이다. 부작위의 요소인 처분의무는 응답의무이며 신청에 따라 특정한 내용의 처분을 할 의무가 아니다. 신청권은 실정법규에 의해 인정되거나 조리상 인정될 수 있다고 본다.

② 신청권불필요설

신청권을 요구하는 명문의 규정이 없음에도 신청권의 존부를 부작위 개념요소로 보는 것은 부작위의 개념을 해석상 제한하는 것으로서 사인의 권리보호의 확대의 이념에 반하는 것이라고 본다.

2) 판례

판례는 부작위가 성립하기 위하여는 법규상 또는 조리상의 신청권이 있어야 한다고 하며 신청권이 없는 경우 부작위가 있다고 할 수 없고 원고적격도 없다고 한다(대판 2000.2.25, 99두11455).

3) 검토

행정소송법 제2조 제1항 제2호가 부작위의 성립요건으로 '일정한 처분을 하여야 할 법률상 의무가 있을 것'을 요구하고 있으므로 해석론으로는 신청권을 부작위의 성립요건으로 보는 것이 타당하다.

(3) 상당한 기간이 경과할 것

상당한 기간이라 함은 사회통념상 행정청이 해당 신청에 대한 처분을 하는데 필요한 합리적인 기간을 말한다.

(4) 행정청이 아무런 처분을 하고 있지 않을 것

신청에 대하여 가부간에 처분이 행해지지 않았어야 한다. 신청에 대해 거부처분을 한 것도 응답의무를 이행한 것이 되며 행정청의 부작위는 성립하지 않는다.

Ⅲ 행정쟁송의 검토

1. 의무이행심판

의무이행심판이란 위법 또는 부당한 거부처분이나 부작위로 인하여 권익의 침해를 당한 자의 청구에 의하여 일정한 처분을 하도록 하는 심판을 말한다. 사업시행자 甲은 의무이행심판을 제기할 수 있다.

2. 부작위위법확인소송

부작위위법확인소송은 행정청이 당사자의 신청에 대하여 상당한 기간 내에 일정한 처분을 하여야 할 법률상 의무가 있음에도 불구하고 이를 하지 아니하는 경우 부작위의 위법성을 확인하는 소송이다. 제소기간의 제한은 있을 수 없고 행정심판은 취소소송과 마찬가지로 임의적 전치주의가 적용된다.

3. 의무이행소송의 제기가능성

의무이행소송이란 당사자의 행정행위 신청에 대하여 행정청이 거부·부작위로 대응하는 경우, 법원의 판결에 의하여 행정청으로 하여금 일정한 행위를 하도록 청구하는 소송을 말한다. 이는 행정청의 부작위에 대한 가장 강력한 수단이지만 현행법상 명문의 규정이 없어서 인정가능성이 문제된다. 부정설은 권력분립의 원칙에 반하고 행정소송법 제4조의 항고소송의 유형을 제한적 해석하여 인정될 수 없다고 보며, 긍정설은 당사자 권리보호 측면에서 권력분립의 원칙에 반하지 않으며 제4조의 유형을 예시적으로 이해하여 인정하고자 한다. 판례는 행정소송법 제4조를 제한적으로 해석하여 의무이행소송을 일관되게 인정하고 있지 않다. 생각건대 국민의 효율적 권리구제를 고려할 때 권력분립의 원칙에 모순된다고 볼 수는 없으나, 행정소송법 제4조는 제한적으로 이해되어야 할 것인바, 결국 의무이행소송은 그 필요성은 인정되지만, 법률의 개정을 통해서만 인정될 수 있을 것으로 판단된다.

Ⅳ 사안의 해결

1. 국토교통부장관의 행위가 부작위에 해당하는지 여부

(1) 관련 판례의 검토

행정청이 행한 공사중지명령의 상대방은 그 명령 이후에 그 원인사유가 소멸하였음을 들어 행정청에게 공사중지명령의 철회를 요구할 수 있는 조리상의 신청권과 그에 대응하는 응답의무가 인정되고, 행정청이 상대방의 신청에 대하여 아무런 적극적 또는 소극적 처분을 하지 않고 있는 이상 행정청의 부작위는 그 자체로 위법하다고 할 것이고, 구체적으로 그 신청이 인용될 수 있는지 여부는 소극적 처분에 대한 항고소송의 본안에서 판단하여야 할 사항이라고 할 것이다(대판 2005.4.14, 2003두7590).

(2) 관련 규정의 검토(행정기본법 제19조)

행정기본법 제19조에서는 법률에서 정한 철회 사유에 해당하게 된 경우, 법령 등의 변경이나 사정변경으로 처분을 더 이상 존속시킬 필요가 없게 된 경우, 중대한 공익을 위하여 필요한 경우에는 철회할 수 있다고 규정하고 있다.

따라서 해당 처분을 더 이상 해당 처분을 존속시킬 필요가 없게 된 경우로 볼 수 있으므로 행정청에게는 철회의무가 발생한다고도 볼 수 있을 것이다.

(3) 사안의 경우

사업인정은 수용권을 설정함으로서 원활한 공익사업의 시행을 위한 수용의 시작절차이기에 사업시행의 의사와 능력은 사업의 완료일까지 유지되어야 할 것이다. 따라서 이러한 요건이 결여된 경우에는 공익사업을 통한 공익실현이 불가할 것이므로 토지소유자로서는 사업인정의 철회를 요청할 조리상 신청권이 인정된다고 볼 것이다. 따라서 토지소유자의 철회요청에 대하여 아무런 응답을 취하지 않은 행위는 위법한 부작위에 해당된다고 할 것이다.

2. 불복쟁송

토지소유자는 국토교통부장관의 부작위에 대해서 의무이행심판, 부작위위법확인소송을 제기할 수 있을 것이며, 무명항고소송으로 의무이행소송의 가능성이 문제되나 현행 행정소송법하에서는 법률의 개정을 통해서만이 인정될 수 있을 것이다.

Chapter 02 변경처분과 제소기간

> **사례 6**   변경처분과 제소기간
>
> 감정평가업을 영위하던 갑은 자신의 친인척 소유의 토지를 평가한 사실이 적발되어 2020.2.15. 국토교통부장관으로부터 업무정지 2개월의 처분을 통지받았다. 업무정지 2개월의 처분에 대해 2020.2.20. 국토교통부장관이 업무정지 1개월의 처분에 해당하는 과징금으로 변경하는 처분을 하였고 갑이 2020.2.23. 이 처분의 통지를 받았다면, 갑이 이에 대해 취소소송을 제기할 경우 취소소송의 기산점과 그 대상을 설명하시오. 20점

```
Ⅰ 쟁점의 정리                              (2) 판례
Ⅱ 변경처분에서의 소의 대상과 기산점           1) 감액처분의 경우
   1. 변경처분을 한 경우 소송의 대상          2) 증액처분의 경우
      (1) 견해의 대립                         3) 당초 처분을 대체하는 변경처분인
          1) 변경된 원처분이 소의 대상이 된다는     경우
             견해                          (3) 검토
          2) 새로운 처분이 소의 대상이 된다는   2. 제소기간
             견해                       Ⅲ 사안의 해결
```

Ⅰ 쟁점의 정리

국토교통부장관이 당초 업무정지 2개월의 처분을 업무정지 1개월의 처분에 해당하는 과징금으로 변경하는 처분을 한 경우, 이러한 변경처분이 당초처분을 대체하는 새로운 처분인지가 문제된다. 만약 당초처분을 변경하는 새로운 처분이라면 변경처분을 대상으로 소를 제기해야 할 것인바, 이를 검토하여 사안을 해결한다.

Ⅱ 변경처분에서의 소의 대상과 기산점

1. 변경처분을 한 경우 소송의 대상

(1) 견해의 대립

1) 변경된 원처분이 소의 대상이 된다는 견해

적극적 변도도 실질적으로 일부취소로 보고 후속 변경처분에 의해 당초부터 유리하게 변경되어 존속하는 감경된 처분을 대상으로 취소소송을 제기하여야 한다는 견해이다.

2) 새로운 처분이 소의 대상이 된다는 견해

직권에 의한 적극적 변경은 당초처분을 대체하는 새로운 처분으로 보고(특히 재량행위의 경우 처분청은 새로이 재량권을 행사하고 있다), 적극적 변경처분을 대상으로 취소소송을 제기하는 것이 타당하다는 견해이다.

(2) 판례

1) 감액처분의 경우

판례는 행정청이 금전부과처분을 한 후 감액처분을 한 경우에는 감액처분은 일부취소처분의 성질을 가지므로 감액처분이 항고소송의 대상이 되는 것이 아니며 처음의 부과처분 중 감액처분에 의하여 취소되지 않고 남은 부분이 항고소송의 대상이 된다고 한다(대판 2008.2.15, 2006두3957).

2) 증액처분의 경우

판례는 증액경정처분에 대하여 증액처분의 경우에는 당초의 처분은 증액처분에 흡수되어 소멸되므로(흡수설) 증액처분이 항고소송의 대상이 된다고 한다(대판 2011.4.14, 2008두22280, 대판 2010.6.24, 2007두16493).

3) 당초 처분을 대체하는 변경처분의 경우

판례는 "당초 관리처분계획의 경미한 사항을 변경하는 경우와는 달리 당초 관리처분계획의 주요 부분을 실질적으로 변경하는 내용으로 새로운 관리처분계획을 수립하여 시장, 군수의 인가를 받아 고시된 경우에는 당초 관리처분계획은 그 효력을 상실한다고 할 것"이라고 판시하여, 적극적 변경처분의 경우 당초처분은 효력을 상실하므로 변경처분을 대상으로 항고소송을 제기하여야 하는 것으로 본다(대판 2012.3.29, 2010두7765).

> 판례는 변경처분을 특정하여 변경처분명령재결(2개월의 영업정지처분에 갈음하는 과징금 부과처분을 하라는 재결)을 하였고, 처분청이 이 재결에 따라 당초처분(3개월의 영업정지처분)을 변경하는 변경처분(2개월의 영업정지처분에 갈음하는 과징금 부과처분)을 한 경우에 변경처분을 새로운 처분으로 보지 않고, 변경되고 남은 당초처분(과징금 부과처분)을 대상으로 취소소송을 제기해야 하는 것으로 보는데(대판 2007.4.27, 2004두9302), 변경명령재결에 따른 처분청의 변경은 재결의 기속력에 따른 처분으로서 처분청의 직권에 의한 변경처분과 구별하여야 한다. 판례는 취소소송제기기간은 변경처분 명령재결서의 정본을 송달받은 날로부터 90일 이내로 보고 있다.

(3) 검토

변경처분이 당초처분을 취소하고 행해지는 새로운 처분이면 변경처분을 대상으로 항고소송을 제기하여야 하고, 변경처분이 당초처분의 효력 중 일부만을 취소하는 데 그치며 새로운 처분이 아닌 경우에는 당초처분을 대상으로 항고소송을 제기하여야 할 것이다.

2. 제소기간

제소기간이란 소송을 제기할 수 있는 시간적 간격을 의미하며 제소기간 경과 시 "불가쟁력"이 발생하여 소를 제기할 수 없다. 행정소송법 제20조에서는 처분이 있은 날로부터 1년, 안 날로부터 90일 이내에 소송을 제기해야 한다고 규정하고 있다. 제소기간은 행정의 안정성과 국민의 권리구제를 조화하는 입법정책과 관련된 문제이다(초일불산입).

Ⅲ 사안의 해결

국토교통부장관의 변경처분은 내용적으로 당초처분(업무정지 2개월의 처분)을 대체하는 새로운 처분으로 본다면 변경처분의 통지를 받은 2020.2.23.(초일불산입)부터 90일 내에 과징금처분을 대상으로 소를 제기하면 될 것이다. 다만, 당초부터 유리하게 변경되어 존속하는 감경되고 남은 원처분이 소의 대상이 된다는 견해에 따르면 당초처분의 통지일인 2020.2.15.(초일불산입)부터 90일 이내에 소를 제기하면 될 것이다.

> **사례 7** 각하재결과 제소기간
>
> 국토교통부장관은 2015.9.2. 갑에게 과징금을 부과하는 처분을 하여 2015.9.7. 갑의 동료가 이를 수령하였다. 갑은 그때부터 90일을 넘겨 행정심판을 청구하여 청구기간 경과를 이유로 각하재결을 받았고, 그 후 재결서를 송달받은 때부터 90일 이내에 원처분에 대하여 취소소송을 제기하였다. 법원은 어떠한 판단을 하여야 하는가? 20점

Ⅰ 쟁점의 정리
Ⅱ 취소소송에서의 제소기간
  1. 의의 및 취지
  2. 행정심판을 거친 경우
  3. 행정심판을 거치지 않은 경우
    (1) 처분이 있음을 안 날
    (2) 처분이 있은 날
    (3) '처분이 있음을 안 경우'와 '알지 못한 경우'의 관계
  4. 소 제기기간 준수 여부의 기준시점
Ⅲ 사안의 해결

Ⅰ 쟁점의 정리

설문은 처분이 있음을 안 날부터 90일을 넘겨 청구한 부적법한 행정심판청구에 대한 재결이 있은 후, 재결서 송달일부터 90일 이내에 원래의 처분을 대상으로 소를 제기할 수 있는지가 문제된다. 이의 해결을 위하여 행정소송법 제20조 취소소송에서의 제소기간을 검토한다.

Ⅱ 취소소송에서의 제소기간

1. 의의 및 취지

제소기간이란 소송을 제기할 수 있는 시간적 간격을 의미하며 제소기간 경과 시 "불가쟁력"이 발생하여 소를 제기할 수 없다. 행정소송법 제20조에서는 처분이 있은 날로부터 1년, 안 날로부터 90일 이내에 소송을 제기해야 한다고 규정하고 있다. 제소기간은 행정의 안정성과 국민의 권리구제를 조화하는 입법정책과 관련된 문제이다(초일불산입).

2. 행정심판을 거친 경우(행정소송법 제20조)

행정심판을 거쳐 취소소송을 제기하는 경우 취소소송은 재결서의 정본을 송달받은 날부터 90일 이내(제척기간)에 제기하여야 한다. 재결서의 정본을 송달받지 못한 경우에는 재결이 있은 날부터 1년이 경과하면 취소소송을 제기하지 못하나, 정당한 사유가 있는 때에는 그러하지 아니하다(행정소송법 제20조 제2항).

3. 행정심판을 거치지 않은 경우(행정소송법 제20조)

행정심판을 거치지 않고 직접 취소소송을 제기하는 경우 취소소송은 처분 등이 있음을 안 날부터 90일 이내에 제기하여야 하고, 처분 등이 있은 날부터 1년을 경과하면 이를 제기하지 못한다. 다만, 정당한 사유가 있는 때에는 그러하지 아니하다.

(1) 처분이 있음을 안 날

'처분이 있음을 안 날'이라 함은 '당사자가 통지·공고 기타의 방법에 의하여 해당 처분이 있었다는 사실을 현실적으로 안 날'을 의미한다.

(2) 처분이 있은 날(처분이 있음을 알지 못한 경우)

처분이 있음을 알지 못한 경우 취소소송은 처분 등이 있은 날부터 1년 이내에 취소소송을 제기하여야 한다. '처분이 있은 날'이란 처분이 통지에 의해 외부로 표시되어 효력이 발생한 날을 말한다(대판 1990.7.13, 90누2284). 처분 등이 있은 날부터 1년을 경과하면 이를 제기하지 못하지만, 정당한 사유(사회통념상 판단)가 있는 때에는 그러하지 아니하다.

(3) '처분이 있음을 안 경우'와 '알지 못한 경우'의 관계

이 두 경우 중 어느 하나의 제소기간이 경과하면 원칙상 취소소송을 제기할 수 없다. 다만, 처분이 있은 날로부터 1년 이내에 처분이 있음을 안 때에는 그때부터 90일 이내에 취소소송을 제기할 수 있다고 보아야 한다.

4. 소 제기기간 준수 여부의 기준시점

소 제기기간 준수 여부는 원칙상 소 제기 시를 기준으로 한다.

Ⅲ 사안의 해결

처분이 있음을 안 날부터 90일 이내에 행정심판을 청구하지도 않고 취소소송을 제기하지도 않은 경우에는 그 후 제기된 취소소송은 제소기간을 경과한 것으로서 부적법하고, 처분이 있음을 안 날부터 90일을 넘겨 청구한 부적법한 행정심판청구에 대한 재결이 있은 후 재결서를 송달받은 날부터 90일 이내에 원래의 처분에 대하여 취소소송을 제기하였다고 하여 취소소송이 다시 제소기간을 준수한 것으로 되는 것은 아니므로, 법원은 각하판결을 하여야 할 것이다.

Chapter 03 원처분주의

📝 사례 8 원처분주의 기본

국토교통부장관은 2022.7.3. 육군참모총장이 시행하는 군사용시설부지매입사업(신청이유 : 군사력증강을 위한 국방연구소의 설치 및 전략전술상 최적의 요충지역)에 관하여 사업인정을 하고, 국토교통부고시 제1996-69호로 고시하였다. 해당 사업부지에는 강원도 고성군 현내면 206번지 임야 10,000제곱미터(갑 소유)가 포함되어 있었는데, 갑 소유의 토지는 향후 아파트 건립을 통한 생활주거지로 사용할 계획을 갖고 있었다. 만약 갑이 2022.7.28. 해당 사업인정의 취소를 구하는 행정심판을 제기하여 인용재결을 받은 경우라면, 육군참모총장은 무엇을 대상으로 항고소송을 제기하여야 하는가 또는 소를 제기하려고 하는 경우에 법적 근거는 무엇인가? 15점

Ⅰ 쟁점의 정리
Ⅱ 원처분주의와 소의 대상
  1. 원처분주의와 재결주의의 의의 및 취지(재결소송의 인정필요성)
  2. 재결 고유의 하자유형
  3. 원처분주의하에서의 소의 대상
    (1) 학설

(2) 판례
(3) 검토
4. 원처분주의의 위반효과(재결의 고유한 위법 없이 소를 제기한 경우)
Ⅲ 사안의 해결

Ⅰ 쟁점의 정리

공익사업을 수용할 사업으로 결정하는 사업인정은(토지보상법 제2조 제7호) 사업시행자에게는 수용권을 부여하고, 피수용자의 재산권을 취득하는 제3자효 행정행위이다. 해당 사업인정에 대한 인용재결이 있는 경우, 인용재결에 대한 제3자인 사업시행자는 무엇을 대상으로 소를 제기하여 불복하여야 하는지가 문제된다. 원처분주의에 대한 일반논의를 검토하여 사안을 해결한다.

Ⅱ 원처분주의와 소의 대상

1. 원처분주의와 재결주의의 의의 및 취지(재결소송의 인정필요성)

원처분주의란 원처분을 취소소송의 대상으로 하고, 재결 자체의 고유한 하자가 있는 경우에는 재결을 취소소송의 대상으로 하는 것을 말한다. 재결주의는 재결을 대상으로 취소소송을 제기하는 것을 말한다. 재결소송을 인정한 것은 원처분을 다툴 필요가 없거나 다툴 수 없는 자도 재결로 인하여 다툴 필요가 생긴 경우의 권리구제를 도모하기 위함이다(판례).

2. 재결 고유의 하자유형

① 주체상 하자로는 권한 없는 기관의 재결, ② 절차상 하자로는 심판절차를 준수하지 않은 경우 등, 단 행정심판법 제34조 재결기간은 훈시규정으로 해석되므로 재결기간을 넘긴 것만으로는 절차의 위법이 있다고 볼 수 없다. ③ 형식상 하자로는 서면으로 하지 않거나, 중요기재사항을 누락한 경우, ④ 내용상 하자의 경우 견해대립이 있으나 판례는 '재결청의 권한 또는 구성의 위법, 재결의 절차나 형식의 위법, 내용의 위법은 위법·부당하게 인용재결을 한 경우에 해당한다.'고 판시한 바 내용상 하자를 재결 고유의 하자로 인정하고 있다.

3. 원처분주의하에서의 소의 대상

(1) 학설

① 제3자효 있는 행정행위에서 인용재결로 피해를 입은 자는 재결의 고유한 하자를 주장하는 것이라는 견해와(행정소송법 제19조 단서에 의한 것으로 보는 견해), ② 해당 인용재결은 형식상으로는 재결이나 실질적으로는 제3자에 대한 별도의(새로운) 처분이므로 인용재결이 최초의 처분이라는 견해가 있다(행정소송법 제19조 본문에 의한 것으로 보는 견해).

(2) 판례

판례는 '인용재결의 취소를 구하는 것은 원처분에는 없는 고유한 하자를 주장하는 셈이어서 당연히 취소소송의 대상이 된다.'고 판시한 바 있다.

(3) 검토

제3자는 인용재결로 비로소 권익을 침해받게 되는 경우는 재결 고유의 하자를 주장하는 것으로 볼 수 있으므로, 행정소송법 제19조 단서에 근거하여 인용재결을 대상으로 소를 제기할 수 있을 것이다.

4. 원처분주의의 위반효과(재결의 고유한 위법 없이 소를 제기한 경우)

고유한 위법 없이 소송을 제기한 경우에는 각하판결을 해야 한다는 견해(제19조 단서를 소극적 소송요건으로 보는 견해)가 있으나, 다수·판례는 재결 자체의 위법 여부는 본안사항이므로 기각판결을 해야 한다고 본다.

III 사안의 해결

사업시행자는 사업인정의 취소재결로 인하여 권익침해가 발생하였으며, 이러한 권익침해는 기각 또는 각하재결이 있었더라면 발생하지 않았을 것이다. 따라서 기각 또는 각하되어야 함에도 인용재결을 한 것은 재결 고유의 하자에 해당하므로 행정소송법 제19조 단서에 근거하여 자신의 권익구제를 받을 수 있을 것이다.

📝 사례 9   변경재결과 피고적격

2025.01.01. 임대주택사업자 을은 세입자들이 전세보증금 대출을 많이 받을 수 있게 감정평가법인 갑에게 과대감정을 청탁하였다. 갑은 이를 수락하고 세입자 1가구당 500만원의 금품을 작업비로 받기로 하고 총100세대 5억원을 수수(授受)하였다.
이에 대한 익명의 투서가 국토교통부에 접수되었고 공무원 병은 감정평가법인 갑의 사무실에 출입하여 감정평가와 관련된 일체의 서류를 검사하였다. 조사당시 병은 그 권한을 표시하는 증표를 휴대하지 아니하였다.
감정평가사법 시행령 별표에서는 수수료와 실비 외의 대가를 받은 경우 업무정지 6개월의 징계를 내리도록 규정되어 있었고 국토교통부장관은 감정평가법인 갑에게 수수료와 실비 외의 대가를 받았음을 이유로 업무정지 6개월의 처분을 하였다.
갑은 제재적 처분에 대한 행정심판을 청구하였고 행정심판위원회는 감정평가법인 갑이 과거에 국토교통부장관 표창을 수여한 사정을 고려하여 업무정지 6개월을 업무정지 2개월로 변경하는 일부취소재결을 하였다. 갑이 이에 불복하여 취소소송을 제기하는 경우 그 대상적격과 피고적격을 검토하시오. 15점

Ⅰ 쟁점의 정리
Ⅱ 변경된 내용의 당초처분이 소의 대상이 되는지 여부
  1. 원처분주의와 재결주의
  2. 상대방에게 유리한 변경재결이 있는 경우 취소소송의 대상
     (1) 학설
       1) 변경된 원처분설
       2) 변경처분(재결)설
     (2) 판례(당초부터 유리하게 변경된 원처분)
     (3) 검토
  3. 사안의 경우
Ⅲ 피고적격
  1. 피고적격의 의의
  2. 사안의 경우
Ⅳ 사안의 해결

Ⅰ 쟁점의 정리

사안에서와 같이 행정심판의 재결을 거쳐 취소소송을 제기하는 경우에 그 취소소송의 대상은 변경된 당초처분인지 아니면 변경재결인지가 문제된다. 무엇을 대상으로 하는지에 따라 피고가 달라질 수 있으므로 이하 검토한다.

Ⅱ 변경된 내용의 당초처분이 소의 대상이 되는지 여부

1. 원처분주의와 재결주의

원처분주의란 취소소송의 대상을 원처분으로 하되 재결 자체에 고유한 위법이 있는 경우에 한하여 예외적으로 재결을 취소소송의 대상으로 하는 것을 말한다. 행정심판은 행정기관이 처분의 위법·

부당을 심리판단하는 제도로서 업무정지처분을 감경한 것은 당사자의 주장을 일부인용한 것으로서 재결고유의 하자로 볼 수 없을 것이다.

2. 상대방에게 유리한 변경재결이 있는 경우 취소소송의 대상

(1) 학설

1) 변경된 원처분설
불이익처분에 대한 취소심판에서 일부취소재결 및 변경재결이 내려진 경우 원처분주의에 따라서 일부취소되고 남은 원처분이 소의 대상이 된다는 견해이다.

2) 변경처분(재결)설
행정심판위원회의 일부취소재결은 원처분을 대체하는 새로운 처분이므로 행정심판위원회의 결정이 소의 대상이 된다는 견해이다.

(2) 판례(당초부터 유리하게 변경된 원처분)
변경재결로 인하여 감경(일부취소)되고 남은 원처분을 대상으로 원처분청을 피고로 소송을 제기하여야 하는 것으로 보고 있다(97누7325).

(3) 검토
변경재결도 제재적 처분의 강도를 감경한 것에 지나지 않는다는 점에서 감경되고 남은 원래의 처분을 소의 대상으로 함이 타당하다고 판단된다.

3. 사안의 경우
사안에서는 6개월의 업무정지처분이 2개월로 일부취소되어 유리하게 변경되었다. 이는 제재적 처분의 강도가 감경된 것이므로 당초부터 유리하게 변경된 2개월의 업무정지처분이 소송의 대상이 된다.

Ⅲ 피고적격

1. 피고적격의 의의
피고적격은 소송의 상대방을 말하며, 행정소송법 제13조에서는 취소소송은 다른 법률에 특별한 규정이 없는 한 그 처분 등을 행한 행정청을 피고로 한다고 규정하고 있다. 공정거래위원회, 토지수용위원회, 감사원, 행정심판위원회 등 합의제 행정청이 한 처분에 대하여는 합의제 행정청이 피고가 된다.

2. 사안의 경우
해당 취소소송의 대상은 당초부터 유리하게 변경된 원처분이므로 처분청이 피고가 될 것이다.

Ⅳ 사안의 해결
갑은 업무정지 2개월을 대상으로 취소소송을 제기할 수 있으며, 피고는 국토교통부장관이 된다.

> **사례 10**   변경명령재결, 제소기간 및 피고적격
>
> 감정평가법인 甲은 2025.01.10.부터 감정평가법인을 운영해 왔는데, 국토교통부장관 乙은 2025. 02.26. 甲이 미신고직원을 고용하여 부적절한 업무를 했다는 이유로 甲에 대하여 8개월의 업무정지처분을 하였다. 이에 대하여 甲은 문제가 된 직원은 신고된 직원으로서 성실히 업무를 행했다고 주장하면서 8개월의 업무정지처분의 취소를 구하는 행정심판을 청구했다. 관할 행정심판위원회는 2025.3.6. 甲에 대한 8개월의 업무정지처분을 5개월의 업무정지처분으로 변경하라는 일부인용재결을 하였고, 2025.3.10. 그 재결서 정본이 甲에게 도달하였다. 乙은 행정심판위원회의 재결내용에 따라 2025.3.17. 甲에 대하여 5개월의 업무정지처분을 하였고, 향후 같은 위반사유로 제재처분을 받을 경우 감정평가사법 시행령 별표의 행정처분기준에 따라 가중적 제재처분이 내려진다는 점까지 乙은 甲에게 안내했다. 행정심판을 통해서 구제를 받지 못했다고 생각한 甲은 2025.6.15. 취소소송을 제기하고자 한다. 甲이 제기하는 취소소송의 대상적격, 피고적격, 제소기간에 대하여 논하시오. 20점

Ⅰ 쟁점의 정리
Ⅱ 변경된 내용의 당초처분이 소의 대상이 되는지 여부
  1. 원처분주의와 재결주의
  2. 상대방에게 유리한 변경명령재결이 있는 경우 취소소송의 대상
    (1) 학설
    (2) 판례(당초부터 유리하게 변경된 원처분)
    (3) 검토
  3. 사안의 경우

Ⅲ 제소기간의 기산점
  1. 제소기간의 의의 및 취지
  2. 행정심판을 거친 경우의 제소기간
  3. 관련 판례의 태도
  4. 사안의 경우
Ⅳ 피고적격
  1. 피고적격의 의의
  2. 사안의 경우
Ⅴ 사안의 해결

(설문)의 해결

Ⅰ 쟁점의 정리

① 사안에서와 같이 행정심판의 재결을 거쳐 취소소송을 제기하는 경우에 그 취소소송의 대상은 당초처분인지 아니면 재결에 따른 변경처분인지가 문제된다. 따라서 취소소송의 대상인 처분의 의미를 파악하고 취소소송의 대상인 처분이 어느 것인지를 검토한다.
② 또한 출소기간의 계산도 당초처분 시부터인지 변경된 처분 시부터인지 문제될 수 있으며, 소의 대상에 따라 피고도 달라질 수 있는바 이에 대해서 논하고자 한다.

Ⅱ 변경된 내용의 당초처분이 소의 대상이 되는지 여부

1. 원처분주의와 재결주의

원처분주의란 취소소송의 대상을 원처분으로 하되 재결 자체에 고유한 위법이 있는 경우에 한하여 예외적으로 재결을 취소소송의 대상으로 하는 것을 말한다.

행정심판은 행정기관이 처분의 위법·부당을 심리판단하는 제도로서 업무정지처분을 감경한 것은 당사자의 주장을 일부인용한 것으로서 재결고유의 하자로 볼 수 없을 것이다.

2. 상대방에게 유리한 변경명령재결이 있는 경우 취소소송의 대상

(1) 학설

① 변경명령재결과 그에 따른 변경처분을 재결내용의 고유한 위법이 있는 것이라고 할 수 없는 바, 원처분을 다투어야 한다는 원처분설과 ② 변경처분은 원처분과 다른 새로운 처분이므로 변경처분을 다투어야 한다는 변경처분설, ③ 변경된 처분은 새로운 처분이 아니라 당초부터 유리하게 변경된 내용의 처분이라 할 것이므로 변경시킨 원처분을 다투어야 한다는 견해가 대립된다.

(2) 판례(당초부터 유리하게 변경된 원처분)

판례는 일부취소 또는 적극적 변경재결로 인하여 감경되고 남은 원처분을 상대로 원처분청을 피고로 하여 소송을 제기하여야 하는 것으로 보고 있다. 또한 처분명령재결의 경우에도 변경된 내용의 당초처분을 소의 대상으로 보고 있다(대판 2007.4.27, 2004두9302).

(3) 검토

변경(명령)재결도 제재적 처분의 강도를 감경한 것에 지나지 않는다는 점에서 감경되고 남은 원래의 처분을 소의 대상으로 함이 타당하다고 판단된다.

3. 사안의 경우

사안에서는 5개월의 업무정지처분으로 변경되었다. 이는 제재적 처분의 강도가 감경된 것이므로 당초부터 유리하게 변경된 5개월의 업무정지처분이 소송의 대상이 된다.

Ⅲ 제소기간의 기산점

1. 제소기간의 의의 및 취지

제소기간이란 소송을 제기할 수 있는 시간적 간격을 의미하며 제소기간 경과 시 "불가쟁력"으로 소를 제기할 수 없다. 행정소송법 제20조에서는 처분이 있은 날로부터 1년, 안 날로부터 90일을 규정하고 있다. 제소기간은 행정의 안정성과 국민의 권리구제를 조화하는 입법정책과 관련된 문제이다.

2. 행정심판을 거친 경우의 제소기간

행정심판을 거쳐 취소소송을 제기하는 경우 취소소송은 재결서의 정본을 송달받은 날부터 90일 이내에 제기하여야 한다(행정소송법 제20조 제1항). 이는 불변기간이다.

3. 관련 판례의 태도

판례는 일부인용의 처분명령재결에 따라 당초처분을 유리하게 변경한 경우, 제소기간의 준수 여부는 변경처분이 아닌 변경된 내용의 당초처분을 기준(재결서 정본의 송달을 받은 날)으로 판단해야 한다고 한다.

4. 사안의 경우

설문은 행정심판을 제기한 경우에 해당되기 때문에 재결서를 송달받은 날인 2025년 3월 10일부터 90일 이내에 취소소송을 제기하여야 할 것이다.

Ⅳ 피고적격

1. 피고적격의 의의

피고란 소송당사자로서 원고가 아닌 자를 말한다. 행정소송법 제13조에서는 '처분 등을 행한 행정청'을 피고로 규정하고 있다.

2. 사안의 경우

해당 취소소송의 대상은 당초부터 유리하게 변경된 원처분이므로 처분청인 을이 피고가 될 것이다.

Ⅴ 사안의 해결

갑은 당초부터 유리하게 변경된 5개월의 영업정지처분에 대해서 처분청인 을을 피고로 하여 2025년 3월 10일부터 90일 이내에 취소소송을 제기할 수 있다. 이에 대해 갑은 3월 17일에서야 비로소 1개월의 영업정지처분을 통지받았으므로 이를 기준하여 영업정지처분의 효력이 변경되는 것으로 인지할 수 있는 바, 이를 기준하여 제소기간을 기산하여야 한다는 견해(변경된 처분설)에 따를 경우 2025년 3월 17일부터 90일 이내에 취소소송을 제기할 수 있을 것이다.

사례 11   제3자 인용재결

다음 설문 각각의 경우에 대해 행정소송법 제19조의 해석에 기초하여 기술하시오. 30점

(1) A구청장은 해당 구내의 주거지역에 사업시행자 갑이 연탄공장설립을 신청하자 이에 대해 허가하여 주었다. 이 연탄공장설립허가에 대해 해당 지역 이웃주민들이 A구청장에게 몰려가 강하게 항의하였으나, 개선되지 않자 연탄공장에 인접한 주민 을은 정식으로 연탄공장 설립허가를 취소할 것을 구하는 행정심판을 제기하여 인용재결을 받았다. 그러자 이번에는 사업시행자 갑이 '을이 받은 인용재결'에 불복하여 행정쟁송을 제기하려고 한다. 이 경우 행정소송의 대상은 무엇인가?

(2) "공익사업을 위한 토지 등의 취득 및 보상에 관한 법률"(이하 '토지보상법'이라고 함) 제85조 제1항 전문은 [사업시행자·토지소유자 또는 관계인이 중앙토지수용위원회 혹은 지방토지수용위원회의 수용재결에 대하여 불복이 있는 때에는 재결서를 받은 날부터 90일 이내에, 이의신청을 거친 때에는 이의신청에 대한 재결서를 받은 날부터 60일 이내에 각각 행정소송을 제기할 수 있음]을 규정하고 있다. 이 규정에 따라 갑 소유의 토지가 A광역시가 추진하는 시민운동장 건축을 위한 부지로 되어 갑이 중앙토지수용위원회의 수용재결을 거쳤으나, 갑이 이에 불복하여 다시 중앙토지수용위원회에 이의신청을 하여 동 위원회의 이의재결을 받았다. 하지만 갑은 이 이의재결에도 불복하여 행정소송을 제기하려고 한다. 이 경우 수용자체에 대한 불복이 있는 경우 갑은 무엇을 대상으로 행정소송을 제기하여야 하는가?

Ⅰ 쟁점의 정리
Ⅱ 원처분주의와 재결주의
  1. 원처분주의와 재결주의의 의의
  2. 현행법의 태도
Ⅲ 제3자효 행정행위의 인용재결과 재결 자체의 고유한 위법
  1. 문제점
  2. 인용재결이 소의 대상이 되는지 여부
    (1) 학설의 대립
    (2) 판례의 태도
    (3) 검토
  3. 사안의 경우

Ⅳ 토지보상법상 재결과 항고소송의 대상
  1. 문제점
  2. 이의재결이 항고소송의 대상이 되는지 여부
    (1) 판례의 태도
    (2) 학설의 대립
    (3) 검토
  3. 사안의 경우
Ⅴ 사안의 해결

Ⅰ 쟁점의 정리

설문 (1)과 (2)에서 행정소송의 대상이 무엇이 되어야 하는지 문제된다. 구체적으로 설문 (1)과 관련하여서는 제3자효 행정행위의 경우 인용재결이 항고소송의 대상이 되는지 여부가 문제되고, 설

문 (2)와 관련하여서는 토지보상법상 수용재결과 이의재결이 모두 있는 경우 항고소송의 대상이 무엇이 되는지 여부의 문제이다. 따라서 현행법(행정소송법 제19조)의 태도가 원처분주의인지 여부를 토대로, 각 설문의 항고소송 대상에 대해 검토한다.

II 원처분주의와 재결주의

1. 원처분주의와 재결주의의 의의
"원처분주의"란 원처분의 위법은 원처분에 대한 항고소송에서만 주장할 수 있고, 재결에 대한 항고소송에서는 재결 자체의 고유한 하자에 대해서만 주장할 수 있는 제도를 말한다. "재결주의"는 재결이 있는 경우에 원처분에 대해서는 제소가 불가능하고 재결에 대해서만 행정소송의 대상이 되며, 다만 원처분의 위법사유도 아울러 주장할 수 있다는 원칙을 의미한다.

2. 현행법의 태도
원처분주의와 재결주의 중 어느 것을 택할 것인지는 입법정책의 문제이나, 법치행정의 원칙의 실효성 확보와 행정소송의 행정통제적 기능에 비추어 원처분주의가 타당하다고 본다. 현행 행정소송법 제19조도 "취소소송의 대상은 처분 등을 대상으로 한다. 다만, 재결취소소송의 경우에는 재결 자체에 고유한 위법이 있음을 이유로 하는 경우에 한한다."라고 규정하여 원처분주의를 채택하고 있다.

III 제3자효 행정행위의 인용재결과 재결 자체의 고유한 위법

1. 문제점
연탄공장설립허가로 그동안 이익을 누리던 갑이 인용재결로 인해 비로소 불이익한 효과를 받게 되므로, 갑은 인용재결 자체를 다툴 수밖에 없다. 그런데 문제는 그 법적 성질이 "재결 자체의 고유한 위법"(행정소송법 제19조 단서)을 다투는 것으로 볼 수 있는지 여부가 쟁점이다.

2. 인용재결이 소의 대상이 되는지 여부

(1) 학설의 대립

① 이 경우를 재결 자체에 고유한 위법이 있는 경우로 보아 행정소송법 제19조 단서에 의해 재결이 소의 대상이 되는 것이라고 보는 견해가 있는 반면, ② 해당 인용재결은 제3자와의 관계에서는 별도의 처분이 되는 것이므로 이 경우는 행정소송법 제19조 본문에 의해 처분이 소의 대상이 되는 것이라고 보는 견해가 있다.

(2) 판례의 태도

판례는 "인용재결은 원처분과 내용을 달리하는 것이므로 그 인용재결의 취소를 구하는 것은 원처분에는 없는 재결에 고유한 하자를 주장하는 셈이어서 당연히 항고소송의 대상이 된다(대판 1997.12.23, 96누10911)."라고 판시하여 재결의 고유한 하자로 본다.

(3) 검토

인용재결이란 처분청의 취소절차를 거칠 필요가 없이 취소되는 형성재결이나 인용재결의 취소를 구하는 것은 원처분에 없는 재결 고유의 하자를 주장하는 것이므로 행정소송법 제19조 단서에 의한 재결취소소송을 구하는 것이 타당하다.

3. 사안의 경우

사안의 경우 을이 제기한 취소심판에서 인용재결(처분취소재결)이 있으면 재결 그 자체에 의해 처분이 취소되는 효과를 가져오며, 이는 재결 고유의 하자의 내용을 구성하는 것이므로 갑은 인용재결을 대상으로 취소소송을 제기하여야 한다.

Ⅳ 토지보상법상 재결과 항고소송의 대상

1. 문제점

사안에서 토지보상법에 따른 협의가 이루어지지 않아 중앙토지수용위원회의 수용재결이 있는 경우 사업시행자는 보상금을 지급할 것을 조건으로 토지 등에 대한 권리를 취득하게 되므로(토지보상법 제40조, 제42조 등 참조) 수용재결이 원처분이 된다. 그러나 갑이 이에 대해 이의신청을 하여 이의재결이 있었으나 이에 대해 불복하려는 경우 수용재결과 이의재결 중 무엇이 항고소송의 대상이 되는지 문제된다.

2. 이의재결이 항고소송의 대상이 되는지 여부

(1) 판례의 태도

판례는 (구)토지수용법하에서는 재결주의를 취하고 있었으나, 현행 토지보상법하에서 판례는 "이의신청을 거친 경우에도 수용재결을 한 토지수용위원회를 피고로 하여 수용재결의 취소를 구하여야 하고, 이의신청에 대한 재결 자체에 고유한 위법이 있음을 이유로 하는 경우에는 그 이의재결을 한 중앙토지수용위원회를 피고로 하여 이의재결의 취소를 구할 수 있다고 보아야 한다(대판 2010.1.28, 2008두1504)."라고 판시하여 원처분주의의 입장을 취하고 있다.

(2) 학설의 대립

학설은 (구)토지수용법상 판례에 동조하는 소수설도 있었으나, 다수설은 토지수용소송에서 현행 토지보상법 제85조 제1항 전문이 재결소송을 규정하고 있는 것은 아니므로 원처분주의의 예외를 인정할 특별한 필요가 없다는 점과 재결주의로 해석하는 것이 당사자에게 불리하다는 점 등을 논거로 (구)토지수용법하의 판례를 비판하였다.

(3) 검토

이의재결이 항고소송의 대상이 되는지 여부는 현행법의 태도에 따라 결정하여야 하며 현행 토지보상법하에서는 이의신청 없이도 항고소송을 제기할 수 있도록 규정되어 있다(제85조 제1항). 또한 재결주의는 예외적인 것이므로 제한적으로 새겨야 한다는 점 등을 고려할 때 중앙토지수용위원회의 이의재결에 대해 불복하는 경우에도 원처분주의가 적용된다고 볼 것이다. 물론 이의재결에 고유한 하자가 있다면 행정소송법 제19조 단서에 따라 이의재결을 다툴 수도 있다. 따라서 다수설과 판례의 태도가 타당하다고 본다.

3. 사안의 경우

사안에서도 원처분주의가 적용되므로 중앙토지수용위원회의 수용재결이 원처분으로서 항고소송의 대상이 된다. 그러나 갑은 이의재결을 받았으므로 이의재결에 고유한 하자가 있는 경우라면 이에 대해 항고소송을 제기할 수도 있을 것이다.

Ⅴ 사안의 해결

1. 설문 (1)에서 갑은 을이 받은 인용재결에 대해 항고소송을 제기할 수 있다. 그 법리구성은 행정소송법 제19조 단서에 의한 인용재결 자체의 고유한 하자로 인한 것으로 볼 것이므로 이에 기초하여 항고소송을 제기할 수 있다고 보는 것이 올바른 해석이라고 본다.

2. 설문 (2)에서 갑은 중앙토지수용위원회의 수용재결(원처분)에 대해서 항고소송을 제기할 수 있다. 이는 현행 토지보상법상 이의신청 절차가 임의적 절차로 규정되어 재결주의의 여지를 삭제하였기 때문으로, 갑은 이의재결이 아닌 원처분인 수용재결을 대상으로 항고소송을 제기하여야 함이 원칙이다. 다만 이의재결에 고유한 하자가 있는 경우에는 행정소송법 제19조 단서에 의하여 이의재결 자체를 대상으로 한 항고소송의 제기도 가능하다.

사례 12　법령에 대한 불복수단

관할 행정청은 갑의 어업면허의 유효기간이 만료됨에 따라 동 어업면허의 연장을 허가하여 새로이 어업면허를 함에 있어서 관련법령에 따라 면허면적을 종전의 어업면허보다 축소하였다. 갑이 자신의 재산권을 침해하는 면허면적축소와 관련된 법령의 취소를 청구하는 행정소송을 제기할 수 있는가?

15점

Ⅰ 쟁점의 정리
Ⅱ 법령의 취소를 구하는 행정소송의 가부
　1. 법률이 행정소송의 대상인지
　2. 법규명령이 행정소송의 대상인지
　　(1) 법규명령의 의의
　　(2) 법규명령의 근거
　　(3) 법규명령의 종류
　　(4) 법규명령이 행정소송의 대상인지 여부
　　　1) 처분적 법규명령
　　　2) 일반적 법규명령
　3. 사안의 경우
Ⅲ 사안의 해결

Ⅰ 쟁점의 정리

설문은 갑이 법령의 취소를 구하는 행정소송을 제기하거나, 어업면허면적을 종전으로 환원하여 주는 처분을 청구하는 행정소송을 제기할 수 있는지를 묻고 있다.

1. 행정소송은 구체적 법적 분쟁을 대상으로 하므로 구체적인 법적 분쟁을 전제로 함이 없이 법령의 효력 또는 해석 자체를 직접 다투는 소송(추상적 규범통제)은 원칙상 인정될 수 없다. 이와 같이 원칙상 추상적 규범통제를 인정하지 않은 것은 위헌 또는 위법인 추상적인 법령의 존재만으로는 아직 국민의 권익이 침해되지 않고 있다고 보기 때문이다. 이하에서 법규명령이 항고소송의 대상이 되는지를 검토하여 설문을 해결한다.

2. '처분을 구하는 소송'은 법원이 행정청의 권한을 행사하는 것으로서, 권력분립원칙에 반할 소지가 있게 된다. 따라서 명문의 규정 없이 이러한 소송이 인정될 수 있는지를 학설과 판례의 태도에 따라 검토하여 설문을 해결한다.

Ⅱ 법령의 취소를 구하는 행정소송의 가부

1. 법률이 행정소송의 대상인지

헌법 제107조 제1항에서는 법률이 헌법에 위반되는지 여부는 헌법재판소에서 재판한다고 하였으므로 법률은 행정소송의 대상이 되지 않는다고 볼 것이다.

2. 법규명령이 행정소송의 대상인지

(1) 법규명령의 의의
법규명령이라 함은 행정권이 제정하는 법규를 말한다. 실무에서는 통상 명령이라는 용어를 사용한다. 법규명령은 행정권이 제정하는 법인 점에서 행정입법이라고도 부른다.

(2) 법규명령의 근거
헌법 제76조는 대통령의 긴급명령 및 긴급재정·경제명령의 근거를, 제75조는 대통령령(위임명령과 집행명령)의 근거를, 제95조는 총리령과 부령(위임명령과 집행명령)의 근거를, 제114조는 중앙선거관리위원회규칙의 근거를 규정하고 있다.

(3) 법규명령의 종류
대통령이 제정하는 명령을 대통령령, 총리가 발하는 명령을 총리령, 행정각부의 장이 발하는 명령을 부령이라 한다. 입법실제에 있어서 대통령령에는 통상 시행령이라는 이름을 붙이고 총리령과 부령에는 시행규칙이라는 이름을 붙인다. 독립행정위원회가 제정하는 법규명령에는 "규칙"이라는 명칭을 붙인다.

(4) 법규명령이 행정소송의 대상인지 여부

1) 처분적 법규명령
처분적 법규명령이란 법규의 내용이 개별·구체적인 사항으로서, 별도의 집행행위 없이도 국민에 대하여 직접적이고 구체적인 법적효과를 가져오는 명령을 말한다. 이러한 처분적 명령은 국민의 권익에 직접 영향을 미치므로 행정소송의 대상이 될 것이다.

2) 일반적 법규명령
일반적 법규명령은 일반적·추상적 규율로서, 행정청의 집행행위로 인하여 국민의 권리와 의무에 영향을 미치게 된다. 이러한 법규명령은 원칙상 행정소송의 대상이 될 수 없으나, 구체적인 처분을 대상으로 행정소송을 제기하면서 그 위법성 사유로서 법규명령의 위헌·위법을 주장하는 구체적 규범통제는 가능하다 할 것이다.

3. 사안의 경우
설문상 어업면허라는 법령의 집행행위가 있으므로, 동 법령의 성질은 처분적 법규명령은 아닌 것으로 사료된다. 따라서 갑은 동 법령을 직접 대상으로 행정소송을 제기할 수는 없을 것이나, 어업면허처분의 취소나 무효를 주장하면서 그 위법성 사유로서 법령의 위헌·위법을 주장하는 구체적 규범통제는 가능하다고 할 것이다. 이는 헌법 제107조 제2항에 근거한다.

Ⅲ 사안의 해결

갑은 면허면적을 축소하는 법령을 직접 행정소송의 대상으로 소를 제기할 수는 없으며, 어업면허처분을 소의 대상으로 하여 동 법령의 위헌·위법 여부를 다툴 수 있다.

Chapter 04 행정입법에 대한 불복쟁점

📝 사례 13 법령보충적 행정규칙과 불복수단

국토교통부장관은 표준지공시지가의 조사, 평가의 효율성을 확보하고자 표준지공시지가 조사, 평가의 기준을 훈령으로 제정하였다. 이에 근거하여 2014년 갑 소유의 표준지공시지가가 결정되었다. 갑은 상기의 표준지 조사, 평가기준은 위헌이며 이에 근거한 표준지공시지가의 결정도 위법이라고 생각하고 있다. 갑이 제기할 수 있는 사법적 권리구제수단을 논하시오. 20점

> **참조 조문**
>
> [표준지공시지가 조사·평가 기준[국토교통부훈령 제1594호, 2023.1.30, 일부개정]]
> 제1조(목적)
> 이 기준은 「부동산 가격공시에 관한 법률」 제3조에서 규정하고 있는 표준지 공시지가의 공시를 위하여 같은 법 제3조 제4항 및 같은 법 시행령 제6조 제3항에 따라 표준지의 적정가격 조사·평가에 필요한 세부기준과 절차 등을 정함을 목적으로 한다.

Ⅰ 쟁점의 정리
Ⅱ 관련행위의 법적 성질
  1. 표준지공시지가 조사, 평가의 기준
    (1) 문제점
    (2) 법령보충적 행정규칙의 의의 및 인정 여부
    (3) 법적 성질에 대한 견해의 대립(대외적 구속력 인정논의)
      1) 학설
        ① 행정규칙설
        ② 법규명령설
        ③ 수권여부기준설
      2) 판례
      3) 검토
    (4) 위법한 법령보충적 행정규칙의 효력
    (5) 사안의 경우
  2. 표준지공시지가
Ⅲ 갑의 권리구제수단
  1. 법원에 의한 통제
    (1) 간접적 통제
    (2) 직접적 통제
  2. 헌법재판소에 의한 통제
Ⅳ 사안의 해결

Ⅰ 쟁점의 정리

훈령으로 제정된 표준지공시지가 조사, 평가의 기준과 표준지공시지가의 법적 성질을 검토한 후, 사법적인 권리구제수단을 설명한다.

Ⅱ 관련행위의 법적 성질

1. 표준지공시지가 조사, 평가의 기준

(1) 문제점

표준지공시지가 조사, 평가의 기준이란 감정평가법인등이 표준지공시지가를 평가하는 경우 따라야 하는 기준을 말하는데, 이는 국토교통부훈령의 형식으로 되어 있기에 단순히 행정규칙에 불과한 것인지 아니면 부동산공시법의 시행을 위한 법규명령의 성질을 인정할 수 있는지 문제된다.

(2) 법령보충적 행정규칙의 의의 및 인정 여부

법령보충적 행정규칙이란 법률의 위임에 의해 법령을 보충하는 법규사항을 정하는 행정규칙을 말한다. 헌법 제75조 및 제95조와 관련하여 이러한 행정규칙의 인정 여부에 대하여 견해의 대립이 있으나, 다수견해 및 판례는 법령의 수권을 받아 제정되는 것을 논거로 하여 긍정한다.

(3) 법적 성질에 대한 견해의 대립(대외적 구속력 인정논의)

1) 학설

① 행정규칙설

법규명령은 의회입법원칙의 예외이므로 법령보충적 행정규칙도 행정규칙에 불과하다고 한다.

② 법규명령설

해당 규칙이 법규와 같은 효력을 가지므로 법규명령으로 보아야 한다고 한다.

③ 수권여부기준설

법령에 근거가 있는 경우와 없는 경우로 구분하여, 법령의 수권이 있는 경우에 한해서 법규성을 가질 수 있다고 본다.

2) 판례

① 국세청장훈령인 재산세제사무처리규정은 상위법인 소득세법 시행령과 결합하여 법규성을 가진다고 판시한 바 있다. ② 토지가격비준표는 집행명령인 개별토지가격합동조사지침과 더불어 법령보충적 구실을 하는 법규적 성질을 가지고 있는 것으로 보아야 한다고 판시한 바 있다. ③ 감정평가에 관한 규칙에 따른 '감정평가실무기준'이나 한국감정평가사협회가 제정한 '토지보상평가지침'은 일반 국민을 기속하지 않는다고 판시한 바 있다(대판 2014.6.12, 2013두4620).

3) 검토

상위법령의 위임이 있는 경우에는 그와 결합하여 법령을 보충하므로 법규성을 인정하는 것이 행정현실상 타당하다고 판단된다. 다만, 일반적인 법규명령절차를 거치지 않기 때문에 '국민의 예측가능성'을 고려하여 고도의 전문적 영역에 한정되어 최소한도로 인정해야 할 것이다.

(4) 위법한 법령보충적 행정규칙의 효력

판례는 법령보충적 행정규칙이 법령의 위임범위를 벗어난 경우에는 위법한 법규명령이 되는 것이 아니라 법규명령으로서의 대외적 구속력이 인정되지 않으므로 행정규칙에 불과한 것이 된다고 하였다.

(5) 사안의 경우

표준지조사평가기준은 표준지공시지가의 공시를 위하여 부동산공시법 제3조 제4항 및 같은 법 시행령 제6조 제3항에 따라 표준지의 적정가격 조사·평가에 필요한 세부기준과 절차 등을 정함을 목적으로 하고 있으므로 법령보충적 행정규칙으로서 대외적 구속력이 인정된다.

2. 표준지공시지가

표준지공시지가는 국토교통부장관이 조사, 평가하여 공시한 표준지의 단위면적당 가격을 말한다. 판례는 처분성을 긍정하며, 법률관계의 조기확정을 통한 법적 안정성 확보를 위하여 처분성을 긍정함이 타당하다.

Ⅲ 갑의 권리구제수단

1. 법원에 의한 통제

(1) 간접적 통제(명령심사제도)

1) 의의와 근거

간접적 통제라 함은 다른 구체적인 사건에 관한 재판에서 행정입법의 위법 여부가 선결문제가 되는 경우 해당 행정입법의 위법 여부를 통제하는 것을 말한다. 간접적 통제는 헌법 제107조 제2항에 근거한다.

2) 통제의 대상

헌법은 '명령·규칙'이 헌법이나 법률에 위반되는지 여부가 재판에서 전제가 된 경우에 법원에 의한 통제의 대상이 된다고 규정하고 있다. 여기에서 '명령'이란 법규명령을 의미하며, 위임명령과 집행명령 모두 통제의 대상이 된다.

3) 통제의 주체

각급 법원이 통제하고, 대법원이 최종적인 심사권을 갖는다. 대법원이 최종적 심사권을 갖는다는 것은 대법원이 위헌·위법이라고 판단한 경우에는 해당 명령의 위헌 또는 위법이 확정되며 그 위헌 또는 위법이 명백하게 된다는 것을 의미한다.

4) 법규명령의 위헌 여부

법규명령은 포괄위임금지 및 수권법률의 위임한계 내에서 입법되어야 한다. 즉, 위임의 내용·목적 및 범위가 명확하고 구체적으로 한정되어야 하며 상위법령에 위반하여서는 안 된다.

5) 통제의 효력

법규명령이 위법하다는 대법원의 판결이 있는 경우에 해당 명령은 효력을 상실하는 것으로 보는 견해도 있으나, 현재의 일반적인 견해는 해당 행정입법이 일반적으로 효력을 상실하는 것으로 보지 않고 해당 사건에 한하여 적용되지 않는 것으로 보고 있다. 위법인 법령에 근거한 행정처분은 중대명백설에 의할 때 통상 취소할 수 있는 처분으로 보아야 한다. 왜냐하면 처분근거법령의 위헌·위법은 통상 중대한 하자이나 명백하지 않기 때문이다

(2) 직접적 통제(법규명령에 대한 항고소송)

행정입법은 일반적·추상적 규범이므로 원칙상 처분이 아니고, 따라서 항고소송의 대상이 될 수 없다. 그러나 명령 중 처분적 성질을 갖는 명령은 항고소송의 대상이 된다는 것이 일반적 견해이다.

2. 헌법재판소에 의한 통제

헌법소원은 공권력의 행사 및 불행사로 인하여 헌법상 보장된 기본권을 침해받은 자가 헌법재판소에 해당 공권력의 헌법심사를 청구하는 제도이다(권리구제형 헌법소원). 행정구제수단으로서의 헌법소원은 행정소송으로 구제될 수 없거나 현실적으로 구제되기 극히 곤란한 경우에 한하여 인정되며 이를 헌법소원의 보충성의 원칙이라 한다.

Ⅳ 사안의 해결

설문의 표준지공시지가 조사, 평가의 기준은 그 자체로서 직접 국민의 권리·의무를 제한한다고 볼 수 없고 그에 근거한 표준지공시지가의 결정에 의해서 국민의 권리·의무에 영향을 준다고 보아야 한다. 따라서 사안의 표준지공시지가 조사, 평가의 기준에 대한 사법적 통제수단으로는 표준지공시지가 조사, 평가의 기준을 대상으로 하는 항고소송이나 헌법소원은 인정될 수 없고 표준지공시지가 결정에 대하여 취소소송을 제기하면서 그 표준지공시지가 결정의 근거가 되는 표준지공시지가 조사, 평가의 기준의 위법을 간접적으로 통제하는 방식만이 가능할 것이다.

 법규명령에 대한 통제

1. 사법적 통제

2. 국회에 의한 통제

(1) 직접적 통제

국회법은 법률에서 위임한 사항이나 법률을 집행하기 위하여 필요한 사항을 규정한 대통령령, 총리령, 부령 등이 제정 또는 개정된 때에는 소관 중앙행정기관의 장으로 하여금 국회의 소관상임위원회에 10일 이내에 이를 제출하도록 하고 상임위원회는 제출받은 대통령령 등을 검토하여 그것이 법률의 취지 또는 내용에 합치되지 아니하다고 판단되는 경우에는 소관 중앙행정기관의 장에게 이를 통보할 수 있도록 하고 있다.

(2) 간접적 통제

이는 국회가 법규명령의 성립이나 효력발생에 직접적으로 관여하는 것이 아니라, 국회가 행정부에 대하여 가지는 국정감시권의 행사에 의하여 간접적으로 법규명령의 적법, 타당성을 확보하는 것을 말한다. 국정감사, 국정조사, 탄핵소추 등을 들 수 있다.

3. 행정부에 의한 통제

(1) 행정감독권에 의한 통제

상급행정청은 감독권의 행사를 통하여 법규명령의 폐지 내지 개선을 명할 수 있다.

(2) 행정절차에 의한 통제

법규명령의 제정에 있어서 일정한 절차를 거치도록 함으로써 법규명령의 적법성을 확보하는 방법이다. 법규명령의 제정절차로서 국무회의의 심의 및 법제처의 심사가 있으며 아울러 행정절차법은 행정상 입법예고제도를 두고 있다.

(3) 행정심판에 의한 통제

행정심판법 제59조에 따르면 중앙행정심판위원회는 심판청구를 심리, 의결함에 있어서 처분 또는 부작위의 근거가 되는 명령 등이 법령에 근거가 없거나 상위법령에 위배되거나 국민에게 과도한 부담을 주는 등 현저하게 불리하다고 인정되는 경우에는 관계 행정기관에 대하여 해당 명령 등의 개정, 폐지 등 적절한 시정조치를 요청할 수 있도록 하고 있다.

4. 국민에 의한 통제

이는 법규명령의 제정 시에 공청회 등을 통하여 국민의 의사를 반영시킨다든가, 매스컴이나 시민단체의 활동 등 여론을 통하여 행정입법의 적법성을 확보하는 방법이다. 오늘날 국민의 권리의식의 발전에 따라 국민에 의한 직접적 통제가 중요한 의미를 갖게 되었는바, 입법예고제도가 이를 제도적으로 뒷받침하고 있다고 볼 수 있다.

사례 14 법령보충적 행정규칙과 불복수단

감정평가법인 갑은 의뢰인으로부터 기준시점 2015.8.31.로 하는 감정평가를 하였다(이하 '1차 감정평가'). 이후 1차 감정평가의 의뢰인은 2015.12.21. 기준시점을 2014.5.21.로 하는 감정평가를 재의뢰하였다(이하 '2차 감정평가'). 2차 감정평가는 1차 감정평가 기준시점(2015.8.31.)보다 기준시점을 소급하는 감정평가에 해당하는 사실을 알 수 있다.
이러한 사실관계를 보면 갑이 같은 의뢰인으로부터 같은 물건을 다시 의뢰받은 날로부터 6월 이상 기준시점을 소급하는 2차 감정평가는 1차 감정평가보다 기준시점을 소급하는 감정평가에 해당하게 되어 감정평가보수기준에 따라 할증률이 적용되어야 한다. 그런데 의뢰인은 1차 감정평가와 비교하여 2차 감정평가는 시점에 따른 시점수정치만 상이할 뿐, 비교표준지 선정 및 개별요인 비교치 등 모든 수치가 1차 감정평가와 동일하므로 감정평가 수수료에 대한 할증은 부당하고 오히려 할인을 받아야 한다고 주장한다. 30점

(1) 감정평가법인등의 보수에 관한 기준이 대외적 구속력을 갖는지에 대해서 논하시오. 15점
(2) 보수기준의 내용이 물가상승률 등을 고려할 때 부당하게 낮은 것으로 판단되는 경우에 감정평가법인등은 어떠한 구제수단을 강구할 수 있는지 논하시오. 15점

> **참조 조문**
>
> [감정평가법인등의 보수에 관한 기준]
> [시행 2025.3.17.] [국토교통부공고 제2025-334호, 2025.3.17. 일부개정]
> 제1조(목적)
> 이 기준은 「감정평가 및 감정평가사에 관한 법률」 제23조에 따라 감정평가법인등이 업무 수행에 관하여 감정평가 의뢰인으로부터 받는 수수료의 요율 및 실비의 범위와 적용방법을 정함을 목적으로 한다.
>
> 제5조(수수료의 할증)
> ① 일반적인 평가대상 물건의 감정평가에 비해 평가 난이도가 높고, 시간이 많이 소요되는 감정평가에 대해서는 감정평가수수료에 할증률을 적용한다.
> ② 제1항에 따라 다음의 각 호에 대해서는 제4조에 따른 감정평가수수료에 100분의 150의 할증률을 적용하여 산정한다. 다만, 하나의 물건(토지, 건물, 특수용도의 구축물, 입목, 도로, 광산 등)이 둘 이상의 특수평가 대상에 해당하면 하나의 특수평가에 해당하는 것으로 보아 할증률을 적용한다.
>   1. 감정평가 의뢰일로부터 6개월 이상 기준시점을 소급하는 감정평가(제6조 제2항 제1호에 해당하는 경우는 제외한다)
>
> 제6조(수수료의 할인)
> ① 평가대상 물건의 감정평가를 반복하는 등의 사유로 평가에 소요되는 시간 등이 줄어드는 감정평가에 대해서는 감정평가수수료에 할인율을 적용한다.
> ② 제1항에 따라 다음 각 호의 감정평가를 하는 경우에는 제4조에 따른 감정평가수수료에 해당 할인율의 금액을 감하여 산정한다. 다만, 하나의 물건이 둘 이상의 할인 적용 대상에 해당하는 경우에는 할인액이 큰 하나만 적용한다.
>   1. 같은 의뢰인(같은 소유자를 포함한다. 이하 이 항에서 같다)으로부터 같은 물건을 다시 의뢰받은 경우(여러 건으로 나누어 의뢰받은 경우를 포함한다) 아래의 할인율을 적용. 이 경우 재의뢰일은 당초 감

정평가서 발급일로부터 기간을 계산하고, 기준시점은 당초 기준시점부터 기간을 계산하며, 재의뢰일과 기준시점으로 계산한 기간이 다른 경우에는 기간이 긴 것을 기준으로 하되, 당초 감정평가보다 기준시점을 소급하는 감정평가에는 적용하지 아니할 것

재의뢰일	기준시점	할인율
3개월 이내	동일	100분의 90
3개월 이내	3개월 이내	100분의 70
6개월 이내	6개월 이내	100분의 50
1년 이내	1년 이내	100분의 30
2년 이내	2년 이내	100분의 10

(설문 1)의 해결
- I 쟁점의 정리
- II 법령보충적 행정규칙의 대외적 구속력 인정논의
  1. 법령보충적 행정규칙의 의의 및 인정 여부
  2. 법적 성질에 대한 견해의 대립
     (1) 학설
        1) 행정규칙설
        2) 법규명령의 효력을 갖는 행정규칙설
        3) 법규명령설
        4) 수권여부기준설
     (2) 판례
     (3) 검토
- III 감정평가법인등의 보수에 관한 기준의 대외적 구속력 인정여부

(설문 2)의 해결
- I 쟁점의 정리
- II 불복수단에 대한 검토
  1. 불복수단
     (1) 법원에 의한 통제
        1) 직접적 통제
        2) 간접적 통제
     (2) 헌법재판소에 의한 통제
  2. 보수기준의 처분성 여부
     (1) 행정소송법 제2조 처분개념
     (2) 관련 판례의 태도
     (3) 보수기준의 처분성 인정여부
- III 사안의 해결

(설문 1)의 해결

I 쟁점의 정리

감정평가법인등의 보수에 관한 기준은 상위법령의 위임을 받아 행정규칙의 형식으로 제정된 바, 실질은 법령의 내용을 보충하나 형식은 행정규칙이기에 대외적 구속력이 인정될 수 있는지가 문제된다.

Ⅱ 법령보충적 행정규칙의 대외적 구속력 인정논의

1. 법령보충적 행정규칙의 의의 및 인정 여부

법령보충적 행정규칙이란 법률의 위임에 의해 법령을 보충하는 법규사항을 정하는 행정규칙을 말한다. 헌법 제75조 및 제95조와 관련하여 이러한 행정규칙의 인정 여부에 대하여 견해의 대립이 있으나, 다수견해 및 판례는 법령의 수권을 받아 제정되는 것을 논거로 하여 긍정한다.

2. 법적 성질에 대한 견해의 대립

(1) 학설

1) 행정규칙설

법규명령은 의회입법원칙의 예외이므로 법령보충적 행정규칙도 행정규칙에 불과하다고 한다.

2) 법규명령의 효력을 갖는 행정규칙설

법령보충적 행정규칙에 법규와 같은 효력(구속력)을 인정하더라도 행정규칙의 형식으로 제정되었으므로 법적 성질은 행정규칙으로 보는 것이 타당하다고 한다.

3) 법규명령설

해당 규칙이 법규와 같은 효력을 가지므로 법규명령으로 보아야 한다고 한다.

4) 수권여부기준설

법령에 근거가 있는 경우와 없는 경우로 구분하여, 법령의 수권이 있는 경우에 한해서 법규성을 가질 수 있다고 본다.

(2) 판례

① 국세청장훈령인 재산세제사무처리규정은 상위법인 소득세법 시행령과 결합하여 법규성을 가진다고 판시한 바 있다. ② 토지가격비준표는 집행명령인 개별토지가격합동조사지침과 더불어 법령보충적 구실을 하는 법규적 성질을 가지고 있는 것으로 보아야 한다고 판시한 바 있다. ③ 감정평가에 관한 규칙에 따른 '감정평가실무기준'이나 한국감정평가사협회가 제정한 '토지보상평가지침'은 일반 국민을 기속하지 않는다고 판시한 바 있다(대판 2014.6.12, 2013두4620).

(3) 검토

상위법령의 위임이 있는 경우에는 그와 결합하여 법령을 보충하므로 법규성을 인정하는 것이 행정현실상 타당하다고 판단된다. 다만, 일반적인 법규명령절차를 거치지 않기 때문에 '국민의 예측가능성'을 고려하여 고도의 전문적 영역에 한정되어 최소한도로 인정해야 할 것이다.

Ⅲ 감정평가법인등의 보수에 관한 기준의 대외적 구속력 인정여부(사안의 해결)

감정평가법인등의 보수에 관한 기준은 감정평가사법 제23조에 따라 감정평가법인등이 업무 수행에 관하여 감정평가 의뢰인으로부터 받는 수수료의 요율 및 실비의 범위와 적용방법을 정함을 목적으로 하므로 이는 법령보충적 행정규칙으로서 대외적 구속력이 인정된다고 볼 것이다.

(설문 2)의 해결

I 쟁점의 정리

보수기준은 직접적인 행정청의 매개행위 없이 감정평가법인등의 수수료와 관련된 법률관계에 직접적인 영향을 미치므로, 이러한 보수기준이 행정소송법상 처분개념에 해당되는지를 검토하여 사안을 해결한다.

II 불복수단에 대한 검토

1. 불복수단

(1) 법원에 의한 통제

1) 직접적 통제

법령보충적 행정규칙은 법규명령의 효력을 가지므로 그 자체로 국민의 권리와 의무를 제한하는 경우에는 항고소송으로 직접 그 위법성을 다툴 수 있을 것이다.

2) 간접적 통제(구체적 규범통제)

구체적인 집행행위를 매개로 하여 국민의 권리와 의무에 영향을 미치는 경우에는 구체적 규범통제의 대상이 될 것이다. 구체적 규범통제란 구체적인 소송사건에서 해당 처분의 위법성 사유로 법규명령의 위헌·위법을 주장하는 것을 말한다.

(2) 헌법재판소에 의한 통제

법령보충적 행정규칙이 항고소송의 대상이 되지 않으면서 국민의 권리와 이익에 직접적인 침해를 가하는 경우에는 권리구제형 헌법소원을 통한 구제가 가능할 것이다.

2. 보수기준의 처분성 여부

(1) 행정소송법 제2조 처분개념

"처분등"이라 함은 행정청이 행하는 구체적 사실에 관한 법집행으로서의 공권력의 행사 또는 그 거부와 그밖에 이에 준하는 행정작용(이하 "處分"이라 한다) 및 행정심판에 대한 재결을 말한다.

(2) 관련 판례의 태도(2003무23 결정)

어떠한 고시가 일반적·추상적 성격을 가질 때에는 법규명령 또는 행정규칙에 해당할 것이지만, 다른 집행행위의 매개 없이 그 자체로서 직접 국민의 구체적인 권리의무나 법률관계를 규율하는 성격을 가질 때에는 행정처분에 해당한다고 할 것이라고 판시한 바 있다.

(3) 보수기준의 처분성 인정여부

보수기준은 별도의 행정처분을 요하지 않으며 감정평가법인등은 감정평가 업무를 수행하고 보수기준에 따른 수수료를 청구할 수 있으며 보수기준은 대외적 구속력을 갖는 법규명령의 성질을 가지므로 보수기준 그 자체로 국민의 권리와 의무에 영향을 미친다고 볼 수 있을 것이다.

Ⅲ 사안의 해결

보수기준은 별도의 매개행위 없이 감정평가법인등의 수수료청구와 관련된 법률관계에 영향을 미치므로 이를 대상으로 직접 항고소송을 제기할 수 있을 것이다.

* 처분성이 인정된다 하여도, 제소기간이 문제될 수 있다. 보수기준의 공고를 안 날로 볼 것인지 또는 효력이 발생한 날로 볼 것인지에 대한 이견이 있을 수 있으며 경우에 따라 제소기간이 도과되어 각하되는 소결도 가능할 수 있다.

사례 15 법령보충적 행정규칙의 법적 성질(비준표)

개별공시지가는 표준지공시지가에 비준표를 적용하여 산정한다. 이 경우에 적용되는 토지가격비준표의 법적 성질을 설명하시오. [10절]

Ⅰ 개설(토지가격비준표의 의의 및 역할)
Ⅱ 법적 성질
　1. 문제점
　2. 법령보충적 행정규칙의 의의 및 인정 여부
3. 법적 성질에 대한 견해의 대립(대외적 구속력 인정논의)
4. 판례
Ⅲ 검토

Ⅰ 개설(토지가격비준표의 의의 및 역할)

비준표는 표준지와 개별토지의 지가형성요인에 관한 표준적인 비교표로서, 행정목적을 위한 지가산정에 있어서 비용을 절감하고 전문성을 보완함에 제도적 취지가 인정된다. 부동산공시법 제3조 제8항에 근거규정을 두고 있다.

Ⅱ 법적 성질

1. 문제점

비준표의 법적 성질에 따라 그 활용상 하자가 존재하는 경우 위법성 판단구조가 달라진다.

2. 법령보충적 행정규칙의 의의 및 인정 여부

법령의 위임에 의해 법령을 보충하는 법규사항을 정하는 행정규칙을 말한다. 헌법 제75조 및 제95조와 관련하여 이러한 행정규칙의 인정 여부에 대하여 견해의 대립이 있으나 다수견해 및 판례는 법령의 수권을 받아 제정되는 것을 논거로 하여 긍정하며, 타당하다.

3. 법적 성질에 대한 견해의 대립(대외적 구속력 인정논의)

① 형식을 중시하는 행정규칙설, ② 전문성과 기술성이 인정되는 영역에서 행정의 시원적인 입법권을 인정하는 규범구체화 행정규칙설, ③ 법규와 같은 효력을 가지나 형식이 행정규칙이므로 법규명령의 효력을 갖는 행정규칙으로 보는 견해, ④ 실질을 중시하는 법규명령설, ⑤ 수권유무를 기준으로 구별하는 수권여부기준설이 있다.

4. 판례

① 국세청훈령인 재산제세사무처리규정은 상위법인 소득세법 시행령과 결합하여 법규성을 가진다고 판시한 바 있다. ② 대법원은 토지가격비준표는 집행명령인 개별토지가격합동조사지침과 더불어 법령보충적 구실을 하는 법규적 성질을 가지고 있는 것으로 보아야 한다고 판시한 바 있다.

Ⅲ 검토

상위법령의 위임이 있는 경우에는 그와 결합하여 법령을 보충하므로 법규성을 인정하는 것이 행정현실상 타당하다고 판단된다. 다만, 일반적인 법규명령절차를 거치지 않기 때문에 '국민의 예측가능성'을 고려하여 고도의 전문적 영역에 한정되어 최소한도로 인정해야 할 것이다.

Chapter 05 신고 및 사실행위에 대한 대상적격 인정논의

> **사례 16** 조례의 대상적격 판단
>
> 서울시의회는 서울시 내의 중·소 감정평가법인의 활성화를 위하여 '서울시에 소재하는 5인 이상의 감정평가법인은 2017년 1월 1일부터 2017년 12월 31일까지 매주 월요일은 휴무한다'는 내용의 조례를 제정하였고 서울시는 2016년 9월 1일 이를 공포하였다. 최근 5인 법인을 설립한 감정평가법인 갑은 조례를 대상으로 취소 또는 무효확인소송을 제기할 수 있는가? 즉, 서울시 조례는 항고소송의 대상이 되는가? [10점]

Ⅰ 쟁점의 정리	2. 법규명령이 행정소송의 대상인지 여부
Ⅱ 조례가 행정소송법상 처분인지 여부	(1) 처분적 법규명령
1. 조례의 의의	(2) 일반적 법규명령
	Ⅲ 사안의 해결

Ⅰ 쟁점의 정리

갑이 조례를 대상으로 취소 또는 무효확인소송을 제기하기 위해서는 조례의 처분성이 인정되어야 한다. 조례의 처분성이 인정되는지를 검토한다.

Ⅱ 조례가 행정소송법상 처분인지 여부

1. 조례의 의의

조례란 지방자치단체가 법령의 범위 내에서 지방의회의 의결을 거쳐 제정한 법규로서 행정입법에 해당한다.

2. 법규명령이 행정소송의 대상인지 여부

(1) 처분적 법규명령

처분적 법규명령이란 법규의 내용이 개별·구체적인 사항으로서, 별도의 집행행위 없이도 국민에 대하여 직접적이고 구체적인 법적 효과를 가져오는 명령을 말한다. 이러한 처분적 명령은 국민의 권익에 직접 영향을 미치므로 행정소송의 대상이 될 것이다.

(2) 일반적 법규명령

일반적 법규명령은 일반적·추상적 규율로서, 행정청의 집행행위로 인하여 국민의 권리와 의무에 영향을 미치게 된다. 이러한 법규명령은 원칙상 행정소송의 대상이 될 수 없으나, 구체적인 처분을 대상으로 행정소송을 제기하면서 그 위법성 사유로서 법규명령의 위헌·위법을 주장하는 구체적 규범통제는 가능하다 할 것이다.

> **✍ 피고적격 인정 여부**
>
> **1. 취소소송의 피고적격(행정소송법 제13조)**
> 취소소송은 다른 법률에 특별한 규정이 없는 한 그 처분 등을 행한 행정청을 피고로 한다. 다만, 처분 등이 있은 뒤에 그 처분 등에 관계되는 권한이 다른 행정청에 승계된 때에는 이를 승계한 행정청을 피고로 한다.
>
> **2. 사안의 경우**
> 서울시의회는 조례를 제정한 기관이며, 이에 대한 대외적인 공포는 서울시의 권한이므로 조례의 처분성이 인정된다면, 서울시장이 행정청이 되므로 서울시장을 피고로 제기하여야 할 것이다.

Ⅲ 사안의 해결

'서울시에 소재하는 5인 이상의 감정평가법인은 2017년 1월 1일부터 2017년 12월 31일까지 매주 월요일은 휴무한다'는 내용의 조례는 개별·구체적으로 서울시에 소재하는 5인 이상의 법인에게 가해지는 권리제한으로서 항고소송의 대상인 처분에 해당한다. 따라서 갑은 서울시장을 피고로 하여 이에 대한 취소 또는 무효확인소송을 제기할 수 있을 것이다.

> **사례 17** 행정입법부작위 및 권리구제수단
>
> 갑은 팔당지역댐 피해대책위원회 위원장으로서 팔당댐 건설로 인하여 급격한 환경변화를 이유로 손실을 입어왔다. 특정다목적댐법 제20조에 의하면 다목적댐 건설로 인한 손실보상 의무가 국가에 게 있고 같은 법 제22조에 의하면 손실보상의 절차와 그 방법 등 필요한 사항은 대통령령으로 규정하도록 되어 있음에도 상당 기간이 지나도록 대통령이 이를 제정하지 아니한 것은 행정입법부작위에 해당하는 것이라고 판단하고 부작위위법확인소송을 제기하였다. 갑이 제기한 부작위위법확인소송이 적법한지와 그 밖의 권리구제수단에 대해서 논하시오. 50점

Ⅰ 쟁점의 정리
Ⅱ 행정입법부작위 여부
  1. 행정입법부작위의 의의
  2. 행정입법부작위의 요건
    (1) 시행명령 제정의무
    (2) 상당한 기간의 경과
    (3) 명령의 제정 또는 개폐가 없었을 것
  3. 사안의 경우
Ⅲ 행정입법부작위가 부작위위법확인소송의 대상인지 여부
  1. 행정소송법 제2조 제1항 제2호 부작위의 개념
  2. 행정입법부작위가 행정소송법상 부작위인지 여부
    (1) 학설
      1) 부정설
      2) 긍정설
    (2) 판례
    (3) 검토
  3. 사안의 경우
Ⅳ 그 밖의 권리구제수단(헌법소원 등)
  1. 행정입법부작위에 대한 헌법소원
    (1) 권리구제형 헌법소원
    (2) 권리구제형 헌법소원의 요건
      1) 침해의 직접성
      2) 보충성
  2. 국가배상청구의 가능성
  3. 당사자소송의 가능성
Ⅴ 사안의 해결

Ⅰ 쟁점의 정리

① 이의 해결을 위하여 시행명령을 제정하지 않은 것이 행정입법부작위에 해당하는지, ② 해당한다면 이러한 행정입법부작위도 행정소송법 제2조 제1항 제2호 부작위개념에 해당되는지를 검토하고, ③ 그 밖의 권리구제수단으로는 헌법소원과 국가배상청구의 가능성을 논하고자 한다.

Ⅱ 행정입법부작위 여부

1. 행정입법부작위의 의의

행정입법부작위라 함은 행정권에게 명령을 제정, 개정 또는 폐지할 법적 의무가 있음에도 합리적인 이유 없이 지체하여 명령을 제정, 개정 또는 폐지하지 않는 것을 말한다.

2. 행정입법부작위의 요건

행정입법부작위가 인정되기 위하여는 ① 행정권에게 명령을 제정, 개폐할 법적 의무가 있어야 하고, ② 상당한 기간이 지났음에도 불구하고, ③ 명령이 제정 또는 개폐되지 않았어야 한다.

(1) 시행명령 제정의무

현행법상 행정권의 시행명령 제정의무를 규정하는 명시적인 법률규정은 없지만, 행정권의 시행명령 제정·개정의무는 법적 의무로 보아야 할 것이다. 법률의 집행은 행정권의 권한이지만 동시에 행정권은 법률을 집행할 헌법적 책무를 진다.

(2) 상당한 기간의 경과

법률을 시행하는 명령을 제정하기 위하여는 행정권에게 상당한 기간이 필요하다. 시행명령 제정권한을 갖는 행정기관은 시행명령 제정에 필요한 '합리적인 기간'을 갖는다고 보아야 한다. 얼마간의 기간이 합리적인 기간인가는 법령의 시행을 위한 여건의 마련과 시행명령 제정상의 어려움에 따라 각 경우마다 개별적으로 판단되어야 할 것이다.

(3) 명령의 제정 또는 개폐가 없었을 것

시행명령을 제정 또는 개정하였지만 그것이 불충분 또는 불완전하게 된 경우에는 행정입법의 부작위가 아니다.

3. 사안의 경우

설문상 특정다목적댐법 제20조 및 제22조상 다목적댐 건설로 인한 손실보상의무가 국가에게 있다고 볼 수 있고, 상당 기간이 지나도록 명령의 제정이 없었으므로 대통령이 시행명령을 제정하지 않은 것은 행정입법부작위에 해당된다.

Ⅲ 행정입법부작위가 부작위위법확인소송의 대상인지 여부

1. 행정소송법 제2조 제1항 제2호 부작위의 개념

부작위란 행정청이 당사자의 신청에 대하여 상당한 기간 내에 일정한 처분을 하여야 할 법률상 의무가 있음에도 불구하고 이를 하지 아니하는 것을 말한다.

2. 행정입법부작위가 행정소송법상 부작위인지 여부

(1) 학설

1) 부정설

행정입법은 추상적인 법규범으로서 처분이 아니므로 행정입법부작위는 성질상 부작위위법확인소송의 대상이 되는 부작위가 아니라고 본다.

2) 긍정설

시행명령 제정신청에 대한 부작위로 직접·구체적으로 권익침해를 당한 경우 해당 행정입법부작위는 행정소송법상 부작위위법확인소송의 대상이 되는 부작위라고 보고 부작위위법확인소송이 제기될 수 있다고 본다(시행명령 제정을 신청하고 행정권이 이를 거부 또는 보류한 경우에만 그 거부처분이나 부작위에 대하여 항고소송이 인정된다고 본다).

(2) 판례

판례는 '행정소송은 구체적인 사건에 대한 법률상 분쟁을 법에 의하여 해결함으로써 법적 안정을 기하자는 것이므로 부작위위법확인소송의 대상이 될 수 있는 것은 구체적 권리·의무에 관한 분쟁이어야 하고 추상적인 법령에 관하여 제정의 여부 등은 그 자체로서 국민의 구체적인 권리·의무에 직접적인 변동을 초래하는 것이 아니어서 행정소송의 대상이 될 수 없다.'고 판시하고 있다(대판 1992.5.8, 91누11261).

(3) 검토

처분적 명령이 항고소송의 대상이 되므로 처분성이 있는 행정입법의 부작위도 부작위위법확인소송의 대상이 된다고 보아야 한다. 입법론으로는 행정입법부작위를 항고소송의 대상으로 하는 명문의 규정을 두어야 할 것이다.

3. 사안의 경우

대통령은 시행령을 제정할 의무는 있지만 해당 시행령이 손실보상의 절차와 그 방법을 정하는 것일 뿐 손실보상에 관한 직접적·구체적 사항을 내용으로 하는 것은 아니므로 처분명령의 성질을 갖는 것은 아니라고 보아야 한다. 따라서 대통령이 시행령이 제정하고 있지 않는 것은 부작위위법확인소송의 대상이 되는 부작위는 아니라고 할 것이다.

IV 그 밖의 권리구제수단(헌법소원 등)

1. 행정입법부작위에 대한 헌법소원

(1) 권리구제형 헌법소원

행정입법에 대한 헌법소원을 긍정하는 견해에 의하면 시행명령을 제정할 법적 의무가 있는 경우에 명령제정의 거부나 입법부작위도 '공권력의 행사나 불행사'이므로 당연히 헌법소원의 대상이 된다고 본다. 권리구제형 헌법소원이란 공권력의 행사(불행사)에 의해 기본권이 침해된 경우, 이를 구제하는 것을 말한다.

(2) 권리구제형 헌법소원의 요건

1) 침해의 직접성

헌법소원이 인정되기 위해서는 행정입법권의 불행사로 기본권이 직접·구체적으로 침해되었어야 한다. 헌법소원의 대상이 되는 불행사란 공권력이 행사될 법적 의무가 있음에도 공권력이 행사되지 않는 것을 말하며 국민의 신청을 전제로 하지 않는다. 따라서 시행명령 제정의 지체가 지나친 경우에는 사전에 시행명령 제정의 신청을 할 필요 없이 시행명령 제정의 불행사에 대하여 헌법소원을 제기할 수 있다.

2) 보충성
다른 수단으로 권리구제가 불가할 것을 요한다. 행정입법부작위에 대하여 부작위위법확인소송이 제기될 수 있다면, 보충성의 원칙에 의해 권리구제형 헌법소원이 인정될 수 없다.

2. 국가배상청구의 가능성
행정입법부작위로 인하여 손해가 발생한 경우에 과실이 인정되는 경우에는 국가배상청구가 가능하다(대판 2007.11.29, 2006다3561).

3. 당사자소송의 가능성
항고소송의 대상이 되지 않는 행정작용에 대한 국민의 재판을 받을 권리를 보장하기 위하여 행정입법부작위에 대해 규범제정을 요구하는 당사자소송을 인정하여야 한다는 견해가 있으나, 이에 대하여는 규범제정과 같은 권력적 행위는 당사자소송의 대상이 될 수 없다는 비판이 가능하다.

Ⅴ 사안의 해결

설문에서 대통령은 시행령을 제정할 의무가 있다고 판단되므로 대통령의 시행령 미제정은 행정입법부작위에 해당된다. 그러나 이러한 행정입법부작위가 행정소송법상 부작위위법확인소송의 대상이 되는 부작위는 아니므로 갑이 제기한 부작위위법확인소송은 부적법하다. 이 경우 갑은 헌법소원의 요건이 충족된다면 헌법소원을 제기할 수 있을 것이며, 그 밖에 행정입법부작위로 인하여 손해가 발생하였고 이에 과실이 인정된다면 별도로 국가배상청구도 가능할 것이다.

사례 18   사실행위(철거)

관악구청장 갑은 을의 옥외 불법건축이 미풍양속을 해칠 우려가 있다고 판단하여 철거를 명하였으나, 을이 이를 불이행하자 행정대집행법에 따라 직접 철거하였다. 갑의 행위의 취소소송의 대상으로서 처분성을 논하시오. 20점

Ⅰ 쟁점의 정리
Ⅱ 철거행위의 법적 성질
  1. 행정대집행법상 대집행
  2. 철거행위의 법적 성질
    (1) 권력적 사실행위의 의의
    (2) 사안의 경우

Ⅲ 철거행위가 행정소송법상 처분인지 여부
  1. 행정소송법상 처분의 개념
  2. 철거행위의 처분성 여부
    (1) 학설
    (2) 판례
    (3) 검토
Ⅳ 사안의 해결

Ⅰ 쟁점의 정리

설문의 해결을 위하여 철거행위가 권력적 사실행위인지를 검토한 후, 권력적 사실행위가 행정소송법상 처분에 해당되는지를 검토한다.

Ⅱ 철거행위의 법적 성질

1. 행정대집행법상 대집행(행정대집행법 제2조)

행정대집행법상의 대집행이란 대체적 작위의무(타인이 대신하여 이행할 수 있는 작위의무)의 불이행이 있는 경우에 해당 행정청이 스스로 의무자가 행할 행위를 하거나 제3자로 하여금 이를 행하게 하고 그 비용을 의무자로부터 징수하는 것을 말한다.

2. 철거행위의 법적 성질

(1) 권력적 사실행위의 의의

권력적 사실행위란 행정청이 특정한 목적을 달성하기 위하여 국민의 신체, 재산 등에 물리력을 행사하여 행정상 필요한 상태를 실현하는 행위를 말한다.

(2) 사안의 경우

대집행법에 따른 철거행위는 대체적 작위의무의 불이행에 대한 대집행의 실행이며, 이는 행정청의 국민의 재산권에 대한 직접적인 물리력 행사에 해당하므로 이는 권력적 사실행위에 해당된다.

Ⅲ 철거행위가 행정소송법상 처분인지 여부

1. 행정소송법상 처분의 개념(행정소송법 제2조)
처분이란 행정청이 행하는 구체적 사실에 관한 법집행으로서의 공권력의 행사 또는 그 거부와 그 밖에 이에 준하는 행정작용을 말한다.

2. 철거행위의 처분성 여부
(1) 학설

1) 부정설

사실행위는 항고소송의 대상이 되지 않으며 사실행위에 대한 권익구제는 당사자소송(이행소송, 금지소송) 또는 공법상 결과제거청구소송으로 도모해야 한다고 본다.

2) 긍정설

사실행위에 대한 당사자소송을 인정하고 있지 않은 현행 행정소송법하에서는 실효적인 구제를 위하여 항고소송의 대상으로 보아야 한다고 한다.

3) 수인하명설(실체법상 개념 측면)

권력적 사실행위 자체가 아니라 권력적 사실행위에 결합되어 있는 수인하명(법률행위적 행정행위)이 소의 대상이 된다고 본다.

(2) 판례

사실행위를 명시적으로 행정소송법상 처분이라고 한 대법원 판례는 아직 없지만 권력적 사실행위로 보이는 단수처분의 처분성을 인정한 대법원 판례가 있다.

(3) 검토

당사자소송으로 금지소송이나 이행소송이 인정되지 않고 있는 현행법하에서는 실효적인 권리구제를 위하여 사실행위를 처분으로 보아 항고쟁송의 대상으로 하는 것이 타당하다. 또한 대법원 행정소송개정안은 권력적 사실행위를 행정소송법상 처분으로 예시하고 있다.

Ⅳ 사안의 해결

행정소송법상 취소소송의 대상은 '처분'이며, 이러한 처분에는 권력적 사실행위도 포함된다. 따라서 갑의 철거행위는 을의 재산권에 대한 물리력의 행사이므로 이는 취소소송의 대상인 처분에 해당된다고 볼 것이다. 다만, 철거는 단시간에 종료되는 경우가 많으며 철거가 완료된 경우에는 소의 대상이 인정된다 하더라도 소송목적(철거행위의 금지)의 실현이 불가하여 협의의 소익이 인정되지 않아 각하될 것이다.

📝 사례 19   사실행위(행정지도)

갑은 학교용지를 을에게 임대하여 건설된 수영장에 정기수업의 일환으로 수영강습을 하고 학생들로부터 수영장 이용료를 징수하여 왔다. 관할 교육청 교육장 병은 이 학교에 대한 특별감사를 실시한 결과 이러한 사실을 발견하고 갑에게 이는 사립학교법에 반할 소지가 있으므로 기왕에 징수한 수영강습회비를 학생들에게 반환하고 추후 그와 같은 일이 없도록 하라는 권고를 하였다. 갑은 교육장 병의 권고를 대상으로 취소소송을 제기할 수 있는가? 10점

Ⅰ 쟁점의 정리
Ⅱ 권고(행정지도)의 법적 성질과 권리구제수단
　1. 행정지도의 의의

2. 처분성 인정 여부
　(1) 학설
　(2) 판례
　(3) 검토
Ⅲ 사안의 해결

Ⅰ 쟁점의 정리

갑이 교육장 병의 권고에 대하여 불복을 제기하려면, 권고의 법적 성질을 파악하여 불복을 제기할 수 있는 대상인지를 검토해야 한다. 이와 관련하여 행정지도가 항고소송의 대상이 될 수 있는지를 살펴본다.

Ⅱ 권고(행정지도)의 법적 성질과 권리구제수단

1. 행정지도의 의의

행정지도란 행정청이 행정목적달성을 위하여 발하는 권고, 지도, 조언 등의 비권력적 사실행위를 말한다. 비권력적 작용이므로 법적 근거 없이도 할 수 있다는 것이 일반적 견해이다. 단, 규제적 행정지도나 강제력을 갖는 경우는 근거가 필요하다는 견해도 있다.

2. 처분성 인정 여부

(1) 학설

① 임의적 협력을 구하는 비권력적 행위인바 처분성을 부정하는 부정설과, ② 사실상 강제력을 갖고 국민의 권익을 침해하는 경우에는 처분성을 인정할 수 있다는 제한적 긍정설이 있다.

(2) 판례

권고적 성격의 행위는 특정인의 법률상의 지위에 변동을 가져오는 처분으로 볼 수 없다고 판시한 바 있다.

(3) 검토

행정지도는 법적 효과를 발생시키는 행위가 아니므로 부정한다. 단 사실상 강제력이 인정되는 경우는 권리보호 측면에서 긍정함이 타당하다.

Ⅲ 사안의 해결

병의 갑에 대한 권고는 행정지도이므로 위 권고로 인하여 갑의 구체적인 권리·의무에 직접적인 변동은 초래되지 않는다. 갑으로서는 병이 장차 위 권고를 이행하지 아니하였음을 이유로 갑에 대하여 불이익한 처분을 할 경우 그에 대하여 불복하면서 그 전제로서 위 권고의 위법함을 다툴 수 있다. 따라서 병의 권고행위는 취소소송 대상적격이 충족되지 못하므로 이를 대상으로 취소소송을 제기한다면 법원은 각하판결을 내릴 것이다.

✎ 권력적 사실행위에 대한 처분성 인정 여부

(1) 긍정설
국민의 권리와 의무에 영향을 미치므로 항고소송의 대상이 된다고 본다.

(2) 수인하명설
권력적 사실행위에 결합되어 있는 수인하명이 항고소송의 대상이 된다는 견해이다.

(3) 부정설
사실행위는 항고소송의 대상이 되지 않으며 사실행위에 대한 권익구제는 당사자소송으로 도모하여야 한다고 한다.

(4) 판례
권력적 사실행위라고 보여지는 단수처분, 교도소 재소자의 이송조치의 처분성을 인정한 대법원 판례가 있다.

(5) 검토
처분의 개념정의에 비추어 국민의 권리와 의무에 영향을 미치는 경우에는 권리보호의 필요성을 이유로 항고소송의 대상이 되는 것으로 보는 것이 타당하다.

사례 20   소속평가사 변경신고

감정평가사 甲은 적법한 절차에 따라 사무소 개설을 하고 업무를 수행하여 오던 중에 소속 감정평가사의 변동이 있어 '감정평가 및 감정평가사에 관한 법률'(이하 '감정평가사법')과 동 시행령에 따라 변경사항을 신고하였으나, 국토교통부장관은 행정청이 실시하는 여러 업무에 소극적이고 비협조적인 태도를 보여 왔다는 이유로 국토교통부장관이 신고서의 수리를 거부하였다. 이에 대해 甲은 국토교통부장관의 수리거부행위가 위법하다고 주장하면서 변경된 신고 내용대로 업무를 수행하였으나, 이에 대해 국토교통부장관은 감정평가사법 시행령 [별표 3]에 근거하여 3개월의 업무정지처분(2021.4.21.)을 내렸다(2021.4.22. 갑에게 통지됨). 甲이 국토교통부장관의 신고서 반려행위가 위법하다고 하면서 이를 취소소송으로 다투고자 한다. 소제기는 적법한가? 20점

관련 규정

[감정평가 및 감정평가사에 관한 법률]
제21조(사무소 개설 등)
⑤ 감정평가사사무소에는 소속 감정평가사를 둘 수 있다. 이 경우 소속 감정평가사는 제18조 제1항 각 호의 어느 하나에 해당하는 사람이 아니어야 하며, 감정평가사사무소를 개설한 감정평가사는 소속 감정평가사가 아닌 사람에게 제10조에 따른 업무를 하게 하여서는 아니 된다.

[별표 3]

위반행위	근거 법조문	처분기준		
		1차 위반	2차 위반	3차 이상 위반
자. 법 제21조 제5항이나 법 제29조 제9항을 위반하여 해당 감정평가사 외의 사람에게 법 제10조에 따른 업무를 하게 한 경우	법 제32조 제1항 제9호	업무정지 3개월	업무정지 6개월	업무정지 1년

Ⅰ 쟁점의 정리
Ⅱ 소속평가사 변경신고의 법적 성질
  1. 신고의 의의 및 유형(구별실익)
  2. 구별기준
    (1) 행정기본법 제34조
    (2) 법률규정이 불명확한 경우
      1) 견해의 대립
      2) 판례의 태도
      3) 검토
  3. 사안의 경우

Ⅲ 소송요건의 충족 여부
  1. 소송요건의 개념 및 취지
  2. 대상적격의 충족 여부
    (1) 관련 판례의 태도
    (2) 사안의 경우
  3. 그 외 요건충족 여부
Ⅳ 사안의 해결(소제기의 적법성)

I 쟁점의 정리

설문은 국토교통부장관의 신고서 반려행위에 대한 소제기의 적법성을 묻고 있다. 설문상 소속평가사 변경신고가 수리를 요하지 않는 신고인지와, 법적 불이익을 받을 위험이 있어 그 위험을 제거할 현실적인 필요가 있는지를 검토하여 사안을 해결한다.

II 소속평가사 변경신고의 법적 성질

1. 신고의 의의 및 유형(구별실익)

신고란 사인이 일정한 법률효과의 발생을 위해 일정 사실을 행정청에 알리는 것을 말한다. ① 일정 사항을 통지하고 그러한 통지사항이 행정청에 도달함으로써 효력이 발생(행정절차법 제40조 제2항)하는 자기완결적 신고와 ② 그러한 통지사항을 행정청이 수리함으로써 효력이 발생하는 수리를 요하는 신고인 행위요건적 신고가 있다.
양자의 구별실익은 자기완결적 신고의 수리행위는 국민의 권리, 의무에 영향을 주는 행정행위가 아니므로 처분성이 인정되지 않음에 있다.

2. 구별기준

(1) 행정기본법 제34조
법령 규정상 수리를 요하는 경우에는 수리를 요하는 신고로 규정하고 있다.

(2) 법률규정이 불명확한 경우

1) 견해의 대립
① 형식적 요건 외에도 실질적 요건을 요하는 지로 구분하는 견해와 ② 동일법에서 등록과 신고를 구분하지 않는 경우에는 합리적이고, 유기적인 해석을 통해서 판단할 수밖에 없다는 견해가 있다.

2) 판례의 태도
대법원은 관계법이 실질적 적법요건을 규정한 경우에는 행위요건적 신고로 본 바 있다.

3) 검토
법문언이 불분명한 경우에는 관련규정에서 형식적, 실질적 요건을 요하는지와 심사 방법 등을 종합 고려하여 합리적이고 유기적인 해석을 통해서 판단함이 타당하다.

3. 사안의 경우

시행규칙 제18조의2에서는 소속 감정평가사를 두는 경우 고용신고서를 제출하는 형식으로 규정하고 있으므로 〈자기완결적 신고〉로 봄이 타당하다.
또한 감정평가사법 제21조 제5항에서는 소속 감정평가사가 아닌 자로 하여금 제10조에 따른 업무를 하게 하여서는 안 된다는 금지규정을 두고 있으며, 이를 위반한 경우 업무정지처분 및 징역 또는 벌금의 행정형벌(제50조 제2호)을 과하고 있으므로 〈금지해제적 신고〉로 볼 수 있다.

Ⅲ 소송요건의 충족 여부

1. 소송요건의 개념 및 취지

소송요건이라 함은 본안심리를 하기 위하여 갖추어야 하는 요건을 말하며, 불필요한 소송을 배제하여 법원의 부담을 경감하고, 적법한 소송에 대한 충실한 심판을 도모하기 위하여 요구된다. 행정소송법에서는 대상적격(제19조)·원고적격(제12조)·재판관할(제9조)·제소기간(제20조) 등을 소송요건으로 규정하고 있다.

2. 대상적격의 충족 여부

(1) 관련 판례의 태도

판례는 자기완결적 신고 중 건축신고와 같은 금지해제적 신고의 경우에 신고가 반려될 경우 해당 신고의 대상이 되는 행위를 하면 시정명령, 이행강제금, 벌금의 대상이 되는 등 신고인이 법적 불이익을 받을 위험이 있기 때문에 그 위험을 제거할 수 있도록 하기 위하여 수리거부행위의 처분성을 인정한 바 있다(대판 2010.11.18, 2008두167 全合).

(2) 사안의 경우

설문상 소속평가사 변경신고의 수리가 거부되어 소속평가사가 아닌 자로 하여금 업무를 수행하게 한 것이 되어, 감정평가사법에 따른 징역 및 벌금의 벌칙규정이 적용될 불안정한 지위에 놓일 우려가 있는 경우라는 수리거부에 대한 처분성이 인정될 것이다.

3. 그 외 요건충족 여부

갑은 장차 받게 될 지도 모르는 벌금 및 징역 등의 제재적 처분을 받지 않고, 계속하여 감정평가업을 영위해야 할 법률상 이익이 인정되며, 설문상 제소기간 등은 문제되지 않는 것으로 사료된다.

Ⅳ 사안의 해결(소제기의 적법성)

설문상 소속평가사 변경신고는 수리를 요하지 않는 신고로서 원칙적으로 이에 대한 수리행위는 국민의 권리와 의무에 영향을 주는 행정행위가 아니므로 처분성이 인정되지 않는다고 할 것이나, 예외적으로 행정청이 수리를 거부하고 그에 따른 불이익을 행할 위험이 있는 경우에는 소의 대상이 된다고 할 것이다. 따라서 갑은 감정평가업을 계속적으로 영위하기 위하여 취소소송을 제기할 수 있을 것이다.

사례 21 건축신고

갑은 2006년 5월 19일 관할 시장인 을에게 「국토의 계획 및 이용에 관한 법률」상의 관리지역 내의 임야인 이 사건 토지를 대지로 형질변경하여 그 지상에 건축면적과 연면적을 각 95.13㎡로 하는 1층 단독주택을 신축하겠다는 내용의 건축신고 등을 하였다. 그러나 시장 을은 2006년 6월 23일 '이 사건 토지에 접하는 진입도로가 완충녹지를 가로지르는데, 관계 법령에 의하면 건축법상 진입도로로 사용하기 위하여 완충녹지 점용을 허가할 수 없으므로, 진입로가 확보되지 아니하여 건축신고 등이 불가하다.'는 이유로 위 건축신고 등을 반려하였다. 그러나 갑은 이 사건 진입도로는 완충녹지가 지정되기 전부터 이 사건 토지주변에 있는 축산농가 등이 차량 등의 통행로로 이용하고 있는 도로이고, 위 완충녹지는 아직 조성되지 아니한 녹지로서 그 지정 후 이 사건 진입도로가 차단되지 아니하였고 이를 대신할 이면도로도 설치되지 아니하였으며, 위 축산농가 등은 계속 이 사건 진입도로를 통행로로 이용할 수밖에 없다고 주장한다. 한편, 도시공원 및 녹지 등에 관한 법률 시행규칙 제18조 제3항은 "녹지의 설치 시에는 녹지로 인하여 기존의 도로가 차단되어 통행을 할 수 없는 경우가 발생되지 아니하도록 기존의 도로와 연결되는 이면도로 등을 설치하여야 한다."고 규정하고 있고, 구 도시계획시설의 결정·구조 및 설치기준에 관한 규칙(2010.3.16. 국토교통부령 제230호로 개정되기 전의 것) 제10조 제13호 후문도 같은 취지로 규정하고 있다. 갑은 위 신고의 수리거부에 대하여 취소소송을 제기하고자 한다. 그 가부에 대하여 학설, 판례 및 제시된 법령을 참조하여 자신의 견해를 서술하시오. 30점

관련 규정

[건축법]

제11조(건축허가)
① 건축물을 건축하거나 대수선하려는 자는 특별자치시장·특별자치도지사 또는 시장·군수·구청장의 허가를 받아야 한다. 다만, 21층 이상의 건축물 등 대통령령으로 정하는 용도 및 규모의 건축물을 특별시나 광역시에 건축하려면 특별시장이나 광역시장의 허가를 받아야 한다.

제14조(건축신고)
① 제11조에 해당하는 허가 대상 건축물이라 하더라도 다음 각 호의 어느 하나에 해당하는 경우에는 미리 특별자치시장·특별자치도지사 또는 시장·군수·구청장에게 국토교통부령으로 정하는 바에 따라 신고를 하면 건축허가를 받은 것으로 본다.
1. 바닥면적의 합계가 85제곱미터 이내의 증축·개축 또는 재축. 다만, 3층 이상 건축물인 경우에는 증축·개축 또는 재축하려는 부분의 바닥면적의 합계가 건축물 연면적의 10분의 1 이내인 경우로 한정한다.
2. 「국토의 계획 및 이용에 관한 법률」에 따른 관리지역, 농림지역 또는 자연환경보전지역에서 연면적이 200제곱미터 미만이고 3층 미만인 건축물의 건축. 다만, 다음 각 목의 어느 하나에 해당하는 구역에서의 건축은 제외한다.
   가. 지구단위계획구역
   나. 방재지구 등 재해취약지역으로서 대통령령으로 정하는 구역

3. 연면적이 200제곱미터 미만이고 3층 미만인 건축물의 대수선
4. 주요구조부의 해체가 없는 등 대통령령으로 정하는 대수선
5. 그 밖에 소규모 건축물로서 대통령령으로 정하는 건축물의 건축
② 제1항에 따른 건축신고에 관하여는 제11조 제5항 및 제6항을 준용한다.
⑤ 제1항에 따라 신고를 한 자가 신고일부터 1년 이내에 공사에 착수하지 아니하면 그 신고의 효력은 없어진다. 다만, 건축주의 요청에 따라 허가권자가 정당한 사유가 있다고 인정하면 1년의 범위에서 착수기한을 연장할 수 있다.

제79조(위반 건축물 등에 대한 조치 등)
① 허가권자는 이 법 또는 이 법에 따른 명령이나 처분에 위반되는 대지나 건축물에 대하여 이 법에 따른 허가 또는 승인을 취소하거나 그 건축물의 건축주·공사시공자·현장관리인·소유자·관리자 또는 점유자(이하 "건축주등"이라 한다)에게 공사의 중지를 명하거나 상당한 기간을 정하여 그 건축물의 해체·개축·증축·수선·용도변경·사용금지·사용제한, 그 밖에 필요한 조치를 명할 수 있다.
② 허가권자는 제1항에 따라 허가나 승인이 취소된 건축물 또는 제1항에 따른 시정명령을 받고 이행하지 아니한 건축물에 대하여는 다른 법령에 따른 영업이나 그 밖의 행위를 허가·면허·인가·등록·지정 등을 하지 아니하도록 요청할 수 있다. 다만, 허가권자가 기간을 정하여 그 사용 또는 영업, 그 밖의 행위를 허용한 주택과 대통령령으로 정하는 경우에는 그러하지 아니하다.
③ 제2항에 따른 요청을 받은 자는 특별한 이유가 없으면 요청에 따라야 한다.
④ 허가권자는 제1항에 따른 시정명령을 하는 경우 국토교통부령으로 정하는 바에 따라 건축물대장에 위반내용을 적어야 한다.

제80조(이행강제금)
① 허가권자는 제79조 제1항에 따라 시정명령을 받은 후 시정기간 내에 시정명령을 이행하지 아니한 건축주 등에 대하여는 그 시정명령의 이행에 필요한 상당한 이행기한을 정하여 그 기한까지 시정명령을 이행하지 아니하면 다음 각 호의 이행강제금을 부과한다. 다만, 연면적(공동주택의 경우에는 세대 면적을 기준으로 한다)이 60제곱미터 이하인 주거용 건축물과 제2호 중 주거용 건축물로서 대통령령으로 정하는 경우에는 다음 각 호의 어느 하나에 해당하는 금액의 2분의 1의 범위에서 해당 지방자치단체의 조례로 정하는 금액을 부과한다.
1. 건축물이 제55조와 제56조에 따른 건폐율이나 용적률을 초과하여 건축된 경우 또는 허가를 받지 아니하거나 신고를 하지 아니하고 건축된 경우에는 「지방세법」에 따라 해당 건축물에 적용되는 1제곱미터의 시가표준액의 100분의 50에 해당하는 금액에 위반면적을 곱한 금액 이하의 범위에서 위반내용에 따라 대통령령으로 정하는 비율을 곱한 금액

Ⅰ 쟁점의 정리
Ⅱ 건축신고의 법적 성격
  1. 학설
    (1) 자기완결적 신고(수리를 요하지 아니하는 신고)와 수리를 요하는 신고
    (2) 정보제공적 신고와 금지해제적 신고
      1) 정보제공적 신고
      2) 금지해제적 신고(규제적 신고)
  2. 판례
    (1) 기왕의 판례
    (2) 대판 2010.11.18, 2008두167 전원합의체

(3) 대판 2011.1.20, 2010두14954 전원합의체
3. 건축신고 관련 법령과의 관계를 통한 해석 (반려위반에 따른 법효과에 관하여)

Ⅲ 사안의 해결

Ⅰ 쟁점의 정리

건축신고가 소위 '수리를 요하지 아니하는 신고'로 보아, 행정청의 수리여부에 관계없이 법적 효력이 발생하는가에 대한 집중이 요구된다. 그러나 건축법을 보면 신고의 수리 없이(즉, 신고를 하지 아니하고) 건축행위를 하는 경우에 행정청은 해당 건축물에 대하여 해체·개축·증축·수선·용도변경·사용금지·사용제한 등 강제적인 조치를 명할 수 있고 이행강제금도 부과할 수 있다. 따라서 본건 건축신고가 순수한 의미의 '자기완결적 신고'인지에 대한 검증이 요구된다.

Ⅱ 건축신고의 법적 성격

1. 학설

학설은 신고에 대하여 다음과 같이 크게 두 종류로 나누고 있다.

(1) 자기완결적 신고(수리를 요하지 아니하는 신고)와 수리를 요하는 신고

① 자기완결적 신고는 신고의 요건을 갖춘 신고만 하면 신고의무를 이행한 것이 되는 신고를 말하는 바, 행정절차법 제40조 제2항의 요건을 갖추면 신고의 효력이 발생한다. ② 수리를 요하는 신고는 행정청의 수리가 있어야 비로소 신고의 효과가 발생하는 신고를 말한다. 이의 수리거부행위는 거부처분에 해당되어 항고소송의 대상이 된다는 것이 통설적 견해이다.

(2) 정보제공적 신고와 금지해제적 신고

1) 정보제공적 신고

행정의 대상이 되는 사실에 대한 정보를 행정청에게 제공하는 신고를 말한다. 사인의 다양한 행위 중에서 특히 행정이 파악하여야 할 사항 등(예를 들어 안전, 방법 등을 위한 사인의 공법행위의 규제)에 대해서는 사인으로 하여금 그 행위에 대한 정보를 제공토록 하는 것을 말한다. '사실파악형 신고'라고도 한다. 정보제공적 신고는 항상 자기완결적 신고로 볼 수 있다.

2) 금지해제적 신고(규제적 신고)

신고 중에는 영업활동 또는 건축활동 등 사인의 활동을 규제하기 위한 신고가 있는바, 이를 금지해제적 신고(신고유보부 금지)라고 한다. 금지해제적 신고의 경우에는 신고 없이 한 행위는 위법한 행위가 된다. 금지해제적 신고의 수리거부에 대해서는 신고인의 법적 지위를 보호하기 위하여 수리거부를 처분으로 보아 항고소송의 대상으로 볼 수 있을 것이다.

2. 판례

(1) 기왕의 판례

기왕의 판례는 건축법상의 건축신고를 자기완결적 신고로 보았다(대표적인 예가 대판 1999.4.27, 97누6780). 그 외 대법원은 체육시설의 설치·이용에 관한 법률 제18조에 의한 골프장이용료변경신고(대결 1993.7.6, 93마635)를 자기완결적 신고로 보았다. 참고로 신고요건이 형식적 요건 이외에 실질적 요건도 포함하는 경우라든가(대판 2007.1.11, 2006두14537[노인주거복지시설설치신고반려처분취소]), 신고의 수리로 구체적인 법적 효과가 발생하는 경우에는 해당 신고를 수리를 요하는 신고로 보고 있다(대판 1993.6.8, 91누11544).

(2) 대판 2010.11.18, 2008두167 전원합의체

이제까지 대표적인 '자기완결적 신고'로 여겨왔던 건축신고의 경우 행정청의 수리는 물론 수리거부 역시 처분성을 인정하지 않았다. 그리하여 적법한 신고를 한 이상 수리여하에 상관없이 신고대상행위를 할 수 있다고 하였다. 그러나 대판 2010.11.18, 2008두167 숲습은 기왕의 판례와는 달리, 신고반려의 처분성을 인정하였다. 이제 이 판결로 인해 건축신고인으로서 건축신고반려가 내려지면 건축신고반려행위를 거부처분으로써 다툴 수 있게 되었다.

(3) 대판 2011.1.20, 2010두14954 전원합의체

인허가 의제효과를 수반하는 건축신고는 일반적인 건축신고와는 달리 특별한 사정이 없는 한 행정청이 그 실체적 요건에 관한 심사를 한 후 수리하여야 하는 이른바 '수리를 요하는 신고'로 보는 것이 옳다고 하여, 건축신고의 종류를 수리를 요하는 신고와 수리를 요하지 아니하는 신고로 구분 짓고 있다. 이 판결로 인하여 적어도 건축신고의 종류에 대한 법원의 입장은 정리되었다고 할 수 있지만, 그 구분의 기준과 수리를 요하는 신고와 허가와의 차이점 등에 대해서는 여전히 논쟁거리를 남기고 있다고 볼 수 있다.

3. 건축신고 관련 법령과의 관계를 통한 해석(반려위반에 따른 법효과에 관하여)

건축법 관련 규정의 내용 및 취지에 의하면, 행정청은 건축신고로써 건축허가가 의제되는 건축물의 경우에도 그 신고 없이 건축이 개시될 경우 건축주 등에 대하여 공사 중지·해체·사용금지 등의 시정명령을 할 수 있고(제79조 제1항), 그 시정명령을 받고 이행하지 않은 건축물에 대하여는 해당 건축물을 사용하여 행할 다른 법령에 의한 영업 기타 행위의 허가를 하지 않도록 요청할 수 있으며(제80조 제1항 제1호), 그 요청을 받은 자는 특별한 이유가 없는 한 이에 응하여야 하고(제79조 제3항), 나아가 행정청은 그 시정명령의 이행을 하지 아니한 건축주 등에 대하여는 이행강제금을 부과할 수 있으며(제80조 제1항 제1호), 또한 건축신고를 하지 않은 자는 5천만원 이하의 벌금에 처해질 수 있다(제111조 제1호). 이와 같이 건축주 등은 신고제하에서도 건축신고가 반려될 경우 해당 건축물의 건축을 개시하면 시정명령, 이행강제금, 벌금의 대상이 되거나 해당 건축물을 사용하여 행할 행위의 허가가 거부될 우려가 있어 불안정한 지위에 놓이게 된다. 따라서 건축신고 반려행위가 이루어진 단계에서 당사자로 하여금 반려행위의 적법성을 다투어 그 법적 불안을 해소한

다음 건축행위에 나아가도록 함으로써 장차 있을지도 모르는 위험에서 미리 벗어날 수 있도록 길을 열어 주고, 위법한 건축물의 양산과 그 철거를 둘러싼 분쟁을 조기에 근본적으로 해결할 수 있게 하는 것이 법치행정의 원리에 부합한다고 하겠다.

Ⅲ 사안의 해결

요컨대 신고제의 유형을 (예방적) 금지해제적 신고와 정보제공적 신고로 나누는 것이 그것의 본연의 모습에 부합한다고 보이며, 본건에서의 건축신고의 경우는 신고위반 시 뒤따르는 강제적 행정제재를 보더라도 그 수리거부행위에 대하여 다툴 법률상 이익이 갑에게는 있다고 보인다. 또한 본건 수리거부행위를 거부처분으로 보면 당연히 항고소송의 대상으로서 취소소송이 가능하다고 하겠다. 변경된 판례 또한 이를 말하고 있다.

참고로 대판 2010.11.18, 2008두167 全合은 "행정청의 어떤 행위가 항고소송의 대상이 될 수 있는지의 문제는 추상적·일반적으로 결정할 수 없고, 구체적인 경우 행정처분은 행정청이 공권력의 주체로서 행하는 구체적 사실에 관한 법집행으로서 국민의 권리·의무에 직접적으로 영향을 미치는 행위라는 점을 염두에 두고, 관련 법령의 내용과 취지, 그 행위의 주체·내용·형식·절차, 그 행위와 상대방 등 이해관계인이 입는 불이익과의 실질적 견련성, 그리고 법치행정의 원리와 해당 행위에 관련한 행정청 및 이해관계인의 태도 등을 참작하여 개별적으로 결정하여야 한다."고 하고, "건축신고반려행위가 이루어진 단계에서 당사자로 하여금 반려행위의 적법성을 다투어 그 법적 불안을 해소한 다음 건축행위에 나아가도록 함으로써 장차 있을지도 모르는 위험에서 미리 벗어날 수 있도록 길을 열어 주고, 위법한 건축물의 양산과 그 철거를 둘러싼 분쟁을 조기에 근본적으로 해결할 수 있게 하는 것이 법치행정의 원리에 부합한다. 그러므로 이 경우 건축신고 반려행위는 항고소송의 대상이 된다고 보는 것이 옳다."고 판단하고 있다.

대판 2010.11.18, 2008두167 전원합의체[건축신고불허(또는 반려)처분취소]

[판시사항]

[1] 행정청의 행위가 항고소송의 대상이 되는지 여부의 판단 기준
[2] 행정청의 건축신고 반려행위 또는 수리거부행위가 항고소송의 대상이 되는지 여부(적극)

[판결요지]

[1] 행정청의 어떤 행위가 항고소송의 대상이 될 수 있는지의 문제는 추상적·일반적으로 결정할 수 없고, 구체적인 경우 행정처분은 행정청이 공권력의 주체로서 행하는 구체적 사실에 관한 법집행으로서 국민의 권리·의무에 직접적으로 영향을 미치는 행위라는 점을 염두에 두고, 관련 법령의 내용과 취지, 그 행위의 주체·내용·형식·절차, 그 행위와 상대방 등 이해관계인이 입는 불이익과의 실질적 견련성, 그리고 법치행정의 원리와 당해 행위에 관련한 행정청 및 이해관계인의 태도 등을 참작하여 개별적으로 결정하여야 한다.

[2] 구 건축법(2008.3.21. 법률 제8974호로 전부 개정되기 전의 것) 관련 규정의 내용 및 취지에 의하면, 행정청은 건축신고로써 건축허가가 의제되는 건축물의 경우에도 그 신고 없이 건축이 개시될 경우 건축주 등에 대하여 공사 중지·철거·사용금지 등의 시정명령을 할 수 있고(제69조 제1항), 그 시정명령을 받고 이행하지 않은 건축물에 대하여는 당해 건축물을 사용하여 행할 다른 법령에 의한 영업 기타 행위의 허가를 하지 않도록 요청할 수 있으며(제69조 제2항), 그 요청을 받은 자는 특별한 이유가 없는 한 이에 응하여야 하고(제69조 제3항), 나아가 행정청은 그 시정명령의 이행을 하지 아니한 건축주 등에 대하여는 이행강제금을 부과할 수 있으며(제69조의2 제1항 제1호), 또한 건축신고를 하지 않은 자는 200만 원 이하의 벌금에 처해질 수 있다(제80조 제1호, 제9조). 이와 같이 건축주 등은 신고제하에서도 건축신고가 반려될 경우 당해 건축물의 건축을 개시하면 시정명령, 이행강제금, 벌금의 대상이 되거나 당해 건축물을 사용하여 행할 행위의 허가가 거부될 우려가 있어 불안정한 지위에 놓이게 된다. 따라서 건축신고 반려행위가 이루어진 단계에서 당사자로 하여금 반려행위의 적법성을 다투어 그 법적 불안을 해소한 다음 건축행위에 나아가도록 함으로써 장차 있을지도 모르는 위험에서 미리 벗어날 수 있도록 길을 열어 주고, 위법한 건축물의 양산과 그 철거를 둘러싼 분쟁을 조기에 근본적으로 해결할 수 있게 하는 것이 법치행정의 원리에 부합한다. 그러므로 건축신고 반려행위는 항고소송의 대상이 된다고 보는 것이 옳다.

대판 2011.1.20, 2010두14954 전원합의체[건축(신축)신고불가취소]

[판시사항]

[1] 건축법 제14조 제2항에 의한 인허가의제 효과를 수반하는 건축신고가, 행정청이 그 실체적 요건에 관한 심사를 한 후 수리하여야 하는 이른바 '수리를 요하는 신고'인지 여부(적극)
[2] 국토의 계획 및 이용에 관한 법률상의 개발행위허가로 의제되는 건축신고가 개발행위허가의 기준을 갖추지 못한 경우, 행정청이 수리를 거부할 수 있는지 여부(적극)

[판결요지]

[1] [다수의견] 건축법에서 인허가의제 제도를 둔 취지는, 인허가의제사항과 관련하여 건축허가 또는 건축신고의 관할 행정청으로 그 창구를 단일화하고 절차를 간소화하며 비용과 시간을 절감

함으로써 국민의 권익을 보호하려는 것이지, 인허가의제사항 관련 법률에 따른 각각의 인허가 요건에 관한 일체의 심사를 배제하려는 것으로 보기는 어렵다. 왜냐하면, 건축법과 인허가의제사항 관련 법률은 각기 고유한 목적이 있고, 건축신고와 인허가의제사항도 각각 별개의 제도적 취지가 있으며 그 요건 또한 달리하기 때문이다. 나아가 인허가의제사항 관련 법률에 규정된 요건 중 상당수는 공익에 관한 것으로서 행정청의 전문적이고 종합적인 심사가 요구되는데, 만약 건축신고만으로 인허가의제사항에 관한 일체의 요건 심사가 배제된다고 한다면, 중대한 공익상의 침해나 이해관계인의 피해를 야기하고 관련 법률에서 인허가 제도를 통하여 사인의 행위를 사전에 감독하고자 하는 규율체계 전반을 무너뜨릴 우려가 있다. 또한 무엇보다도 건축신고를 하려는 자는 인허가의제사항 관련 법령에서 제출하도록 의무화하고 있는 신청서와 구비서류를 제출하여야 하는데, 이는 건축신고를 수리하는 행정청으로 하여금 인허가의제사항 관련 법률에 규정된 요건에 관하여도 심사를 하도록 하기 위한 것으로 볼 수밖에 없다. 따라서 인허가의제 효과를 수반하는 건축신고는 일반적인 건축신고와는 달리, 특별한 사정이 없는 한 행정청이 그 실체적 요건에 관한 심사를 한 후 수리하여야 하는 이른바 '수리를 요하는 신고'로 보는 것이 옳다.

[대법관 박시환, 대법관 이홍훈의 반대의견] 다수의견과 같은 해석론을 택할 경우 헌법상 기본권 중 하나인 국민의 자유권 보장에 문제는 없는지, 구체적으로 어떠한 경우에 수리가 있어야만 적법한 신고가 되는지 여부에 관한 예측가능성 등이 충분히 담보될 수 있는지, 형사처벌의 대상이 불필요하게 확대됨에 따른 죄형법정주의 등의 훼손가능성은 없는지, 국민의 자유와 권리를 제한하거나 의무를 부과하려고 하는 때에는 법률에 의하여야 한다는 법치행정의 원칙에 비추어 그 원칙이 손상되는 문제는 없는지, 신고제의 본질과 취지에 어긋나는 해석론을 통하여 여러 개별법에 산재한 각종 신고제도에 관한 행정법 이론 구성에 난맥상을 초래할 우려는 없는지의 측면 등에서 심도 있는 검토가 필요한 문제로 보인다. 그런데 다수의견의 입장을 따르기에는 그와 관련하여 해소하기 어려운 여러 근본적인 의문이 제기된다. 여러 기본적인 법원칙의 근간 및 신고제의 본질과 취지를 훼손하지 아니하는 한도 내에서 건축법 제14조 제2항에 의하여 인허가가 의제되는 건축신고의 범위 등을 합리적인 내용으로 개정하는 입법적 해결책을 통하여 현행 건축법에 규정된 건축신고 제도의 문제점 및 부작용을 해소하는 것은 별론으로 하더라도, '건축법상 신고사항에 관하여 건축을 하고자 하는 자가 적법한 요건을 갖춘 신고만 하면 건축을 할 수 있고, 행정청의 수리 등 별단의 조처를 기다릴 필요는 없다'는 대법원의 종래 견해(대판 1968.4.30, 68누12, 대판 1990.6.12, 90누2468, 대판 1999.4.27, 97누6780, 대판 2004.9.3, 2004도3908 등 참조)를 인허가가 의제되는 건축신고의 경우에도 그대로 유지하는 편이 보다 합리적인 선택이라고 여겨진다.

[2] [다수의견] 일정한 건축물에 관한 건축신고는 건축법 제14조 제2항, 제11조 제5항 제3호에 의하여 국토의 계획 및 이용에 관한 법률 제56조에 따른 개발행위허가를 받은 것으로 의제되는데, 국토의 계획 및 이용에 관한 법률 제58조 제1항 제4호에서는 개발행위허가의 기준으로 주변 지역의 토지이용실태 또는 토지이용계획, 건축물의 높이, 토지의 경사도, 수목의 상태, 물의 배수, 하천·호소·습지의 배수 등 주변 환경이나 경관과 조화를 이룰 것을 규정하고 있으므

로, 국토의 계획 및 이용에 관한 법률상의 개발행위허가로 의제되는 건축신고가 위와 같은 기준을 갖추지 못한 경우 행정청으로서는 이를 이유로 그 수리를 거부할 수 있다고 보아야 한다.

[대법관 박시환, 대법관 이홍훈의 반대의견] 수리란 타인의 행위를 유효한 행위로 받아들이는 수동적 의사행위를 말하는 것이고, 이는 허가와 명확히 구별되는 것이다. 그런데 다수의견에 의하면, 행정청이 인허가의제조항에 따른 국토의 계획 및 이용에 관한 법률상 개발행위허가 요건 등을 갖추었는지 여부에 관하여 심사를 한 다음, 그 허가 요건을 갖추지 못하였음을 이유로 들어 형식상으로만 수리거부를 하는 것이 되고, 사실상으로는 허가와 아무런 차이가 없게 된다는 비판을 피할 수 없다. 이러한 결과에 따르면 인허가의제조항을 특별히 규정하고 있는 입법 취지가 몰각됨은 물론, 신고와 허가의 본질에 기초하여 건축신고와 건축허가 제도를 따로 규정하고 있는 제도적 의미 및 신고제와 허가제 전반에 관한 이론적 틀이 형해화될 가능성이 있다.

PART 02

대상적격 외 소송요건

Chapter 01 원고적격
Chapter 02 피고적격 및 협의의 소익

Chapter 01 원고적격

사례 22 경원자 원고적격

경원자 관계에 있는 사업시행자 '갑'과 '을'은 서울시 서초구 방배동 일대의 철도역사 사업을 하고자 관련법령상 적합한 시설과 기술을 갖추고 국토교통부장관에게 사업인정을 신청하였다. 국토교통부장관은 해당 사항을 검토한 후, 갑의 사업인정 신청은 거부하고 을에게 사업인정처분을 하였다. 갑에게 국토교통부장관의 을에 대한 취소소송을 구할 원고적격이 인정되는가? 20점

1. 쟁점의 정리
2. 원고적격
   (1) 의의
   (2) 법률상 이익의 의미
      1) 학설
      2) 판례
      3) 검토
   (3) 법률의 범위
   (4) 경원자소송의 경우 원고적격의 판단
      1) 경원자의 개념
      2) 관련 판례의 태도
3. 사안의 경우

1. 쟁점의 정리

갑과 을은 경원자 관계에 있으므로, 을에 대한 사업인정은 갑에 대한 사업인정거부로 귀결될 수밖에 없다. 따라서 이러한 경우에 갑이 을에 대한 사업인정의 취소를 구하기 위해서는 행정소송법상 대상적격, 원고적격, 관할 및 제소기간 등의 요건을 갖추어야 하는데 설문에서는 원고적격요건의 충족과 관련하여 갑에게 법률상 이익이 인정되는지가 문제된다.

2. 원고적격

(1) 의의

원고적격이란 본안판결을 받을 수 있는 자격을 말한다. 행정소송법 제12조에서는 '법률상 이익 있는 자'로 규정하고 있다.

(2) 법률상 이익의 의미

1) 학설

① 침해된 권리회복이라는 권리구제설, ② 근거법상 보호되는 이익구제인 법률상 보호이익설, ③ 소송법상 보호가치 있는 이익구제라는 견해, ④ 행정의 적법성 통제라는 적법성 보장설의 견해가 있다.

2) 판례
해당 처분의 근거, 관련법규에 의해 보호되는 개별적, 직접적, 구체적인 이익을 의미하며, 사실상이며 간접적인 이익은 법률상 보호이익이 아니라고 판시한 바 있다.

3) 검토
권리구제설은 원고의 범위를 제한하고, 소송법상 보호가치 있는 이익구제설은 보호가치 있는 이익의 객관적 기준이 결여되는 문제가 있다. 또한 적법성 보장설은 객관소송화의 우려가 있다. 따라서 취소소송을 주관적, 형성소송으로 보면 법률상 보호이익설이 타당하다.

(3) 법률의 범위
① 근거 법률은 물론 관련법규까지 포함하는 견해와, 헌법상 기본권 및 민법상 일반원칙까지 포함하는 견해가 있으며, ② 대법원은 관계법규와 절차법규정의 취지도 고려하는 등 보호규범의 범위를 확대하는 경향을 보인다.

(4) 경원자소송의 경우 원고적격의 판단

1) 경원자의 개념
경원자란 인허가 등에 있어서 서로 양립할 수 없는 출원을 제기한 자로서, 일방에 대한 허가는 타방에 대한 불허가로 귀결될 수밖에 없는 관계를 말하며, 경원자소송이라 함은 경원자 관계에 있는 타방이 제기하는 소송을 말한다.

2) 관련 판례의 태도
판례는 경원자 관계의 경우 '허가 등의 처분을 받지 못한 자는 비록 처분의 상대방이 아니더라도 해당 처분의 취소를 구할 당사자적격이 있다.'고 판시하여 경원자 관계에 있는 제3자의 원고적격을 인정하고 있다.

3. 사안의 경우

사안에서 갑과 을은 경원자 관계에 있으므로 갑은 사업인정을 통해서 사업시행의 이익을 향유할 이익 및 직업선택의 자유 등의 법률상 이익을 이유로, 을에 대한 사업인정처분의 취소를 구할 원고적격이 인정된다.

사례 23 경원자 원고적격

정부는 중·소 감정평가법인의 활성화를 위하여 2016년부터 2020년까지 5년 동안 정부입찰은 중·소법인만 할 수 있도록 가칭 '정부입찰법'을 개정하였다. 국방부는 "국방부 감정평가서비스 개선을 위한 사내교육" 실시를 위하여 1개의 중·소법인을 교육기관으로 선정하기 위한 입찰공고를 하였다. 이에 감정평가법인 갑과 을은 국방부에 교육기관 지정신청을 하였으나 국방부는 업무경력이 풍부한 감정평가법인 갑을 교육기관으로 선정하는 내용을 갑과 을에게 통지하였다. 감정평가법인 을은 양 법인은 조직규모, 업무실적, 소속감정평가사의 현황 등이 유사함에도 불구하고 갑의 업무경력이 풍부하다는 것은 인정할 수 없다고 생각하여 국방부의 교육기관 선정에 대한 취소소송을 고민하고 있다. 원고적격이 인정되는지를 논하시오. 20점

```
Ⅰ 쟁점의 정리                              3) 보호가치이익설
Ⅱ 갑과 을의 관계가 경원자 관계인지              4) 적법성 보장설
  1. 경원자 관계                          (2) 판례
  2. 사안의 경우                          (3) 검토
Ⅲ 을이 '갑에 대한 교육기관 지정행위 취소소송'을      3. 법률의 범위
  제기할 법률상 이익이 있는지 여부             (1) 학설
  1. 원고적격의 의의(행정소송법 제12조) 및 취지    (2) 판례
  2. 법률상 이익의 의미                     (3) 검토
    (1) 학설                          4. 경원자와 원고적격
      1) 권리구제설                       (1) 경원자소송의 의의
      2) 법률상 보호이익설                   (2) 원고적격의 인정 여부
                                    5. 사안의 경우
                                 Ⅳ 사안의 해결
```

Ⅰ 쟁점의 정리

설문은 유사한 조건을 갖고 있는 감정평가법인 갑과 을의 교육기관 선정과 관련된 사안이다. 우선 사안의 해결을 위하여 갑과 을의 관계가 경원자 관계인지를 살펴보고, 경원자 관계라면 을이 갑에 대한 교육기관 선정행위에 대한 취소소송을 제기할 법률상 이익이 있는지를 검토한다. 이와 별도로 갑에 대한 교육기관 선정행위가 아닌 '을' 자신에 대한 교육기관 선정 거부처분을 대상으로 소를 제기할 수 있는지도 함께 검토한다.

Ⅱ 갑과 을의 관계가 경원자 관계인지

1. 경원자 관계

경원자라 함은 수인의 신청을 받아 일부에 대하여만 인허가 등의 수익적 행정처분을 할 수 있는 관계로서 타방의 허가는 타방의 불허가로 귀결되는 관계를 말한다.

2. 사안의 경우

설문상 교육기관을 1개 업체를 선정하게 되어 있으므로 갑에 대한 교육기관 선정행위는 을에 대한 교육기관 선정제외 행위로 볼 수 있다. 따라서 갑과 을은 경원자 관계에 있다고 본다.

Ⅲ 을이 '갑에 대한 교육기관 지정행위 취소소송'을 제기할 법률상 이익이 있는지 여부

1. 원고적격의 의의(행정소송법 제12조) 및 취지

원고적격이란 본안판결을 받을 수 있는 자격으로, 행정소송법 제12조에서는 "취소소송은 처분 등의 취소를 구할 법률상 이익이 있는 자가 제기할 수 있다."고 규정하고 있다. 이는 소를 제기할 수 있는 자를 규정하여 남소방지를 도모함에 취지가 인정된다.

2. 법률상 이익의 의미

(1) 학설

1) 권리구제설

이 견해는 처분 등으로 인하여 권리가 침해된 자만이 항고소송을 제기할 수 있는 원고적격을 갖는다는 견해이다. 항고소송의 목적을 위법한 처분에 의해 침해된 권리의 회복에 있다고 보는 데 근거하고 있다.

2) 법률상 보호이익설

이 견해는 처분의 근거 내지 관계실정법 규범의 취지와 보호목적을 기준으로 하여 관계법이 공익뿐만 아니라 개인의 이익도 보호하고 있다고 해석되는 경우에는 항고소송의 원고적격이 있는 것으로 본다.

3) 보호가치이익설

이 견해는 실체법을 준거로 하는 것이 아니라 소송법적 관점에서 재판에 의하여 보호할 만한 가치가 있는 이익이 침해된 자는 항고소송의 원고적격이 있다고 본다.

4) 적법성 보장설

이 견해는 항고소송의 주된 기능을 행정통제에서 찾고 처분의 위법성을 다툴 적합한 이익을 갖는 자에게 원고적격을 인정하는 견해이다.

(2) 판례

법률상 보호되는 이익이라 함은 해당 처분의 근거법규 및 관련법규에 의하여 보호되는 개별적·직접적·구체적 이익이 있는 경우를 말하고, 공익보호의 결과로 국민 일반이 공통적으로 가지는 일반적·간접적·추상적 이익이 생기는 경우에는 법률상 보호되는 이익이 있다고 할 수 없다(대판 2006.3.16, 2006두330 全合)고 판시한 바 있다.

(3) 검토

권리구제설은 원고의 범위를 제한하고, 소송법상 보호가치 있는 이익구제설은 보호가치 있는 이익의 객관적 기준이 결여되는 문제가 있다. 또한 적법성 보장설은 객관소송화의 우려가 있다. 따라서 취소소송을 주관적, 형성소송으로 보면 법률상 보호이익설이 타당하다.

3. 법률의 범위

(1) 학설

법률상 이익구제설의 경우 보호법률의 범위가 문제되는데 이에 대하여 ① 처분의 근거법규에 한정하는 견해, ② 처분의 근거법규뿐만 아니라 관계법규까지 보호규범으로 보는 견해, ③ 처분의 근거 및 관계법규에 헌법규정(자유권 등 구체적 기본권)이 보충적으로 보호규범이 된다는 견해, ④ 이에 민법규정도 보호규범에 포함시켜야 한다는 견해 및 절차규정도 보호규범에 포함시켜야 한다는 견해가 있다.

(2) 판례

판례는 처분의 근거법규 및 관계법규(취지포함)에 의해 개별적으로 보호되는 직접적이고 구체적인 개인적 이익을 법률상 이익으로 보고 있다. 처분의 근거법규라는 개념 속에 처분의 관계법규를 포함시켜 사용하기도 하며, 법률상 이익의 범위를 점차 넓혀가는 경향이 있다.

(3) 검토

처분의 근거법규 및 관계법규에 의한 개인적 이익은 물론, 헌법상 구체적인 기본권과 절차규정에 의해 보호될 수 있는 이익도 법률상 이익의 범위에 포함된다고 보는 것이 국민의 권리구제에 유리하다고 판단된다.

4. 경원자와 원고적격

(1) 경원자소송의 의의

경원자소송이라 함은 수인의 신청을 받아 일부에 대하여만 인허가 등의 수익적 행정처분을 할 수 있는 경우에 인허가 등을 받지 못한 자가 인허가처분에 대하여 제기하는 항고소송을 말한다.

(2) 원고적격의 인정 여부

경원자 관계에 있는 경우에는 각 경원자에 대한 인허가 등이 배타적 관계에 있으므로 자신의 권익을 구제하기 위하여는 타인에 대한 인허가 등을 취소할 법률상 이익이 있다고 보아야 한다. 경원자 관계에 있는 자는 타인에 대한 허가처분의 취소를 구하거나 자신에 대한 불허가처분(거부처분)의 취소를 구할 수 있고, 또한 양자를 관련청구소송으로 병합하여 제기할 수도 있다. 판례도 "인허가 등의 수익적 행정처분을 신청한 수인이 서로 경쟁관계에 있어서 일방에 대한 허가 등의 처분이 타방에 대한 불허가 등으로 귀결될 수밖에 없는 때 허가 등의 처분을 받지 못한 자는 비록 경원자에 대하여 이루어진 허가 등 처분의 상대방이 아니라 하더라도 해당 처분의 취소를 구할 원고적격이 있다."고 판시한 바 있다(대판 2009.12.10, 2009두8359).

5. 사안의 경우
을은 정부입찰법에 따라 정당한 입찰을 통하여 감정평가서비스를 제공할 권리 및 이익이 인정되므로 갑의 교육기관 선정행위의 취소를 구할 법률상 이익이 인정된다.

Ⅳ 사안의 해결

갑과 을은 경원자 관계이며 교육기관 지정행위 및 이에 대한 거부는 행정소송법상 처분이므로, 을은 갑에 대한 교육기관 지정행위의 취소를 구할 법률상 이익이 인정된다.

📝 을에 대한 '교육기관 선정거부' 취소소송 인정 여부

1. 대상적격 인정 여부
(1) 거부가 처분이 되기 위한 요건
1) 판례의 태도
거부처분이 처분성을 갖기 위해서는 ① 공권력 행사의 거부일 것, ② 국민의 권리와 의무에 영향을 미칠 것, ③ 법규상·조리상 신청권을 가질 것을 요구한다. 이때의 신청권은 행정청의 응답을 구하는 권리(형식적 권리)이며, 신청된 대로의 처분을 구하는 권리(실체적 권리)가 아니라고 한다.

2) 신청권 존부에 대한 견해의 대립
① 신청권의 존재는 본안문제라는 견해, ② 처분성은 소송법상 개념요소만 갖추면 된다고 하여 원고적격으로 보는 견해, ③ 신청권은 신청에 대한 응답의무에 대응하는 절차적 권리이므로 이를 대상적격의 문제로 보는 견해가 있다.

3) 검토
판례와 같이 신청권을 일반·추상적인 응답요구권으로 보게 되면 개별·구체적 권리일 것을 요하는 원고적격과 구별되고, 이러한 신청권이 없다면 바로 각하하여 법원의 심리부담의 가중도 덜어줄 수 있으므로 대상적격의 문제로 보는 것이 타당하다.

(2) 사안의 경우
교육기관 선정거부는 정부입찰법상 신청권이 인정되며, 직업선택의 자유 및 감정평가활동을 수행할 권익에 영향을 미치는 행위이므로 처분성이 인정된다.

2. 원고적격 및 협의의 소익 인정 여부
(1) 원고적격 인정 여부
인가·허가 등 수익적 행정처분을 신청한 여러 사람이 서로 경원자 관계에 있어서 한 사람에 대한 허가 등 처분이 다른 사람에 대한 불허가 등으로 귀결될 수밖에 없을 때 허가 등 처분을 받지 못한 사람은 신청에 대한 거부처분의 직접 상대방으로서 원칙적으로 자신에 대한 거부처분의 취소를 구할 원고적격이 인정된다.

(2) 협의소익 인정 여부
1) 협의의 소익의 의의 및 취지
협의의 소익은 본안판결을 받을 현실적 필요성을 의미한다(행정소송법 제12조 제2문).

협의 소익은 원고적격과 함께 소송요건이 되며 이는 남소방지와 충실한 본안심사를 통해 소송경제를 도모함에 취지가 인정된다.

2) 제12조 제2문의 회복되는 법률상 이익의 의미

판례는 행정소송법 제12조 소정의 '법률상 이익'을 전문(원고적격)의 그것과 후문(협의의 소의 이익)의 그것을 구별하지 않고 모두 "해당 처분의 근거 법률에 의하여 보호되는 직접적이고 구체적인 이익"이라고 해석한다. 이에 소의 이익은 구체적 사안별로 권리보호의 현실적 필요성이 있는지를 검토함이 타당하므로 명예, 신용의 이익도 경우에 따라서는 소의 이익이 인정될 수 있을 것이다.

3) 협의 소익 인정 여부

취소판결이 확정되는 경우 판결의 직접적인 효과로 경원자에 대한 허가 등 처분이 취소되거나 효력이 소멸되는 것은 아니더라도 행정청은 취소판결의 기속력에 따라 판결에서 확인된 위법사유를 배제한 상태에서 취소판결의 원고와 경원자의 각 신청에 관하여 처분요건의 구비 여부와 우열을 다시 심사하여야 할 의무가 있으며, 재심사 결과 경원자에 대한 수익적 처분이 직권취소되고 취소판결의 원고에게 수익적 처분이 이루어질 가능성을 완전히 배제할 수는 없으므로, 특별한 사정이 없는 한 경원자 관계에서 허가 등 처분을 받지 못한 사람은 자신에 대한 거부처분의 취소를 구할 소의 이익이 있다.

(3) 사안의 경우

설문상 을이 교육기관 선정요건을 갖추지 못했다는 명확한 사정은 보이지 않으므로, 을이 자신에 대한 거부처분의 취소를 구함으로써, '재심사를 통한 교육기관 선정'을 구할 이익이 있으므로 원고적격과 협의 소익이 인정된다.

3. 그 외 소송요건

설문상 제소기간(행정소송법 제20조), 피고적격(행정소송법 제13조), 재판관할(행정소송법 제9조), 행정심판 임의주의(행정소송법 제18조) 등 기타 소송요건은 문제되지 않는 것으로 판단된다.

 인가·허가 등 수익적 행정처분을 신청한 여러 사람이 서로 경원관계에 있는 경우, 허가 등 처분을 받지 못한 사람이 자신에 대한 거부처분의 취소를 구할 원고적격과 소의 이익이 있는지 여부(원칙적 적극)

인가·허가 등 수익적 행정처분을 신청한 여러 사람이 서로 경원관계에 있어서 한 사람에 대한 허가 등 처분이 다른 사람에 대한 불허가 등으로 귀결될 수밖에 없을 때 허가 등 처분을 받지 못한 사람은 신청에 대한 거부처분의 직접 상대방으로서 원칙적으로 자신에 대한 거부처분의 취소를 구할 원고적격이 있고, 취소판결이 확정되는 경우 판결의 직접적인 효과로 경원자에 대한 허가 등 처분이 취소되거나 효력이 소멸되는 것은 아니더라도 행정청은 취소판결의 기속력에 따라 판결에서 확인된 위법사유를 배제한 상태에서 취소판결의 원고와 경원자의 각 신청에 관하여 처분요건의 구비 여부와 우열을 다시 심사하여야 할 의무가 있으며, 재심사 결과 경원자에 대한 수익적 처분이 직권취소되고 취소판결의 원고에게 수익적 처분이 이루어질 가능성을 완전히 배제할 수는 없으므로, 특별한 사정이 없는 한 경원관계에서 허가 등 처분을 받지 못한 사람은 자신에 대한 거부처분의 취소를 구할 소의 이익이 있다(대판 2015.10.29. 2013두27517).

사례 24 제3자 원고적격

A시장은 관할 농림지역에 환경영향평가를 거쳐 하수처리시설 설치를 위한 개발사업허가를 사업시행자인 한국수자원공사에 해주었다. 환경영향평가 구역 내에 사는 갑, 인근 지역에 거주하면서 해당 지역에서 농사를 짓는 을, 인근 지역에 거주하면서 해당 지역에 토지를 소유하고 있는 병은 하수처리시설이 들어서면 악취와 오염 등을 걱정하면서 취소소송을 제기하고자 한다. 갑, 을, 병은 취소소송을 제기할 원고적격이 인정되는가? 20점

Ⅰ 쟁점의 정리
Ⅱ 제3자 원고적격
  1. 원고적격의 의의(행정소송법 제12조) 및 취지
  2. 법률상 이익의 의미
    (1) 학설
    (2) 판례
    (3) 검토
  3. 법률의 범위
    (1) 학설
    (2) 판례
    (3) 검토
  4. 제3자의 원고적격
    (1) 인인소송의 의의
    (2) 관련 판례
Ⅲ 사안의 해결

Ⅰ 쟁점의 정리

갑·을·병은 개발사업허가의 직접 상대방이 아닌 제3자이므로, 취소소송을 제기하기 위해서는 법률상 이익이 인정되어야 한다. 이하에서 법률상 이익의 의미와 법률의 범위를 살펴본 후, 갑·을·병에게 법률상 이익이 인정되는지를 검토한다.

Ⅱ 제3자 원고적격

1. 원고적격의 의의(행정소송법 제12조) 및 취지

원고적격이란 본안판결을 받을 수 있는 자격으로, 행정소송법 제12조에서는 "취소소송은 처분 등의 취소를 구할 법률상 이익이 있는 자가 제기할 수 있다."고 규정하고 있다. 이는 소를 제기할 수 있는 자를 규정하여 남소방지를 도모함에 취지가 인정된다.

2. 법률상 이익의 의미

(1) 학설

① 처분 등으로 권리가 침해당한 자가 소송을 제기할 수 있다는 권리구제설, ② 법적으로 보호된 개인적 이익을 침해당한 자가 제기할 수 있다는 법률상 보호된 이익구제설(법적이익구제설) ③ 재판에 의하여 보호할 가치 있는 이익이 침해된 자가 제기할 수 있다는 소송상 보호할 가치

있는 이익구제설 ④ 처분의 위법을 다툴 가장 적합한 자가 원고적격을 갖는다는 적법성 보장설이 대립된다.

(2) 판례

법률상 보호되는 이익이라 함은 해당 처분의 근거법규 및 관련법규에 의하여 보호되는 개별적・직접적・구체적 이익이 있는 경우를 말하고, 공익보호의 결과로 국민 일반이 공통적으로 가지는 일반적・간접적・추상적 이익이 생기는 경우에는 법률상 보호되는 이익이 있다고 할 수 없다(대판 2006.3.16, 2006두330 숲슴)고 판시한 바 있다.

(3) 검토

권리구제설은 원고의 범위를 제한하고, 소송법상 보호가치 있는 이익구제설은 보호가치 있는 이익의 객관적 기준이 결여되는 문제가 있다. 또한 적법성 보장설은 객관소송화의 우려가 있다. 따라서 취소소송을 주관적, 형성소송으로 보면 법률상 보호이익설이 타당하다.

3. 법률의 범위

(1) 학설

① 처분의 근거법규에 한정하는 견해, ② 처분의 근거법규뿐만 아니라 관계법규까지 보호규범으로 보는 견해, ③ 처분의 근거 및 관계법규에 헌법규정이 보충적으로 보호규범이 된다는 견해, ④ 이에 민법규정도 보호규범에 포함시켜야 한다는 견해가 있다.

(2) 판례

판례는 처분의 근거법규 및 관계법규(취지 포함)에 의해 개별적으로 보호되는 직접적이고 구체적인 개인적 이익을 법률상 이익으로 보고 있다.

(3) 검토

처분의 근거법규 및 관계법규에 의한 개인적 이익은 물론, 헌법상 구체적인 기본권과 절차규정에 의해 보호될 수 있는 이익도 법률상 이익의 범위에 포함된다고 보는 것이 국민의 권리구제에 유리하다고 판단된다.

4. 제3자의 원고적격

제3자의 유형으로 경원자, 경업자, 이웃주민, 법인과 주주 등 다양한 경우가 문제될 수 있다. 설문에서는 공익사업의 시행으로 이한 인근주민들의 원고적격이 문제된다.

(1) 인인소송의 의의

인인소송이라 함은 어떠한 시설의 설치를 허가하는 처분에 대하여 해당 시설의 인근 주민이 다투는 소송을 말한다.

(2) 관련 판례

환경영향평가 대상인 경우 평가대상 구역 내의 주민은 원고적격이 인정되나 구역 밖의 주민은 처분 전과 비교하여 수인한도를 넘는 환경상의 이익에 대한 침해 또는 침해우려가 있다는 것을 입증함으로써 원고적격을 인정받을 수 있다고 판시한 바 있다(대판 2006.3.16, 2006두330 숲속).

Ⅲ 사안의 해결

갑은 해당 지역의 주민이며, 병은 해당 구역 내 토지 소유자이므로 해당 토지의 사용수익에 영향을 받을 수 있다고 추정되며, 을은 해당 지역에서 농사를 짓는 사람이므로 하수처리시설로 인한 악취 등으로, 해당 토지를 사용·수익함에 영향을 받을 수 있으므로 원고적격이 인정된다고 볼 것이다.

** 갑, 을, 병 모두에서 어떠한 이유에서 원고적격이 인정될지 부정될지를 논하기만 하면 모두 정답으로 간주됩니다. 중요한 것은 법률상 이익을 입증하기 위한 과정으로서 원고적격에 대한 풍부한 이론과 판례를 서술함에 있다고 할 것입니다.

📝 사례 25 제3자 원고적격

사업시행자 갑은 주택개발사업허가를 득하고 사업에 착수하였다. 주변지역 밖에 거주하는 을은 관련 규정에서 동 개발행위 허가기준의 하나로 '주변지역의 토지이용실태 등 주변 환경과 조화를 이룰 것'을 규정하고, 그 세부사항으로 '개발행위로 인하여 해당 지역 및 주변지역에 대기오염·수질오염·토질오염·소음·진동·분진 등에 의한 환경오염·생태계파괴·위해발생 등이 발생할 우려가 없을 것'을 규정하고 있는 취지는, 토지의 형질 변경 등 해당 개발행위에 따른 대기오염 등에 의한 환경오염·생태계파괴·위해발생 등으로 직접적이고도 중대한 환경상 피해를 입을 것으로 예상되는 주민들의 생활환경상의 개별적 이익을 직접적·구체적으로 보호하려는 데 있다고 한다. 을에게 주택개발사업허가의 취소를 구할 원고적격이 인정되는가? 25점

Ⅰ 쟁점의 정리
Ⅱ 법률상 이익의 의미와 범위
  1. 법률상 이익의 의미
    (1) 학설
    (2) 판례
    (3) 검토
  2. **법률의 범위**
    (1) 견해의 대립

    (2) 판례
     1) 판례의 태도
     2) 환경영향평가법령상 이익에 대한 판례의 태도
    (3) 검토
Ⅲ 사안의 해결

Ⅰ 쟁점의 정리

원고적격이란 구체적인 소송에서 원고로서 소송을 수행하여 본안판결을 받을 수 있는 자격을 말한다. 항고소송에서 원고적격의 문제는 구체적인 행정처분에 대하여 누가 원고로서 취소소송 등 항고소송을 제기하여 본안판결을 받을 자격이 있느냐에 관한 문제이다.

행정소송법 제12조에서는 법률상 이익 있는 자가 취소소송을 제기할 수 있다고 규정하고 있는바 을에게 법률상 이익이 인정되는지가 문제된다.

설문의 해결을 위하여 법률상 이익의 의미와 범위에 대하여 살펴보고, 최근 환경영향평가와 관련된 판례를 검토하여 사안을 해결한다.

Ⅱ 법률상 이익의 의미와 범위

1. 법률상 이익의 의미

(1) 학설

취소소송의 본질과 관련하여 견해가 대립되며 ① 취소소송의 본질은 침해된 권리회복이라는 권리구제설, ② 근거법상 보호되는 이익구제인 법률상 보호이익설, ③ 소송법상 보호가치 있는 이익구제라는 견해(실체법이 아니고 소송법적 관점에서 재판에 의해서 보호할 가치 있는 이익이 침해된 자), ④ 행정의 적법성 통제라는 적법성 보장설의 견해가 있다(처분의 위법을 다툴 적합한 이익 있는 자).

(2) 판례

해당 처분의 근거, 관련법규에 의해 보호되는 개별적·직접적·구체적인 이익을 의미하며, 사실상이며 간접적인 이익은 법률상 보호이익이 아니라고 판시한 바 있다.

(3) 검토

권리구제설은 원고의 범위를 제한하고, 소송법상 보호가치 있는 이익구제설은 보호가치 있는 이익의 객관적 기준이 결여되는 문제가 있다. 또한 적법성 보장설은 객관소송화의 우려가 있다. 따라서 취소소송을 주관적, 형성소송으로 보면 법률상 보호이익설이 타당하다.

2. 법률의 범위

(1) 견해의 대립

근거 법률은 물론 관련법규까지 포함하는 견해와, 헌법상 기본권 및 민법상 일반원칙까지 포함하는 견해가 있다.

(2) 판례

1) 판례의 태도

대법원은 관계법규와 절차법규정의 취지도 고려하는 등 보호규범의 범위를 확대하는 경향을 보이고 있으며 헌법재판소는 헌법상 기본권인 경쟁의 자유를 고려한바 있다.

2) 환경영향평가법령상 이익에 대한 판례의 태도

① 평가대상지역 안의 주민의 경우는 처분 전과 비교하여 수인한도를 넘는 환경침해를 받지 아니하고 쾌적한 환경에서 생활할 수 있는 개별적 이익까지도 이를 보호하려는 데에 있다 할 것이므로, 특단의 사정이 없는 한 환경상의 이익에 대한 침해 또는 침해우려가 있는 것으로 사실상 추정되어 원고적격이 인정된다고 한다.

② 밖의 주민인 경우는 처분 등으로 인하여 처분 전과 비교하여 수인한도를 넘는 환경상의 이익에 대한 침해 또는 침해우려가 있다는 것을 입증함으로써 원고적격을 인정받을 수 있다고 한다.

(3) 검토

환경영향평가법령도 처분의 관계법규로서 당사자의 권익에 영향을 미친다면 보호규범의 범위로 볼 수 있다고 판단된다.

Ⅲ 사안의 해결

을은 주변지역 밖의 주민이므로, 해당 개발행위에 따른 대기오염 등에 의한 환경오염·생태계파괴·위해발생 등으로 직접적이고도 중대한 환경상 피해를 입을 것을 입증하는 경우에 한하여 원고적격이 인정될 것이다.

> 📖 대판 2014.11.13, 2013두6824
>
> 개발행위가 시행될 지역이나 주변지역의 주민 외에 '개발행위로 자신의 생활환경상의 개별적 이익이 수인한도를 넘어 침해되거나 침해될 우려가 있음을 증명한 자'에게 개발행위허가 처분을 다툴 법률상 이익이 있는지 여부(적극)

Chapter 02 피고적격 및 협의의 소익

사례 26 피고적격

국토교통부장관으로부터 사업인정에 관한 대리권을 수여받은 관악구청장은 대리의 취지를 명시적으로 표시하지 않고서 근 10여 년간 관악구에서 사업인정처분을 하였다. 이 경우 누구를 상대로 취소소송을 제기해야 하는지 논하시오. 20점

Ⅰ 쟁점의 정리
Ⅱ 취소소송에서의 피고적격
  1. 의의 및 제도적 취지(행정소송법 제13조)
  2. 처분 등을 행한 행정청의 의미
    (1) 처분 등을 행한 행정청
    (2) 처분청과 통지한 자가 다른 경우
    (3) 권한의 위임(또는 위탁)의 경우
    (4) 권한의 대리의 경우

  3. 피고경정
    (1) 의의 및 취지(행정소송법 제14조)
    (2) 피고경정의 절차
    (3) 피고경정의 효과
Ⅲ 사안의 해결

Ⅰ 쟁점의 정리

행정소송법 제13조에서는 처분을 행한 행정청을 피고로 취소소송을 제기하도록 규정하고 있다. 국토교통부장관이 직접처분을 한 경우라면 국토교통부장관이 피고가 될 것이나, 사안과 같이 관악구청장이 이를 대리하여 대리의 취지를 명시적으로 표시하지 않은 경우 국토교통부장관과 관악구청장 중 누가 피고가 될 것인지가 문제된다.

Ⅱ 취소소송에서의 피고적격

1. 의의 및 제도적 취지(행정소송법 제13조)

피고적격이란 소송의 상대방을 말하며 행정소송법 제13조에서는 다른 법률에 특별한 규정이 없다면 '처분 등을 행한 행정청'으로 규정하고 있는데, 피고를 행정주체로 하지 않고 '처분 등을 행한 행정청'으로 규정한 것은 처분을 실제로 한 행정청을 피고로 하는 것이 효율적이고 행정통제기능을 달성하는 데 실효적이기 때문이다.

2. 처분 등을 행한 행정청의 의미

(1) 처분 등을 행한 행정청

    소송의 대상인 처분 등을 외부적으로 행한 행정청을 의미한다. 행정청에는 법령에 의하여 행정권한의 위임 또는 위탁을 받은 행정기관, 공공단체 및 그 기관 또는 사인이 포함된다. 정당한 권한을 가진 행정청인지 여부는 불문한다. 처분권한이 있는지 여부는 본안의 문제이다.

(2) 처분청과 통지한 자가 다른 경우
처분청과 통지한 자가 다른 경우에는 처분청이 피고가 된다.

(3) 권한의 위임(또는 위탁)의 경우
권한의 위임이 있는 경우에는 위임기관은 처분권한을 상실하며 수임기관이 처분권한을 갖게 되므로 수임기관이 처분청이 된다. 이 경우에 수임 행정기관은 행정청일 수도 있고 보조기관일 수도 있다.

(4) 권한의 대리의 경우
대리관계를 밝히고 처분을 한 경우 피대리관청이 처분청으로 피고가 된다. 또한 대리관계를 명시적으로 밝히지는 아니하였다 하더라도 상대방이 그 행정처분이 피대리 행정청을 대리하여 한 것임을 알고서 이를 받아들인 예외적인 경우에는 피대리 행정청이 피고가 되어야 한다.

3. 피고경정

(1) 의의 및 취지(행정소송법 제14조)
피고의 경정이란 소송의 계속 중에 피고로 지정된 자를 다른 자로 변경하는 것을 말한다. 행정조직이 복잡하여 누가 피고적격을 가지고 있는지를 파악하기 어려운 경우도 적지 않아, 피고를 잘못 지정하여 각하하게 된다면 다시 정당한 피고를 정하여 제소하려고 할 때에 제소기간의 경과 등의 사유로 불가능할 수도 있다.

(2) 피고경정의 절차
원고가 피고를 잘못 지정한 때에는 법원은 원고의 신청에 의하여 결정으로써 피고의 경정을 허가할 수 있다.

(3) 피고경정의 효과
피고의 경정에 대한 법원의 허가결정이 있는 때에는 새로운 피고에 대한 소송은 처음에 소를 제기한 때에 제기된 것으로 보며, 종전의 피고에 대한 소송은 취하된 것으로 본다.

Ⅲ 사안의 해결

대리권을 수여받은 데 불과하여 그 자신의 명의로는 행정처분을 할 권한이 없는 행정청의 경우 대리관계를 밝힘이 없이 그 자신의 명의로 행정처분을 하였다면 그에 대하여는 처분명의자인 해당 행정청이 항고소송의 피고가 되어야 하는 것이 원칙이지만, 비록 대리관계를 명시적으로 밝히지는 아니하였다 하더라도 처분명의자는 물론 그 상대방도 그 행정처분이 피대리 행정청을 대리하여 한 것임을 알고서 이를 받아들인 예외적인 경우에는 피대리 행정청이 피고가 되어야 할 것이다.

사례 27 협의소익[재량준칙과 가중처벌]

감정평가법인 甲은 감정평가를 함에 있어 감정평가준칙을 준수하지 아니하였음을 이유로 국토교통부장관으로부터 2개월의 업무정지처분을 받았다. 이에 甲은 처분의 효력발생일로부터 2개월이 경과한 후 2회 이상의 법규위반에 대한 가중적 제재규정이 있어 불이익을 받을 우려가 있다는 이유를 들어 해당 처분에 대한 취소소송을 제소기간 내에 제기하였다. 30점

(1) 가중처벌의 가능성을 규정한 감정평가사법 시행령 제29조의 법적 성질을 검토하시오. 10점
(2) 갑이 제기한 취소소송에서 협의의 소익이 인정되는지를 검토하시오. 20점

관련 규정

[감정평가사법 시행령 제29조(인가취소 등의 기준)]
법 제32조 제1항에 따른 감정평가법인등의 설립인가 취소와 업무정지의 기준은 별표 3과 같다.
[별표3]

	1회 위반	2회 위반	3회 위반
준칙위반	업무정지 1개월	업무정지 3개월	업무정지 6개월

(설문 1)의 해결
Ⅰ 쟁점의 정리
Ⅱ 제재적 처분기준의 법적 성질
  1. 문제점
  2. 법적 성질
    (1) 학설
    (2) 판례
    (3) 검토
Ⅲ 사안의 해결

(설문 2)의 해결
Ⅰ 쟁점의 정리
Ⅱ 처분의 효력이 소멸한 경우 협의의 소익 인정 여부
  1. 문제소재
  2. 협의의 소익의 의의 및 취지
  3. 원고적격과의 구별
  4. 행정소송법 제12조 제2문의 회복되는 법률상 이익의 의미
    (1) 학설
    (2) 판례
    (3) 검토
  5. 가중처벌과 관련된 제재적 처분기준에 관한 판례
    (1) 법규명령형식으로 규정된 경우
      1) 종전 판례
      2) 최근 판례
        가. 다수견해
        나. 소수견해
    (2) 행정규칙으로 규정된 경우
    (3) 검토
  6. 사안의 경우
Ⅲ 사안의 해결

(설문 1)의 해결

I 쟁점의 정리

설문은 2개월의 업무정지처분의 효력이 소멸한 이후에 가중처벌의 불이익을 제거하기 위하여 취소소송을 제기한 것으로 ① 해당 제재적 처분기준인 감정평가사법 시행령 제29조의 법적 성질이 법규성을 갖는지를 살펴본다.

II 제재적 처분기준의 법적 성질

1. 문제점

제재적 처분기준이 법규명령의 형식으로 제정되었으나 그 실질이 행정규칙의 내용을 갖는 경우, 대외적 구속력이 문제된다.

2. 법적 성질

(1) 학설

① 규범의 형식과 법적 안정성을 중시하여 법규명령으로 보는 견해, ② 규범의 실질과 구체적 타당성을 중시하여 행정규칙으로 보는 견해, ③ 상위법의 수권유무로 판단하는 수권여부기준설이 대립한다.

(2) 판례

대법원은 ① (구)식품위생법 시행규칙상 제재적 처분기준은 행정규칙으로 보며, ② (구)청소년보호법 시행령상 과징금 처분기준을 법규명령으로 보면서 그 처분기준은 최고한도로 보아 구체적 타당성을 기한 사례가 있다.

(3) 검토

대통령령과 부령을 구분하는 판례의 태도는 합리적 이유가 없으므로 타당성이 결여된다. 또한 부령의 경우에도 법규명령의 형식을 갖는 이상 법제처의 심사에 의해 절차의 정당성을 확보하고, 공포를 통한 예측가능성이 보장된다는 점에서 부령인 경우도 법규성을 긍정함이 타당하다. 국민의 시각에서 형식에 따라 대외적 구속력을 예측하는 것이 일반적일 것이므로 법규명령으로 봄이 타당하다.

III 사안의 해결

시행령 제29조의 별표 3은 형식이 대통령령으로 상위법률인 감정평가사법의 처분기준을 각 사유마다 세분화하여 규정하였으며 가감규정을 두어 개별사안에서 구체적 타당성을 기여하고 있다. 따라서 법규명령의 성질을 갖는 것으로 볼 수 있다.

(설문 2)의 해결

I 쟁점의 정리

처분의 효력이 소멸했음에도 갑에게 취소소송의 본안판결을 받을 현실적 필요성이 인정되는지를 협의 소익과 관련하여 검토한다.

II 처분의 효력이 소멸한 경우 협의의 소익 인정 여부

1. 문제소재
처분 등의 효력이 소멸한 경우에는 원칙적으로 소의 이익이 없으나, 예외적으로 권리보호를 위해 소의 이익이 인정될 수 있는바 이하 검토한다.

2. 협의의 소익의 의의 및 취지
협의의 소익은 본안판결을 받을 현실적 필요성을 의미한다(행정소송법 제12조 제2문). 협의 소익은 원고적격과 함께 소송요건이 되며 이는 남소방지와 충실한 본안심사를 통해 소송경제를 도모함에 취지가 인정된다.

3. 원고적격과의 구별
동 규정을 원고적격으로 보는 견해가 있으나 통상 협의의 소익 규정으로 보며, 개정안에서는 별도로 규정하고 있다.

4. 행정소송법 제12조 제2문의 회복되는 법률상 이익의 의미

(1) 학설

① 〈소극설〉은 제12조 전문의 법률상 이익과 동일하다고 본다. ② 〈적극설〉은 이에 명예, 신용 등 이익도 포함된다. ③ 〈정당한 이익설〉은 경제, 사회, 문화적 이익까지 포함한다고 본다.

(2) 판례

처분의 근거 법률에 의해 보호되는 직접적이고 구체적인 이익을 말하며, 간접적이고 사실적인 이익은 해당하지 않는다고 한다.

(3) 검토

구체적 사안별로 권리보호의 현실적 필요성이 있는지를 검토함이 타당하다. 따라서 명예, 신용의 이익도 경우에 따라서는 소의 이익이 인정될 수 있을 것이다.

5. 가중처벌과 관련된 제재적 처분기준에 관한 판례

(1) 법규명령형식으로 규정된 경우

1) 종전 판례
제재적 처분기준이 대통령령 형식인 경우에는 소의 이익이 있다고 보았으나 부령 형식의 경우에는 소의 이익이 없다고 보았다.

2) 최근 판례

가. 다수견해
① 법규명령 여부와 상관없이 행정청은 처분기준을 준수할 의무가 있으므로, 상대방이 장래에 받을 수 있는 가중처벌규정은 구체적이고 현실적인 것이므로 "그 불이익을 제거할 필요가 있다"고 하여 제재적 처분이 부령 형식이라도 협의의 소익을 인정한다. 또한 ② 후에 동일내용을 다투는 경우 이중의 노력과 비용이 소모되고, ③ 시간의 경과로 인한 증거자료의 일실의 문제가 발생할 수 있는 측면에서도 협의의 소익을 인정한다.

나. 소수견해
제재적 처분기준을 정한 부령인 시행규칙은 헌법 제95조에 의한 위임명령이므로 이의 법규성을 인정하는 이론적 기초위에서 그 법률상 이익을 긍정함이 합당하다고 한다.

(2) 행정규칙으로 규정된 경우
가중요건 등이 행정규칙으로 정해진 경우에도 행정청은 통상 행정규칙에 따라 가중된 제재처분을 행할 구체적이고 현실적 위험이 있으므로 선행 제재처분을 취소하여 그 위험을 제거할 이익이 있다고 본다(2008추56).

(3) 검토
부령형식으로 제정된 경우 및 행정규칙으로 제정된 경우에도 담당공무원은 이를 준수할 의무가 있으므로 가중처벌받을 불이익을 제거할 현실적 필요를 인정함이 타당하다.

6. 사안의 경우
갑에 대한 2개월의 업무정지처분의 효력은 기간의 경과로 효력이 소멸하였지만, 후에 갑이 업무정지 사유에 해당하게 되면 제재적 처분기준의 법적 성질을 어느 것으로 보더라도 가중처벌을 받을 위험이 존재한다. 따라서 갑은 이러한 가중처벌의 위험을 제거할 현실적인 필요성이 인정된다.

III 사안의 해결

시행령 제29조의 제재적 처분기준은 법규명령으로써 대외적 구속력이 인정되므로 갑이 2회 이상의 법규위반을 하게 되면 가중처벌을 받을 위험이 존재하게 된다. 따라서 업무정지처분의 효력은 소멸하였지만 가중처벌을 받을 현실적인 위험을 제거하기 위하여 갑에게 협의의 소익이 인정된다.

사례 28 협의소익(기본행위의 하자)

잠실 개나리 주택재건축정비사업조합(이하 : 개나리조합)은 송파구 잠실동 소재 아파트의 재건축사업을 시행할 목적으로 관계 법령에 따라 조합설립의 인가 및 등기를 마쳤다. 개나리 조합은 조합총회에서 관리처분계획안을 의결하고, 송파구청장에게 관리처분계획의 인가를 신청하였고 송파구청장은 개나리조합의 관리처분계획인가 신청에 대해 인가처분을 하였다. 조합원 甲은 위 관리처분계획을 수립함에 있어서 조합 총회결의에 분담금산정 오류의 중대한 하자가 있음을 발견하였다. 이를 이유로 위 인가처분의 취소를 구하는 소송을 제기하는 경우 협의의 소익이 인정되는가? 甲은 관리처분계획인가와 관리처분계획 중 무엇을 대상으로 소를 제기해야 하는가? 20점

Ⅰ 쟁점의 정리
Ⅱ 관리처분계획인가의 법적 성질과 협의의 소익
  1. 관리처분계획인가의 법적 성질
    (1) 관리처분계획의 의의 및 내용
    (2) 관리처분계획인가의 법적 성질
  2. 협의의 소익
    (1) 의의 및 취지(행정소송법 제12조 후문)
    (2) 취소소송에서의 협의의 소익

  3. 기본행위의 하자를 이유로 한 인가취소
Ⅲ 관리처분계획의 법적 성질과 소의 대상
  1. 관리처분계획의 법적 성질
    (1) 구속적 행정계획
    (2) 처분
  2. 판례
Ⅳ 사안의 해결

Ⅰ 쟁점의 정리

관리처분계획에 대한 인가처분이 강학상 인가라면 기본행위인 관리처분계획수립의 하자를 이유로 인가처분의 취소를 구할 수 있는지가 문제된다. 기본행위의 하자를 이유로 관리처분계획인가처분에 대한 취소소송을 제기할 수 없다면 관리처분계획을 대상으로 소를 제기할 수 있는지 검토한다.

Ⅱ 관리처분계획인가의 법적 성질과 협의의 소익

1. 관리처분계획인가의 법적 성질

(1) 관리처분계획의 의의 및 내용

관리처분계획은 도시정비사업(재개발 및 재건축)의 공사가 완료된 후 행하는 분양처분 및 청산 등에 관한 계획을 말한다. 분양설계, 분양대상자의 주소 및 성명, 정비사업비의 추산액 등 정비사업과 관련된 사항이 내용이 된다.

(2) 관리처분계획인가의 법적 성질

관리처분계획에 대한 인가가 있게 되면 관리처분계획의 내용에 대한 구속력을 가지도록 하여, 관리처분계획의 효력을 보충하여 완성시키는 강학상 인가에 해당된다.

2. 협의의 소익

(1) 의의 및 취지(행정소송법 제12조 후문)
협의의 소익은 본안판결을 받을 현실적 필요성을 의미한다. 이는 남소방지와 소송경제를 도모함에 취지가 인정된다. 처분 등의 효과가 기간의 경과, 처분 등의 집행 그 밖의 사유로 인하여 소멸된 뒤에도 그 처분 등의 취소로 인하여 회복되는 법률상 이익이 있는 자는 취소소송을 제기할 수 있다.

(2) 취소소송에서의 협의의 소익
처분의 효력이 소멸한 경우, 원상회복이 불가한 경우, 처분 후의 사정에 의해 이익침해가 해소된 경우, 보다 간이한 구제방법이 있는 경우에는 원칙적으로 협의의 소익이 부정되나 예외적으로 회복되는 법률상 이익이 있는 경우에는 협의의 소익이 인정된다.

3. 기본행위의 하자를 이유로 한 인가취소
기본행위에 하자가 있다고 하더라도 인가처분 자체에 하자가 없다면 따로 그 기본행위의 하자를 다투는 것은 별론으로 하고 기본행위의 하자를 내세워 바로 그에 대한 행정청의 인가처분의 취소를 구할 수는 없다

Ⅲ 관리처분계획의 법적 성질과 소의 대상

1. 관리처분계획의 법적 성질

(1) 구속적 행정계획
행정계획이란 행정목적 달성을 위한 수단을 종합화하는 것으로서 관리처분계획은 환권처분의 기준을 제시하고 환권처분은 관리처분계획에 구속되어 행해진다. 따라서, 관리처분계획을 구속적 행정계획으로 볼 수 있다.

(2) 처분
관리처분계획의 고시가 있는 때에는 소유권자 등의 종전의 토지에 대한 재산권 행사가 제한되고, 환권처분을 구속하는 효력을 가지므로 관리처분계획은 항고소송의 대상이 되는 처분이라고 보아야 한다.

2. 판례
관리처분계획에 대한 인가·고시 이후 관리처분계획 결의의 하자를 다투고자 하는 경우 관리처분계획이 처분이고, 조합총회의 결의는 관리처분계획처분의 절차적 요건에 불과하므로 관리처분계획을 항고소송으로 다투어야 하며 확인소송(당사자소송)으로 결의의 하자를 다툴 수 없다(2007다2428).

Ⅳ 사안의 해결

1. 관리처분계획인가처분을 취소하는 것이 갑의 권리 또는 법률상의 지위에 현존하는 불안·위험을 제거하는 데 가장 유효·적절한 수단이라 할 수 없어 특별한 사정이 없는 한 협의소익이 부정된다.
2. 조합총회 결의는 관리처분계획처분의 절차적 요건이기에 갑은 관리처분계획에 대한 취소소송을 제기하여야 한다.

사례 29 　확인의 이익

감정평가법인 갑은 불공정한 감정평가를 할 우려가 있는 토지에 대한 감정평가를 한 사실이 발각되어, 국토교통부장관으로부터 3,000만원의 과징금 납부명령을 받아 과징금을 부과하였다. 갑이 과징금 부과의 절차상 하자를 이유로 과징금의 반환을 구하는 소송을 제기하지 않고 무효등확인소송을 제기하였다면 갑이 제기한 소송은 적법한지, 그리고 확인의 이익이 요구되는지 논하시오. 10점

Ⅰ 쟁점의 정리
Ⅱ 무효등확인소송 제기의 적법성
　1. 문제점
　2. 확인의 이익이 필요한지 여부
　　(1) 확인의 이익의 의미(확인소송의 보충성)
　　(2) 견해의 대립
　　(3) 판례
　　(4) 검토
　3. 사안의 경우
Ⅲ 사안의 해결

Ⅰ 쟁점의 정리

부당이득반환청구소송을 제기함이 없이 무효등확인소송을 제기한 경우 '확인의 이익'이 필요한지를 중심으로 소제기의 적법성을 검토한다.

Ⅱ 무효등확인소송 제기의 적법성

1. 문제점

행정소송법 제35조에서는 확인을 구할 법률상 이익을 요구하고 있는데, 민사소송에서와 같이 확인의 이익이 필요한지 견해의 대립이 있다.

2. 확인의 이익이 필요한지 여부

(1) 확인의 이익의 의미(확인소송의 보충성)

확인의 이익이란 확인소송은 확인판결을 받는 것이 원고의 권리구제에 유효적절한 수단인 경우에만 인정된다는 것이다. 확인소송은 보다 실효적인 구제수단이 가능하면 인정되지 않는데 이를 확인소송의 보충성이라고 한다.

(2) 견해의 대립

① 즉시확정이익설(필요설)은 무효등확인소송이 확인소송이므로 확인의 이익이 필요하다고 본다. ② 법적보호이익설(불요설)은 무효등확인소송은 확인판결 자체로 기속력이 인정되므로 권리구제가 가능하고, 민사소송과는 목적을 달리하므로 확인의 이익이 불필요하다고 본다.

(3) 판례

종전 판례는 확인소송의 보충성을 요구하였으나, 최근 판례는 ① 행정소송은 민사소송과 목적, 취지, 기능을 달리하고, ② 확정판결의 기속력으로 판결의 실효성을 확보할 수 있으며, ③ 보충성규정의 명문규정이 없고, ④ 행정처분의 근거법률에 의하여 보호되는 구체적, 직접적 이익이 있는 경우에는 무효확인을 구할 법률상 이익이 있다고 보아야 한다고 하여 보충성이 요구되지 않는다고 판시했다.

(4) 검토

위 (3)의 ②, ④ 등을 고려할 때 확인의 이익이 요구되지 않는다고 본다. 따라서 사안마다 개별, 직접적인 이익이 있는지를 검토해야 할 것이다.

3. 사안의 경우

설문상 과징금 부과처분은 금전납부 하명으로서 대상적격이 인정되고, 갑은 무효등확인소송을 제기하여 납부된 과징금을 환급받을 법률상 이익이 있으며, 기타 제소기간이나 관할 등의 소송요건은 설문상 문제되지 않는 것으로 보인다. 따라서 갑의 무효등확인소송 제기는 적법하다.

Ⅲ 사안의 해결

무효등확인소송에서는 민사소송과 달리 확인의 이익을 요구하지 않는다는 최신 판례의 견해에 따를 때, 갑은 무효등확인소송의 제 요건을 갖춘바 이의 제기는 적법하다.

사례 30 확인의 이익(무효등확인소송과 취소사유 포함)

갑은 행정청의 위법한 처분에 대해서 무효등확인소송을 제기하려고 한다. 확인의 이익이 요구되는지와, 만약 해당 처분의 위법성이 취소사유인 경우 법원이 취소판결을 내릴 수 있는지 논하시오.
25점

Ⅰ 쟁점의 정리
Ⅱ 확인의 이익이 요구되는지 여부
  1. 확인의 이익의 의미(확인소송의 보충성)
  2. 견해의 대립
  3. 판례
  4. 검토

Ⅲ 취소사유를 무효등확인소송으로 제기한 경우의 판결
  1. 학설
    (1) 소변경필요설
    (2) 취소소송포함설
  2. 판례
  3. 검토
Ⅳ 사안의 해결

Ⅰ 쟁점의 정리

무효등확인소송이란 행정청의 처분이나 재결의 효력 유무 또는 존재 여부의 확인을 구하는 소송을 말한다. 행정소송법 제35조에서는 확인을 구할 법률상 이익을 요구하고 있는데, 민사소송에서와 같이 확인의 이익이 필요한지 견해의 대립이 있다. 또한 취소사유의 위법성이 인정되는 경우 법원이 취소판결을 할 수 있는지 검토한다.

Ⅱ 확인의 이익이 요구되는지 여부

1. 확인의 이익의 의미(확인소송의 보충성)

확인의 이익이란 확인소송은 확인판결을 받는 것이 원고의 권리구제에 유효적절한 수단인 경우에만 인정된다는 것이다. 확인소송은 보다 실효적인 구제수단이 가능하면 인정되지 않는데 이를 확인소송의 보충성이라고 한다.

2. 견해의 대립

① 즉시확정이익설(필요설)은 무효등확인소송이 확인소송이므로 확인의 이익이 필요하다고 본다.
② 법적보호이익설(불요설)은 무효등확인소송은 확인판결 자체로 기속력(원상회복의무)이 인정되므로 판결의 실효성을 확보할 수 있다는 점, 민사소송과는 그 목적과 취지를 달리하고 있다는 점, 무효등확인소송은 항고소송인 점에서 확인의 이익이 불필요하다고 본다.

3. 판례

종전 판례는 확인소송의 보충성을 요구하였으나, 최근 판례는 ① 행정소송은 민사소송과 목적, 취지,

기능을 달리하고, ② 확정판결의 기속력으로 판결의 실효성을 확보할 수 있고, ③ 보충성규정의 명문규정이 없으며, ④ 행정처분의 근거법률에 의하여 보호되는 구체적, 직접적 이익이 있는 경우에는 무효확인을 구할 법률상 이익이 있다고 보아야 한다고 하여 보충성이 요구되지 않는다고 판시했다.

4. 검토

무효확인 판결에는 기속력으로 원상회복의무(위법상태제거의무)가 인정되므로 취소소송에서 요구되는 소의 이익과 별도로 확인의 이익이 추가로 요구되지 않는다고 보는 부정설이 타당하다. 따라서 사안마다 개별, 직접적인 이익이 있는지를 검토해야 할 것이다.

Ⅲ 취소사유를 무효등확인소송으로 제기한 경우의 판결

1. 학설

(1) 소변경필요설

무효확인청구는 취소청구를 포함한다고 보지만 법원은 석명권을 행사하여 무효확인소송을 취소소송으로 변경하도록 한 후 취소소송의 소송요건을 충족한 경우 취소판결을 하여야 한다고 보는 견해이다.

(2) 취소소송포함설

무효확인청구에는 취소청구를 포함한다고 보고, 법원은 취소소송요건을 충족한 경우 취소판결을 하여야 한다는 견해이다.

2. 판례

"일반적으로 행정처분의 무효확인을 구하는 소에는 원고가 그 처분의 취소를 구하지 아니한다고 밝히지 아니한 이상 그 처분이 만약 당연무효가 아니라면 그 취소를 구하는 취지도 포함되어 있는 것으로 보아야 하므로 계쟁처분의 무효확인청구에 그 취소를 구하는 취지도 포함된 것으로 보아 계쟁처분에 취소사유가 있는지 여부에 관하여 심리판단하여야 한다(대판 1994.12.23, 94누477)."고 판시한 바 있다.

3. 검토

소송상 청구는 원고가 하며 법원은 원고의 청구에 대해서만 심판해야 하므로 법원이 일방적으로 변경할 수 없다. 따라서 법원은 석명권을 행사하여 취소소송으로 변경하도록 한 후 취소판결을 하여야 하는 것으로 보는 소변경필요설이 타당하다.

Ⅳ 사안의 해결

무효등확인소송은 항고소송으로서 민사소송과는 목적·취지 등을 달리하므로 확인의 이익은 요구되지 않는다. 또한, 취소사유를 이유로 무효등확인소송을 제기한 경우 법원은 석명권을 행사하여 소변경을 통한 취소판결을 하여야 할 것이다.

감정평가 및 보상법규 기본사례노트 182선

- 1권 행정법 -

PART 03

가구제
(집행정지)

Chapter 01 가구제

Chapter 01 가구제

감정평가 및 보상법규 기본사례노트 182선 **- 1권 행정법 -**

📝 사례 31 집행정지(대상)

집행정지란 처분·재결이나 그 집행 또는 절차의 속행으로 인하여 생길 회복하기 어려운 손해를 예방하기 위하여 긴급보전의 필요가 있다고 인정될 때에, 본안이 계속되고 있는 법원이 당사자의 신청 또는 직권에 의하여 처분 또는 재결의 효력이나 집행을 잠정적으로 정지시키는 것을 말한다. 각 경우에 집행정지 결정이 가능한지 판단하시오. 30점

(1) 국토교통부, 환경부, 문화체육관광부, 농림수산식품부는 합동으로 '4대강 살리기 마스터플랜' 계획을 수립하였다. 이에 4대강 살리기 마스터플랜에 의한 사업구역에 토지를 소유한 갑은 4대강 살리기 마스터플랜의 취소를 구하는 행정소송을 제기하면서 집행정지를 신청하였다.

(2) 국토교통부는 은행 등 금융기관에 재직하는 중, 감정평가법인에 겸직한 사실이 있는 감정평가사 을에 대하여 업무정지 3개월의 징계처분을 하였다. 이에 을은 서울행정법원에 업무정지처분 취소소송과 더불어 업무정지처분의 집행정지를 신청하였다.

Ⅰ 쟁점의 정리
Ⅱ 집행정지의 요건검토
  1. 적극적 요건
  2. 소극적 요건
  3. 집행정지 결정
Ⅲ 갑의 경우
  1. 문제점
  2. 4대강 살리기 마스터플랜의 법적 성질
    (1) 행정계획의 의의
    (2) 행정계획수립 행위의 법적 성질

    1) 학설
    2) 판례
    3) 검토
    4) 사안의 경우
  3. 집행정지 결정의 가능 여부
Ⅳ 을의 경우
  1. 문제점
  2. 적극적 요건
  3. 소극적 요건
  4. 집행정지 결정의 가능 여부
Ⅴ 사안의 해결

Ⅰ 쟁점의 정리

행정소송법 제23조 제1항에서는 남소방지를 위하여 취소소송의 제기는 처분 등의 효력이나 그 집행 또는 절차의 속행에 영향을 주지 아니한다고 규정하고 있으나, 제2항에서는 예외적으로 처분 등의 효력이나 그 집행 또는 절차의 속행의 전부 또는 일부의 정지를 결정할 수 있다고 규정하고 있다. 갑과 을의 경우 집행정지의 요건을 충족하는지를 검토하여 집행정지 결정이 가능한지를 판단한다.

Ⅱ 집행정지의 요건검토

1. 적극적 요건
집행정지는 적법한 본안소송의 계속 중, 본안판결을 기다려서는 회복하기 어려운 손해가 발생될 수 있기에 이를 방지하고자 침해적 처분의 효력 등을 정지하기 위한 것이다.

2. 소극적 요건
집행정지는 공공복리에 중대한 영향을 미칠 우려가 있을 때에는 허용되지 아니하며, 집행정지신청의 남용을 방지할 필요에 따라 본안 청구가 이유 없음이 명백하지 아니할 것을 집행정지의 소극적 요건으로 본다.

3. 집행정지 결정
집행정지의 요건이 충족된 경우에 본안이 계속되고 있는 법원은 당사자의 신청 또는 직권에 의하여 처분 등의 효력이나 그 집행 또는 절차의 속행의 전부 또는 일부의 정지를 결정할 수 있다(법 제23조 제2항). 신청요건을 결여한 경우 각하결정을 내리고, 본안요건이 결여된 경우 기각결정을 내린다.

Ⅲ 갑의 경우

1. 문제점
갑은 4대강 살리기 마스터플랜을 집행정지의 대상으로 하고 있는데, 이러한 행정계획이 집행정지의 대상이 되는 처분인지가 문제된다.

2. 4대강 살리기 마스터플랜의 법적 성질

(1) 행정계획의 의의
행정주체 또는 그 기관이 일정한 행정활동을 위한 목표를 설정하고 그 목표를 달성하기 위하여 필요한 수단을 선정하고 그러한 수단을 조정하고 종합화한 것을 말한다.
4대강 살리기 마스터플랜은 4대강 정비사업과 주변 지역의 관련 사업을 체계적으로 추진하기 위하여 수립한 종합계획이다.

(2) 행정계획수립 행위의 법적 성질

1) 학설
① 행정계획은 "일반, 추상적인 규율을 정립하는 행위"라는 입법행위설, ② 법관계의 변동을 가져오는 경우는 행정행위의 성질을 갖는다는 행정행위설, ③ 계획마다 개별적으로 검토해야 한다는 복수성질설, ④ 행정계획은 규범도 아니고, 행정행위도 아닌 독자적 성질을 갖는다는 독자성설이 있다.

2) 판례

① 도시계획결정과 관련하여 처분성을 인정하였으나, ② 도시기본계획은 일반지침에 불과하다고 하여 처분성을 부인한 바 있다. ③ 또한 최근 '4대강 살리기 마스터플랜' 등은 '4대강 살리기 사업'의 기본방향을 제시하는 계획으로서, 행정처분에 해당하지 않는다고 하였다.

3) 검토

행정계획은 그 종류와 내용이 매우 다양하고 상이하므로, 행정계획의 법적 성질은 각 계획이 갖는 목적과 내용을 기준하여 개별적으로 검토되어야 할 것이다.

4) 사안의 경우

'4대강 살리기 마스터플랜' 등은 4대강 정비사업과 주변 지역의 관련 사업을 체계적으로 추진하기 위하여 수립한 종합계획이자 '4대강 살리기 사업'의 기본방향을 제시하는 계획으로서, 행정기관 내부에서 사업의 기본방향을 제시하는 것일 뿐, 국민의 권리·의무에 직접 영향을 미치는 것이 아니어서 행정처분에 해당하지 않는다고 판단된다.

3. 집행정지 결정의 가능 여부

갑이 집행정지의 대상으로 신청한 4대강 살리기 마스터플랜은 처분성이 인정되지 않으므로, 이에 대한 행정소송은 각하될 것이며, 집행정지 신청요건이 결여되어 법원은 각하결정을 할 것이다.

Ⅳ 을의 경우

1. 문제점

업무정지처분을 대상으로 취소소송을 제기하면서 집행정지를 신청한 바, 집행정지 요건을 충족하는지 살펴본다.

2. 적극적 요건

업무정지는 감정평가업무를 수행할 수 없도록 하는 하명으로써 처분이며, 설문상 제소기간이나 관할의 문제는 없는 것으로 보인다. 을이 영업을 하지 못해서 발생하는 손실은 금전으로 보상할 수 있지만, 지금까지 쌓아온 명성이나 향후에 고객과의 관계에서 업무정지 징계를 받았다는 사실이 장애가 될 수 있다. 이러한 손해는 금전적으로 보상하기 어려운 것으로 보이며, 통상 행정소송의 기간이 3개월 이상의 기간이 소요되는 현실을 고려한다면, 본안판결을 기다려서는 3개월의 업무정지기간이 경과하여 회복되기 어려운 손해가 발생할 우려가 있으므로 긴급한 필요의 존재도 인정된다.

3. 소극적 요건

처분이 집행되면 을은 회복되기 어려운 손해를 입을 수 있으나, 설문상 집행정지에 의해서 영향을 받는 공공복리는 특별히 없는 것으로 보이므로 동 요건도 충족된다. 또한, 을은 업무정지의 취소사유로서, 겸직을 하지 않았거나 겸직이 아니라는 사유를 주장할 수 있을 것인데 설문상 이유 없음이 명백하다고 볼 만한 사실관계가 없으므로 동 요건도 충족된다고 본다.

4. 집행정지 결정의 가능 여부

을이 제기한 업무정지 취소소송은 적법하고, 본안을 기다려서는 회복되기 어려운 손해가 발생할 수 있으므로, 법원은 집행정지 결정을 할 것이다.

Ⅴ 사안의 해결

갑과 을의 집행정지 신청에 대해서 법원은 갑에 대해서는 정지시킬 대상이 없음을 이유로 각하결정을 할 것이며, 을에 대해서는 회복되기 어려운 손해발생의 예방을 위하여 집행정지 결정을 할 것이다.

최신 4대강 사업 관련 HOT 판례[행정계획과 집행정지]
(대판 2011.4.21, 2010무111 全合)

[판시사항]
[1] 항고소송 대상이 되는 처분의 의미
[2] 국토교통부, 환경부, 문화체육관광부, 농림수산식품부가 합동으로 2009.6.8. 발표한 '4대강 살리기 마스터플랜' 등은 행정기관 내부에서 사업의 기본방향을 제시하는 계획일 뿐 국민의 권리·의무에 직접 영향을 미치는 것이 아니어서, 행정처분에 해당하지 않는다고 한 사례
[3] 행정소송법 제23조 제2항의 효력정지요건인 '회복하기 어려운 손해'의 의미 및 '처분 등이나 그 집행 또는 절차의 속행으로 인하여 생길 회복하기 어려운 손해를 예방하기 위하여 긴급한 필요'가 있는지의 판단 기준
[4] 국토교통부 등에서 발표한 '4대강 살리기 마스터플랜'에 따른 '한강 살리기 사업' 구간 인근에 거주하는 주민들이 각 공구별 사업실시계획승인처분에 대한 효력정지를 신청한 사안에서, 토지 소유권 수용 등으로 인한 손해는 행정소송법 제23조 제2항의 효력정지 요건인 금전으로 보상할 수 없거나 사회관념상 금전보상으로는 참고 견디기 어렵거나 현저히 곤란한 경우의 유·무형 손해에 해당하지 않는다고 본 원심판단을 수긍한 사례
[5] 행정소송법 제23조 제2항에서 정한 요건을 결여하였다는 이유로 효력정지 신청을 기각한 결정에 대하여, 행정처분 자체의 적법 여부를 가지고 불복사유로 삼을 수 있는지 여부(소극)

[결정요지]
[1] 항고소송 대상이 되는 행정청의 처분이란 원칙적으로 행정청의 공법상 행위로서 특정사항에 대하여 법규에 의한 권리의 설정 또는 의무의 부담을 명하거나 기타 법률상 효과를 직접 발생하게 하는 등 국민의 권리·의무에 직접 관계가 있는 행위를 말하므로, 행정청의 내부적인 의사결정 등과 같이 상대방 또는 관계자들의 법률상 지위에 직접 법률적 변동을 일으키지 않는 행위는 그에 해당하지 아니한다.
[2] 국토교통부, 환경부, 문화체육관광부, 농림수산식품부가 합동으로 2009.6.8. 발표한 '4대강 살리기 마스터플랜' 등은 4대강 정비사업과 주변 지역의 관련 사업을 체계적으로 추진하기 위하여 수립한 종합계획이자 '4대강 살리기 사업'의 기본방향을 제시하는 계획으로서, 행정기관 내부에서 사업의 기본방향을 제시하는 것일 뿐, 국민의 권리·의무에 직접 영향을 미치는 것이 아니어서 행정처분에 해당하지 않는다고 한 사례

[3] 행정소송법 제23조 제2항에서 정하고 있는 효력정지요건인 '회복하기 어려운 손해'란, 특별한 사정이 없는 한 금전으로 보상할 수 없는 손해로서 금전보상이 불가능한 경우 내지는 금전보상으로는 사회관념상 행정처분을 받은 당사자가 참고 견딜 수 없거나 참고 견디기가 현저히 곤란한 경우의 유형, 무형의 손해를 일컫는다. 그리고 '처분 등이나 그 집행 또는 절차의 속행으로 인하여 생길 회복하기 어려운 손해를 예방하기 위하여 긴급한 필요'가 있는지는 처분의 성질과 태양 및 내용, 처분상대방이 입는 손해의 성질·내용 및 정도, 원상회복·금전배상의 방법 및 난이 등은 물론 본안청구의 승소가능성 정도 등을 종합적으로 고려하여 구체적·개별적으로 판단하여야 한다.

[4] 국토교통부 등에서 발표한 '4대강 살리기 마스터플랜'에 따른 '한강 살리기 사업' 구간 인근에 거주하는 주민들이 각 공구별 사업실시계획승인처분에 대한 효력정지를 신청한 사안에서, 위 사업구간에 편입되는 팔당지역 농지 대부분이 국가 소유의 하천부지이고, 유기농업에 종사하는 주민들 대부분은 국가로부터 하천점용허가를 받아 경작을 해온 점, 위 점용허가의 부관에 따라 허가를 한 행정청은 공익상 또는 법령이 정하는 것에 따르거나 하천정비사업을 시행하는 경우 허가변경·취소 등을 할 수 있는 점 등에 비추어, 주민들 중 환경영향평가대상지역 및 근접 지역에 거주하거나 소유권 기타 권리를 가지고 있는 사람들이 위 사업으로 인하여 토지 소유권 기타 권리를 수용당하고 이로 인하여 정착지를 떠나 타지로 이주를 해야 하며 더 이상 농사를 지을 수 없게 되고 팔당지역의 유기농업이 사실상 해체될 위기에 처하게 된다고 하더라도, 그러한 손해는 행정소송법 제23조 제2항에서 정하고 있는 효력정지 요건인 금전으로 보상할 수 없거나 사회관념상 금전보상으로는 참고 견디기 어렵거나 현저히 곤란한 경우의 유·무형 손해에 해당하지 않는다고 본 원심판단을 수긍한 사례

[5] [다수의견] 행정처분의 효력정지나 집행정지를 구하는 신청사건에서는 행정처분 자체의 적법 여부를 판단할 것이 아니고 행정처분의 효력이나 집행 등을 정지시킬 필요가 있는지 여부, 즉 행정소송법 제23조 제2항에서 정한 요건의 존부만이 판단대상이 된다. 나아가 '처분 등이나 그 집행 또는 절차의 속행으로 인한 손해발생의 우려' 등 적극적 요건에 관한 주장·소명 책임은 원칙적으로 신청인 측에 있으며, 이러한 요건을 결여하였다는 이유로 효력정지 신청을 기각한 결정에 대하여 행정처분 자체의 적법 여부를 가지고 불복사유로 삼을 수 없다.

[대법관 박시환, 대법관 김지형, 대법관 이홍훈, 대법관 전수안의 반대의견]
행정소송법 제8조 제2항에 따라 행정소송에도 준용되는 민사소송법 제442조는 "항고법원·고등법원 또는 항소법원의 결정 및 명령에 대하여는 재판에 영향에 미친 헌법·법률·명령 또는 규칙의 위반을 이유로 드는 때에만 재항고할 수 있다."고 규정하고 있다. 재항고인들이 효력정지 요건의 해석에 관한 원심결정의 법리오해 위법을 반복하여 지적하면서, 특히 여러 가지 측면에서 특수성을 띠고 있는 환경문제가 포함된 이 사건의 규모와 성격, 직·간접적 파급효과 등을 고려할 때 효력정지 요건 충족 여부와 관련하여 '회복하기 어려운 손해' 및 '긴급한 필요'의 의미를 종전과 다르게 해석하여야 한다거나 그렇지 않다고 하더라도 소명책임과 관련된 소명의 정도를 완화하여야 한다는 취지의 주장을 하고 있는데, 이는 법리오해 주장으로서 적법한 재항고 이유이다. 그렇다면 대법원으로서는 재항고 이유의 당부에 관하여 나아가 판단함이 마땅하다.

> **사례 32** 집행정지(거부 및 요건)
>
> 감정평가사 갑은 감정평가사 자격증을 국토교통부장관에게 등록한 후, 등록시점으로부터 4년 8개월이 지난 시점에서 등록갱신을 신청하였으나 국토교통부장관은 '평소 갑은 성실의무를 다하지 않았다'는 이유로 등록갱신 신청을 거부하였다. 갑은 이 거부에 대해 취소소송을 제기하였다. 적법한 본안소송이 계속 중인 경우에 갑은 집행정지를 신청을 할 수 있는가? [20점]

```
Ⅰ 쟁점의 정리                          3) 검토
Ⅱ 등록갱신에 대한 집행정지 인정 여부        4) 사안의 경우
  1. 집행부정지의 원칙과 예외적인 집행정지    (3) 회복하기 어려운 손해
  2. 요건                              (4) 긴급한 필요의 존재
    (1) 적법한 본안소송이 계속 중일 것      (5) 공공복리에 중대한 영향이 없을 것
    (2) 정지대상인 처분 등이 존재할 것      (6) 본안청구가 이유 없음이 명백하지 않을 것
        1) 학설                       3. 사안의 경우
        2) 판례                     Ⅲ 사안의 해결(집행정지 신청의 절차 등)
```

Ⅰ 쟁점의 정리

최근 감정평가사의 효율적 관리와 대외적 신뢰도 향상을 목적으로 감정평가사 자격등록제도가 신설되었으며, 감정평가사법에서는 5년마다 주기적으로 자격등록을 갱신하도록 하였다.
설문에서는 국토교통부장관이 등록갱신을 거부함으로써 갑에게 회복되기 어려운 손해가 발생할 가능성이 있으므로, 이에 대한 구제수단으로써 행정소송법 제23조에서 규정하는 집행정지신청이 가능한지 검토한다.

Ⅱ 등록갱신에 대한 집행정지 인정 여부

1. 집행부정지의 원칙과 예외적인 집행정지

집행부정지의 원칙은 취소소송의 제기는 처분 등의 효력이나 그 집행 또는 절차의 속행에 영향을 주지 아니함을 말한다. 단, 처분이 진행되는 등의 사정으로 회복되기 어려운 손해가 발생할 경우 예외적으로 집행정지를 인정한다.

2. 요건

(1) 적법한 본안소송이 계속 중일 것

집행정지제도는 취소소송의 인용판결의 실효성을 확보하기 위한 것이므로, 본안소송이 계속 중이어야 하며, 설문에서는 문제되지 않는다.

(2) 정지대상인 처분 등이 존재할 것

거부처분인 경우 정지대상인 처분 등이 존재하는지가 문제된다.

1) 학설

① 집행정지 결정에는 기속력이 준용되므로 사실상 구속력이 인정된다는 긍정설과 ② 신청 전의 상황으로 돌아갈 뿐 신청이 허가된 것과 동일한 상태가 실현된 것이 아니므로 신청의 이익이 없다는 부정설, ③ 인허가 등에 붙은 기간이 갱신기간인 경우에 제한적으로 인정된다는 절충설이 있다.

2) 판례

판례는 신청 시의 상태로 돌아갈 뿐 신청에 따른 처분을 할 의무가 생기는 것은 아니므로 신청의 이익이 없다고 한다.

3) 검토

예외적으로 신청의 이익이 있다고 인정되는 경우에 한해서 긍정함이 권리보호에 유리할 것이다. 인허가 등에 붙은 기간이 갱신기간인 경우에는 갱신을 거부하면 갱신기간 내 갱신한 것이 아니게 되어 종전 인허가의 효력이 종료되며 거부에 대한 불복을 통해 권리구제가 이루어져도 이미 회복되기 어려운 손해가 발생된 이후일 수도 있다. 따라서 인허가 갱신신청에 대한 거부에 있어서는 이를 집행정지의 대상이 되는 것으로 보고 신청에 대한 가부가 결정되기 전까지 종전 인허가의 효력을 유지시킬 수 있는 것으로 보는 것이 타당하며, 이러한 내용의 입법적 보완이 요구된다고 볼 것이다.

4) 사안의 경우

등록갱신의 경우는 결격사유에 해당하지 않으며 갱신등록증을 교부받아 종전 등록의 효력을 유지할 이익이 인정된다고 본다.

(3) 회복하기 어려운 손해

회복하기 어려운 손해란 금전보상이 불가능하거나 사회통념상 참고 견디기 곤란한 유무형의 손해(판례)를 의미한다. 〈설문에서는〉 갑이 감정평가업무를 수행하지 못함에 따라 발생할 수 있는 유무형의 손해가 예상될 수 있을 것이다.

(4) 긴급한 필요의 존재

회복하기 어려운 손해의 발생이 절박하여 손해를 회피하기 위하여 본안판결을 기다릴 여유가 없을 것을 말한다. 〈설문에서는〉 등록갱신이 거부되면 그간의 감정평가업무가 마비될 수 있으므로 긴급한 필요가 인정된다고 본다.

(5) 공공복리에 중대한 영향이 없을 것

처분의 집행에 의해 신청인이 입을 손해와 집행정지에 의해 영향을 받을 공공복리 간 이익형량을 해야 한다. 〈설문에서는〉 등록갱신에 대한 집행정지가 인정돼도 공공복리에 특별한 영향을 주지 않을 것으로 보인다.

(6) 본안청구가 이유 없음이 명백하지 않을 것

　　명문의 규정은 아니지만 판례는 요건으로 본다. 〈설문에서는〉 갑에 대한 성실의무에 대한 태도가 구체적으로 명시되어 있지 않으므로 상기 요건은 특별히 문제되지 않는 것으로 본다.

3. 사안의 경우

감정평가사 갑은 등록갱신의 거부로 인해 법령상 기간 내에 등록갱신증을 교부받지 못하면 감정평가업무를 수행할 수 없는 등의 회복하기 어려운 손해의 예방을 위한 긴급한 필요가 인정되므로 집행정지를 신청할 수 있다.

Ⅲ 사안의 해결(집행정지 신청의 절차 등)

갑은 집행정지 신청의 이익이 인정되므로 당사자인 갑은 본안소송이 계속 중인 법원에 등록갱신거부에 대한 집행정지를 신청할 수 있으며, 국토교통부장관은 집행정지 결정에 대하여 즉시항고할 수 있다.

감정평가 및 보상법규 기본사례노트 182선

- 1권 행정법 -

- 1권 행정법 -

PART 04

위법성 판단

Chapter 01 법의 일반원칙
Chapter 02 절차상 하자 및 하자치유
Chapter 03 행정입법의 법적 성질(및 위법성 판단)
Chapter 04 부관, 취소, 철회 등
Chapter 05 행정계획
Chapter 06 판단여지
Chapter 07 하자승계

Chapter 01 법의 일반원칙

📝 사례 33 신뢰보호원칙(확약)

사업시행자 갑은 신림동 일대에 신도시를 건설하기 위해서 공용수용을 위한 사업인정이 가능한지 여부를 국토교통부장관에게 문의하였다. 국토교통부장관은 갑이 하고자 하는 주택건설사업이 국토교통부의 역점사업에 해당하기에, 관계법령에서 요구하는 요건을 구비하면 사업인정을 해주겠다는 회신을 발송하였다. 갑은 이를 믿고 환경영향평가 등의 준비를 위하여 200억원대의 투자를 하고 사업인정을 신청하였다. 그러나 해당 사업지역이 그 사이에 역점사업에서 제외되고 해당 부지가 공원예정지로 지정되자, 국토교통부장관은 사업인정을 거부하였다. 국토교통부장관의 사업인정거부는 적법한가? 20점

Ⅰ 쟁점의 정리
Ⅱ 사업인정거부와 회신의 법적 성질
  1. 사업인정거부의 법적 성질
    (1) 사업인정의 의의 및 취지
    (2) 사업인정과 사업인정거부의 법적 성질
  2. 국토교통부장관의 회신이 확약인지
    (1) 확약의 의의 및 구별개념
    (2) 확약의 처분성 인정 여부
    (3) 국토교통부장관의 회신이 확약인지
Ⅲ 사업인정거부가 확약의 구속력에 반하는지 여부
  1. 확약의 성립요건 및 구속력
  2. 구속력 배제 여부
Ⅳ 신뢰보호의 원칙 위반 여부
  1. 의의 및 근거
  2. 요건

  (1) 행정권의 행사에 관하여 신뢰를 주는 선행조치
  (2) 보호가치 있는 신뢰
  (3) 신뢰에 입각한 사인의 조치
  (4) 신뢰에 반하는 행정권 행사
  (5) 인과관계
  3. 한계
    (1) 신뢰보호의 원칙과 합법성의 원칙의 충돌과 이익형량
    (2) 신뢰보호의 이익 및 공익의 충돌과 이익형량
  4. 신뢰보호의 원칙 위반 여부
    (1) 신뢰보호의 원칙 요건충족 여부
    (2) 공익과 사익 충돌 시 이익형량(한계)
Ⅴ 사안의 해결

Ⅰ 쟁점의 정리

1. 설문은 사업인정신청에 대한 거부의 적법여부를 묻고 있다. 이를 해결하기 위한 전제로써 사업인정 및 사업인정거부가 행정행위인지와 국토교통부장관의 회신이 확약인지를 검토한다.

2. 사업인정거부의 적법성과 관련하여 회신이 확약이라면, ① 이러한 확약의 구속력에 반하는 것은 아닌지 검토하고 ② 확약의 구속력에 반하지 않는다면 국토교통부장관의 회신을 신뢰한 갑의 신뢰가 보호되어야 하는지를 신뢰보호의 원칙과 관련하여 살펴본다.

Ⅱ 사업인정거부와 회신의 법적 성질

1. 사업인정거부의 법적 성질

(1) 사업인정의 의의 및 취지(제2조 제7호)

사업인정이란 공익사업을 토지 등을 수용 또는 사용할 사업으로 결정하는 것을 말하며, ① 사업 전의 공익성 판단, ② 사전적 권리구제(의견청취, 절차참여), ③ 수용행정의 적정화, ④ 피수용자의 권리보호에 취지가 있다.

(2) 사업인정과 사업인정거부의 법적 성질

〈판례〉는 사업인정은 '사업의 공익성 여부를 모든 사항을 참작하여 구체적으로 판단해야 하므로 행정청의 재량에 속한다.'고 판시한 바 있다. 즉, 사업인정은 재량행위이며 이에 대한 거부도 재량행위로 볼 수 있다. 따라서 사업인정거부가 적법하기 위해서는 재량의 일탈, 남용이 없어야 한다.

2. 국토교통부장관의 회신이 확약인지

(1) 확약의 의의 및 구별개념

행정주체가 사인에 대해 장차 일정한 행정행위의 발령이나 불발령을 내용으로 하는 공법상 일방적인 자기구속의 의사표시를 말한다. 약속의 대상을 행정행위에 한정하므로 확언과 구별된다.

(2) 확약의 처분성 인정 여부

① 다수설은 확약의 구속력을 이유로 긍정하나, ② 부정설은 사정변경 시 확약의 종국적 구속력이 없다는 이유로 부정한다. ③ 판례는 어업권우선순위결정을 확약으로 보면서 처분성은 부정하였다. ④ 〈생각건대〉 확약에 의해 권리·의무가 발생되는바 처분성을 긍정함이 타당하다.

(3) 국토교통부장관의 회신이 확약인지

국토교통부장관은 필요한 요건을 모두 구비하면 사업인정을 해주겠다고 했으므로, 장래에 갑이 요건을 갖추고 사업인정을 신청하면 사업인정을 해야 하는 자기구속이 발생한다. 따라서 회신은 강학상 확약이다.

Ⅲ 사업인정거부가 확약의 구속력에 반하는지 여부

1. 확약의 성립요건 및 구속력

확약이 성립하려면 ① 정당한 권한 있는 주체에 의하고, ② 이행 가능한 특정행위에 대한 약속이어야 한다. ③ 또한 본 행정행위의 절차를 준용하고, ④ 법령에서 정한 형식을 따르되 명문의 규정이 없다면 구술에 의하여도 가능할 것이다.

〈설문에서는〉 권한 있는 국토교통부장관이 서면으로 사업인정을 해주겠다고 약속하였으므로, 이에 대한 구속력이 발생한다.

2. 구속력 배제 여부

판례는 확약이 있은 후, 법률적·사실적 사정변경 시 행정청의 별다른 의사표시 없이도 실효된다고 하여 구속력 배제를 인정하고 있다.

〈설문에서〉해당 사업부지가 공원예정지로 지정되는 법률적·사실적 사정변경이 발생하였다. 따라서 행정청의 별다른 의사표시 없이 확약의 구속력이 배제된다고 본다. 따라서 갑은 확약의 구속력을 주장할 수 없다.

Ⅳ 신뢰보호의 원칙 위반 여부

1. 의의 및 근거

행정법상의 신뢰보호의 원칙이라 함은 행정기관의 어떠한 언동에 대해 국민이 신뢰를 갖고 행위를 한 경우, 국민의 신뢰가 보호가치 있는 경우에 그 신뢰를 보호하여 주어야 한다는 원칙을 말한다. 행정기본법 제12조에서 이를 명문화하고 있다.

2. 요건

(1) 행정권의 행사에 관하여 신뢰를 주는 선행조치

행정권의 행사에 관하여 상대방인 국민에게 신뢰를 주는 적극적 또는 소극적인 구체적 선행조치(공적 견해표명)가 있어야 한다.

〈판례〉는 공적인 견해표명이 있었는지의 여부는 '형식적인 권한분배에 구애될 것은 아니고 담당자의 조직상의 지위와 임무, 해당 언동을 하게 된 구체적인 경우 및 그에 대한 상대방의 신뢰가능성에 비추어 실질에 의해 판단하여야 한다.'고 판시하였다.

(2) 보호가치 있는 신뢰

선행조치에 대한 관계인의 신뢰가 보호가치 있는 것이어야 한다. 즉, 관계인에게 책임 있는 사유가 있어서는 안 된다.

〈판례〉는 '귀책사유라 함은 행정청의 견해표명의 하자가 상대방 등 관계자의 사실은폐나 기타 사위의 방법에 의한 신청행위 등 부정행위에 기인한 것이거나 그러한 부정행위가 없다고 하더라도 하자가 있음을 알았거나 중대한 과실로 알지 못한 경우 등을 의미한다고 해석함이 상당하고'라고 판시한 바 있다.

(3) 신뢰에 입각한 사인의 조치

상대방인 국민이 행정기관의 선행조치(언동)에 대한 신뢰에 입각하여 어떠한 조치(자본투하, 업무수행)를 취하였어야 한다. 신뢰보호의 원칙은 행정청의 행위의 존속을 목적으로 하는 것이 아니라 행정청의 조치를 믿고 따른 사인을 보호하기 위한 것이다.

(4) 신뢰에 반하는 행정권 행사

행정기관이 상대방의 신뢰를 저버리는 행정권 행사를 하였고 그로 인하여 상대방의 권익이 침해되어야 한다.

(5) 인과관계

선행조치와 관계자의 조치 또는 권익의 침해 사이에 인과관계가 있어야 한다. 왜냐하면 신뢰와 처리 사이에 인과관계가 없다면, 그러한 처분은 우연일 뿐이고 보호받아야 할 특별한 이유는 없기 때문이다.

3. 한계

(1) 신뢰보호의 원칙과 합법성의 원칙의 충돌과 이익형량

신뢰보호의 원칙은 법적 안정성을 위한 것이지만, 법치국가원리의 또 하나의 내용인 행정의 법률 적합성의 원리와 충돌되는 문제점을 갖는다. 결국 양자의 충돌은 법적 안정성(사익보호)과 법률 적합성(공익상 요청)의 비교형량에 의해 문제를 해결해야 한다(비교형량설).

(2) 신뢰보호의 이익 및 공익의 충돌과 이익형량

신뢰보호의 이익과 공익이 충돌하는 경우가 있는데 이는 통상 신뢰보호의 원칙에 반하는 재량처분에서 그러하다. 신뢰보호의 이익과 공익 또는 제3자의 이익이 상호 충돌하는 경우에는 이들 상호 간에 이익형량을 하여야 한다.

4. 신뢰보호의 원칙 위반 여부

(1) 신뢰보호의 원칙 요건충족 여부

국토교통부장관의 사업인정을 해주겠다는 회신은 행정청의 선행조치이고, 갑은 이를 신뢰하여 200억원의 투자를 하였음에도 사업인정의 거부가 있었으므로 신뢰보호의 요건은 충족한다.

(2) 공익과 사익 충돌 시 이익형량(한계)

해당 사업이 역점사업에서 제외되고 해당 사업부지는 새로운 공익달성을 위하여 공원예정지로 지정되는 사정변경이 발생하였다. 설문에서는 불분명하나, 갑의 신뢰보호의 이익이 해당 부지를 공원예정지로 지정함으로써 달성하는 공익보다 크다면 사업인정의 거부는 신뢰보호의 원칙에 반하여 위법하게 될 것이다.

Ⅴ 사안의 해결

국토교통부장관의 회신은 적법요건을 모두 갖춘 확약으로서 구속력이 발생하지만, 새로운 공익을 위한 공원예정지로 지정되는 사정변경이 발생하여 구속력이 배제된다.

이 경우에도 확약에 신뢰한 갑의 신뢰이익이 보호되어야 하는데, 갑이 200억원을 이미 투자한 사실에 비추어 침해당하는 갑의 사익이 달성하고자 하는 공익보다 크다면 신뢰보호의 원칙에 반하여 사업인정거부는 위법하게 될 것이다.

만약, 공원예정에 따른 공익이 더 크다면 갑의 신뢰 있는 이익은 보호되어야 함에도 보호할 수 없는 경우가 되는 것이므로 갑의 투자액에 대한 손실을 보상하여야 할 것이다.

> **사례 34** 비례원칙
>
> 서울시장은 주택수요가 증가할 것을 전망하고 주택건설사업을 위해 국토교통부장관에게 신림동 일대를 사업지로 하는 사업인정을 신청하여 사업인정을 득하였다. 이에 토지소유자 갑은 자신 소유의 토지는 해당 주택건설사업을 위해 필요하지 않으며 사업예정지의 경계부분에 있는 토지로 이를 제외하더라도 해당 사업에 아무런 지장이 없다는 점을 이유로 해당 사업인정은 위법하다고 주장하고 있다. 사업인정처분이 비례의 원칙에 반하는지 검토하시오(사업인정이란 공익사업을 토지 등을 수용 또는 사용할 사업으로 결정하는 것을 말하며, 사업과 관련된 제 이익과의 형량을 거쳐 행해져야 하는 재량행위이다). 10점

Ⅰ 쟁점의 정리	2. 내용
Ⅱ 사업인정의 법적 성질	(1) 적합성의 원칙
1. 의의 및 취지	(2) 필요성의 원칙(최소침해의 원칙)
2. 법적 성질	(3) 협의의 비례원칙(상당성의 원칙)
Ⅲ 비례의 원칙	(4) 3원칙의 상호관계
1. 비례의 원칙의 의의 및 근거	Ⅳ 사안의 해결

Ⅰ 쟁점의 정리

갑은 자신의 토지가 사업예정지 경계부분에 있으며 사업시행에 필요하지 않다고 주장한다. 따라서 사업인정 시에 이러한 사정이 정당하게 고려되었는지를 비례원칙과 관련하여 검토한다.

Ⅱ 사업인정의 법적 성질

1. 의의 및 취지

사업인정이란 공익사업을 토지 등을 수용 또는 사용할 사업으로 결정하는 것을 말하며(토지보상법 제2조 제7호), ① 사업 전의 공익성 판단, ② 사전적 권리구제(의견청취, 절차참여), ③ 수용행정의 적정화, ④ 피수용자의 권리보호에 취지가 있다.

2. 법적 성질

토지보상법 제20조 제1항의 규정상 '…받아야 한다.'라고 하여 불명확하나, 국토교통부장관이 사업인정 시에 이해관계자의 의견청취를 거치고 사업과 관련된 제 이익과의 형량을 거치는바 재량행위이다. 〈판례〉는 '사업의 공익성 여부를 모든 사항을 참작하여 구체적으로 판단해야 하므로 행정청의 재량에 속한다.'고 판시한 바 있다.

Ⅲ 비례의 원칙

1. 비례의 원칙의 의의 및 근거
비례의 원칙이란 행정목적을 달성하는 데 있어 그 목적과 수단 사이에 일정한 비례관계가 유지되어야 한다는 것으로 과잉금지의 원칙이라고도 한다. 헌법 제37조 제2항에 근거한다. 행정기본법 제10조에서 이를 명문화하고 있다.

2. 내용

(1) 적합성의 원칙

적합성의 원칙이란 행정은 추구하는 행정목적의 달성에 적합한 수단을 선택하여야 한다는 원칙을 말한다.

(2) 필요성의 원칙(최소침해의 원칙)

필요성의 원칙이란 적합한 수단이 여러 가지인 경우에 국민의 권리를 최소한으로 침해하는 수단을 선택하여야 한다는 원칙을 말한다.

(3) 협의의 비례원칙(상당성의 원칙)

협의의 비례원칙이란 행정조치를 취함에 따른 불이익이 그것에 의해 달성되는 이익보다 심히 큰 경우에는 그 행정조치를 취해서는 안 된다는 원칙을 말한다.

(4) 3원칙의 상호관계

많은 적합한 수단 중에서도 필요한 수단만이, 필요한 수단 중에서도 상당성 있는 수단만이 선택되어야 한다.

Ⅳ 사안의 해결

주택건설사업의 목적달성을 위한 수단으로 갑소유의 토지수용은 적합성의 원칙에 충족되나 갑의 토지가 경계부분에 위치하여 해당 공익사업에 기여하는 공익성이 미미한 경우라면 희생되는 갑의 재산권 침해가 과도하다고도 볼 수 있다. 이러한 경우라면 비례의 원칙에 반한다고 할 것이다.

사례 35   부당결부금지원칙 및 비례원칙

국토교통부장관 甲은 서울특별시 동대문구 회기동 일부지역에 국민임대주택을 건설할 사업자를 물색하던 중에 乙과 丙이 주택건설사업의 승인을 신청하였다. 이에 甲이 乙과 丙의 사업신청서를 비교·검토하였으나 기술력이나 공급능력은 乙이 우세하였으며, 丙의 기술능력은 주택사업을 실행하기에 부족하다고 판단했다. 그 후 국토교통부장관이 乙을 사업시행자로 결정하여 통보하였다(한쪽 당사자의 결정통보는 타방에 대한 거부를 의미함). 40점

(1) 사업승인신청에서 탈락한 丙이 그 후에 주변에 알아본 결과 국민주택건설사업과 관련된 사업인정에 있어서는, 지금까지 신청의 순서에 따라 수차례 결정해 온 사실을 알게 되었다. 이에 丙은 자신이 먼저 신청했음에도 후순위자인 乙이 사업시행자로 지정된 것은 위법하다고 주장한다. 丙의 주장은 타당한가? 15점

(2) 국세징수법 제7조는 세무서장이 납세자가 국세를 체납한 때에는 주무관서에 해당 납세자에 대하여 그 허가 등을 하지 말 것을 요구하거나(제1항), 사업의 정지 또는 허가 등의 취소를 요구할 수 있다(제2항)고 규정하고 있고, 또한 이러한 세무서장의 요구가 있을 때에는 해당 주무관서는 정당한 사유가 없는 한 이에 응하여야 한다(제4항)고 규정하고 있다. 만약 사업인정을 신청한 丙에 대해서는 이미 관할 세무서장의 허가를 하지 말아달라는 요구가 있었기 때문에 甲이 乙을 사업시행자로 결정하여 통보하였다면 이러한 관허사업의 제한이 적법한가?(丙은 사업시행 기술력을 충분히 보유하고 있음을 가정할 것) 25점

(설문 1)의 해결
Ⅰ 쟁점의 정리
Ⅱ 관련행위의 검토
  1. 사업인정의 의의 및 취지(토지보상법 제20조 내지 제22조)
  2. 사업인정의 법적 성질(특허 및 재량행위)
Ⅲ 자기구속의 원칙
  1. 의의 및 근거(효력)
  2. 요건(내용)
  3. 한계
Ⅳ 사안의 해결

(설문 2)의 해결
Ⅰ 쟁점의 정리
Ⅱ 관련행위의 검토
  1. 사업인정(의의 및 법적 성질)
  2. 관허사업의 제한(의의 및 법적 근거)
Ⅲ 부당결부금지의 원칙 위반 여부
  1. 의의 및 근거
  2. 내용(요건)
  3. 적용례
  4. 근거 및 효력
    (1) 헌법적 효력설
    (2) 법률적 효력설
    (3) 효력론의 실익
  5. 위반의 효과
  6. 사안의 경우
Ⅳ 비례의 원칙 위반 여부
  1. 의의 및 근거(효력)
  2. 요건(내용)
    (1) 적합성의 원칙
    (2) 필요성의 원칙(최소침해의 원칙)
    (3) 협의의 비례원칙(상당성의 원칙)

(4) 3원칙의 상호관계 3. 사안의 경우	Ⅴ 사안의 해결(관련문제 : 관허사업제한행위의 처분성 유무)

(설문 1)의 해결

Ⅰ 쟁점의 정리

설문은 병에 대한 사업승인 거부의 적법성을 묻고 있다. 설문상 우선신청자에게 통상 사업인정을 해 온 관행이 있음에도 이러한 관행을 지키지 않은 것이 자기구속법리에 반하는지가 문제된다. 관행을 번복할 만한 특별한 사정이 있는지를 중심으로 검토하여 설문을 해결한다.

Ⅱ 관련행위의 검토

1. 사업인정의 의의 및 취지(토지보상법 제20조 내지 제22조)

사업인정이란, 국토교통부장관이 관련된 중앙행정기관과의 협의 및 이해관계인의 의견청취 등을 거쳐(관련된 제 이익을 종합·고려하고), 해당 사업의 공익성이 침해되는 사익보다 크다고 인정되는 경우에 한하여 타인의 토지 등을 수용할 수 있는 사업으로 결정하는 것을 말하며, 이는 공공복리의 증진을 도모함에 제도적 취지가 인정된다.

2. 사업인정의 법적 성질(특허 및 재량행위)

토지보상법 제20조의 문언상 기속·재량인지가 불분명하나, 국토교통부장관이 관련된 제 이익을 종합·고려하여 해당 사업이 수용할 만한 사업인지를 판단하므로, 사업인정은 특허이자 재량행위이다.

Ⅲ 자기구속의 원칙

1. 의의 및 근거(효력)

행정의 자기구속의 원칙이란 행정관행이 성립된 경우 행정청은 특별한 사정이 없는 한 같은 사안에서 행정관행과 같은 결정을 하여야 한다는 원칙을 말한다. 평등의 원칙에 근거하며, 자기구속의 원칙에 반하는 행정권 행사는 위법한 것이 된다.

2. 요건(내용)

① 동일한 상황에서 동일한 법적용인 경우(동종사안), ② 기존의 법적 상황을 창출한 처분청일 것(동일행정청), ③ 행정관행이 있을 것, 이에 대해 선례불필요설은 재량준칙이 존재하는 경우 재량준칙 자체만으로 '미리 정해진 행정관행(선취된 행정관행 또는 예기관행)'이 성립되는 것으로 보고, 자기구속의 법리를 인정한다. 선례필요설은 재량준칙이 존재하는 경우에 1회의 선례만으로 자기구속의 법리가 인정될 수도 있다는 견해도 있지만, 대체로 선례가 되풀이 되어 행정관행이 성립된 경우에 한하여 인정된다고 본다.

3. 한계

특별한 사정이 있는 경우(사정변경으로 다른 결정을 할 공익상 필요가 심히 큰 경우)에는 자기구속의 법리의 적용이 배제될 수 있다. 또한 불법에 있어서 평등대우는 인정될 수 없으므로, 행정관행이 위법한 경우에는 행정청은 자기구속을 당하지 않는다. 관행이 위법한 경우에는 신뢰보호의 원칙의 적용 여부가 문제될 수 있을 뿐이다.

Ⅳ 사안의 해결

국토교통부장관은 주택건설사업의 승인에 대하여 신청의 순서에 따라 결정했던 관행이 있으므로, 우선 신청한 병에게 주택건설에 대한 사업인정을 해주어야 할 것이다. 다만 병은 주택사업을 실행하기에 기술력이 부족하다고 판단되므로, 병에게 사업인정을 해주는 것은 공익실현에 보탬이 되지 않는다고 사료된다. 따라서 국토교통부장관은 주택사업 진행을 통한 공익실현을 위하여 종전의 관행과는 다른 결정을 할 특별한 사정이 인정되므로 병의 주장은 인정되기 어려울 것이다.

(설문 2)의 해결

I 쟁점의 정리

설문은 병의 세금체납을 이유로 사업인정을 거부할 수 있는지를 묻고 있다. 사업의 제한이 해당 사업과 무관한 세금체납을 이유로 이루어진바, 이러한 내용이 부당결부원칙 및 비례의 원칙에 반하는 것인지를 검토하여 설문을 해결한다.

II 관련행위의 검토

1. 사업인정(의의 및 법적 성질)

사업인정이란(토지보상법 제20조), 국토교통부장관이 관련된 중앙행정기관과의 협의 및 이해관계인의 의견청취 등을 거쳐(관련된 제 이익을 종합·고려하고), 해당 사업의 공익성이 침해되는 사익보다 크다고 인정되는 경우에 한하여 타인의 토지 등을 수용할 수 있는 사업으로 결정하는 것으로서 특허이자 재량행위이다.

2. 관허사업의 제한(의의 및 법적 근거)

관허사업의 제한이라 함은 행정법상의 의무를 위반하거나 불이행한 자에 대하여 각종 인허가를 거부할 수 있게 함으로써 행정법상 의무의 준수 또는 의무의 이행을 확보하는 간접적 강제수단을 말한다. 관허사업의 제한은 권익을 침해하는 권력적 행위이므로 법률의 근거가 있어야 한다.

III 부당결부금지의 원칙 위반 여부

1. 의의 및 근거

부당결부금지의 원칙이란 행정청은 행정작용을 할 때 상대방에게 해당 행정작용과 실질적인 관련이 없는 의무를 부과해서는 안 된다는 원칙이다. 행정기본법 제13조에서 부당결부금지의 원칙을 규정하고 있다.

2. 내용(요건)

실질적 관련성은 원인적 관련성과 목적적 관련성을 뜻한다. 원인적 관련성은 행정작용은 반대급부와 결부되어야 하고, 목적적 관련성은 반대급부는 주된 행정작용과 동일 목적의 범위에서 급부되어야 한다.

3. 적용례

① 기부채납의무의 부담, ② 관허사업의 제한과 관련하여 특히 문제될 수 있다.

4. 근거 및 효력

(1) 헌법적 효력설
부당결부금지의 원칙은 법치국가의 원리와 자의금지의 원칙으로부터 도출된다고 보면서 부당결부금지의 원칙은 헌법적 효력을 갖는다는 견해이며 다수견해이다.

(2) 법률적 효력설
부당결부금지의 원칙은 법치국가의 원칙과 무관하지 않지만 부당결부금지의 원칙의 직접적 근거는 권한법정주의와 권한남용금지의 원칙에 있다고 보는 것이 타당하므로 부당결부금지의 원칙은 법률적 효력을 갖는 법원칙으로 보는 견해이다. 행정기본법 제13조에서 이를 명문화하고 있다.

(3) 효력론의 실익
부당결부금지의 원칙이 헌법적 효력을 갖는 원칙이라면 부당결부금지의 원칙에 반하는 행정권 행사는 법률에 근거한 것이라도 위법한 것이 된다.

5. 위반의 효과
부당결부금지원칙에 반하는 행위는 무효 또는 취소할 수 있는 행위가 된다.

6. 사안의 경우
의무불이행(세금의 체납)과 관련이 없는 관허사업의 제한(인허가의 거부 또는 인허가 등의 취소 또는 정지)은 상호 별개의 행정목적을 갖는 것으로 보며, 의무불이행과 관련이 없는 사업에 대한 관허사업의 제한은 실질적 관련성이 없다는 견해가 타당하다. 다만, 부당결부금지의 원칙이 법률적 효력만을 갖는 경우에는 법적 근거가 있는 한 그 관허사업제한조치는 그것이 공익목적을 위한 것에 한에서는 위법하지 않다고 보아야 한다. 따라서 전술한 바와 같이 부당결부금지의 원칙은 법률적 효력을 갖는다고 보는 것이 타당하므로 국세징수법상의 관허사업제한조치는 그 관허사업제한조치와 의무불이행 사이에 실질적 관련이 없다 하더라도 위법하다고 볼 것은 아니다.

Ⅳ 비례의 원칙 위반 여부

1. 의의 및 근거(효력)
비례의 원칙이란 과잉조치금지의 원칙이라고도 하는데, 행정작용에 있어서 행정목적과 행정수단 사이에는 합리적인 비례관계가 있어야 한다는 원칙을 말한다. 헌법 제37조 제2항 및 법치국가원칙으로부터 도출되는 법원칙이므로 헌법적 효력을 가지며, 행정기본법 제10조에서 이를 명문화하고 있다. 비례의 원칙에 반하는 행정권 행사는 위법하다.

2. 요건(내용)

(1) 적합성의 원칙

적합성의 원칙이란 행정은 추구하는 행정목적의 달성에 적합한 수단을 선택하여야 한다는 원칙을 말한다.

(2) 필요성의 원칙(최소침해의 원칙)

필요성의 원칙이란 적합한 수단이 여러 가지인 경우에 국민의 권리를 최소한으로 침해하는 수단을 선택하여야 한다는 원칙을 말한다.

(3) 협의의 비례원칙(상당성의 원칙)

협의의 비례원칙이란 행정조치를 취함에 따른 불이익이 그것에 의해 달성되는 이익보다 심히 큰 경우에는 그 행정조치를 취해서는 안 된다는 원칙을 말한다.

(4) 3원칙의 상호관계

적합성의 원칙, 필요성의 원칙, 그리고 좁은 의미의 비례원칙은 단계구조를 이룬다. 즉, 많은 적합한 수단 중에서도 필요한 수단만이, 필요한 수단 중에서도 상당성 있는 수단만이 선택되어야 한다.

3. 사안의 경우

관허사업의 제한은 체납된 국세징수를 위한 제재적 수단이므로 그 목적과 수단의 적합성이 인정된다. 또한 납세의무(헌법 제38조)는 국가의 존립과 활동을 위한 재원을 확보할 수 있도록 국민이 조세를 납부하는 것이므로, 병에 대한 사업제한의 침해는 국가의 존립과 활동을 위한 공익보다 크다고 볼 수 없다. 따라서 관허사업의 제한에는 비례의 원칙 위반도 인정되지 않을 것이다.

Ⅴ 사안의 해결(관련문제 : 관허사업제한행위의 처분성 유무)

설문상 관허사업의 제한은 부당결부의 원칙 및 비례의 원칙에 반하지 않으므로, 관허사업의 제한은 적법하다고 판단된다. 다만 관허사업제한 요청행위가 항고소송의 대상이 되는 처분인가 하는 것이 문제될 수 있는데, ① 요청행위는 비권력적 행위로서 권고의 성질을 가지므로 처분성을 부인하는 견해가 있지만, ② 요청을 받은 자는 특별한 이유가 없는 한 이에 응하도록 규정되어 있으므로 처분으로 보는 것이 타당하다.

Chapter 02 절차상 하자 및 하자치유

사례 36 사전통지(거부) 및 절차하자의 독자성 인정여부

갑은 국가로부터 세종문화회관의 티켓 판매에 대한 허가(허가기간 5년)를 받고 영업 중이었는데, 허가받은 기간 만료 1개월 전에 티켓 판매에 대한 기간 연장신청을 하였다. 국가는 최근 공연티켓 값의 과도한 상승원인이 갑의 티켓판매 독점에 기인한 것으로 판단하고 연장신청에 대한 거부를 하였다(관련 규정에 의하면 기존 허가자는 1회에 한하여 갱신신청을 할 수 있다고 규정되어 있으며 허가권자는 특별한 사정이 없는 한 갱신신청을 허가하여야 한다고 규정되어 있다). 20점

(1) 갑은 국가의 거부처분에 있어서 사전통지가 없음을 이유로 무효를 주장한다. 거부처분을 함에 있어서 사전통지를 결여한 것이 절차상 하자에 해당되는지를 검토하시오(거부처분의 처분성 논의는 쓰지 말 것). 10점

(2) 갑의 주장과 관련하여 실체상의 하자가 없는 경우에도 절차상의 하자만으로 처분의 위법을 주장할 수 있는지 검토하시오. 10점

(설문 1)의 해결
Ⅰ 쟁점의 정리
Ⅱ 거부처분이 사전통지의 대상인지
  1. 사전통지의 의의 및 생략사유
  2. 학설
    (1) 긍정설
    (2) 부정설
    (3) 제한적 긍정설
  3. 검토
  4. 판례
Ⅲ 사안의 해결

(설문 2)의 해결
Ⅰ 쟁점의 정리
Ⅱ 절차하자의 독자성 인정논의
  1. 학설
    (1) 긍정설
    (2) 부정설
    (3) 절충설
  2. 판례
  3. 검토
Ⅲ 사안의 해결

❖ (설문 1)의 해결

Ⅰ 쟁점의 정리

거부처분이 당사자의 권익을 제한하는 것으로, 사전통지의 대상이 되는지가 문제된다.

Ⅱ 거부처분이 사전통지의 대상인지

1. 사전통지의 의의 및 생략사유

행정절차법 제21조에서는 권리를 제한하거나, 의무를 부과하는 처분을 할 때에는 사전통지(처분내용, 의견제출을 할 수 있다는 사실)를 하도록 규정하고 있다.
① 긴급한 처분을 할 필요가 있는 경우, ② 의견청취가 현저히 곤란하거나 명백히 불요한 경우, ③ 일정 처분해야 함이 객관적으로 증명되는 경우에는 생략할 수 있다.

2. 학설

(1) 긍정설

신청의 거부는 신청의 기대이익제한(허가의 거부는 영업의 자유의 제한에 해당한다고 한다)이므로 긍정하는 견해이다.

(2) 부정설

거부는 권익을 제한하는 것이 아니며, 또한 신청 자체로 이미 의견진술의 기회를 준 것으로 볼 수 있으므로 의견진술의 기회를 줄 필요가 없다고 한다.

(3) 제한적 긍정설

인허가에 부가된 갱신기간의 경우는 권익을 제한하는 것으로 볼 수 있으므로 이러한 경우에는 사전통지의 대상이 된다고 본다.

3. 검토

갱신신청을 거부하는 것은 갱신의 권리를 제한하는 것으로 볼 수 있으므로 이러한 경우에는 사전통지의 대상이 된다고 볼 것이다.

4. 판례

판례는 신청에 따른 처분이 이루어지지 않은 경우에는 아직 당사자에게 권익이 부여되지 않았으므로, 거부처분은 권익을 제한하는 처분이 아니라고 한다.

Ⅲ 사안의 해결

갱신제도의 취지는 기존 허가자의 지위를 일정기간 유지해주기 위한 것으로서 갱신허가를 거부하는 것은 이러한 갱신신청에 대한 권리를 침해하는 것으로 볼 수 있다. 따라서 갑은 국가의 사전통지가 결여된 거부처분의 위법을 주장할 수 있을 것이다.

(설문 2)의 해결

I 쟁점의 정리

법원은 취소소송의 대상이 된 처분이 절차상 위법한 경우 해당 처분의 실체법상의 위법 여부를 따지지 않고 또는 실체법상 적법함에도 불구하고 절차상의 위법만을 이유로 취소 또는 무효확인할 수 있는지 문제된다.

II 절차하자의 독자성 인정논의

1. 학설

(1) 긍정설

적법절차의 보장 관점 및 행정소송법 제30조 제3항에서 절차하자를 인정하고 있으므로 절차하자의 독자성이 인정된다고 본다.

(2) 부정설

절차는 수단에 불과하며, 적법한 절차를 거친 동일한 처분을 다시 받게 되어 행정경제상 불합리하다는 점을 논거로 한다.

(3) 절충설

재량행위인 경우에는 절차상의 하자가 실체적 결정에 영향을 미치는 경우에 한하여 위법성이 인정될 수 있다는 견해이다.

2. 판례

대법원은 ① 기속행위인 과세처분에서 이유부기 하자를, ② 재량행위인 영업정지처분에서 청문절차를 결여한 것은 절차적 하자를 구성한다고 판시한 바 있다.

3. 검토

내용상 하자만큼 절차적 적법성을 지키는 것이 필요하며, 현행 행정소송법 제30조 제3항에서도 절차하자를 인정하고 있으므로 절차하자의 독자성을 인정할 수 있다.

III 사안의 해결

적법절차의 보장 관점 등 국민의 권리보호 측면에서 절차하자의 독자성을 인정하는 것이 타당하므로 국가의 거부처분은 절차규정의 위반을 이류로 한 위법성이 인정될 것이다.

사례 37 사전통지(거부) 및 거부처분의 위법사유 판단

갑은 국토의 계획 및 이용에 관한 법률상의 도시지역으로서 녹지지역에 위치한 토지 위에 지하 1층 지상 2층(건축면적 324제곱미터, 연면적 1285제곱미터) 규모의 장례식장을 신축하는 내용의 사업인정신청을 하였다. 국토교통부장관은 건축위원회의 심의를 거친 다음 갑에게 사전에 통지하지 아니하고 2020년 4월 1일 "관계법령에 규정된 사업인정 요건들은 전부 구비되었지만, 위 장례식장이 신축될 경우 관광도시로서의 위상이 크게 손상되어 공익이 현저히 침해될 우려가 있을 뿐만 아니라, 사업인정 신청서에 첨부된 주민동의서도 대부분 위조되었다."는 이유로 갑의 사업인정신청을 반려하였다. 갑은 위 사업인정신청 반려처분을 다투는 취소소송을 제기하고자 한다. 위법사유로 주장할 수 있는 모든 사유들을 들고 그 당부를 논하시오. 25점

Ⅰ 쟁점의 정리
Ⅱ 사업인정거부의 법적 성질
  1. 사업인정의 의의 및 취지
  2. 사업인정과 사업인정거부의 법적 성질
Ⅲ 거부처분에 대한 절차적 위법사유
  1. 사전통지의 의의 및 취지(행정절차법 제21조)
  2. 거부처분 시 사전통지절차가 적용되는지 여부
    (1) 문제점

  (2) 학설 및 판례
    1) 학설
    2) 판례
  (3) 검토
  3. 사안의 경우
Ⅳ 거부처분에 대한 실체적 위법사유
  1. 재량행위의 위법성 판단기준
  2. 재량행위에 대한 사법심사의 판단대상
  3. 사안의 경우
Ⅴ 사안의 해결(위법성 정도)

Ⅰ 쟁점의 정리

설문은 사업인정거부에 대하여 주장가능한 모든 위법성 사유와 그 당부를 묻고 있다. 이에 대한 전제로써 사업인정의 거부가 재량행위인지를 살펴본다.

1. 절차적 위법사유로써 거부처분이 사전통지의 대상이 되는지와 관련하여 사업인정의 거부가 갑의 권리를 제한하는 행위인지 검토한다.

2. 실체적 위법사유로써 ① 관광도시로서의 위상이 크게 손상된다거나, ② 주민동의서가 위조되었다는 사유가 재량권행사에 있어서 판단되어야 하는 공익상 요건인지를 검토한다.

Ⅱ 사업인정거부의 법적 성질

1. 사업인정의 의의 및 취지

사업인정이란 공익사업을 토지 등을 수용 또는 사용할 사업으로 결정하는 것을 말하며(제2조 제7호), ① 사업 전의 공익성 판단, ② 사전적 권리구제(의견청취, 절차참여), ③ 수용행정의 적정화, ④ 피수용자의 권리보호에 취지가 있다.

2. 사업인정과 사업인정거부의 법적 성질

〈판례〉는 사업인정은 '사업의 공익성 여부를 모든 사항을 참작하여 구체적으로 판단해야 하므로 행정청의 재량에 속한다.'고 판시한 바 있다. 즉, 사업인정은 재량행위이며 이에 대한 거부도 재량행위로 볼 수 있다. 따라서 사업인정거부가 적법하기 위해서는 재량의 일탈, 남용이 없어야 한다.

Ⅲ 거부처분에 대한 절차적 위법사유

1. 사전통지의 의의 및 취지(행정절차법 제21조)

사전통지란 당사자에게 의무를 과하거나 권익을 제한하는 처분을 하기 전에 상대방 등에게 해당 결정내용과 청문의 일시, 장소 등을 알리는 행위를 말한다. 이는 상대방 등에게 권리주장, 증거 및 자료제출 등을 미리 준비할 수 있도록 하기 위한 것으로서 절차참여의 필수규정이다.

2. 거부처분 시 사전통지절차가 적용되는지 여부

(1) 문제점

거부처분이 행정절차법 제21조에서 규정하는 권익을 제한하는 처분인지가 문제된다.

(2) 학설 및 판례

1) 학설

① 신청의 거부는 신청에 대한 기대이익의 제한이라는 긍정설(허가의 거부는 영업의 자유의 제한에 해당한다고 한다), ② 신청만으로는 권익이 생기지 않았으므로 권익을 제한하는 것이 아니라는 부정설이 있다. 또한 신청 자체로 이미 의견진술의 기회를 준 것으로 볼 수 있으므로 의견진술의 기회를 줄 필요가 없다고 한다. ③ 인허가에 부가된 갱신기간의 경우는 권익을 제한하는 것으로 보아 긍정하는 제한적 긍정설이 있다.

2) 판례

판례는 신청에 따른 처분이 이루어지지 않은 경우에는 당사자에게 권익이 부여되지 않은 바 거부처분은 권익을 제한하는 처분이 아니라고 한다.

(3) 검토

인허가갱신 등처럼 기존권익 유지가 아닌 한 신청의 거부는 권익제한이 아니라고 판단된다. 인허가의 갱신의 경우는 갱신에 의해 종전의 허가효과가 유지되는바, 이는 권익제한에 해당된다고 볼 수 있으므로 사전통지의 결여는 위법하다고 볼 수 있다.

3. 사안의 경우

설문에서의 사업인정의 거부는 인허가의 갱신과 같이 기존에 발령된 어떠한 권익이 없으므로 당사자의 권익을 제한하는 것으로 볼 수 없다. 따라서 이는 사전통지의 대상이 되지 않으므로 절차상 하자는 없는 것으로 보인다.

Ⅳ 거부처분에 대한 실체적 위법사유

1. 재량행위의 위법성 판단기준

행정소송법 제27조에서는 행정청의 재량에 속하는 처분이라도 재량권의 한계를 넘거나 그 남용이 있는 때에는 법원은 이를 취소할 수 있다고 규정하고 있다.

2. 재량행위에 대한 사법심사의 판단대상

판례(대판 2010.2.25, 2009두19960)는 "재량행위에 대한 사법심사에 있어서는 행정청의 재량에 기한 공익판단의 여지를 감안하여 법원은 독자의 결론을 도출함이 없이 해당 행위에 재량권의 일탈·남용이 있는지 여부만을 심사하게 되고, 이러한 재량권의 일탈·남용 여부에 대한 심사는 사실오인, 비례·평등의 원칙 위배 등을 그 판단 대상으로 한다."고 판시한 바 있다.

3. 사안의 경우

(1) 관광도시로서의 위상이 손상될 우려가 있다는 이유로 사업인정을 거부할 수 있는지 여부

장례식장의 신축으로 인하여 관광도시의 쾌적한 환경이나 안온한 생활을 해칠 우려가 있을 것으로는 보이지 않고, 건물의 용도, 종류 및 규모나 고인의 죽음을 애도하고 사후명복을 기원하는 시설인 장례예식장을 혐오시설 내지 기피시설로 볼 수도 없는 점 등을 고려할 때, 장례식장에 대한 부정적인 정서와 그로 인한 공공시설의 이용 기피 등과 같은 막연한 우려나 가능성만으로 장례식장의 신축이 현저히 공공복리에 반한다고 볼 수도 없다(대판 2004.6.24, 2002두3263).

(2) 주민동의서 위조를 이유로 사업인정을 거부할 수 있는지 여부

주민동의서는 사업과 관련된 주민의 마찰을 줄이고자 사업시행자가 임의적으로 행하는 것으로서 사업인정을 행함에 있어서 고려할 수 있는 판단자료 중 하나일 뿐이므로 공익목적으로 볼 수 없다. 따라서 이를 이유로 한 사업인정의 거부는 재량권 남용에 해당한다고 볼 수 있다.

Ⅴ 사안의 해결(위법성 정도)

1. 국토교통부장관의 사업인정거부는 갑의 권익을 제한하는 처분이 아니므로 사전통지를 결여한 절차상의 위법은 없는 것으로 보인다.

2. 다만, 국토교통부장관은 공익상의 이유로 사업인정을 거부할 수 있으나, 관광도시로서의 위상이 손상될 우려라든가 주민동의서가 위조되었다는 사유는 사업인정을 거부할 만큼 중대한 공익에 해당하지 않으므로 이에 대한 거부처분은 위법하다. 이 경우 일반인의 식견에서 명백하지 않으므로 (중대명백설) 취소사유로 판단된다.

> **관련 판례(대판 2007.5.10, 2005두13315)**
> 주택건설사업계획의 승인은 행정청의 재량행위에 속하므로 공익상 필요가 있으면 처분권자는 그 승인신청에 대하여 불허가 결정을 할 수 있으며, 여기에서 말하는 '공익상 필요'에는 자연환경보전의 필요도 포함된다.

사례 38   절차하자(협의) 및 절차하자의 독자성 인정여부

사업시행자 甲은 경기도 용인시 인근 지역에 대규모 택지개발을 위한 공익사업을 시행하기 위하여 사업인정을 신청하였고, 이에 국토교통부장관으로부터 사업인정을 받았다. 그 후 甲은 해당 공익사업의 시행지역에 거주하던 토지소유자 乙 등과 보상금에 대한 협의를 하였으나 합의에 이르지 못하고 있었다. 그러던 중 예상보다 적은 보상액이 논의되자 공익사업의 시행에 대해 반대를 하던 토지소유자 乙은 우연히 국토교통부장관이 사업인정 시 '공익사업을 위한 토지 등의 취득 및 보상에 관한 법률'(이하 '토지보상법') 제21조에 의거 관계 도지사와 협의를 해야 함에도 이를 거치지 않은 사실을 알게 되었다. 乙은 이러한 협의를 결한 사업인정의 위법성을 이유로 관할법원에 사업인정의 취소소송을 제기하였다. 乙의 주장은 타당한가? [20점]

Ⅰ 쟁점의 정리
Ⅱ 협의 결여가 절차상 하자인지
  1. 사업인정의 의의 및 절차 등(토지보상법 제20조 내지 제22조)
  2. 절차규정의 취지
  3. 사안의 경우(협의 결여가 절차상 하자인지)
Ⅲ 절차하자의 독자성 인정논의

  1. 문제점
  2. 절차하자의 독자성 인정논의
    (1) 학설
    (2) 판례
    (3) 검토
  3. 사안의 경우(위법성 정도)
Ⅳ 사안의 해결(무효선언적 의미의 취소)

Ⅰ 쟁점의 정리

설문은 협의를 결한 사업인정의 적법성을 묻고 있다. 토지보상법 제21조에서는 관계 도지사와의 협의 등을 규정하고 있음에도 이러한 절차규정을 지키지 않은 것이 절차상 하자에 해당하는지와, 절차상 하자에 해당한다면 독자적 위법성 사유로 인정될 수 있는지를 검토하여 사안을 해결한다.

Ⅱ 협의 결여가 절차상 하자인지

1. 사업인정의 의의 및 절차 등(토지보상법 제20조 내지 제22조)

사업인정이란, 국토교통부장관이 관련된 중앙행정기관과의 협의 및 이해관계인의 의견청취 등을 거쳐(관련된 제 이익을 종합·고려하고), 해당 사업의 공익성이 침해되는 사익보다 크다고 인정되는 경우에 한하여 타인의 토지 등을 수용할 수 있는 사업으로 결정하는 것을 말하며, 특허이자 재량행위이다.

2. 절차규정의 취지

행정에 대한 실체법적 통제만으로는 행정에 대한 통제가 실효성을 가지지 못하는 경우가 늘어나게 되었다. 행정절차는 이해관계인의 의견을 사전에 고려하도록 하고 행정기관으로 하여금 신중하고 공정한 행정을 하도록 함으로써 국민의 권익에 대한 침해를 미연에 방지할 수 있다. 그리하여 행정절차를 '사전적 권리구제제도'로 보기도 한다.

3. 사안의 경우(협의 결여가 절차상 하자인지)

사업인정은 관련된 제 이익을 종합·고려하여 그 발령여부를 판단하여야 하며, 관련된 제 이익을 합리적으로 고려하기 위해서 토지보상법에서는 관련 기관과의 협의 및 이해관계인의 의견청취절차를 규정하고 있는 것으로 보아야 할 것이다. 따라서 이러한 절차규정을 준수하지 않은 것은 절차상 하자라고 보아야 할 것이다.

Ⅲ 절차하자의 독자성 인정논의

1. 문제점

법원은 취소소송의 대상이 된 처분이 절차상 위법한 경우 해당 처분의 실체법상의 위법 여부를 따지지 않고 또는 실체법상 적법함에도 불구하고 절차상의 위법만을 이유로 취소 또는 무효확인할 수 있는지 문제된다.

2. 절차하자의 독자성 인정논의

(1) 학설

① 적법절차 보장 관점에서 독자적 위법사유가 되며, 특히 행정소송법 제30조 제3항에서 절차하자로 인한 취소의 경우에도 기속력을 인정한다는 점을 논거로 하는 긍정설과 ② 절차는 수단에 불과하며, 적법한 절차를 거친 동일한 처분을 다시 받게 되어 행정경제상 불합리하다는 점을 논거로 하는 부정설이 대립한다. ③ 또한 기속, 재량을 구분하는 절충설이 있다.

(2) 판례

대법원은 ① 기속행위인 과세처분에서 이유부기 하자를, ② 재량행위인 영업정지처분에서 청문절차를 결여한 것은 절차적 하자를 구성한다고 판시한 바 있다.

(3) 검토

생각건대 내용상 하자만큼 절차적 적법성을 지키는 것이 필요하며, 현행 행정소송법 제30조 제3항에서 절차하자로 인한 취소의 경우에도 기속력을 준용하고 있으므로 독자적 위법사유가 된다고 보는 긍정설이 타당하다.

3. 사안의 경우(위법성 정도)

설문상 시·도지사와의 협의를 거치지 않은 절차적 하자의 독자성이 인정되며, 통설 및 판례의 태도(중대명백설)에 따를 때, 이는 토지보상법 제21조 규정의 위반으로 일반인의 식견에서 명백하며, 절차규정의 취지를 달성하지 못하는 것으로서 중대한 하자에 해당한다고 볼 것이다.

Ⅳ 사안의 해결(무효선언적 의미의 취소)

설문상 협의절차를 결여한 국토교통부장관의 사업인정은 중대하고 명백한 하자로서 무효라고 할 것이므로 을의 주장은 타당한 것으로 판단된다. 을은 해당 취소소송에서 무효선언적 의미의 취소판결을 받을 수 있을 것이다.

사례 39 청문절차의 하자와 절차하자의 독자성 인정여부

부정한 방법으로 자격을 취득한 감정평가사의 자격취소에 대하여 설명하고 [10점], 청문절차 흠결 (청문절차를 거치지 않은 경우)의 하자가 감정평가사 자격취소처분의 효력에 어떠한 효과를 미치는지 검토하시오 [15점], [25점]

> **참조 조문**
>
> [감정평가사법]
>
> 법 제13조(자격의 취소)
> ① 국토교통부장관은 감정평가사가 다음 각 호의 어느 하나에 해당하는 경우에는 그 자격을 취소하여야 한다.
>   1. 부정한 방법으로 감정평가사의 자격을 받은 경우
>
> 법 제45조(청문)
> 국토교통부장관은 다음 각 호의 어느 하나에 해당하는 처분을 하려는 경우에는 청문을 실시하여야 한다.
> 1. 제13조 제1항 제1호에 따른 감정평가사 자격의 취소
>
> [행정절차법]
>
> 제21조(처분의 사전 통지)
> ④ 다음 각 호의 어느 하나에 해당하는 경우에는 제1항에 따른 통지를 하지 아니할 수 있다.
>   1. 공공의 안전 또는 복리를 위하여 긴급히 처분을 할 필요가 있는 경우
>   2. 법령등에서 요구된 자격이 없거나 없어지게 되면 반드시 일정한 처분을 하여야 하는 경우에 그 자격이 없거나 없어지게 된 사실이 법원의 재판 등에 의하여 객관적으로 증명된 경우
>   3. 해당 처분의 성질상 의견청취가 현저히 곤란하거나 명백히 불필요하다고 인정될 만한 상당한 이유가 있는 경우
>
> 제22조(의견청취)
> ① 행정청이 처분을 할 때 다음 각 호의 어느 하나에 해당하는 경우에는 청문을 한다.
>   1. 다른 법령등에서 청문을 하도록 규정하고 있는 경우
>   2. 행정청이 필요하다고 인정하는 경우
>   3. 다음 각 목의 처분을 하는 경우
>   가. 인허가 등의 취소
>   나. 신분·자격의 박탈
>   다. 법인이나 조합 등의 설립허가의 취소
> ④ 제1항부터 제3항까지의 규정에도 불구하고 제21조 제4항 각 호의 어느 하나에 해당하는 경우와 당사자가 의견진술의 기회를 포기한다는 뜻을 명백히 표시한 경우에는 의견청취를 하지 아니할 수 있다.

> Ⅰ 서론(문제의 제기, 쟁점의 정리)
> Ⅱ 감정평가사의 자격취소
>   1. 감정평가의 의의
>   2. 감정평가사의 자격취득요건
>   3. 감정평가사 자격취소의 의의 및 법적 성질
>   (1) 자격취소의 의의
>   (2) 자격취소의 법적 성질
>   4. 자격취소처분의 절차
>   5. 자격취소처분의 효과
>   6. 자격취소처분에 대한 권리구제
>
> Ⅲ 청문절차를 흠결한 하자가 자격취소처분에 미치는 효과
>   1. 청문의 의의 및 기능
>   2. 청문의 의무성
>   3. 청문절차 흠결이 자격취소처분의 효력에 미치는 효과
>   (1) 개설
>   (2) 청문절차를 흠결한 하자가 무효사유인지 취소사유인지 여부
>   (3) 청문절차를 흠결한 하자가 독자적 취소사유가 될 수 있는지 여부
>   1) 학설
>   2) 판례
>   3) 검토
>   4. 하자의 치유 및 취소판결의 기속력
> Ⅳ 결(문제해결)

Ⅰ 서론(문제의 제기, 쟁점의 정리)

첫 번째 쟁점을 검토하기 위해서는 1) 감정평가가 무엇이며, 2) 감정평가사 자격을 취득하기 위한 요건은 무엇이며, 3) 자격취소처분의 요건과 그의 법적 성질은 무엇이며, 4) 자격취소처분에 대한 권리구제수단은 무엇인가 하는 점을 살펴보아야 한다.

두 번째 쟁점을 검토하기 위해서는 1) 청문의 의의 및 기능은 무엇이며, 2) 자격취소처분을 하기 위해서는 청문절차를 거치는 것이 법적 의무인지, 3) 법적 의무라고 한다면 그러한 청문절차를 거쳐야 할 의무를 위반한 하자가 자격취소처분에 어떠한 효과를 미치게 되는가 하는 점들을 살펴보아야 한다.

Ⅱ 감정평가사의 자격취소

1. 감정평가의 의의

감정평가란 토지 등의 경제적 가치를 판정하여 그 결과를 가액으로 표시하는 것을 말한다. 감정평가사법에서는 감정평가사제도를 규정하고 있으며, 감정평가사의 자격요건과 책임에 대하여 규율하고 있다.

2. 감정평가사의 자격취득요건

감정평가사 1차 및 2차 시험을 합격하고 일정기간의 수습을 마친 자, 또는 일정한 기관에서 5년 이상 감정평가와 관련된 업무에 종사한 자로서 감정평가사 2차 시험에 합격한 자는 감정평가사의 자격이 있다.

3. 감정평가사 자격취소의 의의 및 법적 성질

(1) 자격취소의 의의(감정평가사법 제13조)

감정평가사의 자격취소는 일정한 사유가 있어 감정평가사 자격인정처분인 자격수첩교부처분의 의사표시를 사후적으로 소멸시키는 별개의 의사표시를 말한다.

(2) 자격취소의 법적 성질

부정한 방법으로 자격을 얻은 경우(감정평가사법 제13조 제1항)에는 자격취득의 성립 당시에 흠이 있음을 이유로 그 효력을 사후에 소멸시키는 강학상 취소에 해당하며 기속행위이다.

4. 자격취소처분의 절차

감정평가사의 자격을 취소하는 경우에는 감정평가사법 제45조에서 청문을 실시하도록 규정하고 있으므로 청문절차를 거쳐야 한다. 다만 구체적인 청문의 실시방법 등에 대해서는 감정평가사법에 규정이 없으므로 행정절차법에 따른다.

5. 자격취소처분의 효과

부정한 방법으로 자격을 얻은 경우의 자격취소는 직권취소이므로 원칙적으로 소급효가 있다.

6. 자격취소처분에 대한 권리구제

자격취소처분은 행정쟁송법상 처분에 해당하므로, 해당 처분에 하자가 있는 경우에는 행정쟁송을 제기하여 다툴 수 있다. 또한 국토교통부장관의 자격취소처분이 고의, 과실에 의하여 법령에 위반하여 감정평가사에게 손해를 가한 경우에 해당 감정평가사는 국가배상법 제2조에 의거하여 손해배상을 청구할 수 있다.

Ⅲ 청문절차를 흠결한 하자가 자격취소처분에 미치는 효과

1. 청문의 의의 및 기능

청문이란 국민의 권리와 자유를 제한하는 행정처분을 발하기 전에 행정청이나 관계인의 주장, 증거에 대하여 처분의 상대방이나 대립하는 이해관계인으로 하여금 자기에게 유리한 주장 및 증거를 제출하여 반박할 수 있는 기회를 제공하는 절차로서 ① 행정의 민주화, ② 행정의 적정화, ③ 행정의 능률화, ④ 사전적인 권리구제 등의 기능을 갖는다.

2. 청문의 의무성

행정절차법 제22조 제1항에서는 다른 법령 등에서 청문을 실시하도록 규정하고 있는 경우에는 행정청이 처분을 함에 있어서 청문을 실시한다고 규정하고 있다. 감정평가사법을 살펴보면 제45조에서는 청문을 실시하여야 한다고 규정하고 있다. 또한 설문상 청문을 실시하지 않아도 되는 예외적인 사유가 보이지 않으므로, 감정평가사의 자격취소처분을 하고자 하는 경우에 국토교통부장관은 청문을 실시하여야 할 의무가 있다.

3. 청문절차 흠결이 자격취소처분의 효력에 미치는 효과

(1) 개설

감정평가사 자격취소처분을 함에 있어서 청문절차를 흠결한 하자는 절차상 위법에 해당한다. 절차위법으로 인하여 해당 자격취소처분의 효력을 전혀 인정할 수 없어 무효로 되는지, 아니면 절차위법으로 인하여 해당 자격취소처분의 효력은 일단 인정하되 사후적으로 취소할 수 있는 행위로 만드는지가 문제 된다.

(2) 청문절차를 흠결한 하자가 무효사유인지 취소사유인지 여부

해당 절차가 당사자의 이해관계에 중대한 영향을 미치는 경우 무효사유로 보며, 해당 절차가 행정의 적정·원활한 수행을 목적으로 한 경우에는 취소사유로 본다. 판례는 일반적으로 취소사유로 본다.

(3) 청문절차를 흠결한 하자가 독자적 취소사유가 될 수 있는지 여부

1) 학설

재량행위의 경우에는 관계행정청의 새로운 심사에 의하여 다른 처분을 할 가능성이 충분히 있으므로 청문절차의 하자가 독자적 취소사유가 된다는 것이 일반적 견해이다. 기속행위의 경우에는 행정경제를 강조하는 소극설과 행정절차의 기능을 중요시하는 적극설이 대립된다.

2) 판례

판례는 청문절차를 거치지 아니한 경우 또는 거쳤다 하여도 그 절차적 요건을 제대로 갖추지 아니한 경우, 그 처분은 위법하여 취소를 면할 수 없다고 하였다.

3) 검토

재량행위의 경우에는 독자적인 취소사유가 됨에는 다툼이 없고, 기속행위에 대해서는 의견이 나눠지지만 적법절차의 중요성, 행정절차의 기능 등을 고려할 때, 기속행위의 경우에도 독자적인 위법사유가 된다고 봄이 타당하다.

4. 하자의 치유 및 취소판결의 기속력

불이익처분을 하기 전에 상대방의 의견을 듣고 신중하게 처분을 하도록 유도하는 것이 청문의 취지라고 할 것이므로 처분 후에 실시된 사후청문은 하자치유사유로 인정할 수 없다.

절차상 위법이 있는 행정행위가 그 위법을 이유로 취소판결을 받은 경우에 행정청은 해당 절차위법을 시정하여 동일한 처분을 하여도 행정소송법 제30조 제3항의 기속력에 반하는 처분이 아니다. 따라서 국토교통부장관이 적법하게 청문을 실시하여 다시 감정평가사 자격취소처분을 하여도 취소판결의 기속력에 반하는 처분은 아니다.

Ⅳ 결(문제해결)

감정평가사 자격요건을 갖춘 자는 자격수첩을 교부받음으로써 자격을 부여받게 된다. 그러나 부정한 방법으로 자격을 취득하였다면, 국토교통부장관은 감정평가사의 자격을 취소하여야 하거나 취소할 수 있다.

감정평가사의 자격취소처분은 불이익처분으로서 처분을 발령하기 전에 청문절차를 거쳐야 한다. 청문절차를 거치지 아니한 경우에는 절차상 위법한 처분으로서 이를 무효사유로 보면 자격취소처분의 구체적인 법적 효과는 처음부터 발생하지 않게 된다.

그러나 취소사유로 보면 일단 자격취소처분의 효력이 발생하나 절차위법도 독자적인 취소사유로 삼을 수 있으므로 이를 이유로 다툴 수 있다.

사례 40 청문절차하자와 하자의 치유

국토교통부장관은 감정평가의 직무를 행하는 감정평가사 갑이 감정평가사법의 일정규정을 위반하였음을 이유로 2014년 7월 15일, 갑에게 자격취소처분을 함에 있어서 청문의 절차는 실시하였으나 청문서를 청문일인 2014년 7월 15일로부터 5일 전인 같은 달 10일에서야 원고에게 발송하였다. 이에 원고는 자신이 주장가능한 모든 자료를 바탕으로 의견을 충분히 제출하기는 했으나, 행정절차법령상의 청문서 도달기간인 10일을 준수하지 않았기 때문에 위 청문절차는 위법하고, 위법한 청문절차에 의해 내린 위 자격취소처분은 위법하다고 주장한다. 갑의 주장은 타당한가? 40점

(1) 갑의 주장대로 청문절차상 하자가 위법성 사유로 인정될 수 있는지 검토하시오. 20점
(2) 만약, 청문절차상 하자가 인정된다면 갑의 주장대로 자격취소처분은 위법한 것인지 검토하시오. 20점

(설문 1)의 해결
Ⅰ 쟁점의 정리
Ⅱ 청문의 의의 및 절차 등
  1. 청문의 의의 및 기능
  2. 청문의 절차
Ⅲ 청문서 도달기간을 준수하지 아니한 것이 위법인지 여부
  1. 청문서 도달기간의 의미
  2. 청문서 도달기간의 위반이 위법한 것인지 여부
    (1) 관련 판례의 태도
    (2) 사안의 경우
  3. 청문절차 위법의 정도
Ⅳ 청문절차 위법의 독자성 인정 여부
  1. 청문절차 위법의 독자성 인정 여부
    (1) 학설
    (2) 판례
    (3) 검토
  2. 사안의 경우
Ⅴ 사안의 해결

(설문 2)의 해결
Ⅰ 쟁점의 정리
Ⅱ 청문절차 흠결의 치유 여부
  1. 하자치유의 의의 및 취지
  2. 인정 여부
    (1) 학설
    (2) 판례
    (3) 검토
  3. 인정범위
  4. 인정시기(시적 한계)
    (1) 학설
    (2) 판례
    (3) 검토
  5. 사안의 경우
    (1) 관련 판례
    (2) 사안의 경우
Ⅲ 사안의 해결

(설문 1)의 해결

I 쟁점의 정리

① 청문서 도달기간을 준수하지 아니한 것이 위법한 것인지, ② 절차상 하자가 처분의 위법성 사유로 인정될 수 있는지 검토한다.

II 청문의 의의 및 절차 등

1. 청문의 의의 및 기능

청문이란 국민의 권리와 자유를 제한하는 행정처분을 발하기 전에 행정청이나 관계인의 주장, 증거에 대하여 처분의 상대방이나 대립하는 이해관계인으로 하여금 자기에게 유리한 주장 및 증거를 제출하여 반박할 수 있는 기회를 제공하는 절차로서 ① 행정의 민주화, ② 행정의 적정화, ③ 사전적인 권리구제 등의 기능을 갖는다.

2. 청문의 절차

감정평가사법 제45조에서는 청문에 관한 절차를 규정하지 않은 바, 행정절차에 관한 일반법인 행정절차법을 따르게 될 것이다. 행정절차법에서는 처분의 내용 및 법적 근거 등을 기재한 청문서를 청문실시 10일 전까지 발송하고 청문일에 당사자 등이 의견을 진술하고 증거를 제출하는 방법으로 진행하도록 규정을 두고 있다.

III 청문서 도달기간을 준수하지 아니한 것이 위법인지 여부

1. 청문서 도달기간의 의미

청문의 취지가 당사자에게 변명과 유리한 진술기회를 부여하여 위법한 처분을 사전에 시정하는 것이므로 사전통지하는 10일이라는 기간은 엄격하게 해석되어야 한다.

2. 청문서 도달기간의 위반이 위법한 것인지 여부

(1) 관련 판례의 태도

판례는 식품위생법 소정의 청문서 도달기간인 7일을 준수하지 아니하고 청문서를 5일 전에야 발송하였다면 청문절차는 위법하다고 판시한 바 있다(대판 1992.10.23, 92누2844).

(2) 사안의 경우

청문은 그 취지상 사전적인 권리구제기능을 수행하므로 청문서 도달기간을 준수하지 않은 것은 위법하다고 볼 수 있다.

3. 청문절차 위법의 정도

통설, 판례의 태도인 중대명백설에 의할 때, 청문절차 흠결의 하자는 중요법규 위반이라는 점에서 중대한 하자임은 분명하나, 청문 자체는 실시되었고 단지 청문서 도달기간만을 위반한 것이라는 점에서 일반인의 시각에서 볼 때 반드시 명백한 하자로 보기 어려우므로 취소사유로 판단된다.

Ⅳ 청문절차 위법의 독자성 인정 여부

1. 청문절차 위법의 독자성 인정 여부

(1) 학설

① 적법절차의 보장 관점에서 독자적 위법사유가 되며, 행정소송법 제30조 제3항에서 절차하자로 인한 기속력을 인정한다는 점을 드는 긍정설과 ② 절차는 수단에 불과하며, 동일한 처분을 다시 받게 되어 행정경제상 불합리하다는 부정설이 대립한다. ③ 기속, 재량을 구분하는 절충설이 있다.

(2) 판례

① 기속행위인 과세처분에서 이유부기 하자를, ② 재량행위인 영업정지처분에서 청문절차를 결여한 것은 절차적 하자를 구성한다고 판시한 바 있다.

(3) 검토

현행 행정소송법 제30조 제3항에서 절차하자로 인한 취소의 경우에 기속력을 준용하므로 독자적 위법사유가 된다고 보는 긍정설이 타당하다.

2. 사안의 경우

청문절차는 불이익 처분의 상대방에게는 자기방어의 기회를 주는 수단이므로, 자격취소처분의 독자적인 위법성 사유가 된다.

Ⅴ 사안의 해결

청문서를 청문서 도달기간 내에 발송하지 아니하고 한 청문은 위법하다.

(설문 2)의 해결

I 쟁점의 정리

청문절차의 하자가 인정되나 자기방어기회를 충분히 갖은 경우 청문절차 흠결이 치유되었는지를 검토한다.

II 청문절차 흠결의 치유 여부

1. 하자치유의 의의 및 취지

행정행위의 성립 당시 하자를 사후에 보완하여 그 행위의 효력을 유지시키는 것을 말한다. 이는 행정행위의 무용한 반복을 피하는 소송경제와 권리구제요청의 조화문제이다.

2. 인정 여부

(1) 학설

① 행정의 능률성 측면에서 긍정하는 견해, ② 행정결정의 신중성 확보 및 사인의 신뢰보호 측면에서 부정하는 견해, ③ 원고의 공격 방어권을 침해하지 않는 범위에서 제한적으로 긍정하는 견해가 있다.

(2) 판례

국민의 권리나 이익을 침해하지 않는 범위 내에서 구체적 사정에 따라 합목적적으로 인정해야 한다고 판시한 바 있다.

(3) 검토

하자의 치유는 하자의 종류에 따라, 하자의 치유를 인정함으로써 달성되는 이익과 그로 인하여 발생하는 불이익을 비교·형량하여 개별적으로 결정하여야 한다.

3. 인정범위

판례는 절차, 형식상의 하자 중 취소사유만 인정한다. 이에 대해 내용상 하자에도 적용된다는 견해도 있다.

4. 인정시기(시적 한계)

(1) 학설

① 절차규정의 이행확보를 위해 쟁송제기 전까지 가능하다는 견해, ② 행정심판은 행정의 내부 통제인바 소송제기 전까지 가능하다는 견해, ③ 소송경제를 위하여 판결 시까지 가능하다는 견해가 있다.

(2) 판례

판례는 '처분에 대한 불복여부의 결정 및 불복신청에 편의를 줄 수 있는 상당기간 내에 하여야 한다.'고 하여 쟁송제기 전까지 인정하는 것으로 보인다.

(3) 검토

절차상 하자 있는 행위의 실효성 통제를 위해서 쟁송제기 이전까지가 타당하다. 또한 행정불복에의 편의제공과 행정경제 측면에서 쟁송제기 전까지가 합당하다고 사료된다.

5. 사안의 경우

(1) 관련 판례

청문서 도달기간을 다소 어겼다 하더라도 당사자가 이의를 제기하지 아니하고 스스로 청문기일에 출석하여 충분한 방어의 기회를 가졌다면 청문서 도달기간을 준수하지 아니한 하자는 치유되었다고 봄이 상당하다고 판시하기도 하였다(대판 1992.10.23, 92누2844).

(2) 사안의 경우

갑은 청문기일에 출석하여 제출 가능한 모든 자료를 제출하여 자기방어 기회를 충분히 가진 것으로 볼 수 있으므로 청문서 도달기간을 미준수한 하자는 치유되었다고 보인다.

Ⅲ 사안의 해결

청문서를 청문서 도달기간 내에 발송하지 아니하고 한 청문은 적법한 청문이라고 할 수 없고, 청문절차에 위법이 있는 자격취소처분 역시 위법한 처분이 된다. 그러나 갑은 청문서에 기재된 청문기일에 참석하여 주장 가능한 모든 자료를 제출하여 자기방어의 기회를 가진 바, 청문서 도달기간을 준수하지 않은 하자는 치유되었다고 볼 수 있다. 따라서 갑의 주장은 타당하지 않다.

사례 41 이유제시하자와 하자의 치유

갑은 개발제한구역 내 임야의 소유자이며, 을 시장에게 과수재배를 위한 토지형질변경을 신청하였다. 그러나 을 시장은 당초대로 조림목적으로 이용하는 것이 타당하다는 이유로 불허가처분을 하였다. 갑은 처분의 근거법령과 구체적인 사유를 밝혀줄 것을 요구하였고, 을 시장은 이에 "관계규정은 개발제한구역의 지정 및 관리에 관한 특별조치법이며, 임야를 훼손하는 토지형질변경보다는 조림지로 이용함이 개발제한구역관리 및 산림보호의 측면에서 합리적일 것"이라는 통보를 하였다. 40점

(1) 갑은 을 시장이 토지형질변경 불허가처분을 하면서 구체적인 관계규정과 불허가 사유를 명시하지 아니하여 행정절차법상 이유제시의 하자가 있어 위법하다고 주장하며 취소소송을 제기하였다. 갑의 주장은 타당한가? 20점

(2) 을 시장은 갑의 주장이 타당하다고 하여도 거부처분 이후에 거부사유를 구체적으로 밝혀주었기에 절차상 하자는 치유되었다고 주장한다. 갑이 제기한 취소소송의 인용가능성에 대하여 논하시오. 20점

(설문 1)의 해결

Ⅰ 쟁점의 정리

Ⅱ 이유제시의 하자 여부
  1. 이유제시의 의의 및 필요성
  2. 필수적 절차인지
  3. 이유제시의 정도와 하자
  4. 이유제시의 시기 및 내용
  5. 사안의 경우

Ⅲ 절차하자의 독자성 인정 여부
  1. 문제점
  2. 학설
  3. 판례
  4. 검토
  5. 사안의 경우

Ⅳ 사안의 해결

(설문 2)의 해결

Ⅰ 쟁점의 정리

Ⅱ 이유제시의 하자치유
  1. 하자치유의 의의 및 취지
  2. 인정 여부
    (1) 학설
    (2) 판례
    (3) 검토
  3. 인정범위
  4. 인정시기(시적 한계)
    (1) 학설
    (2) 판례
    (3) 검토
  5. 하자치유의 효과
  6. 사안의 경우

Ⅲ 사안의 해결

(설문 1)의 해결

I 쟁점의 정리

설문은 을 시장의 토지형질변경 불허가처분에 대한 적법성을 묻고 있다. 을 시장의 처분과 관련하여 이유제시가 행정청의 의무사항이고, 어느 정도의 구체성을 띠어야 하는지 살펴본다.

II 이유제시의 하자 여부

1. 이유제시의 의의 및 필요성

이유제시란 행정청이 처분을 하는 경우에 그 근거와 이유를 제시함을 말하고 모든 처분을 대상으로 한다. ① 이는 행정결정의 신중성 및 공정성을 도모하고, ② 행정쟁송 제기 여부의 판단 및 쟁송준비의 편의제공 목적에 취지가 인정된다.

2. 필수적 절차인지

① 당사자의 신청대로 인정하는 경우, ② 단순 반복 및 경미한 처분으로 당사자가 그 이유를 명백히 아는 경우, ③ 긴급을 요하는 경우를 제외하고는 반드시 거쳐야 하는 필수적 절차이다.

3. 이유제시의 정도와 하자

판례는 '처분의 근거와 이유를 상대방이 이해할 수 있을 정도로 구체적으로 서면으로 하되, 이를 전혀 안 하거나 구체적이지 않은 경우 위법하게 된다.'고 한다. 이유제시가 전혀 없거나 없는 것과 같이 불충분한 경우는 무효로 보고 불충분한 경우는 취소로 보아야 할 것이나 판례는 이유제시 누락도 취소로 본다.

4. 이유제시의 시기 및 내용

이유제시는 처분과 동시에 행하여야 한다. 행정청이 처분을 하는 때에는 당사자에게 그 처분에 관하여 행정심판 및 행정소송을 제기할 수 있는지 여부, 기타 불복을 할 수 있는지 여부, 청구절차 및 청구기간, 기타 필요한 사항을 알려야 한다(행정절차법 제26조 고지).

5. 사안의 경우

을 시장의 불허가결정처분 당시에는 관계규정의 명시가 없었으며, 단지 조림목적으로 이용하는 것이 타당하다고만 명시된 바, 이러한 사유만으로는 충분히 납득할 수 있었다고 볼 수 없을 것이다. 따라서 을 시장의 불허가처분에는 이유제시의 하자가 있다고 본다.

Ⅲ 절차하자의 독자성 인정 여부

1. 문제점
처분의 실체법상의 위법 여부를 따지지 않고 또는 실체법상 적법함에도 불구하고 절차상의 위법만을 이유로 취소 또는 무효확인할 수 있는지 문제된다.

2. 학설
① 적법절차의 보장 관점에서 독자적 위법사유가 되며, 특히 행정소송법 제30조 제3항에서 절차하자로 인한 취소의 경우에도 기속력을 인정한다는 점을 논거로 하는 긍정설과 ② 절차는 수단에 불과하며, 적법한 절차를 거친 동일한 처분을 다시 받게 되어 행정·경제상 불합리하다는 점을 논거로 하는 부정설이 대립한다. ③ 또한 기속, 재량을 구분하는 절충설이 있다.

3. 판례
대법원은 ① 기속행위인 과세처분에서 이유부기 하자(대판 1991.7.9, 91누971)를, ② 재량행위인 영업정지처분에서 청문절차를 결여한 것은 절차적 하자를 구성(대판 1984.5.9, 84누116)한다고 판시한 바 있다.

4. 검토
행정소송법 제30조 제3항에서 절차하자로 인한 취소의 경우에도 기속력을 준용하고 있으므로 독자적 위법사유가 된다고 보는 긍정설이 타당하다.

5. 사안의 경우
설문상 이유제시를 전혀 하지 않은 것이 아니고 불충분한 것이라고 할 것이므로, 그 하자는 통상인의 기준에서 판단할 때 객관적으로 명백하다고 볼 수 없다. 따라서 취소할 수 있는 위법인 하자라고 할 것이다.

Ⅳ 사안의 해결

갑의 토지형질변경신청에 대한 을 시장의 불허가처분의 이유제시는 법적 근거와 사유가 구체적이지 못하여 위법하다고 할 수 있다.

(설문 2)의 해결

I 쟁점의 정리

이유제시의 하자가 있다면, 그 하자가 해당 처분의 효력에 영향을 주어 해당 처분의 위법사유로 인정될 수 있는지, 해당 처분의 위법사유로 인정된다 하더라도 처분 이후의 구체적인 이유제시행위가 해당 처분의 절차하자를 치유하는 것으로 인정될 수 있는지를 검토한다.

II 이유제시의 하자치유

1. 하자치유의 의의 및 취지

하자의 치유란 행정행위의 성립 당시 하자를 사후에 보완하여 그 행위의 효력을 유지시키는 것을 말한다. 이는 행정행위의 무용한 반복을 피하는 소송경제와 권리구제 요청의 조화문제이다.

2. 인정 여부

(1) 학설

① 행정의 능률성 측면에서 긍정하는 견해와, ② 행정결정의 신중성 확보 및 사인의 신뢰보호 측면에서 부정하는 견해 및 ③ 원고의 공격방어권을 침해하지 않는 범위에서 제한적으로 긍정하는 견해가 있다.

(2) 판례

행정행위의 무용한 반복을 피하고 당사자의 법적 안정성을 위해서, 국민의 권리나 이익을 침해하지 않는 범위 내에서 구체적 사정에 따라 합목적적으로 인정해야 한다고 판시한 바 있다(대판 2002.7.9, 2001두10684).

(3) 검토

하자의 치유는 하자의 종류에 따라서 하자의 치유를 인정함으로써 달성되는 이익과 그로 인하여 발생하는 불이익을 비교·형량하여 개별적으로 결정하여야 한다.

3. 인정범위

판례는 절차, 형식상의 하자 중 취소사유만 인정한다. 이에 대해 내용상 하자에도 적용된다는 견해도 있다. 또한 하자치유는 행정행위의 존재를 전제로 하여 그 흠을 치유하여 흠이 없는 행정행위로 하는 것이므로 무효인 행정행위의 치유는 인정될 수 없다는 부정설이 통설이며 판례의 입장이다(대판 1997.5.28, 96누5308)(이에 대하여 무효와 취소의 구별의 상대화를 전제로 무효인 행정행위의 치유도 인정할 수 있다고 보는 견해가 있다).

4. 인정시기(시적 한계)

(1) 학설

① 이유제시는 상대방에게 쟁송의 제기에 편의를 제공하기 위하여 인정되는 것이기 때문에 쟁송제기 전까지 가능하다는 견해와, ② 행정심판은 행정의 내부통제인바, 행정소송 제기 전까지 가능하다는 견해 및 ③ 소송경제를 위하여 판결 시까지 가능하다는 견해가 있다.

(2) 판례

판례는 이유제시의 하자를 치유하려면 늦어도 처분에 대한 불복여부의 결정 및 불복신청에 편의를 줄 수 있는 상당한 기간 내에 하여야 한다고 하고 있다(대판 1983.7.26, 82누420).

(3) 검토

이유제시제도의 기능(공정한 행정의 보장과 행정불복에의 편의제공)과 하자의 치유의 기능(행정경제 및 법적 안정성)을 조화시켜야 하고, 절차상 하자 있는 행위의 실효성 통제를 위해서 쟁송제기 이전까지 가능하다고 본다.

5. 하자치유의 효과

행정행위의 하자가 치유되면 해당 행정행위는 처분 시부터 하자가 없는 적법한 행정행위로 효력을 발생하게 된다.

6. 사안의 경우

을 시장의 불허가처분은 이유제시의 하자가 존재하나, 그 후 해당 처분의 법적 근거와 사실상의 이유를 갑에게 통보하였다. 따라서 행정쟁송 제기 전에 하자치유가 이루어진 것으로 볼 수 있다.

Ⅲ 사안의 해결

행정쟁송 제기 이전에 을 시장은 처분의 근거법규와 사실상의 이유를 통보하였다. 이로써 당초의 이유제시의 하자는 치유되었다고 할 것이므로, 이유제시 흠결이라는 갑의 주장은 인용가능성이 없다고 할 것이다.

사례 42 사전통지 및 이유제시하자와 절차하자의 독자성 인정여부

甲은 A시에서 공동주택을 건축하기 위하여 주택건설사업계획승인신청을 하였는데, A시장은 해당 지역이 용도변경을 추진 중에 있고 일반 여론에서도 보존의 목소리가 높은 지역이라는 이유로 거부 처분을 하였다. 이에 甲은 A시장의 거부처분에 있어서 사전통지가 없었으며 이유제시 또한 미흡하다는 이유로 그 거부처분의 무효를 주장한다. 이러한 甲의 주장의 타당 여부를 검토하시오(주택건설사업계획승인을 받으면 토지보상법상 사업인정을 받은 것으로 의제됨). 30점

Ⅰ 쟁점의 정리
Ⅱ 거부처분의 위법성 판단
  1. 거부처분이 사전통지의 대상인지
    (1) 사전통지의 의의 및 취지
    (2) 학설
    (3) 판례
    (4) 검토
  2. 이유제시의 하자 유무
    (1) 이유제시의 의의 및 필요성
    (2) 필수적 절차인지
    (3) 이유제시의 정도와 하자
    (4) 이유제시의 시기 및 내용
  3. 사안의 경우(거부처분의 위법성 판단)

Ⅲ 절차하자의 독자성 인정논의 및 위법성 정도
  1. 절차하자의 독자성 인정 여부
    (1) 문제점
    (2) 학설
    (3) 판례
    (4) 검토
  2. 위법성 정도
    (1) 무효사유와 취소사유의 구별기준
    (2) 사안의 경우
Ⅳ 사안의 해결

Ⅰ 쟁점의 정리

갑의 주장이 타당하기 위해서는 해당 거부처분의 위법성이 인정되어야 하는데, 이와 관련하여 거부처분이 당사자의 권익을 제한하는 것으로서 사전통지의 대상이 되는지와 거부처분사유가 객관적으로 납득이 갈 만큼 충분하였는지를 검토하여 설문을 해결한다.

Ⅱ 거부처분의 위법성 판단

1. 거부처분이 사전통지의 대상인지

(1) 사전통지의 의의 및 취지

행정절차법 제21조에서는 권리를 제한하거나[1], 의무를 부과하는 처분[2]을 할 때에는 사전통지(처분내용, 의견제출을 할 수 있다는 사실)를 하도록 규정하고 있으며, 이는 절차참여를 위한

---
[1] 수익적 행정행위의 취소 또는 정지처분
[2] 조세부과처분 등과 같이 행정법상의 의무를 부과하는 처분

필수규정이다. 다만, 거부처분인 경우에는 거부처분이 행정절차법 제21조에서 규정하는 권익을 제한하는 처분인지가 문제된다.

(2) 학설

① 신청의 거부는 신청의 기대이익 제한이라는 긍정설(허가의 거부는 영업의 자유의 제한에 해당한다고 한다)과 ② 신청만으로는 권익이 생기지 않았으므로 권익을 제한하는 것이 아니라는 부정설이 있다. 또한 신청 자체로 이미 의견진술의 기회를 준 것으로 볼 수 있으므로 의견진술의 기회를 줄 필요가 없다고 한다. ③ 이에 인허가에 부가된 갱신기간의 경우는 권익을 제한하는 것으로 보아, 긍정하는 제한적 긍정설이 있다.

(3) 판례

판례는 신청에 따른 처분이 이루어지지 않은 경우에는 아직 당사자에게 권익이 부여되지 않았으므로, 거부처분은 권익을 제한하는 처분이 아니라고 한다.

(4) 검토

인허가의 갱신 등처럼 기존권익의 유지가 아닌 한, 신청의 거부는 권익제한이 아니라고 판단된다. 인허가의 갱신의 경우는 갱신에 의해 종전의 허가효과가 유지되는바, 이는 권익제한에 해당된다고 볼 수 있으므로 사전통지결여는 위법하다고 볼 수 있다.

2. 이유제시의 하자 유무

(1) 이유제시의 의의 및 필요성

이유제시란 행정청이 처분을 하는 경우에 그 근거와 이유를 제시함을 말하고 모든 처분을 대상으로 한다. ① 이는 행정결정의 신중성 및 공정성을 도모하고, ② 행정쟁송 제기 여부의 판단 및 쟁송준비의 편의제공 목적에 취지가 인정된다.

(2) 필수적 절차인지

① 당사자의 신청대로 인정하는 경우, ② 단순반복 및 경미한 처분으로 당사자가 그 이유를 명백히 아는 경우, ③ 긴급을 요하는 경우를 제외하고는 반드시 거쳐야 하는 필수적 절차이다.

(3) 이유제시의 정도와 하자

판례는 '처분의 근거와 이유를 상대방이 이해할 수 있을 정도로 구체적으로 서면으로 하되, 이를 전혀 안하거나 구체적이지 않은 경우 위법하게 된다.'고 한다.

(4) 이유제시의 시기 및 내용

이유제시는 처분과 동시에 행하여야 한다. 행정청이 처분을 하는 때에는 당사자에게 그 처분에 관하여 행정심판 및 행정소송을 제기할 수 있는지 여부, 기타 불복을 할 수 있는지 여부, 청구절차 및 청구기간 기타 필요한 사항을 알려야 한다(행정절차법 제26조 고지).

3. 사안의 경우(거부처분의 위법성 판단)

사안의 경우 거부처분은 사전통지의 대상에 해당하지 않는다. A시장은 거부처분사유로 "용도변경 추진 및 보전필요성"을 제시하였으나, 구체적으로 용도변경이 이루어질 경우 주택건설이 어떠한 연유로 이루어질 수 없는지(관련규정의 제시 등)와 여론에서 보전필요성을 제기한다는 사유가 주택건설승인의 거부사유로 정당한지에 대한 판단사항이 누락되어 있다. 따라서 거부처분의 근거와 이유가 갑이 납득할 수 있을 정도로 구체적이지 않은 바, 동 거부처분은 위법한 것으로 볼 수 있다.

Ⅲ 절차하자의 독자성 인정논의 및 위법성 정도

1. 절차하자의 독자성 인정 여부

(1) 문제점

법원은 취소소송의 대상이 된 처분이 절차상 위법한 경우 해당 처분의 실체법상의 위법 여부를 따지지 않고 또는 실체법상 적법함에도 불구하고 절차상의 위법만을 이유로 취소 또는 무효확인할 수 있는지 문제된다.

(2) 학설

① 적법절차의 보장 관점에서 독자적 위법사유가 되며, 특히 행정소송법 제30조 제3항에서 절차하자로 인한 취소의 경우에도 기속력을 인정한다는 점을 논거로 하는 긍정설과 ② 절차는 수단에 불과하며, 적법한 절차를 거친 동일한 처분을 다시 받게 되어 행정경제상 불합리하다는 점을 논거로 하는 부정설이 대립한다. ③ 또한 기속, 재량을 구분하는 절충설이 있다.

(3) 판례

대법원은 ① 기속행위인 과세처분에서 이유부기 하자를, ② 재량행위인 영업정지처분에서 청문절차를 결여한 것은 절차적 하자를 구성한다고 판시한 바 있다.

(4) 검토

생각건대 내용상 하자만큼 절차적 적법성을 지키는 것이 필요하며, 현행 행정소송법 제30조 제3항에서 절차하자로 인한 취소의 경우에도 기속력을 준용하고 있으므로 독자적 위법사유가 된다고 보는 긍정설이 타당하다.

2. 위법성 정도

(1) 무효사유와 취소사유의 구별기준

통설·판례는 행정행위의 하자가 내용상 중대하고, 외관상 명백한 경우에 무효인 하자가 되고, 이 두 요건 중 하나라도 충족하지 않는 경우에는 취소사유로 보는 중대명백설을 취하고 있다. 이와 같은 통설·판례의 중대명백설에 대하여는 이 견해의 엄격성을 비판하며 무효사유를 보다 완화하려는 조사의무위반설, 명백성보충요건설, 중대설이 주장되고 있고, 그 견해의 경직성을 비판하며 무효사유와 취소사유의 구별을 구체적인 경우마다 관계되는 구체적인 이익과 가치를 고려하여 결정하려는 구체적 가치형량설이 제기되고 있다.

(2) 사안의 경우

설문상 A시장은 거부처분의 사유를 불충분하게 제시하여 절차규정의 취지를 도모하지 못하는 것으로서 내용상 중대하다고 볼 수 있으나, 일반적인 식견에서 외관상 명백하지 않은 것으로 판단되므로 취소사유에 해당된다고 볼 것이다.

Ⅳ 사안의 해결

A시장의 거부처분은 이유제시의 하자가 인정되나, 이는 취소사유인 것으로 판단된다. 따라서 무효를 주장하는 갑의 주장은 타당하지 않다. 만약, 갑이 무효등확인소송을 제기하여 무효를 주장하는 경우라면 법원은 취소소송의 제기요건 등을 갖춘 경우에 한하여 석명권을 행사하여 취소소송으로의 소변경을 행한 후 취소판결을 할 수 있을 것이다.

Chapter 03 행정입법의 법적 성질(및 위법성 판단)

사례 43 법규명령의 한계

「감정평가사법 시행령 제29조 별표 3」의 한계와, 만약 동 시행령이 상위법률의 내용에 위반되는 경우 이를 다툴 수 있는 방법에 대해서 논하시오. 20점

Ⅰ 쟁점의 정리
Ⅱ 감정평가사법 시행령 제29조의 한계
  1. 위임명령의 의의 및 근거
  2. 위임명령의 한계
    (1) 법률유보의 원칙
    (2) 포괄위임금지의 원칙
  3. 위임명령의 하자의 효과
Ⅲ 위법명령에 대한 구제수단
  1. 법원에 의한 통제(구체적 규범통제)
  2. 헌법재판소에 의한 통제
  3. 행정심판에 의한 통제
Ⅳ 사안의 해결

Ⅰ 쟁점의 정리

① 감정평가사법 시행령 제29조는 감정평가사법의 위임에 따라 제정된 위임명령이므로 이에 대한 한계를 법률유보의 원칙과 포괄위임 금지의 원칙을 통해서 살펴본다. ② 감정평가사법 시행령 제29조가 상위법률에 반하는 경우 어떠한 쟁송방법을 선택해야 하는지를 검토한다.

Ⅱ 감정평가사법 시행령 제29조의 한계

1. 위임명령의 의의 및 근거

법규명령이란 행정권이 제정하는 법규를 말하며, 이는 헌법 제75조에 따라 대통령이 제정하는 명령(시행령)과, 헌법 제95조에 따라 총리가 발하는 명령(시행규칙)이 있다. 법률 또는 상위명령의 위임에 의해 제정되는 명령을 위임명령이라 한다.

2. 위임명령의 한계

(1) 법률유보의 원칙

위임명령은 법률유보의 원칙에 따라 법률에 의한 수권이 있어야 하는바, 수권법률의 합헌성과 위임입법의 적법성이 요구된다. 따라서 위임명령은 수권법률이 하위법령에 규정될 내용 및 범위에 관한 기본사항을 규정하고 있어야 한다.

(2) 포괄위임금지의 원칙

헌법 제75조는 법률의 명령에 대한 수권은 "구체적으로 범위를 정하여" 위임하도록 하고 있다. 구체적 위임이란 수권법률 규정만으로 위임내용의 대강을 예측할 수 있는 것을 말한다. ① 양적인 측면에서 위임의 내용, 목적 및 범위가 명확하고 구체적으로 한정되어야 하며, ② 질적인 측면에서 수권법률은 수권을 함에 있어서 수권을 받은 행정기관이 입법을 함에 있어서 준수해야 할 목표, 기준 및 기타 고려하여야 할 사항을 적절한 강도로 규정하여야 한다.

3. 위임명령의 하자의 효과

위임명령이 수권의 범위를 벗어나 상위법령에 저촉되는 등 하자있는 명령이 되는 경우, 판례는 동 명령의 효력은 무효라고 한다.

Ⅲ 위법명령에 대한 구제수단

1. 법원에 의한 통제(구체적 규범통제)

헌법 제107조 제2항에서는 "명령·규칙 또는 처분이 헌법이나 법률에 위반되는 여부가 재판의 전제가 된 경우에는 대법원은 이를 최종적으로 심사할 권한을 가진다."라고 규정하고 있으므로, 사인이 구체적인 처분을 소송으로 다투면서 위법성의 근거로, 처분의 근거가 된 법규명령의 위헌, 위법을 주장할 수 있다. 이를 구체적 규범통제라 한다.

2. 헌법재판소에 의한 통제

위임명령에 의하여 헌법상 보장된 기본권이 침해된 경우에 해당 위임명령을 대상으로 헌법소원을 제기할 수 있는지에 대하여는 학설이 대립되고 있다. 헌법 제107조 제2항은 '재판의 전제가 된 경우'에 대법원이 이를 심사할 수 있다고 규정하는 것이지 헌법재판소의 심사권을 부정하는 것은 아니므로 헌법소원의 대상이 된다고 할 것이다.

3. 행정심판에 의한 통제

헌법 제107조 제2항은 위법명령심사권을 법원에 부여하고 있고, 행정심판법은 행정심판의 대상을 처분과 부작위만을 규정하고 있으므로 행정심판기관은 위법명령심사권이 없다고 할 것이다.

Ⅳ 사안의 해결

감정평가사법 시행령 제29조를 다투기 위해서는 위임명령의 위법·위헌 심사권이 있는 법원에 소송을 제기하여야 할 것이다. 이 경우 해당 위임명령의 위법 여부만을 다투는 소송은 제기할 수 없고, 동 명령에 근거한 구체적인 처분을 대상으로 항고소송을 제기하여 재판의 전제로서 위임명령의 위헌·위법을 다툴 수 있을 것이다. 만약, 시행령 제29조가 그 자체로서 국민의 기본권을 침해하는 경우라면 헌법소원도 제기할 수 있을 것이다.

사례 44 재량준칙과 행정처분의 위법성 판단

감정평가사 甲은 감정평가사 乙 등과 함께 A 감정평가법인을 설립하고 성실하게 5년간 업무를 수행해 오고 있다. 그런데 A 감정평가법인이 업무를 수행하는 중에 '감정평가 및 감정평가사에 관한 법률' 제3조 제3항을 위반하여 감정평가를 하는 일이 발생하였다. 국토교통부장관은 그 위반행위가 매우 중대하다고 보고 A 감정평가법인에 대해 1개월의 업무정지처분을 내렸다. 30점

(1) 감정평가 및 감정평가사에 관한 법률 시행령 별표 3의 법적 성질과 A 감정평가법인에 대한 1개월의 업무정지처분의 위법성을 논하시오. 20점

(2) 국토교통부장관은 갑에 대하여 징계하고자 한다. 이 경우 감정평가사징계위원회의 법적 지위를 논하고, 감정평가사징계위원회의 의결과 달리 징계처분을 한 경우에 동 징계처분의 효력을 논하시오. 10점

관련 규정

[감정평가사법]
제21조(사무소 개설 등)
⑤ 감정평가사사무소에는 소속 감정평가사를 둘 수 있다. 이 경우 소속 감정평가사는 제18조 제1항 각 호의 어느 하나에 해당하는 사람이 아니어야 하며, 감정평가사사무소를 개설한 감정평가사는 소속 감정평가사가 아닌 사람에게 제10조에 따른 업무를 하게 하여서는 아니 된다.

[별표 3]

위반행위	근거 법조문	행정처분기준		
		1차 위반	2차 위반	3차 이상 위반
마. 법 제3조 제3항에 따른 원칙과 기준을 위반하여 감정평가를 한 경우	법 제32조 제1항 제5호	업무정지 1개월	업무정지 2개월	업무정지 4개월

(설문 1)의 해결
- Ⅰ 쟁점의 정리
- Ⅱ 제재적 처분기준의 법적 성질
  1. 문제점
  2. 법적 성질
     (1) 학설
     (2) 판례
     (3) 검토
     (4) 사안의 경우(시행령 별표 3의 경우)
- Ⅲ 업무정지처분의 위법성 유무
  1. 업무정지처분의 의의 및 법적 성질
  2. 재량권 행사의 일탈·남용
  3. 업무정지처분의 위법성 유무
     (1) 비례원칙의 의의, 근거 및 효력
     (2) 요건(내용)
        1) 적합성의 원칙
        2) 필요성의 원칙(최소침해의 원칙)
        3) 협의의 비례원칙(상당성의 원칙)
        4) 3원칙의 상호관계
     (3) 사안의 경우
- Ⅳ 사안의 해결(위법성 정도 및 구제수단 등)

(설문 2)의 해결
- Ⅰ 쟁점의 정리
- Ⅱ 의결내용과 다른 처분을 한 경우의 효력
  1. 징계위원회의 법적 지위
     (1) 징계위원회의 의의 및 근거
     (2) 법적 성격
  2. 의결내용과 다른 처분을 한 경우의 효력
- Ⅲ 사안의 해결(권리구제수단)

(설문 1)의 해결

I 쟁점의 정리

설문은 국토교통부장관의 업무정지처분의 위법성을 묻고 있다. 해당 처분은 [별표 3]에 따른 처분이므로 ① 동 규정의 대외적 구속력이 인정되는지와, ② 대외적 구속력이 인정된다면 감경규정을 적용함에 있어서 비례원칙 등 재량권 행사의 일탈·남용은 없었는지를 검토하여 설문을 해결한다.

II 제재적 처분기준의 법적 성질

1. 문제점

제재적 처분기준이 법규명령의 형식으로 제정되었으나 그 실질이 행정규칙의 내용을 갖는 경우, 이에 대한 대외적 구속력이 인정되는지가 문제된다.

> 업무정지 등의 제재적 처분기준 같은 행정의 내부적인 사항은 고시나 훈령으로 규정되는 것이 정당하나, 그러한 사항이 대통령령 등의 형식으로 제정된 경우 그 성질이 문제된다.

2. 법적 성질

(1) 학설

① 규범의 형식과 법적 안정성을 중시하여 법규명령으로 보는 견해와, ② 규범의 실질과 구체적 타당성을 중시하여 행정규칙으로 보는 견해, ③ 상위법의 수권 유무로 판단하는 수권여부기준설이 대립한다.

(2) 판례

대법원은 ① (구)식품위생법 시행규칙상 제재적 처분기준은 행정규칙으로 보며, ② (구)청소년보호법 시행령상 과징금 처분기준을 법규명령으로 보면서 그 처분기준은 최고한도로 보아 구체적 타당성을 기한 사례가 있다.

(3) 검토

대통령령과 부령을 구분하는 판례의 태도는 합리적 이유가 없으므로 타당성이 결여된다. 또한 부령의 경우에도 법규명령의 형식을 갖는 이상 법제처의 심사에 의해 절차의 정당성을 확보하고, 공포를 통한 예측가능성이 보장된다는 점에서 부령인 경우도 법규성을 긍정함이 타당하다.

(4) 사안의 경우(시행령 별표 3의 경우)

시행령 제29조에서 규정하고 있는 제재적 처분기준은 그 형식이 대통령령이며, 상위법률인 감정평가사법의 처분기준을 각 사유마다 세분화하여 규정하여 개별사안에서 구체적 타당성을 기여하고 있다. 따라서 법규명령의 성질을 갖는 것으로 볼 수 있다.

Ⅲ 업무정지처분의 위법성 유무

1. 업무정지처분의 의의 및 법적 성질

업무정지처분이란, 감정평가법인등이 감정평가사법상 의무규정을 위반하였을 때, 감정평가사법 제10조상의 업무를 영위할 수 있는 법적 지위를 정지시키는 것을 말한다. 감정평가사법 제32조에서는 "할 수 있다."라고 규정하고 있는 바, 재량행위이다.

2. 재량권 행사의 일탈·남용

업무정지처분은 재량행위이며, 개별사안마다 구체성을 확보하기 위하여 국토교통부령으로 제정한 제재적 처분기준(별표 3)은 대외적 구속력을 갖는 법규명령이다. 또한 제재적 처분기준에서는 '사소한 부주의나 오류로 인한 경우', '위반의 정도가 경미한 경우' 등의 사정을 고려하여 처분기준을 1/2 범위 내에서 감경할 수 있다고 규정하고 있으므로, 업무정지처분을 할 때에는 개별·구체적인 사안의 특수성을 고려하되, 그러한 사정을 정상참작할 경우 행정법의 일반원칙에 위배되어서는 안 될 것이다. 설문에서는 특히 비례원칙이 문제된다고 할 것이다.

3. 업무정지처분의 위법성 유무

(1) 비례원칙의 의의, 근거 및 효력

비례의 원칙이란 과잉조치금지의 원칙이라고도 하는데, 행정작용에 있어서 행정목적과 행정수단 사이에는 합리적인 비례관계가 있어야 한다는 원칙을 말한다. 헌법 제37조 제2항, 행정기본법 제10조 및 법치국가원칙으로부터 도출되는 법원칙이므로 헌법적 효력을 가진다. 비례의 원칙에 반하는 행정권 행사는 위법하다.

(2) 요건(내용)

1) 적합성의 원칙

적합성의 원칙이란 행정은 추구하는 행정목적의 달성에 적합한 수단을 선택하여야 한다는 원칙을 말한다.

2) 필요성의 원칙(최소침해의 원칙)

필요성의 원칙이란 적합한 수단이 여러 가지인 경우에 국민의 권리를 최소한으로 침해하는 수단을 선택하여야 한다는 원칙을 말한다.

3) 협의의 비례원칙(상당성의 원칙)

협의의 비례원칙이란 행정조치를 취함에 따른 불이익이 그것에 의해 달성되는 이익보다 심히 큰 경우에는 그 행정조치를 취해서는 안 된다는 원칙을 말한다.

4) 3원칙의 상호관계

적합성의 원칙, 필요성의 원칙, 그리고 좁은 의미의 비례원칙은 단계구조를 이룬다. 즉, 많은 적합한 수단 중에서도 필요한 수단만이, 필요한 수단 중에서도 상당성 있는 수단만이 선택되어야 한다.

(3) 사안의 경우

설문상 A법인의 감정평가사법 위반에 대한 제재로서 업무정지처분은 적합한 수단이며, 감정평가사법 제32조에서는 인가취소와 업무정지를 규정하고 있는 바, 업무정지처분은 최소침해원칙의 위반도 없는 것으로 보인다. 다만, 국토교통부장관은 업무정지처분을 할 때 'A감정평가법인이 법인설립 이후 5년간 성실하게 업무를 수행해 온 점' 등을 고려하여 결정해야 할 것인데, 이러한 사정의 고려 없이 업무정지처분을 한 것으로 보인다. 따라서 A법인이 그동안 성실하게 업무수행을 해 온 점 등을 고려할 때, 국토교통부장관의 업무정지처분은 과도한 수인의무를 부여한다고 판단된다.

Ⅳ 사안의 해결(위법성 정도 및 구제수단 등)

설문상 국토교통부장관의 업무정지처분은 비례원칙에 반하는 처분이나, 일반인의 식견에서 외관상 명백하지 않으므로 취소사유라고 판단된다. 따라서 갑은 취소소송을 통해서 구제받을 수 있을 것이며, 업무정지로 인한 중대한 경영상의 위험 등을 예방하기 위하여 집행정지를 신청할 수 있을 것이다.

(설문 2)의 해결

Ⅰ 쟁점의 정리

국토교통부장관은 감정평가사를 징계하고자 하는 경우에 징계위원회의 의결을 받아야 하므로, 동 위원회의 법적 지위가 의결기관인지와 의결기관이라면 의결과 다른 처분을 한 경우에 그 효력을 검토한다.

Ⅱ 의결내용과 다른 처분을 한 경우의 효력

1. 징계위원회의 법적 지위

(1) 징계위원회의 의의 및 근거

징계위원회는 감정평가사의 징계에 관한 사항을 의결하는 기관으로 감정평가사법 제40조를 근거로 한다.

(2) 법적 성격

① 다수의 인원으로 구성되어 합의제 행정기관의 성격을 갖고, ② 징계 시 반드시 설치해야 하는 필수기관이다. ③ 또한 징계내용에 관한 의결권을 가진 의결기관이다.

2. 의결내용과 다른 처분을 한 경우의 효력

의결기관이라 함은 행정주체의 의사를 결정하는 권한만을 가지고 이를 외부에 표시할 권한은 가지지 못하는 기관을 말하므로, 국토교통부장관은 감정평가사에 대한 징계내용을 결정할 권한은 없고 징계위원회에서 결정한 내용을 외부로 표시할 수 있을 뿐이다. 따라서 징계위원회의 의결내용에 반하는 처분은 무효라고 할 것이다.

Ⅲ 사안의 해결(권리구제수단)

징계위원회의 의결에 반하는 국토교통부장관의 징계처분은 무권한자의 행정행위로서 주체상 하자에 해당한다고 할 것이다. 따라서 무효등확인소송을 제기하여 권리구제를 받을 수 있을 것이다.

사례 45 행정규칙 및 자기구속원칙

관할시장 乙은 1990년 이래로 지금까지 미곡의 유통구조 개선 및 품질향상, 가격안정을 위하여 생산자로부터 미곡의 매입·건조·저장·가공·판매를 일괄적으로 처리할 수 있는 미곡종합처리장(RPC) 및 신규 건조저장시설(DSC) 사업자를 선정하여 지원하여 왔다. 신규 건조저장시설 사업자로 선정되면 벼 매입 실적에 따라 매입자금을 지원받거나 공공비축 산물 벼 매입량이 배정되는 등의 혜택이 주어진다. 사업자를 선정함에 있어서는 농림축산식품부장관이 농림축산식품부 고시로 규정한 "농림사업자선정지침"이 기준으로 활용되어 왔다. 동 지침에 의하면 신규 RPC 사업자 선정기준과 DSC 선정기준을 구분하여 규정하면서, 신규 RPC 사업자는 RPC 개소당 논 면적 3,000ha 이상과 원료 벼 확보가능 논 면적 2,000ha 이상을 확보하여야 하고, 신규 DSC 사업자는 신규 DSC 개소당 논 면적에 관하여는 명시적인 규정을 두고 있지 아니하고 다만 원료 벼 확보가능 논 면적 1,000ha 이상을 확보하도록 지역기준을 설정하고 있다.

乙의 관할구역에서 사업을 하는 갑이 신규 건조저장시설 사업자로 선정되기 위하여 "농림사업자선정지침"에서 요구하는 기준을 충족하여 乙에게 선정 신청을 하였다. 그런데 乙은 농산물의 개방화 시대가 올 것에 대비하고 경쟁력을 높이고자 "농림사업자선정지침"에 명시되어 있지 아니한 기준인 '건조저장시설 개소당 논 면적' 기준을 새로이 제시하면서 이를 충족시키지 못하였다는 이유로 갑의 신청을 반려하였다. 이에 갑은 乙의 반려처분에 대해서 다투고자 한다. 20점

(1) "농림사업자선정지침"의 법적 성격은 어떠한가? 10점
(2) 반려처분취소소송의 본안에서 갑은 어떤 법적 주장을 할 수 있는가? 10점

※ RPC(Rice Processing Complex)는 산물 벼를 건조·도정해서 가공·포장하는 미곡종합처리장이고, DSC(Drying Storage Center)는 산물 벼를 건조해서 보관하는 건조저장시설이다.

관련 규정

[양곡관리법 제22조(미곡유통업의 육성)]
① 농림축산식품부장관은 미곡의 유통구조개선·품질향상 및 가격안정을 위하여 생산자로부터의 미곡 매입 및 매입한 미곡의 건조·선별·보관·가공·판매 등 종합적인 미곡의 유통기능을 담당하는 미곡유통업을 육성하여야 한다.
② 농림축산식품부장관은 농업협동조합이나 그 밖에 제1항에 따른 미곡의 유통기능을 능률적으로 수행할 수 있다고 인정되는 자에게 미곡종합처리장 등 미곡을 건조·보관·가공·유통·판매하는 시설의 설치 및 미곡의 매입에 필요한 자금의 일부를 예산의 범위에서 융자하거나 보조금을 지급할 수 있다.
③ 제2항에 따른 융자 및 보조에 필요한 사항은 농림축산식품부령으로 정한다. 이 경우 융자금의 이자 등 융자조건에 관하여는 기획재정부장관과 협의하여야 한다.

```
Ⅰ 문제의 소재                          Ⅲ (설문 2) 갑이 주장할 수 있는 법적 주장(자기구
Ⅱ (설문 1) "농림사업자선정지침"의 법적 성격      속원칙의 위반 여부)
   1. 행정규칙의 의의                       1. 행정의 자기구속의 법리
   2. 법적 성질                            2. 적용요건
      (1) 학설                                (1) 행정의 재량영역
      (2) 판례                                (2) 행정관행의 존재
      (3) 검토                                (3) 행정관행과 동일한 사안
   3. 사안의 경우                          3. 한계
                                          4. 사안의 경우
                                       Ⅳ 사안의 해결
```

Ⅰ 문제의 소재

본 사안에서 관할시장 乙의 관할구역에서 사업을 하고자 하는 갑이 신규건조저장시설 사업자로 선정되기 위하여 乙에게 선정 신청을 하였는데, 乙이 농림축산식품부 고시로 규정한 "농림사업자선정지침"에 명시되어 있지 아니한 새로운 기준을 내세워서 갑의 신청을 반려하였다. 우선 동 지침의 법적 성격이 어떠한가에 대해서 고찰한 다음, 동 지침이 행정규칙인 경우에는 乙은 이에 구속되지는 아니할 것이므로 새로운 기준을 내세울 수는 있을 것이나, 이런 경우에도 문제는 기존에 관행적으로 준수하여 오고 있는 동 지침을 갑에 대해서는 적용하지 아니하는 것이므로 행정법의 일반원칙인 평등의 원칙과 신뢰보호의 원칙을 포함하여 특히 이로부터 파생된 원칙으로 볼 수 있는 행정의 자기구속의 법리의 적용 여부에 대해서 본안에서 갑이 주장할 수 있는 것인가가 문제된다고 할 것이다.

Ⅱ (설문 1) "농림사업자선정지침"의 법적 성격

1. 행정규칙의 의의

행정규칙이란 행정조직 내부의 사무처리기준을 규정한 일반적, 추상적 규범을 말한다.

2. 법적 성질

(1) 학설

① 법규성을 부정하는 비법규설, ② 행정권의 시원적인 입법권을 인정하여 법규성을 인정하는 법규설, ③ 평등의 원칙 및 자기구속의 법리를 매개로 법규성을 인정할 수 있다는 준법규설이 대립된다.

(2) 판례

훈령에 규정된 청문을 거치지 않은 것은 위법하다고 본 판례가 있으나 예외적인 사건으로 보이며 '일반적으로 행정규칙의 법규성을 인정하지 않는다.'

(3) 검토

행정규칙의 법규성을 인정하는 것은 법률의 법규창조력에 반하며, 평등의 원칙이나 자기구속 법리를 매개로 하는 경우에도 규칙 자체에는 법규성이 없다고 보는 것이 타당하므로 비법규설이 타당하다.

3. 사안의 경우

농림축산식품부장관이 농림축산식품부 고시로 규정한 "농림사업자선정지침"의 법적 성격을 규명해 보면 동 지침은 일단 그 형식이 법규명령의 형식이 아니므로 일응 행정규칙으로 추정할 수 있을 것이다. 법규성 유무를 기준으로 할 때에도 직접적으로 국민을 구속하는 효력을 가지지는 아니하고 다만 행정부 내부의 사무처리를 위한 준칙으로 작용하여 간접적으로 영향을 미침에 그친다고 볼 수 있을 것이다.

Ⅲ [설문 2] 갑이 주장할 수 있는 법적 주장(자기구속원칙의 위반 여부)

1. 행정의 자기구속의 법리

행정의 자기구속의 법리란 헌법상의 평등의 원칙과 신뢰보호의 원칙에 기초하여 행정권이 후속하는 동종 사안에서 있어서 이미 행한 결정에 구속을 받고, 행정권이 행정을 수행함에 있어서 스스로 정한 기준으로부터 정당한 이유가 없는 한 벗어날 수 없다는 것이다. 행정의 자기구속의 법리는 특히 행정청이 재량권을 보유하는 경우에 재량권의 행사에 있어서 자의를 방지하는 기능 그리고 행정의 내부적 사무처리의 기준으로 기능하는 행정규칙의 효력을 확장하는 기능을 수행한다.

2. 적용요건

(1) 행정의 재량영역

자기구속의 법리는 원칙적으로 행정청에게 재량이 인정되는 영역에서 적용될 수 있다.

(2) 행정관행의 존재

이와 관련하여 기왕에 존재하는 행정선례가 필요한지와 관련하여 선례가 필요하다는 필요설과 재량준칙의 존재만으로도 행정청의 재량행사와 관련하여 예측할 수 있는 예기관행이 존재하는 것으로 보아 선례가 필요하지 아니한다는 불필요설이 대립하고 있다. 독일의 판례는 행정규칙의 최초 적용에 있어서도 미리 정해진 행정관행을 인정하여 예기관행을 긍정하고 있다. 우리 판례는 재량준칙이 어느 정도 되풀이 시행되어야 행정관행이 성립하는 것으로 보고 있다.

(3) 행정관행과 동일한 사안

기왕에 형성된 행정관행과 동일한 사안에 대해서 행정청은 이미 이루어진 행정관행에 기속을 받는다.

3. 한계

행정의 자기구속의 법리의 한계로는 사정변경의 경우와 위법한 관행인 경우가 문제가 되는데, 전자의 경우 사정변경으로 인하여 기존관행을 준수할 수 없는 특별한 사유가 있는 경우에는 자기구속으로부터 벗어날 수 있다고 볼 것이고, 후자의 경우 위법에 있어서 평등대우는 인정될 수 없으므로, 행정규칙에 따른 종전의 관행이 위법한 경우에는 행정청은 자기구속을 당하지 않는다.

4. 사안의 경우

사안에서 乙은 농림축산식품부 고시인 "농림사업자선정지침"을 지금까지 준수하여 왔다. 그런데 갑에 대해서 지침에 없는 새로운 기준을 제시하면서 선정 신청을 반려하였다. 그렇다면 이러한 새로운 기준이 기존의 관행을 깨뜨릴 만큼의 사정변경 내지 정당화 요소를 포함하는가가 중요하다. 사안을 보면 경쟁력 강화 등의 요소들이 주장된다. 그러나 이러한 요소만으로는 사정변경을 긍정하기는 어렵다. 따라서 乙의 처분은 위법하다.

Ⅳ 사안의 해결

1. 농림축산식품부장관이 농림축산식품부 고시로 제정한 "농림사업자선정지침"의 법적 성격은 행정부 내부의 사무처리준칙을 정한 것으로서 행정규칙에 해당된다.

2. 관할시장 乙이 갑의 사업자 선정 신청에 대해서 반려처분을 한 것에 대한 반려처분취소소송의 본안에서 갑은 명문의 법령의 위반은 찾아보기 어려우므로 행정의 자기구속의 법리를 원용하여 이에 위반하는 乙의 처분의 위법성을 주장할 수 있을 것이다.

사례 46 행정규칙 및 행정처분의 위법성 판단

전라남도는 기업도시 솔라시도 특별구역을 지정하였다. 사업시행자는 '기업도시 솔라시도 주거정착에 관한 지침'에 따라 이주대책 대상자를 구분하여 이주대책을 수행하고 있다. 해당 지침은 분양대상 아파트를 전용 59제곱미터와 전용 84제곱미터로 구분하여 보상금이 5억을 넘는 경우는 전용 84제곱미터를 대상으로 하였고 5억을 넘지 못하는 경우는 전용 59제곱미터를 대상으로 규정하고 있다(이주대책은 토지보상법이 준용되었다). 을은 부양가족이 8명이었기에 전용 84제곱미터의 아파트 공급을 신청하였으나, 사업시행자는 '을이 수령할 보상금은 5억9천만원으로서 전용 84제곱미터의 분양대상자'에 해당될 수 있음에도 이주대책 업무에 비협조적이었음을 이유로 전용 84제곱미터의 분양신청에 대한 거부회신을 하고 을이 원하는 경우 전용 59제곱미터의 분양대상자로 선정할 수 있음을 통지하였다. 을은 수령할 보상금이 5억을 초과하고, 부양가족이 8명이었기에 전용 84제곱미터를 분양받아야 한다고 주장한다. 또한 을이 제공한 주택은 전용 159제곱미터로 방5개, 화장실 4개의 대형주택이었다. 을은 전용 59제곱미터의 아파트를 분양받는다 해도, 해당 면적에서 9명의 가족이 살기에는 어려움이 많기에 이는 종전 주거이익을 보전하는 이주대책이 아니기에 정당보상을 실현하지 못한다고 주장한다. 을은 해당 지침은 종전 주거이익을 회복하는 정당한 내용이 아니며 이에 따라 자신을 전용 59제곱미터의 대상자로 확인하고 전용 84제곱미터의 대상자가 아니라는 거부회신은 위법하다고 주장한다.
을 주장의 타당성을 검토하시오('기업도시 솔라시도 주거정착에 관한 지침'은 법령의 위임 없는 토지보상법의 이주대책을 수립 · 실시하기 위한 내부규정임). 10점

Ⅰ 쟁점의 정리
Ⅱ '기업도시 솔라시도 주거정착에 관한 지침'의 법적 성질 및 위법성 판단기준
  1. 이주대책의 의의 및 법적 성질
  2. '주거정착지에 관한 지침'의 법적 성질

(1) 행정규칙
(2) 대외적 구속력 인정여부
(3) '주거정착지에 관한 지침' 내용의 재량성
3. 행정규칙에 근거한 처분의 위법성 판단기준
Ⅲ 사안의 해결

Ⅰ 쟁점의 정리

'기업도시 솔라시도 주거정착에 관한 지침'에 따라 이주대책 대상자를 구분한 것이 위법한 것인지와 관련하여 동 지침의 법적 성질이 문제된다.

Ⅱ '기업도시 솔라시도 주거정착에 관한 지침'의 법적 성질 및 위법성 판단기준

1. 이주대책의 의의 및 법적 성질

이주대책이란 주거용 건축물을 제공하여, 생활의 근거를 상실하는 자에게 종전생활을 유지시켜주는 일환으로 택지 및 주택을 공급하거나 이주정착금을 지급하는 것을 말한다. 이주대책은 사업시행자의 재량에 의해 적용을 배제할 수 없는 강행규정이다.

2. '주거정착지에 관한 지침'의 법적 성질

(1) 행정규칙

행정규칙이란 행정조직 내부의 사무처리기준을 규정한 것으로 법령의 수권을 요하지 않는다. 해당 지침은 행정규칙의 성질을 갖는다.

(2) 대외적 구속력 인정 여부

다수와 판례의 태도는 행정규칙의 대외적 구속력을 부정한다. 예외적으로 평등의 원칙이나 자기구속의 법리가 매개가 되는 경우에는 대외적 구속력을 인정할 수 있다.

(3) '주거정착지에 관한 지침' 내용의 재량성

이주대책 내용에 대해 사업시행자는 재량을 가지며, 행정규칙으로 수립된 경우 특별히 합리성이 부정되는 경우 외에는 그 내용은 존중되어야 한다는 것이 판례의 태도이다.

3. 행정규칙에 근거한 처분의 위법성 판단기준

행정규칙은 행정조직 내부의 상대방을 구속하는 대내적 구속력이 인정되며 직접적인 대외적 구속력은 인정되지 않는다. 따라서 행정규칙을 위반하였다는 이유만으로 처분이 위법하게 되는 것은 아니다. 처분이 적법한지는 행정규칙에 부합되는지를 기초로 판단하는 것이 아니라 헌법과 법령의 규정과 입법 목적 및 법의 일반원칙을 준수했는지 여부를 기준으로 판단해야 한다.

Ⅲ 사안의 해결

내부지침은 대외적 구속력이 인정되지 않기에 이를 따르지 않은 것만으로 전용 84제곱미터 대상자가 아니라는 처분이 바로 위법하게 되는 것은 아니다. 다만, 종전 주택의 면적이 대형평형인 점과 가족 수가 9명이라는 점 및 보상금 5억이 넘는 경우 다른 대상자에게는 전용 84제곱미터를 분양하고 을에게만 이를 적용하지 않는 것에 대한 차별의 합리성은 인정되지 않는 것으로 보인다. 따라서 거부회신은 위법하다.

> 을은 내부지침에 따라 전용 84제곱미터를 분양받을 대상자에 해당하나 사업자는 전용 59제곱미터를 분양하려 한다.
>
> 내부지침은 대외적 구속력이 인정되지 않기에 이를 따르지 않은 것만으로 전용 84제곱미터 대상자가 아니라는 처분이 바로 위법하게 되는 것은 아니다.
>
> 이주대책은 종전 주거이익을 유지시켜주는 생활보상이기에 9명의 가족이 전용 59제곱미터에서 생활하기에는 공간이 협소할 수 있고, 종전 주택의 면적도 전용 159제곱미터로 대형주택인 점 등을 고려하면 토지보상법상 이주대책을 실현한 것으로 보기어렵다고 보여지며, 보상금 5억을 넘는 경우 다른 대상자에게 전용 84제곱미터 주택을 분양하는 것에 대한 합리적 차별이라고 보기도 어려운 점에 비추어 볼 때 거부회신은 위법한 것으로 판단된다.

Chapter 04 부관, 취소, 철회 등

📝 사례 47   부관(부당결부원칙 및 불복)

택지조성사업을 하고자 하는 사업시행자 甲은 국토교통부장관에게 사업인정을 신청하였다. 甲의 사업인정신청에 대해 국토교통부장관은 택지조성사업 면적의 50%를 택지 이외의 다른 목적을 가진 공공용지로 조성하여 기부채납할 것을 조건으로 사업인정을 하였다. 이에 甲은 해당 부관의 내용이 너무 과다하여 수익성을 도저히 맞출 수 없다고 판단하고 취소소송을 제기하려 한다. 어떠한 해결가능성이 존재하는지 검토하시오. 40점

Ⅰ 쟁점의 정리
Ⅱ 관련 행정작용의 검토
　1. 사업인정의 법적 성질
　2. 기부채납조건의 법적 성질
　　(1) 부관의 의의 및 종류
　　(2) 기부채납조건의 법적 성질
Ⅲ 해당 부관의 위법성과 그 정도
　1. 위법성 판단
　　(1) 부관의 부착가능성
　　(2) 부당결부금지원칙 위반 여부
　　　1) 부당결부금지원칙의 의의
　　　2) 사안의 경우
　2. 위법성 정도
　　(1) 위법성 판단기준
　　(2) 사안의 경우

Ⅳ 기부채납조건만의 독립가쟁성(및 소송의 형태)
　1. 문제점
　2. 학설
　3. 판례
　4. 검토
　5. 사안의 경우
Ⅴ 기부채납조건만의 독립취소 가능성(재량행위에 대한 부관의 독립취소 가능성)
　1. 학설
　　(1) 부정설
　　(2) 긍정설
　　(3) 제한적 긍정설
　2. 판례
　3. 검토
　4. 사안의 경우
Ⅵ 사안의 해결

Ⅰ 쟁점의 정리

갑은 해당 부관의 내용이 너무 과다하여 수익성을 맞출 수 없다고 판단하고 있다. 따라서 해당 부관의 법적 성질이 부담인지를 살펴보고, 부담이라면 택지조성사업의 사업인정 효력은 남겨두고 기부채납의 부담만을 독립적으로 취소할 수 있는지 검토하여 설문을 해결한다.

II 관련 행정작용의 검토

1. 사업인정의 법적 성질

사업인정이란 공익사업을 토지 등을 수용 또는 사용할 사업으로 결정하는 것을 말하며(토지보상법 제2조 제7호), 국토교통부장관이 사업과 관련된 제 이익과의 형량을 거쳐 수용권을 설정하는 재량행위이다(판례동지).

2. 기부채납조건의 법적 성질

(1) 부관의 의의 및 종류

부관이란 행정청의 주된 행정행위의 효과를 제한하거나 의무를 부과하기 위해 부가되는 종된 규율을 부관이라고 하며, ① 행정행위의 효력발생, 소멸 여부를 불확실한 사실의 발생에 결부시키는 조건, ② 행정행위의 효력발생 여부와는 관계없이 사인에게 작위·부작위·급부·수인 의무를 부과하는 부담, ③ 그 외에도 기한, 철회권 유보 등이 있다.

(2) 기부채납조건의 법적 성질

기부채납조건의 성취 여부와 관계없이 해당 행정행위인 사업인정의 효력이 발생하는 바, 기부채납조건은 부담의 성질을 갖는 것으로 볼 수 있다.

III 해당 부관의 위법성과 그 정도

1. 위법성 판단

(1) 부관의 부착가능성

종래 기속행위에는 불가능하고 재량행위에는 가능하다는 견해가 지배적이었으나 최근에는 기속행위라도 요건충족적 부관이 가능하고 재량행위이더라도 귀화허가와 같이 부관부착이 금지되는 경우가 있을 수 있으므로 개별적, 구체적으로 검토해야 한다. 행정기본법 제17조에서는 재량이 있는 경우에는 부관의 부착이 가능하고 재량이 없는 경우에는 법률의 근거가 있어야 한다고 규정하고 있다. 사업인정은 재량행위인바 부관의 부착이 가능하다.

(2) 부당결부금지원칙 위반 여부

1) 부당결부금지원칙의 의의(행정기본법 제13조)

부당결부금지의 원칙이라 함은 행정기관이 행정권을 행사함에 있어서 그것과 실질적인 관련이 없는 반대급부를 결부시켜서는 안 된다는 원칙을 말한다.

2) 사안의 경우

설문에서는 택지조성사업을 이유로 부관을 부착하여, 원칙적 관련성은 인정되나 택지 이외의 다른 목적을 가진 공공용지로의 조성을 목적으로 하는 바, 목적적 관련성이 인정되지 않는다. 따라서 동 기부채납조건은 부당결부금지의 원칙에 반하는 것으로 볼 수 있다.

2. 위법성 정도

(1) 위법성 판단기준

통설·판례는 행정행위의 하자가 내용상 중대하고, 외관상 명백한 경우에 무효인 하자가 되고, 이 두 요건 중 하나라도 충족하지 않는 경우에는 취소사유로 보는 중대명백설(또는 외관상 일견명백설)을 취하고 있다.

(2) 사안의 경우

설문상 기부채납조건은 해당 사업과 무관한 것이 외관상 명백하나, 택지조성사업의 사업인정의 실체적 내용을 구성하는 요건으로 보이지는 않는다. 따라서 취소사유로 판단된다.

Ⅳ 기부채납조건만의 독립가쟁성(및 소송의 형태)

1. 문제점

부관은 본 행정행위에 부과된 종된 규율이므로, 본 행정행위와 별도로 독립하여 소의 대상이 되는지에 대해 견해의 대립이 있다.

2. 학설

① 부담은 독립된 처분성이 있으므로 진정일부취소소송으로 다투고 기타 부관은 그것만의 취소를 구하는 소송은 인정할 수 없다는 견해, ② 부관의 분리가능성은 본안의 문제이므로 모든 부관이 독립하여 취소쟁송의 대상이 된다고 보는 견해가 있다. 부담은 진정 또는 부진정일부취소소송으로 부담 이외의 부관은 부진정일부취소소송이 가능하다고 본다. ③ 분리가능성을 기준으로 분리가능한 부담은 진정일부취소소송으로(부진정일부취소도 가능), 분리가능한 기타 부관은 부진정일부취소소송만이 가능하다고 보는 견해가 있다.

3. 판례

대법원은 부담만은 진정일부취소소송으로 다툴 수 있도록 하되 기타 부관에 대해서는 전체취소소송으로 다툴 수밖에 없다는 입장이다.

4. 검토

생각건대 판례의 태도는 기타 부관에 대한 권리구제에 너무나 취약하고, 분리가능성을 기준으로 판단하는 것은 본안문제를 선취하는 결과를 갖는 문제점이 있다. 따라서 부담은 독립된 처분성으로 진정일부취소소송으로 다투고, 기타 부관은 부진정일부취소소송을 인정하는 견해가 타당하다.

5. 사안의 경우

설문의 기부채납조건은 부담이므로 기부채납조건만의 독자적인 대상성이 인정된다. 따라서 진정일부취소소송의 형태로 부담만의 취소소송을 제기할 수 있을 것이다.

Ⅴ 기부채납조건만의 독립취소 가능성(재량행위에 대한 부관의 독립취소 가능성)

1. 학설

(1) 부정설

부관만의 취소를 인정하는 것은 부관이 없었더라면 행정청은 행정행위를 하지 않았을 것이라고 해석되므로 부관만의 취소는 인정될 수 없다는 견해가 있다(김동희).

(2) 긍정설

부관만이 취소되면 주된 행정행위가 위법하게 되는 경우 처분청은 주된 행정행위를 직권으로 취소하거나 적법한 부관을 다시 부가하여 부관부행정행위 전체를 적법하게 할 수 있으므로 모든 부관에 있어 부관이 위법한 경우에는 부관만의 취소가 가능하다고 본다.

(3) 제한적 긍정설

부관이 주된 행정행위의 본질적 부분인지(행정청이 부관 없이는 해당 행정행위를 하지 않았을 것이라고 해석되는지) 여부에 따라서 재량행위에 대한 부관의 독립취소가능 여부를 판단하여야 한다는 견해이다.

2. 판례

판례는 부관이 본질적인 부분인 경우 독립쟁송가능성 자체를 인정하지 않으므로 독립취소 가능성의 문제는 제기되지 않는다. 판례에 의하면 독립쟁송가능성이 인정되는 경우(부담의 경우) 항상 독립취소가 가능하다.

3. 검토

국민의 권익구제와 행정목적의 실현을 적절히 조절하는 제한적 긍정설이 타당하다. 부관이 본질적임에도 부관만의 취소를 인정하는 것은 행정청의 의사에 반하여 부관 없는 행정행위를 강요하는 것이 되므로 긍정설은 타당하지 않다.

4. 사안의 경우

설문상 기부채납조건은 해당 행정행위인 택지조성 사업인정과 목적을 달리하고 있다. 따라서 기부채납조건은 사업인정의 본질적인 부분을 구성한다고 보기 어려우므로 이에 대한 독립취소가 가능할 것으로 판단된다.

Ⅵ 사안의 해결

국토교통부장관이 택지조성사업에 부착한 기부채납조건은 부관 중 부담에 해당하며, 이는 택지 이외의 목적을 갖고 있으므로 부당결부금지의 원칙에 반하는 것으로 볼 수 있다. 따라서 갑은 부담만을 독자적인 소의 대상으로 하여 취소소송을 제기하고 이에 대한 인용판결을 받을 수 있을 것이다.

사례 48   부관(불복 및 사후부관)

국토교통부장관은 친환경 자원 재생사업에 대한 사업인정을 하면서 사업기간을 1년으로 하고 월 100만원의 환경자원부담금을 납부할 것을 부관으로 붙였다. 이에 관한 다음 물음에 답하시오. 30점

(1) 갑은 사업인정에 붙여진 부관 부분에 대해 다투고자 하는 경우에 부관만을 독립하여 행정소송의 대상으로 할 수 있는가? 10점

(2) 부관을 다투는 소송에서 본안심리의 결과 부관이 위법하다고 인정되는 경우에 법원은 독립하여 부관만을 취소하는 판결을 내릴 수 있는가? 10점

(3) 국토교통부장관은 갑에 대하여 위 부관부 사업인정을 한 후에 추가로 재생사업 운영시간을 16시부터 22시까지로 제한하는 부관을 붙일 수 있는가? 10점

(설문 1)의 해결
Ⅰ 쟁점의 정리
Ⅱ 독립쟁송가능성과 쟁송형식
  1. 학설
    (1) 부담만 가능하다는 견해
    (2) 모든 부관이 가능하다는 견해
    (3) 분리가능한 부관만 가능하다는 견해
  2. 판례
  3. 검토
Ⅲ 사안의 해결

(설문 2)의 해결
Ⅰ 쟁점의 정리
Ⅱ 부관만의 독립취소 가능성
  1. 기속행위에 대한 부관의 독립취소 가능성
  2. 재량행위에 대한 부관의 독립취소 가능성
    (1) 학설
      1) 부정설
      2) 긍정설
      3) 제한적 긍정설
    (2) 판례
    (3) 검토
Ⅲ 사안의 해결

(설문 3)의 해결
Ⅰ 쟁점의 정리
Ⅱ 사후부관의 가능성(행정기본법 제17조 제3항)
  1. 관련규정(행정기본법 제17조 제3항)
  2. 판례
  3. 검토
Ⅲ 사안의 해결

〈설문 1〉의 해결

I 쟁점의 정리

부관이란 행정청의 주된 행정행위의 효과를 제한하거나 의무(요건충족 등)를 부과하기 위해 부가되는 종된 규율을 말한다. 만약 부관이 위법한 경우라면 당사자의 입장에서는 주된 행위의 효력은 향유하되 위법한 부관만의 취소를 구하려고 할 것인데, 부관만을 독립하여 행정소송의 대상으로 할 수 있는지가 대상적격과 관련하여 문제된다.

II 독립쟁송가능성과 쟁송형식

1. 학설

(1) 부담만 가능하다는 견해

부담은 독립된 처분성이 있으므로 진정(또는 부진정)일부취소소송으로 다투고 기타 부관은 그것만의 취소를 구하는 소송은 인정할 수 없다는 견해이다.

(2) 모든 부관이 가능하다는 견해

부관의 분리가능성은 본안의 문제이므로 모든 부관이 독립하여 취소쟁송의 대상이 된다고 보는 견해가 있다. 부담은 진정 또는 부진정 일부취소소송으로 부담 이외의 부관은 부진정일부취소소송이 가능하다고 본다.

(3) 분리가능한 부관만 가능하다는 견해

분리가능성을 기준으로 분리가능한 부관은 진정(또는 부진정)일부취소소송으로, 분리가능한 기타 부관은 부진정일부취소소송만이 가능하다고 보는 견해가 있다.

2. 판례

대법원은 부담만은 진정일부취소소송으로 다툴 수 있도록 하되 기타 부관에 대해서는 전체취소소송으로 다툴 수밖에 없다는 입장이다. 즉, 판례는 부관이 위법한 경우 신청인이 부관부 행정행위의 변경을 청구하고, 행정청이 이를 거부한 경우 동 거부처분의 취소를 구하는 소송을 제기할 수 있는 것으로 본다.

3. 검토

생각건대 판례의 태도는 기타 부관에 대한 권리구제에 너무나 취약하고, 분리가능성을 기준으로 판단하는 것은 본안문제를 선취하는 결과를 갖는 문제점이 있다. 따라서 부담은 독립된 처분성으로 진정(또는 부진정)일부취소소송으로 다투고, 기타 부관은 부진정일부취소소송을 인정하는 견해가 타당하다.

Ⅲ 사안의 해결

설문상 "1년의 기간"은 기한이므로 부진정일부취소송의 형태로, "월 100만원의 부담금"은 부담이므로 진정(또는 부진정)일부취소소송의 형태로 부관만의 취소를 구할 수 있을 것이다. 다만, 판례의 태도에 따를 경우 기한에 대하여는 부관부 행위 전체취소를 구하거나, 부관 없는 행위의 신청을 한 후, 행정청이 이를 거부하는 경우 거부처분을 대상으로 소를 제기하는 방법을 취하여야 할 것이다.

(설문 2)의 해결

Ⅰ 쟁점의 정리

부관이란 행정청의 주된 행정행위의 효과를 제한하거나 의무(요건 충족 등)를 부과하기 위해 부가되는 종된 규율이므로, 이러한 부관을 독립하여 취소하게 되면 주된 행위의 내용에 영향을 미치게 되는 것으로 볼 수 있다. 이와 관련하여 부관만을 독립하여 취소할 수 있는지를 검토한다.

Ⅱ 부관만의 독립취소 가능성

1. 기속행위에 대한 부관의 독립취소 가능성

① 상대방의 신청이 행위의 요건을 충족함에도 법령의 명시적 근거 없이 행위의 효과를 제한하는 부관을 붙이는 것은 위법한 것이므로 부관만을 취소할 수 있으며, ② 법률요건충족적 부관의 경우는 부관만을 취소한다면 요건이 충족되지 않은 신청에 대하여 행정처분을 해 주는 결과를 가져오기 때문에 부관만의 취소는 인정될 수 없다(이견 있음).

2. 재량행위에 대한 부관의 독립취소 가능성

(1) 학설

1) 부정설

부관만의 취소를 인정하는 것은 부관이 없었더라면 행정청은 행정행위를 하지 않았을 것이라고 해석되므로 부관만의 취소는 인정될 수 없다는 견해가 있다(김동희).

2) 긍정설

부관만이 취소되면 주된 행정행위가 위법하게 되는 경우 처분청은 주된 행정행위를 직권으로 취소하거나 적법한 부관을 다시 부가하여 부관부 행정행위 전체를 적법하게 할 수 있으므로 모든 부관에 있어 부관이 위법한 경우에는 부관만의 취소가 가능하다고 본다.

3) 제한적 긍정설

부관이 주된 행정행위의 본질적 부분인지(행정청이 부관 없이는 해당 행정행위를 하지 않았을 것이라고 해석되는지) 여부에 따라서 재량행위에 대한 부관의 독립취소가능 여부를 판단하여야 한다는 견해이다.

(2) 판례

판례는 부관이 본질적인 부분인 경우 독립쟁송가능성 자체를 인정하지 않으므로 독립취소 가능성의 문제는 제기되지 않는다. 판례에 의하면 독립쟁송가능성이 인정되는 경우(부담의 경우) 항상 독립취소가 가능하다.

(3) 검토

국민의 권익구제와 행정목적의 실현을 적절히 조절하는 제한적 긍정설이 타당하다. 부관이 본질적임에도 부관만의 취소를 인정하는 것은 행정청의 의사에 반하여 부관 없는 행정행위를 강요하는 것이 되므로 긍정설은 타당하지 않다.

Ⅲ 사안의 해결

친환경 자원 재생사업은 재생사업이 사회에 기여하는 공익성 등을 고려하여 그 가부를 결정하여야 할 것이며, 사업기간을 1년으로 제한하거나 월 100만원의 부담금을 납부시키는 것은 재생사업의 본질적인 내용을 구성하는 것으로는 보이지 않는다. 따라서 법원은 독립하여 부관만을 취소하는 판결을 내릴 수 있을 것이다.

(설문 3)의 해결

Ⅰ 쟁점의 정리

사후부관이란 행정행위를 한 후에 발하는 부관을 말한다. 부관은 주된 행위에 부가되어 발령되는 부종성의 성질을 갖는데, 이러한 부종성과 관련하여 사후부관이 가능한지가 문제된다.

Ⅱ 사후부관의 가능성(행정기본법 제17조 제3항)

1. 관련규정(행정기본법 제17조 제3항)

사후부관이라 함은 행정행위를 한 후에 발하는 부관을 말한다.
행정청은 부관을 붙일 수 있는 처분이 ① 법률에 근거가 있는 경우, ② 당사자의 동의가 있는 경우,

③ 사정이 변경되어 부관을 새로 붙이거나 종전의 부관을 변경하지 아니하면 해당 처분의 목적을 달성할 수 없다고 인정되는 경우에는 그 처분을 한 후에도 부관을 새로 붙이거나 종전의 부관을 변경할 수 있다.

2. 판례

대법원은 법령의 근거, 유보, 상대방의 동의 외에도 사정변경이 있는 경우까지 폭넓게 사후부관의 가능성을 인정하고 있다.

3. 검토

행정기본법에서는 법률에 근거가 있는 경우, 당사자의 동의가 있는 경우, 사정변경을 사후부관사유로 규정하고 있으므로 사후부관은 가능하다.

Ⅲ 사안의 해결

부관이 주된 행위의 효력을 제한하거나, 요건을 충족시키기 위한 목적을 갖고 있는 점을 고려할 때, 사정변경 등의 사유로 사후부관도 가능하다고 보아야 할 것이다. 만약 이러한 사후부관의 내용이 행정법의 일반원칙 등에 반하는 경우라면 당사자는 부관만의 독립적인 취소소송을 제기하여 취소판결을 받을 수 있을 것이다(본질적 내용이 아닌 경우).

> **행정기본법 제17조(부관)**
> ① 행정청은 처분에 재량이 있는 경우에는 부관(조건, 기한, 부담, 철회권의 유보 등을 말한다. 이하 이 조에서 같다)을 붙일 수 있다.
> ② 행정청은 처분에 재량이 없는 경우에는 법률에 근거가 있는 경우에 부관을 붙일 수 있다.
> ③ 행정청은 부관을 붙일 수 있는 처분이 다음 각 호의 어느 하나에 해당하는 경우에는 그 처분을 한 후에도 부관을 새로 붙이거나 종전의 부관을 변경할 수 있다.
>   1. 법률에 근거가 있는 경우
>   2. 당사자의 동의가 있는 경우
>   3. 사정이 변경되어 부관을 새로 붙이거나 종전의 부관을 변경하지 아니하면 해당 처분의 목적을 달성할 수 없다고 인정되는 경우
> ④ 부관은 다음 각 호의 요건에 적합하여야 한다.
>   1. 해당 처분의 목적에 위배되지 아니할 것
>   2. 해당 처분과 실질적인 관련이 있을 것
>   3. 해당 처분의 목적을 달성하기 위하여 필요한 최소한의 범위일 것

사례 49 취소

갑은 대학 1학년 때 아버지의 실직으로 인하여 가정의 경제사정이 심각하여지자 2018년 학교를 휴학하고 부정한 방법으로 2020년도 감정평가사 시험에 응시하여 우수한 성적으로 합격하였다. 이에 따라 갑은 실무수습을 마치고 사무소를 개설하고 2021년부터 감정평가사로서 업무를 수행하고 있다. 그러나 대학생으로서 많은 돈을 쓰고 다니는 사실을 이상하게 여긴 같은 과 친구 을이 갑의 부정합격사실을 2025년 12월 10일에 고발함에 따라 2026년 1월 1일자로 국토교통부장관에 의하여 감정평가사 자격이 취소되었다. 갑은 2026년 1월 15일 현재 이러한 자격취소처분을 다투고자 한다. 어떠한 사유에 의하여 다툴 수 있는가? 20점

Ⅰ 쟁점의 정리
Ⅱ 행정작용의 법적 성질
  1. 직권취소
  2. 재량행위 여부
Ⅲ 행정행위의 위법성 검토
  1. 수익적 행정행위의 직권취소의 제한
  2. 취소권 제한의 기준
    (1) 신뢰보호의 원칙
    (2) 실권의 법리가 적용되는 경우
    (3) 비례성의 원칙
  3. 사안의 경우
    (1) 취소권 행사의 하자
    (2) 청문절차의 하자
Ⅳ 사안의 해결

Ⅰ 쟁점의 정리

사안에서 갑은 부정한 방법으로 자격을 취득하고 약 5년간 업무활동을 하여 왔다. ① 따라서 5년 동안이나 형성하여 온 기존 법률관계에 비추어 이러한 사정이 행정청의 취소행사에 어떠한 영향을 미치는가 하는 점과 ② 수익적 행정행위를 대상으로 하는 취소권 행사의 한계에 관한 것 등을 그 주요논점으로 한다. 즉, 수익적 행정행위의 직권취소에 관한 문제이다.

Ⅱ 행정작용의 법적 성질

1. 직권취소(행정기본법 제18조)

직권취소란 일단 유효하게 성립한 행정행위의 효력을 권한 있는 행정청이 성립상의 하자를 이유로 원칙적으로 소급하여 소멸시키는 별개의 행정행위를 말한다.

〈사안에서〉 갑은 부정한 방법으로 합격하였기에 이에 기초한 합격결정은 당연히 취소사유에 해당한다. 따라서 국토교통부장관의 갑에 대한 감정평가사 자격취소결정은 이러한 취소사유에 기인한 것이고, 그 성질은 직권취소에 해당하며, 이는 감정평가사법 제13조 제1항에 근거한 행정행위이다.

2. 재량행위 여부

근거법령인 감정평가사법 제13조 제1항에서 "부정한 방법으로 감정평가사의 자격을 얻은 경우"에는 반드시 취소하도록 하고 있어 이러한 직권취소처분은 재량행위가 아니라 기속행위가 된다.

Ⅲ 행정행위의 위법성 검토

1. 수익적 행정행위의 직권취소의 제한

취소원인이 있는 하자 있는 수익적 행정행위는 취소되기 전까지는 일단 유효한 행위로 존속하고, 그를 기초로 하여 법률관계가 형성된다. 따라서 이 경우 행정청이 해당 행정행위를 그 성립상의 흠을 이유로 자유로이 취소할 수 있다고 한다면, 그에 따라 법률생활의 안정과 국민의 신뢰를 해치는 결과를 가져오는 경우가 적지 아니할 것이다. 따라서 행정행위의 직권취소는 법률 적합성의 원칙에 따른 요청과 신뢰보호의 원칙에 따른 요청을 구체적으로 이익형량하여 결정되어야 하는 것으로 보고 있다.

2. 취소권 제한의 기준

(1) 신뢰보호의 원칙(행정기본법 제12조)

이는 행정기관의 명시적 또는 묵시적 언동의 정당성 또는 존속성에 대한 개인의 보호가치 있는 신뢰를 보호해 주어야 한다는 원칙을 말한다. 신뢰보호원칙은 이를 일괄하는 경우에는 행정의 법률 적합성의 원칙과 충돌하게 되는데 양자를 이익형량하는 것이 타당하다. 따라서 법률 적합성의 원칙을 관철하여야 할 공익과 당사자의 신뢰보호라는 사익을 개별적으로 비교형량하는 과정을 통하여 신뢰보호원칙의 우월적 적용이 인정되는 경우에는 이에 반하는 행정작용은 위법한 행위로 되어 행정쟁송 제기가 가능하게 된다.

(2) 실권의 법리가 적용되는 경우(행정기본법 제12조)

실권의 법리란 신의성실의 원칙으로부터 파생된 원칙으로서, 권리자가 그의 권리를 장기간 행사하지 않았기 때문에 상대방이 이제는 그 권리를 행사하지 않을 것으로 믿을 만한 정당한 사유가 있게 된 경우에, 새삼스럽게 그 권리를 행사하는 것이 신의칙에 반한다고 인정되는 때에는 그 행사는 권리의 남용으로서 허용되지 않는다는 것을 말한다.

(3) 비례성의 원칙(행정기본법 제10조)

이 원칙은 행정목적의 실현을 위한 구체적 수단의 선택에 있어서, 달성하고자 하는 공익과 이로 인해 제한되는 개인의 권리 사이에 일정한 비례관계가 존재하도록 하여야 한다는 원칙을 말한다. 과잉금지의 원칙이라고도 하며, 그 개별적인 내용으로는 적합성의 원칙, 필요성의 원칙 및 협의의 비례의 원칙이 포함된다.

3. 사안의 경우

(1) 취소권 행사의 하자
이미 5년의 기간이 경과하여 국토교통부장관의 취소권 행사에 대해서는 실권의 법리가 적용될 가능성이 존재할 수 있으나, 국토교통부장관은 합격 당시에 부정 사실을 알고 있지 못하였고, 합격 이후에 부정 사실이 고발됨에 따라 자격취소를 하였으므로 그의 권리를 장기간 행사하지 않은 경우로 보기 어려울 것이다.

(2) 청문절차의 하자
국토교통부장관은 갑에 대한 자격취소처분 행사 시에 반드시 청문절차를 거쳐야 한다. 사안에서는 청문절차를 거친 사실이 나타나고 있지 않으므로 청문절차의 흠결로서 하자가 인정될 수도 있을 것이다.

Ⅳ 사안의 해결

사안에서는 자격취소처분이 발령된 지 15일밖에 경과하지 아니하였으므로 자격취소처분의 불가쟁력은 발생하고 있지 않다. 따라서 갑은 자격취소처분에 대해 취소심판 또는 취소소송을 제기하여 이를 다툴 수 있다.

사례 50   취소의 취소

사업시행자인 甲은 공공도서관을 건설하기 위하여 국토교통부장관으로부터 사업인정을 받았다. 그러나 甲의 사업시행지 주변에서 사설독서실을 운영하는 주민 乙이 공공도서관이 건립될 경우 사설독서실의 매출감소를 걱정하면서, 사업인정절차에는 심각한 하자가 있으므로 이를 취소해야 한다고 주장한다. 국토교통부장관은 절차상 하자를 이유로 사업인정을 취소하였는데 乙이 제시한 자료가 거짓자료이고 그에 기한 사업인정의 취소는 취소사유의 위법성이 존재함을 발견하였다. 이 경우 국토교통부장관이 사업인정의 취소를 재취소할 수 있는가? ⌈10점⌋

Ⅰ 쟁점의 정리(사업인정취소의 취소)
Ⅱ 취소의 취소 가능성
   1. 학설
   2. 판례의 태도
   3. 검토
Ⅲ 사안의 해결(국토교통부장관이 사업인정의 취소를 취소할 수 있는지 여부)
   1. 제3자의 관계이익 형성 여부
   2. 사업인정취소의 재취소 가능 여부

Ⅰ 쟁점의 정리(사업인정취소의 취소)

행정행위에 하자가 존재하는 경우, 그 하자의 정도가 무효인 경우는 처음부터 효력이 없으므로 원행위의 효력이 유지되지만, 설문과 같이 취소사유인 경우에는 취소만으로 원행위의 효력이 소생되는지가 문제된다.

Ⅱ 취소의 취소 가능성

1. 학설

① 적극설은 취소의 취소도 행정행위인바 원행위가 소생된다고 한다. ② 소극설은 명문규정이 없는 한, 동일처분을 해야 한다고 한다. ③ 제한적 긍정설은 수익적 행위인 경우는 제3자의 이해관계가 없는 경우는 소생하지만 침익적 행위의 경우는 부정된다고 한다.

2. 판례의 태도

수익적 행위인 옥외광고물설치허가사건에서 긍정한 바 있으며, 부담적 행위인 과세처분사건에서는 동일처분을 해야 한다고 판시한 바 있다. 또한 광업권과 관련하여서는 제3자의 관계까지 고려하여 제3자의 권리침해 시는 부정된다고 본다. 따라서 절충설의 입장에 있는 것으로 보인다.

3. 검토

〈생각건대〉 원행위의 소생 여부는 원행정행위의 취소 이후에 형성된 법률관계와 당사자의 이익 등을 구체적으로 형량하여 판단하여야 할 것이다. 따라서 판례의 태도가 합당하다.

Ⅲ 사안의 해결(국토교통부장관이 사업인정의 취소를 취소할 수 있는지 여부)

1. 제3자의 관계이익 형성 여부

설문상 사업인정 취소 후에 제3자의 이해관계가 발생되지 않은 것으로 보인다. 따라서 제3자의 관계는 고려사항이 아니다.

2. 사업인정취소의 재취소 가능 여부

사업인정의 취소는 잘못된 사실에 기초하여 발령되었다. 사업인정의 취소 이후에 별다른 제3자의 새로운 이해관계가 형성되지 않은 점 등을 고려할 때 국토교통부장관은 사업인정의 취소를 재취소할 수 있고, 재취소함으로써 원행위인 사업인정의 효력이 소생된다고 보아야 할 것이다.

사례 51   철회와 철회의 취소

사업시행자 甲은 서울시 강남구 일원에 화장장이 설치된 대규모 공원묘지(납골당)를 건설하고자 관련 자치단체장과 충분한 협의를 거쳐 국토교통부장관에게 사업인정을 신청하였다. 이에 국토교통부장관은 법적 요건을 심사하여 위반사항이 없자 적법한 절차를 거쳐서 곧 사업인정을 하였다. 그런데 사업시행구역 내에 살고 있는 주민 乙 등이 해당 공원묘지가 들어서는 경우에는 부동산 가격이 하락하고, 인근 교통도 혼잡해질 것이라고 주장하면서 강력히 이의를 제기하였다. 주민들의 반대가 워낙 완강해지자 국토교통부장관은 갑에게 인근 주민의 민원을 이유로 사업인정을 취소할 것을 사전에 통보한 후, 사업인정을 취소하였다. 30점

(1) 甲은 법적 위반이 아닌 주민들의 반대를 이유로 사업인정을 취소하는 것은 위법하다고 주장하면서 이에 대한 취소소송을 제기하였다. 甲주장은 정당한가? 20점

(2) 甲이 주민들의 반대로 취소하는 것은 위법한 처분이라고 주장하면서 청와대와 감사원 등에 민원을 제기하여 사회적으로 큰 파장이 일자 국토교통부장관이 이를 취소하려고 한다. 가능한가? 10점

(설문 1)의 해결
Ⅰ 쟁점의 정리
Ⅱ 관련행위의 검토
   1. 사업인정(의의 및 법적 성질)
   2. 사업인정 취소가 강학상 철회인지
Ⅲ 사업인정 취소(철회)가 제한되는지 여부(철회권 행사의 제한법리)
   1. 개설
   2. 철회권자
   3. 철회사유(행정기본법 제19조)
   4. 철회권 행사의 제한법리
Ⅳ 사안의 해결(철회의 절차와 손실보상)

(설문 2)의 해결
Ⅰ 쟁점의 정리
Ⅱ 철회의 취소
   1. 문제점
   2. 적용범위
   3. 견해대립
     (1) 학설
     (2) 판례
     (3) 검토
Ⅲ 사안의 해결

(설문 1)의 해결

Ⅰ 쟁점의 정리

설문은 국토교통부장관의 사업인정 취소(철회)에 대한 적법성을 묻고 있다. 국토교통부장관의 취소(철회)는 주민들의 반대를 이유로 이루어진바, 사업인정이 재량행위라면 법적 근거 없이 취소(철

회)할 수 있는지 및 취소(철회)할 수 있다고 보는 경우에도 취소(철회)권 행사의 제한은 없는지를 검토하여 설문을 해결한다.

Ⅱ 관련행위의 검토

1. 사업인정(의의 및 법적 성질)

사업인정이란(토지보상법 제20조), 국토교통부장관이 관련된 중앙행정기관과의 협의 및 이해관계인의 의견청취 등을 거쳐(관련된 제 이익을 종합·고려하고), 해당 사업의 공익성이 침해되는 사익보다 크다고 인정되는 경우에 한하여 타인의 토지 등을 수용할 수 있는 사업으로 결정하는 것으로서 특허이자 재량행위이다.

2. 사업인정 취소가 강학상 철회인지

철회란 적법하게 성립한 행정행위의 효력을 성립 후에 발생한 새로운 사정으로 인하여 공익상 그 효력을 더 이상 존속시킬 수 없는 경우에 장래를 향하여 그 효력을 상실시키는 독립한 행정행위를 말한다. 설문상 사업인정의 취소는 부동산 가격의 하락 및 인근 교통혼잡 등 주민의 민원 등을 이유로 이루어진 바, 강학상 철회라고 볼 것이다.

Ⅲ 사업인정 취소(철회)가 제한되는지 여부(철회권 행사의 제한법리)

1. 개설

철회는 적법하게 성립한 행정행위의 효력을 장래에 향하여 상실시키는 독립한 행정행위이므로 법치주의 원칙에 따라, ① 정당한 권한 있는 자인지, ② 행정법의 일반원칙 등은 준수하였는지, ③ 적법한 절차에 따라 이루어졌는지 등이 검토되어야 할 것이다.

2. 철회권자

철회는 그의 성질상 원래의 행정행위처럼 새로운 처분을 하는 것과 같기 때문에 처분청만이 이를 행할 수 있다고 보아야 한다.

3. 철회사유(행정기본법 제19조)

① 법률에서 정한 철회 사유에 해당하게 된 경우, ② 법령 등의 변경이나 사정변경으로 처분을 더 이상 존속시킬 필요가 없게 된 경우, ③ 중대한 공익을 위하여 필요한 경우에는 철회할 수 있다.

4. 철회권 행사의 제한법리

행정청은 처분을 철회하려는 경우에는 철회로 인하여 당사자가 입게 될 불이익을 철회로 달성되는 공익과 비교·형량하여야 한다(행정기본법 제19조 제2항).

Ⅳ 사안의 해결(철회의 절차와 손실보상)

국토교통부장관은 사업인정의 발령권자이므로 공익상의 사정이 발생된 경우라면 이에 대한 철회권도 갖는 것으로 보아야 할 것이며, 행정의 탄력적 운용을 위하여 명문의 법적 근거 없이도 철회권을 행사할 수 있다. 또한 철회로 인하여 침해당하는 갑의 사익보다 원활한 교통흐름을 확보할 공익이 크다고 판단되므로 비례원칙 위반도 없는 것으로 판단된다. 수익적 행정행위의 철회는 '권리를 제한하는 처분'이므로 사전통지절차, 의견제출절차 등 행정절차법상의 절차에 따라 행해져야 할 것이며, 철회로 인하여 관계인의 기득권이 침해되는 경우에는 관계인에게 손실보상이 주어져야 한다. 따라서 갑의 주장은 인정되기 어려울 것으로 보인다.

(설문 2)의 해결

Ⅰ 쟁점의 정리

설문은 국토교통부장관의 취소를 재취소할 수 있는지를 묻고 있다. 위법한 사업인정의 취소를 직권취소함으로 인해서 원행위인 사업인정의 효력이 소생되는지를 검토하여 설문을 해결한다.

Ⅱ 철회의 취소

1. 문제점

철회처분이 위법할 경우 해당 철회처분을 취소함으로써 장래에 한하여 효력이 정지된 행정행위의 효력을 원상회복시킬 수 있는가의 논의이다.

2. 적용범위

무효인 경우는 처음부터 효력이 없으므로 원행위의 효력이 유지되지만, 철회의 경우는 취소만으로 원행위의 효력이 원상회복되는지가 문제된다. 따라서 취소사유의 하자가 있는 경우에 적용된다.

3. 견해대립

(1) 학설

① 철회의 취소도 행정행위인바 철회의 취소로 인해 원행정행위가 소생된다는 긍정설, ② 철회로 인해 해당 행위의 효력이 확정적으로 소멸하므로 명문규정이 없는 한 동일한 처분을 해야 한다는 부정설, ③ 침익적 행정행위의 경우에는 부정하나 수익적 행정행위의 경우에는 위법한 철회처분을 취소하여 원상을 회복할 필요가 있으므로 철회의 취소를 인정하여야 한다는 견해이다.

(2) 판례

판례는 침익적 행정행위의 철회의 경우 해당 침익적 행정행위는 확정적으로 효력을 상실하므로 철회의 취소는 인정하지 않지만, 수익적 행정행위의 철회에 대하여는 취소가 가능한 것으로 본다.

(3) 검토

원행위의 소생 여부는 원행정행위인 철회와 철회의 취소 사이에 형성된 제3자의 관계를 고려하여 판단함이 타당하다고 사료된다.

Ⅲ 사안의 해결

철회는 행정행위의 효력을 확정적으로 상실시키는 것이 아니고 그것을 정지시키는 효력만을 갖는 것으로 봄이 합당하고, 설문상 사업인정의 철회와 그 직권취소 사이에 형성된 새로운 법률관계는 없는 것으로 보인다. 따라서 국토교통부장관은 사업인정 철회를 취소할 수 있을 것이며 이로 인해서 종전 사업인정의 효력은 회복될 것이다.

Chapter 05 행정계획

📝 사례 52 행정계획(대상적격 및 위법성 판단)

국토교통부장관은 국토의 계획 및 이용에 관한 법률 제38조에 의하여 갑소유의 토지가 속해 있는 서울시 노원구 상계동 00번지 일대의 지역을 개발제한구역으로 지정하였다. 갑의 토지는 "나대지"임에도 불구하고 해당 구역의 지정으로 인하여 건축물의 건축, 공작물의 설치 및 토지의 형질변경 등이 제한받게 되었고, 토지가격도 대폭 하락이 예상된다. 이에 갑은 자신의 토지를 제외하더라도 개발제한구역 지정 목적을 충분히 달성할 수 있고, 개발제한구역지정으로 달성되는 공익보다 침해되는 자신의 사익이 보다 크기 때문에 해당 구역지정은 재량권을 일탈, 남용한 위법한 처분에 해당한다고 주장한다. 30점

(1) 갑은 개발제한구역지정을 대상으로 취소소송을 제기할 수 있는가? 15점
(2) 갑의 주장은 타당한가? 15점

(설문 1)의 해결

Ⅰ 문제의 제기

Ⅱ 소송요건의 충족 여부
  1. 개발제한구역지정행위의 대상적격
    (1) 행정계획의 의의
    (2) 개발제한구역의 지정의 의의 및 효과
    (3) 행정계획수립 행위의 법적 성질
      1) 학설
      2) 판례
      3) 검토
      4) 사안의 경우
  2. 원고적격 및 협의의 소익
  3. 기타 소송요건의 검토

Ⅲ 사안의 해결

(설문 2)의 해결

Ⅰ 문제의 제기

Ⅱ 행정계획의 위법성 판단기준
  1. 계획재량과 재량행위
    (1) 계획재량의 의의
      1) 계획재량의 개념
      2) 계획재량과 재량행위가 동일한 것인지
    (2) 계획재량의 한계
  2. 형량명령
    (1) 형량명령의 의의
    (2) 형량의 하자로 인정되는 경우
    (3) 판례의 태도

Ⅲ 사안의 해결(갑주장의 타당성 여부)

(설문 1)의 해결

I 문제의 제기

개발제한구역지정행위를 대상으로 취소소송을 제기할 수 있는지, 대상적격을 중심으로 취소소송의 제기요건을 검토한다.

II 소송요건의 충족 여부

1. 개발제한구역지정행위의 대상적격

(1) 행정계획의 의의

(2) 개발제한구역의 지정의 의의 및 효과

개발제한구역은 도시의 무질서한 확산을 방지하고 도시주변의 자연환경을 보전하여 도시민의 건전한 생활환경을 확보하기 위하여 도시의 개발을 제한하는 구역으로 국토교통부장관이 도시관리계획으로 지정할 수 있다. 개발제한구역으로 지정된 구역 내에서는 구역지정의 목적에 위배되는 건축물의 건축, 공작물의 설치, 토지의 형질변경, 토지면적의 분할 또는 도시계획사업을 시행할 수 없게 된다.

(3) 행정계획수립 행위의 법적 성질

1) 학설

① 행정계획은 "일반적·추상적인 규율을 정립하는 행위"라는 입법행위설, ② 행정계획의 결정·고시로 인해서 법관계의 변동을 가져오는 경우는 행정행위성질을 갖는다는 행정행위설, ③ 계획마다 개별적으로 검토해야 한다는 복수성질설, ④ 행정계획은 규범도 아니고, 행정행위도 아닌 독자적 성질을 갖는다는 독자성설이 있다.

2) 판례

대법원은 도시계획결정에 대하여 처분성을 인정하였으며, 또한 개발제한구역지정행위를 계획재량처분으로 인정하였다(대판 1997.6.24, 96누1313).

3) 검토

행정계획은 그 종류와 내용이 매우 다양하고 상이하므로, 행정계획의 법적 성질은 각 계획이 갖는 목적과 내용을 기준하여 개별적으로 검토되어야 할 것이다.

4) 사안의 경우

개발제한구역의 지정으로 인하여 일정한 행위제한의 법적 효과가 발생하므로 행정소송법상 처분으로 봄이 타당하다. 따라서 사안에서 국토교통부장관의 개발제한구역지정행위는 취소소송의 대상적격이 인정된다.

2. 원고적격 및 협의의 소익

갑은 국토교통부장관의 개발제한구역의 지정으로 인하여 건축물의 건축 및 형질변경금지 등 일정한 행위제한을 받고 있으므로 원고적격이 인정된다. 또한 소송을 통해서 해당 구역지정의 효력이 소멸되면 권리구제가 가능하므로 협의의 소익도 인정된다.

3. 기타 소송요건의 검토

갑이 항고소송을 제기하기 위해서는 처분청인 국토교통부장관을 피고로, 행정심판은 반드시 거칠 필요 없이, 소제기 기간 이내에, 대법원 소재지를 관할하는 행정법원에 소장의 형식을 갖추어 제기하여야 한다.

III 사안의 해결

개발제한구역지정행위는 구체적인 행위제한을 가하는 처분으로서 갑은 재산권 행사에 대한 권익보호를 위한 취소소송을 제기할 수 있다.

(설문 2)의 해결

I 문제의 제기

갑의 주장이 타당한지와 관련하여 행정계획의 수립에 있어서 계획재량의 일탈, 남용이 있는지 검토한다.

II 행정계획의 위법성 판단기준

1. 계획재량과 재량행위

(1) 계획재량의 의의

1) 계획재량의 개념

계획법률은 보통 추상적인 목표만을 제시하기 때문에, 행정주체는 계획법률에 근거하여 구체적인 계획을 수립하는 과정에서 광범위한 형성의 자유를 갖게 되는바, 이러한 형성의 자유를 계획재량이라 한다.

2) 계획재량과 재량행위가 동일한 것인지

견해의 대립이 있으나 계획재량과 형량명령에 대해서 양자는 모두 행정청에게 선택의 자유를 인정하는 것이므로 질적인 면에서 차이가 있다고 보는 것은 타당하지 아니하며, 다만 재량의 양적 범위와 재량이 인정되는 영역에서 차이가 있다고 할 수 있다. 따라서 계획재량의 통제이론으로 형량명령이론을 적용하는 것도 필요하다고 본다.

(2) 계획재량의 한계

계획재량의 한계로는 ① 행정계획에서 설정되는 목표는 그 근거법에 합치될 것, ② 행정계획에서 채택되는 수단은 비례원칙에 의하여 목표실현에 적합할 것, ③ 관계법상 절차가 규정되어 있으면 그 절차를 준수할 것, ④ 관계 제 이익을 정당하게 고려하고 형량할 것 등이 있다.

2. 형량명령

(1) 형량명령의 의의(행정절차법 제40조의4)

형량명령이란 계획재량권을 행사함에 있어서 관련되는 공익 및 사익을 정당하게 형량하여야 한다는 원리로서 계획재량의 한계에서 네 번째로 언급한 것을 특별히 형량명령이라고 칭한다.

(2) 형량의 하자로 인정되는 경우

① 형량을 전혀 행하지 아니한 경우(형량의 해태), ② 형량을 함에 있어 반드시 고려해야 할 특정 이익을 전혀 고려하지 아니한 경우(형량의 흠결), ③ 형량에 있어 특정한 사실이나 이익 등에 대한 평가를 현저히 그르친 경우(불비례, 평가의 과오) 등이 있다.

(3) 판례의 태도

대법원은 행정주체가 계획을 입안하는 경우에 관련 이익을 정당하게 비교·교량하여야 하는 제한이 있는 것이고, 그러한 제한에 따르지 아니한 행정계획결정은 재량권을 일탈·남용한 것으로 위법한 것으로 보아야 한다고 판시하였다.

Ⅲ 사안의 해결(갑주장의 타당성 여부)

해당 구역의 지정목적은 근거법인 국토의 계획 및 이용에 관한 법률에 적합하고, 구역지정이라는 수단은 목표실현에 적합하다고 인정되며, 절차에 있어서는 설문에 별다른 하자의 제시가 없는 것으로 보아 적법한 것으로 판단된다. 또한 국토교통부장관이 해당 토지를 개발제한구역으로 지정하면서 형량을 해태하였거나 형량의 흠결, 오형량한 사정은 보이지 아니하는바, 형량의 하자는 인정할 수 없고 원고 갑의 주장은 이유 없다고 할 것이다.

사례 53 계획변경(보장)청구권

甲은 경기도 의정부시 장암동 부근에 수천 평의 나대지(주거지역 내 지목이 대지이나 건축이 되지 않은 토지)를 소유하고 있으면서 당장은 아니지만 조만간 여러 동의 전원주택을 지으려는 계획을 세워놓고 있었다. 그러던 중 2021.5.1. 해당 지역이 '개발제한구역의 지정 및 관리에 관한 특별조치법'(이하 '개발제한구역법'이라 한다)에 의하여 개발제한구역으로 새롭게 지정되는 바람에 소유하고 있던 대지에 건축도 못하는 등 재산권 행사에 큰 제약을 받게 되었다. 甲은 자신의 토지가 개발제한구역으로 지정된 것은 잘못된 것이라고 생각되어 2021.7.3. 개발제한구역지정해제를 요구하였으나 관련행정청은 이를 거부하였다. 이에 대한 권리구제는 가능한가? 20점

Ⅰ 쟁점의 정리
Ⅱ 개발제한구역지정행위의 법적 성질 등
  1. 개발제한구역의 지정의 의의 및 효과
  2. 개발제한구역지정행위(행정계획수립)의 법적 성질
Ⅲ 계획보장청구권의 인정논의
  1. 계획보장청구권의 의의 및 요건

2. 계획보장청구권 인정 여부에 대한 학설
  (1) 적극설
  (2) 소극설
  (3) 검토
3. 관련 판례의 입장
4. 사안의 경우
Ⅳ 사안의 해결(권리구제 가능성)

Ⅰ 쟁점의 정리

설문은 갑 토지에 대한 '개발제한구역지정해제 요구에 대한 거부'의 권리구제 가능 여부를 묻고 있다. 갑이 행정청에 대하여 어떤 구체적인 처분을 행할 것을 요구할 수 있는 권리가 없는 경우에는 그 요구사항과 관련된 신청에 대한 행정청의 행위는 신청자의 권리 내지 법적 이익에 아무런 영향을 미치지 않으므로 처분성이 인정되지 않을 것이다. 갑에게 개발제한구역지정해제를 요구할 권리가 인정되는지를 계획보장청구권과 관련하여 검토한다.

Ⅱ 개발제한구역지정행위의 법적 성질 등

1. 개발제한구역의 지정의 의의 및 효과

개발제한구역은 도시의 무질서한 확산을 방지하고 도시주변의 자연환경을 보전하여 도시민의 건전한 생활환경을 확보하기 위하여 도시의 개발을 제한하는 구역으로 국토교통부장관이 도시관리계획으로 지정하는 행정계획을 말한다. 개발제한구역으로 지정된 구역 내에서는 구역지정의 목적에 위배되는 건축물의 건축, 공작물의 설치, 토지의 형질변경, 토지면적의 분할 또는 도시계획사업을 시행할 수 없게 된다.

2. 개발제한구역지정행위(행정계획수립)의 법적 성질

개발제한구역의 지정으로 인하여 일정한 행위제한의 법적 효과가 발생하므로 행정소송법상 처분으로 봄이 타당하다. 따라서 국토교통부장관의 개발제한구역지정행위는 국민의 권리와 의무에 영향을 미치는 처분이라 할 것이다.

Ⅲ 계획보장청구권의 인정논의

1. 계획보장청구권의 의의 및 요건

행정계획에 대한 이해관계인의 신뢰보호를 위해 이해관계인에게 인정되는 행정주체에 대한 권리를 총칭하여 계획보장청구권이라고 한다. 계획보장청구권은 개인적 공권의 일종인 바, 그 성립요건으로는 ① 공법상 법규가 국가 또는 그 밖의 행정주체에 행정의무를 부과할 것, ② 관련법규가 오로지 공익실현을 목표로 하는 것이 아니라 적어도 개인의 이익의 만족도에도 기여하도록 정해질 것이 요구된다.

2. 계획보장청구권 인정 여부에 대한 학설

(1) 적극설

일설은 도시계획변경에 관한 신청권을 부인하게 되면 도시계획변경거부의 처분성을 인정할 수 없어 취소소송의 제기가 불가능하게 되므로, 도시계획변경거부결정의 위법성 여부에 대한 재판청구권을 보장할 필요가 있다고 보고 있다.

(2) 소극설

소극설은 도시계획수립 및 변경에 있어서 일반적으로 계획행정청에 광범위한 형성의 자유가 보장되어 있으므로, 계획수립청구권 및 계획변경신청권을 허용할 수 없다고 보고 있다. 소극설이 다수설이다.

(3) 검토

개별법령에서 특별규정을 두고 있거나, 특별한 사정이 없는 한, 변화하는 행정의 탄력적 운용 측면에서 이러한 권리들은 인정되기 어려울 것이다. 그러나 예외적으로 법규상 또는 조리상 계획변경신청권이 인정되는 경우에는 해당 계획의 변경을 청구할 수 있을 것이다.

3. 관련 판례의 입장

판례는 원칙적으로 행정계획의 변경을 신청할 권리를 인정할 수 없다고 보면서도, 장래 일정한 기간 내에 관계 법령이 정하는 시설 등을 갖추어 일정한 행정처분을 구하는 신청을 할 수 있는 법률상 지위에 있는 자가 한 국토이용계획변경신청이 거부되는 것은 실질적으로 해당 행정처분 자체를 거부하는 결과가 된다고 보고, 이러한 경우에는 예외적으로 그 신청인에게 국토이용계획변경신청권을 인정하고 있다. 한편, 대법원은 국가유산보호구역의 지정해제신청에 대한 거부회신에 대해 처분성을 인정한 바 있다.

4. 사안의 경우

설문상 도시관리계획(개발제한구역지정)을 입안·결정하는 것은 행정청의 의무로 판단되나, 도시관리계획이 사익을 위한 것이라는 취지의 규정을 찾아볼 수 없을 뿐만 아니라, 도시관리계획은 해석상 공익실현을 위한 것이지 사익을 위한 것으로 보기는 어렵다. 따라서 갑에게는 계획보장청구권(신청권)이 인정되지 않는다고 볼 것이다.

Ⅳ 사안의 해결(권리구제 가능성)

개발제한구역지정행위인 도시관리계획에는 광범위한 형성의 자유가 인정되므로 갑에게는 해당 개발제한구역지정을 변경 및 해제할 신청권은 허용되지 않는다고 볼 것이다. 따라서 개발제한구역지정해제에 대한 거부는 처분성이 인정되지 않아 각하될 것이므로 항고소송에 의한 권리구제는 어려울 것이다.

다만, 적법한 도시계획의 변경으로 인하여 특별한 희생이 발생하였다면 갑은 손실보상을 청구할 수 있을 것이다. 그런데, 통상 계획의 변경으로 인한 손실에 대하여 법률에 보상규정을 두고 있지 않은 경우가 많으므로 이 경우 보상규정이 결여된 손실보상의 문제가 되고, 이는 헌법 제23조 제3항에 대한 논의로 해결해야 할 것이다.

Chapter 06 판단여지

사례 54 판단여지

감정평가사 갑은 감정평가사법상 성실의무준수규정을 위반하였고, 국토교통부장관은 징계위원회에 감정평가사 갑에 대한 징계의결을 요구하였다. 징계위원회는 성실의무위반과 관계된 제 이익의 정당한 형량을 고려하지 못한 채로 업무정지 6개월을 결정하였고 국토교통부장관은 이에 기초하여 업무정지 6개월의 제재적 처분을 하였다. 갑은 징계위원회의 의결은 성실의무와 관련된 제 이익을 고려하지 못하였으므로 징계위원회의 의결은 위법하다고 주장한다. 갑의 주장은 타당한가? 15점

> 징계위원회는 감정평가사의 징계에 관한 사항을 의결하는 기관으로 감정평가사법 제40조를 근거로 한다. 징계내용에 관한 의결권을 가진 의결기관이다. 징계의결에 반하는 징계처분은 무효이다. 징계처분의 권한자는 국토교통부장관이지만 국토교통부장관은 징계위원회의 의결에 따라서만 징계내용을 결정할 수 있다.

Ⅰ 쟁점의 정리
Ⅱ 징계위원회의 의결이 판단여지 영역인지
  1. 판단여지의 의의
  2. 재량과의 구별
    (1) 학설
    (2) 판례
    (3) 검토
  3. 판단여지가 인정되는 영역
  4. 사안의 경우
Ⅲ 판단여지의 법적 효과와 한계준수 여부
  1. 판단여지의 법적 효과와 한계
  2. 사안의 경우
Ⅳ 사안의 해결

Ⅰ 쟁점의 정리

사안의 해결을 위하여 징계위원회의 의결이 판단여지에 해당하는지를 검토한다. 판단여지에 해당한다면, 징계위원회가 의결과정에서 성실의무위반과 관련된 제 이익을 고려하지 않은 것이 판단여지의 한계를 넘어선 것으로서 법원의 심사대상이 되는지를 살펴보고 갑 주장의 타당성을 검토한다.

Ⅱ 징계위원회의 의결이 판단여지의 영역인지

1. 판단여지의 의의

판단여지란 불확정개념의 해석에 있어서 어떠한 사실관계가 법률요건에 해당하는가 여부에 대한

'법인식'의 문제로서 이런 인식의 영역에서는 법률효과의 영역과는 달리 단지 하나의 올바른 결정만이 존재하므로 원칙적으로 사법심사의 대상이 된다. 다만 행정청의 평가 및 결정에 대하여 사법부가 그 정당성을 판단하는 것이 불가능하거나 합당하지 않아서 행정청의 판단을 존중해 줄 수밖에 없는 영역이 있는 바, 이런 영역을 판단여지라 한다.

2. 재량과의 구별

(1) 학설

① 긍정설은 판단여지는 법률 요건에 대한 인식의 문제이지만 재량은 법률 효과의 선택의 문제라는 점에서 양자를 구별하는 것이 타당하다고 한다. ② 부정설은 재량과 판단여지는 모두 법원에 의한 사법심사의 배제라는 측면에서 동일하고 판단여지는 요건부분에 예외적으로 적용되는 재량이므로 양자의 구별을 부정한다.

(2) 판례

판례는 판단여지로 볼 수 있는 사안인 교과서검정사건 및 감정평가사시험불합격결정취소사건 등을 재량의 문제로 보고 있다.

(3) 검토

행정청의 일정한 판단에 대한 법원의 심사권이 제약되는 점에 있어서는 재량과 판단여지는 유사한 점이 있다. 그러나 재량과 판단여지는 규범규율영역 및 법원의 심사방식 등에서 차이가 있으므로 양자를 구별하는 것이 타당하다고 판단된다.

3. 판단여지가 인정되는 영역

① 시험에 있어서 성적의 평가와 같은 타인이 대체할 수 없는 비대체적인 결정영역, ② 고도의 전문가로 구성된 직무상 독립성을 갖는 위원회의 결정인 구속적인 가치평가 영역 등이 판단여지가 인정되는 영역으로 논해지고 있다.

4. 사안의 경우

감정평가사법상 징계위원회의 구성은 4급 이상의 고위공무원, 변호사, 조교수 이상의 직에 있거나 있었던 자, 10년 이상의 경력을 갖춘 감정평가사 등 고도의 전문가로 구성된다. 또한 감정평가사법 제39조에서는 징계위원회의 의결에 따라 징계처분을 하도록 규정하고 있으므로 이는 구속적인 가치평가의 영역으로서 판단여지의 대상이 된다.

Ⅲ 판단여지의 법적 효과와 한계준수 여부

1. 판단여지의 법적 효과와 한계

판단여지가 인정되는 범위 내에서 내려진 행정청의 판단은 법원의 통제대상이 되지 않는다. 다만, ① 판단기준이 적법하게 구성되었는가, ② 절차규정이 준수되었는가, ③ 정당한 사실관계에서 출

발하였는가, ④ 일반적으로 승인된 평가의 척도가 침해되지 않았는가의 여부는 사법심사의 대상이 된다. 또한 판단에 있어서도 일반원칙을 준수하여야 한다.

2. 사안의 경우

사안에서는 징계위원회가 징계의결을 함에 있어서 성실의무위반과 관련된 제 이익을 정당하게 고려하여 결정해야 함에도 이러한 제 이익을 정당하게 고려하지 못한 사실관계가 인정된다. 관련 제 이익을 정당하게 고려한다면 업무정지 6개월보다 경한 징계결정이 나올 수도 있으므로 이는 비례의 원칙에 위반될 소지가 크다고 볼 수 있다.

Ⅳ 사안의 해결

징계위원회의 징계의결은 고도의 전문가로 구성된 직무상 독립성을 갖는 위원회의 결정인 구속적인 가치평가 영역이다. 다만, 업무정지 6개월의 징계의결을 함에 있어서 관련된 제 이익을 정당하게 고려하지 못한 것은 판단여지의 한계를 넘어서는 것으로 볼 수 있으므로 이러한 징계의결이 위법하다는 갑의 주장은 타당한 것으로 보인다.

감정평가 및 보상법규 기본사례노트 182선 - 1권 행정법 -

Chapter 07 하자승계

 사례 55 하자승계(사업인정과 재결)

국토교통부장관은 2014.7.3. 육군참모총장이 시행하는 군사용시설부지매입사업(신청이유 : 군사력증강을 위한 국방연구소의 설치 및 전략전술상 최적의 요충지역)에 관하여 사업인정을 하고, 국토교통부고시 제1996-69호로 고시하였다. 해당 사업부지에는 강원도 고성군 현내면 206번지 임야 10,000제곱미터(갑 소유)가 포함되어 있었는데, 갑 소유의 토지는 향후 아파트 건립을 통한 생활주거지로 사용할 계획을 갖고 있었다.

갑은 자신의 토지는 향후 생활주거지로 사용할 계획이므로 이를 매도할 수 없고 다만 무상사용은 허용하겠다고 주장하였으나 육군참모총장은 해당 토지는 군사시설부지로 영구적으로 사용할 재산이므로 향후반환이 불가능하다고 주장하여 협의가 성립되지 아니하였다. 육군참모총장은 갑과의 협의가 결렬되자 토지수용위원회에 재결신청을 하여 "수용의 개시일 2015.9.6. 및 보상금 5억원"의 재결을 받았다(재결 자체에는 아무런 하자가 존재하지 않는다). 30점

(1) 이에 갑은 자신의 토지는 사용대차계약 또는 환매특약부매매계약에 의하더라도 사업목적을 충분히 달성할 수 있어 꼭 수용해야 할 필요성이 없고, 또한 사업인정 당시 국토교통부장관은 자신의 의견청취를 거치지 않았으므로 해당 재결은 위법하다고 주장한다. 사업인정의 위법성을 판단하시오. 15점

(2) 갑은 사업인정의 하자를 재결처분의 위법사유로 주장할 수 있는가? 15점

(설문 1)의 해결

Ⅰ 쟁점의 정리

Ⅱ 사업인정의 위법성 판단
1. 사업인정의 의의 및 법적 성질
2. 사업인정의 요건
    (1) 주체
    (2) 내용
        1) 공익사업에 해당할 것
        2) 사업을 시행할 공익성이 있을 것
        3) 사업시행 의사와 능력을 갖출 것
    (3) 절차 및 형식
3. 내용상 하자유무(비례원칙 위반 여부)
4. 절차상 하자유무
5. 사안의 경우(하자의 정도)

Ⅲ 사안의 해결

(설문 2)의 해결

Ⅰ 쟁점의 정리

Ⅱ 하자승계의 인정 여부
1. 의의 및 논의 배경
2. 전제요건
3. 하자승계 해결논의
    (1) 학설
        1) 전통적 견해(하자승계론)
        2) 새로운 견해(구속력론)
        3) 중첩적용론
    (2) 판례
    (3) 검토
4. 사안의 경우
    (1) 하자승계 요건충족 여부
    (2) 하자승계 인정 여부

Ⅲ 사안의 해결

(설문 1)의 해결

I 쟁점의 정리

갑 토지의 수용을 위한 재결이 있는 경우, 해당 재결의 위법성 사유로 사업인정이 위법함을 주장할 수 있는지가 문제된다.

II 사업인정의 위법성 판단

1. 사업인정의 의의 및 법적 성질

사업인정이란 공익사업을 토지 등을 수용 또는 사용할 사업으로 결정하는 것을 말하며(토지보상법 제2조 제7호), 국토교통부장관이 토지보상법 제20조에 따라서 사업인정을 함으로써 수용권이 설정되므로 이는 국민의 권리에 영향을 미치는 처분이다. 판례는 일정한 절차를 거칠 것을 조건으로 수용권을 설정하는 형성행위라고 판시한 바 있다(대판 1994.11.11, 93누19375).

2. 사업인정의 요건

(1) 주체

토지보상법상 사업인정의 권한은 국토교통부장관이 갖는다. 이와 별도로 개별법에서 주된 인허가를 받으면 사업인정이 의제되는 규정을 둔 경우에는 주된 행위의 인허가권자에게 권한이 있다고 볼 수 있다.

(2) 내용

1) 공익사업에 해당할 것

사업인정의 목적이 구체적인 사업실행을 통한 공익실현에 있으므로 토지보상법 제4조 제1호 내지 제5호의 사업에 해당하여야 한다. 이에 각 개별법에서 사업인정을 의제하는 경우를 포함한다.

2) 사업을 시행할 공익성이 있을 것

사업인정기관으로서는 그 사업이 공용수용을 할 만한 공익성이 있는지의 여부를 그 사업의 내용과 방법에 관하여 사업인정에 관련된 자들의 이익을 공익과 사익 사이에서는 물론, 공익 상호 간 및 사익 상호 간에도 정당하게 비교·교량하여야 하고 그 비교·교량은 비례의 원칙에 적합하도록 하여야 한다(대판 2005.4.29, 2004두14670).

3) 사업시행 의사와 능력을 갖출 것

또한 해당 공익사업을 수행하여 공익을 실현할 의사나 능력이 없는 자에게 타인의 재산권을 공권력적·강제적으로 박탈할 수 있는 수용권을 설정하여 줄 수는 없으므로, 사업시행자에게 해당 공익사업을 수행할 의사와 능력이 있어야 한다는 것도 사업인정의 한 요건이라고 보아야 한다(대판 2011.1.27, 2009두1051).

(3) 절차 및 형식

① 사업시행자가 국토교통부장관에게 사업인정을 신청하면, ② 국토교통부장관은 관계기관 및 시·도지사와 협의를 하고, ③ 이해관계인의 의견을 청취해야 한다. ④ 사업인정을 하는 경우에는 지체 없이 그 뜻을 사업시행자, 토지소유자 및 관계인, 관계 시·도지사에게 통지하고 관보에 고시하여야 한다.

3. 내용상 하자유무(비례원칙 위반 여부)

갑은 해당 토지의 사용대차계약 또는 환매특약부매매계약에 의하여도 사업목적을 달성할 수 있으므로 반드시 수용할 필요성은 없다고 주장한다. 따라서 해당 토지를 수용하는 것이 최소침해원칙에 반할 소지는 있으나, 국방·군사시설은 영구적으로 안정적인 사용이 확보되어야 할 것이므로 갑에게 반환을 전제로 소유권을 유보하고 사용권만을 취득하는 방법으로는 사업목적을 달성하는 데 충분하지 못하다고 할 것이므로 수용할 필요성이 인정된다고 본다.

또한 국방목적의 공익이 아직 구체적인 주택사업이 진행되지 않은 상태에서의 침해되는 갑의 사익보다 크다고 판단되므로 내용상 하자는 없는 것으로 판단된다.

4. 절차상 하자유무

해당 사업인정이 적법하기 위해서는 토지소유자 갑의 의견청취를 거치도록 토지보상법 제21조에서 규정하고 있으며, 동 규정은 갑의 사익을 사전에 보호하기 위한 사전적 구제수단으로서의 의미도 갖는다. 통설 및 판례는 절차상 하자의 독자성을 인정하므로 이를 준수하지 않은 사업인정은 절차상 하자가 존재한다고 볼 것이다.

5. 사안의 경우(하자의 정도)

해당 사업인정의 과정상, 갑의 의견을 청취하지 않은 것은 사업인정의 절차상 하자를 구성하여 외관상 명백하지만, 국방시설의 설치를 위한 결정과정상 중대한 내용상 하자는 아니라고 사료되어 취소사유의 하자를 구성하는 것으로 볼 수 있을 것이다.

Ⅲ 사안의 해결

해당 사업인정은 갑의 의견청취를 결여한 취소사유의 절차상 하자가 존재한다.

(설문 2)의 해결

Ⅰ 쟁점의 정리

사업인정의 하자를 재결처분의 위법사유로 주장할 수 있는지 하자승계 가능여부를 검토한다.

Ⅱ 하자승계의 인정 여부

1. 의의 및 논의 배경

하자승계란 둘 이상의 행정행위가 일련하여 동일한 법률효과를 목적으로 하는 경우에 선행행위의 하자를 이유로 후행행위를 다툴 수 있는지의 문제를 말한다. 이는 법적 안정성의 요청과(불가쟁력) 국민의 권리구제의 조화문제이다.

2. 전제요건

① 선, 후행행위는 처분일 것, ② 선행행위에의 취소사유의 위법성(무효사유인 경우에는 당연승계된다), ③ 후행행위의 적법성, ④ 선행행위에 불가쟁력이 발생할 것(제소기간 경과, 항소 포기, 판결에 의한 확정 등)을 요건으로 한다.

3. 하자승계 해결논의

(1) 학설

1) 전통적 견해(하자승계론)

선, 후행행위가 일련의 절차를 구성하면서 동일한 법률효과, 즉 하나의 효과를 목적으로 하는 경우에는 하자승계를 인정한다.

2) 새로운 견해(구속력론)

선행행위의 불가쟁력이 대물적(목적), 대인적(수범자), 시간적(사실, 법률관계의 동일성) 한계와 예측, 수인가능성 한도 내에서는 후행행위를 구속하므로 하자승계가 부정된다.

3) 중첩적용론

하자의 승계론과 구속력론은 별개의 이론이므로 중첩적으로 적용될 수 있는 것으로 보는 것이 타당하다.

(2) 판례

판례는 형식적 기준을 적용하여 판단하는 듯하나 별개의 법률효과를 목적으로 하는 경우에도 예측, 수인가능성이 없는 경우에 한하여 하자승계를 긍정하여 개별사안의 구체적 타당성을 고려하고 있다.

(3) 검토

전통적 견해는 형식을 강조하여 구체적 타당성을 확보하지 못하는 경우가 있을 수 있고, 새로운 견해는 ① 구속력을 판결의 기판력에서 차용하고 ② 추가적 한계는 특유의 논리가 아니라는 비판이 제기된다. 따라서 전통적 견해의 형식적 기준을 원칙으로 하되 개별사안에서 예측, 수인가능성을 판단하여 구체적 타당성을 기함이 타당하다.

4. 사안의 경우

(1) 하자승계 요건충족 여부

사업인정과 재결은 행정소송법상 처분이며, 사업인정에는 취소사유의 절차상 하자가 존재하며 설문상 제소기간이 경과하여 불가쟁력이 발생하였다. 또한 재결 자체의 고유한 하자는 없는 것으로 보이므로 하자승계의 전제요건을 모두 충족하고 있다.

(2) 하자승계 인정 여부

① 사업인정은 목적물의 공익성 판단이고, ② 재결은 수용범위의 확인인바, 양자는 별개의 독립된 법률효과를 향유하는 것으로 보는 판례의 태도에 따를 때 하자승계는 부정될 것이다. 이에 사업인정과 재결은 결합하여 수용이라는 하나의 공통된 목적을 향유하는 것으로 본다면 하자승계를 인정할 수 있을 것이다.

Ⅲ 사안의 해결

사업인정과 재결을 하나의 법률효과를 목적으로 하는 것으로 판단할 경우 갑은 사업인정의 절차하자를 이유로 재결의 위법을 주장할 수 있을 것이다. 다만, 판례는 토지수용법은 수용·사용의 일차 단계인 사업인정에 속하는 부분은 사업의 공익성 판단이고, 그 이후의 구체적인 수용·사용의 결정은 토지수용위원회에 맡기고 있는 바, 토지수용위원회는 행정쟁송에 의하여 사업인정이 취소되지 않는 한 그 기능상 사업인정 자체를 무의미하게 하는 행위, 즉 사업의 시행이 불가능하게 되는 것과 같은 재결을 행할 수는 없다고 판시한 바 있다.

사례 56 하자승계(표준지공시지가와 재결)

「공익사업을 위한 토지 등의 취득 및 보상에 관한 법률」상 보상금증액청구소송을 하면서 해당 재결에 대한 선행처분으로서 수용대상 토지가격 산정의 기초가 된 표준지공시가격결정이 위법함을 독립한 사유로 다툴 수 있는가에 관하여 논하시오. 20점

Ⅰ 쟁점의 정리
Ⅱ 하자승계의 인정논의
  1. 하자승계의 의의 및 취지
  2. 하자승계의 전제요건
  3. 하자승계의 판단기준
    (1) 학설
      1) 전통적 하자승계론
      2) 선행행위의 구속력이론
      3) 중첩적용론

(2) 판례
(3) 검토
Ⅲ 사안의 해결
  1. 동일한 법효과를 목적으로 하는지 여부
  2. 예측 및 수인가능성 인정 여부
  3. 하자승계 인정 여부

Ⅰ 쟁점의 정리

설문은 보상금증액청구소송을 하면서 해당 재결에 대한 선행처분으로서 수용대상 토지가격 산정의 기초가 된 표준지공시가격 결정이 위법함을 독립한 사유로 다툴 수 있는지를 묻고 있다. 이의 해결을 위하여 하자승계를 검토한다.

Ⅱ 하자승계의 인정논의

1. 하자승계의 의의 및 취지

하자승계문제란 행정행위가 일련의 단계적 절차를 거치는 경우에 선행행위의 위법을 후행행위의 단계에서 주장할 수 있는가의 문제이다. 이와 같은 하자승계의 문제는 법적 안정성의(불가쟁력) 요청과 행정의 법률 적합성의 요청과(재판받을 권리)의 조화의 문제이다.

2. 하자승계의 전제요건

① 두 행정작용이 모두 처분에 해당하여야 하고, ② 선행행위에 취소사유의 하자가 있고, 후행행위는 적법하여야 하며, ③ 선행행위에 불가쟁력이 발생하여야 한다. 사안에서 표준지공시지가결정과 재결은 모두 처분이며, 그 밖의 제 요건은 문제되지 않는 것으로 보인다.

3. 하자승계의 판단기준

(1) 학설

1) 전통적 하자승계론
선행처분과 후행처분이 결합하여 하나의 법효과를 완성하는 경우에 하자가 승계된다고 본다.

2) 선행행위의 구속력이론
2 이상의 행정행위가 동일한 법적 효과를 추구하고 있는 경우에는 선행행위는 일정한 조건하에서 판결의 기판력에 준하는 효력을 가지므로 후행행위에 대하여 구속력을 가지게 된다고 한다. 그리고 이러한 구속력이 미치는 한도 내에서는 후행행위에 대하여 선행행위의 효과(내용상 구속력)와 다른 주장을 할 수 없다고 한다.

3) 중첩적용론
하자의 승계론과 구속력론은 별개의 이론이므로 중첩적으로 적용될 수 있는 것으로 보는 것이 타당하다.

(2) 판례
판례는 기본적으로 전통적 하자승계론에 입각하여 하자승계여부를 검토하되, 개별·구체적으로 타당성 없는 결과를 방지하기 위하여 일반적 법원리(예측가능성, 수인한도성)를 도입하여 조화로운 판단을 하고 있다. 또한 판례는 표준지공시지가와 수용재결 사이에서의 하자승계를 인정한 바 있다(대판 2008.8.21, 2007두13845).

(3) 검토
전통적 하자승계론에 입각하여 하자승계 여부를 판단하되 그에 따른 결론이 개별·구체적으로 보아 타당하지 못한 경우에는 다수의 신뢰이익과 처분상대방의 재판받을 권리 및 재산권에 대한 권익을 비교·형량하여 결정하는 것이 타당할 것이다.

Ⅲ 사안의 해결

1. 동일한 법효과를 목적으로 하는지 여부
사안에서 표준지공시지가와 재결은 서로 다른 법효과를 목적으로 하는 행정처분이다. 따라서 전통적 하자승계론에 입각하여 볼 때 하자승계는 인정되지 아니한다.

2. 예측 및 수인가능성 인정 여부
표준지공시지가는 이를 인근 토지의 소유자나 기타 이해관계인에게 개별적으로 고지하도록 되어 있는 것이 아니어서 인근 토지의 소유자 등이 표준지공시지가결정 내용을 알고 있었다고 전제하기가 곤란할 뿐만 아니라, 결정된 표준지공시지가가 공시될 당시 보상금 산정의 기준이 되는 표준지의 인근 토지를 함께 공시하는 것이 아니어서 인근 토지소유자는 보상금 산정의 기준이 되는 표준지가 어느 토지인지를 알 수 없으므로, 인근 토지소유자가 표준지의 공시지가가 확정되기 전에 이를 다투는 것은 불가능하다. 또한 인근 토지소유자 등으로 하여금 결정된 표준지공시지가를 기초로 하여 장차 토지보상 등이 이루어질 것에 대비하여 항상 토지의 가격을 주시하고 표준지공시지가결정이 잘못된 경우 정해진 시정절차를 통하여 이를 시정하도록 요구하는 것은 부당하게 높은 주의의무를 지우는 것으로 볼 수 있다.

3. 하자승계 인정 여부

위법한 표준지공시지가결정에 대하여 그 정해진 시정절차를 통하여 시정하도록 요구하지 않았다는 이유로 위법한 표준지공시지가를 기초로 한 수용재결 등 후행 행정처분에서 표준지공시지가결정의 위법을 주장할 수 없도록 하는 것은 수인한도를 넘는 불이익을 강요하는 것으로서 국민의 재산권과 재판받을 권리를 보장한 헌법의 이념에도 부합하는 것이 아니다. 따라서 표준지공시지가결정이 위법한 경우에는 그 자체를 행정소송의 대상이 되는 행정처분으로 보아 그 위법 여부를 다툴 수 있음은 물론, 수용보상금의 증액을 구하는 소송에서도 선행처분으로서 그 수용대상 토지 가격 산정의 기초가 된 비교표준지공시지가결정의 위법을 독립한 사유로 주장할 수 있다고 사료된다.

감정평가 및 보상법규 기본사례노트 182선

- 1권 행정법 -

본안심사

Chapter 01 직권심리주의와 소의 병합 및 변경
Chapter 02 처분사유의 추가·변경

Chapter 01 직권심리주의와 소의 병합 및 변경

> **사례 57** 직권심리주의
>
> 감정평가사 갑은 성실의무 위반으로 업무정지처분을 받았으며 이에 대해 취소소송을 제기하였다. 갑은 해당 업무정지처분은 부당징계에 해당하므로 취소되어야 한다고만 주장할 뿐 부당징계임을 밝히는 구체적인 증거자료는 제시하지 못하였다. 이에 법원은 부당징계임에 대한 정당성을 배척하면서 기각판결을 하였다. 이를 직권심리주의와 관련하여 논하시오. **20점**

```
Ⅰ  쟁점의 정리                              2. 주장책임과 입증책임
Ⅱ  직권심리주의와 입증책임                      (1) 직권탐지주의와 주장책임
    1. 직권심리주의                                1) 주장책임
       (1) 의의                                   2) 직권탐지주의와 주장책임
       (2) 직권탐지범위                        (2) 입증책임
           1) 직권탐지주의원칙설                    1) 의의
           2) 변론주의원칙설                      2) 취소소송에 있어서의 입증책임
       (3) 판례의 태도                       Ⅲ  사안의 해결
       (4) 검토
       (5) 직권탐지의 의무
```

Ⅰ 쟁점의 정리

갑은 부당한 업무정지처분을 대상으로 취소소송을 제기하였으나, 구체적인 증거자료는 제출하지 못하였다. 법원은 부당징계임에 대한 정당성을 배척하면서 기각판결을 하였는데, 부당징계행위의 직권심리책임이 법원에게 인정된다면 법원은 부당징계행위에 대한 정당성을 직권으로 심리하여 판단하여야 할 것이다. 따라서 직권심리주의를 검토하여 설문을 해결한다.

Ⅱ 직권심리주의와 입증책임

1. 직권심리주의

(1) 의의

직권심리주의라 함은 소송자료의 수집을 법원이 직권으로 할 수 있는 소송심리원칙을 말한다. 행정소송은 공익과 관련이 있으므로 행정소송에 있어서는 당사자의 노력에 의해 실체적 진실이 밝혀지지 않는 경우에는 법원이 적극적으로 개입하여 실체적 진실을 밝혀내어 적정한 재판이 되도록 하여야 한다. 이를 위하여 행정소송법 제26조는 직권심리주의를 인정하고 있다.

(2) 직권탐지범위

1) 직권탐지주의원칙설

행정소송법 제26조에서는 "당사자가 주장하지 아니한 사실에 대하여도 판단할 수 있다"고 규정하고 있으므로 직권탐지주의가 원칙이라고 본다. 따라서 당사자의 주장이 없어도 직권으로 증거를 조사하여 심리판단할 수 있다.

2) 변론주의원칙설(직권탐지주의보충설)

원칙적으로 당사자가 주장한 사실만 증거조사하고 판단할 수 있다고 본다. 하지만 일건 기록상 현출된 사항에 대해서 보충적으로 당사자가 주장하지 아니한 사실에 대해서도 법원이 이를 직권으로 탐지하여 이를 판단의 자료로 삼을 수 있다고 본다.

(3) 판례의 태도

판례는 '행정소송법 제26조는 당사자주의, 변론주의에 대한 일부 예외규정일 뿐 법원이 아무런 제한 없이 당사자가 주장하지 아니한 사실을 판단할 수 있는 것은 아니고, 일건 기록에 현출되어 있는 사항에 관하여서만 직권으로 증거조사를 하고 이를 기초로 하여 판단할 수 있을 따름이다.'라고 하여 소송기록에 나타난 사실에 한하여 직권탐지를 인정하고 있다(대판 1994.10.11, 94누4820).

(4) 검토

실체적 진실발견과 재판부담의 조화를 위해서 변론주의를 원칙으로 하고 직권탐지주의를 보충적인 것으로 하는 것이 타당하며, 행정소송법 제26조의 규정도 이렇게 해석하는 것이 타당할 것이다.

(5) 직권탐지의 의무

현행 행정소송법 제26조는 "…할 수 있고, …할 수 있다."라고 규정하고 있으므로, 이 규정의 해석에 있어 직권탐지가 법원의 재량에 속한다고 보는 견해도 있으나, 이 규정은 법원의 직권탐지권한을 규정한 것으로 보는 것이 타당하며 직권탐지는 원칙상 법원의 재량에 속하지만 적정한 재판을 위하여 직권탐지가 크게 요청되는 경우에는 직권탐지의무가 있다고 보아야 할 것이다.

2. 주장책임과 입증책임

(1) 직권탐지주의와 주장책임

1) 주장책임

주장책임이라 함은 당사자가 유리한 사실을 주장하지 않으면 그 사실은 없는 것으로 취급되어 불이익한 판단을 받게 되는데, 이 경우에 있어서의 해당 당사자의 불이익을 받는 지위를 말한다.

2) 직권탐지주의와 주장책임

행정소송에서는 법원이 필요하다고 인정할 때에는 당사자가 명백하게 주장하지 않는 사실이라 할지라도 기록에 나타난 자료를 기초로 하여 직권으로 심리조사하고 이를 토대로 판단할 수 있다(대판 1995.2.14, 94누5069). 또한 기록상 자료가 나타나 있음에도 당사자가 주장하지 아니하였다는 이유로 판단하지 아니한 것은 위법하다(대판 1992.2.28, 91누6597). 그러나 직권탐지의 대상이 되는 사실에 대하여도 직권탐지가 의무가 아닌 한 주장책임의 문제가 될 수 있다.

(2) 입증책임

1) 의의

입증책임이란 소송상 증명을 요하는 어느 사실의 존부가 확정되지 않은 경우 해당 사실이 존재하지 않는 것으로 취급되어 불리한 법률판단을 받게 되는 당사자 일방의 위험 또는 불이익을 말한다.

2) 취소소송에 있어서의 입증책임

판례는 항고소송의 경우에는 그 특성에 따라 해당 처분의 적법을 주장하는 피고에게 그 적법사유에 대한 입증책임이 있으며 이와 상반되는 주장과 입증은 그 상대방인 원고에게 그 책임이 돌아간다고 판시한 바 있다(대판 1983.9.13, 83누288).

Ⅲ 사안의 해결

법원은 일건 기록상 현출된 사항에 관하여만 직권탐지가 가능하며, 행정청의 업무정지처분이 부당징계에 해당한다는 점은 이를 주장하는 감정평가사 갑이 증명하여야 할 것이다. 따라서 이에 대한 증거자료를 제출하지 못한 경우에는 그러한 사실은 없는 것으로 간주하여 판단될 것인바, 법원의 기각판결은 정당하다고 판단된다.

> **사례 58** 소의 병합
>
> 토지소유자 갑은 토지수용위원회를 상대로 잔여지 수용청구를 하였으나 토지수용위원회는 이를 받아들이지 않았다. 이에 갑은 잔여지 수용청구에 대한 거부재결에 대해서 항고소송을 제기하려고 한다. 갑은 잔여지 감가보상을 선택적 병합으로 제기할 수 있는가? 10점

Ⅰ 쟁점의 정리	2. 선택적 병합과 예비적 병합
Ⅱ 선택적 병합이 가능한지 여부	(1) 선택적 병합
1. 관련청구소송의 병합	(2) 예비적 병합
	3. 사안의 경우
	Ⅲ 사안의 해결

Ⅰ 쟁점의 정리

잔여지 수용청구와 감가보상청구가 양립될 수 없는 청구권인지를 검토하여 선택적 병합이 가능한지를 해결한다.

Ⅱ 선택적 병합이 가능한지 여부

1. 관련청구소송의 병합

행정소송법상 관련청구소송의 병합이라 함은 취소소송 또는 무효등확인소송에 해당 취소소송 등과 관련이 있는 청구소송(관련청구소송)을 병합하여 제기하는 것을 말한다. 이는 소송경제를 도모하고, 서로 관련 있는 사건 사이에 판결의 모순·저촉을 피하기 위한 것이다.

2. 선택적 병합과 예비적 병합

(1) 선택적 병합

양립할 수 있는 여러 개의 청구를 하면서 그중에 어느 하나가 인용되면 원고의 소의 목적을 달할 수 있기 때문에 다른 청구에 대해서는 심판을 바라지 않는 형태의 병합이다. 법원은 이유 있는 청구 어느 하나를 선택하여 원고청구를 인용하면 된다. 논리적으로 양립할 수 없는 여러 개의 청구는 예비적 병합청구는 할 수 있지만 선택적 병합청구를 할 수 없다.

(2) 예비적 병합

양립될 수 없는 여러 개의 청구를 하면서 제1차적(주위적) 청구가 기각·각하될 때를 대비하여 제2차적(예비적) 청구에 대하여 심판을 구하는 것을 말한다. 제1차적 청구를 먼저 심리하여 보고 인용되면 제2차적 청구에 대해서는 더 나아가 심판할 필요가 없게 된다.

3. 사안의 경우

갑에 대한 재결취소소송 및 잔여지 감가보상청구는 내용적으로 양립될 수 없는 청구인 바, 이에 대한 선택적 병합청구는 인용되기 어려울 것이다.

Ⅲ 사안의 해결

갑은 잔여지 감가보상을 선택적 청구로 병합할 수는 없을 것이다. 이 경우 재결취소소송을 주된 소송으로 제기하면서 잔여지 감가보상을 예비적 청구로 제기해야 할 것이다.

> 📎 **대판 2014.4.24, 2012두6773**
> [1] 토지소유자가 공익사업을 위한 토지 등의 취득 및 보상에 관한 법률 제34조, 제50조 등에 규정된 재결절차를 거치지 않고 곧바로 사업시행자를 상대로 같은 법 제73조에 따른 잔여지 가격감소 등으로 인한 손실보상을 청구할 수 있는지 여부(소극) 및 이는 수용대상 토지에 대하여 재결절차를 거친 경우에도 마찬가지인지 여부(적극)
> [2] 논리적으로 양립할 수 없는 수 개 청구의 선택적 병합이 허용되는지 여부(소극) / 공익사업을 위한 토지 등의 취득 및 보상에 관한 법률 제74조에 따른 잔여지 수용청구와 제73조에 따른 잔여지의 가격감소로 인한 손실보상청구의 선택적 병합이 허용되는지 여부(소극)

사례 59 소의 변경(부작위-거부) 및 소의 병합

각 물음에 답하시오. [20점]

(1) 중앙토지수용위원회는 상당기간이 지나도록 사업시행자의 재결신청에 대하여 아무런 처분을 하고 있지 않다. 이에 따라 사업시행자가 부작위위법확인소송을 제기하였는데, 소송 중에 재결 신청에 대한 거부처분을 하였다. 사업시행자는 부작위위법확인소송을 거부처분취소소송으로 변경할 수 있는가? [10점]

(2) 갑은 재결신청에 대한 거부로 인한 손해를 보전하기 위해 거부처분취소소송에 국가배상청구소송을 병합할 수 있는가? 만약 이 경우 거부처분취소소송이 소송요건을 갖추지 못한 경우에는 국가배상청구소송만의 독자적 판결을 받을 수 있는가? (국가배상청구요건은 충족된 것으로 봄) [10점]

(설문 1)의 해결
Ⅰ 쟁점의 정리
Ⅱ 소의 변경
  1. 의의 및 종류
  2. 항고소송 간의 변경
  3. 부작위가 거부로 발전된 경우의 소변경 가능 여부
    (1) 부정설
    (2) 긍정설
    (3) 검토
Ⅲ 사안의 해결

(설문 2)의 해결
Ⅰ 쟁점의 정리
Ⅱ 관련청구소송의 병합
  1. 의의 및 취지
  2. 관련청구소송의 종류
  3. 요건
  4. 병합요건의 조사
  5. 병합된 관련청구소송에서의 판결
Ⅲ 사안의 해결

◈ (설문 1)의 해결

Ⅰ 쟁점의 정리

부작위위법확인소송을 제기한 후 행정청의 거부처분이 있는 경우에 행정소송법 제22조(처분변경으로 인한 소의 변경)가 부작위위법확인소송에 준용되고 있지 않으므로 행정소송법 제37조에 의해 거부처분에 대한 취소소송으로 변경하는 것이 가능한지가 문제된다.

Ⅱ 소의 변경

1. 의의 및 종류

소의 변경이란 청구의 변경을 말한다. 청구의 변경에는 종전의 청구를 새로운 청구로 변경하는 교환적 변경과 종전의 청구에 새로운 청구를 추가시키는 추가적 변경이 있다. 행정소송에는 여러 종류가 있는데 권리구제를 위하여 어떠한 소송의 종류를 선택하여야 하는지 명확하지 않은 경우가 적지 않아 소송 종류의 선택을 잘못할 위험이 있으므로 행정소송법은 행정소송 간의 소의 변경을 인정하고 있다.

2. 항고소송 간의 변경

항고소송 간에는 소의 변경이 가능하다. 취소소송을 취소소송 외의 항고소송(무효등확인소송 또는 부작위위법확인소송)으로(제21조 제1항), 무효등확인소송을 취소소송 또는 부작위위법확인소송으로, 부작위위법확인소송을 다른 종류의 항고소송으로 변경하는 것이 가능하다(제37조).

3. 부작위가 거부로 발전된 경우의 소변경 가능 여부

(1) 부정설

제37조의 취지가 행정소송 간에 소송의 종류의 선택을 잘못할 위험이 있어 소의 종류의 변경을 인정한 것이라는 이유로 부작위에서 거부처분으로 발전된 경우에는 부작위위법확인소송을 취소소송으로 변경하는 것을 허용할 수 없다고 본다.

(2) 긍정설

현행 행정소송법이 처분변경으로 인한 소의 변경을 규정하는 행정소송법 제22조를 부작위위법확인소송에 준용하지 않고 있는 것은 입법의 불비이므로, 행정소송법 제37조에 의해 준용되는 소의 종류의 변경을 규정하는 행정소송법 제21조의 문언에 충실한 해석을 하여 부작위에서 거부처분으로 발전한 경우에도 행정소송법 제21조를 적용하여 부작위위법확인소송을 취소소송으로 변경하는 것이 가능하다고 보아 입법의 불비를 해석을 통해 보완하여야 할 것이라고 본다.

(3) 검토

소송 중에 부작위가 거부로 발전된 경우 소의 변경을 허용하지 않는다면, 동일한 신청에 대하여 별도의 소를 제기해야 하는 어려움이 발생하므로 국민의 권리구제를 도모하기 위해서 이를 긍정하는 것이 타당하다.

Ⅲ 사안의 해결

부작위가 거부로 발전된 경우에도 거부처분취소소송으로의 변경을 허용하는 것이 타당하므로, 갑은 부작위위법확인소송을 거부처분취소소송으로 변경할 수 있을 것이다.

(설문 2)의 해결

I 쟁점의 정리

행정소송법 제10조에서는 관련청구소송의 병합을 규정하고 있으며, 병합소송이 가능한 경우에도 주된 소송이 각하되는 경우 병합소송만의 독자적인 심리가 가능한지를 검토한다.

II 관련청구소송의 병합

1. 의의 및 취지

행정소송법상 관련청구소송의 병합이라 함은 취소소송 또는 무효등확인소송에 해당 취소소송 등과 관련이 있는 청구소송(관련청구소송)을 병합하여 제기하는 것을 말한다. 이는 소송경제를 도모하고, 서로 관련 있는 사건 사이에 판결의 모순·저촉을 피하기 위한 것이다.

2. 관련청구소송의 종류

관련청구소송이라 함은 주된 취소소송 등의 대상인 처분 등과 관련되는 손해배상·부당이득반환·원상회복 등 청구소송 및 취소소송을 말한다(행정소송법 제10조 제1항).

3. 요건

취소소송 등과 취소소송 등이 아닌 관련청구소송의 병합은 취소소송 등에 병합하여야 하며, 주된 취소소송 등과 관련청구소송은 각각 소송요건을 갖추어야 한다. 또한, 주된 취소소송이 사실심 변론종결 전이어야 한다.

4. 병합요건의 조사

병합요건은 법원의 직권조사사항이다. 병합요건이 충족되지 않은 경우 변론을 분리하여 별도의 소로 분리심판하여야 하는 것이 원칙이다.

5. 병합된 관련청구소송에서의 판결

취소소송에 관련청구소송을 병합하여 제기한 후 취소소송이 부적법 각하된 경우에 소송경제상 행정법원이 행정사건과 분리하여 독립적으로 스스로 민사사건을 처리할 수 있는 것으로 보아야 한다. 그러나 판례는 본래의 '취소소송 등'이 부적합하여 각하되면 그에 병합된 관련청구소송도 소송요건을 흠결하여 부적합하다고 보고, 각하되어야 한다고 한다(대판 2011.9.29, 2009두10963).

III 사안의 해결

국가배상청구의 원인행위가 재결거부이므로 국가배상청구소송은 관련청구소송으로 병합제기가 가능할 것이나, 취소소송의 제기요건이 갖추어지지 못한 바, 병합요건이 충족되지 못한다. 판례의 태도에 따르면 이 경우 주된 소송의 각하를 이유로 병합소송도 각하하여야 하나, 소송경제상 이를 독립적으로 심리·판결함이 타당하다고 판단된다.

사례 60 위법성 판단시점

갑은 사업인정 거부에 대한 취소소송을 제기하였는데, 소송 중 관련법령이 개정되어 해당 사업인정을 거부할 수 있게 되었다. 이 경우 위법성 판단시점에 대해서 논하고, 만약 갑이 취소소송이 아닌 의무이행심판을 제기한 경우의 위법성 판단시점에 대해서 논하시오. 20점

---

1. 쟁점의 정리
2. 거부처분취소소송의 위법성 판단시점
   (1) 문제점
   (2) 학설
   (3) 판례
   (4) 검토
3. 의무이행심판에서의 위법성 판단시점
   (1) 문제점
   (2) 학설
   (3) 검토
4. 사안의 해결

---

1. 쟁점의 정리

취소소송은 위법한 처분의 효력을 소멸시켜 권리구제를 도모하는 소극적 쟁송이나, 의무이행심판은 이행쟁송의 성격을 갖는 적극적 쟁송이라 할 것이다. 이러한 쟁송의 성질의 차이에 따라 위법성 판단시점이 달라질 수 있는 바, 소송 중에 관련법령이 개정된 경우를 기준하여 설명한다.

2. 거부처분취소소송의 위법성 판단시점

(1) 문제점

처분은 그 당시의 사실상태 및 법률상태를 기초로 하여 행해지게 되므로 처분 당시의 사실상태 및 법률상태를 기준하여 위법성을 판단해야 하나, 거부처분의 경우는, 처분 시를 기준하여 위법성을 판단하여도 처분 이후의 개정법령을 적용하여 다시 거부처분할 수 있기에, 이는 판결에 대한 국민의 불신을 야기할 우려가 있다.

(2) 학설

① 취소소송은 처분의 사후심사의 성질을 가지므로 처분의 위법 여부 판단은 처분 시의 사실 및 법률상태를 기준으로 행하여야 한다는 처분시설과 ② 취소소송의 본질은 처분으로 인하여 형성된 위법상태를 배제하는 데 있으므로 처분의 위법 여부의 판단은 판결 시의 사실 및 법률상태를 기준으로 행하여야 한다는 판결시설 및 ③ 원칙상 처분시설이 타당하나 계속적 효력을 가진 처분이나 거부처분취소의 경우에는 판결 시로 보는 것이 타당하다는 절충설도 있다.

(3) 판례

판례는 행정소송에서 행정처분의 위법 여부는 행정처분이 행하여졌을 때의 법령과 사실상태를 기준으로 하여 판단하여야 하고, 처분 후 법령의 개폐나 사실상태의 변동에 의하여 영향을 받지는 않는다고 하여 처분시설을 취하고 있다(대판 2007.5.11, 2007두1811).

(4) 검토

취소소송은 행정청이 내린 처분을 다투어 취소를 구하는 소송이므로 처분의 위법판단의 기준시를 원칙상 처분 시로 보아야 한다. 이러한 문제는 입법론적으로 의무이행소송을 도입하면 해결된다.

3. 의무이행심판에서의 위법성 판단시점

(1) 문제점

부작위에 대한 의무이행심판의 위법·부당 판단의 기준 시는 재결 시라는 점에 대해서는 이견이 없으나, 거부처분의 경우에는 처분 시인지 아니면 재결 시인지에 대해서 견해의 대립이 있다.

(2) 학설

① 의무이행심판은 재결시점에서 처분의 발령가부를 판단해야 하므로 재결 시를 기준으로 위법성을 판단해야 한다는 견해와, ② 의무이행심판도 처분청의 위법·부당한 처분에 대한 사후적 통제를 목적으로 하므로 처분 시를 기준으로 해야 한다는 견해가 있다.

(3) 검토

의무이행심판의 청구취지는 거부처분의 취소가 아니라 신청대로의 처분발령이므로, 재결 시를 기준하여 신청대로의 처분을 하여야 하는지를 판단하여야 할 것이다.

4. 사안의 해결

거부처분취소소송의 위법성 판단기준 시는 처분 시이므로 인용판결을 받을 수 있으나, 의무이행심판의 위법성 판단기준 시는 재결 시이므로 기각재결을 받을 것이다.

Chapter 02 처분사유의 추가·변경

> **사례 61** 처분사유의 추가변경
>
> 사업시행자인 한국토지공사는 '수원 – 인천 간 복선전철화 사업'을 시행하고자 갑 등 19명의 토지 및 주거용 건물을 수용대상으로 하고, 이주정착금을 지급하려고 계획하고 있다. 이에, 갑은 새로운 주거 정착지를 마련해 줄 것을 요구하였으나, 사업시행자는 해당 사업은 선형 사업으로서 철도건설에 꼭 필요한 최소한의 토지만 보상하므로 사실상 이주택지 공급이 불가능함을 이유로 거부하였다. 갑은 이주대책 수립거부에 대한 취소소송을 제기하였는데, 소송 중에 사업시행자는 '갑이 이주대책 수립을 청구하였을 당시 이미 13명이 이주정착금을 받았기에 이주대책 희망자가 10호 미만이므로 이주대책의 수립의무는 발생하지 않는다.'고 주장할 수 있는가? 20점

```
Ⅰ 쟁점의 정리
Ⅱ 처분사유의 추가·변경 인정논의
   1. 의의 및 구별개념
   2. 소송물과 처분사유의 추가·변경
   3. 인정 여부
      (1) 학설
      (2) 판례
      (3) 관련규정(행정소송규칙 제9조)
   (4) 검토
   4. 인정기준
      (1) 처분 당시 객관적으로 존재하였던 사실일 것
      (2) 기본적 사실관계의 동일성이 유지될 것
      (3) 재량행위의 경우
   5. 법원의 판단
Ⅲ 사안의 해결
```

Ⅰ 쟁점의 정리

실질적 법치주의와 행정처분의 상대방인 국민에 대한 신뢰보호라는 견지에서 처분청은 당초처분의 근거로 삼은 사유와 기본적 사실관계에 있어서 동일성이 있다고 인정되지 않는 별개의 사실을 들어 처분사유로 주장함은 허용되지 않을 것인 바, 이하에서 새로운 사유를 추가·변경할 수 있는지를 검토한다.

Ⅱ 처분사유의 추가·변경 인정논의

1. 의의 및 구별개념

처분 당시에 존재하였으나 처분의 근거로 제시하지 않았던 법적 또는 사실적 사유를 소송계속 중에 추가 또는 변경하는 것을 말한다. 처분 당시에 존재하는 사유를 추가하거나 변경한다는 점에서 처분 시의 하자를 사후에 보완하는 하자치유와 구별된다.

2. 소송물과 처분사유의 추가·변경

소송물을 개개의 위법성 사유로 보면 처분사유의 추가·변경은 소송물의 추가·변경이 되므로 원칙적으로 불가하다. 따라서 처분사유의 추가·변경은 소송물(위법성일반)의 범위 내에서 논의되어야 한다.

3. 인정 여부

(1) 학설
① 국민의 공격·방어권 침해를 이유로 부정하는 견해, ② 소송경제 측면에서 긍정하는 견해, ③ 처분의 상대보호와 소송경제의 요청을 고려할 때 제한적으로 긍정하는 견해, ④ 행정행위 및 행정쟁송의 유형 등에 따라 개별적으로 판단해야 한다는 견해가 있다.

(2) 판례
실질적 법치주의와 행정처분의 상대방인 국민의 신뢰보호견지에서 기본적 사실관계의 동일성이 인정되는 경우에 제한적으로 긍정하고 있다(대판 2003.12.11, 2001두8827).

(3) 관련규정(행정소송규칙 제9조)
행정소송규칙 제9조에서는 행정청은 사실심 변론을 종결할 때까지 당초의 처분사유와 기본적 사실관계가 동일한 범위 내에서 처분사유를 추가 또는 변경할 수 있다고 규정한다.

(4) 검토
처분사유의 추가·변경은 소송경제 및 분쟁의 일회적 해결을 위한 것이므로 권리보호와 소송경제를 고려하여 제한적으로 인정하는 판례의 태도가 타당하다.

4. 인정기준

(1) 처분 당시 객관적으로 존재하였던 사실일 것
위법판단의 기준 시에 관하여 처분시설을 취하는 경우 위법성 판단은 처분 시를 기준으로 하므로 추가사유나 변경사유는 처분 시에 객관적으로 존재하던 사유이어야 한다. 처분 이후에 발생한 새로운 사실적·법적 사유를 추가·변경할 수는 없다. 단, 판결시설 또는 절충설을 취하는 경우에는 피고인 처분청은 소송계속 중 처분 이후의 사실적·법적 상황을 주장할 수 있게 된다.

(2) 기본적 사실관계의 동일성이 유지될 것
통설 및 판례는 ① 법률적 평가 이전의 사회적 사실관계의 동일성을 기준으로 하여, ② 시간적, 장소적 근접성, ③ 행위의 태양, 결과 등을 종합적으로 고려해서 판단하여야 한다고 본다(대판 2007.7.27, 2006두9641).

(3) 재량행위의 경우
① 재량행위의 경우에 고려사항의 변경은 새로운 처분을 의미하는 것이라는 견해가 있으나,

② 재량행위에서 처분이유를 사후에 변경하는 경우에도, 분쟁대상인 행정행위가 본질적으로 변경되지 않음을 전제로 하는 것이므로 재량행위에서도 인정함이 타당하다.

5. 법원의 판단

처분사유의 추가·변경이 인정되면 법원은 변경된 사유를 기준으로 본안심사를 하고 그렇지 않은 경우에는 당초사유를 기준해야 한다.

Ⅲ 사안의 해결

사업시행자가 추가로 주장하는 '이주대책 희망자가 10호 미만'이라는 사유는 거부처분 당시에 존재하였으며, 선형사업이기에 사실상 이주택지의 공급이 불가능하다는 사유와, 희망자가 10호 미만이라는 사유는 이주택지 조성의 규모 등을 고려하여 효율적인 사업진행을 도모함에 취지가 인정된다고 할 수 있다. 따라서 양 사유는 기본적 사실관계의 동일성이 인정되므로 사업시행자는 소송 중에 새로운 사유를 추가·변경할 수 있을 것이다.

PART 06

판결 및 판결의 효력

Chapter 01 기속력
Chapter 02 형성력(제3자효 및 일부취소)
Chapter 03 기판력 및 선결문제
Chapter 04 사정판결

Chapter 01 기속력

사례 62   처분과 기속력(반복금지효)

갑의 주택은 주택건설사업의 사업시행지구로 편입되었고, 그에 따라 사업시행자(한국토지주택공사)에게 아파트입주권을 분양하여 줄 것을 신청하였다. 그런데, 사업시행자는 '갑은 무주택세대주가 아니어서 특별분양 대상자에 해당되지 않는다'는 이유로 특별분양신청을 거부하였고 갑은 이에 대한 취소소송을 제기하였다. 40점

(1) 취소소송의 계속 중에 '입주자모집공고일 당시 무주택세대주였다'는 甲의 주장이 사실로 인정될 상황에 처하자, 한국토지주택공사는 '甲의 주택이 무허가주택이었기 때문에 甲은 특별분양 대상자에 해당되지 않는다.'고 처분사유를 변경할 수 있는가? 20점

(2) 처분사유를 변경할 수 없다면, 법원의 인용판결 확정 후 한국토지주택공사가 甲의 주택이 무허가주택임을 이유로 특별분양신청을 재차 거부할 수 있는가? 20점

(설문 1)의 해결

Ⅰ 쟁점의 정리

Ⅱ 처분사유 추가변경의 인정논의
  1. 처분사유 추가변경의 의의 및 구별개념
  2. 소송물과 처분사유의 추가변경
  3. 인정 여부
     (1) 학설
     (2) 판례
     (3) 관련규정(행정소송규칙 제9조)
     (4) 검토
  4. 인정기준
     (1) 처분 당시 객관적으로 존재하였을 것
     (2) 기본적 사실관계의 동일성이 유지될 것
     (3) 재량행위의 경우
  5. 법원의 판단

Ⅲ 사안의 해결

(설문 2)의 해결

Ⅰ 쟁점의 정리

Ⅱ 인용판결의 효력(기속력과 재처분의무)
  1. 기속력의 의의 및 취지
  2. 구별개념 및 성질
  3. 내용
     (1) 반복금지효(행정소송법 제30조 제1항)
     (2) 재처분의무(제30조 제2항 및 제3항)
     (3) 원상회복의무(결과제거의무)
  4. 기속력의 인정범위
     (1) 객관적 범위
     (2) 주관적 범위
     (3) 시간적 한계
  5. 기속력 위반의 효과

Ⅲ 사안의 해결
  1. 판결의 취지
  2. 사안의 해결

〔설문 1〕의 해결

Ⅰ 쟁점의 정리

한국토지주택공사의 당초처분사유가 이유 없는 것으로 판단될 상황에 처하자, 당초처분의 적법성을 유지하기 위해서 처분사유를 변경하려고 한다. 소송계속 중에 처분사유를 변경할 수 있는지 검토한다.

Ⅱ 처분사유 추가변경의 인정논의

1. 처분사유 추가변경의 의의 및 구별개념

처분 당시에 존재하였으나 처분의 근거로 제시하지 않았던 법적 또는 사실적 사유를 소송계속 중에 추가 또는 변경하는 것을 말한다. 처분 당시에 존재하는 사유를 추가하거나 변경한다는 점에서 처분 시의 하자를 사후에 보완하는 하자치유와 구별된다.

2. 소송물과 처분사유의 추가변경

소송물을 개개의 위법성사유로 보면 처분사유의 추가변경은 소송물의 추가변경이 되므로 원칙적으로 불가하다. 따라서 처분사유의 추가변경은 소송물(위법성 일반)의 범위 내에서 논의되어야 한다.

3. 인정 여부

(1) 학설

① 국민의 공격・방어권 침해를 이유로 부정하는 견해, ② 소송경제 측면에서 긍정하는 견해, ③ 처분의 상대보호와 소송경제의 요청을 고려할 때 제한적으로 긍정하는 견해, ④ 행정행위 및 행정쟁송의 유형 등에 따라 개별적으로 판단해야 한다는 견해가 있다.

(2) 판례

실질적 법치주의와 행정처분의 상대방인 국민의 신뢰보호견지에서 기본적 사실관계의 동일성이 인정되는 경우에 제한적으로 긍정하고 있다.

(3) 관련규정(행정소송규칙 제9조)

행정소송규칙 제9조에서는 행정청은 사실심 변론을 종결할 때까지 당초의 처분사유와 기본적 사실관계가 동일한 범위 내에서 처분사유를 추가 또는 변경할 수 있다고 규정한다.

(4) 검토

처분사유의 추가・변경은 소송경제 및 분쟁의 일회적 해결을 위한 것이므로 권리보호와 소송경제를 고려하여 제한적으로 인정하는 판례의 태도가 타당하다.

4. 인정기준

(1) 처분 당시 객관적으로 존재하였을 것

위법성 판단의 기준 시에 관하여 처분시설을 취하는 경우 위법성 판단은 처분 시를 기준으로 하므로 추가사유나 변경사유는 처분 시에 객관적으로 존재하던 사유이어야 한다. 처분 이후에 발생한 새로운 사실적·법적 사유를 추가·변경할 수는 없다. 단, 판결시설 또는 절충설을 취하는 경우에는 피고인 처분청은 소송계속 중 처분 이후의 사실적·법적 상황을 주장할 수 있게 된다.

(2) 기본적 사실관계의 동일성이 유지될 것

통설 및 판례는 ① 법률적 평가 이전의 사회적 사실관계의 동일성을 기준으로 하여, ② 시간적, 장소적 근접성, ③ 행위의 태양, 결과 등을 종합적으로 고려해서 판단하여야 한다고 본다.

(3) 재량행위의 경우

① 재량행위의 경우에 고려사항의 변경은 새로운 처분을 의미하는 것이라는 견해가 있으나, ② 재량행위에서 처분이유를 사후에 변경하는 경우에도, 분쟁대상인 행정행위가 본질적으로 변경되지 않음을 전제로 하는 것이므로 재량행위에서도 인정함이 타당하다.

5. 법원의 판단

처분사유의 추가·변경이 인정되면 법원은 변경된 사유를 기준으로 본안심사를 하고 그렇지 않은 경우에는 당초사유를 기준해야 한다.

Ⅲ 사안의 해결

소송계속 중에 제시한 '갑의 주택이 무허가주택(이는 물적요건에 해당됨)'이라는 사실은 처분 당시에 존재한 사유이나, 이는 '무주택세대주였다(이는 인적요건에 해당됨)'는 당초의 사실과 기본적 사실관계의 동일성이 인정되지 않는다. 따라서 법원은 '입주자모집공고일 당시 무주택세대주'라는 당초사유를 기준하여 심리하여야 할 것이다.

(설문 2)의 해결

I 쟁점의 정리

처분사유의 변경이 허용되지 않아서 인용판결이 난 경우라면 한국토지주택공사가 특별분양신청을 재차 거부하는 것이 인용판결의 효력인 기속력에 반하는 것은 아닌지를 검토하여 설문을 해결한다.

II 인용판결의 효력(기속력과 재처분의무)

1. 기속력의 의의 및 취지

기속력이란 행정청에 대하여 판결의 취지에 따라 행동하도록 당사자인 행정청과 그 밖의 관계행정청을 구속하는 효력을 말한다(행정소송법 제30조). 이는 인용판결의 실효성을 확보하기 위하여 인정된 제도이며 인용판결에 한하여 인정된다(기각판결에는 인용되지 않음).

2. 구별개념 및 성질

구속력의 성질을 무엇으로 볼 것인가에 대하여 기판력설과 특수효력설이 대립하고 있는데 기판력은 법적 안정성을 위하여 인정된 소송법상의 효력인 데 반하여 기속력은 판결의 실효성을 확보하기 위한 실체법상의 효력이므로 기속력은 기판력과 구분되는 특수한 효력이라는 것이 다수의 견해이다.

3. 내용

(1) 반복금지효(행정소송법 제30조 제1항)

취소판결이 확정되면 당사자인 행정청과 관계행정청은 판결의 취지에 저촉되는 처분을 할 수 없다. 동일처분인지는 기본적 사실관계의 동일성 유무를 기준으로 판단한다.

(2) 재처분의무(제30조 제2항 및 제3항)

판결에 의하여 취소되는 처분이 당사자의 신청에 대한 거부처분인 경우에는 행정청은 판결의 취지에 따라 다시 이전의 신청에 대한 처분을 하여야 한다. 절차의 위법을 이유로 취소되는 경우에 같다.

(3) 원상회복의무(결과제거의무)

취소판결이 확정되면 행정청은 취소된 처분에 의해 초래된 위법상태를 제거하여 원상회복할 의무를 진다. 이에 대해 견해의 대립이 있으나 다수견해는 원상회복의무를 기속력의 내용으로 본다.

4. 기속력의 인정범위

(1) 객관적 범위

판결의 취지는 판결의 주문과 판결이유를 말한다. 취소판결의 취지는 취소된 처분이 위법하다는 것과 취소판결의 이유가 된 위법사유를 말하므로 기속력은 판결의 주문과 이유에 적시된 개개의 위법사유에 미친다.

(2) 주관적 범위

기속력은 당사자인 행정청과 그 밖의 관계행정청을 기속한다. 취소된 처분 등을 기초로 하여 그와 관련되는 처분이나 부수되는 행위를 할 수 있는 행정청을 총칭하는 것이라고 할 것이다.

(3) 시간적 한계

처분의 위법 여부의 판단시점은 처분 시이기 때문에(통설 및 판례) 기속력은 처분 당시까지 존재하던 사유에 대하여만 미치고 그 이후에 생긴 사유에는 미치지 아니한다.

5. 기속력 위반의 효과

소송법상 기속력은 강행규정이므로 이에 대한 위반은 그 하자가 중대, 명백하여 당연무효라고 본다(대판 1990.12.11, 90누3560).

Ⅲ 사안의 해결

1. 판결의 취지

인용판결의 취지는 갑이 '무주택세대주'임에도 특별분양신청을 거부한 위법을 시정하여 특별분양신청에 대한 하자 없는 처분을 하라는 것으로 볼 수 있다.

2. 사안의 해결

갑은 무허가주택의 소유자이므로 한국토지주택공사는 특별분양신청의 대상자가 아니라는 이유로 재차 거부할 수 있으며 이는 기속력에 반하지 않는다.

사례 63 기속력(반복금지효)

甲은 묘지부지의 확보를 위해 산림이 무분별하게 훼손되는 것을 막을 공익상의 이익을 이유로 서울시 관악구 봉천동 주변에 대규모 납골당형식의 묘지공원을 건설하고자, 관련법규에 따른 요건을 충족하여 국토교통부장관에게 사업인정을 신청하였다. 해당 국토교통부장관도 이를 긍정적으로 검토하여 이를 시행하려고 하던 중, 이 사실을 안 인근 주민들이 대규모 납골당이 들어섬으로 인해 주택가격이 하락하는 등 막대한 재산상의 손실이 발생하고 주변 교통도 심각한 체증현상이 일어날 것이라는 등의 민원을 제기하고, 관련 단체장에 대한 주민소환청구도 불사하겠다는 등 강력히 반발하였다. 이에 국토교통부장관은 여론을 살피면서 별다른 이유 없이 사업인정의 결정을 차일피일 지연시키고 있다. 그러자 甲은 관련법규에 따라 조속히 사업인정을 해줄 것을 다시 요청하였으나 관련 행정청은 인근 주민과의 협의가 이루어지지 않은 사업인정은 불가하다고 하면서 2021년 6월 30일에 이를 거부하였다. 이에 甲은 사업인정의 법적 요건이 아닌 주민의 반대를 이유로 사업인정을 거부하는 것은 위법하다고 주장하면서 2021년 7월 15일 사업인정거부처분에 대한 취소소송을 제기하였다. 甲의 취소청구가 인용된 경우, 甲은 사업인정을 받을 수 있게 되는가? 15점

Ⅰ 쟁점의 정리
Ⅱ 판결의 취지에 따른 재처분의무(기속력) 검토
  1. 기속력의 의의 및 취지
  2. 구별개념 및 성질
  3. 내용
    (1) 반복금지효(행정소송법 제30조 제1항)
    (2) 재처분의무(행정소송법 제30조 제2항 및 제3항)
    (3) 원상회복의무(결과제거의무)

4. 기속력의 인정범위
  (1) 객관적 범위
  (2) 주관적 범위
  (3) 시간적 한계
5. 기속력 위반의 효과
Ⅲ 사안의 해결

Ⅰ 쟁점의 정리

설문은 인용판결의 취지에 따라 행정청이 사업인정을 해야 하는지를 묻고 있다. 국토교통부장관의 거부처분은 재량의 일탈·남용으로 위법하므로, 국토교통부장관은 하자 없는 재량권을 행사해야 할 것인데, 만약 국토교통부장관이 재차 거부하는 경우라면 기속력에 반할 소지가 있게 된다. 따라서 인용판결의 효력으로써 기속력(재처분의무)을 살펴보고 국토교통부장관이 재차 거부할 수 있는지를 검토하여 설문을 해결한다.

Ⅱ 판결의 취지에 따른 재처분의무(기속력) 검토

1. 기속력의 의의 및 취지

기속력이란 행정청에 대하여 판결의 취지에 따라 행동하도록 당사자인 행정청과 그 밖의 관계행정청을 구속하는 효력을 말한다(행정소송법 제30조). 이는 인용판결의 실효성을 확보하기 위하여 인정된 제도이며 인용판결에 한하여 인정된다.

2. 구별개념 및 성질

구속력의 성질을 무엇으로 볼 것인가에 대하여 기판력설과 특수효력설이 대립하고 있는데 기판력은 법적 안정성을 위하여 인정된 소송법상의 효력인 데 반하여 기속력은 판결의 실효성을 확보하기 위한 실체법상의 효력이므로 기속력은 기판력과 구분되는 특수한 효력이라는 것이 다수의 견해이다.

3. 내용

(1) 반복금지효(행정소송법 제30조 제1항)

취소판결이 확정되면 당사자인 행정청과 관계행정청은 판결의 취지(취소된 처분에서 행한 과오와 동일한 과오를 반복해서는 안 된다는 것)에 저촉되는 처분을 할 수 없다. 동일한 처분인지는 기본적 사실관계의 동일성 유무를 기준으로 판단한다.

(2) 재처분의무(행정소송법 제30조 제2항 및 제3항)

판결에 의하여 취소되는 처분이 당사자의 신청에 대한 거부처분인 경우에는 행정청은 판결의 취지에 따라 이전 신청에 대한 처분을 하여야 한다. 절차의 위법을 이유로 취소되는 경우에 같다.

(3) 원상회복의무(결과제거의무)

취소판결이 확정되면 행정청은 취소된 처분에 의해 초래된 위법상태를 제거하여 원상회복할 의무를 진다. 이에 대해 견해의 대립이 있으나 다수견해는 원상회복의무를 기속력의 내용으로 본다.

4. 기속력의 인정범위

(1) 객관적 범위

판결의 취지는 판결의 주문과 판결이유를 말한다. 취소판결의 취지는 취소된 처분이 위법하다는 것과 취소판결의 이유가 된 위법사유를 말하므로 기속력은 판결의 주문과 이유에 적시된 개개의 위법사유에 미친다.

(2) 주관적 범위

기속력은 당사자인 행정청과 그 밖의 관계행정청을 기속한다. 취소된 처분 등을 기초로 하여 그와 관련되는 처분이나 부수되는 행위를 할 수 있는 행정청을 총칭하는 것이라고 할 것이다.

(3) 시간적 한계

처분의 위법 여부의 판단시점은 처분 시이기 때문에(통설 및 판례) 기속력은 처분 당시까지 존재하던 사유에 대하여만 미치고 그 이후에 생긴 사유에는 미치지 아니한다.

5. 기속력 위반의 효과

소송법상 기속력은 강행규정이므로 이에 대한 위반은 그 하자가 중대, 명백하여 당연무효라고 본다 (대판 1990.12.11, 90누3560).

Ⅲ 사안의 해결

행정처분의 적법 여부는 그 행정처분이 행하여진 때의 법령과 사실을 기준으로 하여 판단하는 것이므로 거부처분 후에 법령이 개정·시행된 경우에는 개정된 법령 및 허가기준을 새로운 사유로 들어 다시 이전의 신청에 대한 거부처분을 할 수 있으며 그러한 처분도 행정소송법 제30조 제2항에 규정된 재처분에 해당된다. 따라서 갑은 취소소송에서 인용판결을 받는다 하여도, 개정된 법률로 인하여 사업인정을 받을 수 없을 것이다.

사례 64 기속력(재처분의무 : 법령개정) 및 간접강제

2014년 5월 2일 사업시행자 갑은 관련규정상 요건을 모두 갖추고 국토교통부장관에게 도서관 건립을 위한 사업인정을 신청하였으나, 국토교통부장관은 도서관보다는 미술관이 더 시급한 사업이라고 하면서 해당 사업인정을 거부하였다. 이에 갑은 2014년 5월 15일 사업인정거부처분에 대한 취소소송을 제기하고 취소판결을 받았다. 40점

(1) 취소판결의 취지에 따라 국토교통부장관은 이전 사업인정 신청에 대한 재처분의무가 부과되는데, ① 2014년 5월 20일 관련규정이 개정되어 해당 지역에서는 도서관을 건립할 수 없도록 되었다면 국토교통부장관은 어떠한 재처분을 하여야 하는가? ② 만약 2014년 5월 15일 취소판결이 있었음에도 국토교통부장관은 합리적 사유 없이 상당기간 동안 재처분을 하지 않고 있는 와중에 관련규정이 개정되어 해당 지역에서는 도서관을 건립할 수 없도록 되었다면 국토교통부장관은 어떠한 재처분을 하여야 하는가? 30점

(2) 2014년 5월 15일 취소판결에 따른 재처분의무를 이행하지 않고 있는 경우에, 갑은 취소판결의 실효성을 확보하기 위하여 현행법상 어떠한 방법을 강구할 수 있는가? 10점

(설문 1)의 해결
Ⅰ 쟁점의 정리
Ⅱ 취소판결의 효력(기속력)
  1. 의의 및 취지
  2. 구별개념 및 성질
  3. 내용
    (1) 반복금지효(행정소송법 제30조 제1항)
    (2) 재처분의무(동법 제30조 제2항 및 제3항)
    (3) 원상회복의무(결과제거의무)
  4. 기속력의 인정범위
    (1) 객관적 범위
    (2) 주관적 범위
    (3) 시간적 한계
  5. 기속력 위반의 효과
Ⅲ 적용법령이 개정된 경우의 재처분의무
  1. 문제점
  2. 재처분 시의 적용법령
    (1) 학설
    (2) 판례
      1) 관계법령이 승소판결 후 상당기간 경과 전에 개정된 경우
      2) 상당기간 경과 후 개정된 경우
    (3) 검토
Ⅳ 사안의 해결

(설문 2)의 해결
Ⅰ 간접강제의 의의 및 취지(법 제34조)
Ⅱ 요건 및 절차 등
  1. 요건 및 절차
  2. 인정범위
  3. 배상금의 성질과 추심
  4. 입법론
Ⅲ 관련문제(입법론)

(설문 1)의 해결

I 쟁점의 정리

설문의 해결을 위하여 기속력 일반에 관하여 검토한 후, 관련법률이 개정된 경우에 있어서 처분 시와 재처분 시 중 어느 시점의 법령을 기준하여 재처분하여야 하는지를 검토하여 설문을 해결한다.

II 취소판결의 효력(기속력)

1. 의의 및 취지

기속력이란 행정청에 대하여 판결의 취지에 따라 행동하도록 당사자인 행정청과 그 밖의 관계행정청을 구속하는 효력을 말한다(행정소송법 제30조). 이는 인용판결의 실효성을 확보하기 위하여 인정된 제도이며 인용판결에 한하여 인정된다(기각판결에는 인용되지 않음).

2. 구별개념 및 성질

기속력의 성질을 무엇으로 볼 것인가에 대하여 기판력설과 특수효력설이 대립하고 있는데 기판력은 법적 안정성을 위하여 인정된 소송법상의 효력인 데 반하여 기속력은 판결의 실효성을 확보하기 위한 실체법상의 효력이므로 기속력은 기판력과 구분되는 특수한 효력이라는 것이 다수의 견해이다.

3. 내용

(1) 반복금지효(행정소송법 제30조 제1항)

취소판결이 확정되면 당사자인 행정청과 관계행정청은 판결의 취지에 저촉되는 처분을 할 수 없다. 동일한 처분인지는 기본적 사실관계의 동일성 유무를 기준으로 판단한다.

(2) 재처분의무(동법 제30조 제2항 및 제3항)

판결에 의하여 취소되는 처분이 당사자의 신청에 대한 거부처분인 경우에는 행정청은 판결의 취지에 따라 다시 이전의 신청에 대한 처분을 하여야 한다. 절차의 위법을 이유로 취소되는 경우에 같다.

(3) 원상회복의무(결과제거의무)

취소판결이 확정되면 행정청은 취소된 처분에 의해 초래된 위법상태를 제거하여 원상회복할 의무를 진다. 이에 대해 견해의 대립이 있으나 다수견해는 원상회복의무를 기속력의 내용으로 본다.

4. 기속력의 인정범위

(1) 객관적 범위

판결의 취지는 판결의 주문과 판결이유를 말한다. 취소판결의 취지는 취소된 처분이 위법하다는 것과 취소판결의 이유가 된 위법사유를 말하므로 기속력은 판결의 주문과 이유에 적시된 개개의 위법사유에 미친다.

(2) 주관적 범위

기속력은 당사자인 행정청과 그 밖의 관계행정청을 기속한다. 취소된 처분 등을 기초로 하여 그와 관련되는 처분이나 부수되는 행위를 할 수 있는 행정청을 총칭하는 것이라고 할 것이다.

(3) 시간적 한계

처분의 위법 여부의 판단시점은 처분 시이기 때문에(통설 및 판례) 기속력은 처분 당시까지 존재하던 사유에 대하여만 미치고 그 이후에 생긴 사유에는 미치지 아니한다.

5. 기속력 위반의 효과

행정소송법상 기속력은 강행규정이므로 이에 대한 위반은 그 하자가 중대, 명백하여 당연무효라고 본다(대판 1990.12.11, 90누3560).

Ⅲ 적용법령이 개정된 경우의 재처분의무

1. 문제점

사안에서 처분 당시의 법률을 적용하게 되면 사업인정을 받을 수 있을 것이지만, 재처분시점의 법률을 적용하게 되면 사업인정의 요건을 갖추지 못한 것이 되어 사업인정은 거부될 것이다. 따라서 어느 시점의 법률을 적용해야 하는지의 문제가 발생한다.

2. 재처분 시의 적용법령

(1) 학설

거부처분 이후에 법령 및 사실상태가 변경된 경우에 ① 취소판결 이후의 재처분은 종전 처분과는 다른 새로운 처분이므로 변경된 법령 및 사실상태를 기준으로 재처분해야 한다는 견해와 ② 판결의 취지를 도모하기 위하여 처분 당시의 법률 및 사실상태를 기준으로 해야 한다는 견해가 있다.

(2) 판례

1) 관계법령이 승소판결 후 상당기간 경과 전에 개정된 경우

판례는 거부처분 후에 법령이 개정되어 시행된 경우에는 개정된 법령 및 허가기준을 새로운

사유를 들어 다시 이전의 신청에 대한 거부처분을 할 수 있으나, 개정 전의 법령 존속에 대한 국민의 신뢰가 개정된 법령의 적용이라는 공익보다 큰 경우에는 개정된 법률의 적용이 제한될 수 있다고 판시하여 긍정설의 입장을 취하고 있다.

2) 상당기간 경과 후 개정된 경우
종전 거부처분 당시에 이미 적법한 신청을 하였던 자의 신뢰보호를 위하여 행정청이 합리적인 이유 없이 처리를 늦추는 사이에 법령 등이 변경된 경우와 같이 행정청에게 귀책사유를 인정할 수 있는 특별한 사정이 있는 경우에는 새로운 거부처분은 기속력에 반하는 처분이라고 판시한 바 있다.

(3) 검토
취소판결의 취지에 따른 재처분은 종전 처분과는 다른 새로운 처분이므로 재처분 당시의 법령 및 사실상태를 기준하는 것이 타당하다.

Ⅳ 사안의 해결

1. '①'의 경우 개정된 법률에 대한 경과규정이 없으며, 개정 전 법령의 존속에 대한 갑의 신뢰가 개정 법령의 적용에 대한 공익보다 크다고 볼 만한 사실관계가 적시되어 있지 않으므로 국토교통부장관은 사업인정처분을 하여야 할 것이다.

2. '②'의 경우 국토교통부장관은 취소판결이 있은 후에, 합리적인 사유없이 상당기간 동안 재처분의무를 이행하지 아니한 귀책사유가 인정되므로 종전 법령을 적용하여 사업인정처분을 하여야 할 것이다.

(설문 2)의 해결

Ⅰ 간접강제의 의의 및 취지(법 제34조)

거부처분취소에 따른 재처분의무를 이행하지 않는 경우에, 손해배상의무를 부과하여 재처분의무를 간접적으로 강제하는 제도이다. 거부처분취소판결의 실효성을 확보함에 제도적 취지가 인정된다.

Ⅱ 요건 및 절차 등

1. 요건 및 절차

① 거부처분취소판결 및 부작위위법확인판결이 확정될 것, ② 재처분의무를 이행하지 않는 경우일 것을 요건으로 하고, ③ 1심 수소법원은 당사자의 신청에 의하여 결정으로서 상당한 기간을 정하고, 행정청이 그 기간 내에 이행하지 아니하는 때에는 그 지연기간에 따라 일정한 배상을 할 것을 명하거나 즉시 손해배상할 것을 명할 수 있다.

2. 인정범위

무효등확인소송의 경우 준용되는지에 견해의 대립이 있으나 판례는 명문규정이 없음을 이유로 부정한다.

3. 배상금의 성질과 추심

① 판례는 배상금은 재처분지연에 대한 손해배상이 아니라 이행에 대한 심리적 강제수단으로 보며, ② 일정기간 경과 시는 금전채권의 집행방법으로 추심하나, 기간경과 후 재처분이 있는 경우에는 특별한 사정이 없는 한 심리적 강제를 꾀할 목적이 상실되어 더 이상 배상금 추심을 할 수 없다고 한다.

4. 입법론

간접강제제도는 우회적인 제도이므로 의무이행소송을 도입하여 국민의 권리보호에 만전을 기하여야 할 것이다.

Ⅲ 관련문제(입법론)

갑은 행정소송법 제34조에 의한 간접강제를 통하여 취소판결의 실효성을 확보할 수 있으나, 이는 우회적인 문제가 있으므로 의무이행소송의 도입을 통한 직접적인 권리구제를 도모하는 등의 입법적 보완이 요구된다.

> **사례 65** 기속력(부작위위법확인소송) 및 간접강제
>
> 사업시행자 갑은 공익사업을 위한 토지취득이 용이하지 않자, 국토교통부장관에게 사업인정을 신청하였다. 그러나 국토교통부장관은 상당기간이 지나도록 재결을 하지 아니하였고, 갑은 부작위위법확인소송을 청구하여 인용판결을 받았다. 그 후 국토교통부장관은 사업인정을 거부하였다. 갑은 부작위위법확인소송의 인용판결이 있음에도 이를 거부한 것은 재처분의무를 이행하지 않은 것이라 판단하고 이에 대한 간접강제를 신청하였다. 법원은 어떠한 결정을 하여야 하는가? 30점

Ⅰ 쟁점의 정리
Ⅱ 부작위위법확인소송 인용판결의 재처분의무
  1. 부작위위법확인소송의 의의·소송의 성질
  2. 심리의 범위
    (1) 학설
      1) 절차적 심리설
      2) 실체적 심리설
    (2) 판례
    (3) 검토

  3. 인용판결의 기속력(재처분의무)
    (1) 절차적 심리설
    (2) 실체적 심리설
    (3) 검토
Ⅲ 간접강제의 요건검토(행정소송법 제34조)
  1. 간접강제의 의의 및 취지
  2. 요건
  3. 절차
  4. 배상금의 성질과 추심
Ⅳ 사안의 해결

Ⅰ 쟁점의 정리

국토교통부장관은 부작위위법확인소송의 인용판결이 있었음에도 인용거부처분을 하였다. 법원이 인용판결에 대한 처분의무의 이행을 확보하기 위하여 배상명령을 하기 위해서는 행정소송법 제34조의 간접강제요건이 충족되어야 한다. 부작위위법확인소송의 심리범위에 따라 재처분의무의 내용이 달라지므로 이를 검토하여 간접강제요건이 충족되었는지를 판단하여 설문을 해결한다.

Ⅱ 부작위위법확인소송 인용판결의 재처분의무

1. 부작위위법확인소송의 의의·소송의 성질

부작위위법확인소송이라 함은 행정청의 부작위가 위법하다는 것을 확인하는 소송을 말한다. 행정소송법은 부작위위법확인소송을 항고소송의 하나로 규정하고 있지만 그 실질은 확인소송이라고 보아야 할 것이다.

2. 심리의 범위

(1) 학설

1) 절차적 심리설
부작위의 정의규정에 비추어, 부작위의 위법 여부만을 심사하여야 하며 만약 실체적인 내용을 심리한다면 그것은 의무이행소송을 인정하는 결과가 되어 정당하지 않다는 견해이다. 이 견해는 '일정한 처분을 하여야 할 의무'는 신청에 대한 응답의무라고 해석한다.

2) 실체적 심리설
무용한 소송의 반복을 피하기 위해서 신청의 실체적인 내용을 심사하여 처리방향을 제시해야 한다고 한다. 이 견해는 '일정한 처분을 하여야 할 의무'는 신청에 따른 처분을 하여 줄 의무라고 해석한다.

(2) 판례
판례는 "부작위위법확인소송은 행정청의 부작위 내지 무응답이라고 하는 소극적인 위법상태를 제거하는 것을 목적으로 하는 것"이라고 하여 절차적 심리설을 취하는 것으로 보인다.

(3) 검토
의무이행소송을 인정하지 않고 부작위위법확인소송만을 인정한 입법취지 및 부작위의 정의규정에 비추어 볼 때, 부작위의 위법 여부만이 심판의 범위에 포함되는 것으로 봄이 타당하다.

3. 인용판결의 기속력(재처분의무)

본안심리의 결과 원고의 부작위위법확인청구가 이유 있다고 인정하는 경우에는 인용판결을 내리며, 기속력이란 판결의 취지에 따라 처분해야 할 의무를 말한다. 이에 판결의 취지의 해석과 관련하여 견해의 대립이 있다.

(1) 절차적 심리설
판결의 취지는 부작위의 위법을 시정하여 어떠한 처분이라도 하라는 것이므로 단순히 신청에 대한 응답의무로만 족하다고 한다. 따라서 다시 거부하더라도 기속력에 반하지 않는다.

(2) 실체적 심리설
판결의 취지는 신청된 특정의 처분을 하라는 것이므로 기속행위의 경우는 사인이 신청한 대로 처분을 하는 것이고, 재량행위의 경우에는 하자 없는 재량권을 행사할 의무라고 한다.

(3) 검토
이는 결국 본안심리 범위와 관련된 문제로서 현행 행정소송법의 태도가 단순한 응답의무만을 심리한다고 했을 때 절차적 심리설이 타당하다. 입법론으로는 실효성 있는 권리구제를 위하여 의무이행소송을 도입하여야 할 것이다.

Ⅲ 간접강제의 요건검토(행정소송법 제34조)

1. 간접강제의 의의 및 취지
부작위위법확인판결에 따른 재처분의무를 이행하지 않는 경우에, 손해배상의무를 부과하여 재처분의무를 간접적으로 강제하는 제도이다. 부작위위법확인판결의 실효성을 확보함에 제도적 취지가 인정된다.

2. 요건
① 부작위위법확인판결이 확정될 것, ② 재처분의무를 이행하지 않는 경우일 것을 요건으로 하고, ③ 1심 수소법원은 당사자의 신청에 의하여 결정으로서 상당한 기간을 정하고, 행정청이 그 기간 내에 이행하지 아니하는 때에는 그 지연기간에 따라 일정한 배상을 할 것을 명하거나 즉시 손해배상할 것을 명할 수 있다(간접강제 결정).

3. 절차
간접강제의 결정에도 불구하고 해당 행정청이 판결의 취지에 따른 처분을 아니하는 경우에 신청인은 그 간접강제 결정을 집행권으로 하여 집행문을 부여받아 이행강제금을 강제집행할 수 있다.

4. 배상금의 성질과 추심
① 판례는 배상금은 재처분지연에 대한 손해배상이 아니라 이행에 대한 심리적 강제수단으로 보며, ② 일정기간 경과 시는 금전채권의 집행방법으로 추심하나, 기간경과 후 재처분이 있는 경우에는 특별한 사정이 없는 한 심리적 강제를 꾀할 목적이 상실되어 더 이상 배상금 추심을 할 수 없다고 한다.

Ⅳ 사안의 해결

부작위위법확인소송은 부작위의 위법 여부만을 심리하므로(절차적 심리설), 이에 따를 때 응답의무가 재처분의무가 된다고 볼 수 있다. 국토교통부장관의 사업인정거부처분은 갑의 사업인정 신청에 대한 응답으로 볼 수 있으며, 이에 따라 부작위의 위법상태는 해소된 것으로 판단된다. 따라서 국토교통부장관은 재처분의무를 이행하였는바, 법원은 국토교통부장관에게 손해배상의무를 부과할 수 없을 것이다.

형성력(제3자효 및 일부취소)

> **사례 66** 형성력
>
> 경원자 관계에 있는 사업시행자 '갑'과 '을'은 서울시 서초구 방배동 일대의 철도역사사업을 하고자 관련법령상 적합한 시설과 기술을 갖추고 국토교통부장관에게 사업인정을 신청하였다. 국토교통부장관은 해당 사항을 검토한 후, 갑의 사업인정 신청은 거부하고 을에게 사업인정처분을 하였다. 갑이 제기한 취소소송에서 승소판결을 받았다면, 승소판결의 효력이 을에게 미치는가? 만약 을에게도 승소판결의 효력이 미친다면 행정소송법상 을을 보호할 수 있는 방법은 무엇인지 설명하시오.
>
> 15점

1. 쟁점의 정리
2. 확정판결의 효력이 을에게 미치는지
   (1) 제3자의 범위
   (2) 사안의 경우
3. 행정소송법상 을의 보호방법
   (1) 제3자의 소송참가(행정소송법 제16조 제1항 및 제2항)
   (2) 제3자의 재심청구(행정소송법 제31조)
   (3) 사안의 경우

1. 쟁점의 정리

계쟁처분 또는 재결의 취소판결이 확정된 때에는 해당 처분 또는 재결은 처분청의 취소를 기다릴 것 없이 당연히 효력을 상실하는데, 이를 형성력이라 한다. 또한 행정소송법 제29조 제1항에서는 "처분 등을 취소하는 확정판결은 제3자에 대하여도 효력이 있다."라고 규정하고 있으므로 제3자의 범위에 을이 해당되는지가 문제되며, 만약 소송에 참가하지 않은 을이 제3자에 해당되어 확정판결의 효력을 받게 된다면 을의 보호방법이 문제된다.

2. 확정판결의 효력이 을에게 미치는지 여부

(1) 제3자의 범위

제3자의 범위와 관련하여 소송참가인 및 판결과 법적 이해관계를 맺는 자로 보는 견해가 있으나(상대적 형성력설), 모든 제3자를 의미하는 것으로 보는 것이 타당(절대적 형성력설)하며 이것이 일반적 견해이다.

판례도 '행정처분의 취소판결이 제3자에 대하여도 효력이 있다는 뜻은 제3자라 하더라도 그 취소판결의 존재와 취소판결에 의하여 형성되는 법률관계를 용인하여야 한다.'는 것이라고 하여 취소판결의 제3자효를 인정하고 있다.

(2) 사안의 경우

취소소송의 형성력은 소송참가자를 포함한 모든 제3자에게 대하여 미치는 것으로 봄이 합당하므로, 을은 갑의 소송에 참가하지 않았다 하더라도 갑의 취소판결의 효력에 영향을 받는다고 할 것이다.

3. 행정소송법상 을의 보호방법

취소판결의 효력이 제3자에게도 미침으로 인하여 제3자가 불측의 손해를 입을 수 있으므로 행정소송법은 제3자의 권리를 보호하기 위하여 제3자의 소송참가제도(제16조)와 제3자의 재심청구제도(제31조)를 인정하고 있다.

(1) 제3자의 소송참가(행정소송법 제16조 제1항 및 제2항)

법원은 소송의 결과에 따라 권리 또는 이익의 침해를 받을 제3자가 있는 경우에는 당사자 또는 제3자의 신청 또는 직권에 의하여 결정(미리 당사자 및 제3자의 의견을 들어야 한다)으로써 그 제3자를 소송에 참가시킬 수 있다.

(2) 제3자의 재심청구(행정소송법 제31조)

처분 등을 취소하는 판결에 의하여 권리 또는 이익의 침해를 받은 제3자는 자기에게 책임없는 사유로 소송에 참가하지 못함으로써 판결의 결과에 영향을 미칠 공격 또는 방어방법을 제출하지 못한 때에는 이를 이유로 확정된 종국판결(확정판결이 있음을 안 날로부터 30일 이내, 판결이 확정된 날로부터 1년 이내)에 대하여 재심의 청구를 할 수 있다. 청구기간은 불변기간으로 한다.

(3) 사안의 경우

을은 직접 또는 사업시행자의 신청 및 법원의 결정으로써 소송에 참여하여 자신의 법률상 이익을 방어할 수 있으며, 소송에 참가하지 못한 경우에는 확정판결이 있음을 안 날로부터 30일, 판결이 확정된 날로부터 1년 이내에 재심청구를 할 수 있을 것이다.

사례 67 일부취소

사업시행자 갑은 택지개발사업을 시행하였고, 행정청은 「개발이익 환수에 관한 법률」에 따라 개발부담금 납부를 명하였다. 그 후 개시시점 당시의 개별공시지가가 제곱미터당 10,000원에서 12,000원으로 변경 고시되었다. 갑은 개별공시지가 변경에 따른 개발부담금 중 일부에 대한 취소를 구할 수 있는가? [10점]

Ⅰ 쟁점의 정리
Ⅱ 일부취소의 가능 여부
  1. 취소소송에서의 인용판결
  2. 일부취소의 의미
    (1) 문제점
    (2) 학설
      1) 소극적 변경설
      2) 적극적 변경설
    (3) 판례
    (4) 결어(소극적 변경설)
  3. 일부취소의 가능성(일부취소의 인정기준)
Ⅲ 사안의 해결

Ⅰ 쟁점의 정리

사업시행자 갑은 택지개발사업을 시행한 바, 「개발이익 환수에 관한 법률」에 따라 개발부담금을 납부해야 한다. 그런데 개시시점의 지가가 높아진 경우라면 그에 상응하는 만큼 개발부담금도 낮아져야 하므로 종전에 부과된 개발부담금의 일부취소가 가능한지가 문제된다.

Ⅱ 일부취소의 가능 여부

1. 취소소송에서의 인용판결

취소소송에서 인용판결이라 함은 취소법원이 본안심리의 결과 원고의 취소청구 또는 변경청구가 이유 있다고 인정하는 경우, 해당 처분의 전부 또는 일부를 취소하는 판결을 말한다.

2. 일부취소의 의미

(1) 문제점

취소소송의 인용판결로 처분을 적극적으로 변경하는 것이 가능한지에 대하여 견해가 대립되고 있다. 행정소송법 제4조 제1호에서 취소소송을 행정청의 위법한 처분 등을 취소 또는 변경하는 소송으로 정의하고 있는데, 여기에서 '변경'이 소극적 변경(일부취소)을 의미하는지 아니면 적극적 변경을 의미하는지의 문제가 제기된다.

(2) 학설

1) 소극적 변경설

행정소송법 제4조 제1호의 '변경'을 소극적 변경(일부취소)으로 보는 견해의 근거는 다음과 같다. 적극적 형성판결은 권력분립의 관점에서는 이행판결에 비하여 보다 문제가 있고, 현행 행정소송법이 의무이행소송을 규정하고 있지 않다는 점을 고려하여 취소소송에 있어서의 '변경'은 소극적 변경으로서의 일부취소로 본다.

2) 적극적 변경설

행정소송법 제4조 제1호의 '변경'을 적극적 변경으로 보는 견해는 권력분립주의를 실질적으로 이해하면 법원이 위법한 처분을 취소하고 새로운 처분을 내용으로 하는 판결을 하는 것도 가능하다고 본다.

(3) 판례

판례는 이 '변경'은 소극적 변경, 즉 일부취소를 의미하는 것으로 보고 있다(대판 1964.5.19. 63누177).

(4) 결어(소극적 변경설)

현행 행정소송법이 권력분립을 고려하여 의무이행소송을 도입하지 않았고, 적극적 변경판결은 법원이 처분권을 행사하는 것과 같은 결과를 가져오므로 명문의 규정이 없는 한 처분내용을 적극적으로 변경하는 취소판결을 인정하지 않는 것이 타당하다.

3. 일부취소의 가능성(일부취소의 인정기준)

처분의 일부만이 위법한 경우에 위법한 부분만의 일부취소가 가능한지가 문제된다. 처분의 일부취소의 가능성은 일부취소의 대상이 되는 부분의 분리취소가능성에 따라 결정된다. 외형상 하나의 행정처분이라 하더라도 가분성이 있다면 그 일부만의 취소도 가능하고 그 일부의 취소는 해당 취소부분에 한하여 효력이 생긴다.

Ⅲ 사안의 해결

개발부담금은 「개발이익 환수에 관한 법률」에 따라 부과되는 것으로서, 개시시점의 지가는 개별공시지가를 기준으로 산정된다. 따라서 개별공시지가가 10,000원에서 12,000원으로 변경 공시된 경우라면 법원은 개시시점의 지가만을 10,000원에서 12,000원으로 변경하여 올바른 개발부담금을 산정하여 일부취소를 할 수 있을 것이다.

Chapter 03 기판력 및 선결문제

📝 사례 68 선결문제 및 기판력

감정평가사 갑은 자격증을 타인에게 대여하였다는 이유로 국토교통부장관으로부터 6개월의 업무정지처분을 받았다. 그러나 사실은 사무실의 다른 감정평가사인 을이 자격증을 타인에게 임의로 대여한 것을 착오로 잘못 인정하여 갑에게 업무정지처분을 내린 것이다. 40점

(1) 갑은 이 처분으로 인한 재산상의 손해를 서울지방민사법원에 청구하고자 한다. 갑의 소송에 대해 해당 민사법원은 업무정지처분의 위법성을 심사할 수 있는가? 20점

(2) 갑은 이때에 먼저 행정쟁송의 제기방법을 택하여 취소심판을 거쳐, 서울행정법원에 해당 처분의 취소소송을 제기하였다. 그러나 청구가 기각되자 갑은 항소를 포기하고, 바로 서울지방민사법원에 손해배상청구소송을 제기하였다. 서울행정법원의 판결은 서울지방민사법원의 판결에 영향을 미치는가? 20점

(설문 1)의 해결
Ⅰ 쟁점의 정리
Ⅱ 행정작용의 위법성 검토
　1. 대상 행정작용의 검토
　2. 행정작용의 위법성 검토
Ⅲ 민사법원의 심리범위
　1. 선결문제 논의
　2. 공정력과 구성요건적 효력
　3. 민사법원의 심리범위
　　(1) 문제점
　　(2) 행정행위의 효력을 부인해야 하는 경우
　　(3) 행정행위의 위법성 확인이 문제인 경우
　　　1) 학설
　　　2) 판례
　　　3) 검토
Ⅳ 사안의 해결

(설문 2)의 해결
Ⅰ 쟁점의 정리
Ⅱ 취소소송의 기판력
　1. 기판력의 의의
　2. 기판력의 범위
　　(1) 주관적 범위
　　(2) 객관적 범위
　　(3) 시간적 범위
　3. 기판력이 후소에 미치는 영향
　　(1) 학설
　　　1) 전부기판력 긍정설
　　　2) 일부기판력 긍정설
　　　3) 기판력 부정설
　　(2) 검토
Ⅲ 사안의 해결

(설문 1)의 해결

I 쟁점의 정리

당사자가 행정쟁송의 제기 이전에 행정상 손해배상의 소송을 먼저 제기하는 경우에는 손해배상소송의 전제요건인 행정작용의 위법성 여부에 대하여 심사하여야 하는 문제가 발생한다. 이를 선결문제라 한다.

II 행정작용의 위법성 검토

1. 대상 행정작용의 검토

사안에서 문제가 되는 것은 업무정지처분이며, 감정평가사법 제27조를 위반한 행위를 대상으로 하여 동법 제39조(징계)에 근거하여 발령되고 있다. 이때의 업무정지처분은 감정평가사법 제39조 표현상 재량행위이다.

2. 행정작용의 위법성 검토

업무정지처분은 처분청의 착오에 기인하여 발령되고 있다. 이는 행정행위의 주체인 공무원의 의사표시상의 하자로서 취소사유에 해당하는 행위이다.

III 민사법원의 심리범위

1. 선결문제 논의

선결문제는 소송의 본안사건 판단을 위해 필수적인 전제로 되는 문제를 말하며, 민사법원이나 형사법원이 행정행위의 위법성이나 무효 여부나 부존재 등을 심리할 수 있는가 하는 문제로서 나타나게 된다.

2. 공정력과 구성요건적 효력

구성요건적 효력이란 유효한 행정행위가 존재하는 한, 모든 행정기관과 법원은 그 행정행위와 관련된 자신들의 결정에 해당 행위의 존재와 효과를 인정해야 하고 그 내용에 구속되는데, 이와 같은 구속력을 구성요건적 효력이라고 한다. 공정력은 행정행위의 상대방에 대한 구속력을 말하는데, 제3자에 대한 구속력은 구속요건적 효력과 관련되므로 이하에서는 이를 적용한다.

3. 민사법원의 심리범위

(1) 문제점

행정소송법 제11조에서는 처분 등의 효력 유무 또는 존재 여부는 민사소송의 수소법원이 이를 심리·판단할 수 있다고 규정하나, 단순 위법인 경우는 명문의 규정이 없는바 학설, 판례의 검토가 필요하다.

(2) 행정행위의 효력을 부인해야 하는 경우

이때에 선결문제로서 위법한 행정행위의 효력 자체를 부인할 수 있는가의 여부가 제기될 때에는 해당 민사 또는 형사법원은 이를 선결문제로서 심리할 수 없다고 보는 것이 일반적이다.

(3) 행정행위의 위법성 확인이 문제인 경우

1) 학설

① 행정소송법 제11조 제1항을 제한적으로 해석하고, 구성요건적 효력은 행정행위의 적법성 추정력을 의미하므로 부정하는 견해와 ② 행정소송법 제11조 제1항을 예시적으로 해석하고, 구성요건적 효력은 유효성 통용력을 의미한다고 하여 긍정하는 견해가 있다.

2) 판례

계고처분이 위법임을 이유로 손해배상을 청구한 사안에서 행정처분의 취소판결이 있어야만 손해배상을 청구할 수 있는 것은 아니라고 보아 긍정설의 입장을 취하고 있다.

3) 검토

생각건대 민사법원이 위법성을 확인해도 행정행위의 효력을 부정하는 것이 아니므로 긍정설이 타당하며, 소송경제적인 이유와 개인의 권리보호의 관점에서도 타당하다고 볼 것이다.

Ⅳ 사안의 해결

설문 (1)과 관련하여 다수 견해 및 판례와 마찬가지로 민사법원이나 형사법원이 행정행위의 위법성을 확인할 수 있다고 보는 것이 타당하므로, 사안에서 서울민사법원은 업무정지처분의 위법성을 심리할 수 있다고 보아야 한다. 단, 민사법원의 행정행위의 위법성 확인의 효력은 해당 사건에 한하여 그치는 것이며 일반적 효력을 발생하지 않으므로, 당사자가 직접적으로 행정쟁송을 통하여 다투는 길이 봉쇄되는 것은 아니다.

(설문 2)의 해결

I 쟁점의 정리

설문 (2)에서는 갑은 위법한 업무정지처분에 대하여 우선 취소소송을 제기하고 있다. 그러나 패소판결에 대하여 상소를 포기함으로써 판결의 형식적 확정력과 실질적 확정력(즉 기판력)이 발생하고 있다. 이는 전소인 행정소송 판결의 기판력이 후소인 손해배상소송에 어떠한 영향을 미치는가 하는 문제로 정리할 수 있다.

Ⅱ 취소소송의 기판력

1. 기판력의 의의
기판력이란 행정소송의 대상인 소송물에 관한 법원의 판단이 내려져서 이 판단이 형식적 확정력을 갖게 된 경우에, 법원이 동일한 소송물을 대상으로 하는 후소에 있어서 종전의 판단에 모순되는 결정을 할 수 없으며, 소송의 당사자와 이들의 승계인들도 종전의 판단에 반하는 주장을 할 수 없는 효력을 말한다. 이는 판결의 형식적 확정력의 존재를 항상 전제로 한다.

2. 기판력의 범위

(1) 주관적 범위
판결의 기판력이 미치는 인적 범위는 소송의 당사자와 그 승계인에 한정된다. 또한 행정소송에서의 보조참가를 하는 경우이므로 보조참가인에게도 기판력이 미친다고 보아야 할 것이다. 판례도 같은 입장을 나타내고 있다.

(2) 객관적 범위
판결의 기판력은 그 법적 범위에 있어서 소송물과 판결의 주문에 포함된 것에 한하여 인정된다.

(3) 시간적 범위
판결의 기판력에서 시간적 범위의 문제는 기판력이 어느 시점에서 확정된 사실 및 법률관계에 관하여 효력을 발생하는가에 관한 것이다. 이에 대해서는 판결을 내리는 데에 근거가 되는 자료의 제출시한이 사실심 변론의 종결 시까지이므로 이 시점을 기준으로 하여 발생한다고 본다.

3. 기판력이 후소에 미치는 영향

(1) 학설

1) 전부기판력 긍정설
이 견해는 전소인 취소소송 판결내용에 상관없이(즉 청구기각과 청구인용 여부를 불문하고) 취소소송 판결내용은 후소인 손해배상소송에 대해서도 기판력이 발생한다고 본다.

2) 일부기판력 긍정설
이 견해는 전소인 취소소송 판결내용이 당사자의 청구인용인 경우에는 후소인 손해배상청구소송에 대해서 기판력이 발생하지만, 판결내용이 청구기각인 경우에는 전소의 기판력은 후소에 미치지 않는다고 본다.

3) 기판력 부정설
이 견해는 전소인 취소판결의 내용이 청구기각이든 청구인용이든 불문하고 그 기판력이 후소에서 발생하지 않는다고 본다.

(2) 검토

기판력의 취지는 전소의 확정판결의 효력을 동일한 법적 분쟁을 대상으로 하는 후소에 있어서도 관철하려고 하는 것이므로, 전소의 소송물이 후소에서 선결문제로 나타나는 경우인 본 논의에서도 청구기각이든 청구인용이든 불문하고 전소의 기판력은 인정되어야 할 것이다. 즉, 서로 실질적인 관련이 있는 두 소송은 서로 모순되거나 배치되지 않고 해결되는 것이 분쟁의 통일적 해결을 위하여 필요하다.

Ⅲ 사안의 해결

따라서 전소의 기판력을 인정하는 입장에 따를 때에 설문 (2)에서 민사법원은 행정법원의 판결내용에 구속받게 되므로 갑의 민사소송제기는 청구기각되어야 할 것이다.
(설문에서는 기판력 전부긍정설을 취했으나 일부긍정설을 취하는 경우에는 손해배상청구소송에서의 위법성 범위가 넓으므로 인용될 수 있다고 하셔도 무방합니다.)

사례 69 선결문제 및 기판력

국토교통부장관 甲이 서울특별시 관악구 대학동 일부 지역에 국민임대주택 단지 건설을 계획하고 건설할 사업자를 물색하던 중에 乙과 丙이 '공익사업을 위한 토지 등의 취득 및 보상에 관한 법률'의 규정에 따라 주택건설사업의 사업인정을 신청하였다. 이에 甲은 乙과 丙의 신청서를 검토하여 기술력이나 공급능력이 앞선 乙을 사업시행자로 결정하여 통보하였다. 그 후에 사업승인신청에서 탈락한 丙이 甲에게 乙이 사업승인신청서를 사실과 다르게 거짓으로 위조하여 작성하여 제출하였다고 투서를 하였고, 甲은 이를 믿고 乙에게 사업인정에 대한 취소를 통보하였다. 그러나 그 투서는 잘못된 것임이 밝혀졌다. 40점

(1) 乙이 사업인정취소처분으로 인한 재산상의 손해에 대해 국가배상청구소송을 제기한 경우 국가배상청구소송의 수소법원은 사업승인취소처분이 위법함을 판단할 수 있는가? 20점

(2) 만약 乙이 사업승인취소에 대한 행정소송을 먼저 제기하여 행정법원의 판결이 확정된 경우라면 그 효력이 국가배상 수소법원의 판결에 영향을 미치는가? 20점

(설문 1)의 해결
Ⅰ 쟁점의 정리
Ⅱ 공정력(구성요건적 효력)과 선결문제
  1. 문제점
  2. 선결문제의 의의
  3. 공정력과 구성요건적 효력
    (1) 공정력
    (2) 구성요건적 효력
    (3) 검토
  4. 민사사건과 선결문제
    (1) 행정행위의 효력 유무가 쟁점인 경우(부당이득반환청구소송의 경우)
    (2) 행정행위의 위법 여부가 쟁점인 경우(국가배상청구소송의 경우)
      1) 학설
      2) 판례
      3) 검토
Ⅲ 사안의 해결

(설문 2)의 해결
Ⅰ 쟁점의 정리
Ⅱ 판결의 효력(기판력)
  1. 실질적 확정력(기판력)의 의의 및 취지
  2. 내용
  3. 효력범위
    (1) 주관적 범위
    (2) 객관적 범위
    (3) 시적 범위
Ⅲ 기판력과 국가배상소송
  1. 문제소재
  2. 기판력과 국가배상소송
    (1) 학설
    (2) 검토
  3. 국가배상판결의 취소소송에 대한 기판력
Ⅳ 사안의 해결

(설문 1)의 해결

I 쟁점의 정리

설문은 국가배상청구소송의 수소법원이 행정처분의 위법성을 판단할 수 있는지를 묻고 있다. 위법한 처분이라 하더라도 권한 있는 기관에 의해 취소되기까지는 유효하게 통용되는 공정력(또는 구성요건적 효력)이 발생하므로, 국가배상의 수소법원이 처분의 위법성을 확인하거나 그 효력을 부인할 수 있는지를 선결문제로써 검토한다.

II 공정력(구성요건적 효력)과 선결문제

1. 문제점

행정소송법 제11조에서는 민사법원은 처분 등의 효력 유무 및 존재 여부를 심사할 수 있다고 규정하고 있으나, 단순위법인 경우에 대해서는 규정하고 있지 않으므로 민사법원이 단순위법을 확인하거나 위법한 행위의 효력을 부인할 수 있는지가 문제된다.

2. 선결문제의 의의

선결문제란 처분 등의 효력 유무 또는 위법 유무가 판결의 전제가 되는 문제이다.

3. 공정력과 구성요건적 효력

(1) 공정력

행정행위는 당연무효가 아닌 한 권한을 가진 기관에 의해 취소될 때까지, 행위의 상대방이나 제3자가 그 효력을 부인할 수 없는 일종의 구속력을 발생시키는 것을 말한다.

(2) 구성요건적 효력

유효한 행정행위가 존재하는 한, 모든 행정기관과 법원은 그 행정행위와 관련된 자신들의 결정에 해당 행위의 존재와 효과를 인정해야 하고, 그 내용에 구속되는데 이와 같은 구속력을 구성요건적 효력이라고 한다.

(3) 검토

공정력은 행정행위의 상대방에 대한 구속력이며 제3자에 대한 구속력은 구성요건적 효력으로 봄이 타당하므로 이하에서는 선결문제를 구성요건적 효력과 관련하여 해결한다.

4. 민사사건과 선결문제

(1) 행정행위의 효력 유무가 쟁점인 경우(부당이득반환청구소송의 경우)

① 무효인 행정행위는 구성요건적 효력이 없기 때문에 민사법원은 선결문제가 무효임을 전제

로 본안을 판단할 수 있다는 것이 학설과 판례의 입장이다. ② 그러나 단순위법인 경우에는 민사법원은 행정행위의 구성요건적 효력으로 인해 행정행위의 효력을 부인할 수 없다고 본다.

(2) 행정행위의 위법 여부가 쟁점인 경우(국가배상청구소송의 경우)

1) 학설

① 행정소송법 제11조 제1항을 제한적으로 해석하고, 구성요건적 효력은 행정행위의 적법성 추정력을 의미(위법성 판단은 취소소송의 본질적 내용이므로 취소소송의 수소법원이 아닌 법원은 행정행위의 위법성을 인정할 수 없다)하므로 위법 여부를 확인할 수 없다는 부정설과 ② 행정소송법 제11조 제1항을 예시적으로 해석하고, 구성요건적 효력은 유효성 통용력을 의미하므로 해당 행정행위의 위법성을 확인할 수 있다는 긍정설이 있다.

2) 판례

계고처분이 위법임을 이유로 손해배상을 청구한 사안에서 행정처분의 취소판결이 있어야만 손해배상을 청구할 수 있는 것은 아니라고 보아 긍정설의 입장을 취하고 있다.

3) 검토

생각건대 민사법원이 위법성을 확인해도 행정행위의 효력을 부정하는 것이 아니므로 긍정설이 타당하며, 소송경제적인 이유와 개인의 권리보호의 관점에서도 타당하다고 볼 것이다.

Ⅲ 사안의 해결

국가배상청구소송에서는 행정행위의 위법성 유무만이 심리대상이 되며, 이를 확인하는 것만으로 권리구제가 가능하다면 국가배상청구소송의 수소법원은 위법성을 확인할 수 있다고 보아야 할 것이다.

(설문 2)의 해결

Ⅰ 쟁점의 정리

설문은 사업인정취소에 대한 법원의 판결이 확정된 경우, 그 효력이 국가배상청구소송의 수소법원에 미치는지를 묻고 있다. 판결이 확정되면 동일사건에 대한 모순방지를 위한 구속력이 발생되는 바, 이를 살펴보고 국가배상청구소송에서의 수소법원이 행정소송에서의 취소(인용)판결에 구속되는지를 검토한다.

Ⅱ 판결의 효력(기판력)

1. 실질적 확정력(기판력)의 의의 및 취지

기판력이란 ① 판결이 확정된 후(동일 사건이 소송상 문제가 되었을 때) ② 소송당사자는 전소에 반하는 주장을 할 수 없고 ③ 후소법원도 전소에 반하는 판결을 할 수 없는 효력이다. 이는 소송절차의 무용한 반복을 방지하고 법적 안정성을 도모함에 취지가 인정된다.

2. 내용

① 당사자는 동일 소송물을 대상으로 소를 제기할 수 없으며(반복금지효), ② 후소에서 당사자는 전소에 반하는 주장을 할 수 없고, 법원은 전소에 반하는 판결을 할 수 없다(모순금지효).

3. 효력범위

(1) 주관적 범위

취소소송의 기판력은 당사자 및 이와 동일시할 수 있는 승계인과 보조참가자에게만 미치며 제3자에게는 미치지 않는다. 판례는 관계 행정청에도 미치는 것으로 보고 있다(대판 1992.12.8, 92누6891).

(2) 객관적 범위

일반적으로 기판력은 판결의 주문에 포함된 것에 한하여 인정된다(민사소송법 제216조). 다수와 판례는 소송물을 위법성 일반으로 보므로 기판력은 판결의 주문에 적시된 위법성 일반에 한하여 인정된다. 판단 그 자체에만 미치는 것이므로 전소와 후소가 그 소송물을 달리하는 경우에는 기판력이 미치지 않는다.

(3) 시적 범위

기판력은 사실심 변론의 종결 시를 기준으로 하여 발생한다. 처분청은 사실심 종결 이전에 주장할 수 있었던 사유를 내세워 확정판결과 저촉되는 처분을 할 수 없고 하여도 무효이다.

Ⅲ 기판력과 국가배상소송

1. 문제소재

취소판결의 위법성에 대한 기판력이 국가배상소송에서 가해행위의 위법성 판단에 영향을 미치는지가 문제된다(과실책임의 경우에는 행정행위의 위법성이 선결문제가 되므로 취소소송의 판결의 기판력이 국가배상소송에 미치는지 여부가 문제된다).

2. 기판력과 국가배상소송

(1) 학설

① 취소소송에서의 위법과 국가배상소송에서의 위법이 동일한 개념이라고 보는 협의의 행위위

법설에 의하면 취소판결 및 기각판결의 기판력은 국가배상소송에 미친다고 본다(기판력 긍정설). ② 국가배상청구소송의 위법을 취소소송의 위법과 다른 개념으로 보는 견해(상대적 위법성설 또는 결과위법설)에 의하면 취소판결의 기판력은 국가배상청구소송에 미치지 않는다고 본다(기판력 부정설). ③ 국가배상청구소송의 위법개념을 취소소송의 위법개념보다 넓은 개념(광의의 행위위법설)으로 본다면 인용판결의 기판력은 국가배상소송에 미치지만, 기각판결의 기판력은 국가배상소송에 미치지 않는다고 본다(제한적 긍정설).

(2) 검토
국가배상소송에서 취소된 처분 자체가 가해행위가 되는 취소소송의 인용판결의 기판력은 국가배상소송에 미친다고 보나, 취소된 처분 자체가 가해행위가 아니라 처분에 수반되는 손해방지의무 위반이 손해의 원인이 되는 경우에는 위법의 대상이 다르므로 처분의 취소판결의 기판력은 처분에 수반되는 손해방지의무 위반으로 인한 손해에 대한 국가배상청구소송에 미치지 않는다고 보아야 할 것이다(권리구제 측면에서 제한적 긍정설이 타당하다).

3. 국가배상판결의 취소소송에 대한 기판력
국가배상소송의 처분의 위법 또는 적법의 판단은 취소소송에 기판력을 미치지 아니한다. 국가배상소송에서의 위법 또는 적법은 기판력이 미치는 소송물이 아니기 때문이다.

IV 사안의 해결
행정소송과 국가배상청구소송은 각 심급법원을 달리하나, 양 소송에서의 위법성은 동일한 대상을 심리대상으로 한다는 점에서 각 소송의 모순방지를 예방할 필요가 인정된다고 할 것이다. 따라서 권리구제의 길을 넓히는 것이 실질적 법치주의 이념과도 부합하는 바, 국가배상청구소송에서의 위법성 개념이 행정소송의 위법성 개념보다 넓은 것으로 이해해야 할 것이다. 설문상 취소소송의 인용판결이 있으므로, 국가배상청구소송의 수소법원은 이를 기초하여 판결해야 할 것이다.

사례 70 선결문제(형사사건)

갑은 서초구 방배동 204-1(전, 400제곱미터), 205-1번지(임야, 1,000제곱미터)를 소유하고 있었다. 1986.1.24. 204-1번지에 2층 규모의 무허가건물(주거용, 건폐율 20%)을 건축하였고, 205-1번지는 을에게 임대하였다. 을은 3층 규모의(샌드위치판넬조, 판넬지붕) 공장을 건축할 계획으로 해당 임야를 대지로(관계법령의 적법한 허가 없이) 형질변경을 하였다. 그 후, 2013.1.7. 갑소유의 토지 2필지가 도로사업 부지로 수용되면서 204-1번지는 2억('전' 기준), 205-1번지는 1억('임야' 기준)으로 보상금이 결정되었다.

국토교통부장관이 도로사업의 원활한 시행을 위하여 갑에게 205-1번지를 원상복구하도록 시정명령을 하였으나 갑은 불법형질변경은 자신이 아닌 을이 시행한 것이므로 자신은 원상복구 명령을 이행할 이유가 없음을 이유로 아무런 조치를 취하지 아니하고 있다. 국토교통부장관이 해당 시정명령의 불이행을 이유로 갑을 서울형사지방법원에 기소한 경우, 형사법원은 갑에게 어떠한 판결을 하여야 하는가? 20점

Ⅰ 쟁점의 정리
Ⅱ 형사법원이 시정명령의 위법성을 심사할 수 있는지 여부
　1. 선결문제의 의의
　2. 공정력과 구성요건적 효력
　　(1) 공정력
　　(2) 구성요건적 효력
　　(3) 검토
　3. 형사사건과 선결문제
　　(1) 행정행위의 효력 유무가 쟁점인 경우
　　　1) 학설
　　　2) 판례
　　　3) 검토
　　(2) 행정행위의 위법 여부가 쟁점인 경우
　　　1) 학설
　　　2) 판례
　　　3) 검토
Ⅲ 사안의 해결(법원의 판결)

Ⅰ 쟁점의 정리

형사법원이 갑에게 유죄를 선고하기 위해서는 갑에게 '시정명령 불이행'이라는 위법성이 인정되어야 한다. 시정명령은 불법형질변경의 당사자인 을에게 행해져야 하나 불법형질변경의 당사자가 아닌 갑에게 행해진 것은 위법하다고 할 것이다. 따라서 형사법원이 시정명령의 위법성을 심리할 수 있는지 여부에 따라서 결과가 달라질 것이므로, 형사법원이 시정명령의 위법성을 심사할 수 있는지(선결문제)를 검토하여 설문을 해결한다.

Ⅱ 형사법원이 시정명령의 위법성을 심사할 수 있는지 여부

1. 선결문제의 의의

선결문제란 소송에서 본안판단을 함에 있어서 그 해결이 필수적으로 전제가 되는 법문제를 말한다. 행정소송법 제11조에서는 민사법원은 처분 등의 효력 유무 및 존재 여부를 심사할 수 있다고 규정하고 있으나, 단순위법인 경우에 대해서는 규정하고 있지 않으므로 민사법원 또는 형사법원이 선결문제로서 행정행위의 위법 또는 유효 여부를 판단하거나 행정행위의 효력을 부인할 수 있는지가 문제된다.

2. 공정력과 구성요건적 효력

(1) 공정력

행정행위는 당연무효가 아닌 한 권한을 가진 기관에 의해 취소될 때까지, 행위의 상대방이나 제3자가 그 효력을 부인할 수 없는 일종의 구속력을 발생시키는 것을 말한다.

(2) 구성요건적 효력

유효한 행정행위가 존재하는 한, 모든 행정기관과 법원은 그 행정행위와 관련된 자신들의 결정에 해당 행위의 존재와 효과를 인정해야 하고 그 내용에 구속되는데, 이와 같은 구속력을 구성요건적 효력이라고 한다.

(3) 검토

공정력은 행정행위의 상대방에 대한 구속력이며 제3자에 대한 구속력은 구성요건적 효력으로 봄이 타당하므로 이하에서는 선결문제를 구성요건적 효력과 관련하여 해결한다.

> 공정력과 선결문제의 관계의 문제는 종래의 통설에 의해 공정력의 대상이 행정행위의 상대방뿐만 아니라 국가기관도 된다고 보는 경우에 제기된다. 따라서 공정력과 구성요건적 효력을 구분하는 견해에 의하면 민사법원과 형사법원에서의 선결문제는 구성요건적 효력과 관련이 있으므로 구성요건적 효력과 관련하여 논하기로 한다.

3. 형사사건과 선결문제

(1) 행정행위의 효력 유무가 쟁점인 경우

행정행위의 위법성이 무효인 경우에는 이의 효력을 부인할 수 있으나, 취소사유인 경우에도 이의 효력을 부인할 수 있는지가 문제된다.

1) 학설

① 다수설은 형사법원은 해당 행정행위의 구성요건적 효력으로 인해 효력을 부인할 수 없다고 하나, ② 일설은 피고인의 인권보장이 고려되어야 하고 신속한 재판을 받을 권리가

보장되어야 한다는 형사소송의 특수성을 이유로 형사재판에서는 구성요건적 효력이 미치지 않는다고 본다.

2) 판례

미성년자라서 결격자인 피고인의 운전면허는 당연무효가 아니고, 취소가 되지 않는 한 유효하므로 무면허운전에 해당하지 않는다고 하여 부정설의 입장이다.

3) 검토

명문의 규정이 없는 한 인권보장을 위하여 형사법원이 위법한 행정행위의 효력을 부인하고 범죄의 성립을 부인할 수 있는 것으로 보는 것이 타당하므로 긍정설이 타당하다.

(2) 행정행위의 위법 여부가 쟁점인 경우

1) 학설

① 행정소송법 제11조 제1항을 제한적으로 해석하고, 구성요건적 효력은 행정행위의 적법성 추정력을 의미(위법성 판단은 취소소송의 본질적 내용이므로 취소소송의 수소법원이 아닌 법원은 행정행위의 위법성을 인정할 수 없다)하므로 위법 여부를 확인할 수 없다는 부정설과 ② 행정소송법 제11조 제1항을 예시적으로 해석하고, 구성요건적 효력은 유효성 통용력을 의미하므로 해당 행정행위의 위법성을 확인할 수 있다는 긍정설이 있다.

2) 판례

토지를 형질변경한 자도 아닌 자에 대한 원상복구의 시정명령은 위법하다 할 것이고 그 처분이 당연무효가 아니라 하더라도 그것이 위법한 처분으로 인정되는 한 (구)도시계획법 위반죄가 성립될 수 없다고 판시한 바 있다(대판 1992.8.18, 90도1709).

3) 검토

국민의 권리구제 측면에서 행정행위의 위법성을 확인하는 것은 행정행위의 효력을 부인하는 것은 아니므로 구성요건적 효력에 반하지 않는다고 보는 것이 타당하다.

Ⅲ 사안의 해결(법원의 판결)

갑소유 토지의 형질을 무단으로 변경한 자는 갑이 아니라 갑으로부터 토지를 임차한 을임에도 불구하고 그 형질을 변경한 자도 아닌 갑에 대하여 발하여진 시정명령은 위법하다 할 것이다. 형사법원은 이러한 위법성을 심사할 수 있으므로, 갑이 위법한 위 시정명령을 따르지 않았다고 하여 처벌할 수는 없다 할 것이므로 무죄판결을 내릴 것이다.

📝 **사례 71** 선결문제(형사사건)

감정평가사 甲은 모처럼 가족들과 함께 가족휴가촌으로 휴가를 갔다. 자신이 운전하고 간 승용차는 민박집 주차장에 주차하여 둔 채 휴가촌 잔디밭에 텐트를 치고 술을 마시다가 뒤에 주차되어 있던 다른 차량의 진로를 열어주기 위하여 자신의 승용차를 운전하여 바로 옆에 있는 다른 민박집 마당으로 10m 정도 이동하던 중 뒤따라오던 차량의 운전자와 시비가 벌어지자 2시간 정도 통로에 차량을 주차하여 후행차량의 통행을 방해하였다. 이때 출동한 경찰관 乙은 甲에게 3차례에 걸쳐 음주측정을 요구하였으나 甲은 이에 불응하였다. 甲은 자신이 정차한 곳은 민박업자들이 민박집까지 차량이 들어 올 수 있도록 군도에 연결하여 만든 폭 2.6m의 사도에 불과하므로 사설도로에 있어서의 경찰권의 개입은 인정할 수 없다고 하며 음주측정을 거부하였다. 이로 인해 甲은 도로교통법 제93조 제1항 제3호 규정에 따라 2009.2.23. 운전면허취소처분을 받았다. 이러한 상황에서 甲은 ① 위 사설도로상에서 경찰관은 음주측정을 할 수 없고, ② 자신의 차량 뒤에 주차한 다른 차량의 진로를 열어주기 위하여 부득이 해당 음주운전을 하게 되었으며, 그 운전 거리도 약 10m에 불과한 경우까지 음주측정을 요구한 것은 과도한 것이며, ③ 경찰의 운전면허취소처분은 가족의 생계를 책임지고 있는 자신의 입장에서는 너무 가혹하다고 주장하고 있다. 甲은 설문의 ①, ②, ③의 이유에 근거하여 자신에 대한 운전면허취소처분은 잘못된 것이라고 판단하고 이에 따르지 아니하다가 2009.8.27. 자동차를 운행하다 무면허운전죄로 기소되었다. 이때, 형사법원은 甲에 대해 무죄를 선고할 수 있는지를 논하시오(운전면허취소처분에는 취소사유의 하자가 있음을 전제로 할 것). 20점

Ⅰ 쟁점의 정리
Ⅱ 형사법원의 위법 여부의 심사가능성 등
  1. 문제점
  2. 선결문제의 의의 및 유형
  3. 공정력과 구성요건적 효력
    (1) 공정력
    (2) 구성요건적 효력
    (3) 검토
  4. 형사사건과 선결문제(행정행위의 효력 유무가 쟁점인 경우)
    (1) 학설
    (2) 판례
    (3) 검토
Ⅲ 사안의 해결

Ⅰ 쟁점의 정리

본 문제는 행정처분의 선결문제(형사사건에 있어서의)에 관한 문제이다. 즉, 교통경찰관의 피고인에 대한 운전면허취소처분의 적법성이 도로교통법상 무면허운전죄의 구성요건에 해당하므로 甲이 이 처분을 위법한 것으로 보아 위법 처분에 따르지 아니하고 운행한 것은 죄가 성립되지 않는다고 주장하는 경우, 형사법원은 해당 행정행위의 위법여부를 심사하여 위 처분의 위법성을 심리하여 피고인 甲에게 무죄를 선고할 수 있느냐의 문제이다.

Ⅱ 형사법원의 위법 여부의 심사가능성 등

1. 문제점

행정소송법 제11조에서는 민사법원은 처분 등의 효력 유무 및 존재 여부를 심사할 수 있다고 규정하고 있으나, 단순위법인 경우에 대해서는 규정하고 있지 않으므로 민사법원이 단순위법을 확인하거나 위법한 행위의 효력을 부인할 수 있는지가 문제된다. 형사법원에 대하여도 위 논의가 그대로 인정될 것이다.

2. 선결문제의 의의 및 유형

선결문제란 처분 등의 효력 유무 또는 위법 유무가 판결의 전제가 되는 문제이다. 선결문제의 유형에는 ① 행정행위의 효력 유무가 쟁점인 경우와, ② 위법 여부가 쟁점인 경우가 있는데, 설문은 면허의 효력이 문제가 되므로 효력 유무가 관련된다고 할 것이다.

3. 공정력과 구성요건적 효력

(1) 공정력

행정행위는 당연무효가 아닌 한 권한을 가진 기관에 의해 취소될 때까지, 행위의 상대방이나 제3자가 그 효력을 부인할 수 없는 일종의 구속력을 발생시키는 것을 말한다.

(2) 구성요건적 효력

유효한 행정행위가 존재하는 한, 모든 행정기관과 법원은 그 행정행위와 관련된 자신들의 결정에 해당 행위의 존재와 효과를 인정해야 하고, 그 내용에 구속되는데 이와 같은 구속력을 구성요건적 효력이라고 한다.

(3) 검토

공정력은 행정행위의 상대방에 대한 구속력이며 제3자에 대한 구속력은 구성요건적 효력으로 봄이 타당하므로 이하에서는 선결문제를 구성요건적 효력과 관련하여 해결한다.

4. 형사사건과 선결문제(행정행위의 효력 유무가 쟁점인 경우)

행정행위의 위법성이 무효인 경우에는 이의 효력을 부인할 수 있으나, 취소사유인 경우에도 이의 효력을 부인할 수 있는지가 문제된다.

(1) 학설

① 다수설은 형사법원은 해당 행정행위의 구성요건적 효력으로 인해 효력을 부인할 수 없다고 하나, ② 일설은 피고인의 인권보장이 고려되어야 하고 신속한 재판을 받을 권리가 보장되어야 한다는 형사소송의 특수성을 이유로 형사재판에서는 구성요건적 효력이 미치지 않는다고 본다.

(2) 판례

미성년자라서 결격자인 피고인의 운전면허는 당연무효가 아니고, 취소가 되지 않는 한 유효하므로 무면허운전에 해당하지 않는다고 하여 부정설의 입장이다.

(3) 검토

명문의 규정이 없는 한 인권보장을 위하여 형사법원이 위법한 행정행위의 효력을 부인하고 범죄의 성립을 부인할 수 있는 것으로 보는 것이 타당하므로 긍정설이 타당하다.

Ⅲ 사안의 해결

설문상 운전면허취소처분에는 취소사유의 하자가 존재하며, 이러한 하자가 존재함에도 이의 효력을 부인하지 못하여 무면허운전으로 인한 처벌을 하게 된다면 甲에게 수인한도를 넘어서는 가혹한 결과를 초래하는 것으로 볼 수 있다. 따라서 이러한 경우에는 인권보호를 위하여 운전면허취소처분의 효력을 부인하여 甲에게 무죄를 선고하여야 할 것이다.

📝 위법 여부를 쟁점으로 풀이하는 경우

Ⅰ. 쟁점의 정리

본 문제는 행정처분의 선결문제(형사사건에 있어서의)에 관한 문제이다. 즉, 교통경찰관의 피고인에 대한 운전면허취소처분의 적법성이 도로교통법상 무면허운전죄의 구성요건에 해당하므로 甲이 이 처분을 위법한 것으로 보아 위법 처분에 따르지 아니하고 운행한 것은 죄가 성립되지 않는다고 주장하는 경우, 형사법원은 해당 행정행위의 위법여부를 심사하여 위 처분의 위법성을 심리하여 피고인 甲에게 무죄를 선고할 수 있느냐의 문제이다.

Ⅱ. 형사법원의 위법 여부의 심사가능성 등

1. 문제점

행정소송법 제11조에서는 민사법원은 처분 등의 효력 유무 및 존재 여부를 심사할 수 있다고 규정하고 있으나, 단순위법인 경우에 대해서는 규정하고 있지 않으므로 민사법원이 단순위법을 확인하거나 위법한 행위의 효력을 부인할 수 있는지가 문제된다. 형사법원에 대하여도 위 논의가 그대로 인정될 것이다.

2. 선결문제의 의의 및 유형

선결문제란 처분 등의 효력 유무 또는 위법 유무가 판결의 전제가 되는 문제이다. 선결문제의 유형에는 ① 행정행위의 효력 유무가 쟁점인 경우와, ② 위법 여부가 쟁점인 경우가 있는데, 설문은 행정처분의 위법 여부가 문제된다고 할 것이다.

3. 공정력과 구성요건적 효력

(1) 공정력

행정행위는 당연무효가 아닌 한 권한을 가진 기관에 의해 취소될 때까지, 행위의 상대방이나 제3자가 그 효력을 부인할 수 없는 일종의 구속력을 발생시키는 것을 말한다.

(2) 구성요건적 효력
유효한 행정행위가 존재하는 한, 모든 행정기관과 법원은 그 행정행위와 관련된 자신들의 결정에 해당 행위의 존재와 효과를 인정해야 하고, 그 내용에 구속되는데 이와 같은 구속력을 구성요건적 효력이라고 한다.

(3) 검토
공정력은 행정행위의 상대방에 대한 구속력이며 제3자에 대한 구속력은 구성요건적 효력으로 봄이 타당하므로 이하에서는 선결문제를 구성요건적 효력과 관련하여 해결한다.

4. 형사사건과 선결문제(행정행위의 위법 여부가 쟁점인 경우)

(1) 학설
① 행정소송법 제11조 제1항을 제한적으로 해석하고, 구성요건적 효력은 행정행위의 적법성 추정력을 의미(위법성 판단은 취소소송의 본질적 내용이므로 취소소송의 수소법원이 아닌 법원은 행정행위의 위법성을 인정할 수 없다)하므로 위법 여부를 확인할 수 없다는 부정설과 ② 행정소송법 제11조 제1항을 예시적으로 해석하고, 구성요건적 효력은 유효성 통용력을 의미하므로 해당 행정행위의 위법성을 확인할 수 있다는 긍정설이 있다.

(2) 판례
토지의 형질변경한 자도 아닌 자에 대한 원상복구의 시정명령은 위법하다 할 것이고 그 처분이 당연무효가 아니라 하더라도 그것이 위법한 처분으로 인정되는 한 (구)도시계획법 위반죄가 성립될 수 없다고 판시한 바 있다.

(3) 검토
국민의 권리구제 측면에서 행정행위의 위법성을 확인하는 것은 행정행위의 효력을 부인하는 것은 아니므로 구성요건적 효력에 반하지 않는다고 보는 것이 타당하다.

III. 사안의 해결
설문상 운전면허취소처분에는 취소사유의 하자가 존재하며, 이러한 하자가 존재함에도 이를 확인하지 못하여 무면허운전으로 인한 처벌을 하게 된다면 甲에게 수인한도를 넘어서는 가혹한 결과를 초래하는 것으로 볼 수 있다. 따라서 형사법원이 행정행위의 위법성을 심리하고 판단할 수 있다는 통설에 따르면 형사법원은 甲에게 무죄를 선고할 것이다.

Chapter 04 사정판결

📝 **사례 72** 사정판결

서울시 노원구 상계3동 일대의 재개발지구에서 2020.2. 재개발정비사업조합설립인가 및 재개발사업시행인가 신청을 하였다. 이에 국토교통부장관은 2020.8. 재개발구역 내 토지면적 및 토지 및 건축물소유자의 2/3 이상의 동의가 있는 것으로 판단하여 조합설립 및 사업시행 인가처분을 하였다. 그러나 위 토지 및 건축물소유자 일부가 그 동의를 철회하여 인가처분 당시에는 소유자 총수의 2/3 이상의 동의요건을 갖추지 못하였다는 이유로 조합설립 및 사업시행인가처분의 취소를 구하였다. 그런데 법원의 심리가 진행될 당시에는 90% 이상의 소유자가 재개발사업의 속행을 바라고 있다. 이와 같은 상황에서 법원은 사정판결을 할 수 있는가? 20점

Ⅰ 쟁점의 정리
Ⅱ 사정판결의 요건 충족 여부
  1. **사정판결의 의의**
  2. **사정판결의 요건**
    (1) 취소소송일 것
    (2) 처분의 위법성
    (3) 처분 등을 취소함이 현저히 공공복리에 적합하지 않을 것
  3. **심판**
    (1) 주장 및 입증책임

    (2) 공익성 판단기준 시
    (3) 사정조사
    (4) 처분이 위법함을 주문에 명시
    (5) 소송비용의 피고부담
  4. **구제방법의 병합**
    (1) 의의
    (2) 병합의 성질
Ⅲ 사안의 해결

Ⅰ 쟁점의 정리

사정판결은 원칙적으로 인용판결을 하여야 할 것을 공익보호를 위해 기각판결을 하는 것이므로, 이 제도는 법치주의 및 재판에 의한 권리보호라는 헌법원칙에 대한 중대한 예외를 이루는 것이므로, 그 요건은 엄격하게 해석되어야 한다. 따라서 이하에서는 사정판결의 요건충족 여부를 중점으로 검토하고자 한다.

Ⅱ 사정판결의 요건 충족 여부

1. 사정판결의 의의

원고의 청구가 이유 있다고 인정되는 경우에는 원칙적으로 인용판결을 하여야 할 것이다. 그러나 원고의 청구가 이유 있는 경우에도 처분 등을 취소하는 것이 현저히 공공복리에 적합하지 아니하다고 인정하는 때에는 법원은 그 청구를 기각할 수 있는바(행정소송법 제28조), 이를 사정판결이라 한다.

2. 사정판결의 요건

(1) 취소소송일 것

사정판결은 당사자소송, 객관적 소송, 무효확인소송에서는 인정되지 않고 취소소송에서만 인정된다는 것이 통설과 판례의 입장이다. 일부견해는 무효와 취소의 구별이 상대적이고, 처분이 무효로 확인됨으로 인하여 현저하게 불합리한 결과를 초래하는 경우도 생각할 수 있다는 점 등을 이유로 무효확인소송에도 적용되어야 한다는 주장을 하고 있으나, 무효인 처분에 대해서까지 사정판결을 허용하는 것은 당사자의 권리보호라는 관점에서 볼 때 너무 지나친 결과이기 때문에 불합리하다.

(2) 처분의 위법성

사정판결은 본안심리를 통해 원고의 청구가 이유 있을 것, 즉 처분이 위법하여야 한다. 처분의 위법여부는 처분 시를 기준으로 판단한다. 따라서 처분시점 이후에 발생한 법 및 사실상태의 변경으로 인하여 처분이 판결 시의 현행법상 적법하게 된 경우라도 상관이 없다. 처분이 적법하다고 판명된 경우에는 청구 기각하게 되므로 사정판결의 여지가 없다.

(3) 처분 등을 취소함이 현저히 공공복리에 적합하지 않을 것

어떠한 경우에 청구인용의 판결을 함이 현저히 공공복리에 적합하지 않은지에 관하여 구체적인 기준을 정할 수 있는 것은 아니나, 위법한 행정처분의 효력을 유지하는 것 자체가 당연히 공공의 복리를 저해하는 것이므로, 위법한 처분을 취소하지 않고 방치함으로써 발생하는 공익침해의 정도보다 위법처분을 취소함으로써 발생하는 새로운 공익침해의 정도가 월등히 큰 경우라 할 것이다.

예컨대, 처분이 위법하기는 하나 이미 집행되어 버렸고, 그로 말미암아 다수 관계인 사이에 새로운 사실관계, 법률관계가 형성되어 이를 뒤엎을 경우 그로 인한 손해가 크고, 이에 비하면 위법한 처분으로 불이익을 받은 자의 손해의 정도는 비교적 근소하여 다른 방법으로 그 손해를 보충할 수 있다고 인정되는 경우이어야 할 것이다.

결국 해당 법원이 구체적인 사건에 임하여 처분의 집행으로 인한 기존의 상태존중, 손해의 정도, 그 보전방법의 난이도 등을 고려하여 구체적으로 결정하여야 할 것이다.

3. 심판

(1) 주장 및 입증책임

당사자의 명백한 주장이 없는 경우에도 일건기록에 나타난 사실을 기초로 하여 법원이 직권으로 석명권을 행사하거나 증거조사를 하여 사정판결을 할 수 있으며, 사정판결을 할 사정에 관한 주장 및 입증책임은 피고 행정청에 있다고 할 것이다.

(2) 공익성 판단기준 시

처분에 대한 적법 여부 판단은 처분 시를 기준으로 하지만 사정판결을 하여야 할 공익성 판단은 변론종결 시를 기준으로 한다.

(3) 사정조사

사정판결을 함에 있어서는 미리 원고가 그로 인하여 입게 될 손해의 정도와 배상방법 그 밖의 사정을 조사하여야 한다(행정소송법 제28조 제2항). 이는 사정판결의 요건인 공익에 관한 비교형량을 위한 심리가 되는 동시에 부수조치를 하기 위한 심리도 된다.

(4) 처분이 위법함을 주문에 명시

사정판결을 하는 경우에 그 처분의 위법함을 주문에 명시하여야 한다(행정소송법 제28조 제1항 후문). 이는 처분의 위법함에 대한 기판력이 미치게 하기 위한 것이다. 따라서 이를 명시함이 없이 청구를 기각함은 위법하다.

(5) 소송비용의 피고부담

사정판결에 의하여 원고의 청구를 기각하는 경우에 그 소송비용은 피고의 부담으로 한다(행정소송법 제32조).

4. 구제방법의 병합

(1) 의의

처분 등이 위법한 이상 사정판결로 원고의 청구가 기각되더라도 처분 등의 위법 자체가 치유되는 것은 아니라 할 것이므로, 그로 인한 손해를 전보하고 손해의 발생 내지 확대를 막기 위한 제해시설의 설치 기타 구제방법이 강구되어야 한다. 이를 위하여 원고는 피고인 행정청이 속하는 국가 또는 공공단체를 상대로 손해배상, 제해시설의 설치 그 밖에 적당한 구제방법의 청구를 해당 취소소송 등이 계속된 법원에 병합하여 제기할 수 있다.

(2) 병합의 성질

원고로서는 피고가 사정판결을 구하는 항변을 하는 경우에 만일의 경우를 대비하여 처분 등이 취소되지 않을 경우를 전제로 부수조치에 관한 예비적 청구를 추가적으로 병합하게 되고, 이 경우 손해배상, 제해시설의 설치 등의 부수조치의 상대방은 피고 행정청이 아닌 국가 또는 공공단체이므로 주관적, 예비적 병합의 형태를 취하게 된다.

사정판결에 따른 손해의 산정시점은 처분 시가 아니라 변론종결 시가 기준이 된다.

Ⅲ 사안의 해결

이 사건의 경우 조합설립 및 사업시행에 동의하였던 일부 소유자들이 그 동의를 철회하여 인가처분 당시는 법정수의 동의를 얻지 못하였다고 하여도 그 후 90% 이상의 소유자가 재개발사업의 속행을 바라고 있다는 점, 도시 및 주거환경정비법에 따른 재개발사업의 공익목적 및 당연히 조합원의 지위를 가지고 있는 원고들이 다른 조합원들에 비하여 특별한 불이익이 없는 점, 달리 조합원에게 부여된 권리 이외에 손해배상 등이 필요하다고 보이지 않는 점 등을 고려할 때, 법원은 원고의 청구를 기각하고 사정판결을 할 수 있을 것이다.

📝 사례 73 사정판결

춘천시는 팔당댐의 보호를 위하여 '팔당댐 주변 보호구역'을 행정계획으로 지정하였으며, 동 구역 내에 나대지를 소유하고 있는 갑은 자신의 재산권보호를 위하여 절차상의 하자를 이유로 동 계획의 무효확인소송을 제기하였다. 심리결과 무효사유의 하자가 인정되지만 팔당댐 주변을 보호할 공익이 크다고 판단되는 경우, 법원이 내릴 수 있는 판결에 대해서 설명하시오. [20점]

Ⅰ 개설
Ⅱ 사정판결의 의의 및 요건
  1. 사정판결의 의의(행정소송법 제28조)
  2. 사정판결의 요건
    (1) 원고의 청구가 이유 있을 것
    (2) 처분 등의 취소가 현저히 공공복리에 적합하지 않을 것
    (3) 당사자의 신청이 있을 것
Ⅲ 인정범위(무효인 경우의 가능 여부)
  1. 문제점
  2. 학설
  3. 판례
  4. 검토
Ⅳ 사정판결의 효과 등
  1. 사정판결의 효과
  2. 법원의 조치
Ⅴ 결(사정판결과 권리구제)

Ⅰ 개설

무효확인소송은 처분의 효력유무(무효)를 확인하는 소송을 말한다. 처분이 무효인 경우에도 법원이 사정판결을 내릴 수 있는지 검토한다.

Ⅱ 사정판결의 의의 및 요건

1. 사정판결의 의의(행정소송법 제28조)

사정판결이란 취소소송에 있어서 본안심리 결과, 원고의 청구가 이유 있다고 인정하는 경우에도 공공복리를 위하여 원고의 청구를 기각하는 판결을 말한다. 이는 법치주의에 대한 중대한 예외로서 그 요건은 엄격하게 해석되어야 한다.

2. 사정판결의 요건

(1) 원고의 청구가 이유 있을 것

사정판결은 원고의 청구가 이유 있음에도 불구하고 공공복리를 위하여 이를 기각하는 것이므로 처분의 위법성이 인정되어야 한다. 단, 무효인 경우에는 후술하는 경우와 같이 견해의 대립이 있다.

(2) 처분 등의 취소가 현저히 공공복리에 적합하지 않을 것

위법한 처분을 취소하여 개인의 권익을 구제할 필요와 그 취소로 인하여 발생할 수 있는 공공복리에 대한 현저한 침해를 비교·형량하여 결정하여야 한다.

(3) 당사자의 신청이 있을 것

판례는 당사자의 신청이 없더라도 직권으로 사정판결을 할 수 있다고 보고 있다.

Ⅲ 인정범위(무효인 경우의 가능 여부)

1. 문제점

행정소송법상 사정판결은 무효등확인소송에는 준용되고 있지 않는 바, 인정 여부에 관하여 견해가 대립된다.

2. 학설

① 긍정설은 무효와 취소의 구별이 상대적이고, 무효인 경우도 외관이 존재하므로 사정판결을 인정해야 할 경우가 있다고 하며, ② 부정설은 무효인 경우에는 존치시킬 효력이 없으며, 사정판결을 준용한다는 규정도 없으므로 부정해야 한다는 견해이다.

3. 판례

판례는 '당연무효의 행정처분을 소송목적물로 하는 행정소송에서는 존치시킬 효력이 있는 행정행위가 없기 때문에 행정소송법 제28조 소정의 사정판결을 할 수 없다.'고 판시한 바 있다.

4. 검토

사정판결은 처분 등이 위법함에도 불구하고 공익을 위하여 기각판결을 하는 법치주의의 중대한 예외인바, 무효인 경우까지 사정판결을 인정하는 것은 권리보호에 불리하므로 부정함이 타당하다.

Ⅳ 사정판결의 효과 등

1. 사정판결의 효과

사정판결은 원고의 청구를 기각하는 판결이므로 취소소송의 대상인 처분 등은 해당 처분이 위법함에도 그 효력이 유지된다.

2. 법원의 조치

판결의 주문에 ① 처분 등의 위법을 명시하고, ② 손해의 정도와 배상방법을 조사하여야 한다. ③ 사정판결은 원고의 주장이 이유 있음에도 공익을 위해서 하는 것인바 소송비용은 피고가 부담해야 한다.

Ⅴ 결(사정판결과 권리구제)

무효인 경우 존치시킬 효력이 없으므로 법원은 사정판결을 할 수 없고 무효확인판결을 해야 할 것이다.

감정평가 및 보상법규 기본사례노트 182선

- 1권 행정법 -

PART 07

기타

Chapter 01 국가배상청구
Chapter 02 당사자소송
Chapter 03 행정심판 관련
Chapter 04 기타

Chapter 01 국가배상청구

📝 **사례 74** 국가배상청구(요건, 선택적 청구)

토지수용위원회 위원인 공무원 甲은 토지수용에 대한 재결이 신청되자 이를 심리하는 과정에서 수용대상 토지에 자신의 친척 소유 토지가 있음을 확인하고, 사업시행자가 신청한 보상금보다 30% 높은 금액으로 손실보상금을 증액재결하였다. 이에 대해 사업시행자는 보상금액이 너무 높아서 사업을 진행할 수 없으며 이는 친척관계에 있는 갑이 위원으로 있기 때문이라고 주장했다. 30점

(1) 만약 을이 수용재결을 취소소송으로 다투지 않고, 사업을 진행하지 못하여 발생한 손해를 이유로 국가배상청구소송을 제기한다면 인용될 것인가? 10점

> **관련 규정**
>
> [토지보상법 제57조(위원의 제척·기피·회피)]
> ① 토지수용위원회의 위원으로서 다음 각 호의 어느 하나에 해당하는 사람은 그 토지수용위원회의 회의에 참석할 수 없다.
>   1. 사업시행자, 토지소유자 또는 관계인
>   2. 사업시행자, 토지소유자 또는 관계인의 배우자·친족 또는 대리인
>   3. 사업시행자, 토지소유자 및 관계인이 법인인 경우에는 그 법인의 임원 또는 그 직무를 수행하는 사람
> ② 사업시행자, 토지소유자 및 관계인은 위원에게 공정한 심리·의결을 기대하기 어려운 사정이 있는 경우에는 그 사유를 적어 기피(忌避) 신청을 할 수 있다. 이 경우 토지수용위원회의 위원장은 기피 신청에 대하여 위원회의 의결을 거치지 아니하고 기피 여부를 결정한다.
> ③ 위원이 제1항 또는 제2항의 사유에 해당할 때에는 스스로 그 사건의 심리·의결에서 회피할 수 있다.
> ④ 사건의 심리·의결에 관한 사무에 관여하는 위원 아닌 직원에 대하여는 제1항부터 제3항까지의 규정을 준용한다.

(2) 을은 국가 또는 공무원 갑에게 선택적으로 국가배상을 청구할 수 있는가? 20점

(설문 1)의 해결

Ⅰ 쟁점의 정리

Ⅱ 국가배상청구(공무원의 과실책임)요건의 검토
  1. 공무원의 위법행위로 인한 국가배상책임의 개념
  2. 요건(국가배상법 제2조)
  3. 사안의 경우

Ⅲ 사안의 해결

(설문 2)의 해결

Ⅰ 쟁점의 정리

Ⅱ 선택적 청구 행사의 가능 여부
  1. 국가배상청구소송(공무원의 과실책임)의 법적 성질
    (1) 학설   (2) 판례   (3) 검토
  2. 선택적 청구 행사의 가능 여부
    (1) 학설
      1) 자기책임설의 입장

```
        2) 대위책임설의 입장              (2) 판례
        3) 중간설의 입장                  (3) 검토(절충설)
        4) 절충설의 입장              Ⅲ 사안의 해결
```

(설문 1)의 해결

Ⅰ 쟁점의 정리

설문은 을이 제기한 국가배상청구소송의 인용가능성을 묻고 있다. 토지수용위원회위원 갑이 재결절차를 진행하면서 관련규정을 위반하였는지를 검토하여 설문을 해결한다.

Ⅱ 국가배상청구(공무원의 과실책임)요건의 검토

1. 공무원의 위법행위로 인한 국가배상책임의 개념

국가의 과실책임이란 공무원의 과실 있는 위법행위로 인하여 발생한 손해에 대한 배상책임을 말한다. 국가배상법 제2조에 근거규정을 둔다.

2. 요건(국가배상법 제2조)

국가배상법 제2조에 의한 국가배상책임이 성립하기 위하여는 ① 공무원이 직무를 집행하면서 타인에게 손해를 가하였을 것, ② 공무원의 가해행위는 고의 또는 과실로 법령에 위반하여 행하여졌을 것, ③ 손해가 발생하였고, 공무원의 불법한 가해행위와 손해 사이에 인과관계(상당인과관계)가 있을 것이 요구된다.

3. 사안의 경우

토지보상법 제57조 제1항에서는 관계인의 친족인 경우, 토지수용위원회의 회의에 참석할 수 없다고 규정하고 있으며, 동조 제3항에서는 위원 스스로 그 사건의 심리·의결에서 회피할 수 있다고 규정하고 있다. 그럼에도 불구하고, 갑은 직접 회의에 참석하여 30% 높은 금액으로 증액재결을 하였는바, 이는 직무상 고의 또는 과실에 해당된다고 볼 것이다.

Ⅲ 사안의 해결

설문에서 갑은 자신의 친족 토지에 대한 위법한 증액재결을 하여 사업을 진행할 수 없는 손해가 발생되었으므로, 을이 제기한 국가배상청구소송은 인용될 것이다.

(설문 2)의 해결

I 쟁점의 정리

설문은 을이 공무원 갑을 상대로 국가배상을 선택적으로 청구할 수 있는지를 묻고 있다. 설문의 해결을 위하여 국가배상청구소송의 법적 성질 및 갑에게 고의과실이 인정될 수 있는지를 검토한다.

II 선택적 청구 행사의 가능 여부

1. 국가배상청구소송(공무원의 과실책임)의 법적 성질

(1) 학설

① 대위책임설은 공무원의 위법한 행위는 국가의 행위로 볼 수 없으나 피해자보호를 위해 국가가 대신 부담한다고 하며, ② 자기책임설은 국가는 공무원을 통해 행위하므로[3] 그에 귀속되어 스스로 책임져야 한다고 한다. ③ 중간설은 공무원의 불법행위가 경과실인 경우는 자기책임으로 보며, 고의 중과실인 경우에는 기관행위로서의 품격을 상실하고 공무원 개인의 불법행위로 보아야 하므로 국가의 배상책임은 대위책임이라고 한다. ④ 절충설은 경과실의 경우에는 국가에 대해서만 고의·중과실인 경우에는 국가기관의 행위로 볼 수 없어 공무원만 책임을 지지만 직무상 외형을 갖춘 경우에는 피해자와의 관계에서 국가도 일종의 배상책임을 지므로 자기책임이라고 본다.

(2) 판례

명시적인 입장은 보이지 않으나 "고의·중과실의 경우에도 외관상 공무집행으로 보일 때에는 국가 등이 배상책임을 부담한다."고 하여 자기책임설을 취한 것으로 보인다.

(3) 검토

국가면책특권이 헌법상 포기되면서 국가배상책임이 인정되게 되었으며, 고의·중과실에 의한 경우라도 직무상 외형을 갖춘 경우라면 피해자와의 관계에서 국가기관의 행위로 인정할 수 있으므로 자기책임설이 타당하다고 본다.

2. 선택적 청구 행사의 가능 여부

(1) 학설

1) 자기책임설의 입장

논리적으로 보면 자기책임설은 가해행위는 국가의 행위인 동시에 가해공무원 자신의 행위이기에 선택적 청구가 인정된다(국가와 공무원의 책임은 독립하여 성립된다).

---

[3] 공무원의 직무상 불법행위는 기관의 불법행위가 되므로 국가는 기관인 공무원의 불법행위에 대하여 직접 자기책임을 진다.

2) 대위책임설의 입장

논리적으로 보면 대위책임설은 국가배상책임이 원래 공무원의 책임이지만 국가가 이를 대신하여 부담한다고 보기에 공무원의 대외적 배상책임은 부정된다.

3) 중간설의 입장

중간설은 ① 경과실이든 고의·중과실이든 국가가 배상하였기에 선택청구를 부정한다는 견해와, ② 경과실은 자기책임이기에 긍정하고 고의·중과실은 대위책임이기에 부정하는 견해가 있다.

4) 절충설의 입장

경과실의 경우에는 국가나 지방자치단체에 대해서만, 고의·중과실의 경우에는 공무원만 배상책임을 지지만, 후자의 경우 그 행위가 직무로서 외형을 갖춘 경우에는 피해자와의 관계에서 국가도 배상책임을 지기 때문에 이 경우 피해자는 공무원과 국가에 대해 선택적으로 청구할 수 있다.

(2) 판례

판례는 제한적 긍정설(절충설)을 취하고 있다. 국가 등이 국가배상책임을 부담하는 외에 공무원 개인도 고의 또는 중과실이 있는 경우에는 피해자에 대하여 그로 인한 손해배상책임을 부담하고, 가해공무원 개인에게 경과실만이 인정되는 경우에는 공무원 개인은 손해배상책임을 부담하지 아니한다고 보고 있다(대판 1996.2.15, 95다38677 全合).

(3) 검토(절충설)

공무원의 고의 또는 중과실로 인한 불법행위가 직무와 관련이 있는 경우에는 국가 등이 공무원 개인과 경합하여 배상책임을 부담하도록 하고, 공무원의 경과실은 직무수행상 통상 일어날 수 있는 것이므로 공무원 개인에게는 책임을 부담시키지 아니하는 것이 타당하다.

Ⅲ 사안의 해결

설문에서 갑은 자신의 친족 토지가 포함된 것을 알고 30% 높은 금액으로 보상재결을 하였으므로, 이는 고의 또는 중과실에 해당된다고 볼 수 있다. 따라서 을은 갑에게 손해배상을 청구할 수 있을 것이다.

Chapter 02 당사자소송

📝 사례 75   당사자소송 종류

행정소송규칙 제19조에서는 손실보상에 대한 당사자소송을 규정하고 있다. 각 소송에 대해서 설명하고 법적 성질을 비교하시오. 20점

> **🎯 관련 규정**
>
> [행정소송규칙]
>
> **제19조(당사자소송의 대상)**
> 당사자소송은 다음 각 호의 소송을 포함한다.
> 1. 다음 각 목의 손실보상금에 관한 소송
>   가. 「공익사업을 위한 토지 등의 취득 및 보상에 관한 법률」제78조 제1항 및 제6항에 따른 이주정착금, 주거이전비 등에 관한 소송
>   나. 「공익사업을 위한 토지 등의 취득 및 보상에 관한 법률」제85조 제2항에 따른 보상금의 증감(增減)에 관한 소송
>   다. 「하천편입토지 보상 등에 관한 특별조치법」제2조에 따른 보상금에 관한 소송
>
> [토지보상법]
>
> **제78조(이주대책의 수립 등)**
> ① 사업시행자는 공익사업의 시행으로 인하여 주거용 건축물을 제공함에 따라 생활의 근거를 상실하게 되는 자(이하 "이주대책대상자"라 한다)를 위하여 대통령령으로 정하는 바에 따라 이주대책을 수립·실시하거나 이주정착금을 지급하여야 한다.
>
> **제78조(이주대책의 수립 등)**
> ⑥ 주거용 건물의 거주자에 대하여는 주거 이전에 필요한 비용과 가재도구 등 동산의 운반에 필요한 비용을 산정하여 보상하여야 한다.
>
> **제85조(행정소송의 제기)**
> ② 제1항에 따라 제기하려는 행정소송이 보상금의 증감(增減)에 관한 소송인 경우 그 소송을 제기하는 자가 토지소유자 또는 관계인일 때에는 사업시행자를, 사업시행자일 때에는 토지소유자 또는 관계인을 각각 피고로 한다.
>
> [하천편입토지 보상 등에 관한 특별조치법]
>
> **제2조(적용대상)**
> 다음 각 호의 어느 하나에 해당하는 경우 중 「하천구역편입토지 보상에 관한 특별조치법」제3조에 따른 소멸시효의 만료로 보상청구권이 소멸되어 보상을 받지 못한 때에는 특별시장·광역시장 또는 도지사(이하 "시·도지사"라 한다)가 그 손실을 보상하여야 한다.
> 1. 법률 제2292호 하천법 개정법률의 시행일 전에 토지가 같은 법 제2조 제1항 제2호가목에 해당되어 하천구역으로 된 경우

2. 법률 제2292호 하천법 개정법률의 시행일부터 법률 제3782호 하천법 중 개정법률의 시행일 전에 토지가 법률 제3782호 하천법 중 개정법률 제2조 제1항 제2호 가목에 해당되어 하천구역으로 된 경우
3. 법률 제2292호 하천법 개정법률의 시행으로 제방으로부터 하천 측에 있던 토지가 국유로 된 경우
4. 법률 제892호 하천법의 시행일부터 법률 제2292호 하천법 개정법률의 시행일 전에 제방으로부터 하천 측에 있던 토지 또는 제방부지가 국유로 된 경우

[하천구역편입토지 보상에 관한 특별조치법]
제3조(보상청구권의 소멸시효)
제2조의 규정에 의한 보상청구권의 소멸시효는 2003년 12월 31일에 만료된다.

Ⅰ 쟁점의 정리
Ⅱ 당사자소송의 의의 및 종류
  1. 의의 및 종류
  2. 실질적 당사자소송
  3. 형식적 당사자소송
Ⅲ 유형별 손실보상청구소송의 법적 성질
  1. 이주정착금, 주거이전비 등(이사비)
    (1) 이주정착금, 주거이전비 등의 의의 및 법적 성질
    (2) 발생시점
    (3) 손실보상청구소송의 성질
      1) 재결 전(공법상 당사자소송)
      2) 재결 후(보상금증감청구소송)
  2. 보상금증감청구소송
    (1) 의의
    (2) 보상금증감청구소송의 대상
    (3) 형식적 당사자소송
    (4) 확인급부소송
  3. 하천편입토지 보상 등에 관한 특별조치법에 따른 손실보상청구소송
    (1) 손실보상청구권의 법적 성질
    (2) 손실보상청구소송의 성질
Ⅳ 각 소송의 비교
  1. 손실보상청구권의 발생원인
  2. 손실보상청구권의 법적 성질
  3. 손실보상청구권의 청구절차

Ⅰ 쟁점의 정리

손실보상이란 공용침해에 의해 가하여지는 특별한 희생에 대한 공평부담 견지에서 행해지는 전보이며, 수용은 통상 행정청의 결정에 의해 행해지지만, 직접 법률의 규정에 의해 행해지는 경우(입법적 수용)도 있다.
이하, 각 손실보상청구권을 실현할 수 있는 당사자소송의 종류를 검토하고 각 소송을 비교 설명한다.

Ⅱ 당사자소송의 의의 및 종류

1. 의의 및 종류

당사자소송이라 함은 공법상 법률관계의 주체가 당사자가 되어 다투는 공법상 법률관계에 관한 소송을 말한다. 실질적 당사자소송과 형식적 당사자 소송으로 나뉜다.

2. 실질적 당사자소송

실질적 당사자소송이라 함은 공법상 법률관계에 관한 소송으로서 그 법률관계의 주체를 당사자로 하는 소송을 말한다. 공법상 법률관계 그 자체가 소송물이 된다.

3. 형식적 당사자소송

형식적 당사자소송이란 처분이 원인이 되어 형성된 법률관계를 다투는 소송을 말한다. 처분청을 피고로 하지 않고 법률관계의 한쪽 당사자를 피고로 제기하는 소송이다. 처분의 효력 부인을 전제로 하므로 실질적 당사자소송과 구분된다.

Ⅲ 유형별 손실보상청구소송의 법적 성질

1. 이주정착금, 주거이전비 등(이사비)

(1) 이주정착금, 주거이전비 등의 의의 및 법적 성질

이주정착금은 주거용 건축물을 제공하는 자에 대한 종전 주거이익을 향휴시키기 위한 보상이며, 주거이전비와 이사비는 주거이전에 필요한 비용과 가재도구 등 동산의 운반에 필요한 비용을 보상하는 것으로 사업시행을 원활하게 하려는 정책적 목적을 도모한다. 따라서 이는 공법상 권리이고 강행규정이다.

(2) 발생시점

이주정착금에 대한 발생시점은 법령상 규정되어 있지 않지만 이주대책에 관한 계획이 수립된 이후부터 발생된다고 봄이 타당하며, 주거이전비와 이사비는 그 요건을 충족하는 경우에 당연히 발생하는 것으로 보아야 한다.

(3) 손실보상청구소송의 성질

도시 및 주거환경정비법령상 현금청산자인 소유자는 이주정착금, 주거이전비, 이사비 지급대상이 되며, 각 권리는 요건을 충족하는 경우 발생되기에 이에 기초하여 손실보상청구소송의 성질을 설명한다.

1) 재결 전(공법상 당사자소송)

각 권리는 공법상의 권리이므로 재결 이전이라면 공법상 당사자소송으로 다투어야 한다.

2) 재결 후(보상금증감청구소송)

재결 이후에는 토지보상법상 이의신청 및 보상금증감청구소송에 의한다.

2. 보상금증감청구소송

(1) 의의

보상금의 증감에 대한 소송으로서 사업시행자, 토지소유자는 각각 피고로 제기하며(제85조 제2항), ① 보상재결의 취소 없이 보상금과 관련된 분쟁을 일회적으로 해결하여, ② 신속한 권리구제를 도모함에 취지가 있다.

(2) 보상금증감청구소송의 대상

토지보상법 제9조(사업준비를 위한 출입의 허가 등), 제24조(사업인정의 실효), 제42조(재결의 실효), 제34조(편입되는 토지 등), 제80조(그 밖의 토지에 관한 보상 등) 다양한 원인에 기한 토지수용위원회의 재결을 대상으로 한다.

(3) 형식적 당사자소송

보상금증감소송의 성질에 대해서 항고소송으로 보는 견해와 당사자소송으로 보는 견해의 대립이 있었으나 현행 토지보상법 제85조에서는 재결청을 공동피고에서 제외하여 형식적 당사자소송임을 규정하고 있다.

(4) 확인급부소송

판례는 해당 소송을 이의재결에서 정한 보상금이 증액, 변경될 것을 전제로 하여 기업자를 상대로 보상금의 지급을 구하는 확인·급부소송으로 보고 있다.

3. 하천편입토지 보상 등에 관한 특별조치법에 따른 손실보상청구소송

(1) 손실보상청구권의 법적 성질

하천법 등에서 하천구역으로 편입된 토지에 대하여 손실보상청구권을 규정한 것은 헌법 제23조 제3항이 선언하고 있는 손실보상청구권을 구체화한 것으로서, 하천법 그 자체에 의하여 직접 사유지를 국유로 하는 이른바 입법적 수용이라는 국가의 공권력 행사로 인한 토지소유자의 손실을 보상하기 위한 것으로 그 법적 성질은 공법상의 권리이다.

(2) 손실보상청구소송의 성질

해당 규정에 의한 손실보상청구권은 관리청의 보상금지급결정에 의하여 비로소 발생하는 것은 아니므로, 행정소송법 제3조 제2호 후단 소정의 공법상의 법률관계에 관한 소송으로서 그 법률관계의 한쪽 당사자를 피고로 하는 당사자소송에 의하여야 할 것이다(2004다6207).

Ⅳ 각 소송의 비교

1. 손실보상청구권의 발생원인

생활보상의 일환인 이주정착금, 주거이전비, 이사비 및 하천편입토지에 대한 손실보상청구권은 법률요건이 충족되는 경우에 발생되나, 보상금증감청구소송의 대상인 손실보상청구권은 재결청의 재결을 원인으로 발생된다.

이주정착금, 주거이전비, 이사비의 경우 법률요건이 충족되는 경우 손실보상청구권이 발생되나 이에 대한 재결이 있는 경우에는 재결로 인해 손실보상청구권이 확정된다.

2. 손실보상청구권의 법적 성질

이주정착금, 주거이전비, 이사비와 보상금증감청구소송의 대상이 되는 손실보상청구권은 공법상 권리이다. 하천법상 손실보상청구권은 종래 사법상 권리로 보던 것을 최근 판례는 공법상 권리로 보고 있다.

3. 손실보상청구권의 청구절차

재결이 없는 이주정착금, 주거이전비, 이사비와 하천법상 손실보상청구는 실질적 당사자소송으로 각 권리의 확인 또는 이행청구를 할 수 있으며, 재결이 있는 이주정착금, 주거이전비, 이사비와 보상금증감청구소송의 대상이 되는 손실보상청구권은 형식적 당사자소송에 의하여 정당보상을 확인하고 그 지급의 이행을 청구할 수 있다.

> **대법원 2006.5.18, 2004다6207**
>
> [1] 법률 제3782호 하천법 중 개정법률(이하 '개정 하천법'이라 한다)은 그 부칙 제2조 제1항에서 개정 하천법의 시행일인 1984. 12. 31. 전에 유수지에 해당되어 하천구역으로 된 토지 및 구 하천법(1971. 1. 19. 법률 제2292호로 전문 개정된 것)의 시행으로 국유로 된 제외지 안의 토지에 대하여는 관리청이 그 손실을 보상하도록 규정하였고, '법률 제3782호 하천법 중 개정법률 부칙 제2조의 규정에 의한 보상청구권의 소멸시효가 만료된 하천구역 편입토지 보상에 관한 특별조치법' 제2조는 개정 하천법 부칙 제2조 제1항에 해당하는 토지로서 개정 하천법 부칙 제2조 제2항에서 규정하고 있는 소멸시효의 만료로 보상청구권이 소멸되어 보상을 받지 못한 토지에 대하여는 시·도지사가 그 손실을 보상하도록 규정하고 있는바, 위 각 규정들에 의한 손실보상청구권은 모두 종전의 하천법 규정 자체에 의하여 하천구역으로 편입되어 국유로 되었으나 그에 대한 보상규정이 없었거나 보상청구권이 시효로 소멸되어 보상을 받지 못한 토지들에 대하여, 국가가 반성적 고려와 국민의 권리구제 차원에서 그 손실을 보상하기 위하여 규정한 것으로서, 그 법적 성질은 하천법 본칙(本則)이 원래부터 규정하고 있던 하천구역에의 편입에 의한 손실보상청구권과 하등 다를 바 없는 것이어서 공법상의 권리임이 분명하므로 그에 관한 쟁송도 행정소송절차에 의하여야 한다.
>
> 한편, 개정 하천법 부칙 제2조와 특별조치법 제2조, 제6조의 각 규정들을 종합하면, 위 규정들에 의한 손실보상청구권은 1984. 12. 31. 전에 토지가 하천구역으로 된 경우에는 당연히 발생되는 것이지, 관리청의 보상금지급결정에 의하여 비로소 발생하는 것은 아니므로, 위 규정들에 의한 손실보상금의 지급을 구하거나 손실보상청구권의 확인을 구하는 소송은 행정소송법 제3조 제2호 소정의 당사자소송에 의하여야 할 것이다.

대법원 2019.4.23, 2018두55326 판결

가. 관련 법리

1) 주택재개발정비사업 시행자의 현금청산대상자에 대한 이주정착금, 주거이전비, 이사비 지급의무

도시정비법 제38조는 주택재개발정비사업의 시행자에 대하여 정비사업의 시행을 위하여 필요한 경우 정비구역 안의 토지나 물건 등을 수용할 수 있도록 규정하고 있고, 제40조 제1항 본문은 그 수용 등에 관하여 도시정비법에 특별한 규정이 있는 경우를 제외하고는 토지보상법의 규정을 준용하도록 하고 있다.

한편 토지보상법은 제78조 제1항에서 "사업시행자는 공익사업의 시행으로 인하여 주거용 건축물을 제공함에 따라 생활의 근거를 상실하게 되는 자(이하 '이주대책대상자'라고 한다)를 위하여 대통령령으로 정하는 바에 따라 이주대책을 수립·실시하거나 이주정착금을 지급하여야 한다."라고 규정하고, 제5항에서는 "주거용 건물의 거주자에 대하여는 주거이전에 필요한 비용과 가재도구 등 동산의 운반에 필요한 비용을 산정하여 보상하여야 한다."라고 규정하고 있다. 위 각 규정에 따라 이주대책대상자, 공익사업시행지구에 편입되는 주거용 건축물의 소유자, 거주자에 대하여 보상하여야 할 이주정착금, 주거이전비 및 이사비의 구체적 지급요건과 금액에 관하여는 같은 법 시행령 제41조와 같은 법 시행규칙 제53조 제2항, 제54조 제1항 본문 및 제55조 제2항 등에서 규정하고 있다.

이러한 규정들을 종합하면, 도시정비법상 주택재개발정비사업의 시행자는 그 사업과 관련하여 주거용 건축물이 수용되고 그에 따라 생활의 근거를 상실하게 된 소유자에 대하여 그가 비록 현금청산대상자에 해당하더라도 위 각 규정이 정한 바에 따라 이주정착금, 주거이전비 및 이사비를 지급할 의무가 있다고 봄이 상당하다(대법원 2013.1.10, 2011두19031 판결, 대법원 2013.1.24, 2011두21720 판결 등 참조).

2) 이주정착금 등의 청구와 소송의 형태

토지보상법 제2조, 제78조에 의하면, 세입자는 사업시행자가 취득 또는 사용할 토지에 관하여 임대차 등에 의한 권리를 가진 관계인으로서, 공익사업을 위한 토지 등의 취득 및 보상에 관한 법률 시행규칙(이하 '토지보상법 시행규칙'이라 한다) 제54조 제2항 본문에 해당하는 경우에는 주거이전에 필요한 비용을 보상받을 권리가 있다. 그런데 이러한 주거이전비는 당해 공익사업 시행지구 안에 거주하는 세입자들의 조기이주를 장려하여 사업추진을 원활하게 하려는 정책적인 목적과 주거이전으로 인하여 특별한 어려움을 겪게 될 세입자들을 대상으로 하는 사회보장적인 차원에서 지급되는 금원의 성격을 가지므로(대법원 2006.4.27, 2006두2435 판결 참조), 적법하게 시행된 공익사업으로 인하여 이주하게 된 주거용 건축물 세입자의 주거이전비 보상청구권은 공법상의 권리이고, 따라서 그 보상을 둘러싼 쟁송은 민사소송이 아니라 공법상의 법률관계를 대상으로 하는 행정소송에 의하여야 한다.

세입자의 주거이전비 보상청구소송의 형태에 관하여 보건대, 토지보상법 제78조 제5항, 제9항, 토지보상법 시행규칙 제54조 제2항 본문, 제3항 등을 종합하여 보면, 주거이전비 보

상청구권은 그 요건을 충족하는 경우에 당연히 발생하는 것이므로 주거이전비 보상청구소송은 행정소송법 제3조 제2호에 규정된 당사자소송에 의하여야 한다. 다만 도시정비법 제40조 제1항에 의하여 준용되는 토지보상법 제2조, 제50조, 제78조, 제85조 등을 종합하여 보면, 세입자의 주거이전비 보상에 관하여 재결이 이루어진 다음 세입자가 보상금의 증감 부분을 다투는 경우에는 토지보상법 제85조 제2항에 규정된 행정소송에 따라, 보상금의 증감 이외의 부분을 다투는 경우에는 같은 조 제1항에 규정된 행정소송에 따라 권리구제를 받을 수 있다(대법원 2008.5.29, 2007다8129 판결 등 참조). 그리고 이러한 법리는 주거용 건축물의 소유자가 사업시행자를 상대로 이주정착금, 주거이전비 및 이사비의 보상을 구하는 경우에도 그대로 적용된다.

나. 이 사건의 경우 원고가 보상청구를 하는 이주정착금, 주거이전비, 이사비와 관련하여 재결이 있었다고 볼 만한 사정이 없으므로, 원고의 이주정착금, 주거이전비, 이사비 보상청구는 행정소송법 제3조 제2호에 규정된 당사자소송의 대상에 해당한다고 보아야 한다.

다. 그런데도 원심은, 원고가 이주정착금, 주거이전비, 이사비를 청구하려면 먼저 재결절차를 거쳐야 하고, 이러한 재결절차를 거치지 않은 채 곧바로 피고 조합을 상대로 손실보상을 청구하는 것은 허용되지 않는다고 판단하여, 원고의 피고 조합에 대한 이주정착금, 주거이전비, 이사비 관련 예비적 청구 부분을 각하하였다. 이러한 원심의 판단에는 이주정착금 등 보상청구의 법적 성질 및 그 소송절차에 관한 법리를 오해하여 판결에 영향을 미친 잘못이 있다.

사례 76 당사자소송 가구제 등

사업시행자인 한국수자원공사는 사업부지 내 지장물인 전기설비의 이전비와 관련하여 소유자인 한국전력공사와 보상금에 대해 협의완료하였다. 협의의 내용은 이설대상 전기설비에 대하여는 공익사업법상의 보상 기준보다 높은 신규설비 설치비용을, 철거대상 전기설비에 대하여는 위 기준보다 낮은 철거비용을 지급하는 것이었다. 한국수자원공사는 이에 따른 보상금을 지급하고 사업을 시행하려 하자, 한국전력공사는 철거대상 전기설비에 대하여 토지보상법상 보상 기준보다 낮은 보상금을 지급받은 것은 정당보상에 반하는 것이므로 이에 대한 차액을 추가로 지급할 것을 요구하면서 지장물의 이전을 수행하고 있지 아니하다. 한국전력공사는 손실보상금 청구를 추가로 할 수 있는가? 한국수자원공사가 원활한 공사를 시행하기 위하여 강구할 수 있는 수단에 대하여 설명하시오.
20점

Ⅰ 쟁점의 정리
Ⅱ 한국전력공사가 손실보상금을 추가로 청구할 수 있는지 여부
  1. 손실보상의 의의 및 취지
  2. 당사자 간 협의의 법적 성질
    (1) 학설
      1) 공법상 계약설
      2) 사법상 계약설
    (2) 판례
    (3) 검토
  3. 협의의 효과
  4. 사안의 경우

Ⅲ 한국수자원공사가 강구할 수 있는 수단
  1. 당사자소송의 의의
  2. 당사자소송의 제기요건
  3. 공법상 당사자소송에서의 가처분 인정
  4. 당사자소송의 판결의 종류
Ⅳ 사안의 해결

Ⅰ 쟁점의 정리

설문은 합의에 의한 손실보상금이 토지보상법상 손실보상액보다 낮은 경우 그 차액의 추가지급을 요구할 수 있는지와, 이를 이유로 이전 등에 대한 계약의무를 이행하지 않는 경우의 해결방안을 묻고 있다. 설문의 해결을 위하여 당사자 간 계약의 법적 성질과 효력을 살펴보고, 만약 공법상 계약으로 본다면 계약내용을 강구할 수 있는 수단으로서 당사자소송에 대하여 설명한다.

Ⅱ 한국전력공사가 손실보상금을 추가로 청구할 수 있는지 여부

1. 손실보상의 의의 및 취지

손실보상이란 공공필요에 의한 적법한 공권력의 행사로 가하여진 개인의 특별한 재산권 침해에 대하여, 행정주체가 사유재산권 보장과 평등부담의 원칙 및 생존권 보장차원에서 행하는 조절적인 재산적 전보를 말한다(재산권의 내재적 제약인 사회적 제약과 구별된다).

2. 당사자 간 협의의 법적 성질

(1) 학설

1) 공법상 계약설

협의 불성립 시 차후에 수용절차가 예정되고 수용에 의한 취득과 동일한 효과가 발생하므로 공법상 계약이라고 본다.

2) 사법상 계약설

당사자의 협의에 의하므로 사법상 매매와 다를 바 없으므로 사법상 계약이라고 본다.

(2) 판례

판례는 협의취득은 협의에 의하여 사업시행자가 토지 등을 취득하는 것으로서 그 법적 성질의 지급행위는 토지 등의 권리이전에 대한 반대급여의 교부행위에 지나지 아니하므로 그 역시 사법상의 행위라고 볼 수밖에 없다고 판시한 바 있다.

(3) 검토

협의는 목적물을 취득하는 등 사업의 진행을 도모하기 위한 것이므로, 이는 공용수용의 공법상 목적을 달성시키기 위한 절차로 볼 수 있다. 따라서 공법상 법률관계로 보는 것이 타당하다.

3. 협의의 효과

협의에 의하여 계약이 체결되면 사업시행자와 토지소유자는 협의의 내용에 따라 채권·채무의 이행관계(합의 내용대로의 구속력)에 놓이게 된다.

4. 사안의 경우

당사자 간의 합의로 토지보상법상 소정의 손실보상의 기준에 의하지 아니한 손실보상금을 정할 수 있으므로 그 합의가 착오 등을 이유로 적법하게 취소되지 않는 한 유효하다고 할 것이다(대판 1998.5.22, 98다2242·2259). 따라서 토지보상법에 의한 보상에 있어 손실보상금에 관한 당사자 간의 합의가 성립하면 그 합의 내용대로 구속력이 있고, 손실보상금에 관한 합의 내용이 토지보상법에서 정하는 손실보상기준에 맞지 않는다고 하더라도 합의가 적법하게 취소되는 등의 특별한 사정이 없는 한 추가로 토지보상법상 기준에 따른 손실보상금 청구를 할 수는 없다고 할 것이다(대판 2013.8.22, 2012다3517).

Ⅲ 한국수자원공사가 강구할 수 있는 수단

1. 당사자소송의 의의
당사자소송이라 함은 공법상 법률관계의 주체가 당사자가 되어 다투는 공법상 법률관계에 관한 소송을 말한다. 당사자소송은 공법상 법률관계에 관한 소송인 점에서 사법상 법률관계에 관한 소송인 민사소송과 구별된다.

2. 당사자소송의 제기요건
① 당사자소송의 대상은 공법상 법률관계이며, ② 당사자소송에서 원고적격이 있는 자는 당사자소송을 통하여 주장하는 공법상 법률관계의 주체이며, 피고는 '국가・공공단체 그 밖의 권리주체'가 된다(행정소송법 제39조). 이외에 소의 이익에 관하여는 민사소송법이 준용되며(행정소송법 제8조 제2항), 법령에 제소기간이 정하여져 있는 때에는 그 기간은 불변기간으로 한다(행정소송법 제41조).

3. 공법상 당사자소송에서의 가처분 인정
공법상 당사자소송에서는 항고소송에서 가처분 인정의 부정적 논거가 되는 가처분의 특례규정인 집행정지 등 가처분에 관한 특례규정이 없고, 당사자소송은 민사소송과 유사하므로 민사집행법상의 가처분이 준용된다는 것이 실무 및 학설의 일반적 견해이다.

4. 당사자소송의 판결의 종류
① 당사자소송이 소송요건을 결여한 경우에는 본안심리를 거절하는 각하판결을 내리며, ② 본안심리의 결과 원고의 청구가 이유 없다고 판단되는 경우 기각판결을 내린다. ③ 본안심리의 결과 원고의 청구가 이유 있다고 인정하는 경우 인용판결을 내리는데, 당사자소송의 소의 종류에 따라 확인판결을 내리기도 하고 이행판결을 내리기도 한다.

Ⅳ 사안의 해결

한국전력공사와 한국수자원공사는 계약내용에 구속되므로 한국전력공사는 토지보상법상 산정되는 보상액과 실제 지급받은 보상금액의 차액을 요구할 수 없으며, 이를 이유로 이전의무를 이행하지 않는 경우에는 한국수자원공사는 공법상 당사자소송으로서 그 이행을 청구할 수 있을 것이다. 판례는 합의를 사법상 계약으로 보므로 실무상 민사소송으로 해결될 것이다.

대판 2013.8.22, 2012다3517[부당이득반환]

[판시사항]
공익사업을 위한 토지 등의 취득 및 보상에 관한 법률에 의한 보상을 하면서 손실보상금에 관한 당사자 간의 합의가 성립한 경우, 그 합의 내용이 같은 법에서 정하는 손실보상 기준에 맞지 않는다는 이유로 그 기준에 따른 손실보상금 청구를 추가로 할 수 있는지 여부(원칙적 소극)

[판결요지]
공익사업을 위한 토지 등의 취득 및 보상에 관한 법률(이하 '공익사업법'이라고 한다)에 의한 보상합의는 공공기관이 사경제주체로서 행하는 사법상 계약의 실질을 가지는 것으로서, 당사자 간의 합의로 같은 법 소정의 손실보상의 기준에 의하지 아니한 손실보상금을 정할 수 있으며, 이와 같이 같은 법이 정하는 기준에 따르지 아니하고 손실보상액에 관한 합의를 하였다고 하더라도 그 합의가 착오 등을 이유로 적법하게 취소되지 않는 한 유효하다. 따라서 공익사업법에 의한 보상을 하면서 손실보상금에 관한 당사자 간의 합의가 성립하면 그 합의 내용대로 구속력이 있고, 손실보상금에 관한 합의 내용이 공익사업법에서 정하는 손실보상 기준에 맞지 않는다고 하더라도 합의가 적법하게 취소되는 등의 특별한 사정이 없는 한 추가로 공익사업법상 기준에 따른 손실보상금 청구를 할 수는 없다.

사례 77 당사자소송 가구제

토지소유자 갑과 사업시행자 을은 보상금증감청구소송에서 보상금에 대한 증액과 감액을 주장하고 있다. 행정소송법상 본안판결 전에 강구할 수 있는 잠정적인 권리구제수단에 대하여 검토하시오.
10점

Ⅰ 쟁점의 정리
Ⅱ 집행정지 규정의 적용 여부
　1. 집행정지 규정의 의의와 취지
　2. 당사자소송에서의 준용 여부

Ⅲ 가처분 및 가집행 준용 여부
　1. 행정소송법 제8조 제2항
　2. 가처분의 준용가능 여부
　3. 가집행의 준용가능 여부

Ⅰ 쟁점의 정리

보상금증감청구소송의 본안판결 전에 잠정적인 권리구제를 위한 수단을 검토한다.

Ⅱ 집행정지 규정의 적용 여부

1. 집행정지 규정의 의의와 취지

행정소송법상 집행정지란 행정소송에서 처분 등의 효력이나 그 집행을 일시적으로 중지시키는 제도이며, 처분의 집행으로 인해 당사자가 회복할 수 없는 손해를 입을 우려가 있는 경우, 이러한 손해를 방지하기 위함에 제도적 취지가 인정된다.

2. 당사자소송에서의 준용 여부

행정소송법은 당사자소송의 경우 집행정지를 준용하고 있지 않으므로 보상금증감청구소송을 제기하면서 집행정지를 신청할 수 없다.

Ⅲ 가처분 및 가집행 준용 여부

1. 행정소송법 제8조 제2항

행정소송에 관하여 이 법에 특별한 규정이 없는 사항에 대하여는 법원조직법과 민사소송법 및 민사집행법의 규정을 준용한다고 되어 있으므로 가처분 및 가집행 준용이 가능한지 문제된다.

2. 가처분의 준용가능 여부

가처분이란 현 상태를 유지하여 판결에 의한 분쟁해결의 실효성을 확보하기 위한 수단이다. 당사자소송에는 집행정지가 준용되지 않기에 가처분을 준용할 수 있다는 것이 다수견해와 판례의 태도이다(대결 2015.8.21, 2015무26).

가처분은 보전가처분과 집행가처분으로 구분될 수 있다.

3. 가집행의 준용가능 여부

가집행이란 본안판결 확정 전에 임시로 그 판결을 집행하기 위한 제도로서 판결 확정 전까지 채권자의 권리를 보호하는 제도이다. 당사자소송에서는 재산권의 청구를 인용하는 판결의 경우 가집행을 선고할 수 있다(대판 2000.11.28, 99두3416). 최근 '국가를 상대로 하는 당사자소송의 경우 가집행선고를 할 수 없다'는 행정소송법 제43조에 대해서 평등원칙 위반을 이유로 위헌결정이 있었다.

> **보전가처분** : 금전 이외의 청구권 보전목적
> **집행가처분(가압류)** : 금전채권 보전목적

Chapter 03 행정심판 관련

사례 78 행정심판의 종류 및 가구제

거부처분에 대한 행정심판을 제기하려는 경우, 제기할 수 있는 행정심판법상의 권리구제수단에 대하여 검토하시오. 15점

Ⅰ 쟁점의 정리
Ⅱ 행정심판의 제기
  1. 취소심판
  2. 무효등확인심판
  3. 의무이행심판

Ⅲ 가구제수단
  1. 집행정지
  2. 임시처분
Ⅳ 사안의 해결(관련문제 : 행정심판위원회의 직접처분)

Ⅰ 쟁점의 정리

행정심판이란 위법·부당한 행정행위로 인하여 권익을 침해당한 경우에 행정기관이 이를 심리하고 판결하는 절차를 말한다. 행정심판법에서는 취소 및 무효등확인심판과 의무이행심판을 규정하고 있으며, 각 재결의 실효성을 확보하기 위하여 집행정지 및 임시처분을 신청할 수 있다. 이하 검토한다.

Ⅱ 행정심판의 제기

1. 취소심판

취소심판이라 함은 "행정청의 위법 또는 부당한 처분을 취소하거나 변경하는 심판"을 말하며, 거부처분에 하자가 있어 청구인의 청구가 이유 있다고 인정할 때에는 형성재결로서 취소재결·변경재결을 하거나 또는 처분청에 대한 이행재결로서 변경명령재결을 할 수 있다.

2. 무효등확인심판

무효등확인심판이라 함은 "행정청의 처분의 효력 유무 또는 존재 여부를 확인하는 심판"을 말하며, 거부처분의 하자가 중대·명백하여 무효사유에 해당하는 경우에는 거부처분이 무효임을 확인하는 재결을 한다.

3. 의무이행심판

의무이행심판이라 함은 "행정청의 위법 또는 부당한 거부처분이나 부작위에 대하여 일정한 처분을 하도록 하는 심판"을 말한다. 청구인의 청구가 이유 있다고 인정할 때에는 인용재결로서 지체 없이 신청에 따른 처분을 하거나(처분재결) 처분을 할 것을 피청구인에게 명할 수 있다(처분명령재결).

Ⅲ 가구제수단

1. 집행정지

집행정지라 함은 계쟁처분의 효력이나 집행 또는 절차의 속행을 정지시키는 것을 말한다. 행정심판법 제30조에서는 처분의 집행 또는 절차의 속행 때문에 중대한 손해가 생기는 것을 예방할 필요성이 긴급하다고 인정할 때에는 집행정지를 인정하고 있다.

2. 임시처분

임시처분이란 처분 또는 부작위가 위법, 부당하다고 상당히 의심되는 경우로서 처분 또는 부작위 때문에 당사자가 받을 우려가 있는 중대한 불이익이나 당사자에게 생길 급박한 위험을 막기 위하여 임시지위를 정하여야 할 필요가 있는 경우 행정심판위원회가 발할 수 있는 가구제수단이다. 임시처분은 집행정지로 목적을 달성할 수 있는 경우에는 허용되지 아니한다.

Ⅳ 사안의 해결(관련문제 : 행정심판위원회의 직접처분)

갑은 특별분양신청거부에 대하여 가장 실효적인 수단으로서 의무이행심판을 제기할 수 있으며, 이의 실효성을 확보하기 위해서 임시처분을 신청할 수 있다. 또한 행정심판위원회는 피청구인이 처분명령재결에도 불구하고 처분을 하지 아니하는 경우 당사자가 신청하면 기간을 정하여 서면으로 시정을 명하고 그 기간에 이행하지 아니하면 직접처분을 할 수 있도록 하여 간접강제 외에도 직접처분권으로서 그 실효성을 확보하고 있다.

> **사례 79** 임시처분, 직접처분, 간접강제
>
> 갑은 사업인정의 거부처분에 대한 의무이행심판을 제기하고자 한다. 의무이행심판의 가구제수단으로서 임시처분을 설명하고, 만약 인용재결이 있음에도 불구하고 국토교통부장관이 재처분의무를 이행하지 않는 경우의 실효성 확보방안에 대해서 설명하시오. 20점

```
Ⅰ 개설(의의 및 성질 등)            Ⅲ 직접처분
Ⅱ 임시처분                          1. 의의 및 취지(행정심판법 제50조)
   1. 임시처분의 의의(행정심판법 제31조)   2. 요건
   2. 임시처분제도의 입법취지           3. 직접처분에 대한 제3자의 불복
   3. 임시처분결정의 요건              4. 처분청의 조치(행정심판법 제50조 제2항)
      (1) 적극적 요건                Ⅳ 간접강제
      (2) 소극적 요건                   1. 의의 및 취지(행정심판법 제50조의2)
   4. 임시처분의 보충성(행정심판법 제31조 제3항)  2. 요건
                                     3. 효력
                                     4. 불복
```

Ⅰ 개설(의의 및 성질 등)

의무이행심판이라 함은 "행정청의 위법 또는 부당한 거부처분이나 부작위에 대하여 일정한 처분을 하도록 하는 심판"을 말한다(행정심판법 제5조 제3호). 행정심판법에서는 의무이행심판의 가구제수단으로서 임시처분과, 재처분의무의 실효성 확보수단으로서 직접처분제도 및 간접강제제도를 규정하고 있다. 이하에서 설명한다.

Ⅱ 임시처분

1. 임시처분의 의의(행정심판법 제31조)

임시처분이란 처분 또는 부작위가 위법, 부당하다고 상당히 의심되는 경우로서 처분 또는 부작위 때문에 당사자가 받을 우려가 있는 중대한 불이익이나 당사자에게 생길 급박한 위험을 막기 위하여 임시지위를 정하여야 할 필요가 있는 경우 당사자의 신청 또는 직권으로 행정심판위원회가 임시적 지위를 발할 수 있는 가구제 수단을 말한다.

2. 임시처분제도의 입법취지

행정청의 거부처분과 부작위에 대한 의무이행심판의 실효성을 위하여 행정심판법 제31조에서는 임시처분을 명문으로 규정하였다.

3. 임시처분결정의 요건

(1) 적극적 요건

① 행정심판청구가 계속될 것, ② 처분(적극적 처분, 거부처분) 또는 부작위가 위법, 부당하다고 상당히 의심될 것, ③ 처분 또는 부작위 때문에 당사자가 받을 우려가 있는 중대한 불이익이나 당사자에게 생길 급박한 위험이 존재할 것, ④ 이를 예방하기 위하여 임시적 지위를 정하여야 할 필요가 인정될 것을 요건으로 한다.

(2) 소극적 요건

임시처분은 공공복리에 중대한 영향을 미칠 우려가 있는 경우에는 허용되지 않으므로 임시처분에 의한 공·사익의 형량이 요구된다.

4. 임시처분의 보충성(행정심판법 제31조 제3항)

임시처분은 집행정지로 목적을 달성할 수 있는 경우에는 허용되지 아니한다.

Ⅲ 직접처분

1. 의의 및 취지(행정심판법 제50조)

직접처분이라 함은 행정청이 처분명령재결의 취지에 따라 이전의 신청에 대한 처분을 하지 아니하는 때에 위원회가 해당 처분을 직접 행하는 것을 말한다. 직접처분은 의무이행재결의 실효성을 확보하기 위하여 인정된 의무이행재결의 이행강제제도이며, 행정심판작용이면서 동시에 행정처분(원처분)으로서의 성질을 갖는다.

2. 요건

① 처분명령재결이 있었을 것, ② 위원회가 당사자의 신청에 따라 기간을 정하여 시정을 명하였을 것, ③ 해당 행정청이 그 기간 내에 시정명령을 이행하지 아니하였을 것, ④ 그 처분의 성질이나 그 밖의 불가피한 사유로 위원회가 직접처분을 할 수 없는 경우에 해당하지 않을 것을 요건으로 한다.

3. 직접처분에 대한 제3자의 불복

직접처분은 원처분의 성질을 가지므로 직접처분으로 법률상 이익을 침해받은 제3자는 행정심판위원회를 피고로 하여 직접처분의 취소를 구하는 행정소송을 제기할 수 있다.

4. 처분청의 조치(행정심판법 제50조 제2항)

위원회는 제1항 본문에 따라 직접처분을 하였을 때에는 그 사실을 해당 행정청에 통보하여야 하며, 그 통보를 받은 행정청은 위원회가 한 처분을 자기가 한 처분으로 보아 관계법령에 따라 관리·감독 등 필요한 조치를 하여야 한다.

Ⅳ 간접강제

1. 의의 및 취지(행정심판법 제50조의2)

행정심판위원회의 거부처분취소재결 및 처분명령재결에 따른 처분을 하지 아니하면 청구인의 신청에 의하여 결정으로 상당한 기간을 정하고 피청구인이 그 기간 내에 이행하지 아니하는 경우에는 그 지연기간에 따라 일정한 배상을 하도록 명하거나 즉시 배상을 할 것을 명할 수 있다. 간접강제 제도는 거부처분에 대한 재결의 실효성을 담보하고자 도입된 제도이다.

2. 요건

① 거부처분에 대한 취소(무효)재결 및 의무이행심판에 대한 이행재결이 확정될 것, ② 재처분의무를 이행하지 않는 경우일 것을 요건으로 하고, ③ 청구인의 신청에 의하여 결정으로서 상당한 기간을 정하고, 위원회가 그 기간 내에 이행하지 아니하였어야 한다.

3. 효력

결정의 효력은 피청구인인 행정청이 소속된 국가·지방자치단체 또는 공공단체에 미치며, 결정서 정본은 「민사집행법」에 따른 강제집행에 관하여는 집행권원과 같은 효력을 가진다. 이 경우 집행문은 위원장의 명에 따라 위원회가 소속된 행정청 소속 공무원이 부여한다.

4. 불복

청구인은 결정에 불복하는 경우 그 결정에 대하여 행정소송을 제기할 수 있다.

사례 80 임시처분

서울시 영등포구 당산동에 소재하고 있는 갑기업은 지역문화발전에 기여하고자 조류생태 박물관건립사업을 추진하고 있었다. 이에 갑기업은 당산동 주민의 문화생활증진과 조류생태 자료보전 등의 공익을 위하여 을의 토지를 대상으로 국토교통부장관에게 사업인정을 신청하였다.
국토교통부장관은 조류생태 박물관건립사업을 위한 사업인정을 한다면, 박물관 건립공사 시 발생하는 소음, 진동, 먼지 등으로 지역주민과의 마찰이 필연적으로 발생하고 인근의 수질오염도 발생할 것이라고 생각하여 갑기업에게 사전통지없이 사업인정의 발령을 거부하였다. 갑기업은 국토교통부장관이 사업인정을 거부한 것은 직업선택의 자유, 영업의 자유를 제한하는 것이라고 판단하고 이에 불복하기로 결심하였다.
갑기업은 국토교통부장관의 사업인정거부는 법령상 요건이 아닌 지역주민의 마찰과 수질오염을 이유로 하는 것이므로 위법하다고 주장한다. 이에 따라 사업인정의 발령을 구하는 의무이행심판을 제기하면서 임시처분을 신청하였다. 이 경우 임시처분의 가능성을 논하시오. 10점

Ⅰ 쟁점의 정리
Ⅱ 사업인정거부에 대한 임시처분의 가능성
   1. 임시처분의 의의(행정심판법 제31조)
   2. 임시처분제도의 입법취지
   3. 임시처분결정의 요건
      (1) 적극적 요건
      (2) 소극적 요건
   4. 임시처분의 보충성(행정심판법 제31조 제3항)
Ⅲ 사안의 해결(임시처분의 가능성)

Ⅰ 쟁점의 정리

의무이행심판의 실효성을 확보하기 위한 가구제로서 임시처분(행정심판법 제31조)의 요건을 살펴보고 사안을 해결한다.

Ⅱ 사업인정거부에 대한 임시처분의 가능성

1. 임시처분의 의의(행정심판법 제31조)

임시처분이란 처분 또는 부작위가 위법, 부당하다고 상당히 의심되는 경우로서 처분 또는 부작위 때문에 당사자가 받을 우려가 있는 중대한 불이익이나 당사자에게 생길 급박한 위험을 막기 위하여 임시지위를 정하여야 할 필요가 있는 경우 당사자의 신청 또는 직권으로 행정심판위원회가 임시적 지위를 발할 수 있는 가구제 수단을 말한다.

2. 임시처분제도의 입법취지

행정청의 거부처분과 부작위에 대한 의무이행심판의 실효성을 위하여 행정심판법 제31조에서는 임시처분을 명문으로 규정하였다.

3. 임시처분결정의 요건

(1) 적극적 요건

① 행정심판청구가 계속될 것, ② 처분(적극적 처분, 거부처분) 또는 부작위가 위법, 부당하다고 상당히 의심될 것, ③ 처분 또는 부작위 때문에 당사자가 받을 우려가 있는 중대한 불이익이나 당사자에게 생길 급박한 위험이 존재할 것, ④ 이를 예방하기 위하여 임시적 지위를 정하여야 할 필요가 인정될 것을 요건으로 한다.

(2) 소극적 요건

임시처분은 공공복리에 중대한 영향을 미칠 우려가 있는 경우에는 허용되지 않으므로 임시처분에 의한 공사익의 형량이 요구된다.

4. 임시처분의 보충성(행정심판법 제31조 제3항)

임시처분은 집행정지로 목적을 달성할 수 있는 경우에는 허용되지 아니한다.

Ⅲ 사안의 해결(임시처분의 가능성)

① 설문상 청구요건을 갖춘 바 행정심판청구가 계속되며, 전술한 바와 같이 거부처분은 집행정지의 대상이 되지 않는다. ② 사업인정 시에는 관련이익을 종합적으로 고려해야 하므로(판례) 주민마찰 및 수질오염영향도 이러한 고려사유 중 하나이다. 따라서 갑기업의 주장만으로는 위법, 부당이 상당히 의심된다고 볼 수 없다. ③ 국토교통부장관의 거부로 인하여 갑기업이 받을 불이익이나 급박한 위험은 없는 것으로 판단된다. ④ 따라서 임시처분의 인용은 어려울 것으로 판단된다. 만약 사업인정거부처분의 위법 부당성이 상당히 의심되고, 갑기업에게 회복될 수 없는 중대한 손해발생의 급박한 예방필요성이 인정되며, 공공복리에 영향을 미치지 않는다면 임시처분의 인용도 기대할 수 있을 것이다.

사례 81 고지제도

甲은 A군 소재 농지에서 농업경영을 하던 중 양돈업을 시작하고자 한다. 보건복지부장관은 「가축분뇨의 관리 및 이용에 관한 법률」 제8조 제1항에 따라 「A군 가축사육 제한구역 지정 고시」(이하 '이 사건 고시'라 한다)를 발령하였다. 이 사건 고시 제4조 제3호에 의하면, "도로(고속국도, 일반국도, 지방도, 군도)나 철도, 농어촌도로 경계선으로부터 가축사육 시설 건축물 외벽까지 직선거리 200m 이내 지역"을 가축사육 제한구역의 하나로 정하고 있다. 축사 예정지로 삼고 있는 甲의 토지는 주거 밀집지역인 농가에서 1km 이상 벗어나 있는데 甲이 짓고자 하는 축사의 외벽은 지방도 경계선으로부터 직선거리 200m 이내에 소재하고 있어 가축사육 제한구역에 편입되게 되었다. 甲은 2021.11.30. 돼지를 사육하려고 구청장 乙에게 축사 건축허가를 신청하였다. 그러나 乙은 2021.12.15. 축사 예정지가 가축사육 제한구역에 해당하여 여기에 축사를 건축할 수 없다는 이유로 허가를 거부하는 처분(이하 '이 사건 처분'이라고 한다)을 하였다. 乙은 이 사건 처분을 함에 있어서 「행정절차법」에 따른 사전통지를 하지 않았고, 「행정심판법」상 처분의 상대방에게 알려야 하는 행정심판 청구가능성, 그 절차 및 청구기간도 알리지 않았다. [35점]

(1) 甲은 이 사건 고시 제4조 제3호가 법령의 위임한계를 벗어났다고 주장한다. 이와 관련하여 이 사건 고시의 법적 성격을 논하시오(단, 고시의 처분성 논의는 제외함). [10점]

(2) 乙이 「행정절차법」상 사전통지를 하지 않았음에 따른 이 사건 처분의 적법 여부를 검토하시오. [10점]

(3) 甲은 행정심판법상 청구기간 통지를 하지 않은 것은 거부처분의 위법사유라고 주장하면서 2022.5.10. 거부처분취소심판을 청구하였으나 乙은 청구기간의 도과로 인하여 취소심판은 각하되어야 한다고 주장한다. 갑과 을의 주장의 타당성을 논하시오. [15점]

참조 조문

※ 유의 사항
아래 법령은 가상의 것으로, 이와 다른 내용의 현행 법령이 있다면 제시된 법령이 현행 법령에 우선하는 것으로 할 것

[가축분뇨의 관리 및 이용에 관한 법률]

제1조(목적)
이 법은 가축분뇨를 자원화하거나 적정하게 처리하여 환경오염을 방지함으로써 환경과 조화되는 지속가능한 축산업의 발전 및 국민건강의 향상에 이바지함을 목적으로 한다.

제8조(가축사육의 제한 등)
① 보건복지부장관은 지역주민의 생활환경보전 또는 상수원의 수질보전을 위하여 다음 각 호의 어느 하나에 해당하는 지역 중 가축사육의 제한이 필요하다고 인정되는 지역에 대하여는 일정한 구역을 지정·고시하여 가축의 사육을 제한할 수 있다. 제한구역의 지정에 대해서는 보건복지부장관이 정하여 고시한다.
   1. 주거 밀집지역으로 생활환경의 보호가 필요한 지역

2. 「수도법」 제7조에 따른 상수원보호구역, 「환경정책기본법」 제38조에 따른 특별대책지역, 그 밖에 이에 준하는 수질환경보전이 필요한 지역
3. 「한강수계 상수원수질개선 및 주민지원 등에 관한 법률」 제4조 제1항, 「낙동강수계 물관리 및 주민지원 등에 관한 법률」 제4조 제1항, 「금강수계 물관리 및 주민지원 등에 관한 법률」 제4조 제1항, 「영산강·섬진강수계 물관리 및 주민지원 등에 관한 법률」 제4조 제1항에 따라 지정·고시된 수변구역
4. 「환경정책기본법」 제12조에 따른 환경기준을 초과한 지역

[A군 가축사육 제한구역 지정 고시]
제4조(가축사육 제한구역)
3. 도로(고속국도, 일반국도, 지방도, 군도)나 철도, 농어촌도로 경계선으로부터 가축사육 시설 건축물 외벽까지 직선거리 200미터 이내 지역

(설문 1)의 해결
Ⅰ 쟁점의 정리
Ⅱ 법령보충적 행정규칙의 법적 성질
   1. 법령보충적 행정규칙의 의의 및 인정 여부
   2. 법적 성질에 대한 견해의 대립(대외적 구속력 인정논의)
      (1) 학설
         1) 행정규칙설
      (2) 판례
      (3) 검토
   3. 위법한 법령보충적 행정규칙의 효력
Ⅲ 사안의 해결

(설문 2)의 해결
Ⅰ 쟁점의 정리
Ⅱ 거부처분이 사전통지의 대상인지 여부
   1. 의견제출절차의 개념 및 근거규정
   2. 거부처분이 사전통지 및 의견제출절차의 대상이 되는지 여부

   (1) 학설
      1) 적극설
      2) 소극설
   (2) 판례
   (3) 검토
Ⅲ 사안의 해결

(설문 3)의 해결
Ⅰ 쟁점의 정리
Ⅱ 고지의무 위반의 적법성 판단 및 불고지(오고지)의 효과
   1. 고지제도의 의의(행정심판법 제58조)
   2. 고지의 성질
   3. 고지의 대상
   4. 불고지 및 오고지의 효과
      (1) 심판청구서제출기관과 권리구제(행정심판법 제23조)
      (2) 청구기간(행정심판법 제27조)
   5. 불고지 또는 오고지와 처분의 효력
Ⅲ 사안의 해결

(설문 1)의 해결

I 쟁점의 정리

가축사육 제한구역에 관한 기준은 상위법령의 위임을 받아 행정규칙의 형식으로 제정된바, 실질은 법령의 내용을 보충하나 형식은 행정규칙이기에 대외적 구속력이 인정될 수 있는지가 문제된다. 이에 대한 법적 성질을 검토한다.

II 법령보충적 행정규칙의 법적 성질

1. 법령보충적 행정규칙의 의의 및 인정 여부

법령보충적 행정규칙이란 법률의 위임에 의해 법령을 보충하는 법규사항을 정하는 행정규칙을 말한다. 헌법 제75조 및 제95조와 관련하여 이러한 행정규칙의 인정 여부에 대하여 견해의 대립이 있으나, 다수견해 및 판례는 법령의 수권을 받아 제정되는 것을 논거로 하여 긍정한다.

2. 법적 성질에 대한 견해의 대립(대외적 구속력 인정논의)

(1) 학설

1) 행정규칙설

법규명령은 의회입법원칙의 예외이므로 법령보충적 행정규칙도 행정규칙에 불과하다는 견해, 법령보충적 행정규칙에 법규와 같은 효력을 인정하되 법적 성질은 행정규칙으로 보는 견해, 법규와 같은 효력을 가지므로 법규명령으로 보아야 한다는 견해 및 법령의 수권이 있는 경우에 한해서 법규성을 가질 수 있다고 보는 견해가 대립된다.

(2) 판례

① 국세청장훈령인 재산제세사무처리규정은 상위법인 소득세법 시행령과 결합하여 법규성을 가진다고 판시한 바 있다. ② 토지가격비준표는 집행명령인 개별토지가격합동조사지침과 더불어 법령보충적 구실을 하는 법규적 성질을 가지고 있는 것으로 보아야 한다고 판시한 바 있다. ③ 감정평가에 관한 규칙에 따른 '감정평가실무기준'이나 한국감정평가사협회가 제정한 '토지보상평가지침'은 일반 국민을 기속하지 않는다고 판시한 바 있다(대판 2014.6.12, 2013두4620).

(3) 검토

상위법령의 위임이 있는 경우에는 그와 결합하여 법령을 보충하므로 법규성을 인정하는 것이 행정현실상 타당하다고 판단된다. 다만, 일반적인 법규명령절차를 거치지 않기 때문에 '국민의 예측가능성'을 고려하여 고도의 전문적 영역에 한정되어 최소한도로 인정해야 할 것이다.

3. 위법한 법령보충적 행정규칙의 효력

판례는 법령보충적 행정규칙이 법령의 위임범위를 벗어난 경우에는 위법한 법규명령이 되는 것이 아니라 법규명령으로서의 대외적 구속력이 인정되지 않으므로 행정규칙에 불과한 것이 된다고 한다.

Ⅲ 사안의 해결

가축사육 제한구역 지정 고시는 가축분뇨를 자원화하거나 적정하게 처리하여 환경오염을 방지함으로써 환경과 조화되는 지속가능한 축산업의 발전 및 국민건강의 향상에 이바지함을 목적으로 하므로 이는 법령보충적 행정규칙으로서 대외적 구속력이 인정된다고 볼 것이다.

(설문 2)의 해결

Ⅰ 쟁점의 정리

거부처분을 함에 있어 사전통지를 하지 않은 것이 위법한지 문제된다.

Ⅱ 거부처분이 사전통지의 대상인지 여부

1. 의견제출절차의 개념 및 근거규정

의견제출절차란 "행정청이 어떠한 행정작용을 하기에 앞서 당사자 등이 의견을 제시하는 절차로서 청문이나 공청회에 해당하지 아니하는 절차"를 말한다. 사전통지는 의견제출의 전치절차이다. 행정절차법은 권익을 제한하는 경우에 대해서 사전통지(제21조)와 의견청취(제22조)를 규정하고 있다.

2. 거부처분이 사전통지 및 의견제출절차의 대상이 되는지 여부

(1) 학설

1) 적극설

당사자가 신청을 한 경우, 신청에 따라 긍정적인 처분이 이루어질 것을 기대하며 거부처분을 기대하지는 아니하고 있으므로 거부처분의 경우에도 사전통지 및 의견진술의 기회가 필요하다고 한다.

2) 소극설

신청에 대한 거부처분은 그것이 불이익처분을 받는 상대방의 신청에 의한 것이므로 성질상 이미 의견진술의 기회를 준 것으로 볼 수 있으므로 의견진술의 기회를 줄 필요가 없다고 한다.

(2) 판례

신청에 따른 처분이 이루어지지 아니한 경우에는 아직 당사자에게 권익이 부과되지 아니하였으므로 특별한 사정이 없는 한 신청에 대한 거부처분이라고 하더라도 직접 당사자의 권익을 제한하는 것은 아니어서 사전통지대상이 된다고 할 수 없다고 판시한 바 있다(대판 2003.11.28, 2003두674).

(3) 검토

거부처분을 권익을 제한하거나 의무를 부과하는 처분으로 볼 수 없고, 거부처분의 전제가 되는 신청을 통하여 의견제출의 기회를 준 것으로 볼 수 있으므로 소극설이 타당하다. 다만, 인허가의 갱신과 관련된 거부는 '종전에 발부된 인허가의 권익을 제한하는 처분'으로 보아 사전통지와 의견진술 기회 부여의 대상이 된다고 보아야 한다.

III 사안의 해결

거부처분은 일반적으로 사전통지의 대상이 되지 않는다. 설문에서는 건축허가와 관련하여 종전에 발부된 권익이 없으므로 사전통지의 대상이 되지 않는다. 따라서 거부처분은 적법하다.

(설문 3)의 해결

I 쟁점의 정리

행정심판법상 행정심판 청구가능성, 그 절차 및 청구기간을 고지하지 않은 것이 위법성 사유가 되는지 및 행정심판법상 효과와(불고지 효과) 관련하여 심판청구기간에 대해서 검토한다.

II 고지의무 위반의 적법성 판단 및 불고지(오고지)의 효과

1. 고지제도의 의의(행정심판법 제58조)

행정심판의 고지제도란 행정청이 처분을 함에 있어서 상대방에게 그 처분에 대하여 행정심판을 제기할 수 있는지 여부, 심판청구절차, 청구기간 등 행정심판의 제기에 필요한 사항을 미리 알려 주도록 의무지우는 제도를 말한다.

2. 고지의 성질

고지는 불복제기의 가능 여부 및 불복청구의 요건 등 불복청구에 필요한 사항을 알려 주는 비권력적 사실행위이다. 고지는 그 자체로서는 아무런 법적 효과를 발생시키지 않는다. 다만, 불고지 또는 오고지로 손해가 발생한 경우에는 국가배상청구를 할 수 있을 것이다.

3. 고지의 대상

행정청이 처분을 할 때에는 처분의 상대방에게 처분에 대하여 행정심판을 청구할 수 있는지의 여부, 행정심판을 청구하는 경우의 심판청구절차 및 심판청구기간을 알려야 한다. 신청을 거부한 처분이나 신청된 것과 다른 내용의 처분 및 부관이 붙여진 처분의 경우에는 고지를 하여야 한다.

4. 불고지 및 오고지의 효과

(1) 심판청구서제출기관과 권리구제(행정심판법 제23조)

청구인이 심판청구서를 다른 행정기관에 제출한 경우에는 그 행정기관은 그 심판청구서를 지체 없이 정당한 권한이 있는 피청구인에게 보내야 한다. 심판청구 기간을 계산할 때에는 행정기관에 심판청구서가 제출되었을 때에 행정심판이 청구된 것으로 본다.

(2) 청구기간(행정심판법 제27조)

처분청이 심판청구기간을 고지하지 아니한 때에는 심판청구기간은 처분이 있음을 안 경우에도 해당 처분이 있은 날로부터 180일이 된다. 처분청이 심판청구기간을 '처분이 있음을 안 날로부터 90일 이내'보다 더 긴 기간으로 잘못 알린 경우에 그 잘못 알린 기간 내에 심판청구가 있으면 그 심판청구는 적법한 기간 내에 제기된 것으로 의제된다.

5. 불고지 또는 오고지와 처분의 효력

고지절차에 관한 규정은 행정처분의 상대방이 그 처분에 대한 행정심판의 절차를 밟는 데 있어 편의를 제공하려는 데 있으며 처분청이 위 규정에 따른 고지의무를 이행하지 아니하였다고 하더라도 경우에 따라서는 행정심판의 제기기간이 연장될 수 있는 것에 그치고 이로 인하여 심판의 대상이 되는 행정처분에 어떤 하자가 수반된다고 할 수 없다(대판 1987.11.24. 87누529).

Ⅲ 사안의 해결

고지제도는 행정심판 절차상 편의를 제공함이 목적이며 그 성질은 비권력적 사실행위이므로 고지의무를 이행하지 않은 것을 처분의 위법성 사유로 주장할 수 없다. 또한 고지의무를 이행하지 않은 경우에는 처분이 있은 날로부터 180일 이내에 심판청구를 할 수 있기에 갑과 을의 주장은 타당하지 않다.

사례 82   일부취소심판

감정평가법인등에 과징금이 부과된 경우 과징금 액수가 과하게 책정되었음을 이유로 과징금부과처분 취소심판을 제기하였다면, 행정심판위원회는 일부취소재결을 할 수 있는지 검토하시오. 10점

Ⅰ 쟁점의 정리
Ⅱ 재량처분과 일부취소재결
  1. 취소심판과 인용재결
  2. 취소심판에서의 변경재결(일부취소)
    (1) 소극적 변경(일부취소)
    (2) 적극적 변경
Ⅲ 사안의 해결

Ⅰ 쟁점의 정리

감정평가사법상 과징금은 계속적인 공적업무수행을 위하여 업무정지처분에 갈음하여 부과되는 것으로 변형된 과징금에 속하며, 과징금부과는 금전상의 급부를 명하는 급부하명으로서 "할 수 있다"는 규정에 비추어 재량행위로 판단된다. 이에 대해 일부취소재결을 할 수 있는지 검토한다.

Ⅱ 재량처분과 일부취소재결

1. 취소심판과 인용재결

취소심판이라 함은 "행정청의 위법 또는 부당한 처분을 취소하거나 변경하는 심판"을 말한다. 인용재결이라 함은 본안심리의 결과 심판청구가 이유 있다고 판단하여 청구인의 청구취지를 인정하는 것을 말한다.

2. 취소심판에서의 변경재결(일부취소)

(1) 소극적 변경(일부취소)

처분을 취소하는 재결은 해당 처분의 전부취소를 내용으로 하는 것과 일부취소(영업정지처분기간의 단축 등)를 내용으로 하는 것이 있다. 행정심판에서도 일부취소는 이론상 취소의 대상이 되는 부분이 가분적인 것인 경우에 가능하다.

(2) 적극적 변경

처분을 변경하거나 변경을 명하는 재결은 행정심판기관이 행정기관이므로 처분내용을 적극적으로 변경하거나 변경을 명하는 재결을 말한다. 예컨대, 허가취소처분을 영업정지처분으로 변경하거나 변경을 명령하는 경우 등이다.

Ⅲ 사안의 해결

과징금부과는 업무정지기간에 따른 부과 범위가 설정되어 있으며 구체적인 부과금액은 위반행위의 내용과 정도, 기간과 위반횟수, 취득한 이익의 규모를 고려하여 산정하므로 행정심판위원회는 원고의 청구가 이유 있다고 인정되는 경우에는 과징금 부과금액을 감액하는 일부취소재결을 할 수 있다.

Chapter 04 기타

📝 **사례 83** 위법한 행정조사에 기초한 처분의 효력

국토교통부장관은 감정평가법인 갑에게 업무에 관한 보고와 자료제출을 명령하여 제출된 자료를 검토하였는데, 제출된 자료 중에 거짓으로 작성된 자료로 의심되는 자료가 있어서 소속 공무원으로 하여금 감정평가법인 갑의 사무소에 출입하여 장부·서류 등을 검사하게 하였다. 검사결과 제출된 자료의 일부가 거짓된 자료임이 밝혀졌다. 이에 국토교통부장관은 업무정지처분 사유에 해당되나 표준지공시지가 조사·평가업무를 고려하여 과징금을 부과하였다.
소속 공무원이 그 권한을 표시하는 증표를 관계인에게 보이지 않고 사무소에 출입하여 장부·서류 등을 검사한 경우, 위 과징금부과처분의 적법 여부를 검토하시오. [10점]

🎯 참조 조문

[감정평가 및 감정평가사에 관한 법률]

제47조(지도·감독)
① 국토교통부장관은 감정평가법인등 및 협회를 감독하기 위하여 필요할 때에는 그 업무에 관한 보고 또는 자료의 제출, 그 밖에 필요한 명령을 할 수 있으며, 소속 공무원으로 하여금 그 사무소에 출입하여 장부·서류 등을 검사하게 할 수 있다.
② 제1항에 따라 출입·검사를 하는 공무원은 그 권한을 표시하는 증표를 지니고 이를 관계인에게 내보여야 한다.

제32조(인가취소 등)
① 국토교통부장관은 감정평가법인등이 다음 각 호의 어느 하나에 해당하는 경우에는 그 설립인가를 취소(제29조에 따른 감정평가법인에 한정한다)하거나 2년 이내의 범위에서 기간을 정하여 업무의 정지를 명할 수 있다. 다만, 제2호 또는 제7호에 해당하는 경우에는 그 설립인가를 취소하여야 한다.
  16. 제47조에 따른 지도와 감독 등에 관하여 다음 각 목의 어느 하나에 해당하는 경우
    가. 업무에 관한 사항의 보고 또는 자료의 제출을 하지 아니하거나 거짓으로 보고 또는 제출한 경우
    나. 장부나 서류 등의 검사를 거부, 방해 또는 기피한 경우

제41조(과징금의 부과)
① 국토교통부장관은 감정평가법인등이 제32조 제1항 각 호의 어느 하나에 해당하게 되어 업무정지처분을 하여야 하는 경우로서 그 업무정지처분이 「부동산 가격공시에 관한 법률」 제3조에 따른 표준지공시지가의 공시 등의 업무를 정상적으로 수행하는 데에 지장을 초래하는 등 공익을 해칠 우려가 있는 경우에는 업무정지처분을 갈음하여 5천만원(감정평가법인인 경우는 5억원) 이하의 과징금을 부과할 수 있다.
② 국토교통부장관은 제1항에 따른 과징금을 부과하는 경우에는 다음 각 호의 사항을 고려하여야 한다.
  1. 위반행위의 내용과 정도
  2. 위반행위의 기간과 위반횟수

> 3. 위반행위로 취득한 이익의 규모
> ③ 국토교통부장관은 이 법을 위반한 감정평가법인이 합병을 하는 경우 그 감정평가법인이 행한 위반행위는 합병 후 존속하거나 합병으로 신설된 감정평가법인이 행한 행위로 보아 과징금을 부과·징수할 수 있다.

Ⅰ 쟁점의 정리	2. 위법한 행정조사에 기초한 행정행위의 효력
Ⅱ 위법한 행정조사와 행정행위의 효력	(1) 학설
1. 행정조사의 의의 및 법적 성질	(2) 판례
	(3) 결어
	Ⅲ 사안의 해결

Ⅰ 쟁점의 정리

행정조사를 통한 내용은 정확하나 수집절차상의 하자가 있는 경우, 수집된 내용에 기초하여 행정행위를 한 경우 그 효력이 문제된다.

Ⅱ 위법한 행정조사와 행정행위의 효력

1. 행정조사의 의의 및 법적 성질

행정조사란 행정기관이 정책을 결정하거나 직무를 수행하는 데 필요한 정보나 자료를 수집하기 위하여 현장조사·문서열람·시료채취 등을 하거나 조사대상자에게 보고요구·자료제출요구 및 출석·진술요구를 행하는 활동을 말한다. 이는 수인의무를 부과하는 권력적 사실행위이다.

2. 위법한 행정조사에 기초한 행정행위의 효력

(1) 학설

① 적법절차의 원칙에 비추어 위법한 절차에 기초한 행정행위는 위법하다는 견해와 ② 행정조사와 행정행위는 별개의 행위이므로 행정조사의 위법이 바로 행정행위의 위법사유가 되지 않는다는 견해가 있다. ③ 행정조사의 목적이 행정행위를 위한 사전적인 정보수집의 목적인 경우에는 행정행위의 절차상의 하자를 구성한다는 견해도 있다.

(2) 판례

판례는 부정한 목적을 위한 조사와 위법한 중복세무조사에 기초하여 이루어진 과세처분은 위법하다고 판시하여 긍정설을 취하고 있는 듯하다.

(3) 결어

적법절차의 원칙에 비추어 행정조사의 절차상 하자가 있는 경우에는 그에 기초한 행정행위도 위법한 것으로 보아야 할 것이다.

Ⅲ 사안의 해결

증표를 보이지 않고 조사한 행위는, 명백한 하자이나 중대한 하자로 보기 어려우므로 취소사유의 하자로 볼 수 있고 절차상 하자의 독자성을 인정하는 다수 및 판례의 태도에 비추어 절차상 하자있는 조사에 기초한 행정행위는 위법한 것으로 보아야 하므로 과징금부과처분의 위법성이 인정된다.

사례 84 제재처분의 승계 등

감정평가사 갑은 정관을 작성하고 국토교통부장관에게 감정평가법인 A의 설립인가를 신청하였으나 국토교통부장관은 정관내용이 법령의 규정에 적합한지 여부를 심사, 확인하지 않은 채 법인설립인가를 거부하였다.

감정평가법인 A는 다양한 업무영역을 확장하고 감정평가에 대한 전문성을 제고하기 위하여, 무형기술 가치평가에 특허된 기술을 가지고 있는 B법인과 합병하여 신설법인 C를 설립하였다. 이 경우 국토교통부장관은 A법인이 B법인과 합병하기 전에 감정평가사법 제32조를 위반하여 과징금 1억원을 부과하였었는데 A법인이 상기 과징금을 부과하지 않았음을 이유로 C법인에게 과징금을 납부하도록 독촉할 수 있는가? 5점

관련 규정

[감정평가사법 시행령 제25조 제2항]
국토교통부장관은 법 제29조 제5항 각 호 외의 부분 본문에 따른 감정평가법인의 설립인가를 할 때에는 다음 각 호의 사항을 심사·확인하여야 한다.
1. 설립하려는 감정평가법인이 법 제29조 제2항부터 제4항까지의 규정에 따른 요건을 갖추었는지 여부
2. 정관의 내용이 법령에 적합한지 여부

[감정평가사법 제41조 제3항]
국토교통부장관은 이 법을 위반한 감정평가법인이 합병을 하는 경우 그 감정평가법인이 행한 위반행위는 합병 후 존속하거나 합병으로 신설된 감정평가법인이 행한 행위로 보아 과징금을 부과·징수할 수 있다.

I 쟁점의 정리
II 행정제재처분의 승계가능성
　1. 행정제재처분의 승계
　2. 제재처분효과의 승계의 성립요건(승계적성)
III 사안의 해결

I 쟁점의 정리

A법인에게 부과된 과징금의 효과가 새로이 신설된 C법인에게 승계되는지를 검토하여 설문을 해결한다.

Ⅱ 행정제재처분의 승계가능성

1. 행정제재처분의 승계

행정제재처분이란 행정법규의 실효성을 확보하기 위하여 행정법규의 위반자나 불이행자에 대하여 작위, 부작위, 급부, 수인 등의 일정한 의무를 부과하거나 처벌을 하는 것을 말한다. 승계란 상속, 영업의 양도, 법인의 합병 등에 의하여 제재처분의 효과 등이 타인에게 이전되는 것을 말한다.

2. 제재처분효과의 승계의 성립요건(승계적성)

행정제재처분의 성질상 양수인 등 승계인에게 이전될 수 있는 성질을 지니고 있어야 한다. 당해 제재처분을 다른 사람이 대신 이행하더라도 당사자가 행한 경우와 동일한 결과를 가져오는 경우에는 승계가능성이 있지만, 대신 행할 수 없는 성질의 것이라면 대체가능성이 없어 승계적성이 없다고 할 것이다.

Ⅲ 사안의 해결

과징금 납부의무는 일신전속적인 의무가 아니고, 양도인의 지위에는 제재처분의 효과인 과징금 납부의무가 포함되므로 영업 양도 시 과징금 납부의무도 양수인에게 승계된다고 보는 것이 타당하다. 따라서 국토교통부장관은 C법인에게 과징금 납부를 독촉할 수 있다.

📝 법원의 판결 보충

1. 무효사유를 취소소송으로 제기한 경우

취소소송은 원칙상 취소사유인 위법한 처분이나 재결을 대상으로 하지만, 무효인 처분 등에 대하여 제기될 수도 있다. 무효인 처분에 대한 취소소송은 무효선언을 구하는 것일 수도 있고 단순히 취소를 구하는 것일 수도 있다. 전자의 경우에 취소법원은 무효를 선언하는 의미의 취소판결을 하고, 후자의 경우에는 통상의 취소판결을 한다.

위법한 처분에 대하여 취소소송이 제기된 경우에 법원은 해당 위법이 무효사유인 위법인지 취소사유인 위법인지 구분할 필요 없이 취소판결을 내리면 된다. 취소소송에 있어서는 해당 처분이 위법한지 아닌지가 문제이고 그 위법이 중대하고 명백한 것인지 여부는 심리대상이 되지 않기 때문이다. 실무도 이렇게 하고 있다(대판 1999.4.27, 97누6780[건축물철거대집행계고처분취소]).

다만, 무효의 선언을 구하는 취소소송이나 무효인 처분에 대한 취소소송이나 모두 불복기간 등 취소소송의 요건을 충족하여야 한다.

따라서 불복기간 등 취소소송에 고유한 요건을 갖추지 못한 경우에 원고는 취소소송을 무효확인소송으로 변경할 수 있고, 법원도 이를 위하여 석명권을 행사할 수 있다. 취소소송을 무효확인소송으로 변경하지 않는 한 법원은 계쟁처분이 당연무효라고 하여도 무효확인판결을 할 수는 없다.

2. 취소사유를 무효등확인소송으로 제기한 경우

무효확인소송의 대상이 된 행위의 위법이 심리의 결과 무효라고 판정되는 경우에는 인용판결(무효확인판결)을 내린다.

그런데, 해당 위법이 취소원인에 불과한 경우에 법원은 어떠한 판결을 내려야 하는가.

해당 무효확인소송이 취소소송요건을 갖추지 못한 경우 기각판결을 내려야 한다.

그런데, 해당 무효확인소송이 취소소송요건을 갖춘 경우에 어떠한 판결을 내려야 할 것인가에 관하여 견해의 대립이 있다.

① **소변경필요설** : 무효확인청구는 취소청구를 포함한다고 보지만 법원은 석명권을 행사하여 무효확인소송을 취소소송으로 변경하도록 한 후 취소소송요건을 충족한 경우 취소판결을 하여야 한다는 견해이다.

② **취소소송포함설** : 무효확인청구는 취소청구를 포함한다고 보고, 법원은 취소소송요건을 충족한 경우 취소판결을 하여야 한다고 보는 견해이다.

③ **판례** : 판례는 두 번째 입장을 취하고 있는 것으로 보인다.

[판례] 일반적으로 행정처분의 무효확인을 구하는 소에는 원고가 그 처분의 취소를 구하지 아니한다고 밝히지 아니한 이상 그 처분이 만약 당연무효가 아니라면 그 취소를 구하는 취지도 포함되어 있는 것으로 보아야 한다(대판 1994.12.23, 94누477; 대판 2005.12.23, 2005두3554).

④ **결어** : 소송상 청구는 원고가 하며 법원은 원고의 소송상 청구에 대해서만 심판을 하여야 하므로 법원이 원고의 소송상 청구를 일방적으로 변경할 수는 없다. 따라서 법원은 석명권을 행사하여 무효확인소송을 취소소송으로 변경하도록 한 후 취소판결을 하여야 하는 것으로 보는 소변경필요설이 타당하다. 무효확인소송에서 계쟁처분이 취소할 수 있는 행위에 불과한 경우 취소소송요건을 충족하지 않는 경우에는 무효확인소송에 대한 기각판결을 하여야 한다.

사례 85 인허가의제제도

한국수자원공사법 제10조에 따른 실시계획이 고시가 있으면 토지보상법상 사업인정 및 사업인정 고시가 있은 것으로 보며 산지관리법에 따른 산지전용허가를 받은 것으로 본다. 이 경우 국토교통부장관은 산지전용허가에 해당하는 내용이 포함되어 있는 실시계획을 승인하려면 미리 관계 행정기관의 장과 협의하여야 한다. 40점

(1) 한국수자원공사가 산업단지 및 특수지역의 개발을 위한 실시계획 승인신청을 하였다. 한국수자원공사의 신청이 산지전용허가요건을 완비하지 못한 경우에 국토교통부장관이 사업실시계획승인을 할 수 있는지를 검토하시오. 10점

(2) 인근에 거주하고 있는 주민 을은 산지전용허가에 따라 산업단지 및 특수지역 개발이 시행되면 산에서 내려오는 물의 흐름이 막혀 지반이 약한 부분에서 토사유출 및 산사태 위험이 있다며 해당 산지전용허가에 반대하고 있다. 을이 실시계획인가고시가 아닌 산지전용허가를 대상으로 취소소송을 제기할 수 있는지 검토하시오. 15점

(3) 관할 행정청은 이후 「산지관리법」 제37조에 따라 재해위험지역 일제점검을 하던 중 한국수자원공사의 시설공사장에서 토사유출로 인한 산사태 위험을 확인하고, 한국수자원공사에게 시설물 철거 등 재해의 방지에 필요한 조치를 할 것을 명하였다. 다만, 한국수자원공사에게 통지된 관할 행정청의 처분서에는 한국수자원공사가 충분히 알 수 있도록 처분의 사유와 근거가 구체적으로 명시되지는 않았다. 한국수자원공사는 관할 행정청의 조치명령을 이행하지 아니하여 「산지관리법」 위반으로 형사법원에 기소되었으나 해당 조치명령이 위법하므로 자신이 무죄라고 주장한다. 조치명령의 위법성을 검토하고 甲의 주장이 타당한지 논하시오. 15점

관련 규정

[산지관리법]

제1조(목적)
이 법은 산지(山地)를 합리적으로 보전하고 이용하여 임업의 발전과 산림의 다양한 공익기능의 증진을 도모함으로써 국민경제의 건전한 발전과 국토환경의 보전에 이바지함을 목적으로 한다.

제14조(산지전용허가)
① 산지전용을 하려는 자는 그 용도를 정하여 대통령령으로 정하는 산지의 종류 및 면적 등의 구분에 따라 산림청장등의 허가를 받아야 하며, 허가받은 사항을 변경하려는 경우에도 같다. 다만, 농림축산식품부령으로 정하는 사항으로서 경미한 사항을 변경하려는 경우에는 산림청장등에게 신고로 갈음할 수 있다.
② 산림청장등은 제1항 단서에 따른 변경신고를 받은 날부터 25일 이내에 신고수리 여부를 신고인에게 통지하여야 한다.
③ 산림청장등이 제2항에서 정한 기간 내에 신고수리 여부 또는 민원 처리 관련 법령에 따른 처리기간의 연장을 신고인에게 통지하지 아니하면 그 기간(민원 처리 관련 법령에 따라 처리기간이 연장 또는 재연장된 경우에는 해당 처리기간을 말한다)이 끝난 날의 다음 날에 신고를 수리한 것으로 본다.
④ 관계 행정기관의 장이 다른 법률에 따라 산지전용허가가 의제되는 행정처분을 하기 위하여 산림청장등에게 협의를 요청하는 경우에는 대통령령으로 정하는 바에 따라 제18조에 따른 산지전용허가기준에 맞는

지를 검토하는 데에 필요한 서류를 산림청장등에게 제출하여야 한다.
⑤ 관계 행정기관의 장은 제4항에 따른 협의를 한 후 산지전용허가가 의제되는 행정처분을 하였을 때에는 지체 없이 산림청장등에게 통보하여야 한다.

제37조(재해의 방지 등)
① 산림청장등은 다음 각 호의 어느 하나에 해당하는 허가 등에 따라 산지전용, 산지일시사용, 토석채취 또는 복구를 하고 있는 산지에 대하여 대통령령으로 정하는 바에 따라 토사유출, 산사태 또는 인근지역의 피해 등 재해 방지나 산지경관 유지 등에 필요한 조사·점검·검사 등을 할 수 있다.
   1. 제14조에 따른 산지전용허가

(설문 1)의 해결
Ⅰ 쟁점의 정리
Ⅱ 인허가의제제도의 효력
　1. 의의 및 절차(행정기본법 제24조)
　2. 집중효의 정도
　　(1) 학설 및 판례
　　(2) 검토
Ⅲ 사안의 해결

(설문 2)의 해결
Ⅰ 쟁점의 정리
Ⅱ 산지전용허가의 대상적격 인정 여부
　1. 견해의 대립
　　(1) 부정설
　　(2) 긍정설
　2. 판례
　3. 검토 및 사안의 경우
Ⅲ 인근주민 을의 원고적격 인정 여부
　1. 원고적격의 의의(행정소송법 제12조) 및 취지
　2. 법률상 이익의 의미
　　(1) 학설
　　(2) 판례
　　(3) 검토
　3. 법률의 범위
　4. 사안의 경우
Ⅳ 사안의 해결

(설문 3)의 해결
Ⅰ 쟁점의 정리
Ⅱ 조치명령의 위법성 검토
　1. 처분의 이유제시(행정절차법 제23조)
　2. 이유제시의 정도와 하자
　3. 절차하자의 독자성 인정 여부
　4. 사안의 경우
Ⅲ 형사법원과 선결문제
　1. 선결문제의 의의
　2. 형사사건과 선결문제
　　(1) 행정행위의 효력 유무가 쟁점인 경우
　　　1) 학설 및 판례의 태도
　　　2) 검토
　　(2) 행정행위의 위법 여부가 쟁점인 경우
　　　1) 학설 및 판례의 태도
　　　2) 검토
　3. 사안의 경우
Ⅳ 사안의 해결

(설문 1)의 해결

I 쟁점의 정리

한국수자원공사법에 의한 실시계획이 고시되면 산지전용허가를 받은 것으로 의제되는데, 이처럼 의제되는 허가를 받기 위한 요건을 완비하지 못한 경우에도 실시계획승인을 할 수 있는지가 문제된다.

II 인허가의제제도의 효력

1. 의의 및 절차(행정기본법 제24조)

하나의 인허가를 받으면 다른 허가, 인가, 특허, 신고 또는 등록을 받은 것으로 보는 것을 인허가의제제도라 한다. 인허가의제를 받으려면 주된 인허가를 신청할 때 관련 인허가에 필요한 서류를 함께 제출하여야 하고 주된 인허가 행정청은 주된 인허가를 하기 전에 관련 인허가에 관하여 미리 관련 인허가 행정청과 협의하여야 한다. 관련 인허가에 필요한 심의, 의견 청취 등 절차에 관하여는 법률에 인허가의제 시에도 해당 절차를 거친다는 명시적인 규정이 있는 경우에만 이를 거친다.

2. 집중효의 정도

(1) 학설 및 판례

① 절차적 요건은 명문의 규정이 없는 한 준수하지 않아도 되지만 실체적 요건에 대해서는 기속된다는 견해(절차집중설), ② 법치행정에 비추어 계획확정기관도 실체적 요건은 존중해야 하고, 의제되는 인허가의 모든 절차를 거칠 필요는 없지만 통합적인 절차를 거쳐야 한다는 견해(제한적 절차집중설)가 있다. ③ 판례는 의제되는 법률에 규정된 이해관계인의 의견청취절차를 생략할 수 있다고 하여 절차집중을 인정하고 있다(대판 1992.11.10, 92누1162).

(2) 검토

집중효제도의 기능 내지 취지에 비추어 계획확정기관은 하나의 계획확정절차를 제한적으로 거치면 되지만 실체법에는 기속된다는 절차집중설이 타당하다.

III 사안의 해결

의제제도의 취지는 원스톱행정을 위한 신속한 행정처리에 있으나, 이러한 경우에도 의제되는 내용 요건을 모두 갖춘 경우에 가능하다고 볼 것이다. 만약 의제되는 인허가의 실체상 요건이 충족되지 않았음에도 의제효과를 인정한다면 의제되는 인허가 제도의 취지에 반하는 결과가 도출될 수도 있기 때문이다. 따라서 국토교통부장관은 산지전용허가요건을 완비하지 못한 경우에는 실시계획 신청을 거부하거나, 산지전용허가부분을 제외한 부분에 대해서만 부분적으로 승인해야 할 것이다.

(설문 2)의 해결

I 쟁점의 정리

의제되는 산지전용허가를 대상으로 소송을 제기할 수 있는지와 인근주민 을에게 산지전용허가의 취소를 구할 법률상 이익이 인정되는지를 검토한다.

II 산지전용허가의 대상적격 인정 여부

1. 견해의 대립

(1) 부정설

부정설은 의제되는 인허가는 의제되는 것에 불과하여 신청된 인허가(주된 인허가)의 인용처분만 있고, 의제되는 인허가의 인용처분은 실제로는 존재하지 않는다고 본다.

(2) 긍정설

인허가가 의제된다는 것은 실제로는 인허가를 받지는 않았지만, 법적으로는 인허가를 받은 것으로 본다는 것이므로 의제되는 인허가가 실재하는 것으로 본다.

2. 판례

주된 인허가(창업사업계획승인)로 의제된 인허가(산지전용허가)는 통상적인 인허가와 동일한 효력을 가지므로, 의제된 인허가의 취소나 철회가 허용된다. 그리고 의제된 인허가의 직권취소나 철회는 항고소송의 대상이 되는 처분에 해당한다고 본다(대판 2018.7.12, 2017두48734). 판례는 주택건설사업계획승인처분에 따라 의제된 지구단위계획결정에 하자가 있음을 이해관계인이 다투고자 하는 경우, 주된 처분(주택건설사업계획승인처분)과 의제된 인허가(지구단위계획결정) 중 어느 것을 항고소송의 대상으로 삼아야 하는지에 대해서 주택건설사업계획 승인처분의 취소를 구할 것이 아니라 의제된 인허가의 취소를 구하여야 하며, 의제된 인허가는 주택건설사업계획 승인처분과 별도로 항고소송의 대상이 되는 처분에 해당한다고 판시한 바 있다.

3. 검토 및 사안의 경우

현재의 인허가의제제도는 실체집중을 부정하고 의제되는 인허가를 법률상 의제하고 있으므로 의제되는 인허가가 법률상 실재하는 것으로 보는 것이 타당하다. 따라서 산지전용허가의 대상적격이 인정된다.

Ⅲ 인근주민 을의 원고적격 인정 여부

1. 원고적격의 의의(행정소송법 제12조) 및 취지

원고적격이란 본안판결을 받을 수 있는 자격으로, 행정소송법 제12조에서는 취소소송은 처분 등의 취소를 구할 법률상 이익 있는 자가 제기할 수 있다고 규정하여 남소방지를 도모한다.

2. 법률상 이익의 의미

(1) 학설

① 취소소송의 본질은 침해된 권리회복이라는 권리구제설, ② 근거법상 보호되는 이익구제인 법률상 보호이익설, ③ 소송법상 보호가치 있는 이익구제라는 견해, ④ 행정의 적법성 통제라는 적법성 보장설의 견해가 있다.

(2) 판례

해당 처분의 근거, 관련법규에 의해 보호되는 개별적, 직접적, 구체적인 이익을 의미하며, 사실상이며 간접적인 이익은 법률상 보호이익이 아니라고 한다.

(3) 검토

취소소송을 주관적, 형성소송으로 보면 법률상 보호이익설이 타당하다.

3. 법률의 범위

근거 법률은 물론 관련법규까지 포함하는 견해와, 헌법상 기본권 및 민법상 일반원칙까지 포함하는 견해가 있다. 대법원은 관계법규와 절차법규정의 취지도 고려하는 등 보호규범의 범위를 확대하는 경향을 보이고 있으며, 헌법재판소는 헌법상 기본권인 경쟁의 자유를 고려한바 있다.

4. 사안의 경우

관련규정인 산지관리법 제1조에서는 산지를 합리적으로 보전하고 이용하여 국민경제의 발전과 환경보전에 이바지함을 목적으로 하고 있으며 제37조에 따라 이러한 위해방지에 필요한 조치를 하게 할 수 있다. 이러한 규정은 토사유출 및 산사태로부터 인근주민을 보호하려는 사익보호가 내재된 것으로 볼 수 있으므로 원고적격이 인정된다.

Ⅳ 사안의 해결

의제되는 산지전용허가는 실재하는 것으로 보며, 산지관리법상 규정해석을 통하여 인근주민 을에 대한 법률상 보호이익이 인정되므로 을은 산지전용허가에 대한 취소소송을 제기할 수 있을 것이다.

(설문 3)의 해결

I 쟁점의 정리

관할 행정청의 조치명령을 이행하지 않아서 형사법원에 기소된 경우 조치명령의 위법을 이유로 자신의 무죄를 주장할 수 있는지 검토한다.

II 조치명령의 위법성 검토

1. 처분의 이유제시(행정절차법 제23조)

이유제시란 행정청이 처분을 하는 경우에 그 근거와 이유를 제시함을 말하고 모든 처분을 대상으로 한다. ① 당사자의 신청대로 인정하는 경우, ② 단순반복 및 경미한 처분으로 당사자가 그 이유를 명백히 아는 경우, ③ 긴급을 요하는 경우를 제외하고는 반드시 거쳐야 하는 필수적 절차이다.

2. 이유제시의 정도와 하자

판례는 '처분의 근거와 이유를 상대방이 이해할 수 있을 정도로 구체적으로 서면으로 하되, 이를 전혀 안하거나 구체적이지 않은 경우 위법하게 된다.'고 한다.

3. 절차하자의 독자성 인정 여부

내용상 하자만큼 절차적 적법성을 지키는 것이 필요하며, 현행 행정소송법 제30조 제3항에서 절차하자로 인한 취소의 경우에도 기속력을 준용하고 있으므로 독자적 위법사유가 된다고 보는 것이 다수와 판례의 태도이다.

4. 사안의 경우

설문상 이유제시를 생략할만한 사유가 보이지 않으며, 처분서에 충분히 알 수 있도록 처분의 사유와 근거가 구체적으로 명시되지는 않았으므로 절차상 하자가 인정된다.

III 형사법원과 선결문제

1. 선결문제의 의의

선결문제란 처분 등의 효력 유무 또는 위법 유무가 판결의 전제가 되는 문제이다. 공정력은 행정행위의 상대방에 대한 구속력이며 제3자에 대한 구속력은 구성요건적 효력으로 봄이 타당하므로, 이하에서는 선결문제를 구성요건적 효력과 관련하여 해결한다.

2. 형사사건과 선결문제

(1) 행정행위의 효력 유무가 쟁점인 경우
위법성이 무효인 경우에는 이의 효력을 부인할 수 있으나, 취소사유인 경우 문제된다.

1) 학설 및 판례의 태도
① 다수설은 구성요건적 효력으로 인해 효력을 부인할 수 없다고 하나, 일설은 인권보장을 고려하여 효력부인이 가능하다고 본다. ② 판례는 미성년자라서 결격자인 피고인의 운전면허는 취소가 되지 않는 한 유효하다고 하여 부정설의 입장이다.

2) 검토
명문의 규정이 없는 한 인권보장을 위하여 행정행위의 효력을 부인하고 범죄의 성립을 부인할 수 있는 것으로 보는 것이 타당하다.

(2) 행정행위의 위법 여부가 쟁점인 경우

1) 학설 및 판례의 태도
① 구성요건적 효력은 행정행위의 적법성 추정력을 의미하므로 위법 여부를 확인할 수 없다는 부정설과 이는 유효성 통용력을 의미하므로 위법성을 확인할 수 있다는 긍정설이 있다. ② 판례는 토지의 형질변경한 자도 아닌 자에 대한 원상복구의 시정명령은 위법하다고 하여 긍정설의 입장이다(대판 1992.8.18, 90도1709).

2) 검토
국민의 권리구제 측면에서 행정행위의 위법성을 확인하는 것은 행정행위의 효력을 부인하는 것은 아니므로 구성요건적 효력에 반하지 않는다고 보는 것이 타당하다.

3. 사안의 경우
형사법원이 행정행위의 위법성을 확인하는 것은 구성요건적 효력에 반하지 않으므로 행정처분의 위법 여부를 판단할 수 있다.

Ⅳ 사안의 해결

조치명령은 이유제시 위반의 절차상 하자가 인정되며, 형사법원은 행정처분의 위법성을 확인할 수 있으므로 한국수자원공사는 무죄를 주장할 수 있다.

사례 86 대집행 계고

관악구청은 甲에게 '甲소유의 건물 중 불법건축물 10평방미터를 1개월 이내에 자진철거할 것과 이를 이행하지 않을 경우, 대집행을 실행하겠다.'는 통지(계고)를 하였다. 이에 갑은 상기 불법건축물은 동 건물의 소방시설로서 이는 건물의 안전과도 관련이 있으며 이를 다른 층으로 옮기게 되면 많은 비용과 공사상 어려움이 수반된다고 주장한다. 이에, 관악구청장은 1개월이 경과하여 대집행 책임자와 날짜 등이 적시된 대집행영장을 甲에게 통지하였다. 甲은 위 통지(계고)는 위법하다고 주장하며 취소소송을 제기하였다. 갑은 승소할 수 있는가? 10점

Ⅰ 쟁점의 정리
Ⅱ 대집행계고처분의 요건
  1. 대집행의 의의
  2. 대집행의 계고의 요건
    (1) 계고의 의의
    (2) 계고의 요건
Ⅲ 사안의 해결(철거명령과 계고처분의 결합가능성)

Ⅰ 쟁점의 정리

갑은 대집행계고처분을 대상으로 취소소송을 제기하였다. 계고 시에 대집행요건이 충족되었는지를 1장의 문서에 철거명령과 대집행계고를 동시에 할 수 있는지를 중심으로 검토한다.

Ⅱ 대집행계고처분의 요건

1. 대집행의 의의

행정대집행법상의 대집행이란 대체적 작위의무(타인이 대신하여 이행할 수 있는 작위의무)의 불이행이 있는 경우에 해당 행정청이 스스로 의무자가 행할 행위를 하거나 제3자로 하여금 이를 행하게 하고 그 비용을 의무자로부터 징수하는 것을 말한다.

2. 대집행의 계고의 요건

(1) 계고의 의의

계고는 상당한 기간 내에 의무의 이행을 하지 않으면 대집행을 한다는 의사를 사전에 통지하는 행위이다.

(2) 계고의 요건

대집행의 계고에 있어서는 의무자가 이행하여야 할 행위와 그 의무불이행 시 대집행할 행위의 내용 및 범위가 구체적으로 특정되어야 하며, 계고처분은 상당한 이행기간(사회통념상 의무자가 스스로 의무를 이행하는 데 필요한 기간)을 정하여야 한다. 또한 계고 시에 대집행의 요건이 충족되고 있어야 한다.

Ⅲ 사안의 해결(철거명령과 계고처분의 결합가능성)

한 장의 문서에 계고처분은 철거명령과 동시에 행해졌다 하더라도 실질적으로 두 개의 의사표시가 존재하는 것이며, 1개월의 철거이행기한은 충분한 이행기간이라 할 수 있으므로 철거명령과 동시에 행한 계고처분은 적법하다고 할 수 있다. 또한 대집행 대상이 특정되어 문서로 계고가 행해진바, 대집행계고처분은 적법하다고 할 수 있으므로 승소가능성은 없다고 할 것이다.

사례 87 이행강제금 및 대집행 요건

갑은 A시로부터 도시공원 내에 있는 A시 소유의 시설물에 대하여 「공유재산 및 물품관리법」(이하 '공유재산법'이라 한다) 제20조 제1항에 근거하여 공유재산 사용허가를 받아 그 시설물에서 매점을 운영하고 있다. 그런데 위 도시공원을 이용하는 시민들의 수가 증가하면서 매점의 공간이 부족하게 되자 갑은 위 허가받은 시설물의 외부 형태를 무단으로 대폭적으로 변경하였다. 이에 A시장은 갑에게 "2013.5.14. 내에 이 사건 건축물의 변경된 부분을 철거하라. 이를 행하지 아니할 때에는 건축법 제80조에 따라 1,000,000원의 이행강제금을 부과할 예정이다."라는 내용의 시정명령 및 이행강제금 부과 계고 문서를 송달한 다음, 2013.5.15. 갑에게 1,000,000원의 이행강제금을 부과하였다. 그럼에도 갑이 여전히 시정하지 아니하자 A시장은 '사용허가를 받은 행정재산의 원상을 A시장의 승인없이 변경하였다.'는 이유로 갑에 대하여 공유재산법 제25조 제1항 제3호를 근거로 하여 사전통지 및 서면에 의한 의견제출 절차를 거쳐 위 사용허가를 취소하였다. 이어서 A시장은 "(1) 2013.6.30. 내에 도시공원 내에 있는 A시 소유의 시설물로부터 퇴거하고 그 내부 시설 및 상품을 반출하라. (2) 2013.7.31. 내에 이 사건 건축물의 변경된 부분을 철거하라. (3) 이상을 이행하지 아니할 때에는 대집행할 것임을 알림"이라는 내용의 계고장을 발송하여 2013.6.18. 갑이 이를 수령하였다.
[40점]

1. 이행강제금 부과처분과 관련하여,
   (1) A시장이 갑의 이 사건 건축물의 변경된 부분에 대한 철거의무를 이행시키기 위하여 행정대집행법의 방법에 의하지 않고 이행강제금을 부과한 것은 적법한가? [15점]
   (2) A시장이 하나의 문서에서 시정명령과 이행강제금 부과계고를 같이 한 것은 적법한가? [5점]
2. 대집행 계고와 관련하여, A시장의 갑에 대한 대집행 계고는 적법한가? [20점]

관련 규정

[공유재산 및 물품관리법]
제20조(사용허가)
① 지방자치단체의 장은 행정재산에 대하여 그 목적 또는 용도에 장애가 되지 아니하는 범위에서 사용허가를 할 수 있다.
⑤ 제1항에 따라 사용허가를 받은 자는 사용허가기간이 끝나거나 제25조에 따라 사용허가가 취소된 경우에는 그 행정재산을 원상대로 반환하여야 한다. 다만, 지방자치단체의 장이 미리 원상의 변경을 승인한 경우에는 변경된 상태로 반환할 수 있다.

제25조(사용허가의 취소)
① 지방자치단체의 장은 제20조 제1항에 따라 행정재산의 사용허가를 받은 자가 다음 각 호의 어느 하나에 해당하면 그 허가를 취소할 수 있다.
   1. 사용허가를 받은 행정재산을 제20조 제3항을 위반하여 다른 사람에게 사용·수익하게 한 경우
   2. 해당 행정재산의 관리를 게을리하였거나 그 사용 목적에 위배되게 사용한 경우
   3. 사용허가를 받은 행정재산의 원상을 지방자치단체의 장의 승인 없이 변경한 경우
   4. 거짓 진술, 거짓 증명서류의 제출, 그 밖의 부정한 방법으로 사용허가를 받은 사실이 발견된 경우
   5. 제22조 제2항에 따른 납부기한까지 사용료를 내지 아니한 경우

② 지방자치단체의 장은 사용허가한 행정재산을 국가나 지방자치단체가 직접 공용 또는 공공용으로 사용하기 위하여 필요로 하게 된 경우에는 그 허가를 취소할 수 있다.

제26조(청문)
지방자치단체의 장은 제25조 제1항에 따라 행정재산의 사용허가를 취소하려면 청문을 하여야 한다.

[건축법]
제11조(건축허가)
① 건축물을 건축하거나 대수선하려는 자는 특별자치시장·특별자치도지사 또는 시장·군수·구청장의 허가를 받아야 한다. 다만, 21층 이상의 건축물 등 대통령령으로 정하는 용도 및 규모의 건축물을 특별시나 광역시에 건축하려면 특별시장이나 광역시장의 허가를 받아야 한다.

제79조(위반 건축물 등에 대한 조치 등)
① 허가권자는 대지나 건축물이 이 법 또는 이 법에 따른 명령이나 처분에 위반되는 대지나 건축물에 대하여 이 법에 따른 허가 또는 승인을 취소하거나 그 건축물의 건축주·공사시공자·현장관리인·소유자·관리자 또는 점유자(이하 "건축주 등"이라 한다)에게 공사의 중지를 명하거나 상당한 기간을 정하여 그 건축물의 해체·개축·증축·수선·용도변경·사용금지·사용제한, 그 밖에 필요한 조치를 명할 수 있다.
② 허가권자는 제1항에 따라 허가나 승인이 취소된 건축물 또는 제1항에 따른 시정명령을 받고 이행하지 아니한 건축물에 대하여는 다른 법령에 따른 영업이나 그 밖의 행위를 허가·면허·인가·등록·지정 등을 하지 아니하도록 요청할 수 있다. 다만, 허가권자가 기간을 정하여 그 사용 또는 영업, 그 밖의 행위를 허용한 주택과 대통령령으로 정하는 경우에는 그러하지 아니하다.
③ 제2항에 따른 요청을 받은 자는 특별한 이유가 없으면 요청에 따라야 한다.
④ 허가권자는 제1항에 따른 시정명령을 하는 경우 국토교통부령으로 정하는 바에 따라 건축물대장에 위반내용을 적어야 한다.

제80조(이행강제금)
① 허가권자는 제79조 제1항에 따라 시정명령을 받은 후 시정기간 내에 시정명령을 이행하지 아니한 건축주 등에 대하여는 그 시정명령의 이행에 필요한 상당한 이행기한을 정하여 그 기한까지 시정명령을 이행하지 아니하면 다음 각 호의 이행강제금을 부과한다. 다만, 연면적(공동주택의 경우에는 세대 면적을 기준으로 한다)이 60제곱미터 이하인 주거용 건축물과 제2호 중 주거용 건축물로서 대통령령으로 정하는 경우에는 다음 각 호의 어느 하나에 해당하는 금액의 2분의 1의 범위에서 해당 지방자치단체의 조례로 정하는 금액을 부과한다.
  1. 건축물이 제55조와 제56조에 따른 건폐율이나 용적률을 초과하여 건축된 경우 또는 허가를 받지 아니하거나 신고를 하지 아니하고 건축된 경우에는 「지방세법」에 따라 해당 건축물에 적용되는 1제곱미터의 시가표준액의 100분의 50에 해당하는 금액에 위반면적을 곱한 금액 이하의 범위에서 위반 내용에 따라 대통령령으로 정하는 비율을 곱한 금액
  2. 건축물이 제1호 외의 위반 건축물에 해당하는 경우에는 「지방세법」에 따라 그 건축물에 적용되는 시가표준액에 해당하는 금액의 100분의 10의 범위에서 위반내용에 따라 대통령령으로 정하는 금액
② 허가권자는 영리목적을 위한 위반이나 상습적 위반 등 대통령령으로 정하는 경우에 제1항에 따른 금액을 100분의 100의 범위에서 해당 지방자치단체의 조례로 정하는 바에 따라 가중하여야 한다.

③ 허가권자는 제1항 및 제2항에 따른 이행강제금을 부과하기 전에 제1항 및 제2항에 따른 이행강제금을 부과·징수한다는 뜻을 미리 문서로써 계고(戒告)하여야 한다.
④ 허가권자는 제1항 및 제2항에 따른 이행강제금을 부과하는 경우 금액, 부과 사유, 납부기한, 수납기관, 이의제기 방법 및 이의제기 기관 등을 구체적으로 밝힌 문서로 하여야 한다.
⑤ 허가권자는 최초의 시정명령이 있었던 날을 기준으로 하여 1년에 2회 이내의 범위에서 해당 지방자치단체의 조례로 정하는 횟수만큼 그 시정명령이 이행될 때까지 반복하여 제1항 및 제2항에 따른 이행강제금을 부과·징수할 수 있다.
⑥ 허가권자는 제79조 제1항에 따라 시정명령을 받은 자가 이를 이행하면 새로운 이행강제금의 부과를 즉시 중지하되, 이미 부과된 이행강제금은 징수하여야 한다.
⑦ 허가권자는 제4항에 따라 이행강제금 부과처분을 받은 자가 이행강제금을 납부기한까지 내지 아니하면 「지방행정제재·부과금의 징수 등에 관한 법률」에 따라 징수한다.

(설문 1-1)의 해결

Ⅰ 쟁점의 정리

Ⅱ 행정대집행과 이행강제금 부과의 비례원칙 적합 여부
  1. 갑의 철거의무이행을 강제하기 위한 법적 근거
  2. 행정대집행 및 이행강제금 부과의 요건충족 여부
    (1) 행정대집행과 이행강제금 부과의 요건
    (2) 사안의 경우
  3. 행정대집행과 이행강제금 부과의 비례원칙 적합 여부
    (1) 비례원칙의 의의와 내용
    (2) 사안의 경우

Ⅲ 사안의 해결

(설문 1-2)의 해결

Ⅰ 쟁점의 정리

Ⅱ 시정명령과 이행강제금 부과계고의 결합가능성
  1. 이행강제금 부과의 요건
  2. 시정명령과 이행강제금 부과계고의 결합가능성

Ⅲ 사안의 해결

(설문 2)의 해결

Ⅰ 쟁점의 정리

Ⅱ 대집행요건의 충족 여부
  1. 대집행의 의의와 요건
  2. 사안의 경우

Ⅲ 대집행의 계고요건의 충족 여부
  1. 대집행 계고의 요건
  2. 사안의 경우

Ⅳ 원처분과 계고의 결합가능성

Ⅴ 사안의 해결

(설문 1-1)의 해결

I 쟁점의 정리

법률유보의 원칙상 철거의무이행을 위한 강제수단은 법령에 근거가 있어야 하고, 다수의 강제수단이 있는 경우에도 비례의 원칙상 어떠한 수단이 적정한지 문제된다. 사안의 경우 행정대집행과 이행강제금 중, 비례의 원칙상 어느 수단이 더 적정한지 문제된다.

II 행정대집행과 이행강제금 부과의 비례원칙 적합 여부

1. 갑의 철거의무이행을 강제하기 위한 법적 근거

도시공원 내의 A시 소유의 시설물에 대한 사용허가의 법적 근거인 공유재산법 제25조 제1항 제3호에 따라 갑에 대한 매점의 사용허가를 취소할 수 있다. 또한 위반 건축물에 대하여는 건축법 제79조 제1항에 따라 상당한 기간을 정하여 위법 건축물의 철거 및 그 밖에 필요한 조치를 명할 수 있고, 같은 법 제80조 제1항에 따라 시정명령 및 이행강제금을 부과할 수 있도록 규정하고 있다. 그러나 위 건축법 같은 조항에 따른 그 밖에 필요한 조치에는 행정대집행법에 따른 대집행도 포함될 수 있다.

2. 행정대집행 및 이행강제금 부과의 요건충족 여부

(1) 행정대집행과 이행강제금 부과의 요건

대집행을 하기 위한 요건으로, 대체적 작위의무의 불이행이 존재해야 하고, 다른 수단으로 그 이행을 확보하기 곤란하고(보충성 내지 비례의 원칙), 그 불이행을 방치함이 심히 공익을 해치는 것으로 인정되어야 한다. 또한 이행강제금의 부과요건은, 행정상의 작위의무 또는 부작위의무를 불이행한 경우에 상당한 기한을 정하여 시정명령을 하고, 그 시정기한 내에 시정을 하지 아니하면 할 수 있다.

(2) 사안의 경우

갑의 변경된 부분에 대한 철거의무는 대체적 작위의무에 해당되어 대집행이나 이행강제금의 대상이 될 수 있다. 그런데 대집행은 보충성의 원리에 따라 다른 수단으로 그 이행의 확보가 곤란한 경우에 할 수 있는데, 건축법 제80조 제1항에서 시정명령을 이행하지 아니한 경우에 이행강제금을 부과하도록 한 규정을 두고 있으므로, 이행강제금 부과를 우선적으로 고려할 수 있다.

3. 행정대집행과 이행강제금 부과의 비례원칙 적합 여부

(1) 비례원칙의 의의와 내용

비례원칙이란 구체적인 행정목적을 실현함에 있어서 그 목적 실현과 수단 사이에 합리적인 비례관계가 유지되어야 하는 것을 말한다. 비례의 원칙은, ① 선택한 수단이 그 목적 달성에 적합해야 한다는 적합성의 원칙과, ② 적합한 수단 중에서도 피해를 가능한 한 적게 하는 수단을 선택해야 한다는 필요성의 원칙 및 ③ 목적 실현을 위해 필요한 수단 중에서도 공익상 필요의 정도와 상당한 균형을 유지해야 한다는 상당성의 원칙을 요건으로 한다.

(2) 사안의 경우

행정대집행이나 이행강제금 부과는 갑의 철거의무이행을 위한 적합한 수단들이라 할 수 있다. 그러나 위법을 시정함에 있어서 직접적인 강제집행수단인 행정대집행보다 의무불이행자가 스스로 행할 수 있게 하는 간접적인 강제수단인 이행강제금 부과가 갑에게 피해를 보다 적게 주고, 공익상 필요와도 균형이 유지된다고 볼 수 있다. 따라서 이행강제금 부과의 방법이 보다 비례의 원칙에 부합한다.

III 사안의 해결

갑의 위법행위에 대해 공유재산법 제25조 제3호에 따라 갑에 대한 매점의 사용허가를 취소할 수도 있으나, 비례의 원칙상 이는 마지막 수단이 되어야 하고 그 대신 행정대집행이나 이행강제금 부과의 방법이 있다. 그런데 행정대집행은 다른 수단으로 그 이행이 곤란할 때 할 수 있는 방법이며, 이행강제금 부과는 건축법 제80조 제1항에서 명시하고 있을 뿐만 아니라, 이행강제금 부과의 방법이 행정대집행의 방법보다 비례의 원칙에도 더 적합하다. 따라서 A시장이 행정대집행의 방법이 아니라 이행강제금을 부과한 것은 적법하다.

(설문 1-2)의 해결

I 쟁점의 정리

설문에서는 하나의 문서에서 시정명령과 이행강제금 부과계고를 같이 한 바, 시정명령과 이행강제금 부과계고의 결합가능성이 문제된다.

II 시정명령과 이행강제금 부과계고의 결합가능성

1. 이행강제금 부과의 요건

이행강제금에 관한 건축법 제80조 제1항에 따르면, 이행강제금의 부과는 ① 먼저 상당한 기간을 정하여 시정명령을 하고, ② 다음 그 시정기간 내에 시정명령을 이행하지 아니하면, 다시 상당한 이행기한을 정하여 그 기한까지 이행하지 아니하면 이행강제금을 부과·징수한다는 뜻을 문서로 계고하고, ③ 계고한 이행기간까지도 불이행하면 이행강제금을 부과한다. 판례 또한 같은 취지로, "먼저 건축주 등에 대하여 상당한 기간을 정하여 시정명령을 하고, 건축주 등이 그 시정기간 내에 시정명령을 이행하지 아니하면, 다시 그 시정명령의 이행에 필요한 상당한 이행기한을 정하여 그 기한까지 시정명령을 이행할 수 있는 기회를 준 후가 아니면 이행강제금을 부과할 수 없다."고 판시하고 있다.

2. 시정명령과 이행강제금 부과계고의 결합가능성

이행강제금은 행정청의 시정명령 위반행위에 대하여 부과하는 제재이다(대판 2007.7.13, 2007마637). 또한 위 이행강제금 부과의 요건에서 보는 바와 같이 시정명령의 불이행이 존재하여야 이행강제금의 부과계고를 할 수 있는 것이므로 시정명령과 이행강제금 부과계고를 동시에 결합하여 행하는 것은 원칙적으로 인정될 수 없다.

Ⅲ 사안의 해결

건축법 제80조 제1항에 따르면 시정명령을 이행하지 아니하는 경우에 상당한 이행기한을 정하여 그 기한까지 시정명령을 이행하지 아니하면 이행강제금을 부과하도록 규정하였다. 이와 같이 건축법상 이행강제금의 부과계고는 시정명령의 불이행을 전제로 하고 있으므로 시정명령과 동시에 이행강제금의 부과계고를 할 수 없다고 할 것이다. 따라서 A시장이 하나의 문서에서 시정명령과 이행강제금 부과계고를 같이 한 것은 적법하지 아니하다.

(설문 2)의 해결

Ⅰ 쟁점의 정리

대집행 계고가 적법하려면 대집행 계고의 요건을 갖추고 있어야 하는바, A시장이 갑에게 한 대집행의 계고가 대집행의 요건을 갖추고 있어 대집행의 계고의 요건을 모두 충족하고 있는지 문제된다.

Ⅱ 대집행요건의 충족 여부

1. 대집행의 의의와 요건

대집행이란 대체적 작위의무를 불이행한 경우에 해당 행정청이 의무자가 행할 행위를 스스로 행하거나, 또는 제3자로 하여금 이를 행하게 하고 그 비용을 의무자로부터 징수함을 말한다. 대집행을 하기 위해서는, ① 법률 또는 법률에 의거한 행정청의 명령에 의한 행위로서 타인이 대신하여 행할 수 있는 대체적 작위의무의 불이행이 있어야 하고, ② 다른 수단으로 그 이행을 확보하기 곤란하고, ③ 그 불이행을 방치함이 심히 공익을 해치는 것으로 인정되는 등 보충성의 원칙이 적용되고 구체적 이익형량에 의해 신중하게 해야 한다.

2. 사안의 경우

A시장의 갑에게 부과한 의무 중 (1)의 갑에 대한 퇴거명령은 타인이 대신할 수 있는 대체적 작위의무가 아니어서 대집행의 대상이 되지 아니하나, 그 내부시설 및 상품의 반출명령은 대체적 작위의무라 할 수 있고, (2)의 변경된 부분의 철거명령도 대체적 작위의무이므로 대집행의 대상이라 할 것이다. 또한 대집행 이외에 다른 수단이 확보되어 있다거나, 그 불이행을 방치함이 공익을 해치지 않는다는 사정도 없어 보인다. 따라서 갑이 내부시설 및 상품의 반출의무와 변경된 부분의 철거의무를 불이행하면 대집행의 요건을 충족하게 된다.

Ⅲ 대집행의 계고요건의 충족 여부

1. 대집행계고의 요건

대집행을 하려면 상당한 이행기한을 정하여, 그때까지 이행하지 아니할 경우에는 대집행을 한다는 뜻을 미리 문서로써 계고하여야 한다(행정대집행법 제3조 제1항). 대집행의 요건은 계고할 때 충족되어야 하며, 상당한 이행기한이란 사회통념상 이행에 필요한 기한을 말한다. 따라서 대집행계고의 요건은, ① 문서로 하여야 하며, ② 상당한 이행기간을 정해야 하고, ③ 이행할 의무의 내용 및 범위를 구체적으로 특정하여야 하며, ④ 계고할 때 대집행의 요건이 이미 충족되어야 한다.

2. 사안의 경우

A시장은 반출 및 철거해야 할 내용과 범위를 구체적으로 특정하여 계고장을 발송하였다고 볼 것이므로, 상당한 이행기한의 여부와 계고 시 대집행요건의 충족 여부만 문제된다.

갑이 계고장을 2013.6.18.자로 수령하였고, 매점의 내부시설 및 상품반출은 2013.6.30.까지이므로 12일의 기한이 주어졌으며, 시설물의 외부 형태의 변경된 부분의 철거는 2013.7.31.까지이므로 43일의 기한이 주어졌다. 이들 기한은 사회통념상 이들의 반출 및 철거의무를 이행하는 데 충분한 기한이라고 판단된다. 따라서 상당한 기한의 요건은 충족되었다고 할 수 있으나, 대집행계고 시에 이미 대집행의 요건인 대체적 작위의무의 불이행이 존재하는 것은 아니다. 따라서 반출 및 철거를 명한 원처분과 대집행계고를 동시에 할 수 있는지 문제된다.

Ⅳ 원처분과 계고의 결합가능성

대집행요건은 계고를 할 때 이미 충족되어야 하므로 원처분(철거명령 등)과 계고처분을 동시에 결합하여 행하는 것은 원칙적으로 인정될 수 없다. 그러나 의무불이행이 예견되고 의무불이행을 제거해야 할 긴급한 필요가 인정되는 경우라든가, 충분한 이행기한이 주어졌다고 판단되는 경우 등 예외적인 경우에는 원처분과 계고를 동시에 할 수 있다(대판 1992.6.12. 91누13564 등).

Ⅴ 사안의 해결

갑에 대한 퇴거명령을 제외한 내부시설 및 상품의 반출명령이나 변경된 부분의 철거명령은 대집행의 대상인 대체적 작위의무에 속하고, A시장의 갑에 대한 대집행계고는 문서로 하였으며 대집행의 내용과 범위도 구체적으로 특정하였다. 또한 내부시설 및 상품의 반출기한은 12일이 주어졌고 변경된 부분의 철거기한은 43일이 주어짐으로써 충분한 이행기한이 주어졌다고 볼 수 있으므로, 반출·철거명령과 대집행계고의 결합가능성이 인정된다고 볼 수 있다. 따라서 A시장의 갑에 대한 대집행계고는 그 요건을 모두 충족하여 적법하다.

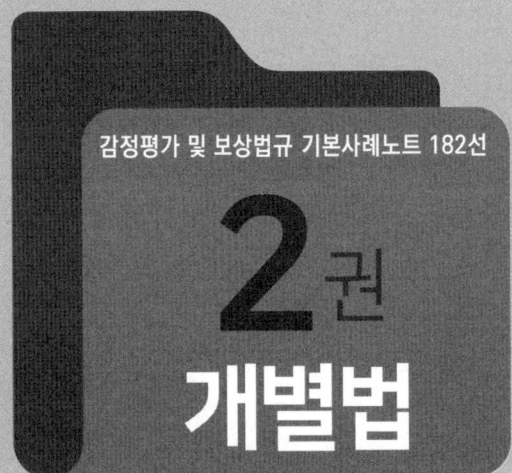

PART 01
사업인정

- 2권 개별법 -

Chapter 01 공용수용과 공공성
Chapter 02 사업인정과 공공성 등
Chapter 03 조서작성과 재결신청청구권

공용수용과 공공성

사례 88 공용수용과 공공성
공용수용과 공공성의 관계에 대해서 설명하시오. [10점]

I 개설

공용수용이란 사유재산권제도의 중대한 예외로서 공공성의 엄격한 판정을 통해서만 인정된다. 즉, 공공성은 공용수용의 가장 중요한 요건으로서 공용수용의 요건과 절차와 효과에 반영되고 있다.

II 공공성의 개념 및 수용목적물 범위의 확대화 경향

공공필요는 대표적 불확정 개념으로 시대와 사회에 따라 달라지는 개념이다. 공익사업의 목적물은 공익사업에 필요한 최소한도의 범위에 국한하여야 함이 원칙이지만, 오히려 그 필요한 한도를 넘어서 취득하는 것이 형평의 원칙에 합치되고, 공공복리의 증진이라는 사업목적의 원활한 수행과 피수용자의 재산권 보호・조절을 위하는 경우가 있다. 따라서 종래 비대체적인 토지소유권에 한정되었던 목적물도 확대되어 왔으며 현재는 일체의 재산적 가치 있는 권리는 모두 수용목적물이 될 수 있다.

III 공공성의 지위

1. 공용수용의 요건상 공공성

헌법 제23조 제3항 규정에서도 명시되어 있으며, 공공성이 없으면 공용수용이 위법하게 된다.

2. 공용수용의 절차상 공공성

(1) 사업준비와 공공성

사업준비는 공공성 판단원칙 중 적합성 원칙 충족여부를 판단하기 위한 절차이다.

(2) 사업인정과 공공성

사업인정 자체가 공공성 판단의 절차이다. 공공성이 상실되면 사업인정도 실효된다.

(3) 협의와 공공성
수용의 강제성·침해성을 완화하는 것이 협의인 바, 최소침해원칙의 달성으로 공공성을 확보하기 위한 절차이다.

(4) 재결과 공공성
공공성을 다시 한번 확인, 침해최소화를 위해 의견진술기회부여, 사업시행자가 취득하는 목적물은 필요한 최소한의 범위 이내이어야 한다.

3. 공용수용의 효과와 공공성
공용수용의 효과로서 사업시행자는 목적물을 취득하나 공공성이 상실된 경우에는 이러한 공용수용의 효과를 유지시키지 아니하고 환매권을 인정하고 있다.

사례 89 수용주체와 객체의 법률관계

사업시행자와 토지소유자의 권리와 의무를 쓰시오. 10점

Ⅰ 개설
Ⅱ 사업시행자 및 토지소유자의 권리・의무
　1. 사업시행자(토지보상법 제2조 제3호)
　　(1) 권리
　　(2) 의무

2. 피수용자(토지보상법 제2조 제4호)
　(1) 권리
　(2) 의무
Ⅲ 관련문제(권리・의무의 승계)

Ⅰ 개설

공용수용의 당사자란 수용법률관계에서 권리, 의무의 귀속주체로서 수용권자와 피수용권자를 말한다.

Ⅱ 사업시행자 및 토지소유자의 권리・의무

1. 사업시행자(토지보상법 제2조 제3호)

(1) 권리

① 타인토지출입권(제9조), ② 장해물제거권(제12조), ③ 사업인정신청권(제20조), ④ 조서작성 시 타인토지출입권(제27조), ⑤ 협의성립확인신청권(제29조), ⑥ 재결신청권(제28조), ⑦ 대행, 대집행청구권(제44조, 제89조), ⑧ 원시취득권(제45조), ⑨ 이의신청 및 행정쟁송권(제83조, 제85조) 등이 있다.

(2) 의무

① 신분증, 증표 제시의무(제13조), ② 타인토지출입 시 손실보상(제9조), ③ 사업인정실효 시 손실보상(제23조), ④ 사업의 폐지 및 변경 시 손실보상(제24조), ⑤ 재결신청청구에 응할 의무(제30조), ⑥ 위험부담(제46조), ⑦ 원상회복(제48조), ⑧ 보상금지급의무(제40조) 등이 있다.

2. 피수용자(토지보상법 제2조 제4호)

(1) 권리

① 토지출입손해 시, 장해물제거 시 손실보상청구권(제9조, 제12조), ② 재결신청 시 의견을 제시할 수 있는 권리(제31조), ③ 사업인정 시 의견제출권(제21조), ④ 조서작성 시 이의부기권(제27조), ⑤ 재결신청청구권(제30조), ⑥ 환매권(제91조), ⑦ 확장수용청구권(제72조, 제74조), ⑧ 원상회복 및 반환청구권(제48조), ⑨ 행정쟁송권(제85조)이 있다.

(2) 의무
① 토지점유자 등 인용의무(제11조), ② 토지등의 보전의무(제25조), ③ 인도이전의무(제43조)가 있다.

Ⅲ 관련문제(권리·의무의 승계)

① 사업시행자 변경 시 권리와 의무는 승계된다. 이는 절차중복을 피하여 사업의 원활한 시행을 도모하고, 피수용자의 권리보호를 위한 제도적 취지가 인정된다. ② 피수용자의 권리와 의무도 승계인에게 승계되나 사업인정 고시 후의 새로운 권리는 승계대상이 아니다.

사례 90 담보물권자의 법적 지위

공익사업을 위한 토지등의 취득 및 보상에 관한 법률상 담보물권자의 법적 지위를 설명하시오.
[20점]

Ⅰ 서
Ⅱ 담보물권자의 법적 지위
  1. 개설
  2. 담보물권자의 권리
    (1) 공용수용의 절차상 권리
      1) 사업인정 및 재결절차상 의견제출권
      2) 토지, 물건조서에 대한 이의제출권
      3) 관계인의 권리존속 청구권
      4) 재결신청청구권

    (2) 공용수용의 효과 측면의 권리
      1) 손실보상청구권
      2) 물상대위권
  3. 담보물권자의 의무
Ⅲ 담보물권자의 권리구제
Ⅳ 관련문제(전세권자의 물상대위문제)
  1. 문제점
  2. 학설 및 검토

Ⅰ 서

담보물권자란 수용 또는 사용할 목적물에 대하여 저당권, 유치권 등의 담보물권을 가지고 있는 자를 말한다. 담보물권자는 원칙적으로 관계인에 포함되는 자이나 사업인정고시가 있은 후에 새로이 저당권, 유치권 등을 설정한 담보물권자는 관계인에 포함되지 아니한다.

공용수용이란 특정 공익사업을 위하여 사인의 재산권에 침해를 가하는 제도로서 재산권에 침해를 받는 토지소유자 및 관계인에게는 사유재산권 보장 및 공평부담의 원칙에 의거하여 정당보상이 주어진다. 담보물권자도 관계인으로서 또는 관계인이 아닌 이해관계자로서 공용수용절차상 일정한 법적 지위를 가지며 권리구제를 받을 수 있다.

Ⅱ 담보물권자의 법적 지위

1. 개설

법적 지위라 함은 법률관계의 주체로서 가지는 권리와 의무가 그 내용이 된다. 따라서 어떠한 권리와 의무를 부담하는가 하는 문제와 함께 그 권리가 침해된 경우에는 어떠한 방법으로 권리구제를 받을 수 있겠는가도 중요한 문제가 된다.

2. 담보물권자의 권리

(1) 공용수용의 절차상 권리

1) 사업인정 및 재결절차상 의견제출권

토지보상법 제21조에서는 국토교통부장관이 사업인정을 하고자 하는 때에 사업인정에 관하여 이해관계가 있는 자의 의견을 듣도록 규정하고 있다. 또한 동법 제31조 제2항은 재결신청에 따른 공고, 열람기간 내에 토지소유자 또는 관계인은 의견을 제시할 수 있다고 규정하고 있다.

2) 토지, 물건조서에 대한 이의제출권

토지보상법 제15조 제3항은 토지, 물건조서의 내용에 대하여 이의가 있는 토지소유자 및 관계인은 사업시행자에게 보상계획열람기간 내에 서면으로 이의를 제기할 수 있다고 규정하고 있다. 따라서 관계인에 해당하는 담보물권자는 이의를 제기할 수 있다.

3) 관계인의 권리존속 청구권

토지보상법 제74조 제2항에 의하여 잔여지 매수 및 수용청구가 있는 경우와 토지보상법 제72조에 의하여 사용하는 토지의 매수 및 수용청구가 있는 경우에 관계인은 그 권리의 존속을 청구할 수 있다. 따라서 관계인에 해당하는 담보물권자는 권리존속을 청구할 수 있는 권리를 가진다.

토지보상법 제74조 제2항에서는 '잔여지 및 잔여지에 있는 물건에 관하여 권리를 가진 자'라고 표현하고 있는바 잔여지 및 잔여지상의 물건은 수용목적물이 아니므로 관계인인가의 여부가 문제되지 아니한다고 판단된다. 따라서 권리존속의 청구시점에 권리자이면 가능하다고 볼 수 있을 것이다.

4) 재결신청청구권

토지보상법 제30조에서는 사업인정고시가 있은 후 협의가 성립되지 아니한 때에는 토지소유자 및 관계인은 사업시행자에게 재결을 신청할 것을 청구할 수 있다고 규정하고 있다. 따라서 관계인인 담보물권자는 재결신청청구권을 갖는다.

(2) 공용수용의 효과 측면의 권리

1) 손실보상청구권

토지보상법 제61조는 토지소유자 및 관계인이 입은 손실은 사업시행자가 보상하여야 한다고 규정하고 있다. 따라서 관계인인 담보물권자는 손실보상청구권을 갖는다.

2) 물상대위권

토지보상법 제47조는 담보물권의 목적물이 수용 또는 사용된 경우 해당 담보물권은 채무자가 받을 보상금에 대하여 행사할 수 있다고 규정하고 있다. 사업시행자는 채무자인 수용목적물의 권리자와 관계인인 담보물권자에 대하여 개인별로 각각 손실보상을 산정하여야 한다.

그러나 사업시행자가 담보물권으로 인하여 개인별로 보상액을 산정하는 것이 곤란한 경우에는 개별보상원칙의 예외로서 담보물권의 물상대위 규정을 두고 있는 것이다. 그리고 이러한 담보물권의 물상대위는 사업인정 후의 담보물권자도 적용을 받을 수 있다. 다만, 유치권자는 물상대위권이 없으므로 본조에 기한 권리구제를 도모할 수 없다는 점에 유의하여야 한다.

3. 담보물권자의 의무

토지소유자 및 관계인뿐만 아니라 제3자에게도 공용수용의 법률관계에서 일정한 의무가 부과된다. ① 토지보상법 제11조에서는 토지점유자에게 토지출입에 대한 인용의무를 부과하고 있고, ② 동법 제25조에서는 누구든지 사업인정 고시가 있은 후에 사업에 지장을 초래할 우려가 있는 행위를 하지 못하도록 하고 있고, ③ 동법 제43조에서는 토지소유자 및 관계인 그 밖에 수용 또는 사용할 토지나 그 토지상의 물건에 관하여 권리를 가진 자는 수용목적물을 인도, 이전하여야 한다고 규정하고 있다.

담보물권은 물건의 교환가치 지배권으로서 타인토지출입에 대한 수인의무나 목적물의 인도이전의무와 관련이 없어 보이나 부동산 유치권은 이에 적용을 받을 수 있다.

Ⅲ 담보물권자의 권리구제

담보물권은 교환가치 지배권이므로 사업인정에 대한 불복으로 행정심판 또는 행정소송을 제기하거나, 수용재결에 대한 불복이 가능한가는 의문이다. 담보물권자는 그를 다툴 법률상 이익을 인정받기 어렵다고 보기 때문이다. 그러나 보상재결에 대한 불복으로서 토지보상법 제83조의 이의신청 및 동법 제85조의 행정소송의 제기는 가능하다. 행정소송은 보상금증액청구소송이 될 것이다. 이때 관계인이 아닌 담보물권자도 이의신청을 제기하거나 행정소송을 제기할 수 있다고 할 것이다. 관계인이 아닌 담보물권자도 손실보상액의 과소여부에 따라서 법률상 이익을 침해받을 수 있기 때문이다. 따라서 사업인정 후에 담보물권을 설정하였다고 하여도 법률상 이익을 인정함에는 문제가 없다고 본다.

Ⅳ 관련문제(전세권자의 물상대위문제)

1. 문제점

용익물권인 전세권은 담보물권의 성격도 가지므로 물상대위가 인정되는지가 문제된다.

2. 학설 및 검토

긍정설과 부정설의 대립이 있으며 토지보상법 제47조가 담보물권자에 대해서만 한정적으로 물상대위를 인정했다고 보기 어려우므로 권리보호측면에서 용익물권인 전세권자에게도 물상대위가 인정된다고 보는 것이 타당하다.

> **사례 91** 공공적 사용수용
>
> K시는 10여년 전까지 석탄산업으로 번창하던 도시였으나, 최근 석탄산업의 쇠퇴로 현저하게 인구가 줄어들고 있다. 국토교통부장관은 관광레저형 기업도시를 건설하려는 민간(私)기업인 주식회사 갑과 지역 개발을 위해 이를 유치하려는 K시장의 공동 제안에 따라 K시 외곽지역에 개발구역을 지정·고시(사업인정의제)하고 갑을 개발사업의 시행자로 지정하였다(해당 사업의 시행에 따른 이주대책은 토지보상법을 준용함). 그 후 갑은 개발사업의 시행을 위해 필요한 토지면적의 60%를 확보한 후, 해당 지역의 나머지 토지에 대한 소유권을 취득하기 위하여 토지소유자 을·병 등과 협의하였으나 협의가 성립되지 않자 중앙토지수용위원회에 수용재결을 신청하였고, 동 위원회는 수용재결을 하였다.
>
> 민간(私)기업 갑이 추진하는 관광레저형 기업도시를 건설하기 위한 토지수용에 있어서 "공공필요"를 검토하시오. 10점

Ⅰ 쟁점의 정리
Ⅱ 공공적 사용수용과 공공필요
  1. 공공적 사용수용의 의의 및 필요성(유형 등)
  2. 공공적 사용수용의 인정 여부
  3. 공공필요의 판단기준
	Ⅲ 관련문제(계속적 공익실현을 위한 보장책)

Ⅰ 쟁점의 정리

공용수용은 공익사업을 위하여 타인의 재산권을 법률의 힘에 의해 강제적으로 취득하는 것을 말한다. 이는 토지등의 재산권을 복리목적에 제공함으로써 공공복리의 증진과 사유재산권과의 조절을 도모함에 목적이 있다. 이 중 공공필요는 공용수용의 실질적 허용요건이자 본질적 제한요건이며 그 개념이 추상적인바, 이에 대한 판단이 중요하다 할 것이다. 또한 민간기업인 갑에게도 이러한 공용수용을 인정할 수 있는지도 문제된다고 할 것이다.

Ⅱ 공공적 사용수용과 공공필요

1. 공공적 사용수용의 의의 및 필요성(유형 등)

공공적 사용수용이란 사인에 의한 공용수용으로서 사인이 법률의 힘에 의해 재산권을 강제로 취득하는 것을 말한다. 이는 ① 공행정의 민간화, ② 민간활력 도입, ③ 사업의 확대(사회간접시설의 확충) 측면에서 취지가 인정된다. 이에는 가스, 전기 등 생존배려사업과 경제적 이윤추구사업이 있다.

2. 공공적 사용수용의 인정 여부

① 통설적 견해는 헌법 제23조 제3항에서는 사업의 주체를 국가로 한정하지 않으며, 토지보상법

제4조 제5호 및 민간투자법 등 개별법에서 인정하고 있다고 한다. ② 판례도 '어떤 사업이 공익사업인지 여부는 그 사업 자체의 성질, 목적에 의하여 결정할 것이고, 사업주체 여부에 의하여 정할 것은 아니다'고 하여 사인의 사용수용을 인정하고 있다.

3. 공공필요의 판단기준

공공필요는 공익이라는 개념과 비례성을 포함하는 개념으로서, 대표적 불확정 개념이다. 이는 일의적으로 해석할 수는 없으나 통상 공동체 전체를 위한 이익으로 볼 수 있다. 공공필요의 판단은 비례의 원칙에 의한다. 수용으로 인하여 달성되는 공익과 수용으로 인하여 침해되는 이익을 비교형량하여 침해되는 이익보다 달성되는 공익이 큰 경우에 한해서 인정될 수 있다. 판례도 공사익의 비교형량을 요구하며, 그 입증책임은 사업시행자에게 있다고 한다.

Ⅲ 관련문제(계속적 공익실현을 위한 보장책)

영리추구를 목적으로 하는 사기업은 자신의 수지타산에 따라 언제든지 공익사업을 포기할 가능성이 있으므로 공익사업의 계속적 보장을 위한 법적·제도적 장치가 필요하게 된다. 토지보상법 제91조에서는 환매권을 규정하고 있으며, 동법 제23조 및 제24조에서는 사업의 실효 및 폐지를 규정하고 있다. 또한, 헌법 제23조 제3항에 비추어 충분한 보장이 이루어지지 않는다면 행정쟁송을 통한 통제도 가능할 것이다.

📝 **사례 92** 공물의 수용가능성

서울특별시 강남구 00동 산00 임야 100제곱미터는 갑의 소유였다. 국토교통부장관은 택지개발사업(서울수서지구)의 시행자로서 갑의 토지를 포함한 일대를 택지개발사업지구로 사업인정을 고시하였다(국토교통부고시 제1993-342호, 고시일 2012.01.01.). 국토교통부장관은 갑의 토지를 취득하기 위하여 갑과 협의하였으나 협의에 이르지 못하여 중앙토지수용위원회에 재결을 신청하였고, 토지수용위원회는 2012.12.10. 보상금 20,000,000원에 수용하도록 하는 수용재결을 하였다(재결 자체의 고유한 하자는 존재하지 아니하였다).
이에 갑은 갑의 토지는 지방문화유산으로 지정된 00대군묘역의 일부인데 문화유산법의 입법취지상 서울특별시장이 보호가치를 인정하고 지정한 문화유산이므로 이를 수용하는 것은 잘못된 것이라고 주장한다. 이와 관련하여 갑의 토지와 같이 지방문화유산으로 지정된 토지가 수용의 대상이 되는지를 설명하시오. 20점

Ⅰ 개설
Ⅱ 이미 공익사업에 수용되거나 사용되고 있는 토지등이 수용의 대상이 되는지 여부
　1. 수용대상의 목적물의 의의
　2. 목적물의 범위 및 제한
　3. 이미 공익사업에 제공되고 있는 토지의 수용가능성 여부
　　(1) 토지보상법 제19조 제2항의 취지
　　(2) 공물이 수용대상인지 여부
　　　1) 학설
　　　　① 긍정설
　　　　② 부정설
　　　2) 판례
　　　3) 검토
　　(3) 특별한 필요판단
　　　1) 특별한 필요의 판단기준(비례원칙)
　　　2) 비례원칙의 의의 및 내용
　　　　① 의의 및 근거(효력)
　　　　② 요건(내용)
Ⅲ 결어

Ⅰ 개설

공용수용은 공익사업에 필요한 타인의 재산권을 법률의 힘에 의해 강제로 취득하는 것이므로, 어떤 특정 목적물이 아니면 해당 사업의 시행이 불가하거나 대체성이 없는 재산권에 한하여 수용의 목적물이 인정된다. 해당 수용의 목적물이 이미 공익을 위하여 제공되고 있는 경우라면 원칙상 수용이 부정되어야 할 것이나 토지보상법 제19조 제2항에서는 '특별한 필요가 있는 경우'에는 수용을 긍정하고 있다. 이하에서 이를 설명한다.

Ⅱ 이미 공익사업에 수용되거나 사용되고 있는 토지등이 수용의 대상이 되는지 여부

1. 수용대상의 목적물의 의의
수용목적물이란 공용수용의 객체로서 수용의 대상이 되는 토지 및 물건 등을 말한다. 공익사업을 위한 제 절차 중 사업인정의 세목고시에 의하여 수용목적물의 범위가 확정된다.

2. 목적물의 범위 및 제한
공용수용의 목적물은 헌법상 기본권인 재산권 보호 측면에서 필요최소한도 내에서 이루어져야 하며 세목고시에 기재되지 않은 토지, 사업시행자 소유토지와 치외법권이 인정되는 토지 및 이미 공익에 제공되고 있는 토지(공물을 포함한다) 등은 목적물로서 제한된다.

3. 이미 공익사업에 제공되고 있는 토지의 수용가능성 여부

(1) 토지보상법 제19조 제2항의 취지

토지보상법 제19조 제2항에서는 현재 공익사업에 이용되고 있는 토지는 가능하면 그 용도를 유지하도록 하기 위하여 수용의 목적물이 될 수 없도록 하는 것이 그 공익사업의 목적을 달성하기 위하여 합리적이라는 이유로, 보다 더 중요한 공익사업을 위하여 특별한 필요가 있는 경우에 한하여 예외적으로 수용의 목적물이 될 수 있다고 규정하고 있다. 이미 공익사업에 이용되고 있는 토지에는 국·공유재산(공물)도 포함된다고 볼 것이다.

(2) 공물이 수용대상인지 여부

  1) 학설

    ① 긍정설

      공물을 사용하고 있는 기존의 사업의 공익성보다 해당 공물을 수용하고자 하는 사업의 공익성이 큰 경우에 해당 공물에 대한 수용이 가능하다고 본다.

    ② 부정설

      공물은 이미 공적 목적에 제공되고 있기 때문에, 먼저 공용폐지가 되지 않는 한 수용의 대상이 될 수 없다고 한다. 또한 토지보상법 제19조 제2항에서 말하는 특별한 경우란 명문의 규정이 있는 경우라고 한다.

  2) 판례

    '지방문화재(문화유산)로 지정된 토지와 관련하여 수용의 대상이 된다'고 판시한 바 있다. 또한 공익사업의 시행자가 요존국유림을 그 사업에 사용할 필요가 있는 경우에 국유림법 등에서 정하는 절차와 방법에 따르지 않고, 이와 별개로 토지보상법에 의한 재결로써 요존국유림의 소유권 또는 사용권을 취득할 수는 없다고 판시한 바 있다(대판 2018.11.29, 2018두51904).

  3) 검토

    공물의 수용가능성을 일률적으로 부정하는 것은 보상법 제19조 제2항의 해석상 타당하지 않으므로 공물이라 하더라도 특별한 필요가 인정되는 경우에는 수용이 가능하다고 하여야 할 것이다. 실무적으로는 용도폐지 등 관련 법령의 절차에 따라 소유권을 이관하고 있다.

(3) 특별한 필요판단

1) 특별한 필요의 판단기준(비례원칙)

특별한 필요가 있는 경우인지 여부는 현재 토지를 이용하고 있는 수용가능사업의 공익성과 새로이 해당 토지를 이용하고자 하는 수용가능사업의 공익성을 비교형량하여 결정해야 할 것이다. 이때 특별한 필요여부는 '비례원칙'을 판단기준으로 관계 제 이익을 정당히 형량하여 새로운 공익사업의 공익성이 더 크다면 수용이 가능하다 할 것이다.

2) 비례원칙의 의의 및 내용

① 의의 및 근거(효력)

비례의 원칙이란 행정목적과 행정수단 사이에는 합리적인 비례관계가 있어야 한다는 원칙을 말한다. 헌법 제37조 제2항 및 행정기본법 제10조에 근거한다.

② 요건(내용)(행정기본법 제10조)

가. 적합성의 원칙

적합성의 원칙이란 행정은 행정목적을 달성하는 데 유효하고 적절할 것이어야 한다는 원칙이다(제1호).

나. 필요성의 원칙(최소침해의 원칙)

필요성의 원칙이란 적합한 수단이 여러 가지인 경우에 국민의 권리를 최소한으로 침해하는 수단을 선택하여야 한다는 원칙이다. 행정목적을 달성하는 데 필요한 최소한도에 그칠 것을 말한다(제2호).

다. 협의의 비례원칙(상당성의 원칙)

협의의 비례원칙이란 행정작용으로 인한 국민의 이익 침해가 그 행정작용이 의도하는 공익보다 크지 아니할 것을 말한다(제3호).

라. 3원칙의 상호관계

적합성의 원칙, 필요성의 원칙, 그리고 좁은 의미의 비례원칙은 단계구조를 이룬다. 즉, 많은 적합한 수단 중에서도 필요한 수단만이, 필요한 수단 중에서도 상당성 있는 수단만이 선택되어야 한다.

Ⅲ 결어

갑의 토지는 공공목적을 위하여 그 물건의 보존이 강제되는 공물이나, 토지보상법 제19조 제2항 규정의 취지에 따라 택지개발사업의 공익성과 해당 문화유산을 보호할 필요성을 형량하여 신규사업의 공익성이 크다고 인정될 경우에만 수용대상으로서의 목적물이 될 것이다.

Chapter 02 사업인정과 공공성 등

사례 93 사업인정과 공공성 판단

공익사업을 위한 토지등의 취득 및 보상에 관한 법률상 사업인정과 공공성의 관계에 대해서 논술하시오. 30점

Ⅰ 서론
Ⅱ 토지보상법상 사업인정에 대한 개관
  1. 의의
  2. 법적 성질
    (1) 확인행위설
    (2) 형성행위설
    (3) 판례 및 검토
  3. 요건 및 효과
Ⅲ 공공성의 개관
  1. 의의
  2. 공공성의 판단기준

Ⅳ 사업인정과 공공성의 관계
  1. 사업인정의 성립요건으로서의 공공성
    (1) 개설
    (2) 적합성의 원칙
    (3) 필요성의 원칙
    (4) 상당성의 원칙
  2. 사업인정 효력이 유지되기 위한 요건으로서의 공공성
    (1) 개설
    (2) 사업의 폐지 및 변경제도
      1) 의의
      2) 법적 성질
      3) 폐지 변경으로 인한 손실보상
  3. 사업인정 불복요건으로서의 공공성
Ⅴ 결론

Ⅰ 서론

공익사업의 시행에 필요한 용지 등을 사법상의 방법으로 취득할 수 없는 경우에는 토지보상법에 의한 공용수용의 방법에 의하여 강제로 취득하여야 한다. 이와 같은 강제취득절차는 사업인정으로부터 시작된다. 사업인정을 하기 위해서는 해당 사업이 수용, 사용할 만한 공공성을 반드시 갖추어야 하며, 사업인정 후라도 공공성이 상실된 경우에는 사업인정의 효력이 상실되며, 공공성을 갖추지 못한 사업인정은 위법한 사업인정으로서 그에 불복하여 다툴 수 있게 되는 등 사업인정과 공공성은 밀접한 관련성을 가지고 있다.

이하에서는 사업인정과 공공성에 대하여 설명하고, 상기한 바와 같은 측면에서 양자의 관계를 고찰하기로 한다.

Ⅱ 토지보상법상 사업인정에 대한 개관

1. 의의

사업인정이라 함은 국토교통부장관이 토지를 수용하고자 하는 사업이 토지보상법 제4조에 열거되어 있는 공익사업에 해당됨을 인정하여 토지를 수용할 수 있는 권능을 부여하는 행정행위를 말한다.

2. 법적 성질

(1) 확인행위설

확인행위설은 사업인정이란 해당 사업이 토지를 수용할 수 있는 공익사업에 해당하는지 여부를 판단하고 확인하는 국가의 확인행위라는 견해이다. 이에 따르면 수용권은 재결에 의해서 비로소 직접 발생하는 것으로 이해한다. 국가의 확인행위는 권리의 설정행위가 아니며 사업시행자는 토지보상법상 제반 권리를 행사할 법적인 지위를 가지게 되나 이는 사업인정의 효과가 아니라 법규에 의해서 직접 발생하는 효과로 이해한다.

사업인정은 특정 사업이 일정한 요건을 갖추고 있는지의 여부를 형식적으로 판단하는 것이므로 기속행위로 이해한다. 왜냐하면 해당 사업을 위해 수용권을 허용할 공익상 필요가 있는지 판단할 수 없기 때문이다. 해당 사업이 토지보상법상 공익사업의 요건을 갖추고 있음에도 국토교통부장관이 사업인정을 거부하는 경우에는 기속위반으로 위법한 거부처분이 된다.

(2) 형성행위설

형성행위설은 사업인정이란 해당 사업이 공익사업에 해당하는지 여부를 판단하고 확인하는 데 그치지 아니하고 적극적으로 사업시행자에게 일정한 절차를 거칠 것을 조건으로 수용권을 설정하는 형성행위라는 견해이다.

이에 따르면 사업인정을 통해서 사업시행자에게 수용권이 설정되는 것으로 이해한다.

사업인정은 해당 사업이 공익사업에 해당하며, 또한 사업시행자에게 수용권을 부여해도 될 만한 공공성이 있는 여부를 공사익 이익형량에 의해서 판단하는 행위이므로, 재량행위로 이해한다. 따라서 공사익 이익형량 결과 공공성이 없다고 판단되면 사업인정을 하지 아니할 수도 있다.

(3) 판례 및 검토

형성행위설이 통설 및 판례의 입장이며, 타당하다고 본다.

3. 요건 및 효과

사업시행자가 사업인정을 신청하며, 사업인정권자는 국토교통부장관이다. 국토교통부장관은 관계중앙행정기관의 장, 시·도지사 및 중앙토지수용위원회와 협의하고, 이해관계인의 의견을 들어야 한다. 사업인정고시가 있으면 수용·사용할 목적물의 범위가 확정되고, 토지소유자 및 관계인의 범위가 확정된다. 토지소유자 및 관계인뿐만 아니라 누구든지 고시된 토지에 대하여 사업에 지장을 초래할 우려가 있는 형질의 변경을 할 수 없게 된다.

Ⅲ 공공성의 개관

1. 의의

사업인정을 하기 위해서는 해당 사업이 공익사업에 해당되어야 하는데, 공공성이란 추상적이고 불확정 개념이며 시대와 장소에 따라 그 내용을 달리한다. 종래에는 해당 사업이 순수한 영리목적을 위한 경우, 한정된 특정인의 이익을 위한 경우, 사업주체가 해당 토지를 직접 자기목적을 위해 쓰지 아니하는 경우 등은 공공성이 없는 것으로 보았다.

그러나 최근에는 사업시행자가 사인이 되는 아파트건설 등에도 공공성이 인정되고, 토지를 정비조성한 후 그 토지 소유권을 제3자에게 양도하여 종국적으로는 자기목적에 쓰지 아니하는 사업에 대해서도 공공성을 인정하고 있다. 이러한 공공성 개념 확대는 복리국가주의 이념에 따라 행정의 역할이 질적·양적으로 증대됨에 따른 현상으로 불가피한 것이다.

2. 공공성의 판단기준

토지보상법 제4조에 공익사업을 열거하고 있으나, 이는 일반적인 기준에 불과하고 공공성의 유무는 개별적·구체적인 여건을 고려하여 판단하여야 한다. 이때 해당 사업의 공익성만이 강조되어서는 아니 되며, 해당 사업을 통해서 침해받는 사익 및 공익을 함께 고려하여야 한다. 이것은 적합성, 필요성, 상당성 원칙으로 구성되는 광의의 비례원칙으로 판단할 수 있다. 이들 원칙이 모두 충족되어야 하며, 어느 하나라도 충족되지 않을 경우에는 해당 사업은 공공성이 인정될 수 없는 것이다.

Ⅳ 사업인정과 공공성의 관계

1. 사업인정의 성립요건으로서의 공공성

(1) 개설

사업인정을 하기 위해서는 해당 사업이 토지보상법에서 정한 공익사업으로서 사업시행자에게 수용권을 인정하여 줄 만한 공공성이 있어야만 한다. 공공성이 있는지 여부는 개별, 구체적으로 광의의 비례원칙(행정기본법 제10조)에 의거하여 판단하여야 한다.

(2) 적합성의 원칙

수용목적물이 해당 사업의 목적달성을 위해서 적합하여야 한다. 즉, 적합하지도 않은 물건을 수용목적물에 포함시킨 경우에도 사업인정을 하였다면 이는 적합성의 원칙 위반으로서 위법한 사업인정이 된다.

(3) 필요성의 원칙

해당 사업의 목적달성을 위해서 반드시 수용이라는 강제적 공권력의 발동이 필요하여야 한다. 수용보다 국민에게 침해의 정도가 적은 방법으로도 목적달성이 가능하다면 수용할 수 없기 때문이다. 또한 필요 한도 이상의 목적물을 수용목적물에 포함시키는 것도 필요성의 원칙에 반하여 위법하게 된다.

(4) 상당성의 원칙

해당 사업을 통해서 달성되는 공익과 그로 인하여 침해되는 사익을 이익형량하여 합리적인 비례관계가 있어야 한다. 해당 사업으로 얻게 되는 공익보다 침해되는 사익이 크다면 상당성 원칙에 반하여 위법하게 된다. 상당성 원칙의 판단에 있어서는 피수용자의 재산권이 어떤 목적에 사용되고 있는가 하는 점을 고려하여야 한다. 즉, 대상토지가 피수용자의 생계목적에 제공되고 있으면 그만큼 침해되는 사익이 큰 것으로 평가되어야 한다.

2. 사업인정 효력이 유지되기 위한 요건으로서의 공공성

(1) 개설

사업인정의 판단단계에서 인정된 공공성은 사업인정의 효력이 지속되는 한 공공성도 역시 지속적으로 존재하여야 한다. 해당 사업이 사업인정을 받은 이후에 공공성이 상실되었다면 그 사업인정의 효력 또한 상실되어야 한다.

토지보상법상 사업의 폐지 및 변경으로 인한 사업인정고시의 효력상실제도는 이처럼 해당 사업의 공공성 확보를 위한 수단으로서 기능한다.

(2) 사업의 폐지 및 변경제도

1) 의의

사업인정고시가 있은 후에 공익사업의 폐지 또는 변경 등으로 인하여 토지를 수용, 사용할 필요가 없게 된 경우에 시·도지사는 사업시행자의 신청 또는 직권으로 이를 고시하여야 한다. 그 고시된 내용에 따라 사업인정의 전부 또는 일부는 효력을 상실한다.

2) 법적 성질

사업의 전부 또는 일부의 폐지 변경은 성립 당시 하자가 없었으나 새로운 사유의 발생을 이유로 한다는 점, 장래에 대하여만 효력을 발생한다는 점 등을 고려할 때 학문상 철회라고 할 것이다. 다만 행정행위는 외부에 표시되어야 효력이 발생하는바, 철회의 의사표시는 사업시행자가 하지만 그의 표시는 폐지 변경의 고시를 통하여 시·도지사가 하게 된다. 변경고시로 인하여 새롭게 사업지역에 편입되는 지역이 있을 수 있을 것이다. 이 경우에 새롭게 편입되는 지역에 관한 변경고시는 새로운 사업인정행위의 성질을 갖게 된다고 할 것이다.

3) 폐지 변경으로 인한 손실보상

사업시행자는 사업의 전부 또는 일부를 폐지 변경함으로 인하여 토지소유자 또는 관계인이 입은 손실을 보상하여야 한다. 사업의 폐지 변경이 있는 경우에는 토지소유자 또는 관계인은 계획보장청구권을 행사할 수 있는지의 문제가 논란이 된다. 그러나 행정계획에 대한 존속보장은 인정되지 않는다고 보는 것이 일반적이다. 따라서 계획의 보장을 인정할 수는 없지만, 토지소유자 또는 관계인의 신뢰보호에 기초하여 손실보상청구권을 인정하고 있는 것으로 볼 수 있다.

3. 사업인정 불복요건으로서의 공공성

사업인정이 공공성을 갖추지 못한 경우에는 해당 사업인정은 비례원칙 위반으로서 위법한 사업인정이다. 그 위법이 사업인정의 효력에 미치는 효과는 통설, 판례의 입장인 중대명백설에 의거하여 판단할 수 있다.

행정법의 일반법원칙으로서 비례원칙을 위반한 것은 중대한 법규위반으로 볼 수 있으나, 공공성의 판단결과를 일반인의 시각으로 보아 명백하다고 할 수 없으므로 취소사유로 판단할 수 있다.

사업인정은 국토교통부장관의 일방적인 의사표시로서 국민에게 개별, 구체적으로 직접적인 법효과를 미치는 행정작용이므로 행정쟁송법상 처분에 해당한다. 따라서 토지보상법상 사업인정에 대한 불복규정이 따로 없음에도 불구하고 행정심판법 및 행정소송법에 의거하여 행정심판과 행정소송을 제기하여 다툴 수 있다.

공공성이 없는 사업인정은 비례원칙 위반으로 위법하며 그 정도는 취소사유로 판단되므로 국민은 사업인정의 취소를 구하는 심판을 청구하거나 사업인정의 취소를 구하는 항고소송을 제기하여 사업인정에 불복하여 다툴 수 있다.

Ⅴ 결론

사업인정은 공용수용을 위한 첫 번째 단계로서 공공성 여부를 판단하고, 공공성을 지속적으로 유지하는 수단으로서 기능한다. 결국 양자의 관계 속에서 공익을 위한 사익의 침해를 인정하되, 필요최소한도의 침해가 되도록 하여 국민의 기본권보장 이념을 살펴볼 수 있다.

다만, 사업인정 과정에서 이익형량을 보다 충실히 할 수 있도록 국민의 참여절차가 보다 확대될 필요가 있다.

> **사례 94** 사업인정 전 협의취득
>
> '공익사업을 위한 토지등의 취득 및 보상에 관한 법률'에서는 토지취득 절차로서 임의취득과 강제취득 절차를 규정하고 있다. 이와 관련하여 사업인정 전 협의취득절차에 대해서 설명하시오. 20점

```
Ⅰ 서설                                    Ⅴ 협의와 계약체결
Ⅱ 토지·물건조서의 작성(제14조)                1. 의의 및 필수적 절차인지 여부
   1. 의의 및 취지                            2. 법적 성질
   2. 작성절차                                  (1) 공법상 계약설
Ⅲ 보상계획의 공고 및 열람(제15조)              (2) 사법상 계약설
   1. 보상계획의 공고 및 통지                    (3) 판례
   2. 보상계획 열람 및 조서에 대한 이의제기       (4) 검토
Ⅳ 보상액산정                                3. 협의절차
   1. 감정평가법인등 선정                        (1) 토지·물건조서 작성
      (1) 사업시행자 의뢰                        (2) 보상계획의 공고·열람 등
      (2) 토지소유자 추천                        (3) 협의 및 계약의 체결
   2. 재평가                                Ⅵ 협의의 효과
      (1) 해당 감정평가법인등에 의뢰하는 경우    Ⅶ 권리구제
      (2) 다른 감정평가법인등에 의뢰하는 경우   Ⅷ 관련문제 : 협의취득과 정당보상
   3. 보상액 결정
```

Ⅰ 서설

사업인정 전 협의 취득 절차는 수용당사자 간의 의사를 존중하여 최소침해 원칙을 실현하고자 함에 제도적 취지가 인정된다.

Ⅱ 토지·물건조서의 작성(제14조)

1. 의의 및 취지

조서의 작성이란 취득 목적의 토지 및 물건의 내용을 작성하는 것으로서, ① 당사자 간 분쟁을 방지하고, ② 협의절차의 신속한 진행을 도모한다.

2. 작성절차

① 대상 토지를 표시한 용지도를 작성하고, ② 소유자 및 관계인의 서명날인을 받아야 한다. ③ 소유자 및 관계인이 서명날인을 거부하거나, 알 수 없으면 그 사유를 기재해야 한다.

> 사업인정 전 협의취득의 경우에도 보상의 대상을 명확히 하고자 토지·물건조서 작성 시 사업시행자가 서명날인하고 토지소유자와 관계인의 확인을 위하여 서명날인하도록 하였으며, 서면의 거부 또는 불능 시에는 해당 조서에 기재하도록 하여 최종적으로 수용재결에서 다툴 수 있도록 하였다. 이에 종전 입회공무원의 날인제도를 폐지하여 절차의 단순화를 도모하였다.

Ⅲ 보상계획의 공고 및 열람(제15조)

1. 보상계획의 공고 및 통지

① 사업개요, 조서내용, 보상시기, 방법, 절차 등을 기재한 보상계획을 전국보급지역 일간신문에 공고하고 소유자 및 관계인에게 통지해야 한다. ② 단, 소유자 및 관계인이 20인 이하인 경우에는 공고를 생략할 수 있다.

2. 보상계획의 열람 및 조서에 대한 이의제기

14일 이상 열람할 수 있도록 하고 열람기간 내에 이의가 있는 자는 사업시행자에게 서면으로 이의를 제기할 수 있다.

Ⅳ 보상액산정

1. 감정평가법인등 선정

(1) 사업시행자 의뢰

사업시행자는 토지등에 대한 보상액을 산정하려는 경우에는 감정평가법인등 3인(시·도지사와 토지소유자가 모두 감정평가법인등을 추천하지 아니하거나 시·도지사 또는 토지소유자 어느 한쪽이 감정평가법인등을 추천하지 아니하는 경우에는 2인)을 선정하여 토지등의 평가를 의뢰하여야 한다. 다만, 사업시행자가 국토교통부령으로 정하는 기준에 따라 직접 보상액을 산정할 수 있을 때에는 그러하지 아니하다.

(2) 토지소유자 추천

토지면적의 1/2 이상, 토지소유자 과반수의 동의가 있는 경우에는 보상계획공고 열람기간 만료일 30일 이내에 감정평가법인등 1인을 추천할 수 있다.

2. 재평가

(1) 해당 감정평가법인등에게 의뢰하는 경우

관계법령에 위반하여 평가한 경우와 부당평가의 경우에는 해당 감정평가법인등에게 재평가를 의뢰한다.

(2) 다른 감정평가법인등에게 의뢰하는 경우

① 해당 감정평가법인등에게 요구할 수 없는 특별한 사유가 있는 경우, ② 평가액의 최고·최저액이 1.1배 이상 차이가 나는 경우(지장물의 경우는 소유자별 합계액의 비교), 이 경우에는 국토교통부장관에게 통지해야 하고 국토교통부장관은 조사해야 한다. ③ 평가 후 1년 이내에 계약체결이 안 되는 경우에는 다른 감정평가법인등에게 재평가를 의뢰해야 한다.

3. 보상액 결정

산술평균으로 결정한다. 종전에는 재평가액이 원평가액보다 낮아진 경우에는 종전평가액을 적용하였으나, 현재는 낮아진 경우에도 재평가액을 적용한다.

V 협의와 계약체결

1. 의의 및 필수적 절차인지 여부

목적물 권리에 관한 쌍방의 의사의 합치이며 임의적 절차이다.

2. 법적 성질[1]

(1) 공법상 계약설

협의 불성립 시 차후에 수용절차가 예정되어 있고 수용에 의한 취득과 동일한 효과가 발생하므로 공법상 계약이라고 본다.

(2) 사법상 계약설

당사자의 협의에 의하는 사법상 매매와 다를 바 없으므로 사법상 계약이라고 본다.

(3) 판례

판례는 협의취득은 협의에 의하여 사업시행자가 토지등을 취득하는 것으로서 그 법적 성질의 지급행위는 토지등의 권리이전에 대한 반대급여의 교부행위에 지나지 아니하므로 그 역시 사법상의 행위라고 볼 수밖에 없다고 판시한 바 있다.

(4) 검토

협의의 원인인 공익사업의 성격상 공법적 성격을 부인할 수는 없으나 매매액, 시기 등이 당사자의 의사합치로 결정되므로 대등한 사경제지위에서 행하는 사법상 계약으로 본다(공권으로 보아도 무방하다).

3. 협의절차

(1) 토지·물건조서 작성

사업시행자는 공익사업의 수행을 위하여 사업인정 전에 협의에 의한 토지등의 취득 또는 사용이 필요한 때에는 토지조서와 물건조서를 작성하여 서명 또는 날인을 하고 토지소유자와 관계인의 서명 또는 날인을 받아야 한다(제14조).

---

[1] 적용법규 및 쟁송형태가 달라진다.

(2) 보상계획의 공고·열람 등

열람 후 토지조서 및 물건조서의 내용에 대하여 이의가 있는 토지소유자 또는 관계인은 사업시행자에게 서면으로 이의를 제기할 수 있다(제15조 제3항). 사업시행자는 해당 토지조서 및 물건조서에 제기된 이의를 부기하고 그 이의가 이유 있다고 인정할 때에는 적절한 조치를 하여야 한다(제15조 제4항).

(3) 협의 및 계약의 체결

사업시행자는 토지등에 대한 보상에 관하여 30일 이상의 협의 기간을 두고(영 제8조), 토지소유자 및 관계인과 성실하게 협의하여야 한다(제16조). 사업시행자는 협의가 성립된 경우 토지소유자 및 관계인과 계약을 체결하여야 한다(제17조).

Ⅵ 협의의 효과

협의에 의하여 계약이 체결되면 사업시행자는 토지소유자 및 관계인에게 보상금을 지급하고 공익사업에 필요한 토지등을 취득하게 된다. 이 경우의 취득은 승계취득으로서 등기를 요하게 된다. 또한 토지소유자는 협의취득일 이후 일정한 요건이 충족되면 환매권을 행사하여 토지소유권을 회복할 수 있다.

Ⅶ 권리구제

공익사업용 토지의 협의성립 또는 계약체결에 동기의 착오가 있다면, 중요부분의 착오에 해당함을 이유로 법률행위를 취소할 수 있다. 이 경우, 그 동기를 해당 의사표시의 내용으로 삼을 것을 상대방에게 표시하고, 의사표시의 해석상 법률행위의 내용으로 되어 있다고 인정되면 충분하고, 당사자들 사이에 별도로 그 동기를 의사표시의 내용으로 삼기로 하는 합의까지 이루어질 필요는 없지만, 일반인의 입장에서 그와 같은 의사표시를 하지 아니하였으리라고 여겨질 정도로 그 착오가 중요한 부분에 관한 것이어야 할 것이다.

> 감정평가기관의 용도지역 인정의 착오로 정당한 가격보다 과다하게 감정평가된 금액을 기준으로 협의매수한 사업시행자는 계약내용의 중요부분에 관한 착오를 이유로 공익사업용지의 매수계약을 취소할 수 있다(대판 1998.2.10, 97다44737).

Ⅷ 관련문제 : 협의취득과 정당보상

대법원은 사법상 매매인 바 손실보상기준에 의하지 않은 매매대금을 정할 수 있다고 한다. 그러나 토지보상법 제1조는 재산권의 적정한 보호를 도모함을 목적으로 하는 바 협의취득에도 정당보상이 이루어져야 한다고 본다.

사례 95 사업인정의 절차

사업인정의 절차에 대해서 설명하시오. `20점`

Ⅰ 사업인정의 의의 및 법적 성질
Ⅱ 사업인정의 절차
   1. 사업인정의 신청(시행령 제10조)
   2. 시·도지사와 협의(시행령 제11조)
   3. 중앙토지수용위원회와 협의
   4. 이해관계 있는 자의 의견청취
   5. 사업인정의 고시(토지보상법 제22조)
Ⅲ 중앙토지수용위원회와의 협의

1. 협의의 의의(토지보상법 제21조)
2. 협의의 법적 성질
3. 협의 절차
4. 협의 대상
Ⅳ 공익성 판단의 기준
   1. 형식적 심사
   2. 실질적 심사
   3. 사업의 필요성 심사

Ⅰ 사업인정의 의의 및 법적 성질

사업인정이란 공익사업을 토지등을 수용 또는 사용할 사업으로 결정하는 것을 말하며(토지보상법 제2조 제7호), 국토교통부장관이 토지보상법 제20조에 따라서 사업인정을 함으로써 수용권이 설정되므로 이는 국민의 권리에 영향을 미치는 처분이다. 판례는 일정한 절차를 거칠 것을 조건으로 수용권을 설정하는 형성행위라고 판시한 바 있다.

Ⅱ 사업인정의 절차

1. 사업인정의 신청(시행령 제10조)

사업인정을 받으려는 자는 사업인정신청서에 사업의 종류 및 명칭, 사업계획서, 사업예정지 및 수용 또는 사용할 토지의 세목 등을 첨부하여 시·도지사를 거쳐 국토교통부장관에게 제출하여야 한다. 사업시행자가 국가인 경우에는 해당 사업을 시행할 관계 중앙행정기관의 장이 직접 사업인정신청서를 국토교통부장관에게 제출할 수 있다.

2. 시·도지사와 협의(시행령 제11조)

국토교통부장관으로부터 사업인정에 관한 협의를 요청받은 관계 중앙행정기관의 장 또는 시·도지사는 특별한 사유가 없으면 협의를 요청받은 날부터 7일 이내에 국토교통부장관에게 의견을 제시하여야 한다.

3. 중앙토지수용위원회와 협의

중앙토지수용위원회는 협의를 요청받은 경우 사업인정에 이해관계가 있는 자에 대한 의견 수렴 절차 이행 여부, 허가·인가·승인대상 사업의 공공성, 수용의 필요성 등을 검토하고 협의를 요청받은 날부터 30일 이내에 의견을 제시하여야 한다(30일 범위 내 연장가능). 기간 내에 의견을 제시하지 아니하는 경우에는 협의가 완료된 것으로 본다. 또한 필요한 경우 관계 전문기관이나 전문가에게 현지조사를 의뢰하거나 그 의견을 들을 수 있고, 관계 행정기관의 장에게 관련 자료의 제출을 요청할 수 있다.

4. 이해관계 있는 자의 의견청취

사업시행자의 성명 또는 명칭 및 주소, 사업의 종류 및 명칭, 사업예정지를 시·군 또는 구의 게시판에 공고하고(14일 이상 열람), 그 공고의 내용과 의견이 있으면 의견서를 제출할 수 있다는 뜻을 토지소유자 및 관계인에게 통지하여야 한다. 토지소유자 및 관계인, 그 밖에 사업인정에 관하여 이해관계가 있는 자는 열람기간에 해당 시장·군수 또는 구청장에게 의견서를 제출할 수 있다.

5. 사업인정의 고시(토지보상법 제22조)

국토교통부장관은 사업인정을 하였을 때에는 지체 없이 그 뜻을 사업시행자, 토지소유자 및 관계인, 관계 시·도지사에게 통지하고 사업시행자의 성명이나 명칭, 사업의 종류, 사업지역 및 수용하거나 사용할 토지의 세목을 관보에 고시하여야 한다. 사업인정은 고시한 날부터 그 효력이 발생한다.

Ⅲ 중앙토지수용위원회와의 협의

1. 협의의 의의(토지보상법 제21조)

협의는 행정처분의 의사결정에 필요한 관계기관의 의견을 수렴하는 절차로서 단순 자문의 성질을 갖는 경우와 단순 자문이 아닌 동의나 승인의 성질을 갖는 경우도 있다.

2. 협의의 법적 성질

의견청취 규정을 협의로 변경한 개정취지와 중앙토지수용위원회가 동의하지 않은 사업인정 등은 공익성을 보완하여 재협의를 거칠 수 있다고 규정하고 있는 점(시행규칙 제9조의3) 등에 비추어 보면 중앙토지수용위원회의 협의는 단순한 자문이 아니라 '합의' 또는 '동의'에 준하는 것으로 보아야 한다. 행정실무도 이렇게 운용되고 있다.

3. 협의 절차

사업인정의 허가권자가 위원회에 협의를 요청하고 위원회는 보상법상 사업에 해당하는지와 관계기관과의 협의 및 이해관계인의 의견청취 절차를 거쳤는지를 검토한다. 또한, 공익성 평가를 통해 평가결과에 따라 협의개시 여부가 결정된다. 공익성이 높다고 평가된 사업은 협의개시 없이 동의 의견을 제시하고, 공익성이 부족한 경우 협의를 개시하며, 공익성이 결여된 경우에는 협의 개시

없이 부동의한다. 위원회는 협의의견을 인허가권자에게 통지하고, 인허가권자는 받은 협의의견을 사업시행자에게 통지하여야 한다.

4. 협의 대상

중앙토지수용위원회는 협의를 요청받은 경우 ① 사업인정에 이해관계가 있는 자에 대한 의견 수렴 절차 이행 여부, 허가·인가·승인대상 사업의 공공성, 수용의 필요성 및 ② 해당 공익사업이 근거 법률의 목적, 상위 계획 및 시행 절차 등에 부합하는지 여부, ③ 사업시행자의 재원 및 해당 공익사업의 근거 법률에 따른 법적 지위 확보 등 사업수행능력 여부를 검토하여야 한다.

Ⅳ 공익성 판단의 기준

1. 형식적 심사

토지보상법 제4조상 토지수용이 가능한 사업인지 여부, 의견수렴 및 사업시행절차의 준수여부 등 형식적 요건을 판단하고 토지수용사업에 해당하지 않는 경우에는 사업인정 신청을 반려해야 한다. 의견수렴절차와 사업시행절차를 이행하지 않은 경우에는 보완요구 또는 각하결정을 해야 한다.

2. 실질적 심사

헌법상 공공필요의 요건에 따라 토지수용사업의 공공성과 토지수용의 필요성으로 구분하여 공익성에 대한 실질적 내용을 판단한다. 사업의 공공성 심사는 ① 사업시행의 공공성, ② 사업의 공공기여도, ③ 사업시행자의 유형, ④ 사업재원의 공공성, ⑤ 사업수행능력, ⑥ 목적 및 상위계획 부합 여부, ⑦ 공익의 지속성, ⑧ 시설의 대중성을 심사한다.

3. 사업의 필요성 심사

① 피해의 최소성, ② 방법의 적절성, ③ 사업의 시급성을 평가한다.

사례 96 사업인정 전·후 협의비교

사업인정 전·후 협의를 비교 설명하시오. [20점]

Ⅰ 서설
Ⅱ 공통점
  1. 제도적 취지
  2. 협의의 내용
Ⅲ 차이점(① 사업인정 전 협의, ② 사업인정 후 협의)
  1. 법적 성질
  2. 절차적 차이
  3. 내용상 차이
  4. 효과상 차이
    (1) 성립 시 취득효과
    (2) 불성립 시
  5. 권리구제 차이
Ⅳ 양자의 관계
  1. 양자의 절차상 관계
  2. 생략 가능성

Ⅰ 서설

협의란 사업시행자와 피수용자가 목적물에 대한 권리취득 및 소멸 등을 위하여 행하는 합의를 말한다. 이는 최소침해행위의 실현 및 사업의 원활한 시행에 취지가 인정된다.

Ⅱ 공통점

1. 제도적 취지

① 임의적 합의를 통한 최소침해원칙을 구현하고, ② 신속한 사업수행을 도모함에 취지가 인정된다.

2. 협의의 내용(시행령 제8조)

① 협의취득 기간은 특별한 사유가 없으면 30일 이상으로 하여야 하며, ② 협의기간·협의장소 및 협의방법, 보상의 시기·방법·절차 및 금액을 통지하여야 한다. ③ 체결되는 계약의 내용에는 계약의 해지 또는 변경에 관한 사항과 이에 따르는 보상액의 환수 및 원상복구 등에 관한 사항이 포함되어야 한다.

Ⅲ 차이점(① 사업인정 전 협의, ② 사업인정 후 협의)

1. 법적 성질

① 사업인정 전 협의의 경우 판례 및 다수설은 사법상 매매로 보며, ② 사업인정 후 협의의 경우 판례는 사법상 매매로 보나, 다수는 공법상 계약으로 본다.

2. 절차적 차이

① 사업인정 전 협의는 임의적 절차이나, ② 사업인정 후 협의는 원칙적으로 필수이지만 사업인정 전에 협의를 거쳤으며 협의내용에 변동이 없는 경우에는 생략이 가능하다.

3. 내용상 차이

① 사업인정 전 협의의 경우에는 협의성립확인제도가 없으나, ② 사업인정 후 협의의 경우에는 협의성립확인제도가 있다.

4. 효과상 차이

(1) 성립 시 취득효과

① 사업인정 전의 경우에는 사법상 매매이므로 승계취득의 효과가 발생하나, ② 사업인정 후 협의성립확인에 의한 취득은 원시취득의 효과가 발생한다.

(2) 불성립 시

① 사업인정 전 협의가 불성립한 경우에는 국토교통부장관에게 사업인정을 신청할 수 있으나, ② 사업인정 후 협의가 불성립한 경우에는 관할 토지수용위원회에 재결을 신청할 수 있다.

5. 권리구제 차이

① 사업인정 전 협의의 법적 성질을 사법상 매매로 보면 민사소송에 의한 구제를 도모할 수 있으며, ② 사업인정 후 협의의 법적 성질을 사법상 매매로 보는 판례의 태도에 따르면 민사소송으로 권리구제를 도모해야 하나, 공법상 계약으로 보는 견해에 따르면 공법상 당사자소송으로 권리구제를 도모할 수 있을 것이다.

Ⅳ 양자의 관계

1. 양자의 절차상 관계

사업인정 전 협의내용이 사업인정 후 협의의 내용을 구속하는 것은 아니므로, 사업인정 전의 협의 당시에 요구하지 않은 사실에 대해서도 요구할 수 있다.

2. 생략 가능성

사업인정 전 협의내용 변동이 없고, 당사자가 협의요구를 안하면 사업인정 후 협의는 생략이 가능하다.

사례 97 사업인정 종합(요건 등 및 권리구제)

토지보상법상 사업인정을 설명하고 권리구제에 대해 언급하시오. 40점

Ⅰ 서설(의의 및 취지)
Ⅱ 법적 성질
　1. 처분성
　2. 재량행위성
　3. 제3자효 행정행위
　4. 고시의 법적 성질
Ⅲ 사업인정의 요건
　1. 주체상 요건
　2. 내용상 요건
　3. 절차상 요건
Ⅳ 사업인정의 효력
　1. 사업시행자
　2. 토지소유자
Ⅴ 사업인정의 효력소멸
　1. 사업인정의 효력이 소멸되는 경우
　2. 효력소멸에 대한 권리구제

Ⅵ 사업인정과 권리구제
　1. 개설
　2. 사업시행자 입장에서의 권리구제
　　(1) 사업인정신청 후 거부 시 권리구제
　　(2) 사업인정신청 후 부작위 시 권리구제
　　(3) 부관부사업인정에 대한 권리구제
　　(4) 예방적 금지소송의 가능 여부
　3. 피수용자 입장에서의 권리구제
　　(1) 사전적 권리구제
　　(2) 사후적 권리구제
　　　1) 사업인정이 적법할 때의 권리구제
　　　2) 사업인정이 위법한 경우
　4. 제3자 입장에서의 권리구제
Ⅶ 결(사업인정과 재결의 관계)
　1. 사업인정의 구속력
　2. 하자승계
　3. 재결취소가 사업인정에 미치는 영향

Ⅰ 서설(의의 및 취지)

사업인정이란 공익사업을 토지등을 수용 또는 사용할 사업으로 결정하는 것을 말하며(제2조 제7호), ① 사업 전의 공익성 판단, ② 사전적 권리구제(의견청취, 절차참여), ③ 수용행정의 적정화, ④ 피수용자의 권리보호에 취지가 있다.

Ⅱ 법적 성질(① 처분성, ② 형성행위, ③ 재량행위, ④ 제3자효)

1. 처분성

국토교통부장관이 토지보상법 제20조에 따라서 사업인정을 함으로써 수용권이 설정되므로 이는 국민의 권리에 영향을 미치는 처분이다(판례동지).

2. 재량행위성

국토교통부장관이 사업인정 시에 이해관계인의 의견청취를 거치고 사업과 관련된 제 이익과의 형량을 거치는바 재량행위이다(판례동지).

3. 제3자효 행정행위

사업시행자와 토지소유자에게 수익적, 침익적 효과를 동시에 발생시키는바 제3자효 행정행위이다.

4. 고시의 법적 성질

사업인정고시는 사업인정의 효력발생요건으로서 사업인정과 결합하여 사업인정의 효력을 발생시키기 위한 절차 및 형식요건으로서 사업인정과 결합하여 원활한 공익사업의 시행을 가능케하는 특허의 성질을 갖는다고 볼 것이다.

Ⅲ 사업인정의 요건

1. 주체상 요건

토지보상법상 사업인정의 권한은 국토교통부장관이 갖는다. 이와 별도로 개별법에서 주된 인·허가를 받으면 사업인정이 의제되는 규정을 둔 경우에는 주된 행위의 인·허가권자에게 권한이 있다고 볼 수 있다.

2. 내용상 요건

(1) 공익사업에 해당할 것

사업인정의 목적이 구체적인 사업실행을 통한 공익실현에 있으므로 토지보상법 제4조 사업에 해당하여야 한다.

(2) 사업을 시행할 공익성이 있을 것

사업인정기관으로서는 그 사업이 공용수용을 할 만한 공익성이 있는지의 여부를 그 사업의 내용과 방법에 관하여 사업인정에 관련된 자들의 이익을 공익과 사익 사이에서는 물론, 공익 상호간 및 사익 상호간에도 정당하게 비교·교량하여야 한다.

(3) 사업시행 의사와 능력을 갖출 것

해당 공익사업을 수행하여 공익을 실현할 의사나 능력이 없는 자에게 타인의 재산권을 공권력적·강제적으로 박탈할 수 있는 수용권을 설정하여 줄 수는 없으므로, 사업시행자에게 해당 공익사업을 수행할 의사와 능력이 있어야 한다는 것도 사업인정의 한 요건이라고 보아야 한다(대판 2011.1.27, 2009두1051).

3. 절차상 요건

① 사업시행자가 국토교통부장관에게 사업인정을 신청하면, ② 국토교통부장관은 관계기관 및 중앙토지수용위원회와 협의를 하고, ③ 이해관계인의 의견을 청취해야 한다. ④ 사업인정을 하는 경우에는 지체 없이 그 뜻을 사업시행자, 토지소유자 및 관계인, 관계 시·도지사에게 통지하고 관보에 고시하여야 한다.

Ⅳ 사업인정의 효력

1. 사업시행자

① 수용권 설정 및 토지물건조사권(제27조), ② 협의성립확인 신청권(제29조), ③ 재결신청권(제28조) 등이 발생한다.

2. 토지소유자

① 토지등의 보전의무(제25조), ② 재결신청청구권(제30조), ③ 당사자의 범위가 확정된다.

Ⅴ 사업인정의 효력소멸

1. 사업인정의 효력이 소멸되는 경우

사업인정의 효력은 ① 수용절차 종결(협의, 화해, 재결), ② 하자 있는 사업인정의 소멸(취소, 무효), ③ 하자 없는 사업인정의 소멸(철회, 실효)로 효력이 소멸된다. ③은 공공성의 계속적 담보를 통한 제도이다.

2. 효력소멸에 대한 권리구제

① 실효 및 사업의 폐지·변경으로 인한 손실을 보상해야 한다. ② 실효 여부에 다툼이 있으면 실효확인소송을 제기할 수 있다.

Ⅵ 사업인정과 권리구제

1. 개설

사업인정과 관련된 권리구제를 논하기 위해서는 먼저 권리구제의 주체가 누구인지를 밝혀야 한다. 사업인정과 관련된 이해관계인으로는 먼저 사업시행자, 피수용자, 제3자로 크게 구분할 수 있다.

2. 사업시행자 입장에서의 권리구제

(1) 사업인정신청 후 거부 시 권리구제

의무이행심판, 거부처분취소소송을 제기할 수 있으며 입법론으로 의무이행소송이 있다. 단, 사업인정거부에 대한 집행정지신청에 대하여는 신청의 이익이 없으므로 일반적으로 인정되지 않는다.

(2) 사업인정신청 후 부작위 시 권리구제
의무이행심판, 부작위위법확인소송이 있으며 입법론으로 의무이행소송이 있다.

(3) 부관부사업인정에 대한 권리구제
국토교통부장관이 사업인정을 발령하면서 사업인정과 실질적 관련성이 인정되지 않는 기부채납 등의 부관을 부가한 경우에는 부관부사업인정에 대하여 행정쟁송을 제기할 수 있을 것이다.

(4) 예방적 금지소송의 가능 여부
사업시행자는 국토교통부장관이 사업인정의 요건을 모두 충족함에도 사업인정을 거부할 경우, 이로 인하여 발생되는 손해를 예방하고자 '사업인정 거부의 금지를 구하는 예방적 금지소송'을 고려할 수 있으나, 판례는 현행 행정소송법상 예방적 금지소송을 인정하고 있지 않고 있다.

3. 피수용자 입장에서의 권리구제

(1) 사전적 권리구제
토지보상법 제21조는 사업인정에 있어 미리 이해관계인의 의견을 듣도록 하여 절차적 참여를 통한 사전적 권리구제가 가능하도록 하였다.

(2) 사후적 권리구제

1) 사업인정이 적법할 때의 권리구제
적법한 사업인정으로 인하여 당사자에게 특별한 희생이 발생한 경우에는 관계 행정청에게 (사업시행자) 손실보상을 청구할 수 있다.

2) 사업인정이 위법한 경우

① 행정쟁송

토지보상법에 사업인정불복에 관한 명문규정이 없는 바 행정심판법 및 행정소송법에 의거하여 행정심판 및 행정소송을 제기할 수 있다. 또한 판결의 실효성확보를 위하여 일정 요건을 충족하는 경우에는 집행정지를 신청할 수 있을 것이다.

② 손해배상청구 등

위법한 사업인정으로 인해 손해를 입은 당사자는 국가배상법상에 의한 일정한 요건을 충족하는 경우에 손해배상청구가 가능할 것이다. 또한 공행정작용으로 인하여 야기된 위법한 상태가 계속되어 권익을 침해받고 있다면, 그 위법한 상태를 제거하여 침해 이전의 상태로 회복시켜 줄 것을 청구하는 결과제거청구권의 행사도 고려할 수 있다.

4. 제3자 입장에서의 권리구제
사업인정에 대한 항고소송의 원고적격이 있는 자는 해당 수용절차에 의하여 토지등이 수용 또는 사용될 염려가 있는 자 및 그 관계인과 간접손실을 받는 자에 한정된다.

Ⅶ 결(사업인정과 재결의 관계)

1. 사업인정의 구속력

사업인정의 판단, 즉 사업의 공공필요성 판단은 토지수용위원회를 구속한다. 따라서 토지수용위원회는 사업인정에 반하는 재결을 할 수 없다. 또한 사업인정을 무의미하게 하는, 즉 사업의 시행이 불가능하게 되는 것과 같은 재결을 행할 수는 없다.

2. 하자승계

① 사업인정은 목적물의 공익성 판단이고, ② 재결은 수용범위의 확인인 바 양자는 별개의 독립된 법률효과이다. 따라서 판례는 하자승계를 부정한다.

3. 재결취소가 사업인정에 미치는 영향

사업인정이 취소되면 수용재결은 그 효력을 상실하나, 수용재결이 취소되었다고 하여 사업인정이 취소되어야 하는 것은 아니다.

> **대판 2011.1.27, 2009두1051[토지수용재결처분취소]**
>
> [판시사항]
> [1] 사업인정기관이 공익사업을 위한 토지등의 취득 및 보상에 관한 법률상의 사업인정을 하기 위한 요건
> [2] 사업시행자가 사업인정을 받은 후 그 사업이 공용수용을 할 만한 공익성을 상실하거나 사업인정에 관련된 자들의 이익이 현저히 비례의 원칙에 어긋나게 된 경우 또는 사업시행자가 해당 공익사업을 수행할 의사나 능력을 상실한 경우, 그 사업인정에 터잡아 수용권을 행사할 수 있는지 여부(소극)
>
> [판결요지]
> [1] 사업인정이란 공익사업을 토지등을 수용 또는 사용할 사업으로 결정하는 것으로서 공익사업의 시행자에게 그 후 일정한 절차를 거칠 것을 조건으로 일정한 내용의 수용권을 설정하여 주는 형성행위이므로, 해당 사업이 외형상 토지등을 수용 또는 사용할 수 있는 사업에 해당한다고 하더라도 사업인정기관으로서는 그 사업이 공용수용을 할 만한 공익성이 있는지의 여부와 공익성이 있는 경우에도 그 사업의 내용과 방법에 관하여 사업인정에 관련된 자들의 이익을 공익과 사익 사이에서는 물론, 공익 상호간 및 사익 상호간에도 정당하게 비교·교량하여야 하고, 그 비교·교량은 비례의 원칙에 적합하도록 하여야 한다. 그뿐만 아니라 해당 공익사업을 수행하여 공익을 실현할 의사나 능력이 없는 자에게 타인의 재산권을 공권력적·강제적으로 박탈할 수 있는 수용권을 설정하여 줄 수는 없으므로, 사업시행자에게 해당 공익사업을 수행할 의사와 능력이 있어야 한다는 것도 사업인정의 한 요건이라고 보아야 한다.
> [2] 공용수용은 헌법상의 재산권 보장의 요청상 불가피한 최소한에 그쳐야 한다는 헌법 제23조의 근본 취지에 비추어 볼 때, 사업시행자가 사업인정을 받은 후 그 사업이 공용수용을 할 만한 공익성을 상실하거나 사업인정에 관련된 자들의 이익이 현저히 비례의 원칙에 어긋나게 된 경우 또는 사업시행자가 해당 공익사업을 수행할 의사나 능력을 상실하였음에도 여전히 그 사업인정에 기하여 수용권을 행사하는 것은 수용권의 공익 목적에 반하는 수용권의 남용에 해당하여 허용되지 않는다.

사례 98 사업인정의제제도의 문제점

사업인정의 의제제도의 문제점을 설명하시오. [10점]

Ⅰ 사업인정의제제도

1. 개념 및 취지
공익사업에 관한 실시계획의 승인, 시행인가, 허가, 구역설정 등을 토지보상법상 사업인정으로 의제하는 특례로서 절차간소화를 통한 사업의 신속한 수행에 취지가 있다.

2. 문제점
개별법상 특례규정으로 제도취지가 점점 왜곡되어 토지보상법의 실효성 발휘가 제한된다.

Ⅱ 사업인정의제제도의 위헌성
헌법재판소는 전문가의 의견제출 및 소송을 통한 사후심사도 보장된 바 적법절차원칙에 위배되지 않는다고 한다.

Ⅲ 의제제도의 문제점 및 개선안

1. 공공성 판단
사업인정을 의제하는 개별법률에는 통상적으로 공익형량과정이 없는 경우가 많으므로 각 개별법에서 사업인정의 의제를 규정하는 경우에는 공·사익형량의 절차를 부여하여야 할 것이다. 이에 따라 토지보상법에서는 중앙토지수용위원회와의 협의를 통해 공공성 판단에 대한 제도적인 절차를 마련하였다.

2. 사업기간의 장기화
개별법률에서는 사업완료일까지 재결신청이 가능하도록 규정하고 있는데, 이는 수용과 관련된 법률관계의 조속한 확정을 어렵게 한다. 따라서 토지보상법에서 규정하고 있는 재결신청기간을 준용하도록 하여야 할 것이다

조서작성과 재결신청청구권

📝 사례 99 토지물건 조서작성

토지물건 조서작성에 대해서 설명하시오. [20점]

Ⅰ 개설(의의 및 취지)
Ⅱ 법적 성질
Ⅲ 내용(절차)
Ⅳ 토지물건조서의 효력
  1. 진실의 추정력(제27조 제2항)
  2. 하자 있는 조서의 효력
    (1) 내용상 하자 있는 조서의 효력
    (2) 절차상 하자 있는 조서의 효력
  3. 하자 있는 조서가 재결에 미치는 효력
    (1) 문제점

    (2) 학설
    (3) 판례
Ⅴ 권리구제
  1. 조서작성행위
  2. 타인토지출입행위
  3. 손해전보
  4. 하자 있는 조서에 기초한 재결에 대한 구제
Ⅵ 관련문제(토지출입거부 시 실력행사의 가능성)
  1. 문제점
  2. 학설
  3. 검토(개선안)

Ⅰ 개설(의의 및 취지)

조서작성이란 수용 또는 사용할 토지 및 물건의 내용을 작성하는 문서로서 ① 토지·물건상황에 대한 분쟁예방 및 ② 토지수용위원회의 심리 및 재결을 용이하게 하여 절차진행을 원활하게 함에 목적이 있다.

Ⅱ 법적 성질

① 타인토지출입은 수인의무를 부과하는 권력적 사실행위이고, ② 조서작성행위는 비권력적 사실행위이다.

Ⅲ 내용(절차)

① 사업시행자는 출입허가 없이 측량·조사할 수 있고(제27조 제1항), ② 출입의 통지(제10조), 인용의무(제11조), 증표휴대(제13조) 규정은 준용되나 장해물제거규정(제12조)은 준용되지 않는다. ③ 사업시행자는 조서작성 후 서명·날인을 받아야 한다. 종전 입회공무원 날인 제도를 폐지했다.

Ⅳ 토지물건조서의 효력

1. 진실의 추정력(제27조 제3항)
토지·물건조서는 토지소유자 및 관계인이 관여하여 그 진실여부를 확인하여 작성되기 때문에 ① 열람기간 내에 이의를 제기한 경우와, ② 기재사항이 진실에 반함을 입증한 경우를 제외하고는 조서내용은 일응 진실한 것으로 추정된다. 이는 조서의 실효성을 담보하기 위한 수단이다.

2. 하자 있는 조서의 효력

(1) 내용상 하자 있는 조서의 효력

물적상태, 권리관계가 사실과 다를 경우 이를 입증하면 진실의 추정력이 부인된다. 입증책임은 토지소유자에게 있다.

(2) 절차상 하자 있는 조서의 효력

서명·날인이 누락된 경우에는 조서의 효력이 생기지 않는다. 이의제기가 없었어도 이의를 제기할 수 있다. 단, 피수용자 추인 시는 적법하다.

3. 하자 있는 조서가 재결에 미치는 효력(=조서의 하자가 재결의 독자적 위법사유인지)

(1) 문제점

조서 작성의 하자를 이유로 수용재결의 위법을 주장할 수 있는지가 토지·물건 조서의 구속력과 관련하여 문제된다.

(2) 학설

① 하자 있는 조서에 기초하였으므로 재결도 위법하게 된다. ② 조서가 유일한 증거방법이 아니고, 토지수용위원회를 내용상 구속하는 것이 아니므로 재결에 영향을 미치지 않는다.

(3) 판례

① 조서내용이 사실과 다르다는 주장에도 불구하고 이를 심리하지 않은 경우는 위법하나(내용상 하자), ② 절차상 하자만으로는 수용재결의 당연무효사유가 될 수 없다고 한다. 조서작성에 하자가 있다 하여 그것이 곧 수용재결에 영향을 미치는 것은 아니라 할 것이므로 서명날인이 없었다는 사유만으로는 재결의 취소사유로 삼을 수 없다(절차상 하자).

> 유일한 증거수단이 아닌 이유 중 하나는 재결 시에 토지수용위원회가 소유자를 불러서 조서내용을 확인할 수 있기 때문이다.

Ⅴ 권리구제

1. 조서작성행위

비권력적 사실행위인 바 다수 견해와 판례는 처분성을 부정한다.

2. 타인토지출입행위

타인토지출입 조사행위는 권력적 사실행위이므로 소의 대상이 되지만, 조사기간이 매우 짧아서 협의소익이 없는 경우가 대부분이다. 따라서 타인토지출입허가에 대해서 소를 제기함과 동시에 집행정지를 신청해야 할 것이다.

3. 손해전보

① 위법한 조사행위로 손해가 발생한 경우라면 손해배상을 청구할 수 있을 것이며, ② 사업시행자는 타인이 점유하는 토지에 출입하여 측량·조사함으로써 발생하는 손실을 보상하여야 한다(제27조 제4항).

4. 하자 있는 조서에 기초한 재결에 대한 구제

① 내용상 하자가 있다는 주장에도 불구하고 이를 심리하지 않은 내용상 하자 있는 조서에 근거한 수용재결은 위법하므로 토지소유자는 이의신청과 취소소송을 제기할 수 있다. ② 절차상 하자는 판례의 태도에 따를 경우 재결에 영향을 미치는 것이 아니므로 재결의 취소사유로 주장할 수 없을 것이다.

Ⅵ 관련문제(토지출입거부 시 실력행사의 가능성)

1. 문제점

토지보상법 제97조에서는 정당한 사유 없이 토지출입을 거부하거나 방해할 시에 200만원 이하의 벌금을 부과하도록 규정하고 있는데, 이러한 벌칙규정을 실력행사의 근거규정으로 볼 수 있는지가 문제된다.

2. 학설

① 긍정설은 벌칙규정은 위법을 전제하므로 비례원칙 범위 내에서 최소한의 실력행사는 가능하다고 한다. ② 부정설은 벌칙규정은 조사거부 등에 대한 실효성을 확보하기 위한 보장 규정인 바 부정한다. ③ 절충설은 원칙은 부정하되 조사의 긴급한 필요가 요구되는 경우, 다른 수단이 없는 경우, 다른 공공의 생명신체에 위험을 초래할 가능성이 많은 경우 예외적으로 실력행사가 가능하다고 한다.

3. 검토(개선안)

명문의 근거 없이 국민의 신체나 재산에 대한 실력행사를 하는 것은 법치주의 원칙에 반하는 것으로 볼 수 있으므로 부정함이 타당하다. 행정기본법 제32조에서는 행정대집행이나 이행강제금 부과의 방법으로는 행정상 의무이행을 확보할 수 없거나 그 실현이 불가능한 경우에 직접강제를 실시할 수 있다고 규정하고 있으나, 직접강제를 적용하기 위해서는 개별법령에 명시적인 근거가 있어야 가능하다고 보아야 할 것이다. 따라서 항공측량, 인근지역에서의 측량, 도면이용 등을 활용해야 한다.

위법한 행정조사와 행정행위의 효력

1. 문제소재
   내용은 정확하나 조사행위에 하자가 있는 경우 후행행위가 위법한지가 문제된다.

2. 학설
   ① 적법절차원리에 비추어 위법하다.
   ② 행정조사가 전제조건이 아닌 경우에는 별개 제도로 볼 수 있으므로 위법하지 않다.
   ③ 행정조사에 중대한 위법사유가 있는 경우는 위법하다고 볼 수 있다.

3. 검토
   행정조사는 처분을 위한 절차로 볼 수 있으므로 적법절차원리에 비추어 위법하다고 사료된다.

사례 100 협의성립확인

사업인정 이후 권리의 침해를 최소화하기 위해 당사자 간의 합의에 의해 용지를 취득할 수 있도록 협의제도를 두고 있는바, 이는 대등한 계약이므로 내용의 확정을 위해 공익사업을 위한 토지등의 취득 및 보상에 관한 법률에서 규정하고 있는 절차에 대해 설명하시오. 20점

Ⅰ 서론
Ⅱ 토지보상법상 협의성립확인제도
  1. 의의 및 취지(토지보상법 제29조)
  2. 법적 성질
  3. 절차
    (1) 일반적 절차(제29조 제1항)
    (2) 공증에 의한 확인절차(제29조 제3항)
  4. 협의성립확인의 효력

    (1) 재결효력(제29조 제4항)
    (2) 차단효 발생(제29조 제4항)
    (3) 불가변력
    (4) 확인의 실효
  5. 불복절차
    (1) 협의성립확인에 대한 불복
    (2) 협의 자체에 대한 불복
Ⅲ 결론(문제점 및 개선방안)

Ⅰ 서론

토지보상법은 사업인정 고시가 있은 후에도 재결 전에 원칙적으로 수용당사자가 자율적 협의절차를 거치도록 하고 있다. 협의가 성립되면 토지취득절차가 종료하게 될 것이나, 협의 자체는 대등한 당사자 사이의 임의적 의사합치에 불과하므로 계약내용 및 계약불이행 등으로 분쟁이 발생할 수 있다. 이에 토지보상법은 확인제도를 두고 있으며, 이하 확인제도의 성질, 성립요건, 효력을 살펴보고, 그에 대한 불복방안을 설명한다.

Ⅱ 토지보상법상 협의성립확인제도

1. 의의 및 취지(토지보상법 제29조)

협의성립 후 사업시행자는 재결신청기간 내에 토지소유자의 동의를 얻어 관할 토지수용위원회에 협의성립확인을 신청할 수 있으며, 이는 재결로 간주된다. ① 계약불이행에 따른 위험을 방지하고, ② 공익사업의 원활한 진행을 도모함에 취지가 인정된다.

2. 법적 성질

협의성립확인을 강학상 확인으로 보는 견해와 공증으로 보는 견해가 있다. 〈생각건대〉 협의성립확인은 토지수용위원회가 협의성립의 존재여부를 판단하는 행위로서 당사자의 불안정한 지위를 확고히 하여 원활한 사업의 수행을 목적으로 하고, 이를 재결로 보는 점에 비추어 확인으로 보는 것이 타당하다. 또한 확인으로 보면 확인신청에 대해 확인해야 하는 기속행위로 볼 수 있다.

3. 절차

(1) 일반적 절차(제29조 제1항)

사업시행자는 소유자 동의를 얻어 토지수용위원회에 협의성립확인을 신청한다.

(2) 공증에 의한 확인절차(제29조 제3항)

사업시행자는 공증인법에 의한 공증을 받고 토지수용위원회가 이를 수리함으로써 협의성립이 확인된 것으로 본다. 사업시행자가 협의성립확인신청서에 공증인의 공증을 받아 관할 토지수용위원회에 확인을 신청한 때에는 관할 토지수용위원회가 이를 수리함으로써 협의성립이 확인된 것으로 본다. 토지의 진정한 소유자의 동의 없이 공증을 받은 경우에는 토지수용위원회의 수리행위는 위법하게 되고 항고소송으로 취소를 구할 수 있다.

4. 협의성립확인의 효력

(1) 재결효력(제29조 제4항)

협의성립확인이 있게 되면 재결로 간주되므로 ① 목적물의 원시취득, ② 손실보상청구권, ③ 환매권, ④ 위험부담의 이전, ⑤ 담보물권자의 물상대위, ⑥ 사용기간 만료 시 반환 및 원상회복의무 등 재결과 동일한 효과가 발생한다.

(2) 차단효 발생(제29조 제4항)

양 당사자는 확인된 협의의 성립이나 내용에 대하여 다툴 수 없다.

(3) 불가변력

협의성립확인은 관할 토지수용위원회가 공권적으로 확인하는 행위로서 법원의 판결과 유사하므로 확인행위에는 불가변력이 발생한다.

(4) 확인의 실효

협의성립확인이 있으면, 재결로 간주되므로 재결실효규정(토지보상법 제42조)이 준용된다.

5. 불복절차

(1) 협의성립확인에 대한 불복

확인이 있으면 재결로 간주되므로 재결에 대한 불복규정인 이의신청(토지보상법 제83조) 및 행정소송(토지보상법 제85조)을 통하여 불복할 수 있다.

(2) 협의 자체에 대한 불복

협의성립확인의 차단효로 인해서 확인의 효력을 소멸시킨 후에 협의 자체에 대하여 다툴 수 있다. 협의를 공법상 계약으로 보면 공법상 당사자소송에 의한다.

Ⅲ 결론(문제점 및 개선방안)

피수용자는 재결의 효과가 발생하는 사실을 명확히 인식하지 못하고 동의할 수 있다. 또한 공증에 의할 경우 의견제출 기회도 부여받지 못한다. 따라서 ① 확인과정상 절차참여 방안이 모색되어야 하고, ② 동의 요구 시 확인의 효과를 고지하는 사전고지제도를 도입할 필요성이 인정된다.

사례 101 협의불복(확인 전·후 비교)

사업인정고시 후 토지물건 조서작성 등 적법한 절차를 거쳐 피수용자와 손실보상에 관한 협의가 성립하였다. 그러나 토지소유자(甲)가 그 협의 내용에 대해 착오를 이유로 다투려고 하는 경우 협의성립확인을 받지 않은 경우와 협의성립확인을 받은 경우에 각각 어떻게 다툴 수 있는지 논하시오. 30점

I 쟁점의 정리
II 협의성립확인을 받기 전인 경우
  1. 협의의 의의 및 취지
  2. 협의의 법적 성질
    (1) 학설
    (2) 판례
    (3) 검토
  3. 공법규정 흠결 시 사법규정의 적용가능성
    (1) 개설
    (2) 학설
    (3) 검토
  4. 사법규정의 유추적용의 한계
  5. 공법상 계약의 하자의 유형
  6. 사안의 경우

III 협의성립확인을 받은 경우
  1. 협의성립확인의 개관
    (1) 의의 및 취지
    (2) 법적 성질
    (3) 확인의 효력
  2. 이의신청 및 행정소송의 제기
  3. 본안에서 이유유무
    (1) 협의 내용에 대한 착오를 주장할 수 있는지 여부
    (2) 협의성립확인 시 동의에 관한 착오를 주장할 수 있는지 여부
  4. 사안의 경우
IV 사안의 해결

I 쟁점의 정리

1. 협의성립확인을 받기 전인 경우에는, 사업인정고시 후 협의의 법적 성질을 공법상 계약으로 볼 경우 공법에는 착오로 인한 공법행위의 경우 유추적용할 공법규정이 없어 법규정의 흠결이 발생하게 된다. 이때 민법상의 착오규정(제109조)을 적용할 수 있는지 여부가 문제된다.

2. 협의성립확인을 받은 경우에는, 협의내용에 대한 착오를 이유로 재결로 간주되는 협의성립확인(토지보상법 제29조 제4항)을 다툴 수 있는지 여부가 문제된다. 먼저 협의성립확인을 개관한 후, 쟁송제기의 가능성 및 본안에서 인용가능한지 여부를 검토한다.

II 협의성립확인을 받기 전인 경우

1. 협의의 의의 및 취지

협의란 사업인정고시 후 사업시행자와 피수용자가 수용목적물에 대한 권리취득 및 소멸 등을 위하여 행하는 쌍방의 의사합치를 말한다. 토지보상법 제26조 제1항은 최소침해의 원칙에 입각하여

필수적 절차를 원칙으로 하나 제2항은 수용절차의 신속성과 효율성의 요청에서 예외를 인정하고 있다.

2. 협의의 법적 성질

(1) 학설

① 공법상 계약설은 협의는 국가적 공권의 주체로서 피수용자에게 수용권을 실행하는 방법의 하나이며, 협의 불성립 시 수용절차가 예정되어 있다는 점을 논거로 하고, ② 사법상 계약설은, 사업시행자가 토지소유자 및 관계인과 대등한 지위에서 행하는 임의적인 합의라고 본다.

(2) 판례

대법원은 협의성립의 확인이 없는 이상, 그 취득행위는 어디까지나 사경제 주체로서 행하는 사법상의 승계취득으로 보아야 할 것이고, 재결에 의한 취득과 같이 원시취득으로 볼 수 없다고 하여 사법상 계약으로 보고 있다.

(3) 검토

협의는 행정주체인 사업시행자가 사실상의 공권력의 담당자로서 우월적인 지위에서 공익을 실현하는 공용수용 절차의 하나이므로 공법상 계약으로 봄이 타당하다. 따라서 공법이 적용되며, 토지소유자는 협의에 대한 분쟁발생 시 공법상 당사자소송으로 다툴 수 있다.

3. 공법규정의 흠결 시 사법규정의 적용가능성

(1) 개설

우리 법제는 공・사법의 이원적 법체계에 입각하고 있으나, 행정법의 경우 통일된 단일의 행정법전은 존재하지 아니하고 개별법상 규정이 흠결되어 있는 경우가 많아 행정법 관계에서 사법의 적용 가능성이 문제된다.

(2) 학설

① 공법과 사법은 전혀 별개의 법체계로 보아 공법규정의 흠결이 있더라도 사법규정의 적용은 허용되지 않는다는 부정설과, ② 사법규정의 대부분은 법의 일반원리로서의 성질을 가지므로 공법영역에서도 직접적으로 적용된다고 보는 직접적용설 및 ③ 공법과 사법의 특수성을 인정하여 사법규정의 직접적 적용을 인정하지 않고 유추적용할 수 있다는 유추적용설 등이 주장되고 있다.

(3) 검토

부정설은 현재 주장되고 있지 않으며, 직접적용설은 공・사법의 이원적 법체계에서 인용될 수 없는 바, 통설인 사법규정의 성질과 공법관계의 성질을 고려하여 유추적용할 수 있다는 유추적용설이 타당하다고 본다.

4. 사법규정의 유추적용의 한계

권력관계의 경우 행정주체의 의사의 우월성이 인정되는 관계로 일반 사법관계와는 본질적으로 상이한 것이므로, 일반 법원리로서의 사법규정 이외에는 다른 사법규정이 유추적용되지 않는다고 보아야 한다. 비권력관계에서는 기본적으로 사법관계와 상이한 것이 아니기 때문에 특별한 공법적 제한이 가해지지 않는 한 사법규정이 전반적으로 유추적용될 수 있다고 본다.

5. 공법상 계약의 하자의 유형

공법상 계약은 공정력이 인정되는 행정행위가 아니므로, 행정행위의 취소에서 말하는 취소개념은 있을 수 없다고 보는 견해가 있으나, 공법상 계약도 그 기본적인 성질은 사법상 계약과 동일하므로, 성질이 허용하는 한 민법상의 계약의 법리가 적용된다고 보아야 할 것이다. 따라서 의사표시상의 하자유형은 공법상 계약상의 의사표시의 하자에서도 인정되어야 할 것이므로 공법상 계약에서도 취소의 하자유형이 인정된다고 할 수 있다.

6. 사안의 경우

사업인정고시 후 협의는 공법상 계약으로 협의 당사자의 법률관계는 공법상 비권력관계이고, 유추적용설에 의할 경우 사인 간의 이해조절적 규정인 민법 제109조의 적용이 가능하다. 또한 공법상 계약의 하자유형에는 취소사유도 포함된다고 봄이 타당하므로, 토지소유자는 중대한 과실이 없는 한 법률행위 내용에 중대한 착오가 있음을 입증하여 취소할 수 있다.

Ⅲ 협의성립확인을 받은 경우

1. 협의성립확인의 개관

(1) 의의 및 취지

협의성립확인이란 사업시행자와 피수용자 사이에 협의가 성립한 경우에 피수용자의 동의 또는 공증을 받아 사업시행자가 관할 토지수용위원회의 확인을 받음으로써 재결로 간주하는 제도를 말한다. 이는 계약의 불이행에 따른 분쟁을 방지하고 공익사업의 원활한 진행을 도모하기 위함에 그 취지가 있다.

(2) 법적 성질

확인의 법적 성질에 확인행위라는 견해와 공증이라는 견해가 있으나, 협의성립확인은 수용당사자의 불안정한 지위를 확고히 하여 원활한 사업수행을 목적으로 하는 점 등에 미루어 볼 때 강학상 확인행위에 해당한다고 본다.

(3) 확인의 효력

확인은 토지보상법에 따른 재결로 보며, 사업시행자, 토지소유자 및 관계인은 그 확인된 협의의 성립이나 내용을 다툴 수 없다. 따라서 이때의 목적물에 대한 권리의 취득은 원시취득이 된다.

2. 이의신청 및 행정소송의 제기

협의성립확인은 재결로 간주되므로 확인에 대한 다툼은 재결에 대한 다툼과 동일하다. 따라서 확인에 대하여 이의가 있는 자는 토지보상법 제83조 및 제85조에 따라 중앙토지수용위원회에 이의를 신청하거나 행정소송을 제기할 수 있다.

3. 본안에서 이유 유무

(1) 협의 내용에 대한 착오를 주장할 수 있는지 여부

협의성립확인 시 사업시행자·토지소유자 및 관계인은 그 확인된 협의의 성립이나 내용을 다툴 수 없는 바, 협의 내용에 대한 착오를 주장할 수 없다.

(2) 협의성립확인 시 동의에 관한 착오를 주장할 수 있는지 여부

토지보상법 제29조 제1항의 동의는 협의성립확인의 구성요건이 되는 사인의 공법행위로 착오로 인한 취소의 가능성이 문제된다. 토지보상법 제29조 제4항은 협의성립확인 시 재결로 간주하여 이를 통한 법률관계는 권력관계로 판단되는 바, 이해조절적 규정에 해당하는 민법 제109조의 유추적용은 부정될 것이다.

4. 사안의 경우

손실보상에 관한 협의에 착오가 있는 경우라도 협의성립확인을 거친 경우에는 확인된 협의의 성립이나 내용을 다툴 수 없고, 협의성립확인 시에 동의 또한 착오를 이유로 취소할 수 없다. 다만, 협의성립확인 자체에 하자가 있는 경우에는 협의성립확인을 다툴 수 있고, 협의성립확인이 소멸된 경우 토지소유자는 착오를 이유로 취소할 수 있을 것이다.

Ⅳ 사안의 해결

1. 사업인정고시 후 협의는 공법상 계약으로 이의 법률관계는 공법관계 중 비권력관계이고, 유추적용설에 의할 경우 사인 간의 이해조절적 규정인 민법 제109조의 적용이 가능하다. 또한 공법상 계약의 하자유형에는 취소사유도 포함된다고 봄이 타당하므로, 토지소유자는 중대한 과실이 없는 한 법률행위 내용에 중대한 착오가 있음을 입증하여 취소할 수 있다.

2. 협의성립확인을 거친 경우에는 확인된 협의의 성립이나 내용을 다툴 수 없으므로, 확인에 대한 쟁송을 제기함에 있어 협의 내용에 대한 착오와 협의성립확인 시 동의에 대한 착오를 주장할 수 없다. 다만, 협의성립확인 자체에 하자가 있는 경우에는 협의성립확인을 다툴 수 있고, 협의성립확인이 소멸된 경우 토지소유자는 착오를 이유로 취소할 수 있다.

사례 102 협의 및 협의성립확인 비교

협의성립확인과 사업인정 후 협의를 비교하시오. [10점]

1. 공통점

사업인정 후 협의와 협의성립확인은 효과면에서 손실보상, 환매권, 목적물의 권리이전, 물상대위등 공용수용의 효과가 발생하는 공통점이 있다.

2. 차이점

(1) 취득형태

목적물의 취득 형태와 관련하여 ① 사업인정 후 협의의 법적 성질을 공법상 계약으로 보면 목적물을 원시취득하는 것으로 볼 수 있고, 사법상 계약으로 보면 승계취득하는 것으로 볼 수 있다. ② 협의성립확인이 있게 되면 재결로 간주하므로 목적물에 대한 취득은 원시취득을 하는 것으로 볼 수 있다.

(2) 권리구제방법

착오를 이유로 다툴 수 있는지에 대해 ① 사업인정 후 협의 시에는 민법규정을 유추적용하여 또는 판례에 따라 민사소송으로 다툴 수 있다. ② 협의성립확인 시에는 차단효로 인하여 협의내용을 직접 다툴 수 없는 바, 확인에 대한 효력을 이의신청이나 소송으로 소멸시킨 후 다투어야 한다.

(3) 등기의 유형

① 협의취득의 경우 환매특약등기로서 제3자에게 대항할 수 있으나, ② 확인의 경우는 수용의 등기로서 제3자에게 대항할 수 있다.

3. 양자의 관계

협의는 계약의 성질을 가지고 효력면에서 강제력이 없으므로, 협의 효력을 재결의 효력으로 전환시키는 확인제도를 두고 있다. 따라서 협의와 협의성립확인은 당사자 간의 계약을 공법상의 처분으로 전환시키는 관계에 있다고 볼 수 있다.

사례 103 재결신청청구권(청구기간 기본)

경기도는 남북교류협력사업이 증대할 것으로 예상하고 파주시 일대에 화물터미널을 설치하기로 계획하고 2026년 5월 16일에 사업인정을 받았다. 이와 관련하여 다음 물음에 답하시오. 25점

(1) 토지소유자 및 관계인에게 인정되는 재결신청청구권에 대하여 설명하시오. 10점

(2) 만일 경기도가 최근 북핵문제로 긴장이 고조되는 사정 등을 고려하여 사업추진 시기를 늦출 필요성이 있다고 판단하고 사업인정고시 후 상당한 기간이 경과하도록 협의기간을 통지하지 아니하고 있다면, 토지소유자 갑은 재결신청의 청구를 할 수 있는가? 5점

(3) 경기도가 보상계획을 공고·열람한 후에 甲에게 협의기간을 2026년 8월 1일부터 2026년 8월 31일까지로 하여 보상협의요청서를 보내왔다. 이때 당사자 간에 협의가 성립할 가능성이 없음이 명백한 경우 甲은 협의기간 만료 전에도 재결신청의 청구를 할 수 있는가? 만약 할 수 있다면 경기도는 언제까지 재결을 신청하여야 하는가? 10점

(설문 1) 재결신청청구권
Ⅰ 개설[의의 및 취지(토지보상법 제30조)]
Ⅱ 재결신청청구의 요건, 절차 및 효력 등
  1. 성립요건
  2. 재결신청청구의 효과
Ⅲ 권리구제
  1. 사업시행자가 재결신청을 거부하거나 부작위 시 소송을 통한 이행가능성
    (1) 행정쟁송가부
    (2) 민사소송가능여부
  2. 지연가산금에 대한 다툼
Ⅳ 관련문제(재결신청청구제도의 문제점)

(설문 2) 협의기간의 통지가 없는 경우
Ⅰ 쟁점의 정리
Ⅱ 재결신청의 청구가 가능한지 여부
  1. 관련판례의 태도
  2. 검토
Ⅲ 사안의 해결

(설문 3) 협의가 성립할 가능성이 없음이 명백한 경우
Ⅰ 쟁점의 정리
Ⅱ 재결신청의 청구 가능성
  1. 관련판례의 태도
  2. 검토
Ⅲ 60일의 기산점
  1. 관련판례의 태도
  2. 검토
Ⅳ 사안의 해결

(설문 1) 재결신청청구권

I 개설(의의 및 취지(토지보상법 제30조))

재결신청청구권은 사업인정 후 협의가 성립되지 않은 경우 피수용자가 사업시행자에게 서면으로 재결신청을 조속히 할 것을 청구하는 권리이다. 이는 피수용자에게는 재결신청권을 부여하지 않았으므로 ① 수용법률관계의 조속한 안정과 ② 재결신청지연으로 인한 피수용자의 불이익을 배제하기 위한 것으로 사업시행자와의 형평의 원리에 입각한 제도이다.

II 재결신청청구의 요건, 절차 및 효력 등

1. 성립요건

토지소유자 등은 사업시행자에게 협의기간 만료일부터 재결신청을 할 수 있는 기간 만료일까지 재결을 신청(엄격한 형식을 요하지 않는 서면으로)할 것을 청구할 수 있지만, ① 협의불성립 또는 불능 시, ② 사업인정 후 상당기간이 지나도록 사업시행자의 협의통지 없는 경우, ③ 협의불성립이 명백한 경우에는 협의기간이 종료되지 않았더라도 재결신청청구가 가능하다고 본다.

2. 재결신청청구의 효과

재결신청의 청구를 받은 사업시행자는 재결신청청구가 있는 날로부터 60일 이내에 관할 토지수용위원회에 재결을 신청하여야 한다. 60일을 경과하여 신청한 경우 지연가산금을 지급해야 한다.

III 권리구제

1. 사업시행자가 재결신청을 거부하거나 부작위 시 소송을 통한 이행가능성

(1) 행정쟁송 가부

토지수용과 관련하여 사업시행자가 손실보상의 대상이 아니라고 보아 지장물에 대한 보상협의 절차를 진행하지 아니하거나 거부하는 경우라면, 토지소유자의 입장에서는 보상의 길을 구할 방법이 없게 되는 것이므로 이에 대한 거부나 부작위 시에는 행정쟁송을 제기할 수 있을 것이다.

(2) 민사소송가능 여부

판례는 가산금제도 및 사업인정의 실효규정과 그에 따른 손실보상규정을 이유로 민사소송 등에 의한 방법으로 그 이행을 청구할 수 없다고 한다(대판 1997.11.14, 97다13016).

2. 지연가산금에 대한 다툼

판례는 지연가산금은 수용보상금과 함께 재결로 정하도록 규정하고 있으므로 지연가산금에 대한 불복은 보상금증액에 관한 소에 의하여야 한다고 한다.

Ⅳ 관련문제(재결신청청구제도의 문제점)

재결신청의무 불이행 시 토지소유자의 권리보호가 우회적이므로 토지수용위원회에 재결신청이 이루어지는 효력을 부여하는 정도로 강화될 필요성이 있다.

(설문 2) 협의기간의 통지가 없는 경우

Ⅰ 쟁점의 정리

사업시행자가 사업인정고시가 있은 후에 상당한 기간이 경과하도록 협의기간의 통지가 없어 조속히 법률관계의 안정을 바라는 피수용자의 지위가 불안해지는 경우에 재결신청의 청구를 할 수 있는지 여부가 문제된다.

Ⅱ 재결신청의 청구가 가능한지 여부

1. 관련판례의 태도

판례는 도시계획사업시행자가 사업실시계획인가의 고시 후 상당한 기간이 경과하도록 협의 대상 토지소유자에게 협의기간을 통지하지 아니하였다면 토지소유자는 재결신청의 청구를 할 수 있다고 판시하였다.

2. 검토

재결신청의 청구권은 수용법률관계의 조속한 확정을 바라는 피수용자의 권익을 보호하고, 당사자 간 공평을 기하기 위해서 인정되는 점을 고려할 때 사업인정 고시 후 상당한 기간이 경과하도록 협의기간의 통지 자체가 없는 경우에 피수용자는 재결신청의 청구를 할 수 있다고 봄이 타당하다.

Ⅲ 사안의 해결

甲은 경기도에 대하여 재결신청의 청구를 할 수 있고, 경기도는 청구를 받은 때부터 60일 이내에 재결신청을 하여야 한다.

(설문 3) 협의가 성립할 가능성이 없음이 명백한 경우

I 쟁점의 정리

사안은 협의의 통지가 있어 협의하였으나 협의성립가능성이 없음이 명백한 경우이다. 이때 피수용자가 협의기간이 만료되기 이전에도 재결신청의 청구를 할 수 있는지, 할 수 있다면 경기도는 언제까지 재결신청을 하여야 하는가의 문제이다.

II 재결신청의 청구 가능성

1. 관련판례의 태도

판례는 수용에 관한 협의기간이 정해져 있는 경우라도 협의의 성립가능성 없음이 명백해졌을 때와 같은 경우에는 굳이 협의기간이 종료될 때까지 기다리게 하여야 할 필요성이 없는 것이므로 협의기간 종료 전이라도 기업자나 그 업무대행자에 대하여 재결신청의 청구를 할 수 있는 것으로 보아야 한다고 판시하였다.

2. 검토

토지보상법 제30조 제1항은 대통령령이 정하는 바에 따라 재결신청할 것을 청구할 수 있다고 규정하고 있고, 동법 시행령 제14조 제1항은 협의기간이 경과한 후에 청구할 수 있다고 규정하고 있다. 따라서 이러한 법령의 규정에 의하면 피수용자는 협의기간이 종료되어야 재결신청의 청구를 할 수 있는 것이 된다. 그러나 재결신청의 청구권이 피수용자의 권익을 보호하기 위한 제도임을 고려할 때 협의불성립이 명확하다면 재결신청의 청구를 할 수 있다고 봄이 타당하며 판례의 태도가 옳다고 본다.

III 60일의 기산점

1. 관련판례의 태도

판례는 협의기간이 종료하기 전이라도 협의성립 가능성이 없음이 명백하다면 재결신청의 청구를 할 수 있다고 하면서도 그러한 경우에 사업시행자가 가산금지급 의무를 부담하게 되는 60일의 기간은 협의기간 만료일로부터 기산하여야 한다고 판시하였다.

2. 검토

토지보상법 제30조 제2항에 따르면 사업시행자는 청구가 있은 날부터 60일 이내에 재결신청을 하여야 한다고 규정하고 있다. 따라서 판례와 같이 협의기간 종료 전에 재결신청의 청구는 할 수 있지만, 60일의 기간은 협의기간이 종료된 때부터 기산한다는 태도는 타당하다고 볼 수 없다.

Ⅳ 사안의 해결

甲은 협의기간 만료일인 2026년 8월 31일 이전이라도 협의성립 가능성이 없음이 명백한 때에는 사업시행자인 경기도에 대하여 재결신청할 것을 청구할 수 있다. 또한 지연가산금을 부담하게 되는 기간인 60일은 청구일로부터 기산한다고 보는 것이 타당하다. 다만 판례의 태도에 따르면 동기간은 협의기간 만료일이 지난 2026년 9월 1일부터 기산하게 된다.

감정평가 및 보상법규 기본사례노트 182선

- 2권 개별법 -

- 2권 개별법 -

PART 02

재결

Chapter 01 재결의 불복수단
Chapter 02 토지수용위원회 및 수용의 효과
Chapter 03 권리구제와 대집행
Chapter 04 환매권과 공용사용

Chapter 01 재결의 불복수단

사례 104 재결불복수단 기본

수용재결이란 사업시행자에게 부여된 수용권의 구체적인 내용을 결정하고 그 실행을 완성시키는 형성적 행위로서 수용의 최종단계에서 공사익조화를 도모하여 수용목적을 달성함에 제도적 의미가 인정된다. 이와 관련하여 각 물음을 설명하시오. 40점
(1) 수용재결의 법적 성질과 효과를 설명하시오. 5점
(2) 재결의 불복수단에 대해서 설명하시오. 35점

(설문 1)의 해결
Ⅰ 개설(재결의 의의 및 취지)
Ⅱ 재결의 법적 성질 및 재결의 효력
　1. 재결의 법적 성질
　2. 재결의 효과

(설문 2)의 해결
Ⅰ 개설
Ⅱ 이의신청(제83조)
　1. 의의 및 성격(= 특별법상 행정심판 임의주의)
　2. 요건 및 효과(처분청 경유주의, 기간특례, 집행부정지 : 쟁송남용방지의 입법적 취지)
　3. 재결(제84조) 및 재결의 효력(제86조)
Ⅲ 행정소송
　1. 의의 및 유형

　2. 제기요건 및 효과(= 기간특례, 원처분주의 / 집행부정지)
　　(1) 요건
　　(2) 효과(제88조)
　3. 심리 및 판결
　4. 판결의 효력
Ⅳ 보상금증감청구소송
　1. 의의 및 취지
　2. 소송의 형태
　3. 소송의 성질
　4. 제기요건 및 효과(기간특례, 당사자, 원처분주의, 관할)
　5. 심리범위
　6. 심리방법
　7. 입증책임
　8. 판결(형성력, 별도의 처분 불필요)
Ⅴ 관련문제(취소소송과의 병합)

(설문 1)의 해결

I. 개설(재결의 의의 및 취지)

수용재결이란 사업시행자에게 부여된 수용권의 구체적인 내용을 결정하고 그 실행을 완성시키는 형성적 행위로서 수용의 최종단계에서 공사익조화를 도모하여 수용목적을 달성함에 제도적 의미가 인정된다. 따라서 재결에 대한 권리구제가 중요한 위치를 차지한다. 이와 관련하여 재결의 법적 성질과 효과를 설명한다.

II. 재결의 법적 성질 및 재결의 효력

1. 재결의 법적 성질

재결신청이 형식적 요건을 충족하면 구체적으로 일정한 법률효과의 발생을 목적으로 하는 수용재결을 반드시 해야 하는 기속·형성행위이며 양 당사자의 이해관계를 독립된 행정기관인 토지수용위원회가 판단 조정하는 점에서 준사법적인 성격을 갖는다. 또한 보상액에 대하여는 증액재결을 할 수 있다.

2. 재결의 효과

사전보상 실현 및 사업의 원활한 시행을 위해서 수용재결 시와 개시일로 효력발생시기를 달리하고 있다. ① "수용재결 시"에는 손실보상청구권, 담보물권자의 물상대위권, 인도이전의무, 위험부담이전의 효과가 ② "수용개시일"에는 사업시행자에게는 목적물의 원시취득 및 대행·대집행권, 토지소유자에게는 환매권 등의 효과가 발생한다.

(설문 2)의 해결

I. 개설

토지보상법 제83조, 제85조의 특례규정 외에는 일반쟁송법이 적용되며 재결은 수용재결과 보상재결로 나눌 수 있다. 개정된 토지보상법은 행정심판 임의주의, 원처분주의, 보상금증감청구소송의 형태를 입법적으로 해결하였다. 이하에서 구체적으로 설명한다.

Ⅱ 이의신청(제83조)

1. 의의 및 성격(= 특별법상 행정심판 임의주의)

관할 토지수용위원회의 위법, 부당한 재결에 불복이 있는 토지소유자 및 사업시행자가 중앙토지수용위원회에 이의를 신청하는 것으로서 특별법상 행정심판에 해당하며 제83조에서 '할 수 있다'고 규정하여 임의주의 성격을 갖는다.

2. 요건 및 효과(처분청 경유주의, 기간특례, 집행부정지 : 쟁송남용방지의 입법적 취지)

① 수용, 보상재결에 이의 시 사업시행자 및 토지소유자는 재결서 정본을 받은 날로부터 30일 이내에 처분청을 경유하여 중앙토지수용위원회에 이의를 신청할 수 있다. 이 경우 판례는 30일의 기간은 전문성, 특수성을 고려하여 수용의 신속을 기하기 위한 것으로 합당하다고 한다.
② 이의신청은 사업의 진행 및 토지의 사용·수용을 정지시키지 아니한다(제88조).

3. 재결(제84조) 및 재결의 효력(제86조)

① 재결이 위법 또는 부당하다고 인정하는 때에는 그 재결의 전부 또는 일부를 취소하거나 보상액을 변경할 수 있다. ② 보상금 증액 시 재결서 정본을 받은 날로부터 30일 이내에 사업시행자는 증액된 보상금을 지급해야 한다. ③ 쟁송기간 경과 등으로 이의재결이 확정된 경우에는 민사소송법상의 확정판결이 있는 것으로 보고 재결서 정본은 집행력 있는 판결의 정본과 동일한 효력을 갖는 것으로 본다.

Ⅲ 행정소송

1. 의의 및 유형

① 재결에 불복하는 사업시행자 토지소유자 및 관계인은 재결취소소송을, ② 무효 또는 실효를 주장하는 경우에는 무효등확인소송을 제기할 수 있다.

2. 제기요건 및 효과(= 기간특례, 원처분주의 / 집행부정지)

(1) 요건

재결서 정본을 받은 날부터 90일, 이의재결서 정본을 받은 날로부터 60일 내에 각각 소송을 제기할 수 있다고 규정하고 있으므로 ① 1차 수용재결의 관할 토지수용위원회를 피고로, ② 원처분을 대상으로(제34조 재결에 대하여), ③ 부동산 및 피고 소재지의 행정법원에 소를 제기할 수 있다.

(2) 효과(제88조)

사업의 진행, 수용·사용의 효과를 정지시키지 않는다.

3. 심리 및 판결

법원은 불고불리원칙에 따라 원재결의 위법을 심리하여 기각·인용판결을 하게 되며 원고의 청구가 이유 있다고 인정되더라도 현저히 공익을 해하는 경우 사정판결을 할 수 있다. 소송요건을 갖추지 못한 경우에는 각하판결을 하게 된다.

4. 판결의 효력

인용판결이 있게 되면 소송당사자와 관할 토지수용위원회를 판결의 내용에 따라 구속하며(행정소송법 제30조), 사업시행자가 행정소송을 제기하였으나 그 소송이 각하, 기각 또는 취소된 경우에는 법정이율을 적용하여 산정한 금액을 보상금에 가산하여 지급하여야 한다(제87조)(재결서 정본을 받은 날부터 각하, 기각, 취소된 날까지).

IV 보상금증감청구소송

1. 의의 및 취지

(보상재결에 대한) 보상금의 증감에 대한 소송으로서 사업시행자와 토지소유자는 한쪽 당사자를 피고로 제기하며(제85조 제2항), ① 보상재결의 취소 없이 보상금과 관련된 분쟁을 일회적으로 해결하여, ② 신속한 권리구제를 도모함에 취지가 있다.

2. 소송의 형태

종전[2])에는 형식적 당사자소송이었는지와 관련하여 견해의 대립이 있었으나 현행 토지보상법 제85조에서는 재결청을 공동피고에서 제외하여 형식적 당사자소송임을 규정하고 있다.

3. 소송의 성질

① 법원이 재결을 취소하고 보상금을 결정하는 형성소송이라는 견해, ② 법원이 정당보상액을 확인하고 금전지급을 명하거나 과부된 부분을 되돌려 줄 것을 명하는 확인·급부소송이라는 견해가 있으며, ③ 판례는 해당 소송을 이의재결에서 정한 보상금이 증액, 변경될 것을 전제로 하여 기업자를 상대로 보상금의 지급을 구하는 확인급부소송으로 보고 있다. ④ 생각건대 형성소송설은 권력분립에 반할 수 있으며 일회적인 권리구제에 비추어 확인·급부소송설이 타당하다.

4. 제기요건 및 효과(기간특례, 당사자, 원처분주의, 관할)

① 토지보상법 제85조에서는 제34조 재결인 원처분을 대상으로, ② 재결서 정본 송달일로부터 90일 또는 60일(이의재결 시) 이내에, ③ 토지소유자, 관계인 및 사업시행자는 각각을 피고로 하여, ④ 관할법원에 당사자소송을 제기할 수 있다.

5. 심리범위

① 손실보상의 지급방법(채권보상여부포함)과 ② 적정손실보상액의 범위 및 보상액과 관련한 보상면적(잔여지수용 등) 등은 심리범위에 해당한다. 판례는 ③ 지연손해금 역시 손실보상의 일부이고, ④ 잔여지수용 여부, ⑤ 개별보상으로서 과대·과소항목의 보상항목 간 유용도 심리범위에 해당한다고 본다.

---

2) 재결처분의 효력변경을 전제하며 토지수용위원회가 피고이므로 이는 항고소송(형성소송)이라는 견해가 있었다.

6. 심리방법

법원 감정인의 감정결과를 중심으로 적정한 보상금이 산정된다.

7. 입증책임

입증책임과 관련하여 민법상 법률요건분배설이 적용된다. 판례는 재결에서 정한 보상액보다 정당한 보상이 많다는 점에 대한 입증책임은 그것을 주장하는 원고에게 있다고 한다.

8. 판결(형성력, 별도의 처분 불필요)

산정된 보상금액이 재결 금액보다 많으면 차액의 지급을 명하고, 법원이 직접보상금을 결정하므로 소송당사자는 판결결과에 따라 이행하여야 하며 중앙토지수용위원회는 별도의 처분을 할 필요가 없다.

Ⅴ 관련문제(취소소송과의 병합)

수용재결에 대한 취소소송에 보상금액에 대한 보상금증감청구소송을 예비적으로 병합하여 제기하는 것도 가능하다.

사례 105 재결의 실효

수용재결이란 사업시행자에게 부여된 수용권의 구체적인 내용을 결정하고 그 실행을 완성시키는 형성적 행위로서 수용의 최종단계에서 공·사익의 조화를 도모하여 수용목적을 달성함에 제도적 의미가 인정된다. 이와 관련하여 재결의 실효에 대하여 설명하시오. 10점

Ⅰ 개설(의의 및 취지)
Ⅱ 실효의 사유
   1. 보상금 지급, 공탁을 안 한 경우
   2. 사업인정이 취소, 변경되는 경우
Ⅲ 재결실효의 효과 및 권리구제
   1. 재결실효의 효과
   2. 권리구제

Ⅳ 관련문제
   1. 재결의 실효와 재결신청 및 사업인정의 효력과의 관계
   2. 이의재결과의 관계
   3. 이의재결과의 비교

Ⅰ 개설(의의 및 취지)

재결의 실효란 유효하게 성립한 재결이 객관적 사실의 발생에 의해 효력이 상실되는 것을 말한다. 이는 대행·대집행에 대한 형평을 기하기 위한 피수용자의 권리구제의 방안으로 인정된다.

Ⅱ 실효의 사유

1. 보상금 지급, 공탁을 안 한 경우(토지보상법 제42조)

수용 또는 사용의 개시일까지 보상금을 지급 또는 공탁하지 않는 경우에는 재결의 효력은 상실된다. 다만, 판례는 중앙토지수용위원회의 이의재결에서 정한 보상금을 지급·공탁하지 아니한다 하여 재결이 실효되는 것은 아니라고 한다.

2. 사업인정이 취소, 변경되는 경우(토지보상법 제24조)

재결 이후 수용사용의 시기 이전에 사업인정이 취소 또는 변경되면 그 고시결과에 따라서 재결의 효력은 상실된다. 그러나 보상금의 지급·공탁이 있은 후에는 이미 수용의 효과가 발생하므로 재결의 효력에는 영향이 없다.

Ⅲ 재결실효의 효과 및 권리구제

1. 재결실효의 효과(토지보상법 제42조 제1항)

사업시행자가 수용 또는 사용의 개시일까지 관할 토지수용위원회가 재결한 보상금을 지급 또는 공탁하지 아니한 때에는 해당 토지수용위원회의 재결은 그 효력을 상실한다.

2. 권리구제(토지보상법 제42조 제2항)

사업시행자는 재결의 효력이 상실됨으로 인하여 토지소유자 또는 관계인이 입은 손실을 보상하여야 하며, 재결실효여부에 대한 다툼이 발생하는 경우에 무효등확인소송(실효확인소송)을 제기할 수 있다.

Ⅳ 관련문제

1. 재결의 실효와 재결신청 및 사업인정의 효력과의 관계

판례는 재결이 실효되면 재결신청도 상실된다고 하였다. 다만 사업인정에 대해서는 여전히 효력이 존재하므로 재결신청기간 내이면 재차 재결신청이 가능할 것이다.

2. 이의재결과의 관계

판례는 수용재결이 실효되면 이에 기초한 이의재결은 위법하지만 절대적 무효는 아니므로 이의재결의 취소 또는 무효등확인소송을 구할 이익이 있다고 한다.

3. 이의재결과의 비교

이의재결에는 실효제도가 없으며, 피수용자 보호를 위해서 이의재결은 집행력 있는 확정판결의 효력을 인정한다.

> **사례 106** 협의 내용 이행을 위한 실효성 확보수단
>
> 공익사업을 위한 토지등의 취득 및 보상에 관한 법률상 사업인정 후에 협의가 성립되었고 아직 협의성립의 확인을 받지는 아니하였다. 이때 ① 보상금 수령 전 목적물이 멸실되었을 경우, ② 사업시행자가 손실보상을 하지 아니하였을 경우, ③ 피수용자가 목적물을 인도, 이전하지 아니하였을 경우의 효과를 협의성립의 확인을 받은 경우와 대비하여 설명하시오. 25점

Ⅰ 문제의 제기
Ⅱ 협의와 협의성립확인의 개관
   1. 토지보상법상 협의
     (1) 의의 및 취지
     (2) 내용
   2. 협의성립확인
     (1) 의의 및 취지
     (2) 내용
Ⅲ 목적물이 멸실된 경우
   1. 협의성립확인을 받은 경우
   2. 위험부담규정을 적용할 수 있는지 여부

Ⅳ 사업시행자가 손실보상을 하지 아니한 경우
   1. 협의성립확인을 받은 경우
   2. 재결실효규정을 적용할 수 있는지 여부
Ⅴ 피수용자가 목적물을 인도, 이전하지 아니하는 경우
   1. 협의성립확인을 받은 경우
   2. 대행, 대집행규정을 적용할 수 있는지 여부
     (1) 대행규정의 적용 여부
     (2) 대집행규정의 적용 여부
       1) 문제점
       2) 검토
Ⅵ 문제해결

Ⅰ 문제의 제기

사안은 토지보상법상 사업인정 후에 성립된 협의의 내용에 다툼이 발생하게 될 경우의 처리방법으로서 재결의 효과에 관한 규정들이 적용될 수 있을 것인가의 문제이다.

목적물이 멸실되었을 경우에는 위험부담규정(토지보상법 제46조), 사업시행자가 손실보상을 하지 아니하였을 경우에는 재결실효규정(토지보상법 제42조), 피수용자가 목적물을 인도, 이전하지 아니하였을 경우에는 대행규정(토지보상법 제44조) 및 대집행규정(토지보상법 제89조) 등이 적용될 수 있는지 여부를 검토한다.

Ⅱ 협의와 협의성립확인의 개관

1. 토지보상법상 협의

(1) 의의 및 취지

협의란, 사업인정 후 토지등의 권리취득 등에 대한 양 당사자의 의사의 합치로서 ① 최소침해요청과 ② 사업의 원활한 진행, ③ 피수용자의 의견존중에 취지가 있다.

(2) 내용

협의성립 시 ① 사업시행자는 권리취득(승계취득), 협의성립확인신청권, ② 피수용자는 손실보상청구권, 재결신청청구권이 발생한다. 이를 공법상 계약으로 보면 공법상 당사자소송으로 다툴 수 있다.

2. 협의성립확인

(1) 의의 및 취지

협의성립 후 사업시행자는 재결신청기간 내에 토지소유자의 동의를 얻어 관할 토지수용위원회에 협의성립확인을 신청할 수 있으며, 이는 재결로 간주된다. ① 계약불이행에 따른 위험을 방지하고, ② 공익사업의 원활한 진행을 도모함에 취지가 인정된다.

(2) 내용

재결절차 또는 공증절차에 의해서 확인하며, 재결과 동일한 효과 및 차단효과(더 이상 협의를 다툴 수 없게 하는 효과)가 발생한다. 확인이 있으면 재결로 간주되므로 이의신청 및 행정소송으로 다툴 수 있다.

Ⅲ 목적물이 멸실된 경우

1. 협의성립확인을 받은 경우

협의성립을 확인받으면 재결로 간주되므로 위험부담규정이 적용된다.

2. 협의성립확인을 받지 않은 경우(위험부담규정을 적용할 수 있는지 여부)

토지보상법 제46조상의 위험부담이전 규정은 피수용자의 권익보장을 위하여 인정된 제도이므로, 협의성립 후 확인을 받기 전이라도 귀책사유 없이 목적물이 멸실 등이 된 경우에는 본 규정이 적용되어야 한다고 본다. 판례도 토지는 매수되고 지상입목에 대하여 적절한 보상을 하기로 특약하였다면 지상입목이 수몰되어 멸실된 경우에도 보상을 하여야 한다고 판시한 바 있다(대판 1977.12.27, 76다1472).

Ⅳ 사업시행자가 손실보상을 하지 아니한 경우

1. 협의성립확인을 받은 경우
확인을 받은 경우는 재결로 간주되므로 토지보상법 제42조의 재결실효규정이 적용된다.

2. 협의성립확인을 받지 않은 경우(재결실효규정을 적용할 수 있는지 여부)
현행 토지보상법상 협의의 실효에 관한 명문의 규정이 없으므로 재결실효 규정을 적용할 수 없다. 따라서 피수용자는 사업시행자가 손실보상의무를 이행하지 아니하는 경우에는 계약의 불이행에 대한 손해배상의 청구, 이행강제, 계약해제 등을 주장하여야 할 것이다. 협의는 공법상 계약으로 보는 것이 타당하므로 공법상 당사자소송에 의하면 될 것이다. 다만, 판례에 의하면 민사소송으로 해결한다.

Ⅴ 피수용자가 목적물을 인도, 이전하지 아니하는 경우

1. 협의성립확인을 받은 경우
토지소유자 및 관계인이 고의나 과실 없이 그 의무를 이행할 수 없는 때에는 토지보상법 제44조의 대행규정에 의하여 사업시행자는 시·군·구청장에게 인도 또는 이전하여 줄 것을 청구할 수 있다. 토지소유자 및 관계인이 인도 또는 이전의무를 이행하지 아니하거나, 완료하기 어려운 경우, 또는 토지소유자 및 관계인으로 하여금 의무를 이행하게 함이 현저히 공익을 해한다고 인정되는 경우에는 토지보상법 제89조의 대집행규정에 의하여 사업시행자는 시·군·구청장에게 대집행을 하여 줄 것을 신청할 수 있다.

2. 협의성립확인을 받지 않은 경우(대행, 대집행규정을 적용할 수 있는지 여부)

(1) 대행규정의 적용 여부

협의성립에 따른 의무를 피수용자가 고의, 과실 없이 이행할 수 없는 경우에는 대행규정이 적용될 수 있을 것이다. 그러나 이는 의무불이행에 고의, 과실이 없는 경우에만 해당되는 것으로 피수용자가 의무를 이행할 의사가 없는 경우는 아니다.

(2) 대집행규정의 적용 여부

1) 문제점

협의성립에 따른 피수용자의 의무를 토지보상법 제89조의 대집행 규정을 통하여 강제로 실현할 수 있는가의 문제는 다음의 두 가지 사항이 쟁점이다. 첫째, 대집행은 대체적 작위의무만을 대상으로 하는데 토지 및 물건의 인도, 이전의무가 대집행의 대상인가 하는 점에 논란이 있다. 둘째, 공법상의 계약의무를 행정상 실효성 확보수단으로 해결할 수 있는가 하는 점에 논란이 있다.

2) 검토

토지 및 물건의 인도는 명도에 해당하여 대집행의 대상이 될 수 없고, 그 발동에는 법률유보의 원칙에 의거하여 명확한 법률의 근거가 없으면 불가능하므로 대집행규정의 적용은 불가하다고 봄이 타당하다. 또한 협의는 공법상 계약이므로 사업시행자는 공법상 당사자소송에 의하여 피수용자의 의무이행을 강제할 수 있을 뿐이다. 다만 판례는 협의를 사법상의 법률행위로 보고 있으므로, 민사소송을 통해서 집행력 있는 확정판결을 받고 이를 기초로 강제집행을 할 수 있다고 한다.

Ⅵ 문제해결

협의성립은 공법상 계약으로서 위험부담은 사업시행자에게로 이전된다. 다만, 재결실효 및 대행·대집행규정 등은 적용되기 어렵다고 보이며, 당사자는 공법상의 당사자소송으로 다툼을 해결할 수 있다.

사례 107 화해

토지보상법상 화해를 설명하시오. [10절]

Ⅰ 의의 및 취지
Ⅱ 법적 성질
   1. 화해의 성질
   2. 화해조서의 성질
Ⅲ 화해의 절차
   1. 화해의 권고
   2. 화해조서의 작성

Ⅳ 화해조서의 효력
   1. 재결의 효력
   2. 차단효발생
Ⅴ 권리구제
   1. 조서작성행위 불복
   2. 화해 자체 불복
   3. 손실보상

Ⅰ 의의 및 취지

화해는 토지수용위원회의 재결심리 과정에서 사업시행자와 토지소유자 등이 서로 재결에 의하지 아니하고 분쟁을 해결하고자 하는 의사의 합치로 분쟁소지를 방지하여 사업의 원활한 수행을 도모하는 임의적 절차이다.

Ⅱ 법적 성질

1. 화해의 성질

화해는 공법영역에서 양 당사자가 서로 양보하여 분쟁을 해결하는 약정으로서 일종의 공법상 계약의 성질을 갖는다고 본다.

2. 화해조서의 성질

협의성립확인과 달리 재결로 본다는 규정이 없으나 재결의 효력을 인정하지 않으면 화해권고에 응할 실익이 없으므로 재결의 효력을 부여함이 타당하다고 본다. 따라서 재결과 같은 행정행위의 성질을 갖는다고 본다.

Ⅲ 화해의 절차

1. 화해의 권고

토지수용위원회는 재결 전에 위원 3인으로 구성된 소위원회로 하여금 사업시행자와 토지소유자에게 화해를 권고할 수 있다.

2. 화해조서의 작성

화해가 성립되는 경우, 토지수용위원회는 화해조서를 작성하고 참여인의 서명·날인을 받아야 한다.

Ⅳ 화해조서의 효력

1. 재결의 효력

합의가 성립된 것으로 보며 조서의 성질을 재결과 동일하게 보면 재결의 효력이 발생한다. 따라서 협의성립확인과 마찬가지로 화해에서 정하여진 시기까지 보상금의 지급을 이행하지 않은 경우라면 해당 화해의 효력은 상실되고, 토지소유자 및 관계인이 의무를 이행하지 않은 경우에는 대집행이 가능한 것으로 보아야 할 것이다.

2. 차단효발생

종전 토지보상법에서는 차단효를 구성하였으나 현행 토지보상법은 이러한 규정이 없다. 그러나 협의성립확인제도와의 균형상 차단효를 인정한다고 본다.

Ⅴ 권리구제

1. 조서작성행위 불복

조서작성행위는 확인행위로서 재결로 보기 때문에 토지보상법 제83조 및 제85조에 의한 불복이 가능하다.

2. 화해 자체 불복

차단효로 인해 화해조서의 효력을 소멸시킨 후에 화해 자체에 대하여 다투는 것이 가능하다고 본다.

3. 손실보상

화해에서 정한 시기까지 보상금을 지급하지 아니하면 재결실효규정이 적용된다고 보며, 이로 인하여 손실보상청구권이 발생된다고 본다.

Chapter 02 토지수용위원회 및 수용의 효과

사례 108 토지수용위원회

토지수용위원회에 대해서 설명하시오. [10점]

Ⅰ 의의 및 성격
Ⅱ 종류 및 관할의 범위
  1. 중앙토지수용위원회
  2. 지방토지수용위원회
Ⅲ 재결사항(토지보상법 제50조)
  1. 재결내용
  2. 재결서의 구체성

Ⅰ 의의 및 성격

토지수용위원회는 사업시행자의 신청에 의해 수용재결 또는 사용재결 등을 행하는 행정기관이다. 이는 사업시행자와 피수용자 사이에 수용 또는 사용이나 손실보상에 관한 다툼을 공정하고 중립적인 입장에서 판단·결정하는 준사법적 합의제 행정기관이다.

Ⅱ 종류 및 관할의 범위

1. 중앙토지수용위원회

국토교통부에 중앙토지수용위원회를 두며, ① 국가 또는 시·도가 사업시행자인 경우와 ② 수용 또는 사용할 토지가 2 이상의 시·도에 걸쳐있는 사업의 재결에 관한 사항을 관장한다.

2. 지방토지수용위원회

시·도에 지방토지수용위원회를 두며, 중앙토지수용위원회 이외의 사업의 재결에 관한 사항을 관장한다.

Ⅲ 재결사항(토지보상법 제50조)

1. 재결내용

① 수용 또는 사용할 토지의 구역 및 사용방법, ② 손실의 보상, ③ 수용 또는 사용의 개시일과 기간, ④ 그 밖에 이 법 및 다른 법률에서 규정한 사항을 재결내용으로 한다. 토지수용위원회는 사업시행자나 토지소유자 및 관계인이 신청한 범위 안에서 재결해야 하나 손실보상에 있어서는 증액재결을 할 수 있다.

2. 재결서의 구체성

관할 토지수용위원회가 토지에 관하여 사용재결을 하는 경우, 재결서에 사용할 토지의 위치와 면적, 권리자, 손실보상액, 사용개시일 외에 사용방법 및 사용기간을 구체적으로 특정하여야 한다(대판 2019.6.13, 2018두42641).

사례 109 수용의 효과

공용수용의 효과를 설명하시오. [10점]

Ⅰ 수용절차 종결 시와 수용효과발생 시기의 분리
  1. 절차종결 시(재결 시)
  2. 효과발생일(개시일)
  3. 분리하여 정한 취지
Ⅱ 사업시행자
  1. 권리
  2. 의무
  3. 의무불이행 시 효과

Ⅲ 소유자 등
  1. 권리
  2. 의무
  3. 의무불이행 시 효과
Ⅳ 대물적 효과

Ⅰ 수용절차 종결 시와 수용효과발생 시기의 분리

1. 절차종결 시(재결 시)

절차종결 시의 효과로는 ① 사업시행자의 손실보상금 지급·공탁의무, ② 피수용자의 목적물 인도·이전의무, ③ 위험부담이전, 관계인에게는 물상대위권이 발생한다.

2. 효과발생일(개시일)

수용개시일에는 사업시행자는 목적물의 원시취득 및 대행·대집행권, 토지소유자에게는 환매권 등의 효과가 발생한다.

3. 분리하여 정한 취지

수용 또는 사용의 개시일까지 사전보상을 실현하고 목적물의 인도·이전을 완료하여 원활한 사업을 도모하기 위함이다.

Ⅱ 사업시행자

1. 권리

사업시행자는 수용의 개시일에 목적물을 원시취득하거나 사용의 개시일로부터 목적물을 사용할 수 있다. 토지소유자가 목적물의 인도·이전의무를 다하지 않는 경우에는 토지보상법상 대행·대집행을 신청할 수 있다.

2. 의무

사업시행자는 수용의 개시일까지 손실보상금을 지급해야 하며, 피수용자의 귀책사유 없는 목적물의 멸실 등에 대한 위험을 부담하게 된다.

3. 의무불이행 시 효과

사업시행자가 수용 또는 사용의 개시일까지 손실보상금을 지급하지 않으면 재결은 실효된다.

III 소유자 등

1. 권리

토지소유자 등은 해당 토지가 계속하여 필요 없게 된 경우에는 환매권을 행사할 수 있으며, 관계인에게는 물상대위권이 발생한다.

2. 의무

토지소유자 등은 수용 또는 사용의 개시일까지 목적물을 인도·이전해야 하는 의무가 발생한다.

3. 의무불이행 시 효과

인도·이전의무의 불이행 시에 1년 이하의 징역 또는 1천만원 이하의 벌금이 부과될 수 있다.

IV 대물적 효과

① 사업시행자의 권리취득(제45조), ② 위험부담이전(제46조), ③ 담보물권의 물상대위(제47조), ④ 사용기간 만료 시 반환 및 원상회복의무, ⑤ 대행·대집행청구권, ⑥ 손실보상, ⑦ 환매권, ⑧ 쟁송권 등이 발생한다.

Chapter 03 권리구제와 대집행

> **사례 110** 사업인정과 재결의 권리구제 차이점
> 사업인정과 재결의 권리구제의 차이점을 설명하시오. [10점]

Ⅰ 개설(사업인정과 재결의 의의 및 취지)
Ⅱ 권리구제의 차이점
  1. 적용법률 차이
  2. 불복사유의 차이
  3. 행정심판의 차이
  4. 행정소송 제소기간
  5. 행정절차법 적용 여부
  6. 사전적 구제의 차이

Ⅲ 결(하자승계)

Ⅰ 개설(사업인정과 재결의 의의 및 취지)

사업인정이란 공익사업을 토지등을 수용 또는 사용할 사업으로 결정하는 것을 말하며(제2조 제7호), ① 사업 전의 공익성 판단, ② 사전적 권리구제(의견청취, 절차참여), ③ 수용행정의 적정화, ④ 피수용자의 권리보호에 취지가 있다.

수용재결이란 사업시행자에게 부여된 수용권의 구체적인 내용을 결정하고 그 실행을 완성시키는 형성적 행위로서 수용의 최종단계에서 공·사익의 조화를 도모하여 수용목적을 달성함에 제도적 의미가 인정된다.

Ⅱ 권리구제의 차이점

1. 적용법률 차이

① 사업인정은 행정쟁송법, ② 재결은 토지보상법 제83조 및 제85조와 행정쟁송법이 적용된다.

2. 불복사유의 차이

① 사업인정은 실체적·절차적 하자, ② 재결은 실체적, 절차적 하자에 보상액증감을 이유로 다툴 수 있다.

3. 행정심판의 차이

① 재결은 처분청 경유주의, ② 심판청구기간은 사업인정은 90일, 180일, 재결은 정본 도달일로부터 30일 이내에 제기가 가능하다. ③ 심판기관의 차이는 사업인정의 경우 재결청은 국토교통부장관이고 심리기관은 중앙행정심판위원회이다. 재결의 경우는 중앙토지수용위원회가 심리, 의결기관이자 재결청이다. ④ 재결은 민사소송상의 확정판결효력을 갖는다.

4. 행정소송 제소기간

① 사업인정은 처분이 있음을 안 날로부터 90일, 처분이 있은 날로부터 1년 이내의 제소기간이 적용된다. ② 재결은 원재결서 정본 도달일로부터 90일, 이의재결서 정본인 경우는 도달일로부터 60일 이내에 제기할 수 있다.

5. 행정절차법 적용 여부

행정절차법 시행령 제2조 제7호에서는 재결은 행정절차법 적용대상에서 제외됨을 규정하고 있다.

6. 사전적 구제의 차이

① 사업인정은 관계기관 및 중앙토지수용위원회와의 협의 및 이해관계인의 의견청취 등의 절차를 거치는 반면, ② 재결은 공고 및 문서열람, 의견진술의 절차를 거친다.

Ⅲ 결(하자승계)

① 긍정설은 수용재결은 사업인정을 전제로 이와 결합하여 구체적 효과를 발생시키는 것을 논거로 하고, ② 부정설은 사업인정은 수용권 설정행위(공익성 판단), 재결은 수용권 실행행위(강제취득)로서 별개의 목적을 향유함을 논거로 한다.

> **사례 111** 수용의 보통절차 및 주거용 건물의 총체적 보상
>
> 한국토지주택공사 甲이 택지개발촉진법에 의해 택지개발예정지구에서 공영개발사업을 실시하기 위하여 乙이 소유하고 있는 토지 1,500m²와 주거용건물 120m² 중 토지 1,000m²는 乙과 합의가 이루어졌으나, 나머지 토지 500m²와 그 토지 위의 주거용건물 120m²는 乙이 합의를 거절함에 따라 매수하지 못했다. 甲이 나머지 토지를 취득하기 위해 거쳐야 할 절차와 취해야 할 조치에 대해 설명하시오. 30점

Ⅰ 논점의 정리
Ⅱ 토지취득절차
  1. 취득절차의 의의
  2. 수용의 보통절차
    (1) 사업인정
    (2) 토지·물건조서 작성
    (3) 사업인정 후 협의
      1) 의의 및 제도적 취지
      2) 절차중복의 방지를 통한 신속한 공익사업의 수행
    (4) 재결
  3. 공용수용에의 불복
Ⅲ 토지 및 건물들을 취득하기 위해 취해야 할 조치
  1. 개설
  2. 주거의 총체적 가치보상
  3. 이주대책
    (1) 의의 및 취지
    (2) 요건 및 내용
    (3) 이주정착금(영 제41조 및 규칙 제53조)
Ⅳ 사례의 해결

Ⅰ 논점의 정리

사안은 甲이 공영개발사업을 실시하기 위하여 토지소유자 乙이 소유하고 있는 토지 일부를 협의절차를 거쳐 매수하였으나 나머지 토지 일부와 건물은 합의가 이루어지지 않아 매수하지 못한 상태로서, ① 甲이 사업을 시행하기 위해서는 을의 나머지 토지와 건물을 취득하여야 하며 이를 위해서는 사업시행자인 갑은 공익사업을 위한 토지등의 취득 및 보상에 관한 법률(이하 '토지보상법')의 보통수용절차를 거쳐야 하며, ② 동시에 사업시행자인 甲은 해당 건물이 주거용 건물이므로 토지 취득 이외의 조치로서 이주대책 등을 위한 조치를 강구해야 한다.

Ⅱ 토지취득절차

1. 취득절차의 의의

공용수용은 공익사업을 위하여 상대방의 의사에 반하여 강제적으로 취득하는 제도이므로 수용자와 피수용자의 이해를 조절할 필요가 있다. 이에 토지보상법은 공용수용의 절차를 엄격히 법정화하여 공·사익 간의 이해 조화를 통한 사전적 권리구제의 기능을 수행하고자 하였다.
현행법상 토지수용·사용절차는 보통절차와 특별한 경우 절차의 일부를 생략하는 약식절차로 구분되는 바, 사안에서는 사업인정 전 협의취득절차를 거쳤으므로 토지보상법에 의한 보통절차를 거쳐야 한다.

2. 수용의 보통절차

(1) 사업인정

사업인정은 수용의 1단계 절차로서 사업시행자에게 일정한 절차를 거칠 것을 조건으로 수용권을 설정하는 형성처분으로서 공·사익 이익형량을 통한 공공성 판단과 사전적 권리구제의 역할을 통해 존속보장의 이념을 실현하는 제도적 장치이다.

甲이 사업인정을 받기 위해서는 사업인정신청서를 국토교통부장관에게 제출하여야 한다. 사업인정이 고시되면 그 날로부터 효력이 발생하며 토지수용권의 발생 및 수용 목적물의 확정, 관계인의 범위제한 등의 효과가 발생한다.

(2) 토지·물건조서 작성

사업인정이 고시된 후 제2단계 절차로서 수용할 토지 및 물건의 내용을 확인하기 위해 토지조서와 물건조서를 작성하여야 한다. 이를 위해 갑에게 토지물건조사권이 부여되며, 갑은 토지에 출입하여 측량조사할 수 있다. 갑이 토지조서와 물건조서를 작성하면 이에 서명날인하여야 한다. 토지물건조서는 토지수용위원회의 재결이나 당사자 사이의 분쟁 시 증거방법이기 때문에 조서상의 내용은 별도 입증을 기다릴 것 없이 진실한 것으로 추정되는 효력을 지닌다.

(3) 사업인정 후 협의

1) 의의 및 제도적 취지

사업인정 후 협의는 사업시행자가 수용·사용할 토지, 물건의 범위, 시기 등과 손실보상에 대하여 소유자와 하는 교섭행위로서 수용권 발동을 자제하고 최소침해의 원칙을 구현하는 제도적 취지가 인정된다.

2) 절차중복의 방지를 통한 신속한 공익사업의 수행

종전 토지수용법에서는 사업인정 전 협의를 거쳤어도 반드시 사업인정 후 협의를 거치도록 하여 절차중복과 보상의 형평성의 사례가 제기되었다.

이에 토지보상법은 일정한 경우 사업인정 후 협의를 생략할 수 있도록 하여 이러한 절차중복의 문제를 시정하여 신속한 공익사업의 수행을 도모하고자 하였다.

(4) 재결

재결이란 공용수용의 종국적 절차로서 사업시행자에게 부여된 수용권의 구체적인 내용을 결정하고 그 실행을 완성시키는 형성처분이다. 이는 공공복리의 실현을 위해 강제적인 권력행사를 통해 수용목적을 달성하면서 침해되는 사익 간의 조화를 위해 엄격한 형식과 절차를 두고 있다.

3. 공용수용에의 불복

이러한 절차를 거치면 사업시행자는 권리를 취득하고, 토지소유자 등은 손실보상, 환매권을 가지게 된다. 이러한 효과에 불복이 있는 경우에는 재결을 대상으로 이의신청, 행정소송을 제기할 수 있고, 보상금에 불복이 있는 경우에는 보상금증감청구소송을 제기할 수 있는데 토지보상법은 특례규정을 마련하여 공익사업의 신속한 수행과 피수용자의 권익보호를 도모하고 있다.

다만 사업인정도 처분성을 가지므로 사업인정에 대해 일반 행정심판법, 행정소송법에 의해 불복이 가능할 것이다. 그러나 불가쟁력이 발생한 사업인정의 위법성을 재결단계에서 다툴 수는 없다는 것이 판례의 태도이다.

Ⅲ 토지 및 건물들을 취득하기 위해 취해야 할 조치

1. 개설

갑이 나머지 토지와 건물을 취득하기 위해 취해야 할 조치로서, 주거용 건물이 편입되는 경우에는 주거의 총체적 가치보상으로서 각종 생활보상과 이주대책이 검토되어야 한다.

2. 주거의 총체적 가치보상

공익사업시행지구에 편입되는 주거용 건축물의 소유자에 대하여는 해당 건축물에 대한 보상을 하는 때에 일정한 주거이전비를 보상하여야 한다. 또한 주거용 건축물의 세입자로서 사업인정고시일등이 있은 당시 해당 공익사업시행지구 안에서 3개월 이상 거주한 자에 대하여는 일정한 주거이전비를 보상하여야 한다.

토지등의 취득 또는 사용에 따라 이전하여야 하는 동산에 대하여는 이전비를 보상하여야 하며, 공익사업시행지구에 편입되는 주거용 건축물의 거주자에 대하여는 일정한 이사비를 보상하여야 한다. 주거용 건축물로서 평가한 금액이 6백만원 미만인 경우 그 보상액은 6백만원으로 한다. 또한 공익사업의 시행으로 인하여 주거용 건축물에 대한 보상을 받은 자가 그 보상일부터 20년 이내에 다른 공익사업시행지구에 재편입되는 경우 당해 평가액의 30퍼센트를 가산하여 1천만원을 한도로 보상한다(시행규칙 제58조).

3. 이주대책

(1) 의의 및 취지

이주대책이란 공익사업의 시행으로 인하여 주거용 건축물을 제공함에 따라 생활의 근거를 상실하게 되는 자에게 이주할 택지나 주택을 공급하는 것이다.

토지보상법 제78조 제1항의 이주대책에 대하여 대법원의 다수의견은 생활보상의 일환으로 국가의 적극적이고 정책적인 배려에 의하여 마련된 제도로 보지만, 대법원의 소수의견은 생활보상의 일환으로 마련된 제도로서, 헌법 제23조 제3항이 규정하는 손실보상의 한 형태라고 보아야 한다고 주장한다.

(2) 요건 및 내용

공익사업에 필요한 주거용건물을 제공함에 따라 생활의 근거를 상실하게 되는 자를 위하여 이주대책을 수립하며, 이주대책의 내용에는 이주정착지에 대한 도로·급수시설·배수시설 그 밖의 공공시설 등 해당 지역조건에 따른 생활기본시설이 포함되어야 한다. 특히 이주대책은 이주대책 대상자 중 이주정착지에 이주를 희망하는 자가 10호 이상인 경우에 수립·실시하되, 다만 사업시행자가 택지개발촉진법등에 의해 이주대책 대상자에게 택지 또는 주택을 공급한 경우에는 이주대책을 수립·실시한 것으로 본다.

(3) 이주정착금(영 제41조 및 규칙 제53조)

이주정착금은 사업시행자가 이주대책을 수립·실시하지 못하거나 이주대책 대상자가 이주정착지가 아닌 다른 지역으로 이주하고자 하는 경우에 지급한다. 이주정착금은 보상대상인 주거용 건축물에 대한 평가액의 30%에 해당하는 금액으로 하되, 그 금액이 1천2백만원 미만인 경우에는 1천2백만원으로 하고, 2천4백만원을 초과하는 경우에는 2천4백만원으로 한다(규칙 제53조 제2항).

Ⅳ 사례의 해결

1. 사안에서 갑은 나머지 토지와 건물을 취득하기 위해서는 토지보상법이 예정하고 있는 보통수용절차인 사업인정, 조서작성, 협의 및 협의성립확인, 재결 등의 절차를 거쳐야 한다.

2. 사안에서 갑은 토지취득보상 이외에 취해야 할 조치로는 주거비, 이주대책 등이 있는바, 특히 이주대책의 경우 사안은 택지개발촉진법에 의해 공영개발사업을 행하고 있는바, 이주대책 대상자에게 택지나 주택 등을 공급한 경우에는 이주대책을 수립·실시한 것으로 본다는 규정에 의해 갑은 공영개발사업지 내의 택지를 이주자에게 공급함으로써 이주대책에 갈음할 수 있다.

사례 112 확장수용(잔여지)에 대한 불복수단

사업시행자 甲은 서울시 관악구 관악산 근처에 대규모 체육공원을 건설하려고 계획하고 관련기관과 협의한 결과 사업의 필요성과 타당성에 대해 긍정적인 답변을 얻었다. 국토교통부장관은 2021년 5월 4일 甲의 체육공원 설립사업에 대하여 사업인정을 하고, 이를 공고·통지하였다. 甲은 체육공원 설립에 필요한 토지의 수용과 관련하여 해당 지역이 주민 乙 등과 보상협의에 착수하였으나 보상협의가 결렬되어 토지수용위원회에 재결을 신청하였다. 사업시행지 내에서 대규모 과수원을 운영하던 乙은(과수원의 일부만 수용되는 것으로 되어 있음) 토지수용위원회에 대하여 자신의 과수원이 수용되는 것에 반대하면서 설령 수용된다 하더라도 과수원 일부만으로는 과수를 수확할 수가 없으므로 과수원 전체가 수용되어야 한다고 주장하였다. 2021년 8월 20일 토지수용위원회는 수용재결을 하면서 원래대로 乙이 운영하는 과수원의 일부에 대해서만 수용하기로 결정하였다. 乙에게 이런 내용의 재결통지가 8월 22일에 송달되었다. [30점]

(1) 乙은 2021년 9월 27일에 수용재결에 대한 이의신청을 제기하려고 한다. 가능한가? [10점]
(2) 만약 乙이 과수원의 잔여 토지에 대해 토지수용위원회에 수용청구권을 행사할 수 있겠는가? 또한 잔여지에 대한 수용이 거부된 재결에 대해서 이를 다투고자 하는데 어떠한 소송을 제기해야 하는가? [20점]

(설문 1)의 해결
Ⅰ 쟁점의 정리
Ⅱ 토지보상법 제83조 이의신청 요건 검토
 1. 이의신청의 의의 및 성격(= 특별법상 행정심판 임의주의)
 2. 요건 및 효과(= 처분청 경유주의, 기간특례, 집행부정지 : 쟁송남용방지의 입법적 취지)
 3. 재결(제84조) 및 재결의 효력(제86조)
Ⅲ 사안의 해결(보상금증감청구소송의 가능여부 등)

(설문 2)의 해결
Ⅰ 쟁점의 정리
Ⅱ 잔여지수용청구권을 행사할 수 있는지 여부
 1. 의의 및 취지(토지보상법 제74조)
 2. 법적 성질

 3. 요건 및 절차
  (1) 요건
  (2) 절차(토지보상법 제74조 제1항)
 4. 사안의 경우
Ⅲ 잔여지수용 거부에 대한 소송형태
 1. 문제점
 2. 행정소송형태
  (1) 학설
   1) 취소소송설 및 무효등확인소송설
   2) 보상금증감청구소송설
   3) 손실보상청구소송설
  (2) 판례
  (3) 검토
 3. 민사소송 가능 여부
 4. 사안의 경우
Ⅳ 사안의 해결

🧑‍⚖️ (설문 1)의 해결

I 쟁점의 정리

수용재결이란 사업시행자에게 부여된 수용권의 구체적인 내용을 결정하고 그 실행을 완성시키는 형성적 행위이며, 이에 대한 불복수단으로 토지보상법 제83조에서는 이의신청을 규정하고 있다. 을은 재결서 송달일부터 36일이 경과한 9월 27일에 이의신청을 제기하려하는 바, 이의신청 청구기간을 검토하여 설문을 해결한다.

II 토지보상법 제83조 이의신청 요건 검토

1. 이의신청의 의의 및 성격(= 특별법상 행정심판 임의주의)

관할 토지수용위원회의 위법, 부당한 재결에 불복이 있는 토지소유자 및 사업시행자가 중앙토지수용위원회에 이의를 신청하는 것으로서 특별법상 행정심판에 해당하며, 토지보상법 제83조에서 '할 수 있다'고 규정하여 임의주의 성격을 갖는다.

2. 요건 및 효과(= 처분청 경유주의, 기간특례, 집행부정지 : 쟁송남용방지의 입법적 취지)

수용·보상 재결에 이의가 있는 경우에, 사업시행자 및 토지소유자는 재결서 정본을 받은 날로부터 30일 이내에 처분청을 경유하여 중앙토지수용위원회에 이의를 신청할 수 있다. 이의신청은 사업의 진행 및 토지의 사용·수용을 정지시키지 아니한다(제88조).

> 📝 **청구기간에 대한 검토**
> 헌법재판소는 일반적으로 행정소송에 관한 절차를 어떻게 구성할 것인가, 특히 제소기간을 얼마 동안으로 할 것인가는 기본적으로 입법형성권을 가진 입법권자가 결정할 사항으로, 재판청구권 제한의 한계를 벗어난 예외적인 경우가 아니면, 구체적인 적용대상 법률관계의 성질상 이를 조속히 확정할 합리적인 필요가 있는지의 여부에 따라 상당한 범위 안에서 입법권자의 재량범위가 폭넓게 허용되어야 한다고 한다.
> 토지수용에 관련된 공익사업은 국민경제에 중대한 영향을 미치는 경우가 대부분이므로 수용할 토지의 구역이나 손실보상을 둘러싼 분쟁 등 토지수용에 관한 법률관계를 신속하게 확정하는 것이 공익사업을 신속·원활하게 수행하기 위하여 매우 요긴하다. 또한 토지수용절차는 사업시행자가 토지수용에 따른 보상문제 등에 관하여 미리 소유자 등과 충분한 협의를 거치고, 그 뒤에 수용재결, 이의신청, 이의재결 등의 사전구제절차를 거치도록 되어 있어 이미 오랜 시간에 걸쳐 보상 등이 적정한지에 관하여 서로 다투어 온 당사자로서는 재결의 의미와 이에 대하여 불복할 것인지 여부에 관하여 생각할 충분한 시간이 주어진 바이므로 중앙토지수용위원회의 재결에 대하여 행정소송을 제기할 것인지 여부의 결정이나 제소에 따른 준비에 많은 시간이 필요한 경우가 아닌 점에 비추어 볼 때 위 제소기간 1개월은 결코 그 기간이 지나치게 짧아 국민의 재판청구권 행사를 불가능하게 하거나 현저히 곤란하게 한다고 말할 수 없다(헌재 1996.8.29, 93헌바63).

3. 재결(제84조) 및 재결의 효력(제86조)

① 재결이 위법 또는 부당하다고 인정하는 때에는 그 재결의 전부 또는 일부를 취소하거나 보상액을 변경할 수 있다. ② 보상금 증액 시 재결서 정본을 받은 날로부터 30일 이내에 사업시행자는 증액된 보상금을 지급해야 한다. ③ 쟁송기간 경과 등으로 이의재결이 확정된 경우에는 민사소송법상의 확정판결이 있는 것으로 보고 재결서 정본은 집행력 있는 판결의 정본과 동일한 효력을 갖는 것으로 본다.

Ⅲ 사안의 해결(보상금증감청구소송의 가능여부 등)

이의신청은 특별법상 행정심판으로서 토지수용에 관한 법률관계를 신속하게 확정할 필요성이 인정되어 입법에 의해 청구기간이 30일로 제한된 것으로 볼 수 있다. 따라서 재결서 송달일로부터 30일이 경과된 시점에서는 이의신청은 불가할 것이다. 다만, 토지보상법 제85조에서는 재결서 송달일로부터 90일 이내에 행정소송을 제기할 수 있다고 규정하고 있으므로, 을은 보상금증감청구소송을 통해서 구제받을 수 있을 것이다.

(설문 2)의 해결

Ⅰ 쟁점의 정리

설문은 잔여 과수원 토지에 대한 수용청구 및 그 거부에 대한 구제수단을 묻고 있다. 설문의 해결을 위하여 토지보상법 제74조 및 동법 시행령 제39조상 요건이 충족되는지와 요건이 충족됨에도 이를 거부한 경우 보상금증감청구소송을 통해서 다툴 수 있는지를 검토한다.

Ⅱ 잔여지수용청구권을 행사할 수 있는지 여부

1. 의의 및 취지(토지보상법 제74조)

잔여지수용이란 일단의 토지의 잔여지를 매수 또는 수용청구하는 것을 말한다. 이는 손실보상책의 일환으로 부여된 것으로서 피수용자의 권리보호에 취지가 인정된다.

2. 법적 성질

판례는 잔여지수용청구권은 그 요건을 구비한 때에는 토지수용위원회의 조치를 기다릴 것 없이 청구에 의하여 수용의 효과가 발생하므로 이는 형성권적 성질을 갖는다고 판시한 바, 확장수용의 성질을 공용수용으로 보면 공권으로 봄이 타당하다.

3. 요건 및 절차

(1) 요건

토지보상법 시행령 제39조에서는 ① 동일한 소유자의 토지일 것, ② 일단의 토지 중 일부가 편입될 것, ③ 잔여지를 종래의 목적으로 이용하는 것이 현저히 곤란할 것을 요건으로 규정하고 있다.

(2) 절차(토지보상법 제74조 제1항)

토지소유자는 사업시행자에게 잔여지를 매수하여 줄 것을 청구할 수 있으며, 사업인정 이후에는 관할 토지수용위원회에 수용을 청구할 수 있다. 이 경우 수용의 청구는 매수에 관한 협의가 성립되지 아니한 경우에만 할 수 있으며 사업완료일까지 하여야 한다.

4. 사안의 경우

설문상 을의 과수원의 일부만으로는 과수수취가 불가능한 것으로 보이는 등 잔여지만으로는 종래의 목적대로 이용할 수 없는 경우에 해당한다고 볼 수 있다. 따라서 사업시행자와의 매수협의가 불성립한 경우, 토지수용위원회에게 수용을 청구할 수 있을 것이다.

Ⅲ 잔여지수용 거부에 대한 소송형태

1. 문제점

토지보상법 제85조는 항고소송과 보상금증감청구소송의 이원적 구조를 가지고 있다. 따라서 확장수용을 거부하는 경우, 그 거부재결에 대하여 취소소송을 제기하여야 하는지, 보상금증감청구소송을 제기하여야 하는지가 문제된다. 보상금증감청구소송의 심리범위에 손실보상의 범위가 포함되는지 여부에 따라 실효적인 쟁송형태가 달라진다.

2. 행정소송형태

(1) 학설

1) 취소소송설 및 무효등확인소송설

보상금증감청구소송은 문언에 충실하게 '보상금액의 다과'만을 대상으로 하며, 확장수용은 수용의 범위 문제인바, 먼저 재결에 대해 다투어야 하므로 취소 내지 무효등확인소송을 제기해야 한다고 한다.

2) 보상금증감청구소송설

확장수용은 손실보상의 일환으로서 보상금증감청구소송의 취지가 권리구제의 우회방지이고, 손실보상액은 손실보상 대상의 범위에 따라 달라지므로 손실보상의 범위도 보상금증감소송의 범위에 포함된다고 본다.

3) 손실보상청구소송설

확장수용청구권은 형성권인 바 이에 의해 손실보상청구권이 발생하고, 확장수용청구권의 행사에 의해서 수용의 효과가 발생하므로 이를 공권으로 본다면 공법상 당사자소송으로 손실보상청구를 하여야 한다고 본다.

(2) 판례

잔여지수용청구권은 손실보상의 일환으로 토지소유자에게 부여되는 권리로서 그 요건을 구비한 때에는 잔여지를 수용하는 토지수용위원회의 재결이 없더라도 그 청구에 의하여 수용의 효과가 발생하는 형성권적 성질을 가지므로, 잔여지수용청구를 받아들이지 않은 토지수용위원회의 재결에 대하여 토지소유자가 불복하여 제기하는 소송은 위 법 제85조 제2항에 규정되어 있는 '보상금의 증감에 관한 소송'에 해당하여 사업시행자를 피고로 하여야 한다(2008두822).

(3) 검토

잔여지 보상에 관한 소송은 위법성 여부를 따지는 것이 아니라 보상금과 관련된 사항이므로 보상금증감청구소송의 제도적 취지(분쟁의 일회적 해결)와 보상의 범위에 따라 보상금액이 달라지는 점을 고려할 때 보상금증감청구소송이 보상의 범위까지 포함한다고 보는 보상금증감청구소송설이 타당하다고 판단된다.

3. 민사소송 가능 여부

보상금증액을 구하는 행정소송을 제기해야 하며, 곧바로 기업자를 상대로 하여 민사소송으로 잔여지에 대한 보상금의 지급을 구할 수는 없다.

4. 사안의 경우

보상금증감청구소송의 심리범위에는 보상대상의 범위도 포함되는 것으로 보는 것이 권리구제에 유리하므로 을은 보상금증감청구소송을 통해서 잔여지에 대한 수용거부를 다툴 수 있을 것이다.

Ⅳ 사안의 해결

① 을은 관할 토지수용위원회에 본인 소유의 토지 전부를 수용해 줄 것을 청구할 수 있으며,
② 을의 수용청구에 대한 거부재결이 나온다면, 재결서 정본을 받은 날로부터 90일 이내에 보상금증감청구소송을 제기할 수 있다. 만약, 잔여지수용청구의 거부에 대한 이의신청을 제기하였으나 거부된 경우라면 이의신청에 대한 재결서 정본을 송달받은 날로부터 60일 이내에 제기할 수 있을 것이다.

사례 113 잔여지 가격감소에 대한 불복수단

사업시행자 을은 변전소 건설공사를 위한 도시계획사업의 시행자로서 그 사업시행의 허가를 받고 강남구 고시 제1991-5423호로 그 고시를 거쳤다. 이에 따라 을은 위 사업에 필요한 갑소유의 토지 1,000제곱미터 중 일부를 수용취득하였다. 갑의 잔여지는 폭 3 내지 5m, 길이 70 내지 80m의 길쭉한 부정형의 토지로서 맹지가 되었다. 갑은 위 잔여지의 토지가격의 감소를 이유로 손실보상을 청구하려고 한다. 이 경우 잔여지의 가격감소에 대한 甲의 권리구제방법을 설명하시오. 15점 (수용청구는 논외로 함)

Ⅰ 쟁점의 정리
Ⅱ 잔여지 가격감소에 대한 손실보상 청구
  1. 잔여지 가격감소에 대한 손실보상 청구의 의의 및 취지
  2. 손실보상의 청구(법 제73조 제1항)
  3. 손실보상의 청구절차(법 제73조 제4항)
  4. 손실보상 재결에 대한 불복방법
Ⅲ 사안의 해결

Ⅰ 쟁점의 정리

갑은 잔여지의 토지가격 감소를 이유로 토지보상법 제73조에서 규정하고 있는 손실보상을 청구하려고 한다. 토지보상법 제73조에서는 손실보상청구와 관련하여 동법 제9조 제6항(협의) 및 제7항(재결)을 준용하고 있으므로 이를 검토하여 갑의 권리구제 방법을 설명한다.

Ⅱ 잔여지 가격감소에 대한 손실보상 청구

1. 잔여지 가격감소에 대한 손실보상 청구의 의의 및 취지

잔여지란 동일소유자의 일단의 토지 중, 공익사업을 위하여 취득되고 남은 잔여토지를 말하는데 잔여지는 형상, 도로접면 등의 조건 등이 일단의 토지보다 열악한 경우가 많다. 잔여지 가격감소에 대한 손실보상이란 상기 제 원인으로 인한 가격감소분을 보상하는 것을 말하며 재산권에 대한 정당보상을 실현함에 제도적 취지가 인정된다.

2. 손실보상의 청구(토지보상법 제73조 제1항)

토지보상법 제73조 제1항에서는 사업시행자는 동일한 소유자에게 속하는 일단의 토지의 일부가 취득되거나 사용됨으로 인하여 잔여지의 가격이 감소하거나 그 밖의 손실이 있을 때에는 그 손실을 보상하되, 동법 제2항에서는 손실의 보상은 해당 사업의 사업완료일부터 1년이 지난 후에는 청구할 수 없다고 규정하고 있다. 따라서 이에 근거하여 잔여지 가격감소에 대한 손실보상을 청구할 수 있을 것이다.

3. 손실보상의 청구절차(토지보상법 제73조 제4항)

토지보상법 제73조 제4항에서는 손실의 보상은 사업시행자와 손실을 입은 자가 협의하여 결정하되(토지보상법 제9조 제6항), 협의가 성립되지 아니하면 사업시행자나 손실을 입은 자는 대통령령으로 정하는 바에 따라 제51조에 따른 관할 토지수용위원회에 재결을 신청할 수 있다(제9조 제7항)고 규정하고 있다. 따라서 당사자 간 협의 및 재결을 통하여 보상액이 결정될 것이다.

4. 손실보상 재결에 대한 불복방법

재결의 내용이 수용 등을 수반하지 않는 경우에는, 보상원인이 되는 재산권 침해행위와 보상결정행위가 서로 분리하여 존재하기 때문에 그에 대한 불복도 분리하여 행하여야 한다. 토지보상법에서는 재결에 대한 불복규정을 두고 있으므로 이에 따라 이의신청(제83조)과 행정소송(제85조 제2항)을 제기하는 것이 타당하다.

Ⅲ 사안의 해결

갑은 자신의 잔여지 가격감소에 대해서 사업시행자와 협의하되, 협의가 불성립할 경우에는 관할 토지수용위원회에 보상재결을 신청할 수 있을 것이다. 재결에 의한 보상금액에 불복하는 경우에는 토지보상법 제83조 및 제85조에 따라 불복이 가능하다. 잔여지의 가격 감소분이 잔여지의 가격보다 큰 경우에는 사업시행자는 그 잔여지를 매수할 수 있다.

사례 114 잔여지 권리구제 및 사업폐지로 인한 권리구제

갑은 전라북도 완주군 소양면 황운리 904 전 705제곱미터(정방형)에 관광호텔 건물을 신축하기 위하여 부지를 조성하였는데, 암발파 및 운반비용으로 300,000,000원, 진입로 개설비용으로 36,000,000원, 옹벽공사비용으로 93,000,000원, 건축설계비용으로 85,000,000원을 지출하였다. 그러나 토지의 일부가 익산-장수 간 고속도로 공사(사업인정 고시일 : 2014.1.1)에 편입되고 잔여지(부정형)만으로는 면적이 협소하여 더 이상 관광호텔 건축사업을 진행할 수 없었다. 이에 2014.3.경 사업시행자인 도로공사에게 잔여지의 매수를 청구하는 내용의 진정서를 제출하였다가, 도로공사로부터 완주군청과 협의 후 보상 여부를 결정하겠다는 내용의 회신을 받았다(도로공사는 관할 토지수용위원회의 업무를 위임받아 수행하지는 않고 있다). 그 후 2014.6.30. 갑의 토지 중 편입되는 부분에 대한 협의가 불성립하여 재결에 의한 취득(조성된 상태 기준 : 보상금 651,000,000원)을 하고 2014.12.31. 고속도로 공사는 완료되었다. 2015.3.15. 현재 갑 잔여지에 대한 권리구제 방안을 모색하고 부지조성 및 설계비용을 별도로 보상받을 수 있는지 논하시오. [20점]

Ⅰ 쟁점의 정리
Ⅱ 갑 잔여지에 대한 권리구제 방안
  1. 잔여지수용청구권의 행사가능성
    (1) 잔여지수용청구의 의의 및 법적 성질
    (2) 잔여지수용청구권의 행사요건 및 행사절차
    (3) 사안의 경우
  2. 잔여지 감가보상의 청구가능성
    (1) 잔여지 가격감소에 대한 손실보상 청구의 의의 및 취지
    (2) 잔여지 감가보상의 청구요건(토지보상법 제73조 제1항 및 제2항) 및 청구절차(토지보상법 제73조 제4항)
    (3) 손실보상 재결에 대한 불복방법
    (4) 사안의 경우
Ⅲ 부지조성 및 설계비용을 보상받을 수 있는지 여부
  1. 부지조성비용이 보상대상인지 여부
  2. 설계비용이 보상대상인지 여부
    (1) 토지보상법 시행규칙 제57조
    (2) 사안의 경우
Ⅳ 사안의 해결

Ⅰ 쟁점의 정리

설문은 관광호텔을 건축하기 위한 갑 토지의 일부가 수용되어 더 이상 관광호텔 건축을 진행하지 못하게 된 경우, 이에 대한 구제수단을 묻고 있다. 이의 해결을 위하여 잔여지수용 및 감가보상을 검토하여 잔여지에 대한 구제방안을 모색하고, 현재까지 소요된 부지조성 및 건축설계비용을 별도로 보상받을 수 있는지를 현황평가 및 사업폐지 등에 대한 보상 규정을 검토하여 해결한다.

Ⅱ 갑 잔여지에 대한 권리구제 방안

1. 잔여지수용청구권의 행사가능성

(1) 잔여지수용청구의 의의 및 법적 성질

잔여지수용이란 일단의 토지의 잔여지를 매수 또는 수용청구하는 것을 말한다. 이는 손실보상책의 일환으로 부여된 것으로서 피수용자의 권리보호에 취지가 인정된다.

판례는 잔여지수용청구 요건을 충족한 경우, 토지수용위원회의 조치를 기다릴 것 없이 수용의 효과가 발생하는 형성권으로 보고 있다(대판 2001.9.4, 99두11080).

(2) 잔여지수용청구권의 행사요건 및 행사절차

토지보상법 제74조에서는 ① 동일한 소유자의 토지일 것, ② 일단의 토지 중 일부가 편입될 것, ③ 잔여지를 종래의 목적으로 이용하는 것이 현저히 곤란할 것을 요건으로 규정하고 있다. 토지소유자는 사업시행자에게 잔여지를 매수하여 줄 것을 청구할 수 있으며, 사업인정 이후에는 공사완료일 전까지 관할 토지수용위원회에 수용을 청구할 수 있다.

(3) 사안의 경우

설문상 사업시행자는 관할 토지수용위원회의 업무를 위임받아 수행하고 있지 않고 있으므로 사업시행자에게 잔여지매수를 청구한 것은 관할 토지수용위원회에 청구한 것으로 볼 수 없다. 따라서 갑은 사업완료일 전까지 관할 토지수용위원회에 수용을 청구하지 아니한 것이 되므로 제척기간이 경과되어 더 이상 잔여지수용을 청구할 수 없을 것이다.

2. 잔여지 감가보상의 청구가능성

(1) 잔여지 가격감소에 대한 손실보상 청구의 의의 및 취지

잔여지 가격감소에 대한 손실보상이란 잔여지의 형상, 도로접면 등의 조건 등이 일단의 토지보다 열악하게 됨을 원인으로 한 가격감소분을 보상하는 것을 말하며, 재산권에 대한 정당보상을 실현함에 제도적 취지가 인정된다.

(2) 잔여지 감가보상의 청구요건(토지보상법 제73조 제1항 및 제2항) 및 청구절차(제3항)

토지의 일부가 취득되거나 사용됨으로 인하여 잔여지의 가격이 감소하거나 그 밖의 손실이 있을 때에는, 손실의 보상은 해당 사업의 사업완료일부터 1년이 지나기 전에 사업시행자에게 청구할 수 있다. 손실의 보상은 사업시행자와 손실을 입은 자가 협의하여 결정하되, 협의가 성립되지 아니하면 사업시행자나 손실을 입은 자는 재결을 신청할 수 있다.

(3) 손실보상 재결에 대한 불복방법

토지보상법에서는 재결에 대한 불복규정을 두고 있으므로, 이에 따라 이의신청(제83조)과 행정소송(제85조 제2항)을 제기하는 것이 타당하다.

(4) 사안의 경우

설문상 잔여지 감가보상을 청구할 수 있는 기간 내이므로, 갑은 잔여지의 형상이 정방형에서 부정형으로 불리하게 변경되었음을 이유로 하여 잔여지 가격감소에 대한 손실보상을 청구할 수 있을 것이다. 또한 잔여지에 지출된 부지조성비용은 그 토지의 가치를 증대시킨 한도 내에서 잔여지의 가격감소로 인한 손실보상액을 산정할 때에 반영될 수 있을 것이다.

Ⅲ 부지조성 및 설계비용을 보상받을 수 있는지 여부

1. 부지조성비용이 보상대상인지 여부

토지보상법에서는 가격시점에서의 현실적인 이용을 기준하여 보상액을 산정하도록 규정하고 있으므로, 해당 보상액은 부지조성이 완료된 상태를 기준한 것으로 볼 수 있다. 갑 토지의 부지조성에 소요된 암발파 및 운반비용, 진입로 개설비용 및 옹벽공사비용은 수용대상토지에 화체되어 일체로 평가될 뿐, 별도의 보상대상이 되는 것은 아니므로 이에 대한 비용을 별도로 보상받을 수는 없을 것이다.

2. 설계비용이 보상대상인지 여부

(1) 토지보상법 시행규칙 제57조

시행규칙 제57조에서는 공익사업의 시행으로 인하여 건축물의 건축을 위한 건축허가 등 관계법령에 의한 절차를 진행 중이던 사업 등이 폐지·변경 또는 중지되는 경우 그 사업 등에 소요된 법정수수료 그 밖의 비용 등의 손실에 대하여는 이를 보상하여야 한다고 규정하고 있다.

(2) 사안의 경우

갑의 토지는 관광호텔을 건축하기 위한 목적으로 부지조성 및 건축설계를 진행하였으나, 해당 사업의 시행으로 말미암아 관광호텔을 건축할 수 없게 되었으므로, 이에 소요된 건축설계비용을 보상청구할 수 있을 것이다.

Ⅳ 사안의 해결

설문상 고속도로 공사가 완료되어 갑은 잔여지수용청구는 할 수 없으나, 사업완료일로부터 1년이 경과하지 않았으므로 잔여지의 가격감소에 대한 손실보상을 청구할 수 있을 것이다. 이 경우 부지조성비용은 토지에 화체되어 일체로 평가되므로 별도의 손실보상 대상은 되지 않을 것이나, 잔여지의 가격감소분을 측정할 때에 고려될 수 있을 것이다. 또한 고속도로 사업의 시행으로 인하여 관광호텔 건축사업이 더 이상 진행될 수 없으므로, 이에 대한 건축설계비용도 추가로 보상되어야 할 것이다.

사례 115 대집행

주택재개발조합 갑은 재개발사업의 대상인 토지와 그 지상 건물을 매수하기 위하여 그 소유자 등과 협의를 진행하였으나 각 건물의 소유자(채무자)들과 협의가 성립되지 아니하자 서울특별시 지방토지수용위원회에 수용재결을 신청하여 수용시기를 2026.10.10.로 하는 수용재결을 받고, 채무자들을 피공탁자로 하여 위 위원회가 결정한 각 보상금을 공탁한 다음 2026.10.10. 각 건물 및 그 각 대지에 관하여 주택재개발조합 앞으로 소유권이전등기를 마쳤다. 채무자들은 각 건물부분을 점유하고 있으며, 채무자들이 소유하고 있는 건물은 채무자들의 특정 목적을 달성하기 위하여 설계된 특수한 건물로서 이전비용이 건물가액을 상회하고 있었다. 채무자들은 재결에서 결정된 보상금액에 만족하지 못하여 각 건물부분을 점유하고 토지 및 건물의 인도·이전을 거부하고 있다. 이에 대하여 주택재개발조합 갑은 대집행으로 그 이행을 구할 수 있는지, 즉 토지 및 건물의 인도·이전 의무가 대집행의 대상이 되는지를 논하시오. 15점

Ⅰ 쟁점의 정리
Ⅱ 대집행의 개관
　1. 의의(행정대집행법 제2조)
　2. 대집행의 요건
　3. 인도·이전의무가 대집행 대상인지
　　(1) 문제점
　　(2) 견해의 대립
　　(3) 판례
　　(4) 검토
Ⅲ 사안의 해결
　1. 관련 규정의 검토
　2. 사안의 해결

Ⅰ 쟁점의 정리

대집행의 대상에 명도행위가 포함되는지를 검토하여 토지 및 건물의 인도·이전의무가 대집행의 대상이 되는지를 논하고자 한다.

Ⅱ 대집행의 개관

1. 의의(행정대집행법 제2조)

대집행이란 대체적 작위의무의 불이행이 있는 경우에 해당 행정청이 의무자의 의무를 이행하고 그 비용을 징수하는 것을 말한다.

2. 대집행의 요건

행정법상의 대체적 작위의무를 의무자가 이행하지 않고 있어야 하며, 다른 수단으로써 이행을 확보하기 곤란하고 또한 그 불이행을 방치함이 심히 공익을 해할 것으로 인정될 때'에 한하여 가능하다(비례성 요건).

3. 인도·이전의무가 대집행 대상인지

(1) 문제점
토지등의 인도·이전의무는 비대체적 작위의무인데 토지보상법 제89조에서는 이 법의 처분으로 인한 의무도 대집행의 대상으로 규정하고 있는 바, 토지보상법 제89조 규정을 대집행법의 특례규정으로 보아 대집행을 실행할 수 있는지가 문제된다.

(2) 견해의 대립
① 토지보상법 제89조는 수용자 본인이 인도한 것과 같은 법적 효과 발생을 목적으로 하므로 (합리적, 합목적적 해석) 대집행을 긍정하는 견해와 ② 토지보상법 제89조의 의무도 대체적 작위의무에 한정된다고 보아 부정하는 견해가 대립된다.

(3) 판례
토지보상법 제43조의 '인도'에는 명도도 포함되는 것으로 보아야 하고, 이러한 명도의무는 그것을 강제적으로 실현하면서 직접적인 실력행사가 필요한 것이지 대체적 작위의무라고 볼 수 없으므로 특별한 사정이 없는 한 행정대집행법에 의한 대집행의 대상이 될 수 있는 것은 아니라고 한다.

(4) 검토
대집행은 국민의 권익침해의 개연성이 높으므로 토지보상법 제89조의 의무를 법치행정의 원리상 명확한 근거 없이 비대체적 작위의무로까지 확대해석할 수 없다.

Ⅲ 사안의 해결

1. 관련 규정의 검토
토지보상법 제43조에서는 "토지나 물건의 인도"라는 용어를 사용하고 있으나 수용한 물건의 전 소유자 또는 점유자가 건물에 대한 점유를 계속하고 있는 경우에 기업자가 건물을 철거하는 등 목적사업에 착수하기 위해서는 그의 점유를 배제하고 점유이전을 받는 것이 필요하므로, 여기에서 "인도"는 건물의 명도를 포함하는 것으로 보아야 할 것이다.

2. 사안의 해결
따라서 그것을 강제적으로 실현함에 있어 직접적인 실력행사가 필요한 것이지 대체적 작위의무에 해당하는 것은 아니어서 직접강제의 방법에 의하는 것은 별론으로 하고 행정대집행법에 의한 대집행의 대상이 되는 것은 아니라고 보아야 할 것이다.

대체적 작위의무 대상(명도의무가 포함된다고 본 사례)

[1] 관계 법령상 행정대집행의 절차가 인정되어 행정청이 행정대집행의 방법으로 건물의 철거 등 대체적 작위의무의 이행을 실현할 수 있는 경우에는 따로 민사소송의 방법으로 그 의무의 이행을 구할 수 없다. 한편 건물의 점유자가 철거의무자일 때에는 건물철거의무에 퇴거의무도 포함되어 있는 것이어서 별도로 퇴거를 명하는 집행권원이 필요하지 않다. 또한, 행정청이 건물 소유자들을 상대로 건물철거 대집행을 실시하기에 앞서, 건물 소유자들을 건물에서 퇴거시키기 위해 별도로 퇴거를 구하는 민사소송은 부적법하다(대판 2017.4.28, 2016다213916).

[2] 행정청이 행정대집행의 방법으로 건물철거의무의 이행을 실현할 수 있는 경우에는 건물철거 대집행 과정에서 부수적으로 건물의 점유자들에 대한 퇴거 조치를 할 수 있고, 점유자들이 적법한 행정대집행을 위력을 행사하여 방해하는 경우 형법상 공무집행방해죄가 성립하므로, 필요한 경우에는 '경찰관 직무집행법'에 근거한 위험발생 방지조치 또는 형법상 공무집행방해죄의 범행방지 내지 현행범체포의 차원에서 경찰의 도움을 받을 수도 있다.

[3] 원고(행정청이 속한 지방자치단체)가, 퇴거의무와 같은 비대체적 작위의무의 경우 행정대집행의 대상이 되지 않으므로 퇴거를 구하는 민사판결을 받아야 한다는 대법원 1998. 10. 23. 97누157 판결에 따라 퇴거청구 소송을 제기하였으나, 대법원 1998.10.23. 97누157 판결은 적법한 건물에서 처분상대방의 점유를 배제하고 그 점유이전을 받기 위하여 행정대집행 계고처분을 한 사안에 관한 것으로서 그 처분의 주된 목적이 건물의 인도라는 비대체적 작위의무의 이행을 실현하고자 하는 경우이어서 (퇴거의무는) 행정대집행의 대상이 될 수 없다고 판단한 사례인 반면, 이 사건의 사안은 위법한 건물에 대한 철거 대집행의 과정에서 부수적으로 점유자에 대한 퇴거조치를 실현할 수 있는 경우이어서 사안을 달리함을 지적한 사례.

→ 철거의무자가 점유자인 경우에는 퇴거의무도 포함되어 있는 것으로서 별도로 퇴거를 명하는 집행권원이 필요하지 않다. 따라서 이러한 경우에는 철거 대집행의 과정에서 부수적으로 점유자에 대한 퇴거조치를 실현할 수 있는 경우라고 본다.

사례 116 대집행 및 공탁

사업시행자 갑은 사업토지 내에 있는 입목을 이전하기 위하여 관할 토지수용위원회의 수용재결을 받아 손실보상금을 지급하려 하였으나 을이 수령을 거부하여 재결에서 결정된 손실보상금을 공탁하였다. 그러나 을은 수용개시일까지 자신의 입목을 의도적으로 이전하지 아니하였다. 이에 갑은 공익사업을 위한 토지등의 취득 및 보상에 관한 법률에 의거하여 관할구청장 병에게 대집행을 신청하였다. 50점

(1) 병은 대집행을 할 수 있는가? 20점 있다면 그 절차는 어떠한가? 10점
(2) 만일 이 경우에 을이 입목을 이전하지 아니하는 이유가 갑의 공탁금액이 재결에서 정한 보상금에 미치지 못하기 때문인 경우, 공탁의 요건 및 일부공탁의 효과에 대하여 설명하고 병의 대집행에 대하여 을이 어떠한 권리구제 수단을 강구할 수 있는지 논하시오. 20점

(설문 1)의 해결
Ⅰ 문제제기
Ⅱ 토지보상법상 대집행의 가능성 여부
  1. 대집행의 의의
  2. 토지보상법상 대집행의 요건
    (1) 토지보상법 제89조와 행정대집행법 제2조의 관계
    (2) 대집행의 주체
    (3) 대집행의 대상이 되는 의무
    (4) 대집행을 할 수 있는 경우
      1) 의무의 불이행 등이 있을 것
      2) 다른 수단으로는 그 이행확보가 곤란할 것(보충성의 요건)
      3) 의무불이행을 방치함이 심히 공익을 해하는 경우일 것(비례성의 요건)
  3. 사안의 경우
    (1) 입목이전의무가 대체적 작위의무인지
    (2) 의무불이행이 있는지 여부
    (3) 다른 수단으로는 그 이행확보가 곤란한가의 여부
    (4) 의무불이행을 방치함이 심히 공익을 해하는 경우인가의 여부
    (5) 사안의 경우

Ⅲ 대집행의 절차
  1. 계고
  2. 통지
  3. 대집행의 실행
  4. 비용징수
  5. 토지보상법상 대집행과 권리구제
Ⅳ 문제해결

(설문 2)의 해결
Ⅰ 문제제기
Ⅱ 재결에서 정한 보상금에 미달한 금액을 공탁한 경우의 효과
  1. 토지보상법상 공탁의 개관
    (1) 공탁의 의의 및 취지
    (2) 공탁의 법적 성질
    (3) 공탁의 요건(토지보상법 제40조 제2항)
  2. 일부공탁의 효과(판례)
  3. 사안의 경우
Ⅲ 을의 권리구제수단
  1. 항고소송
  2. 손해배상 및 결과제거 청구
  3. 무명항고소송
Ⅳ 문제해결

🧑‍🏫 (설문 1)의 해결

I 문제제기

사업시행자 갑은 수용재결을 받아 보상금을 공탁하였으나 을이 입목이전의무를 다하지 않는 경우에, 관할구청장 병이 대집행을 할 수 있는지가 문제된다. 이러한 문제를 해결하기 위하여 을의 입목이전의무가 대집행의 대상이 되는 의무인지, 즉 대집행의 요건은 무엇이며 사안이 이를 충족하는가를 검토하고 그 절차는 어떠한지 살펴본다.

II 토지보상법상 대집행의 가능성 여부

1. 대집행의 의의

대집행이란 대체적 작위의무의 불이행에 대하여, 해당 행정청이 그 의무를 스스로 이행하거나 제3자로 하여금 이행하게 하고, 그 비용을 의무자로부터 징수하는 것을 말한다.

2. 토지보상법상 대집행의 요건

(1) 토지보상법 제89조와 행정대집행법 제2조의 관계

토지보상법 제89조에서 정하고 있는 요건은 대집행을 할 수 있는 요건을 규정한 것으로 볼 것은 아니고, 동법에서 정한 경우라는 것은 의무의 불이행이 있는 상황 또는 의무자에게 의무이행을 강요할 수 없는 상황을 규정한 것이다. 따라서 그러한 상황이 발생한 경우에는 행정대집행법이 정한 요건이 충족되는가를 따져서 대집행을 할 수 있다고 보아야 한다.

(2) 대집행의 주체

피수용자에게 목적물의 인도, 이전의무를 발생시키는 원인은 관할 토지수용위원회의 수용재결이나, 그 의무이행의 확보는 관할 토지수용위원회가 하는 것이 아니고 사업시행자의 신청에 의하여 관할 시·군·구청장이 하게 된다.

(3) 대집행의 대상이 되는 의무

토지보상법 제89조 제1항에서는 '이 법 또는 이 법에 의한 처분으로 인한 의무'라고 규정하고 있다. 대집행은 의무자가 의무를 이행하지 아니하는 경우에 그 의무자가 아닌 행정청이나 제3자가 대신 이행하는 것이므로 타인이 대신하여 줄 수 없는 의무는 대집행의 대상이 되는 의무가 아니다. 따라서 대집행의 대상이 되는 의무는 대체적 작위의무에 한정된다고 본다.

(4) 대집행을 할 수 있는 경우

1) 의무의 불이행 등이 있을 것

토지보상법 제89조는 의무자가 ① 정한 기간 이내에 의무를 이행하지 아니하거나, ② 정한

기간 이내에 완료하기 어려운 경우, ③ 의무자에게 이행하게 하면 현저히 공익이 침해될 우려가 있다고 인정되는 경우를 규정하고 있다.

2) 다른 수단으로는 그 이행확보가 곤란할 것(보충성의 요건)

의무자가 의무를 불이행하는 경우라도 그 의무이행을 확보할 수 있는 여러 가지 수단이 있는 경우에는 필요성의 원칙에 의하여 국민의 권익에 대하여 침익적인 정도가 가장 작은 수단에 의하여야 한다.

3) 의무불이행을 방치함이 심히 공익을 해하는 경우일 것(비례성의 요건)

의무위반자가 누리는 사익과 그 위무위반으로 침해당하는 공익을 비교형량하여 대집행 여부를 결정하여야 한다.

3. 사안의 경우

(1) 입목이전의무가 대체적 작위의무인지

입목의 이전의무는 의무자 이외의 자가 대신 이행할 수 있으므로 대체적 작위의무에 해당한다. 따라서 대집행의 대상이 되는 의무이다.

(2) 의무불이행이 있는지 여부

을은 수용 개시일까지 자신의 입목을 이전하여야 할 의무를 이행하지 아니하였다.

(3) 다른 수단으로는 그 이행확보가 곤란한가의 여부

① 을은 고의로 입목을 이전하고 있지 않으므로 대행이 불가하고, ② 권고 등으로 입목의 이전을 실현할 수 없을 것으로 보인다.

(4) 의무불이행을 방치함이 심히 공익을 해하는 경우인가의 여부

을의 사익보다 공익사업 자체가 모두 중단되어 지체됨으로 피해 보는 공익이 심히 중대하다고 판단된다. 따라서 비례성의 요건도 충족한다.

(5) 사안의 경우

대집행요건이 충족되어 갑은 병에게 대집행 신청을 할 수 있으며, 병은 특별한 사정이 없는 한 대집행을 실행해야 할 것이다.

Ⅲ 대집행의 절차

1. 계고(① 의의, ② 법적 성질, ③ 예외규정)

① 대집행 요건이 충족된 경우 먼저 상당한 이행기한을 정하여 의무의 이행을 독촉하는 것을 말한다. 문서로 해야 하며, ② 준법률행위적 행정행위로서 통지행위이다. ③ 비상시 또는 위험이 절박한 경우에 있어서 계고를 취할 여유가 없을 때에는 생략이 가능하다.

2. 통지(① 의의, ② 법적 성질, ③ 예외규정)

① 의무자가 계고를 받고 지정된 기한까지 의무를 이행하지 아니할 때에는 해당 행정청은 대집행영장으로써 대집행을 할 시기, 대집행 책임자의 성명, 대집행에 요하는 비용을 의무자에게 통지하여야 한다. ② 준법률행위적 행정행위이며, ③ 비상시 또는 위험이 절박한 경우 생략이 가능하다.

3. 대집행의 실행(① 의의, ② 법적 성질)

① 사실행위로서 물리적인 실력을 가하여 의무가 이행된 것과 같은 상태를 실현하는 것이다. 스스로 한다는 것은 소속공무원으로 하여금 실행하게 하는 것이고, 제3자로 하여금 하게 한다는 것은 도급계약에 의거 대집행을 행하게 하는 것을 말한다. ② 수인의무를 부과하는 권력적 사실행위이다.

4. 비용징수(① 의의, ② 법적 성질)

① 대집행에 소요된 일체의 비용은 의무자로부터 이를 징수한다. 대집행에 요한 비용은 국세징수법의 예에 의하여 징수할 수 있다. ② 금전납부를 명하는 급부하명이다.

5. 토지보상법상 대집행과 권리구제

대집행 각 절차는 처분성이 인정되어 취소 또는 무효를 구하는 항고소송의 제기가 가능하다. 각 절차는 대집행 달성이라는 하나의 목적을 위한 행위이므로 하자승계가 인정된다(통설 및 판례).

Ⅳ 문제해결

을의 입목이전의무는 대체적 작위의무에 해당하고, 을이 그 의무를 불이행하고 있다. 그로 인하여 공익의 침해가 매우 크고 대집행 외의 다른 수단으로는 을의 의무이행을 확보할 수 없으므로 관할 구청장 병은 대집행을 할 수 있다. 대집행의 실시절차는 행정대집행법이 정하는 바에 의하여 계고, 통지, 실행, 비용징수의 절차를 거쳐 실시한다.

(설문 2)의 해결

Ⅰ 문제제기

본 사안에서 사업시행자 갑은 보상금을 일부만을 공탁하여 을이 그 수령을 거절하고 입목을 이전하지 아니하는 경우로서 갑의 신청에 의하여 병이 대집행을 시행하였다.

따라서 을의 권리구제수단이 무엇인가 문제가 된다. 이를 해결하기 위하여 첫째 보상금의 일부만을 공탁한 경우의 효과가 어떠한지 살펴보고, 둘째 위법하게 대집행이 시행되는 경우의 권리구제 수단은 어떤 것이 있는가를 살펴본다.

II 재결에서 정한 보상금에 미달한 금액을 공탁한 경우의 효과

1. 토지보상법상 공탁의 개관

(1) 공탁의 의의 및 취지
보상금의 공탁이란 사업시행자가 보상금을 관할 공탁소에 공탁함으로써 보상금 지급에 갈음하게 하는 것을 말한다. 공탁제도를 통해서 ① 재결실효를 방지하여 공익사업의 원활한 수행을 도모하고, ② 사전보상의 원칙을 실현하여 피수용자의 권익을 보호할 수 있다.

(2) 공탁의 법적 성질
토지보상법상 공탁은 사업시행자의 보상금지급의무에 갈음하기 위한 것이므로 그 본질은 민법상 채권의 소멸원인이 되는 변제공탁과 같다고 보는 것이 타당하다.

(3) 공탁의 요건(토지보상법 제40조 제2항)
① 보상금 받을 자가 수령을 거부하거나 수령할 수 없는 때, ② 보상금 받을 자를 과실 없이 알 수 없을 때, ③ 사업시행자가 보상금에 불복이 있을 때, ④ 압류 등에 의하여 보상금 지급이 금지되었을 때 등의 사유가 있어야 한다.

2. 일부공탁의 효과(판례)
보상금 지급과 같은 효력을 부여하기 위해서는 보상금 전액을 공탁하여야 한다. 따라서 보상금을 일부만 공탁한 경우에는 보상금 지급의 효력을 부여할 수 없다.

3. 사안의 경우
사안에서 사업시행자 갑은 보상금의 일부만을 공탁하였으므로 이는 보상금 지급효과를 발생시키지 아니한다. 따라서 토지보상법 제42조에 의하여 관할 토지수용위원회의 재결은 실효된다. 재결이 실효된 결과, 을은 해당 재결에 의하여 부과받은 의무인 입목의 이전의무를 부담하지 아니한다.

III 을의 권리구제수단

1. 항고소송
을이 부담하지 아니하는 의무에 대하여 병이 대집행을 실시하는 것은 당연히 위법하다고 할 것이므로, 을은 대집행 각 절차가 항고소송의 대상적격으로 인정되므로 각 절차 모두에 대하여 항고소송을 제기할 수 있다. 다만 대집행 절차는 신속히 종료되므로 항고소송의 제기와 함께 집행정지를 신청하여 절차의 속행으로 인한 회복하기 어려운 손해의 발생을 예방하여야 할 것이다.

2. 손해배상 및 결과제거 청구

을이 부담하지 아니하는 의무에 대하여 병이 대집행을 실시하는 것은 위법하다. 그러나 이미 대집행 실시가 완료된 경우에는 협의의 소익이 없어 항고소송을 제기할 수 없다. 따라서 이러한 경우에는 을은 국가나 지방자치단체를 상대로 손해배상을 청구하거나 위법상태가 지속되는 경우에는 결과제거를 청구할 수 있다.

3. 무명항고소송

을은 입목을 이전하여야 할 의무를 부담하지 아니하므로 병이 대집행을 하기 이전에 무명항고소송으로서 예방적 부작위소송 또는 예방적 확인소송을 인정하여야 한다는 주장이 제기되고 있다. 그러나 판례는 무명항고소송을 인정하지 아니하므로 실무적으로 무명항고소송을 제기할 수는 없다.

Ⅳ 문제해결

공탁은 민법상 변제공탁과 같은 것으로 보상금지급의 효과가 있다. 그러나 보상금의 일부만을 공탁한 경우에는 보상금지급 효과가 없으며, 따라서 재결은 실효된다. 그 결과 을은 입목이전의무를 부담하지 아니한다.

을이 입목을 이전할 필요가 없음에도 병이 대집행을 실시하였다면 해당 대집행은 위법하며, 그에 대하여 항고소송, 손해배상, 결과제거의 청구, 무명항고소송의 제기 등과 같은 다양한 구제수단을 모색할 수 있다.

사례 117 대집행 및 공탁

사업시행자 甲은 경기도 파주시 일원에 대규모 출판단지를 건설하고자 '공익사업을 위한 토지등의 취득 및 보상에 관한 법률'(이하 '토지보상법')에 따라서 국토교통부장관에게 사업인정을 신청하여 적법한 절차에 따라 사업인정을 받았다. 그 후 사업시행자 甲은 토지의 수용과 관련하여 공익사업 지역 내에 있는 토지소유자 乙 등과 보상협의를 하였으나 과수나무 등의 이전비보상문제로 합의에 이르지 못하였다. 그러자 甲은 중앙토지수용위원회에 수용재결을 신청하였고, 이에 대한 수용재결이 결정되었다. 그에 따라 甲이 이전비를 포함한 손실보상금을 지급하려고 하였으나 乙 등이 수령을 거부하였고, 수용 개시일이 다가오자 甲은 보상금을 관할 공탁소에 공탁하였다. 그러나 수용 개시일이 지난 후에도 乙 등은 과수나무를 이전하지 않고 여전히 토지를 사용하고 있어서 사업시행자 甲은 관할 행정청 丙에게 대집행을 신청하였다. 30점

(1) 대집행 신청을 받은 丙이 공익사업의 절차를 신속하게 진행하려고 계고를 생략한 상태로 대집행 영장통지를 하였다. 乙 등은 계고를 생략할 긴급한 필요가 없음에도 이를 생략한 것은 위법하다고 주장한다. 乙 등의 주장은 타당한가? 15점

(2) 위의 사안에서 丙이 계고통지와 대집행영장에 의한 통지를 거쳐 대집행을 실행하였는데, 사업시행자 甲의 공탁금이 재결한 보상금액에 미달하는 금액이라면 乙은 대집행실행을 다툴 수 있는가? 15점

(설문 1)의 해결
Ⅰ 쟁점의 정리
Ⅱ 계고의 법적 성질 및 계고요건 등
  1. 행정대집행의 의의(행정대집행법 제2조) 및 요건
  2. 계고의 의의 및 법적 성질
  3. 계고의무
  4. 계고요건(대집행법 제3조)
Ⅲ 사안의 해결

(설문 2)의 해결
Ⅰ 쟁점의 정리
Ⅱ 대집행 요건충족 여부(수목이전이 대체적 작위의무인지)
  1. 대집행의 의의 및 요건
  2. 사안의 경우
Ⅲ 인도·이전의무의 발생 여부
  1. 문제점
  2. 공탁의 의의 및 취지(토지보상법 제40조)
  3. 보상금 공탁의 성질
  4. 공탁의 요건 및 절차
    (1) 내용상 요건(제40조 제2항)
    (2) 절차(공탁의 관할 및 수령권자)
  5. 공탁의 효과
    (1) 정당한 공탁
    (2) 미공탁의 효과
    (3) 하자 있는 공탁의 효과
  6. 공탁금 수령의 효과
  7. 사안의 경우
Ⅳ 사안의 해결(구제방법 등)

(설문 1)의 해결

I 쟁점의 정리

설문은 계고를 생략한 토지에 대해서 을이 다툴 수 있는지를 묻고 있다. 대집행은 계고, 통지, 실행, 비용징수의 절차를 거치게 되는 바, 계고의 법적 성질 및 계고요건의 충족여부에 대해 검토하여 설문을 해결한다.

II 계고의 법적 성질 및 계고요건 등

1. 행정대집행의 의의(행정대집행법 제2조) 및 요건

행정대집행법상의 대집행이란 대체적 작위의무(타인이 대신하여 이행할 수 있는 작위의무)의 불이행이 있는 경우에 해당 행정청이 스스로 의무자가 행할 행위를 하거나 제3자로 하여금 이를 행하게 하고 그 비용을 의무자로부터 징수하는 것을 말하며, ① 행정법상의 대체적 작위의무를 의무자가 이행하지 않고 있어야 하며, ② 다른 수단으로써 이행을 확보하기 곤란하고 또한 그 불이행을 방치함이 심히 공익을 해할 것으로 인정될 때에만 대집행이 가능하다.

2. 계고의 의의 및 법적 성질

계고는 상당한 기간 내에 의무의 이행을 하지 않으면 대집행을 한다는 의사를 사전에 통지하는 행위이다. 계고처분이 행해지면 행정청은 행정대집행법 제3조 제2항에 의해 대집행영장을 발급할 수 있는 권한을 갖게 되는 법적 효과가 발생하므로 계고의 법적 성질은 준법률행위적 행정행위이다.

3. 계고의무

대집행을 하기 위하여는 미리 계고하여야 한다(행정대집행법 제3조 제1항). 다만, "비상시 또는 위험이 절박한 경우에 있어서 해당 행위의 급속한 실시를 요하여 계고를 취할 여유가 없을 때에는 계고를 거치지 아니하고 대집행을 할 수 있다"(제3조 제3항).

4. 계고요건(대집행법 제3조)

① 대집행의 계고에 있어서는 의무자가 이행하여야 할 행위와 그 의무불이행 시 대집행할 행위의 내용 및 범위가 구체적으로 특정되어야 한다. ② 계고처분은 문서로 하여야 한다. ③ 계고처분은 상당한 이행기간(사회통념상 의무자가 스스로 의무를 이행하는 데 필요한 기간)을 정하여야 한다. ④ 계고 시에 대집행의 요건이 충족되고 있어야 한다.

Ⅲ 사안의 해결

계고는 대집행의 1단계 절차로써, 계고 시에는 대집행의 일반요건을 모두 충족하여야 하며 이를 생략할 긴급한 사정이 없는 한, 생략되어서는 안 될 것이다. 과수나무의 이전은 대체적 작위의무로서 대집행의 대상이며, 행정지도나 조언 등의 수단을 통해서 그 이전을 실행시킬 수도 없는 것으로 보인다. 또한 이를 방치하게 되면 공익사업을 통한 공익실현이 저해되는 바, 대집행요건을 충족하는 것으로 볼 수 있다. 다만, 설문상 계고를 생략할 만한 긴급한 상황이나, 위험이 급박한 사정은 보이지 않으므로 계고를 생략한 것은 위법하다고 볼 수 있다. 따라서 을은 대집행영장 통지에 대한 항고소송을 제기하여 계고생략에 대한 위법성을 다툴 수 있을 것이다.

(설문 2)의 해결

Ⅰ 쟁점의 정리

설문은 보상금지급의무를 다하지 않은 대집행실행에 대해서 다툴 수 있는지를 묻고 있다. 대집행의 대상은 '이행되지 않은 대체적 작위의무'인데 설문에서는 사업시행자가 보상재결에서 결정된 보상금액에 미달하는 금액을 공탁한 바, 이러한 공탁에 의해서도 인도·이전의무가 발생하는지를 검토하여 설문을 해결한다.

Ⅱ 대집행 요건충족 여부(수목이전이 대체적 작위의무인지)

1. 대집행의 의의 및 요건

행정대집행법상의 대집행이란 대체적 작위의무(타인이 대신하여 이행할 수 있는 작위의무)의 불이행이 있는 경우에 해당 행정청이 스스로 의무자가 행할 행위를 하거나 제3자로 하여금 이를 행하게 하고 그 비용을 의무자로부터 징수하는 것을 말하며, ① 행정법상의 대체적 작위의무를 의무자가 이행하지 않고 있어야 하며, ② 다른 수단으로써 이행을 확보하기 곤란하고 또한 그 불이행을 방치함이 심히 공익을 해할 것으로 인정될 때에만 대집행이 가능하다.

2. 사안의 경우

통상 수목의 이전은 대체적 작위의무이며, 설문상 해당 수목을 이전하는 데 특수한 기술이 요구되어 소유자 이외의 자로 하여금 이행시킬 수 없다거나 소유자가 신체로서 점유하여 점유해제가 필요한 경우가 아닌 것으로 보이므로, 과수나무의 이전의무는 대체적 작위의무로 볼 수 있다.

Ⅲ 인도·이전의무의 발생 여부

1. 문제점
상기에서 검토된 수목 인도이전의무가 발생하기 위해서는 정당한 보상금의 지급 또는 공탁이 필요한데, 설문에서는 재결에서 결정된 보상금에 미치지 못하는 공탁이 이루어진 바, 이러한 공탁에 의해서도 정당한 보상금의 지급효과가 발생하는지를 검토한다.

2. 공탁의 의의 및 취지(토지보상법 제40조)
보상금의 공탁이란 "재결에서 정한 보상금을 일정한 요건에 해당하는 경우 관할 공탁소에 보상금을 공탁함으로써 보상금의 지급에 갈음하는 것"을 말한다. 이는 재결실효방지, 사전보상 실현 및 담보물권자의 권익보호 도모에 취지가 인정된다.

3. 보상금 공탁의 성질
공탁은 보상금지급의무에 갈음되어 재결실효를 방지할 목적이 있으므로 변제공탁으로 봄이 합당하다. 사업시행자가 재결에 불복하여 그 재결에서 정한 보상금액과 자기가 예정한 보상금액의 차액을 공탁한 경우는 일종의 담보공탁이라고 할 수 있겠다.

4. 공탁의 요건 및 절차

(1) 내용상 요건(제40조 제2항)

① 보상금을 받을 자가 그 수령을 거부하거나 보상금을 수령할 수 없는 때, ② 사업시행자의 과실 없이 보상금을 받을 자를 알 수 없는 때, ③ 관할 토지수용위원회가 재결한 보상금에 대하여 사업시행자의 불복이 있는 때, ④ 압류 또는 가압류에 의하여 보상금의 지급이 금지된 때에 공탁할 수 있다.

(2) 절차(공탁의 관할 및 수령권자)

① 토지소재지의 관할 공탁소(제40조 제2항)에 공탁하고, ② 토지소유자 및 관계인과 승계인이 수령한다.

5. 공탁의 효과

(1) 정당한 공탁

보상금지급의무를 이행한 것으로 보아 수용 또는 사용개시일에 목적물을 원시취득한다.

(2) 미공탁의 효과

보상금지급의무를 이행하지 못한 바 재결은 실효된다. 단, 이의재결에 의한 증액된 보상금은 공탁하지 않아도 이의재결은 실효되지 않는다고 한다(판례).

(3) 하자 있는 공탁의 효과

판례는 '① 요건미충족, ② 일부공탁, ③ 조건부공탁의 경우는 공탁의 효과가 발생하지 않는다'고 한다. 따라서 수용사용의 개시일까지 공탁의 하자가 치유되지 않으면 재결은 실효되고 손실보상의무를 부담하게 된다(토지보상법 제42조).

6. 공탁금 수령의 효과

사업시행자가 토지보상법 제40조 제2항에 따라 공탁한 보상금에 대하여 아무런 이의유보 없이 수령한다면 이는 수용법률관계의 종결효과를 가져온다고 볼 수 있다. 그러나 공탁된 보상금을 수령하면서 이에 불응한다는 이의유보를 남긴 경우라면 수용·사용의 개시일이 경과하더라도 수용법률관계는 종결되지 않는다고 보아야 할 것이다.

7. 사안의 경우

설문에서의 공탁금은 재결에서 정한 정당한 보상금에 미치지 못하므로 하자 있는 공탁이라 할 것이며, 그에 따라 수용의 개시일에 해당 재결은 실효된 것으로 볼 수 있다. 따라서 재결의 실효로 인하여 재결에 따른 의무도 실효되는 것으로 보아야 하므로, '을' 등에게는 인도·이전의무가 발생하지 않는다고 할 것이다.

Ⅳ 사안의 해결(구제방법 등)

과수나무의 이전의무는 대체적 작위의무로서 대집행 대상에 해당되나, 설문에서는 사업시행자가 보상금의 지급의무를 다하지 못하여 재결이 실효된 것으로 보아야 할 것이다. 따라서 소유자에게는 인도·이전의무가 발생하지 않음에도 이를 대집행으로 실행한 것은 위법하다고 볼 것이다. '을' 등은 만약 설문상 대집행 실행이 종료된 경우라면 결과제거청구권을 행사하거나, 손해배상을 청구할 수 있을 것이고, 종료되지 않은 경우라면 대집행 취소(또는 무효)소송을 제기하면서 집행정지를 신청할 수 있을 것이다.

사례 118 대집행(점유자 퇴거)

A광역시 지방의회 의원인 갑은 자신의 지역구 내의 아파트 하자보수공사에 개입하여 금품을 수수하였을 뿐만 아니라, A광역시의 임시직 공무원인 지방전문직 공무원의 계약에도 개입하여 그 대가로 금품과 성 향응을 제공받는 등의 행위가 지역신문에 보도되면서 지역여론의 흐름은 갑의원이 더 이상 의원활동을 해서는 안 된다는 방향으로 악화되고 있었다. 그러는 가운데, 부패추방과 밝은 사회건설을 목적으로 A광역시의 종교·교육·문화·기업·노동계 등의 뜻있는 사람들로 결성된 시민단체인 "A광역시부패추방본부"(이하, 'B단체')는 특히 갑의 지방전문직 공무원의 계약 개입과 관련하여 강력하게 규탄하며 갑에 대한 퇴진운동을 벌였다. 사태가 이렇게 되자 갑과 인척 관계에 있는 A광역시의 시장인 을은 종전 시장 병의 재임시기부터 B단체가 부패신고 접수·회의·정기모임 등을 위해 사무실로 이용할 목적으로 A광역시 시청사 건물의 일부에 대해 주기적으로 소액의 사용료를 지불하고 사용허가를 받아 현재까지 점유·사용하고 있다는 점에 주목하여 갑자기 시장 을은 "전임 병 시장의 B단체에 대한 사용허가 그 자체에 하자가 있다"는 명목을 내세워 그 사용허가를 취소하는 취지를 B단체에 통고하였다. 그러나 B단체는 을시장의 이러한 통고에도 불구하고 현재까지 시청사 내의 사무실 명도의무를 이행하고 있지 않다. 이에 을시장은 B단체를 상대로 계고처분을 하였다. 이러한 가운데, 갑의원에 대한 A광역시 의회는 즉각 진상조사위원회를 구성하여 갑의 비위사실을 조사하였으며, 그 결과 지역신문의 기사 내용은 진실한 것으로 밝혀져 A광역시 의회는 지방자치법에 따라 갑의원에 대해 징계절차로 본회의에 회부한 바, 재직의원 2/3 이상의 찬성으로 제명을 의결하였다. 이 제명의결에 대해 갑 자신은 불만이 많다. 시장 을 또한 A광역시의회가 한 징계 제명의결에 분노를 느끼면서도 곧 있을 지방자치단체장 선거에서 재선과 관련하여 지역여론이 자신에게 불리하게 돌아간다는 사실을 주시하고, 위 B단체에 대한 사용허가 취소가 애초부터 문제가 있다는 점을 스스로 알고 다시 이를 취소해야겠다고 마음먹고 있다.
위 사안에서 을 시장이 한 대집행 계고처분은 대집행의 요건을 갖추고 있는가? 20점

Ⅰ 쟁점의 정리
Ⅱ 대집행의 의의 및 요건 등
  1. 대집행의 의의 및 절차
  2. 대집행의 요건
    (1) 공법상 의무의 불이행
    (2) 대체적 작위의무일 것
    (3) 보충성 요건
    (4) 의무의 불이행을 방치하는 것이 심히 공익을 해할 것

Ⅲ 점유자의 퇴거 및 명도의무가 대집행의 대상인지 여부
  1. 관련 판례의 태도
  2. 검토
Ⅳ 사안의 해결

Ⅰ 쟁점의 정리

설문에서는 대집행 계고처분이 행정대집행법상 대집행의 요건을 갖춘 것인지 문제된다. 특히 명도의무가 대집행의 대상이 되는 타인이 대신하여 행할 수 있는 행위에 해당하는지가 관건이다.

Ⅱ 대집행의 의의 및 요건 등

1. 대집행의 의의 및 절차

대집행이란 대체적 작위의무의 불이행이 있는 경우 해당 행정청이 불이행된 의무를 스스로 행하거나 제3자로 하여금 이행하게 하고, 그 비용을 의무자로부터 징수하는 것을 말한다(행정대집행법 제2조). 대집행은 계고, 대집행영장의 통지, 대집행 실행, 비용의 징수라는 일련의 과정을 이룬다.

2. 대집행의 요건

(1) 공법상 의무의 불이행

사법상 의무의 불이행은 대집행의 대상이 되지 않는다(대판 1975.4.22, 73누215). 공법상 의무는 법률에 의해 직접 명령되는 경우도 있지만, 대부분 법률에 의거한 행정청의 명령에 의해 생긴다.

(2) 대체적 작위의무일 것

대체적 작위의무란 대집행의 대상이 되는 의무로서 타인이 대신하여 행할 수 있는 행위가 부과된 의무를 말한다. 여기서 작위의무라 해도 타인이 대신하여 행할 수 없는 행위는 대집행의 대상이 되지 않는다. 비대체적 작위의무는 대집행의 대상이 아니다.

(3) 보충성 요건

불이행된 의무를 다른 수단으로는 이행을 확보하기 곤란한 경우라야 한다. 이는 행정상 비례의 원칙, 즉 최소침해의 원칙이 적용됨을 뜻한다.

(4) 의무의 불이행을 방치하는 것이 심히 공익을 해할 것

협의의 비례의 원칙을 강조하여 규정한 것이다. 비례의 원칙에 위배되는지 여부는 법원이 판단할 수 있는 사항이며, 다만 행정청은 요건이 충족되는 경우 권한행사에 재량을 가질 뿐이라고 본다.

Ⅲ 점유자의 퇴거 및 명도의무가 대집행의 대상인지 여부

1. 관련 판례의 태도

"① 도시공원시설인 매점점유자의 점유배제는 대체적 작위의무에 해당하지 않으므로 대집행의 대상이 아니라고 한다. ② 토지보상법 제89조의 '인도'에는 명도도 포함되는 것으로 보아야 하고, 이러한 명도의무는 그것을 강제적으로 실현하면서 직접적인 실력행사가 필요한 것이지 대체적 작위의무라고 볼 수 없으므로 특별한 사정이 없는 한 행정대집행법에 의한 대집행의 대상이 될 수 있는 것은 아니다. ③ 철거의무 약정을 하였다 하더라도 그 명도의무는 대집행대상이 아니다"고 하여 명도의무는 대집행의 대상이 아니라고 한다.

2. 검토

물건의 인도는 대체성이 있는 물건에 한하여 대집행이 가능하다. 대체성이 있는 다른 물건을 타인으로 하여금 급부시키고 의무자로부터 물건 값과 인도비용을 징수하는 방법으로 대집행을 행할 수 있다.

그러나 토지·건물의 명도는 대집행의 대상이 될 수 없다. 왜냐하면 토지나 건물은 통상 대체성이 없고 따라서 강력력에 의한 토지나 건물의 명도는 점유자 자신에 대한 물리력의 행사를 수반하므로 직접강제의 대상이 될 수 있을 뿐 대집행의 대상이 될 수 없다고 본다.

Ⅳ 사안의 해결

사안의 경우에 사용허가가 취소된 상태에서 무단으로 사무실을 사용하는 B단체를 강제적으로 퇴거시키기 위해서는 B단체가 사무실을 점유하지 못하도록 하고 점유이전을 받아야 하는데, 이러한 의무는 직접적인 실력행사가 필요한 것이지 대체적 작위의무에 해당하는 것이 아니다. 따라서 을의 대집행 계고는 대집행의 요건을 모두 갖추지 못하고 있다.

사례 119 대집행(실력행사)

A시장이 택지개발지구로 지정된 구역 내의 무허가건축물에 대하여 소유자 甲에게 철거명령을 내렸는데 甲은 이를 이행하지 않고 있다. 이에 A시장은 의무불이행 그 자체만을 염두에 두고서 비상시 또는 긴급을 요하지 않음에도 계고나 통지절차를 생략하고 곧바로 행정대집행을 실행하려 한다. 만약 甲이 철거반의 접근을 실력으로 방해할 경우에 A시장은 어떻게 대처할 수 있는가? 10점

Ⅰ 쟁점의 정리
Ⅱ 甲이 철거반의 접근을 실력으로 방해할 경우에 A시장의 대처방법
　1. 갑의 저항을 실력으로 배제하는 것이 대집행에 포함되는지 여부
　　(1) 긍정설
　　(2) 부정설
　　(3) 검토
　2. 경찰에 행정응원을 요청하는 방법
Ⅲ 문제의 해결

Ⅰ 쟁점의 정리

대집행의 실행과 관련해서 甲의 실력에 의한 방해행위에 대한 실력으로 이를 배제하는 것이 대집행의 일부로서 인정되는가, 경찰에 행정응원을 요청하는 방법을 검토할 수 있다.

Ⅱ 甲이 철거반의 접근을 실력으로 방해할 경우에 A시장의 대처방법

1. 갑의 저항을 실력으로 배제하는 것이 대집행에 포함되는지 여부

위법건축물의 철거에서와 같이 대집행의 실행에 대하여 저항하는 경우에 실력으로 그 저항을 배제하는 것이 대집행의 일부로서 인정되는가에 대하여 견해가 대립하고 있다.

(1) 긍정설

이 견해는 대집행의 실행을 위하여 필요한 한도 내에서 실력으로 저항을 배제하는 것은 명문의 근거가 없는 경우에도 대집행에 수반하는 기능으로 인정되어야 한다는 견해이다.

(2) 부정설

이 견해는 저항을 실력으로 배제하는 것은 신체에 대하여 물리력을 행사하는 것이므로 대집행에 포함된다고 볼 수 없고 직접강제의 대상이 된다고 본다. 대집행의 실행을 위하여 저항을 실력으로 배제하는 것을 인정할 필요가 있지만 그것의 인정을 위하여는 별도의 법률상 근거가 있어야 한다.

(3) 검토

신체에 대한 물리력의 행사에는 명문의 근거가 있어야 하므로 부정설이 타당하다. 다만, 실무에 있어서 저항하는 자를 경찰로 하여금 공무집행방해죄의 현행범으로 체포한 후 대집행을 행하는 경우가 있다.

2. 경찰에 행정응원을 요청하는 방법

적법한 대집행의 실행에 저항하는 경우 공무집행방해죄가 되고, 경찰은 공무집행방해죄의 현행범으로 저항하는 자를 체포할 수 있다고 보는 견해가 있다. 그러나 사례에서 계고나 통지를 생략한 대집행 실행이 위법하므로 갑의 저항은 공무집행방해죄에 해당하지 않는다.

Ⅲ 문제의 해결

명문의 규정이 없는 한 실력으로 대집행에 저항하는 행위를 저지할 수 없으며, 대집행 실행이 위법하므로 저항하는 갑을 공무집행방해죄의 현행범으로 체포할 수 없다.

Chapter 04 환매권과 공용사용

사례 120 환매권 행사요건

서울특별시는 갑 등이 소유한 토지를 하수종말처리시설을 건설하기 위하여 「공익사업을 위한 토지 등의 취득 및 보상에 관한 법률」(이하 '토지보상법'이라 한다)에 근거하여 사업인정 후 협의취득하였다. 그런데, 토지취득 후 2년이 지났음에도 인근 주민들의 반대가 여전히 심하여 그 사업을 수행하는 것이 어렵다고 판단하고 그 토지를 국가가 소유하는 토지와 교환하였다. 국가는 취득한 토지 위에 관공서 청사(사업인정을 득함)를 지을 계획을 수립하였다. 서울특별시는 공익사업의 변경사실을 관보에 고시하였다. 이에 갑 등은 서울특별시에 환매의 의사표시를 하였다. 이 경우 갑의 환매권 행사는 적법한 것인가? 20점

Ⅰ 쟁점의 정리
Ⅱ 환매권의 행사요건 충족 여부
  1. 환매권의 의의 및 근거
  2. 환매권의 법적 성질
  3. 환매권자
  4. 환매권의 행사요건(토지보상법 제91조 제1항 및 제2항)
  5. 환매권의 행사기간
  6. 사안의 경우

Ⅲ 공익사업의 변환의 요건충족 여부
  1. 공익사업의 변환의 의의 및 취지
  2. 변환제도의 위헌성 논의(헌법재판소의 다수견해)
  3. 공익사업의 변환의 요건(주체 및 대상사업 요건규정)
  4. 공익사업의 변환의 효과
  5. 사안의 경우

Ⅳ 문제의 해결

Ⅰ 쟁점의 정리

서울시가 하수종말처리시설의 건설계획을 포기하고 국가가 관공서 청사를 건설할 계획으로 공익사업을 변경한 경우에 갑 등의 환매권 행사요건이 충족되는지가 문제된다. 이와 관련하여 공익사업의 변환의 요건이 충족되었는지가 문제된다.

Ⅱ 환매권의 행사요건 충족 여부

1. 환매권의 의의 및 근거

환매권이라 함은 공익사업을 위해 취득(협의취득 또는 수용)된 토지가 해당 사업에 필요 없게 되거나 일정 기간 동안 해당 사업에 이용되지 않는 경우에 원소유자 등이 일정한 요건하에 해당 토지를 회복할 수 있는 권리를 말한다. 토지보상법(제91조, 제92조)은 환매권을 인정하고 있다.

2. 환매권의 법적 성질

환매권의 법적 성질에 대해서는 ① 환매권은 공법적 원인에 의해 상실된 권리를 회복하는 제도이므로 공법상의 권리라는 공권설과 ② 환매권자가 자기의 이익을 위한 일방적 의사에 의해 수용목적물을 다시 취득하는 것이고 행정청의 수용해제처분을 요하지 않으므로 사권이라는 사권설이 대립한다. 〈생각건대〉 환매권은 공법적 원인에 의해 상실되었던 권리회복이라는 점에서 공권설이 타당한 것으로 보인다.

3. 환매권자

토지보상법상 환매권자는 '협의취득일 또는 수용의 개시일 당시의 토지소유자 또는 그 포괄승계인'이다(제91조 제1항).

4. 환매권의 행사요건(토지보상법 제91조 제1항 및 제2항)

① 공익사업의 폐지·변경 등의 사유로 취득한 토지의 전부 또는 일부가 필요 없게 된 경우 10년 이내에 그 토지에 대하여 받은 보상금에 상당하는 금액을 사업시행자에게 지급하고 그 토지를 환매할 수 있다(제91조 제1항), ② 토지의 협의취득일 또는 수용의 개시일부터 5년 이내에 취득한 토지의 전부를 해당 사업에 이용하지 아니한 때(제91조 제2항)를 규정하고 있다.

5. 환매권의 행사기간

상기의 환매요건은 ①의 경우 해당 토지의 전부 또는 일부가 필요 없게 된 때부터(법령에 의해 필요없게 된 날, 고시일, 사업완료일) 10년 이내에, ②의 경우에는 취득일로부터 6년 이내에 이를 행사하여야 한다. 이 기간은 제척기간이다.

6. 사안의 경우

갑 등은 협의취득일 당시의 토지소유자이므로 환매권자이며 필요 없게 된 때로부터 10년이 경과되지 않았으므로 토지보상법 제91조 제1항의 환매권 행사요건에 해당한다.

III 공익사업의 변환의 요건충족 여부

1. 공익사업의 변환의 의의 및 취지

공익사업의 변환이라 함은 공익사업을 위하여 토지를 협의취득 또는 수용한 후 토지를 협의취득 또는 수용한 공익사업이 다른 공익사업으로 변경된 경우 별도의 협의취득 또는 수용 없이 해당 협의취득 또는 수용된 토지를 변경된 다른 공익사업에 이용하도록 하는 제도를 말한다. 이는 무용한 수용절차의 반복을 방지하여 원활한 사업의 진행을 도모함에 취지가 인정된다.

2. 변환제도의 위헌성 논의(헌법재판소의 다수견해)

공익사업변환제도는 ① 공익사업의 신속한 수행이라는 목적의 정당성, ② 대상사업범위를 제한하여 수단의 적정성이 인정되어 최소침해 원칙, 법익균형의 원칙에 부합하여 비례의 원칙에 위배되지 않는다고 한다.

3. 공익사업의 변환의 요건(주체 및 대상사업 요건규정)

① 수용주체가 국가·지방자치단체 또는 공공기관이어야 한다. ② 사업인정을 받은 공익사업이 공익성의 정도가 높은 제4조 제1호 내지 제5호에 규정된 다른 공익사업으로 변경된 경우이어야 하며, ③ 해당 토지를 사업시행자가 계속 소유할 것을 요건으로 한다. ④ 판례는 사업시행자가 동일시에만 허용되는 것으로만 볼 수 없다고 판시하여 사업주체변환을 인정하고 있다(대판 1994.1.25, 93다11760·11777·11784).

4. 공익사업의 변환의 효과

공익사업의 변환이 인정되는 경우에는 원래의 공익사업의 폐지·변경으로 협의취득 또는 수용한 토지가 원래의 공익사업에 필요 없게 된 때에도 환매권을 행사할 수 없다.

5. 사안의 경우

수용주체가 서울특별시(지방자치단체)이며, 변경된 다른 공익사업이 토지보상법 제4조 제3호에 속하는 관공서 청사이므로 이 요건을 충족한다. 또한 환매권사업시행자가 동일하지 않지만, 판례의 태도에 따를 때, 이 사실이 공익사업의 변환의 장애사유가 되지는 않는다.

Ⅳ 문제의 해결

갑 등의 환매의 의사표시는 토지보상법 제91조 제1항의 환매권 행사요건을 충족하였으나, 동법 제91조 제6항의 공익사업의 변환의 요건에 해당하므로 갑 등의 환매권 행사는 불가능하다. 따라서 갑 등의 환매권 행사의 의사표시는 부적법하다. 단, 환매권변환규정을 동일사업자에 한하여 인정된다고 보는 견해에 따르면 갑의 환매권 행사는 적법할 것이다.

사례 121 환매권 행사요건 및 동시이행항변

국방부장관은 군사시설에 사용할 목적으로 서울시 서초구 양재동 일대의 토지를 취득하였으나, 甲 소유의 토지에 대해서는 협의가 성립되지 않아 2023년 9월 1일 사업인정을 받은 후 토지수용위원회의 수용재결에 의하여 2024년 1월 1일 취득하여 2024년 10월부터 국방연구소로 사용해 오던 중에 수도권 도심 억제방침에 따라 2025년 10월 1일 해당 연구소를 새로운 행정수도 예정지인 충남 공주로 이전하고 이를 방치하고 있다. 40점

(1) 甲은 2025년 12월 15일 현재 원래 자신이 소유하던 토지를 되찾을 수 있는지의 여부와 가능하다면 취할 조치는 무엇인가? 20점

(2) 만약 위 토지에 대해 2025년 11월에 서울시장에 의해 도시계획이 변경되어 도서관설치장소로 도시계획변경결정 및 실시계획고시(사업인정 의제)가 있었고, 해당 도서관은 군인가족을 위한 복지시설로 이용될 것이므로 사업시행자를 국방부장관으로 지정하였다. 이 경우 甲은 2024년 12월 15일 현재 해당 토지를 되찾을 수 있는가? 20점

(설문 1)의 해결
Ⅰ 쟁점의 정리
Ⅱ 환매권 행사요건 충족 여부
  1. 환매권의 의의 및 취지
  2. 환매권의 인정 근거
  3. 환매권의 법적 성질
  4. 환매권의 행사요건
    (1) 문제점(환매권의 성립시기)
    (2) 당사자 및 목적물
    (3) 사업의 폐지·변경 기타의 사유로 필요 없게 된 때(토지보상법 제91조 제1항)
    (4) 취득한 토지의 전부를 사업에 이용하지 아니한 때(토지보상법 제91조 제2항)
    (5) 제91조 제1항과 제2항 행사요건의 관계
  5. 사안의 경우
Ⅲ 갑이 취해야 하는 조치
  1. 환매권 행사의 절차
    (1) 사업시행자의 통지 등(토지보상법 제92조)
    (2) 환매권의 행사
    (3) 환매금액
  2. 환매권 행사의 효력
  3. 환매권의 소멸
  4. 사안의 경우(동시이행항변의 주장가능성)

Ⅳ 사안의 해결(권리구제방법 등)

(설문 2)의 해결
Ⅰ 쟁점의 정리
Ⅱ 공익사업변환과 환매권(환매권 행사의 제한)
  1. 공익사업변환의 의의
  2. 취지
  3. 공익사업변환의 위헌성
    (1) 문제점
    (2) 합헌으로 보는 견해
    (3) 위헌으로 보는 견해
    (4) 검토
  4. 공익사업 변환규정의 적용요건
    (1) 주체상 요건
      1) 토지보상법상 주체요건
      2) 사업시행자가 변경된 경우에도 적용하는지 여부
    (2) 대상사업 요건규정
    (3) 대상토지를 계속 소유하고 있을 것
  5. 관련문제(사업인정 전 협의에 적용 가능성)
  6. 사안의 경우
Ⅲ 사안의 해결

(설문 1)의 해결

I 쟁점의 정리

설문은 갑이 자신 소유의 토지를 되찾기 위한 조치를 묻고 있다. 설문에서는 2025.10.1. 이후로 갑 토지가 방치되고 있으므로, ① 이러한 현황이 더 이상 해당 사업에 필요 없게 된 경우인지와 관련하여 환매권 행사요건을 살펴보고, ② 환매권을 행사하기 위한 조치로서 보상금의 선지급 및 환매의사표시 등의 제 절차를 검토하여 설문을 해결한다.

II 환매권 행사요건 충족 여부

1. 환매권의 의의 및 취지

환매권이라 함은 수용의 목적물인 토지가 공익사업의 폐지·변경 또는 그 밖의 사유로 인해 필요 없게 되거나, 수용 후 오랫동안 그 공익사업에 현실적으로 이용되지 아니할 경우에, 수용 당시의 토지소유자 또는 그 포괄승계인이 원칙적으로 보상금에 상당하는 금액을 지급하고 수용의 목적물을 다시 취득할 수 있는 권리를 말한다. 이는 재산권의 존속보장 및 토지소유자의 소유권에 대한 감정존중을 도모한다.

2. 환매권의 인정 근거

대법원은 환매권을 공평의 원칙상 인정되는 권리로 보면서도 재산권 보장과의 관련성을 인정하고 있으며, 환매권은 재산권 보장과 관련하여 공평의 원칙상 인정하는 권리로서 민법상의 환매권과는 달리 법률의 규정에 의하여서만 인정된다고 본다.

3. 환매권의 법적 성질

대법원은 원소유자가 환매권의 행사에 의하여 일방적으로 사법상 매매를 성립시키고 행정청의 공용수용해제처분을 요하지 않으므로 사법상 권리로 보나, 환매권은 공법상 수단에 의하여 상실한 권리를 회복하는 제도로서, 공법상의 주체인 사업시행자에 대하여 사인이 가지는 권리이므로 공법상 권리로 볼 수 있다. 또한 법원은 환매권은 재판상이든 그 제척기간 내에 이를 일단 행사하면 그 형성적 효력으로 매매의 효력이 생기는 것으로 보고 있다.

4. 환매권의 행사요건

(1) 문제점(환매권의 성립시기)

환매권은 수용의 효과로서 수용의 개시일에 법률상 당연히 성립 취득하는 것이므로 토지보상법상 요건은 이미 취득 성립된 환매권을 현실적으로 행사하기 위한 행사요건 검토가 필요하다.

(2) 당사자 및 목적물

당사자는, ① 환매권자는 토지소유자 또는 그 포괄승계인이고(자연인인 상속인 및 합병 후의 존속법인 또는 신설법인), ② 상대방은 사업시행자 또는 현재의 소유자이다. 환매목적물은 토지소유권에 한한다[토지에 대한 소유권 이외의 권리(용익물권 등) 및 토지 이외의 물건(토지의 정착물·토석·입목 등) 등은 환매의 대상이 되지 아니한다]. 단, 잔여지의 경우 접속된 부분이 필요 없게 된 경우가 아니면 환매는 불가하다.

(3) 사업의 폐지·변경 기타의 사유로 필요 없게 된 때(토지보상법 제91조 제1항)

공익사업의 폐지·변경 또는 그 밖의 사유로 취득한 토지의 전부 또는 일부가 필요 없게 된 경우는 관계 법률에 따라 사업이 폐지·변경된 날 또는 토지보상법 제24조에 따른 사업의 폐지·변경 고시가 있는 날로부터 10년 이내에, 그 밖의 사유로 취득한 토지의 전부 또는 일부가 필요 없게 된 경우에는 사업완료일로부터 10년 이내에 환매권을 행사할 수 있다.

> **참고 판례**
>
> 당해 사업의 폐지에 관한 고시가 있었다 하더라도 여전히 당해 사업의 용도로 사용되는 동안은 종래 용도로서의 효용이나 공익상 필요가 현실적으로 소멸되었다고 볼 수 없으므로 해당 사업의 폐지 고시만으로는 필요가 없게 되었다고 단정하기 어렵다(대판 2019. 10.31, 2018다233242).

(4) 취득한 토지의 전부를 사업에 이용하지 아니한 때(토지보상법 제91조 제2항)

취득일부터 5년 이내에 취득한 토지의 전부를 해당 사업에 이용하지 아니하였을 때에는, 취득일부터 6년 이내에 환매권을 행사할 수 있다.

(5) 제91조 제1항과 제2항 행사요건의 관계

그 요건을 서로 달리하고 있으므로, 어느 한쪽의 요건에 해당되면 다른 쪽의 요건을 주장할 수 없게 된다고 할 수 없고, 양쪽의 요건에 모두 해당된다고 하여 더 짧은 제척기간을 정한 제2항에 의하여 제1항의 환매권의 행사가 제한된다고 할 수도 없을 것이므로, 제2항의 규정에 의한 제척기간이 경과되었다 하여 제1항의 규정에 의한 환매권 행사를 할 수 없는 것도 아니라고 할 것이다.

5. 사안의 경우

해당 사업이란 사업인정 때 받은 토지수용의 목적이 된 구체적인 공익사업을 말한다. 따라서 설문상 국방연구소부지는 새로운 행정수도로 이전되고 방치되고 있는 상황이므로 더 이상 해당 사업에 필요 없게 된 것으로 볼 수 있다. 필요 없게 된 때로부터 10년이 경과하지 않았으므로 환매권 행사와 관련된 제 요건을 충족한다.

Ⅲ 갑이 취해야 하는 조치

1. 환매권 행사의 절차

(1) 사업시행자의 통지 등(토지보상법 제92조)

사업시행자는 환매할 토지가 생겼을 때 지체 없이 환매권자에게 통지하거나 사업시행자의 과실 없이 환매권자를 알 수 없는 경우 이를 공고해야 한다. 이는 법률상 당연히 인정되는 환매권의 행사의 실효성을 보장하기 위한 것으로 단지 '최고'에 불과하다(행정처분이 아님).

(2) 환매권의 행사

환매권자는 환매의사 표시와 함께 사업시행자와 협의 결정한 보상금을 선지급함으로써 행사한다. 환매권은 형성권이므로 사업시행자의 승낙·동의 없이도 그 환매의 효과가 발생한다.

(3) 환매금액

환매금액은 원칙상 환매대상토지 및 그 토지에 대한 소유권 이외의 권리에 대해 사업시행자가 지급한 보상금에 상당한 금액이며, 정착물에 대한 보상금과 보상금에 대한 법정이자는 불포함된다. 다만, 가격변동이 현저한 경우에 양 당사자는 법원에 그 금액의 증감을 청구할 수 있다(토지보상법 제91조 제4항).

2. 환매권 행사의 효력

환매권은 법상 당연히 인정되며 수용의 등기 시 제3자에 대항할 수 있는 점에서 물권적으로 소유권 이전된다고 본다. 판례는 이를 채권적 효과로서 소유권이전등기청구권이 발생하고 따라서 10년의 소멸시효를 갖는다고 한다.

3. 환매권의 소멸

환매통지나 공고가 있는 경우는 통지를 받은 날, 공고한 날부터 6월이 경과하면 소멸되고(법 제92조 제2항), 통지나 공고가 없는 경우에는 제91조 제1항의 경우 사업의 폐지·변경고시가 있는 날 또는 사업완료일로부터 10년이 경과하면 환매권이 소멸한다. 제91조 제2항의 경우 취득일로부터 6년 경과로 소멸한다.

4. 사안의 경우(동시이행항변의 주장가능성)

갑은 자신의 토지를 되찾기 위하여 지급받은 보상금 상당액을 사업시행자에게 선지급하고 환매의 사표시를 하여야 할 것이다. 또한 환매권은 형성권이므로 사업시행자는 환매금액의 변동 등을 이유로 동시이행의 항변을 주장할 수 없을 것이다.

Ⅳ 사안의 해결(권리구제방법 등)

갑의 토지는 해당 사업을 위한 필요가 없어지게 되었으므로 환매권을 행사할 수 있으며, 이러한 환매권 행사요건에 다툼이 있는 경우에는 환매권을 공법상 권리로 본다면 공법상 당사자소송에 의하여 해결할 수 있을 것이다. 또한 갑은 지급받은 보상금을 선지급하고 환매의사를 표시함으로써 환매권을 행사할 수 있으며, 만약 환매금액에 대한 다툼이 발생한다면 당사자의 협의 및 법원에 의한 결정으로써 해결해야 할 것이다. 판례는 환매금액과 관련된 다툼은 민사소송에 의하여 해결되어야 한다고 판시한 바 있다.

(설문 2)의 해결

Ⅰ 쟁점의 정리

설문은 도시공원설치장소로 변경된 갑 토지에 대한 환매권 행사가 제한되는지를 묻고 있다. 환매권 행사의 제한규정인 법 제91조 제6항이 위헌인지와, 위헌이 아니라면 제 요건을 충족하고 있는지를 검토하여 설문을 해결한다.

Ⅱ 공익사업변환과 환매권(환매권 행사의 제한)

1. 공익사업변환의 의의

국가, 지방자치단체 또는 공공기관이 사업인정을 받아 공익사업에 필요한 토지를 협의취득 또는 수용한 후 해당 공익사업이 제4조 제1호 내지 제5호에 규정된 다른 사업으로 변경된 경우 환매기간은 관보에 변경을 고시한 날로부터 기산하도록 하는 것을 말한다. 이 경우 국가, 지방자치단체 또는 정부투자기관은 변경사실을 환매권자에게 통지하도록 하고 있다.

2. 취지

기존 공익사업부지가 새로운 공익사업을 위해서 필요한 경우 일단 환매권을 인정하고 재취득하여야 하는 것이나 당초의 공익사업보다 공익성이 더 큰 공익사업으로 변경 시 번거로운 절차를 되풀이 하지 않기 위해 공익사업변환을 인정함으로써 환매권행사가 제한된다.

3. 공익사업변환의 위헌성

(1) 문제점

토지보상법 제91조 제6항은 공익사업변환에 해당하는 경우 환매권행사를 제한하고 있다. 우리 헌법은 재산권의 존속보장과 본질적 내용 침해금지를 규정하고 있는바, 공익사업변환이 비례원칙 등에 위반되는지 여부의 검토가 필요하다.

(2) 합헌으로 보는 견해

① 공익사업의 원활한 시행을 확보하기 위한 목적으로 그 목적의 정당성이 인정되고 변경이 허용되는 사업시행자의 범위와 대상사업을 한정하고 있어 그 입법목적달성을 위한 수단으로서 직접성이 인정된다. ② 피해최소성의 원칙 법익균형의 원칙에도 부합되는바 헌법 제37조 제2항이 규정한 기본권제한에 관한 과잉금지의 원칙에 위배되지 않는다.

(3) 위헌으로 보는 견해

본래 목적 공익사업 이외에 다른 공익사업을 위한 재심사 불복절차 등 적법절차 없이 전용을 허용하고 있으며, 전시나 준전시에 적용되는 징발법 관련조항과도 비교하여 볼 때, 피해최소성을 도모하였다고 인정할 수도 없다. 공익사업변환이 수차 계속된다면 환매권 취득기회를 영원히 상실하여 헌법 제37조 제2항 기본권제한의 절대적 한계를 일탈할 수도 있다.

(4) 검토

공익사업변환은 기본권의 본질적 내용에 대한 침해소지가 있으나, 공익사업의 원활한 시행을 확보하기 위하여 도입된 제도이므로 재산권의 존속을 위해 공익사업 변경 시 다시 심사할 수 있는 제도적 보완 등을 통하여 정당성을 보완하여야 할 것이다.

4. 공익사업 변환규정의 적용요건

(1) 주체상 요건

1) 토지보상법상 주체요건

토지보상법 제91조 제6항에서는 수용주체가 국가, 지방자치단체, 공공기관일 것을 규정하고 있다.

2) 사업시행자가 변경된 경우에도 적용하는지 여부

사업시행자가 변경된 경우 토지보상법 제91조 제6항은 사업시행자가 같은 경우에만 인정되는지에 대한 명확한 규정이 없어서 이에 대한 해석이 있다.

① 판례

'구 토지수용법 제71조 제7항 등 관계법령의 규정내용이나 그 입법이유 등으로 미루어 볼 때 공익사업변환이 기업자가 동일한 것으로 해석되지 않는다(대판 1994.1.25, 93다11760·11777·11784)'고 판시하여 사업주체변환을 인정하고 있다.

② 견해의 대립

환매권제도의 취지에 반하는 예외적 규정인 공익사업변환규정은 공평원리에 반하므로 가능한 좁게 해석하자는 견해와, 토지소유자는 이미 정당보상을 받았고 고도의 공익성이 요청되는 사업에만 인정되는바 판례의 입장을 지지하는 견해도 있다.

③ 검토

동 규정의 입법취지가 무용한 절차반복을 방지하여 원활한 사업을 도모함에 있으므로, 사업 자체의 공익성을 기준하여 변환여부를 판단해야 할 것이다.

(2) 대상사업 요건규정

사업인정을 받은 공익사업이 공익성의 정도가 높은 제4조 제1호 내지 제5호에 규정된 다른 공익사업으로 변경된 경우이어야 하며, 대법원은 해당 사업 역시 사업인정을 받아야 한다고 한다 (대판 2010.9.30, 2010다30782).

(3) 대상토지를 계속 소유하고 있을 것

대법원은 공익사업을 위해 협의취득하거나 수용한 토지가 변경된 사업의 사업시행자가 아닌 제3자에게 처분된 경우에는 공익사업의 변환을 인정할 수 없다고 판시한 바 있다(대판 2010.9.30, 2010다30782).

5. 관련문제(사업인정 전 협의에 적용 가능성)

토지보상법 제91조 제6항에서 "사업인정을 받아"라고 규정하고 있는바, 사업인정 전의 협의에 의한 취득의 경우에는 적용되지 않는다고 보는 것이 타당하다.

6. 사안의 경우

도서관 사업도 실시계획고시에 의해서 사업인정이 의제되고, 이는 토지보상법 제4조 제4호에 해당되는 사업이다. 또한 설문상 국방부장관이 갑의 토지를 제3자에게 양도하는 등의 사실관계는 보이지 않으며, 서울시장으로부터 도서관사업의 사업시행자로 지정받았으므로 '계속하여 소유할 것'이라는 요건도 문제되지 않을 것으로 보인다. 따라서 갑의 환매권 행사는 제한될 것이다.

Ⅲ 사안의 해결

갑의 토지는 당초사업인 국방사업에 더 이상 필요 없게 되었으나, 도서관 사업부지로 재지정되어 계속하여 공익사업에 제공될 필요가 발생하게 되었다. 이에 따라 갑의 환매권 행사는 제한될 것이므로 갑은 변경된 도서관 사업이 폐지·변경되어 더 이상 도서관 사업에 필요 없게 되거나, 5년 이내에 전부를 이용하지 않는 경우가 발생하지 않는다면 자신의 토지를 되찾을 수 없을 것이다.

사례 122 환매권 불복(행사요건 및 환매금액)

A도는 2020년 5월경 국토교통부장관으로부터 관계 법령에 따라 甲의 농지 4,000㎡를 포함한 B시와 C시에 걸쳐있는 토지 131,000㎡에 '2029 세계엑스포' 행사를 위한 문화시설을 설치할 수 있도록 하는 공공시설입지승인을 받았다. 그 후 A도는 편입토지의 소유자들에게 보상협의를 요청하여 甲으로부터 2020년 12월 5일 「공익사업을 위한 토지등의 취득 및 보상에 관한 법률」에 의하여 위 甲의 농지를 협의취득하였다. A도는 취득한 甲의 토지 중 1,600㎡를 2021년 5월 31일부터 2023년 4월 30일까지 위 세계엑스포행사 및 기타 행사를 위한 임시주차장으로 이용하였다가 2024년 3월 31일 농지로 원상복구하였다. 그 후 위 1,600㎡의 토지는 인근에서 청소년수련원을 운영하는 제3자에게 임대되어 청소년들을 위한 영농체험 경작지로 이용되고 있다. 40점

(1) 甲은 농지로 원상복구된 토지 1,600㎡에 대한 환매권을 행사하려고 한다. 甲의 권리구제방법에 대하여 설명하시오. 25점

(2) A도는 환매권 행사 대상 토지의 가격이 현저히 상승된 것을 이유로 증액된 환매대금과 보상금 상당액의 차액을 선이행하거나 동시이행할 것을 주장하려 한다. 환매대금 증액을 이유로 한 A도의 대응수단에 대하여 설명하시오. 15점

(설문 1)의 해결

Ⅰ 쟁점의 정리

Ⅱ 환매권의 의의, 취지, 근거 및 법적 성질
  1. 환매권의 의의 및 취지
  2. 환매권의 근거
  3. 환매권의 법적 성질
    (1) 학설
      1) 공권설
      2) 사권설
    (2) 판례
    (3) 검토

Ⅲ 환매권의 행사요건
  1. 환매권의 성립시기
  2. 환매권의 행사요건
    (1) 당사자 및 목적물
    (2) 사업의 폐지·변경 기타의 사유로 필요 없게 된 때(법 제91조 제1항)
    (3) 취득한 토지의 전부를 사업에 이용하지 아니한 때(법 제91조 제2항)
    (4) 제91조 제1항과 제2항의 관계
  3. 환매권 행사의 제한(법 제91조 제6항)

Ⅳ 사안의 해결(갑의 권리구제방법)
  1. 환매권 행사요건 충족 여부
  2. 갑의 권리구제방법

(설문 2)의 해결

Ⅰ 쟁점의 정리

Ⅱ 환매권이 형성권인지 여부 및 행사절차
  1. 환매권이 형성권인지 여부
  2. 환매절차
    (1) 사업시행자의 통지 등(토지보상법 제92조)
    (2) 환매권의 행사
    (3) 환매금액
    (4) 환매금액에 대한 불복

Ⅲ 사안의 해결(A도의 대응수단)

(설문 1)의 해결

I 쟁점의 정리

설문은 2029 세계엑스포를 위해 취득된 甲토지에 대한 환매권 행사와 관련된 사안으로서, 이의 해결을 위하여 갑이 환매권을 행사할 수 있는 요건을 충족하였는지(특히 갑의 토지가 해당 사업에 필요 없게 되었는지) 여부 및 환매권의 법적 성질을 검토하여 갑의 권리구제방법에 대하여 설명한다.

II 환매권의 의의, 취지, 근거 및 법적 성질

1. 환매권의 의의 및 취지

환매권이라 함은 수용의 목적물인 토지가 공익사업의 폐지·변경 기타의 사유로 인해 필요 없게 되거나, 수용 후 오랫동안 그 공익사업에 현실적으로 이용되지 아니할 경우에, 수용 당시의 토지소유자 또는 그 포괄승계인이 원칙적으로 보상금에 상당하는 금액을 지급하고 수용의 목적물을 다시 취득할 수 있는 권리를 말한다. 이는 재산권의 존속보장 및 토지소유자의 소유권에 대한 감정존중을 도모한다.

2. 환매권의 근거

오늘날 환매권의 이론적 근거를 재산권의 존속보장에서 찾는 것이 유력한 견해가 되고 있다. 대법원은 환매권을 공평의 원칙상 인정되는 권리로 보면서도 재산권 보장과의 관련성을 인정하고 있다. 토지보상법 제91조와 제92조에 개별 법률상 근거를 갖는다.

3. 환매권의 법적 성질

(1) 학설

1) 공권설

환매권은 공법적 원인에 의해 상실된 권리를 회복하는 제도이므로 공권력주체에 대해 사인이 가지는 공법상 권리라고 한다.

2) 사권설

환매권은 피수용자가 자기의 이익을 위하여 일방적으로 행사함으로써 환매의 효과가 발생하는 형성권으로서 사업시행자의 동의를 요하지 않고, 이 권리는 공용수용의 효과로 발생하기는 하나 사업시행자에 의해 해제처분을 요하지 않는 직접매매의 효과를 발생하는 것으로 사법상 권리라고 한다.

(2) 판례

대법원은 원소유자가 환매권의 행사에 의하여 일방적으로 사법상 매매를 성립시키고 행정청의 공용수용해제처분을 요하지 않으므로 사법상 권리로 보아 환매권에 기한 소유권이전등기청구소송을 민사소송으로 다루고 있다.

(3) 검토

공법상 수단에 의하여 상실한 권리를 회복하는 제도로서, 공법상의 주체인 사업시행자에 대하여 사인이 가지는 권리이므로 공법상 권리로 볼 수 있다.

Ⅲ 환매권의 행사요건

1. 환매권의 성립시기

환매권은 수용의 효과로서 수용의 개시일에 법률상 당연히 성립 취득하는 것이므로 토지보상법상 요건은 이미 취득 성립된 환매권을 현실적으로 행사하기 위한 행사요건 검토가 필요하다.

2. 환매권의 행사요건

(1) 당사자 및 목적물

당사자는, 환매권자는 토지소유자 또는 그 포괄승계인이고, 상대방은 사업시행자 또는 현재의 소유자이다. 환매목적물은 토지소유권에 한한다. 단, 잔여지의 경우 접속된 부분이 필요 없게 된 경우가 아니면 환매는 불가하다.

(2) 사업의 폐지·변경 기타의 사유로 필요 없게 된 때(토지보상법 제91조 제1항)

해당 사업의 폐지·변경 또는 그 밖의 사유로 취득한 토지의 전부 또는 일부가 필요 없게 된 경우로부터 10년 이내에 그 토지에 대하여 받은 보상금에 상당하는 금액을 사업시행자에게 지급하고 토지를 환매할 수 있다.

'필요 없게 되었을 때'란 사업시행자의 주관적 의도가 아닌 해당 사업의 목적과 내용, 협의취득의 경위와 범위, 해당 토지와 사업의 관계, 용도 등 여러 사정에 비추어 객관적·합리적으로 판단하여야 한다(대판 2010.9.30, 2010다30782).

> **관련 판례(대판 2019.10.31, 2018다233242)**
> 당해 사업의 폐지에 관한 고시가 있었다 하더라도 여전히 당해 사업의 용도로 사용되는 동안은 종래 용도로서의 효용이나 공익상 필요가 현실적으로 소멸되었다고 볼 수 없으므로 해당 사업의 폐지 고시만으로는 필요가 없게 되었다고 단정하기 어렵다.

(3) 취득한 토지의 전부를 사업에 이용하지 아니한 때(토지보상법 제91조 제2항)

취득일부터 5년 이내에 취득한 토지의 전부를 해당 사업에 이용하지 아니하였을 때에는, 취득일부터 6년 이내에 환매권을 행사할 수 있다.

(4) 제91조 제1항과 제2항 행사요건의 관계

어느 한쪽의 요건에 해당되면 다른 쪽의 요건을 주장할 수 없게 된다고 할 수 없고, 양쪽의 요건에 모두 해당된다고 하여 더 짧은 제척기간을 정한 제2항에 의하여 제1항의 환매권의 행사가 제한된다고 할 수도 없을 것이므로, 제2항의 규정에 의한 제척기간이 경과되었다 하여 제1항의 규정에 의한 환매권 행사를 할 수 없는 것도 아니라고 할 것이다.

3. 환매권 행사의 제한(토지보상법 제91조 제6항)

국가, 지방자치단체 또는 공공기관이 사업인정을 받아 공익사업에 필요한 토지를 협의취득 또는 수용한 후 해당 공익사업이 제4조 제1호 내지 5호에 규정된 다른 사업으로 변경된 경우 환매기간은 관보에 변경을 고시한 날로부터 기산하도록 하는 것을 말한다.

Ⅳ 사안의 해결(갑의 권리구제방법)

1. 환매권 행사요건 충족 여부

설문에서 당초사업은 세계엑스포 행사와 관련된 사업이며, 갑 토지는 2029 세계엑스포 행사를 위한 임시주차장 등으로 사용되다가 2024년 3월 31일 농지로 원상복구된 후 제3자에게 임대되어 영농체험 경작지로 이용되는 점 등을 고려할 때, 갑 토지는 당초사업에 필요 없게 되었다고 판단된다. 또한 설문상 공익사업의 변환 등의 사유는 보이지 않으므로 갑은 환매권 행사요건을 충족한다.

2. 갑의 권리구제방법

갑은 사업시행자를 상대로 환매권을 행사할 수 있으며, 사업시행자가 이를 거부하는 경우 환매권의 법적 성질을 공권으로 보면 공법상 당사자소송으로 소유권이전등기를 청구할 수 있을 것이다. 판례는 실무상 민사소송으로 해결하고 있다.

(설문 2)의 해결

Ⅰ 쟁점의 정리

A도는 환매권 행사 대상 토지가격이 현저하게 상승함을 이유로 증액된 환매대금과 보상금상당액 차액을 선이행 또는 동시이행할 것을 주장하고 있다. 환매권이 형성권의 성질을 갖는지 여부 및 환매권 행사의 절차 등을 검토하여 A도의 대응수단에 대하여 설명한다.

Ⅱ 환매권이 형성권인지 여부 및 행사절차

1. 환매권이 형성권인지 여부

대법원은 환매권은 재판상이든 그 제척기간 내에 이를 일단 행사하면 그 형성적 효력으로 매매의 효력이 생기는 것으로 보고 있다(대판 1992.10.13, 92다4666).

2. 환매절차

(1) 사업시행자의 통지 등(토지보상법 제92조)

사업시행자는 환매할 토지가 생겼을 때 지체 없이 환매권자에게 통지하거나 사업시행자의 과실 없이 환매권자를 알 수 없는 경우 이를 공고해야 한다.

(2) 환매권의 행사

환매권자는 환매의사 표시와 함께 사업시행자와 협의 결정한 보상금을 선지급함으로써 행사한다. 환매권은 형성권이므로 사업시행자의 승낙·동의 없이도 그 환매의 효과가 발생한다. 사업시행자는 소로써 법원에 환매대금의 증액을 청구할 수 있을 뿐 환매권 행사로 인한 소유권이전 등기 청구소송에서 환매대금 증액청구권을 내세워 증액된 환매대금과 보상금 상당액의 차액을 지급할 것을 선이행 또는 동시이행의 항변으로 주장할 수 없다(대판 2006.12.21, 2006다49277).

(3) 환매금액

환매금액은 원칙상 환매대상토지 및 그 토지에 대한 소유권 이외의 권리에 대해 사업시행자가 지급한 보상금에 상당한 금액이며, 정착물에 대한 보상금과 보상금에 대한 법정이자는 불포함된다.

(4) 환매금액에 대한 불복

가격변동이 현저한 경우에 양 당사자는 법원에 그 금액의 증감을 청구할 수 있다(토지보상법 제91조 제4항).

"토지의 가격이 취득일 당시에 비하여 현저히 변동된 경우"라 함은 환매권 행사 당시의 토지가격이 지급한 보상금에 환매 당시까지의 해당 사업과 관계없는 인근 유사토지의 지가변동률을 곱한 금액보다 초과되는 경우를 말한다(토지보상법 시행령 제48조).

Ⅲ 사안의 해결(A도의 대응수단)

환매권은 형성권이므로 사업시행자의 승낙·동의 없이도 그 환매의 효과가 발생하므로, A도는 토지가격이 상승되었다는 이유로 환매금액과 보상금상당액 차액을 선이행 또는 동시이행을 청구할 수 없을 것이다. A도는 토지보상법 제91조 제4항에 따라 당사자 간 협의를 통하거나, 환매권의 법적 성질을 공권으로 본다면 당사자소송의 형식으로 법원에 그 금액의 증감을 청구하여야 할 것이다.

사례 123 공익사업 변환규정의 정당성 논의

환매권이란 토지에 지급된 보상금에 상당하는 금액을 지급하고 수용된 토지에 대한 소유권을 회복할 수 있는 권리를 말한다. 이는 재산권의 존속보장, 토지소유자의 소유권에 대한 감정존중에 취지가 인정된다. 이와 관련하여 공익사업의 변환에 대한 정당성을 논하시오. 10점

```
Ⅰ 개설(환매권의 의의 및 입법취지)        (1) 문제점
  1. 의의                                  (2) 합헌설(헌법재판소의 다수견해)
  2. 입법취지                              (3) 위헌설
Ⅱ 공익사업변환제도                         (4) 검토
  1. 의의 및 취지(토지보상법 제91조 제6항) Ⅲ 관련문제
  2. 환매권행사의 제한요건                  1. 사업주체가 변경되는 경우의 적용가능성
  3. 변환제도의 위헌성 논의                 2. 사업인정 전 협의에 적용가능성
```

Ⅰ 개설(환매권의 의의 및 입법취지)

1. 의의

공용수용의 목적물이 ① 공익사업의 폐지, 변경 등으로 불필요하게 된 경우와 ② 공익사업에 현실적으로 사용되지 않는 경우 피수용자가 일정요건하에 원소유권을 회복할 수 있는 제도이다.

2. 입법취지

토지소유자의 감정존중 및 공평의 원리, 재산권의 존속보장에서 제도적 취지가 인정된다. ① 대법원도 공익상 필요가 소멸된 경우에는 소유권을 회복시켜 주는 것이 공평의 원칙에 부합한다고 하였다. ② 헌법재판소는 환매권은 헌법이 보장하는 재산권의 내용에 포함되는 권리로 보고 있다.

Ⅱ 공익사업변환제도

1. 의의 및 취지(토지보상법 제91조 제6항)

국가, 지방자치단체 또는 공공기관이 사업인정을 받아 토지등을 수용한 후 해당 사업이 제4조 사업으로 변경된 경우 환매권행사기간을 변경고시일로부터 기산하도록 하는 것이다.

2. 환매권행사의 제한요건

① 〈주체요건〉으로 국가, 지방자치단체, 공공기관일 것을 요하고 ② 〈대상사업〉 제4조 제1호 내지 제5호, 즉 공익성이 높은 사업을 대상으로 하여 헌법상 공공필요를 충족하고자 하였다. ③ 변환되는 사업도 사업인정을 받아야 하며, 해당 사업시행자가 토지를 소유하고 있어야 한다.

3. 변환제도의 위헌성 논의

(1) 문제점
헌법 제23조는 재산권 보장을 천명하는바 실질적으로 환매권을 제한하는 것이 기본권의 본질적 내용을 침해하는 것은 아닌지 문제된다.

(2) 합헌설(헌법재판소의 다수견해)
공익사업변환제도는 ① 공익사업의 신속한 수행이라는 목적의 정당성, ② 대상 사업범위를 제한하여 수단의 적정성이 인정되어 최소침해원칙, 법익균형의 원칙에 부합하여 비례의 원칙에 위배되지 않는다고 한다.

(3) 위헌설
① 사업변경 시 재심사, 불복절차 없이 허용하여 목적과 수단의 정당성을 인정할 수 없고, ② 실질적으로 환매권을 유명무실화시키므로 위헌이라고 한다.

(4) 검토
변경과정에서 적법성 확보절차가 부재하고 환매권자의 참여가 배제된 상태에서 이루어지는 것은 최소침해, 법익균형 문제에 비추어 문제가 있는 것으로 보인다. 또한 최근 개정되어 택지개발사업까지 변환규정을 확대한 것은 형평성에 많은 논란을 일으키고 있다고 보인다.

Ⅲ 관련문제

1. 사업주체가 변경되는 경우의 적용가능성
판례는 사업시행자가 동일시에만 허용되는 것으로만 볼 수 없다고 판시하여 사업주체변환을 인정하고 있다. 〈생각건대〉 행정주체의 담합 등으로 인한 전매차익으로 이용될 수 있으므로 부정함이 타당하다고 사료된다.

2. 사업인정 전 협의에 적용가능성
제91조 제6항에서 "사업인정을 받아"라고 규정하고 있는바, 부정함이 타당하다.

> **사례 124** 공익사업 변환규정의 정당성 논의
>
> 토지의 협의취득 또는 수용 후 해당 공익사업이 다른 공익사업으로 변경되는 경우에 해당 토지의 원소유자 또는 그 포괄승계인의 환매권을 제한하고, 환매권 행사기간을 변환 고시일부터 기산하도록 한 '공익사업을 위한 토지등의 취득 및 보상에 관한 법률' 제91조 제6항이 과잉금지원칙에 위배되어 소유자의 재산권을 침해하는지와 관련하여 공익사업변환규정의 정당성에 대하여 비판적으로 검토하시오. [10점]

Ⅰ 개설
Ⅱ 공익사업변환규정의 정당성에 대한 비판적 검토
  1. 변환제도와 관련된 헌법재판소의 태도
    (1) 목적의 정당성
    (2) 수단의 적합성
    (3) 검토

2. 비판적 검토
  (1) 전용결정에 대한 구제절차 부재
  (2) 기존 소유자의 절차참여 부재
  (3) 과도한 사익침해의 문제

Ⅰ 개설

환매권은 원소유자의 감정존중 등을 이유로 본래의 소유권을 회복시키는 제도이나, 새로운 공익사업의 시행을 위해서 재취득하는 절차중복에 따른 손실을 최소화하고자 공익사업변환제도를 인정하고 있다. 공익사업변환제도가 당사자의 재산권을 과도하게 침해하는 것은 아닌지 비판적으로 검토한다.

Ⅱ 공익사업 변환규정의 정당성에 대한 비판적 검토

1. 변환제도와 관련된 헌법재판소의 태도

(1) 목적의 정당성

공익사업 변환규정은 수용된 토지가 애초의 사업목적이 폐지·변경되었다는 사유만으로 다른 공익사업을 위한 필요가 있음에도 예외 없이 원소유자에게 해당 토지를 반환하고 나서 다시 수용절차를 거칠 경우 발생할 수 있는 행정력 낭비를 막고 소유권 취득 지연에 따른 공익사업 시행에 차질이 없도록 하려는 것이므로, 입법목적이 정당하며, 공익사업 변환규정은 이를 위한 적절한 수단이다.

(2) 수단의 적합성

공익사업 변환규정은 변환이 가능한 공익사업의 시행자와 사업의 종류를 한정하고 있고, 공익사업 변환을 하기 위해서는 적어도 새로운 공익사업이 토지보상법 제20조 제1항의 규정에 의

해 사업인정을 받거나 다른 법률의 규정에 의해 사업인정을 받은 것으로 볼 수 있는 경우이어야 하므로 침해의 최소성원칙에 반하지 아니한다.

(3) 검토

공익사업 변환규정으로 인하여 제한되는 사익인 환매권은 이미 정당한 보상을 받은 소유자에게 수용된 토지가 목적 사업에 이용되지 않을 경우에 인정되는 것이고, 변환된 공익사업을 기준으로 다시 취득할 수 있어, 이 사건 법률조항으로 인하여 제한되는 사익이 이로써 달성할 수 있는 공익에 비하여 중하다고 할 수 없으므로, 과잉금지 원칙에 위배되어 기존 소유자의 재산권을 침해한다고 할 수 없다.

2. 비판적 검토

(1) 전용결정에 대한 구제절차 부재

어떤 공익사업을 위하여 토지를 수용한 후 그 본래의 공익사업이 폐지·변경되어 토지보상법 제91조 제1항 소정 환매권의 대상이 되는 경우, 그 해당 토지를 다른 공익사업에 전용하려 하면 이는 새로운 토지수용에 해당하는 것이므로, 공공수용의 요건충족 여부를 새로이 엄격하게 심사하고, 그 전용결정에 대한 불복방법 등 구제절차도 마련되어야 한다.

(2) 기존 소유자의 절차참여 부재

그런데 공익사업 변환규정은 단순히 변환 가능한 공익사업의 종류 및 주체만을 제한하고 있을 뿐, 존속보장을 하지 않을 만한 다른 공익에 대해서 규정하지 아니하고, 환매권자가 변환되는 공익사업 진행과정에 사전적으로 관여할 수 있는 기회조차 보장하지 아니하며, 재수용의 횟수를 제한하거나 개발이익이 아닌 정상적인 지가상승분 정도는 지급하도록 하는 방법 등도 고려하지 않고 있으므로, 침해의 최소성원칙에 반한다.

(3) 과도한 사익침해의 문제

수용토지의 원소유자로부터 재수용절차를 거치도록 하더라도 반드시 공익사업의 시행에 차질이 생길만큼 오랜 시일이 소요되는 것은 아니므로, 공익사업 변환규정이 달성하고자 하는 공익이 이로써 제한되는 사익에 비하여 크게 중하다고도 보기 어렵다. 따라서 공익사업 변환규정은 과잉금지의 원칙에 위배되므로, 헌법에 위반된다고 볼 수 있다.

> **사례 125** 공용사용(일시적 사용 제38조 및 제39조)
>
> 공익사업을 위한 토지등의 취득 및 보상에 관한 법률 제38조 및 제39조에서는 천재지변 시 및 시급을 요하는 경우에 토지사용을 규정하고 있다. 양자를 비교하시오. 15점

Ⅰ 개설	3. 효과상 공통점
Ⅱ 약식절차	4. 권리구제상
1. 천재지변 시 토지사용	Ⅳ 차이점
2. 시급을 요하는 토지사용	1. 사용원인 및 허가권자
Ⅲ 공통점	2. 절차상 차이점
1. 취지상의 공통점	3. 손실보상차이
2. 요건상 공통점	Ⅴ 결

Ⅰ 개설

공익상 특별한 사유가 인정되는 경우, 사용의 경우에 한하여 보통절차의 일부를 생략하는 약식절차를 토지보상법 제38조 및 제39조에서 규정하고 있다. 이는 현실적인 필요성에 의해서 인정되는바 엄격한 절차를 요한다.

Ⅱ 약식절차

1. 천재지변 시 토지사용

① 천재지변이나 그 밖의 사변으로 인하여, ② 공공의 안전을 유지하기 위한 공익사업을, ③ 긴급히 시행할 필요가 있을 때에는 사업시행자가 시·군·구청장의, ④ 허가를 받아 타인 토지를 6개월 이내에 일시적으로 사용하는 것을 말한다.

2. 시급을 요하는 토지사용

① 재결이 신청된 토지에 대하여, ② 재결을 기다려서는 재해를 방지하기가 곤란하거나 그 밖에 공공의 이익에 현저한 지장을 줄 우려가 있다고 인정되는 경우, ③ 사업시행자가 관할 토지수용위원회의 허가를 받아, ④ 담보제공 후 6개월 이내에서 일시적으로 사용하는 것을 말한다.

Ⅲ 공통점

1. 취지상의 공통점

토지보상법 제38조의 천재지변이나 그 밖의 사변으로 인한 사용과, 토지보상법 제39조의 시급을 요하는 경우의 사용은 모두 공익성과 긴급성이 요구된다.

2. 요건상 공통점

① 공용사용인 경우만 인정되고, ② 긴급한 사유가 있어야 한다. ③ 또한 사용에 대한 허가가 필요하다.

3. 효과상 공통점

① 각 사용의 경우 사용기간이 6월을 넘지 못하고, ② 사전보상의 예외로서 사후보상이 이루어진다. ③ 사용기간이 만료되면 반환 및 원상회복의무가 발생한다.

4. 권리구제상

① 각 허가에 불복할 수 있으나, ② 토지보상법상 불복수단에 관한 규정이 없으므로 일반쟁송법의 적용이 가능할 것이다.

Ⅳ 차이점

1. 사용원인 및 허가권자

① 토지보상법 제38조의 경우에는 천재지변 등을 원인으로 하지만, 제39조의 경우에는 재해방지 등을 위한 시급을 요하는 경우를 원인으로 한다. ② 토지보상법 제38조는 시·군·구청장이 허가권자이나, 제39조는 토지수용위원회가 허가권자이다.

2. 절차상 차이점

① 토지보상법 제38조 및 제39조는 허가 후, 소유자 등에게 통지하는 절차를 거치지만, ② 토지보상법 제39조는 토지수용위원회의 허가 시에 담보를 제공하여야 한다.

3. 손실보상차이

① 토지보상법 제38조는 협의에 의하여 보상액을 산정하되, 협의 불성립 시에는 토지수용위원회에 재결을 신청할 수 있다. 이에 반해 ② 토지보상법 제39조는 토지수용위원회의 재결 전에 토지소유자 및 관계인의 보상청구가 있는 때에는 사업시행자는 자기가 산정한 보상액을 지급해야 하며, 사업시행자가 재결에 의한 보상금의 지급시기까지 지급하지 않으면 담보물의 전부 또는 일부를 취득한다.

Ⅴ 결

약식절차로 인한 침해는 정식절차에 의한 경우보다 침해의 개연성이 크므로 피침해자의 권리보호가 중요하다.

PART 03

손실보상 총론

- 2권 개별법 -

Chapter 01 정당보상과 개발이익 배제
Chapter 02 손실보상의 요건 및 기준
Chapter 03 현금보상과 생활보상
Chapter 04 손실보상의 산정기준 및 절차

정당보상과 개발이익 배제

> **사례 126** 정당보상과 손실보상기준
>
> 현행 헌법 제23조 제1항은 "모든 국민의 재산권은 보장된다. 그 내용과 한계는 법률로써 정한다." 헌법 제23조 제3항은 "공공필요에 의한 재산권의 수용, 사용, 제한 및 그에 대한 보상은 법률로써 하되 정당한 보상을 지급하여야 한다"라고 규정하고 있다. 45점
>
> (1) 헌법 제23조 제1항에서 의미하는 재산권의 내용은 무엇이고, 보장된다는 것의 의미는 무엇인지 설명하시오. 10점
> (2) 헌법 제23조 제3항에서 의미하는 정당보상의 의미를 설명하시오. 10점
> (3) 토지보상법상 손실보상의 기준에 대해서 설명하고, 이러한 각 기준들이 헌법 제23조에서 규정하고 있는 정당보상에 합치하는지를 설명하시오. 25점

(설문 1) 재산권의 내용과 보장의 의미
Ⅰ 개설
Ⅱ 보장되는 재산권의 내용은 무엇인지
  1. 재산권의 내용
  2. 토지보상법상 재산권의 종류
Ⅲ 보장의 의미
  1. 원형 그대로의 존속보장
  2. 가치보장으로의 전환

(설문 2) 정당보상의 의미
Ⅰ 개설
Ⅱ 학설
  1. 완전보상설
  2. 상당보상설
  3. 절충설
Ⅲ 판례
Ⅳ 검토

(설문 3) 토지보상법상 보상기준과 정당보상
Ⅰ 개설
Ⅱ 시가보상(토지보상법 제67조 제1항)
  1. 시가보상의 의의 및 취지

  2. 시가보상의 정당성
    (1) 판례
    (2) 검토
Ⅲ 개발이익 배제(토지보상법 제67조 제2항)
  1. 개발이익과 개발이익 배제의 의미
  2. 개발이익의 범위
  3. 개발이익 배제의 필요성
  4. 개발이익 배제의 정당성
    (1) 학설
    (2) 판례
    (3) 검토
    (4) 개발이익의 배제방법
Ⅳ 공시지가기준보상(토지보상법 제70조 제1항)
  1. 공시지가기준보상의 의의 및 취지
  2. 공시지가기준보상의 정당성
    (1) 문제점
    (2) 학설
    (3) 판례
    (4) 검토
Ⅴ 생활이익의 보상
Ⅵ 기타 손실보상의 원칙 등
Ⅶ 결

(설문 1) 재산권의 내용과 보장의 의미

I 개설

① 헌법 제23조 제1항에서는 구체적인 재산권에 대한 규정을 정하지 않았으므로 보장되는 재산권의 내용은 무엇인지 살펴보고, ② 보장된다는 것의 의미는 원형 그대로의 보장인지 또는 그와 동등한 가치로의 보장인지가 문제된다.

II 보장되는 재산권의 내용은 무엇인지

1. 재산권의 내용

헌법은 제23조 제1항에서 국민의 재산권을 보장한다고 선언하면서도 보장하고자 하는 재산권의 내용을 스스로 정하지 아니하고 이를 입법자가 정하도록 위임하고 있다. 따라서 헌법상 보장되는 재산권의 내용은 입법자가 법률로 결정한 사항들이라고 할 수 있다.

2. 토지보상법상 재산권의 종류

토지보상법 제3조에서는 수용의 대상이 되는 재산권의 종류로 ① 토지 및 이에 관한 소유권 외의 권리, ② 토지와 함께 공익사업을 위하여 필요로 하는 입목, 건물, 그 밖에 토지에 정착한 물건 및 이에 관한 소유권 외의 권리, ③ 광업권·어업권·양식업권 또는 물의 사용에 관한 권리, ④ 토지에 속한 흙·돌·모래 또는 자갈에 관한 권리 등을 열거하고 있다.

III 보장의 의미

1. 원형 그대로의 존속보장

보장의 의미는 ① 사유재산제도의 본질적 내용에 대한 침해 금지뿐만 아니라 ② 기존의 법제에서 인정되는 재산권에 대한 부당한 침해에 대한 방어권도 포함한다. 이는 바로 재산권의 존속보장을 의미하는 것으로 볼 수 있다.

2. 가치보장으로의 전환

헌법 제23조 제1항에서는 존속보장을 원칙적으로 규정하고 있으나, 존속보장을 유지하는 것이 오히려 사회 전체의 공익을 저해하는 결과를 초래하는 경우도 있을 수 있다. 이러한 경우에는 사회 전체의 공익을 위하여 사인의 재산권행사를 제한하고, 이를 이용하여 공익증진을 도모할 수 있을 것이다. 재산권 행사를 제한하는 때에는 그에 대한 대가로서 정당한 보상을 지급하여 가치보장을 도모해야 함이 타당하며, 헌법 제23조 제3항에서는 이러한 내용을 규정하고 있다.

(설문 2) 정당보상의 의미

I 개설

공용수용이란 공익사업을 위하여 타인의 재산권을 법률의 힘에 의해 강제취득하는 것으로서, 헌법상 재산권 보장에 대한 중대한 예외적 조치이다. 또한 헌법 제23조 제3항에서는 수용을 하는 경우에도 '정당한 보상'을 해야 한다고 규정하고 있다. 헌법 23조 제3항에서는 '정당한 보상'이라고 규정하고 있으나 정당보상의 의미가 추상적인 바 이의 해석이 문제된다.

II 학설

1. 완전보상설

① 손실보상은 재산권에 대응하는 것이므로 피침해재산의 시가, 거래가격에 의한 객관적 가치를 완전히 보상한다는 객관적 가치보장설이 있고, ② 보통 발생되는 손실의 전부뿐만 아니라 부대적 손실을 포함한다고 보는 전부보장설이 있다.

2. 상당보상설

① 원칙적으로 완전보상을 추구하나 합리적 이유가 있는 경우 완전보상을 상회하거나 하회할 수도 있다는 완전보장 원칙설과, ② 사회통념에 비추어 객관적으로 타당성이 인정되는 것이면 하회하여도 무방하다고 보는 합리적 보장설이 있다.

3. 절충설

완전보상을 원칙으로 하되, 경우에 따라서는 상당보상을 해야 하는 경우도 있으므로 개별 사안에 따라서 달리 적용해야 한다고 한다.

III 판례

① 〈대법원〉은 보상의 시기, 방법 등에 제한 없는 완전한 보상을 의미한다고 판시한 바 있다. ② 〈헌법재판소〉는 피수용자의 객관적 재산가치를 완전하게 보상해야 한다고 판시한 바 있다.

IV 검토

피수용자의 객관적 가치를 보상함은 물론 대물적 보상만으로 채워지지 않는 부분에 대한 생활보상을 지향함이 타당하다. 이하에서는 이러한 정당보상을 실천하기 위한 토지보상법상 기준의 정당성에 대해서 설명한다.

(설문 3) 토지보상법상 보상기준과 정당보상

I 개설

헌법의 구체화 법으로서 손실보상의 일반법적 지위에 있는 토지보상법에는 정당보상의 실현을 위하여 손실보상의 기준에 대한 규정을 두고 있다. 이러한 기준이 헌법상 정당보상을 구현하고 있는지 설명한다.

II 시가보상(토지보상법 제67조 제1항)

1. 시가보상의 의의 및 취지

시가보상이란 협의성립 당시의 가격 및 재결 당시의 가격을 말한다. 이는 ① 개발이익 배제, ② 보상액의 적정성, 객관성, 공평성 유지, ③ 수용절차의 지연방지, ④ 재산권 상실 당시의 완전보상 구현목적에 취지가 있다.

2. 시가보상의 정당성

(1) 판례

토지등을 수용함으로 인하여 그 소유자에게 보상하여야 할 손실액은 수용재결 당시의 가격을 기준으로 하여 산정하여야 할 것이고 이와 달리 이의재결일을 그 평가 기준일로 하여 보상액을 산정해야 한다는 상고이유는 받아들일 수 없다고 판시하였다.

(2) 검토

시가보상의 취지가 개발이익 배제와 재산권 상실 당시의 완전보상 구현목적 및 보상액의 적정성・객관성 도모에 있으므로 협의 당시 또는 재결 당시를 기준으로 보상액을 산정함이 합당하다.

III 개발이익 배제(토지보상법 제67조 제2항)

1. 개발이익과 개발이익 배제의 의미

① 개발이익이란 공익사업 시행의 계획이나 시행이 공고, 고시되어 토지소유자의 노력과 관계없이 지가가 상승하여 현저하게 받은 이익으로 정상지가상승분을 초과하여 증가된 부분을 말한다. ② 개발이익 배제란 보상금액의 산정에 있어서 해당 공익사업으로 인하여 토지등의 가격에 변동이 있는 때에는 이를 고려하지 않는 것을 말한다.

2. 개발이익의 범위

사회적으로 증가된 이익 전부인지, 해당 사업으로 인해서 증분된 부분인지가 문제되는데 〈판례〉는 해당 사업과 관계없는 다른 사업의 시행으로 인한 개발이익은 이를 배제하지 않는 가격으로 평가해야 한다고 판시하고 있다.

3. 개발이익 배제의 필요성

① 개발이익은 미실현된 잠재적 이익이고, ② 토지소유자의 노력과 관계없으므로 사회에 귀속되도록 하는 것이 형평의 원리에 부합한다. ③ 개발이익은 공익사업에 의해 발생하므로 토지소유자의 손실이 아니다.

4. 개발이익 배제의 정당성

(1) 학설

① 미실현이익은 보상대상이 아니고 이는 사업시행을 볼모로 한 주관적 가치이므로 긍정하는 견해와 ② 인근 토지소유자와의 형평성 문제와 주변 토지로 대토할 수 없는 측면에서 부정하는 견해가 있다.

(2) 판례

개발이익은 사업시행을 볼모로 한 주관적 가치이고 또한 이는 궁극적으로 모든 국민에게 귀속되어야 할 성질의 것이므로 이는 피수용자의 토지의 객관적 가치 내지 피수용자의 손실이라고는 볼 수 없다고 판시한 바 있다.

(3) 검토

개발이익은 재산권에 내재된 객관적 가치가 아니므로, 이를 배제하여도 정당보상에 반하지 않는다고 사료된다.

(4) 개발이익의 배제방법

① 적용공시지가 적용(토지보상법 제70조 제3항 내지 제5항), ② 해당 사업으로 변하지 않은 지가변동률 적용(토지보상법 제70조 제1항 및 시행령 제37조 제2항), ③ 그 밖의 요인보정을 통한 배제방법이 있다.

Ⅳ 공시지가기준보상(토지보상법 제70조 제1항)

1. 공시지가기준보상의 의의 및 취지

토지보상법 제70조 제1항에서는 해당 토지의 이용계획, 지가변동률, 생산자물가상승률, 위치, 형상, 환경, 이용상황 등을 참작한 공시지가로 보상해야 한다고 규정하고 있다. 개발이익을 배제함에 제도적 취지가 인정된다.

2. 공시지가기준보상의 정당성

(1) 문제점
공시지가를 기준하여 보상금을 산정하는 것이 보상방법의 제한인지와, 시가에 못 미치는 경우 정당보상과 관련하여 문제된다.

(2) 학설
① 개발이익 배제목적인 바 정당하다는 긍정설과 ② 이는 보상액 산정방법의 제한이므로 정당보상이 아니라는 부정설이 대립된다.

(3) 판례
〈대법원〉은 공시지가기준은 개발이익을 배제함을 목적으로 하고, 공시지가는 인근 토지의 거래가격 등 제 요소를 종합·고려하여 산정되며, 대상지역의 공고일 당시 객관적 가치를 평가하기 위한 적정성이 인정되므로 정당보상에 위배되지 않는다고 한다.

〈헌법재판소〉는 공시지가가 적정가격을 반영하지 못하는 것은 제도운영상 잘못이므로 정당보상과 괴리되는 것은 아니라고 판시한 바 있다.

(4) 검토
공시지가는 인근 토지의 가격 등 제 요소를 종합·고려한 객관적 가치이고, 개발이익은 주관적 가치이므로 이를 배제하기 위한 공시지가 보상기준은 정당보상에 합치한다.

Ⅴ 생활이익의 보상

생활보상이란 재산권 토지보상만으로 메워지지 않는 종전 생활이익에 대한 보상을 말하며, 손실보상은 대물적 보상을 당연한 전제로 하되 공익사업의 시행이 없었던 것과 같은 생활상태의 확보를 가능하게 하는 생활보상이 이루어져야 한다. 이는 헌법상 복리국가의 당연한 요구라 보아야 할 것이다.

Ⅵ 기타 손실보상의 원칙 등

상기 기준 외에도 토지보상법에서는 사전보상원칙, 사업시행자 보상원칙, 현금보상원칙, 일괄보상원칙, 사업시행이익 상계금지원칙 등을 규정하여 정당보상의 실현을 도모하고 있다.

Ⅶ 결

토지보상법에서는 정당보상을 실현하기 위하여 시가보상, 공시지가 기준보상, 개발이익 배제를 명문으로 규정하고 있으며, 이러한 기준은 정당보상의 취지에 반하지 않는 것으로 보인다. 이에 생활의 근거를 상실한 자에게 인간다운 생활을 할 수 있도록 생활보상을 지향하는 것이 헌법 제23조 제3항에서 천명하고 있는 정당보상을 실현하는 것이라고 판단된다.

사례 127 정당보상과 개발이익 배제

국토교통부장관은 비축사업의 시행을 위하여 사업인정(공사기간 2003.3.31. ~ 2013.3.31.)을 하였고(재결신청은 공사기간 만료 전까지 가능함), 비축사업의 사업인정고시일인 2003.3.31. 후에 경기도지사가 비축사업과는 별도로 동두천시 탑동동에서 포천시 가산면 마산리에 이르는 광암-마산 간 도로확포장공사와 관련하여 도로구역결정을 하고 2006.5.1. 경기도 고시 제2006-132호로 이를 고시하였다. 갑은 자신 소유의 일부 토지가 위 광암-마산 간 도로확포장공사가 시행되는 도로구역의 인근에 위치하고 있어 그로 인한 개발이익이 발생하는 이상 위 광암-마산 간 도로구역결정 고시가 비축사업의 최초 사업인정고시보다 뒤에 행하여졌으므로 위와 같이 개발이익이 발생한 사정을 감정평가에 반영하여야 한다고 주장한다. 갑주장의 타당성에 대하여 논하시오. [20점]

Ⅰ 쟁점의 정리
Ⅱ 정당보상과 개발이익
  1. 정당보상의 의미
  2. 정당보상과 개발이익(개발이익의 의미와 개발이익 배제)
    (1) 개발이익과 개발이익 배제의 의미
    (2) 개발이익 배제의 필요성
    (3) 개발이익 배제의 정당성
    (4) 개발이익의 배제방법

Ⅲ 개발이익 배제의 범위
  1. 객관적 범위(해당 사업과 관련된 개발이익)
  2. 시적 범위(사업인정 이전·이후)
Ⅳ 사안의 해결

Ⅰ 쟁점의 정리

설문은 비축사업의 사업인정고시일 이후에 시행된 도로사업에 따른 개발이익을 반영해야 한다는 갑주장의 타당성을 묻고 있다. 설문의 해결을 위해서 개발이익이 정당보상의 관점에서 배제되어야 하는지 여부와 배제되어야 한다면 그 범위에 해당 사업 외의 사업의 개발이익도 배제되어야 하는지를 검토한다.

Ⅱ 정당보상과 개발이익

1. 정당보상의 의미

① 완전보상설, ② 상당보상설 등 견해의 대립이 있으나, ① 대법원은 보상의 시기, 방법 등에 제한 없는 완전한 보상을 의미한다고 판시한 바 있으며, ② 헌법재판소는 피수용자의 객관적 재산가치를 완전하게 보상해야 한다고 판시한 바 있다. 피수용자의 객관적 가치를 완전하게 보상함은 물론 대물적 보상만으로 채워지지 않는 부분에 대한 생활보상을 지향함이 타당하다.

2. 정당보상과 개발이익(개발이익의 의미와 개발이익 배제)

(1) 개발이익과 개발이익 배제의 의미

개발이익이란 공익사업 시행의 계획이나 시행이 공고, 고시되어 토지소유자의 노력과 관계없이 지가가 상승하여 현저하게 받은 이익으로 정상지가상승분을 초과하여 증가된 부분을 말한다. 토지보상법 제67조 제2항에서는 '해당 공익사업으로 인하여 토지등의 가격이 변동되었을 때에는 이를 고려하지 아니한다'고 규정하고 있다.

(2) 개발이익 배제의 필요성

① 개발이익은 미실현된 잠재적 이익이고, ② 토지소유자의 노력과 관계없으므로 사회에 귀속되도록 하는 것이 형평의 원리에 부합한다. ③ 개발이익은 공익사업에 의해 발생하므로 토지소유자의 손실이 아니다.

(3) 개발이익 배제의 정당성

주관적 가치는 배제되어야 한다는 긍정설과 인근 토지소유자와의 형평성 측면에서 부정해야 한다는 견해가 있으나, 판례는 '개발이익은 궁극적으로는 모든 국민에게 귀속되어야 할 성질의 것이므로 이는 피수용자의 토지의 객관적 가치 내지 피수용자의 손실이라고는 볼 수 없다'고 판시한 바 있다. 개발이익은 재산권에 내재된 객관적 가치가 아니므로, 이를 배제하여도 정당보상에 반하지 않는다고 사료된다.

(4) 개발이익의 배제방법

① 적용공시지가 적용(토지보상법 제70조 제3항 내지 제5항), ② 해당 사업으로 변하지 않은 지가변동률의 적용(토지보상법 제70조 제1항 및 동법 시행령 제37조 제2항), ③ '그 밖의 요인' 보정을 통한 배제방법이 있다.

Ⅲ 개발이익 배제의 범위

1. 객관적 범위(해당 사업과 관련된 개발이익)

사회적으로 증가된 이익 전부인지, 해당 사업으로 인해서 증분된 부분인지가 문제되는데 〈판례〉는 해당 사업과 관계없는 다른 사업의 시행으로 인한 개발이익은 이를 배제하지 않는 가격으로 평가해야 한다고 판시하고 있다(대판 1992.2.11, 91누7774).

2. 시적 범위(사업인정 이전·이후)

토지보상법 제67조 제2항의 규정은 개발이익 배제와 관련하여 '해당 사업일 것'만을 규정하고 있으며 개발이익 배제의 취지 등에 비추어 볼 때, 해당 공익사업의 사업인정고시일 이전·이후를 불문하고 해당 공익사업과 무관한 이익은 모두 반영되어야 할 것이다(대판 2014.2.27, 2013두21182).

Ⅳ 사안의 해결

설문상 두 사업은 사업시행주체가 다르고, 사업인정고시 시기도 3년 가량 떨어져 있는 데다가 비축사업이 위 광암-마산간 도로사업의 장차 시행을 고려하여 계획되었다고 볼 만한 내용도 설시되지 아니하였음을 알 수 있는바, 이러한 사정에 비추어 보면 갑의 주장은 정당한 것으로 수긍할 수 있다.

> **대판 2014.2.27, 2013두21182[수용보상금증액]**
>
> [판시사항]
> 공익사업을 위한 토지등의 취득 및 보상에 관한 법률 제67조 제2항에서 정한 수용 대상 토지의 보상액을 산정함에 있어, 해당 공익사업과는 관계없는 다른 사업의 시행으로 인한 개발이익을 포함한 가격으로 평가할 것인지 여부(적극) 및 개발이익이 해당 공익사업의 사업인정고시일 후에 발생한 경우에도 마찬가지인지 여부(적극)
>
> [판결요지]
> 공익사업을 위한 토지등의 취득 및 보상에 관한 법률 제67조 제2항은 '보상액을 산정할 경우에 해당 공익사업으로 인하여 토지등의 가격이 변동되었을 때에는 이를 고려하지 아니한다'라고 규정하고 있는바, 수용 대상 토지의 보상액을 산정함에 있어 해당 공익사업의 시행을 직접 목적으로 하는 계획의 승인, 고시로 인한 가격변동은 이를 고려함이 없이 재결 당시의 가격을 기준으로 하여 적정가격을 정하여야 하나, 해당 공익사업과는 관계없는 다른 사업의 시행으로 인한 개발이익은 이를 포함한 가격으로 평가하여야 하고, 개발이익이 해당 공익사업의 사업인정고시일 후에 발생한 경우에도 마찬가지이다.

> **사례 128** 시점수정
>
> 토지보상법 제70조 제1항은 보상액을 산정할 때 공시지가를 기준으로 가격시점까지 시점을 수정하도록 하고 있다. 토지보상법 제70조 제1항에서 규정하고 있는 시점수정의 방법과 시점수정의 방법을 채용하고 있는 이유를 설명하시오. 25점

Ⅰ 서
Ⅱ 시점수정의 방법
  1. 시점수정의 의의
  2. 시점수정의 법적 근거(토지보상법 제70조 제1항)
  3. 시점수정의 방법(법 제70조 제1항 및 동법 시행령 제37조)
    (1) 지가변동률 적용 기준
    (2) 지가변동 여부의 판단 기준

Ⅲ 시점수정의 방법을 채용하고 있는 이유
  1. 개발이익의 배제
    (1) 의의
    (2) 시점수정을 통한 개발이익 배제
  2. 시가보상원칙의 실현
  3. 검토
Ⅳ 결

Ⅰ 서

헌법 제23조 제3항에서는 공공필요에 따라 타인의 재산권을 수용·사용·제한할 수 있다고 규정하고 있으며, 이에 따른 정당한 보상을 지급하여야 한다. 정당한 보상이란 재산권의 객관적 가치를 완전히 반영하는 보상으로서, 보상의 시기나 방법에도 제한이 없어야 한다. 이러한 정당보상을 실현하기 위해서 토지보상법 제70조 제1항에서는 시점수정을 규정하고 있는바, 이하 시점수정의 방법 및 시점수정의 방법을 채용하고 있는 이유를 설명한다.

Ⅱ 시점수정의 방법

1. 시점수정의 의의

시점수정이라 함은 평가에 있어서 거래사례자료의 거래시점과 가격시점이 시간적으로 불일치하여 가격수준의 변동이 있는 경우 거래사례가격을 가격시점의 수준으로 정상화하는 작업을 말한다. 보상평가에 있어서는 토지의 평가 시 공시기준일과 평가대상토지의 가격시점 간의 시간적 불일치로 인한 가격수준의 변동을 정상화하는 작업을 의미한다.

2. 시점수정의 법적 근거(토지보상법 제70조 제1항)

토지보상법 제70조 제1항에서는 취득하는 토지에 대하여 '공시지가'를 기준으로 보상하되, 공시기준일부터 가격시점까지 관계법령에 의한 해당 토지의 이용계획, 해당 공익사업으로 인한 지가의 영향을 받지 아니하는 지역의 지가변동률, 생산자물가상승률 그 밖에 토지의 위치·형상·환경·이용상황 등을 참작하여 적정가격으로 보상하여야 한다고 규정하고 있다.

3. 시점수정의 방법(법 제70조 제1항 및 동법 시행령 제37조)

(1) 지가변동률 적용 기준(시행령 제37조 제1항 및 제2항)

비교표준지가 소재하는 시·군 또는 구의 용도지역별 지가변동률을 적용하되, 비교표준지가 소재하는 시·군 또는 구의 지가가 해당 공익사업으로 인하여 변동된 경우에는 해당 공익사업과 관계없는 인근 시·군 또는 구의 지가변동률을 적용한다. 다만, 비교표준지가 소재하는 시·군 또는 구의 지가변동률이 인근 시·군 또는 구의 지가변동률보다 작은 경우에는 그러하지 아니하다.

(2) 지가변동 여부의 판단 기준(시행령 제37조 제3항)

해당 공익사업의 면적이 20만 제곱미터 이상이고 선적사업(도로, 철도 등)을 제외한 사업으로서 평가대상 토지가 소재하는 시·군·구의 지가변동률이 평가대상 토지가 소재하는 특별시·광역시·도의 지가변동률보다 30퍼센트 이상 높거나 낮은 경우일 것과 사업인정일부터 가격시점까지 지가변동률의 누계가 3퍼센트 이상 또는 이하인 경우일 것을 기준으로 한다.

III 시점수정의 방법을 채용하고 있는 이유

1. 개발이익의 배제

(1) 의의

개발이익이란 공익사업의 계획 또는 시행이 공고 또는 고시나 공익사업의 시행에 따른 절차 등으로 인해 토지소유자의 노력에 관계없이 지가가 상승되어 현저하게 받은 이익으로 정상지가 상승분을 초과하여 증가된 부분을 말한다.

판례는 헌법 제23조에서 보장하는 재산권의 범위에 개발이익은 포함될 수 없다고 보고 있으며, 토지보상법 제67조 제2항에서 해당 사업으로 인한 지가의 변동을 보상액에서 제외하도록 규정하여 개발이익 배제를 규정하고 있다. 이와 관련하여 동법 제70조 제3항 내지 제5항에서 개발이익 배제를 위한 적용공시지가를 규정하고 있다.

(2) 시점수정을 통한 개발이익 배제

시점수정은 토지보상법상 적용공시지가 선정 규정(제70조 제3항 내지 제5항)과 결합하여 개발이익 배제를 실현한다. 동법 제70조 제3항에서는 사업인정 전의 협의취득, 제4항에서는 사업인정 후의 취득에 있어 적용 공시지가 선정방법을 규정하여, 사업인정 전후의 보상액 산정에 있어 형평성 있는 개발이익 배제가 가능하도록 규정하였으며 사업인정 전후에 관계없이 연도별 공시지가를 소급하도록 일원화하여 규정하고 있다.

2. 시가보상원칙의 실현

동법 제67조 제1항에서 "협의에 의한 경우 협의 성립 당시의 가격을, 재결에 의한 경우 수용 또는 사용의 재결 당시의 가격을 기준으로 한다."고 가격시점을 규정함으로써 시가보상원칙을 규정하고 있다. 이는 가격시점까지의 적정한 시점수정을 통해 실현된다.

3. 검토

시점수정은 정당보상을 위한 토지보상법상 구체적인 실현과정에서 필수불가결한 수단이며, 이는 토지보상법이 규정하고 있는 정당보상을 위한 규정과 결합하여 정당보상을 실현하는 기능을 갖는다.

Ⅳ 결

시점수정은 지가변동률, 생산자물가상승률을 기준으로 하여 공시기준일부터 가격시점까지의 정상적인 지가상승분을 반영하는 방법을 말하며, 이는 개발이익을 배제하여 정당보상을 실현함에 제도적 취지가 인정된다고 볼 수 있다.

사례 129 그 밖의 요인 보정

토지평가에서 실무상 '기타사항 참작' 또는 '그 밖의 요인 보정'은 대단히 중요하다. 가격형성요인으로 포착이 불가한 것은 이 보정을 하여 가격에 반영시키기 때문에 대상 부동산의 가격평정에 크게 영향을 주기 때문이다. 20점

(1) 보상평가 시에 그 밖의 요인 보정을 하는 것에 대한 정당성을 논하시오. 10점

(2) 그 밖의 요인을 보정하는 것이 정당하다면 담보평가 사례나 호가 사례, 인근 유사토지의 정상거래가격, 인근 유사토지가 아닌 토지의 거래사례, 자연적 지가 상승분, 온천의 개발가능성을 그 밖의 요인으로 반영할 수 있는 있는지 설명하시오. 10점

(설문 1)의 해결
Ⅰ 쟁점의 정리
Ⅱ 그 밖의 요인 보정의 정당성 논의
  1. 그 밖의 요인의 개념
  2. 견해의 대립
    (1) 부정하는 견해
    (2) 긍정하는 견해
  3. 판례(제한적 긍정설)
Ⅲ 결어

(설문 2)의 해결
Ⅰ 담보평가 사례나 호가 사례
Ⅱ 인근 유사토지의 정상거래가격
  1. 인근 유사토지의 정상거래가격의 의미
  2. 검토
Ⅲ 인근 유사토지 아닌 토지의 거래사례
Ⅳ 자연적 지가 증가분
Ⅴ 온천의 개발가능성

(설문 1)의 해결

Ⅰ 쟁점의 정리

토지보상법은 공시지가를 기준으로 보상액을 평가하는 경우 공시지가와 평가대상토지의 비교 그리고 시점수정만을 규정하고 있을 뿐이며, 새로운 거래사례 등 기타사항을 참작하도록 규정하고 있지는 않다. 따라서 공시지가를 기준으로 보상액을 산정하면서 인근의 새로운 거래사례 등 기타사항을 참작할 수 있는지가 문제된다.

Ⅱ 그 밖의 요인 보정의 정당성 논의

1. 그 밖의 요인의 개념

'그 밖의 요인'이라 함은 거래가격, 시점수정, 건부감가보정, 지역・개별요인 외에 지가변동에 영향을 미치는 것으로 보정하여야 할 요인을 말한다. '그 밖의 요인' 관련 용어는 법령에서는 기타사항

참작이라 하고, 지침 및 업무요령에서는 그 밖의 요인보정이라 하나, 뜻은 같으며 실무에서는 그 밖의 요인이라는 용어를 많이 쓰고 있다.

2. 견해의 대립

(1) 부정하는 견해

부정하는 견해는 다음과 같다. ① 현행 부동산 가격공시법, 토지보상법에 보상액 산정에 있어서 기타사항을 참작할 수 있는 근거규정을 삭제한 것[3]은 참작하지 못하도록 해석하여야 하며, ② 보상액평가를 감정평가법인등의 자의성이나 재량으로부터 멀리하기 위하여는 법정의 참작항목 이외에는 어떠한 요인도 참작할 수 없도록 해석하는 것이 가장 효과적이라고 한다.

(2) 긍정하는 견해

긍정하는 견해는 보상은 헌법상 '정당보상'이어야 하고, 이 정당보상에 이르는 방법에는 어떠한 제한이 없으므로, 기타사항을 고려하여야 정당보상이 이루어진다면 기타사항을 고려해야 하는 것이지, 규정이 삭제되었다 하여 임의적 참작대상에서도 배제되는 것으로 해석해야 할 이유가 없다고 한다.

3. 판례(제한적 긍정설)

판례는 '인근 유사토지의 정상거래사례가 있고 그 거래가격이 정상적인 것으로서 적정한 보상평가에 영향을 미칠 수 있는 것임이 입증된 경우'에 한하여 참작할 수 있다고 한다(대판 2010.4.29, 2009두17360).

Ⅲ 결어

토지보상법상 기타사항에 관한 명문의 규정이 없음에도 불구하고 대법원 판례가 기타사항을 참작할 수 있도록 하고 있는 것도 헌법상 정당보상을 실현하기 위함으로 해석된다. 이러한 논란은 토지보상법에 기타사항의 참작규정이 존재하지 않기 때문으로 보이는 바, 기타사항을 참작하도록 명문으로 규정하여야 할 필요가 있다.

(설문 2)의 해결

Ⅰ 담보평가 사례나 호가 사례

단순한 호가시세나 담보목적으로 평가한 가격에 불과한 것까지 그 밖의 요인으로 참작할 것은 아니다(대판 2003.2.28, 2001두3808). 보상액 산정 시 참작될 수 있는 호가는 인근 유사토지의 투기적 가격이나 해당 공익사업으로 인한 개발이익 등이 포함되지 아니한 정상적인 거래가격 수준을 나타내는 것임이 입증되는 경우이다(대판 1993.10.22, 93누11500).

---

[3] 기준지가를 적용하던 구법 하에서는 정상거래가격을 참고하도록 규정하고 있었으나 해당 규정이 삭제되었다.

II 인근 유사토지의 정상거래가격

1. 인근 유사토지의 정상거래가격의 의미

이는 인근 지역에 위치하고 용도지역, 지목, 등급, 지적, 형태, 이용상황, 법령상의 제한 등 조건이 동일하거나 유사한 토지의 통상 거래에서 성립된 가격을 말한다(대판 2002.4.12, 2001두9783). '거래가격' 또한 해당 사업으로 인한 개발이익이 포함되지 아니한 통상의 거래관계에서 성립된 것이라야 한다(대판 1994.10.14, 94누2664).

2. 검토

인근 유사토지의 정상거래사례가 있고 그것을 참작함으로써 보상액산정에 영향을 미칠 수 있는 것이 입증된 경우라면 이를 참작할 수 있으나, 입증책임은 주장하는 자에게 있다(대판 2010.4.29, 2009두17360).

III 인근 유사토지 아닌 토지의 거래사례

거래사례가 인근 유사토지의 정상거래가격이 아닌 이상 그 가격에서 개발이익과 그 동안의 지가변동률을 공제하고 지역요인과 개별요인의 비교치를 산출·적용하여 산정하였다고 하여도 객관적이고도 적정한 가격평정이 담보된다고 할 수 없으므로 이를 근거로 하여 인근 유사토지의 정상거래가격을 산정하는 것은 적절하지 아니하다(대판 1991.9.24, 91누2038).

IV 자연적 지가 증가분

공시지가에 공익사업의 시행으로 인한 개발이익이 포함되어 있을 경우 그 공시지가에서 그러한 개발이익을 배제한 다음 이를 기준으로 하여 손실보상액을 평가하며, 자연적 지가상승분을 반영하지 못한 경우에는 자연적 지가상승률을 산출하여 이를 기타요인으로 참작하여 손실보상액을 평가하는 것이 정당보상의 원리에 합당하다(대판 1993.7.27, 92누11084).

V 온천의 개발가능성

보상 대상의 토지가 온천개발자의 비용과 노력으로 개발을 한 끝에 온천발견신고를 하고 온천으로 적합하다는 한국자원연구소의 중간보고까지 제출된 경우는, 해당 토지에 온천이 있다는 것이 어느 정도 확인된 셈이어서 지가형성에 영향을 미치는 객관적 요인이 생겼다고 보는 것이 타당하다. 그러므로 이러한 토지를 평가할 때 장래 온천으로 개발될 가능성 자체를 그 밖의 요인으로 보정하거나 지역요인 및 개별요인 분석에서 해당 토지의 장래동향 등을 그 밖의 요인으로 참작하는 등 어떠한 형태로든 이를 반영하여야 한다(대판 2000.10.6, 98두19414).

손실보상의 요건 및 기준

📝 사례 130 손실보상청구권의 법적 성질 및 소송유형

갑은 뱀장어양식업을 경영할 목적으로 교통이 편리하고 양질의 물 공급이 원활한 토지를 물색하던 중 토지의 한쪽은 도시순환 도로(지방도)에 접하고 다른 한쪽은 A광역시를 병풍처럼 감싸고 있는 큰 산을 끼고 흐르는 지방 1급 하천의 제방에 접한 제방 외부의 사유지 한 필지를 매입하였다. 갑은 이 토지에 양어장을 조성한 다음 A광역시 시장인 을로부터 이 하천의 유수사용 허가를 받아 본격적인 뱀장어양식업을 시작하였다. 그런데, 2005년 여름 태풍 나비의 영향으로 갑의 양어장 일대에 갑작스런 게릴라성 폭우로 인해 주변 산지로부터 계곡의 물과 토사가 일시에 하천으로 유입되어 양어장에 접한 그 부근의 S자형 제방이 전부 유실되면서 갑의 양어장에 이르기까지 유수와 토사가 밀려들고, 그 일대의 자연취락은 완전히 수몰되는 피해가 발생하였다. 이렇게 되자 을시장은 긴급 수해복구공사에 착수하였으나, 복구공사는 주로 수해 취락지역에 한정하고 갑의 양어장을 비롯하여 그 주변의 유실된 제방에 대해서는 추후 예상되는 홍수 발생 시에 제방을 복구하는 것보다는 제방이 유실된 상태로 하천유수가 흐르는 노천인 상태가 좋다는 판단에서 의도적으로 복구하지 않고 방치하였다. 그로 인해 갑의 양어장 토지 중 절반부분은 현재 지속적으로 하천의 물이 흐르고 있으며, 지목 또한 지적법상 "양어장"에서 "하천"으로 변경되었다.

이에 갑은 여러 차례 위 하천 관리청인 을에게 무상으로 자신의 양어장 토지에 하천 물이 흐르도록 방치하는 것은 재산권 침해에 해당한다고 주장하며 보상을 요구하였으나, 을시장은 갑의 양어장 건너편에 접한 기존 도시순환도로에 대해 상시적인 교통체증현상을 해소할 목적으로 이 도로의 폭을 넓히기 위해 갑의 양어장 나머지 부분 전체를 도로법상 도로구역으로 결정·고시한 다음, 곧바로 "공익사업을 위한 토지등의 취득 및 보상에 관한 법률(이하 '토지보상법')"에 따라 토지·물건조서를 작성한 다음 협의매수절차에 들어갔으나, 갑이 이에 응하지 않아 결국 중앙토지수용위원회의 수용재결이 이루어졌다. 갑은 이 수용재결 그 자체에는 불만이 없으나, 보상재결(보상액을 결정한 부분)에 불만을 가지고 토지보상법 제85조 제2항에 의거하여 사업시행자를 상대로 다투고자 한다.
30점

(1) 위 사안에서 갑이 자신의 양어장 토지 절반에 하천 물이 흐르는 것에 대해 정식으로 을시장과 손실보상을 협의하였으나, 협의가 성립되지 않아 소송을 통하여 손실보상을 청구할 경우에 이 소송의 형식은? 15점

(2) 위 사안에서 을시장의 도로확대와 관련하여 갑이 보상금증가를 목적으로 토지보상법 제85조 제2항에 의거하여 소송을 제기한다면, 그 소송의 법적 성질과 소송의 대상은? 15점

> [I] (설문 1) 손실보상청구 소송의 형식
>   1. 문제점
>   2. 손실보상의 의의
>   3. 손실보상청구권의 성질
>   (1) 학설
>   1) 사권설
>   2) 공권설
>   (2) 판례
>   (3) 검토
>   4. 사안의 해결
>
> [II] (설문 2) 보상금증감청구소송의 법적 성질 및 소송의 대상
>   1. 문제점
>   2. 법적 성질
>   (1) 형식적 당사자소송인지 여부
>   (2) 형성소송인지, 확인소송인지 여부
>   1) 학설
>   2) 판례
>   3) 검토
>   3. 소송의 대상
>   (1) 보상금증감청구소송의 인정범위
>   (2) 보상금증감청구소송의 대상
>   4. 사안의 해결

I [설문 1] 손실보상청구 소송의 형식

1. 문제점

재산권에 대한 공용침해가 있는 경우 손실보상을 하여야 한다(헌법 제23조 제3항). 사안에서 갑이 협의의 불성립으로 인해 손실보상을 청구하는 경우 민사소송으로 소를 제기해야 할지 행정소송으로 제기해야 할지가 문제된다.

이는 손실보상청구권의 법적 성질이 공권인지 사권인지에 관한 문제이다.

2. 손실보상의 의의

손실보상이란 공공필요에 의한 적법한 공권력의 행사로 가하여진 개인의 특별한 재산권침해에 대하여, 행정주체가 사유재산권 보장과 평등부담의 원칙 및 생존권 보장차원에서 행하는 조절적인 재산적 전보를 말한다.

3. 손실보상청구권의 성질

(1) 학설

1) 사권설

사권설은 손실보상청구권의 원인인 공용침해행위는 공법적인 것이지만, 손실보상청구권 자체는 이와 별개의 권리이며 기본적으로 사법상의 금전지급청구권과 다르지 않다고 본다.

2) 공권설

공권설은 손실보상청구권은 공권력의 행사인 공용침해라는 원인으로 발생한 공법적 효과이므로 공권으로 보아야 하며, 그 소송형식은 당사자소송이라고 본다.

(2) 판례
1) 최근 하천법상 손실보상청구권과 관련하여 행정상 당사자소송의 대상이 된다고 본 바 있다.
2) 세입자의 주거이전비는 ① 사업추진을 원활하게 하려는 정책적 목적과 ② 사회보장적인 차원에서 지급되는 금원의 성격을 가지므로 세입자의 주거이전비 보상청구권은 〈공법상 권리〉이고, 공법상 법률관계를 대상으로 하는 행정소송에 의해 다투어야 한다고 판시한 바 있다.

(3) 검토
손실보상청구권은 공권력의 행사로 인하여 발생한 권리이므로 공권으로 보아야 하며, 공법적 판단이 전제된다는 점에서 행정법원이 관할을 가지고 심리·판단하는 것이 일관성이 있다. 개정안에서도 손실보상에 관한 소송을 당사자소송으로 하도록 규정하고 있는 점에 비추어 공권으로 봄이 타당하다.

4. 사안의 해결
갑이 소송을 통하여 손실보상을 청구하는 경우, 손실보상청구권이 공권이라는 점을 고려할 때 공법상 당사자소송을 제기할 수 있다.

Ⅱ [설문 2] 보상금증감청구소송의 법적 성질 및 소송의 대상

1. 문제점
토지수용위원회의 재결은 수용재결과 보상재결로 나누어 볼 수 있다. 수용 자체에 불만이 없고 보상금액의 다과에만 불만이 있을 경우 토지소유자는 사업시행자를 피고로 하여 보상금의 증감에 관한 소송을 제기할 수 있다(토지보상법 제85조 제2항). 이러한 소송의 법적 성질과 소송의 대상을 검토한다.

2. 법적 성질

(1) 형식적 당사자소송인지 여부
형식적 당사자소송이란 해당 처분 또는 재결의 효력을 다툼이 없이 직접 그 처분·재결에 의하여 형성된 법률관계에 대하여 그 일방 당사자를 피고로 하여 제기하는 소송이다.

종래에는 피고로 재결청을 포함하여 논란이 있었으나, 현행 토지보상법은 토지수용위원회를 피고에서 제외하도록 규정하여 사업시행자와 토지소유자 사이의 전형적인 형식적 당사자소송으로 규정하고 있다.

(2) 형성소송인지, 확인소송인지 여부
1) 학설
① 법원이 재결을 취소하고 보상금을 결정하는 〈형성소송설〉, ② 법원이 정당보상액을 확인하고 금전지급을 명하거나 과부된 부분을 되돌려 줄 것을 명하는 〈확인·급부소송설〉의 견해가 대립된다.

2) 판례

〈판례〉는 해당 소송을 이의재결에서 정한 보상금이 증액, 변경될 것을 전제로 하여 기업자를 상대로 보상금의 지급을 구하는 확인·급부소송으로 보고 있다.

3) 검토

형성소송설은 권력분립에 반할 수 있으며 일회적인 권리구제에 비추어 확인·급부소송설이 타당하다.

3. 소송의 대상

(1) 보상금증감청구소송의 인정범위

보상금증감청구소송을 통해 손실보상금액의 증감, 금전보상·채권보상 등 손실보상의 방법, 보상항목의 인정(대판 1999.10.12, 99두7517), 이전이 곤란한 물건의 수용보상, 보상면적 등을 다툴 수 있다.

(2) 보상금증감청구소송의 대상

원처분인 수용재결이 소송의 대상이 된다고 보는 견해도 있으나, 보상금증감청구소송이 확인·급부소송의 성질을 지닌다는 점을 고려하면 보상금에 관한 법률관계가 다툼의 대상이 되는 것으로 보아야 할 것이다.

4. 사안의 해결

갑이 제기한 보상금증감청구소송에서의 당사자는 사업시행자인 A광역시와 토지소유자인 갑이며 그 성질은 확인 및 보상금지급을 청구하는 확인·급부소송이다.

보상금증감청구소송의 대상은 보상금에 관한 법률관계이며, 보상금액 외에도 보상방법, 보상면적 등을 다툴 수 있다.

대판 2006.5.18, 2004다6207 全合

1. 하천법 등에서 하천구역으로 편입된 토지에 대하여 손실보상청구권을 규정한 것은 헌법 제23조 제3항이 선언하고 있는 손실보상청구권을 구체화한 것으로서, 하천법 그 자체에 의하여 직접 사유지를 국유로 하는 이른바 입법적 수용이라는 국가의 공권력 행사로 인한 토지소유자의 손실을 보상하기 위한 것으로 그 법적 성질은 공법상의 권리이므로, 구 하천법(1984.12.31. 법률 제3782호로 개정된 것, 이하 '개정 하천법'이라 한다) 부칙 제2조 또는 '법률 제3782호 하천법 중 개정법률 부칙 제2조의 규정에 의한 보상청구권의 소멸시효가 만료된 하천구역 편입토지 보상에 관한 특별조치법'(이하 '특별조치법'이라 한다) 제2조에 의한 손실보상의 경우에도 이를 둘러싼 쟁송은 공법상의 법률관계를 대상으로 하는 행정소송절차에 의하여야 할 것이다.
2. 〈해설〉 이 판례는 하천법상의 손실보상청구에 한정된 판례가 아니라 일반적으로 손실보상청구권을 사권으로 보고 손실보상청구소송을 민사소송으로 본 종전의 판례를 변경하여 손실보상청구권을 공권으로 보고, 따라서 손실보상청구소송은 항상 공법상 당사자소송으로 제기하여야 한다고 한 판례이다.

 당사자소송

행정소송의 한 유형으로 행정청의 처분 등을 원인으로 하는 법률관계에 관한 소송 또는 그 밖의 공법상 법률관계에 관한 소송으로서 그 법률관계의 한쪽 당사자를 피고로 하는 소송
항고소송이 행정청의 유권적 행정행위가 있은 뒤에 그 행위의 위법을 다투는 복심적(覆審的) 성질을 가지는 데 대하여, 당사자소송은 아직 유권적 결정이 없는 공법상의 권리관계 또는 법률관계를 다투는 시심적(始審的) 성질을 가지며 민사소송과 그 본질을 같이 한다. 다만 민사소송이 사법상의 권리관계를 대상으로 하는 점에서 다르다. 그러나 실제에 있어서는 일반적으로 공법상의 권리관계에 대한 분쟁도 항고소송으로 해결되거나 민사소송으로 해결되는 경우가 대부분이어서 실무상 당사자소송의 예는 별로 많지 않다.
당사자소송은 실질적 당사자소송과 형식적 당사자소송으로 나누어진다. 실질적 당사자소송은 공법상의 법률관계 그 자체를 대상으로 하는 것을 말하는데 그 소송형태는 민사소송에 아주 가까우며, 국공립학교 학생 지위의 존부확인이나 공무원 지위의 존부확인을 구하는 소송, 공무원의 급여·연금 등 공법상 금전지급을 구하는 소송 등이 그 예이다. 한편 형식적 당사자소송이란 공법상의 권리관계에 관한 분쟁이 있는 경우에 행정청의 재결을 기다려서 그 재결 등을 다투는 경우와 같이, 행정청의 권한행사를 소송대상으로 하면서도 그 소송형태에서는 그 분쟁의 실체가 당사자 간의 재산에 관한 것이어서 행정청을 피고로 하지 않고 그 법률관계의 당사자 일방을 피고로 하는 경우를 말하는데, 실질적으로는 항고소송과 하등 다를 바가 없다. 행정소송법은 당사자소송에 관하여 피고적격, 재판관할, 제소기간과 소의 변경 등을 규정하고 있으나 행정소송법은 항고소송을 중심으로 규정되어 있기 때문에 대부분의 경우에는 항고소송에 관한 규정을 준용하도록 하고 있다(제39조~제44조).

사례 131 특별한 희생과 보상규정

2020년 개별공시지가의 결정을 위해 Y구 소속 공무원 丁은 개별공시지가의 산정을 위해 甲의 토지를 출입하였고, 적법절차를 준수하여 출입할 날의 3일 전에 甲에게 일시와 장소를 통지하였다. 그러나 丁은 甲의 토지에 출입하여 측량 또는 조사를 하면서 甲에게 재산상 피해를 발생시켰다. 「부동산 가격공시에 관한 법률」에는 이에 대한 손실보상을 규정하거나 준용규정을 두고 있지 않다. 이 경우 甲이 손실보상을 청구할 수 있는지를 검토하시오. 15점

관련 규정

[부동산 가격공시에 관한 법률]
제13조 (타인토지에의 출입 등)
① 관계 공무원 또는 부동산가격공시업무를 의뢰받은 자(이하 "관계공무원 등"이라 한다)는 제3조 제4항에 따른 표준지가격의 조사·평가 또는 제10조 제4항에 따른 토지가격의 산정을 위하여 필요한 때에는 타인의 토지에 출입할 수 있다.
② 관계공무원 등이 제1항에 따라 택지 또는 담장이나 울타리로 둘러싸인 타인의 토지에 출입하고자 할 때에는 시장·군수 또는 구청장의 허가(부동산가격공시업무를 의뢰 받은 자에 한정한다)를 받아 출입할 날의 3일 전에 그 점유자에게 일시와 장소를 통지하여야 한다. 다만, 점유자를 알 수 없거나 부득이한 사유가 있는 경우에는 그러하지 아니하다.
③ 일출 전·일몰 후에는 그 토지의 점유자의 승인 없이 택지 또는 담장이나 울타리로 둘러싸인 타인의 토지에 출입할 수 없다.
④ 제2항에 따라 출입을 하고자 하는 자는 그 권한을 표시하는 증표와 허가증을 지니고 이를 관계인에게 내보여야 한다.
⑤ 제4항에 따른 증표와 허가증에 필요한 사항은 국토교통부령으로 정한다.

Ⅰ 쟁점의 정리
Ⅱ 특별한 희생
  1. 의의 및 사회적 제약과의 구별실익
  2. 학설
  3. 판례
  4. 검토

Ⅲ 보상규정의 존재
  1. 문제점
  2. 학설
  3. 판례
  4. 검토
Ⅳ 사안의 해결

Ⅰ 쟁점의 정리

손실보상이란 공공필요에 의한 적법한 공권력의 행사로 가하여진 개인의 특별한 재산권침해에 대하여, 행정주체가 사유재산권 보장과 평등부담의 원칙 및 생존권 보장차원에서 행하는 조절적인 재산적 전보를 말한다. 손실보상의 요건으로는 공공필요, 재산권에 대한 공권적 침해, 침해의 적법성 및 법적 근거, 특별한 희생 및 보상규정이 있다. 설문은 특별한 희생과 보상규정이 문제된다.

Ⅱ 특별한 희생

1. 의의 및 사회적 제약과의 구별실익

특별한 희생이란, 타인과 비교하여 불균형하게 과하여진 권익의 박탈, 즉 사회적 제약을 넘어서는 손실을 의미한다. 재산권 행사의 공공복리 적합의무로서 사회적 제약은 보상의 대상이 되지 아니하는 데 구별의 실익이 있다.

2. 학설

'침해행위의 인적범위를 특정할 수 있는지'를 형식적으로 판단하는 형식설과, 침해행위의 성질과 강도를 기준으로 판단하는 실질설이 있다.

3. 판례

대법원은 개발제한구역지정은 공공복리에 적합한 합리적인 제한이라고 판시한 바 있으며, 헌법재판소는 종래 목적으로 사용할 수 없거나, 실질적으로 토지의 사용, 수익이 제한된 경우는 특별한 희생에 해당하는 것으로 본다.

4. 검토

형식설과 실질설은 일면 타당성이 인정되므로 양자를 모두 고려하여 특별한 희생을 판단함이 타당하다.

Ⅲ 보상규정의 존재

1. 문제점

보상규정이 존재하면 해당 규정에 따라 보상하면 되지만 특별한 희생에 해당함에도 보상규정이 없는 경우가 헌법 제23조 제3항의 해석과 관련하여 문제된다.

2. 학설

① 보상에 대한 명문규정이 없으면 보상이 안 된다는 방침규정설, ② 헌법 제23조 제3항은 불가분조항이므로 보상규정이 없으면 이에 반하는 위법한 수용인 바 손해배상을 청구해야 한다는 위헌무

효설, ③ 헌법 제23조 제3항을 직접근거로 손실보상청구가 가능하다는 직접효력설, ④ 헌법 제23조 제1항 및 헌법 제11조에 근거하고 헌법 제23조 제3항 및 관계규정을 유추적용할 수 있다는 유추적용설

3. 판례

대법원은 시대적 상황에 따라 직접효력설, 유추적용설 등 태도를 달리하고, 헌법재판소는 보상입법의무의 부과를 통해 해결해야 한다고 판시한 바 있다.

4. 검토

손실보상의 문제는 원칙적으로 입법적으로 해결해야 하나 입법자의 헌법적 의무가 해태되거나 국가배상법의 과실요건이 완화되기 전까지는 관련규정을 유추적용하여 해결함이 타당하다. 또한 특별한 희생에 해당한다면 공평부담의 견지에서 보상해주는 것이 손실보상의 취지에 부합하므로 관련규정 등을 유추적용함이 타당하다.

Ⅳ 사안의 해결

설문에서 丁은 甲의 토지에 출입하여 측량 또는 조사를 하면서 甲에게 재산상 피해를 발생시켰으며, 이러한 피해가 특별한 희생에 해당한다면 손실보상을 해주어야 한다. 부동산공시법 제13조에는 이에 대한 보상규정이 없으므로 보상과 관련된 제 규정들을 유추적용하여 보상함이 타당하므로 甲은 자신의 특별한 희생을 보상해 줄 것을 청구할 수 있다.

사례 132 특별한 희생과 보상규정

갑은 약 30년 이전에 자신의 조부 때부터 정치망어업을 통해 포획한 활어 및 하천하구를 비롯하여 그 일대의 갯벌 등에서 채취한 작은 어류 등을 장기간 보관·판매할 목적으로 약 1ha 규모의 토지에 축조한 축양장 시설을, 그 지역 수산업협동조합으로부터 거금을 대출받아 자동적으로 바닷물의 유출입이 가능한 송배수관시설을 보완하는 등 완전히 첨단적·과학적인 양식시설로 개보수를 단행하였다. 이와 같은 시설정비에 기초하여 갑은 수산업법상 소정의 요건을 갖추어 A도 도지사 을로부터 5년을 기간으로 하는 "육상해수양식어업허가"를 발급받아, 현재 1회의 허가연장을 통하여 갑의 양식어업은 7년차에 들어가고 있으며, 사업은 순조롭다. 그런데, 문제는 갑의 양식어업 부근에 위치한 자연습지에 대해 최근 환경단체의 요구와 정부방침의 변화가 있어 습지보전법에 따라 을은 이 지역 습지에 대해 생물의 다양성이 풍부한 지역으로 판단하여 "습지보호지역"으로 지정하고, 습지로부터 불과 1km의 거리에 위치한 갑의 양식장에 이르기까지 "습지주변관리지역"으로 지정한 다음, 갑의 양식장은 이들 습지에 기생하는 수산자원의 보호를 위해 어업허가를 취소한다는 통지를 함으로써 갑은 더 이상 육상해수양식어업을 할 수 없게 되었다. 갑은 매우 난감해하면서 전문 변호사를 찾아가 권리구제방안을 상담할 예정이다(다만, 본 문제의 성립을 위해서 을의 취소에 대해 수산업법·습지보호법상에 손실보상규정이 없다고 상정한다). 20점

(1) 위 사안에서 을의 갑에 대한 육상해수양식어업허가의 취소가 행정상 손실보상의 요건으로서 "특별한 희생"에 해당한다고 볼 수 있는지? 10점

(2) 위 사안과 관련하여 앞 (1)이 인정된다면 갑이 손실보상을 청구할 수 있는 방안에 대한 법리는? 10점

(설문 1) 특별한 희생의 판단
Ⅰ 쟁점의 정리
Ⅱ 경계이론과 분리이론
Ⅲ 특별한 희생의 판단기준
  1. 의의 및 사회적 제약과의 구별실익
  2. 학설
  3. 판례
  4. 검토
Ⅳ 사안의 해결

(설문 2) 손실보상규정이 없는 경우의 손실보상청구
Ⅰ 쟁점의 정리
Ⅱ 보상규정이 없는 경우의 해결방안
  1. 학설의 대립
  2. 판례
  3. 검토
Ⅲ 사안의 해결

(설문 1) 특별한 희생의 판단

I 쟁점의 정리

육상해수양식어업허가는 재산권에 해당한다고 볼 수 있으므로, 공익의 필요를 위해 허가를 취소한 경우 손실보상의 요건으로서 특별한 희생에 해당하는지 문제된다. 헌법 제23조 해석에 관한 견해 대립 및 특별한 희생의 판단기준을 검토한다.

II 경계이론과 분리이론

재산권의 내용과 한계는 입법자가 정한다는 분리이론과 침해의 정도에 따라 구분된다는 경계이론이 대립되나, 우리 헌법 제23조 제3항이 독일 헌법과 달리 재산권의 사용이나 제한에 대해서도 규정하고 있으므로 독일의 분리이론을 수용하기에는 무리가 있다. 따라서 이하에서는 경계이론의 입장에서 특별한 희생을 판단한다.

III 특별한 희생의 판단기준

1. 의의 및 사회적 제약과의 구별실익

특별한 희생이란, 타인과 비교하여 불균형하게 과하여진 권익의 박탈, 즉 사회적 제약을 넘어서는 손실을 의미한다. 재산권 행사의 공공복리 적합의무로서 사회적 제약은 보상의 대상이 되지 아니하는 데 구별의 실익이 있다.

2. 학설

① '침해행위의 인적 범위를 특정할 수 있는지' 형식적으로 판단하는 형식설과 ② 침해행위의 성질과 강도를 기준으로 판단하는 실질설이 있다.

3. 판례

① 대법원은 개발제한구역지정은 공공복리에 적합한 합리적인 제한이라고 판시한 바 있다. ② 헌법재판소는 종래목적으로 사용할 수 없거나, 실질적으로 토지의 사용, 수익이 제한된 경우는 특별한 희생에 해당하는 것으로 본다.

4. 검토

형식설과 실질설은 일면 타당하므로 양자를 모두 고려하여 특별한 희생을 판단함이 타당하다.

Ⅳ 사안의 해결

습지보전법에 따라 갑의 양식장 일대가 습지주변관리지역으로 지정된 것이 허가취소의 원인이므로 습지주변관리지역이라는 한정된 범위 내에서 양식어업을 해오던 자들이 침해행위의 대상이라고 볼 수 있다. 또한 어업허가의 취소는 갑의 재산권을 종래의 목적대로 사용할 수 없게 할 뿐만 아니라 사적 효용의 본질적인 면을 침해하는 것이다. 또한 침해의 정도가 중대하고, 갑의 수인한도를 넘는다고 볼 수 있다. 따라서 특별한 희생에 해당한다고 볼 수 있다.

(설문 2) 손실보상규정이 없는 경우의 손실보상청구

Ⅰ 쟁점의 정리

보상규정이 존재하면 해당 규정에 따라 보상하면 되지만 특별한 희생에 해당함에도 보상규정이 없는 경우가 헌법 제23조 제3항의 해석과 관련하여 문제된다.

Ⅱ 보상규정이 없는 경우의 해결방안

1. 학설의 대립

① 명문규정이 없으면 안 된다는 방침규정설, ② 헌법 제23조 제3항은 불가분조항이므로 보상규정이 없으면 이에 반하는 위법한 수용인 바 손해배상을 청구해야 한다는 위헌무효설, ③ 헌법 제23조 제3항을 직접근거로 손실보상청구가 가능하다는 직접효력설, ④ 헌법 제23조 제1항 및 헌법 제11조에 근거하고 제23조 제3항 및 관계규정을 유추적용할 수 있다는 유추적용설이 있다.

2. 판례

대법원은 시대적 상황에 따라 직접효력설, 유추적용설 등 태도를 달리하고, 헌법재판소는 보상입법의무의 부과를 통해 해결한다.

3. 검토

손실보상의 문제는 원칙적으로 입법적으로 해결해야 하나 입법자의 헌법적 의무가 해태되거나 국가배상법의 과실요건이 완화되기 전까지는 관련규정을 유추적용하여 해결함이 타당하다.

Ⅲ 사안의 해결

수산업법 및 습지보호법을 헌법 제23조 제3항 위반으로 위헌 무효라고 볼 수는 없고, 또한 헌법 제23조 제3항에 직접 근거하여 손실보상을 청구할 수는 없지만, 갑은 헌법 제23조 제3항의 취지 및 관련규정을 유추하여 손실보상을 청구할 수 있다고 보아야 한다.

사례 133 공용제한에 대한 보상기준
공용제한에 대한 손실보상의 기준을 논하시오. [10점]

1. 문제점
처음부터 보상규정이 없거나, 보상을 하여야 한다는 규정을 두는 데 지나지 않으므로 구체적인 보상의 기준이 문제된다.

2. 학설
① 이용제한과 상당인과관계 있는 모든 손실보상을 보상해야 한다는 상당인과관계설, ② 제한에 의한 지가하락분을 보상해야 한다는 지가하락설, ③ 제한을 지역권설정으로 보아 지역권설정 대가로 보상해야 한다는 지대설, ④ 제한으로 인해 예상치 못한 비용이 발생한 경우에 적극적이고 현실적인 비용을 보상해야 한다는 적극적 실손보전설이 있다.

3. 검토
제한으로 인한 지가하락, 비용지출 등의 인과관계가 인정된다면 보상함이 타당하다고 판단된다. 따라서 개별적인 사안마다 구체적인 인과관계의 판단이 중요하다고 사료된다.

4. 공용제한보상법제의 개선방안

(1) 일반법의 제정
토지보상법처럼 일반법적 성격의 법률로 제한에 대한 보상제정이 바람직하다.

(2) 개별법의 정비
공용제한규정 제정 시 이에 대한 구제수단도 같이 입법함이 바람직하다.

(3) 보상기준의 제시
제한의 종류가 다양하므로 이를 유형화하여 각 경우에 합당한 보상기준을 제시함이 합당하다.

Chapter 03 현금보상과 생활보상

> **사례 134** 채권보상과 대토보상
>
> '공익사업을 위한 토지등의 취득 및 보상에 관한 법률' 제63조에서는 현금보상 등을 규정하고 있다. 현금보상의 예외로서 채권보상과, 대토보상에 대하여 설명하시오. 20점

```
Ⅰ 개설(현금보상원칙의 취지와 문제점)        Ⅲ 대토보상(제63조 제1항)
Ⅱ 채권보상(제63조 제7항 및 제8항)            1. 의의 및 취지
   1. 의의 및 취지                            2. 대토보상의 요건
   2. 채권보상의 요건                         3. 대토보상의 내용
      (1) 임의적 채권보상(제63조 제7항)        4. 현금보상으로의 변경
      (2) 의무적 채권보상(제63조 제8항)        5. 대토보상의 문제점 및 개선방안
   3. 채권보상의 내용
   4. 채권보상의 정당성
      (1) 문제점
      (2) 학설
      (3) 검토
   5. 채권보상의 문제점과 개선안
```

Ⅰ 개설(현금보상원칙의 취지와 문제점)

다른 법률에 특별한 규정이 없는 한 현금보상이 원칙이다(제63조 제1항). 이는 ① 자유로운 유통보장과 ② 객관적인 가치변동이 적기 때문이다. 따라서 가장 합리적이고 객관성을 확보할 수 있다. 단, ① 인근 토지수요의 증가로 인한 지가상승, ② 동일면적의 대토구입 어려움, ③ 사업시행자의 지급부담문제가 있으므로 이에 대한 대안으로 채권보상과 대토보상을 규정하고 있다.

Ⅱ 채권보상(제63조 제7항 및 제8항)

1. 의의 및 취지

현금보상의 예외로서 채권으로 보상하는 것을 말한다. 이는 ① 과도한 투기자금의 공급을 방지하고 ② 사업시행자의 일시적 유동경색 방지에 목적이 있다.

2. 채권보상의 요건

(1) 임의적 채권보상(제63조 제7항)
① 〈사업주체〉는 국가, 지방자치단체, 대통령령으로 정하는 공공기관 및 공공단체가 되어야 한다. ② 부재부동산 소유자의 토지 중 1억원을 초과하는 금액이나 소유자 또는 관계인이 원하는 경우가 해당한다(부재부동산 소유자는 영 제26조의 규정에 의한다).

(2) 의무적 채권보상(제63조 제8항)
① 토지투기우려지역(토지거래허가구역이 속한 시·군·구 및 연접한 시·군·구 포함)에서 ② 택지, 도시, 산업단지 등의 개발사업을 시행하는 대통령령으로 정하는 공공기관 및 공공단체는 ③ 부재부동산 소유자의 토지 중 1억원을 초과하는 금액에 대하여 채권으로 지급해야 한다.

3. 채권보상의 내용
보상채권은(최소액면 10만원) 액면금액으로 무기명증권으로 발행하되 멸실, 도난의 경우에도 재발행하지 아니한다. 채권상환기간은 5년 이내로 하되 원리금은 상환일에 일시 상환한다. 이율은 국공채 및 예금금리이율을 적용한다.

4. 채권보상의 정당성

(1) 문제점
① 채권보상이 보상방법을 제한하는 것인지와 ② 부재부동산의 경우 평등의 원칙 위배 여부, ③ 사전보상의 원칙의 예외인지가 문제된다.

(2) 학설
① 〈위헌이라는 견해〉는 보상방법의 제한, 사전보상의 원칙문제로 위헌이라고 한다. ② 〈합헌이라는 견해〉는 채권보상 목적의 정당성, 통상의 수익률보장, 부재지주의 자산증식 목적에 비추어 차별의 합리성을 인정할 수 있다고 한다.

(3) 검토
채권보상의 목적이 투기방지에 있으며, 통상의 수익률도 보장하므로 차별의 합리성을 인정할 수 있다고 보인다. 따라서 채권보상은 정당하다고 판단된다.

5. 채권보상의 문제점과 개선안
금전보상은 피수용자가 대체토지를 취득하여 같은 생활을 할 수 있게 하는 제도이나 채권보상은 양도, 담보가 허용되어 사실상 대체토지수요로 전환되어 지가상승을 유발하는 문제가 있다. 따라서 양도, 담보를 일정기간 동안 방지하는 등의 입법적 보완이 필요하다.

Ⅲ 대토보상(제63조 제1항)

1. 의의 및 취지
현금보상의 예외로서 공익사업의 시행으로 조성한 토지로 보상하는 것을 말한다(제63조 제1항). 이는 ① 사업시행자의 손실보상금 지급부담을 경감하고, ② 인근의 대토수요 억제를 통한 지가상승 완화 및 방지, ③ 토지소유자의 개발이익 일정부분 공유를 취지로 한다. 이는 보상의 다원화 수단 중 하나이다.

2. 대토보상의 요건
① 대지분할제한면적 이상의 토지를 사업시행자에게 양도한 토지소유자가 원하는 경우로서 ② 토지이용계획 및 사업계획을 고려하여 토지로 보상하는 경우가 가능한 경우이다. ③ 대상자가 경합하는 경우에는 부재부동산 소유자가 아닌 자중에서 해당 사업지구 내 거주하는 자로서 토지 보유기간이 오래된 자 순으로 하되, 그 외는 사업시행자가 정하여 공고한다.

3. 대토보상의 내용
특별한 규정이 없는 한 일반분양가를 기준으로 하고 주택용지는 990제곱미터 상업용지는 1100제곱미터를 초과할 수 없다. 또한 계약체결일로부터 소유권이전등기 시까지 전매가 제한되며, 위반 시 현금으로 보상하여야 한다. 단, 개발전문 부동산투자회사에 현물로 출자하는 것은 가능하다.

4. 현금보상으로의 변경
① 사업계획이 변경되는 경우, ② 토지소유자가 체납, 해외이주 등 법령사유로 현금보상을 요청하는 경우, ③ 토지로 보상받기로 하였으나 그 보상계약 체결일부터 1년이 경과한 경우 이를 현금으로 전환하여 보상하여 줄 것을 청구할 수 있다.

5. 대토보상의 문제점 및 개선방안
대체지를 조성할 수 없는 선적인 사업은 대체지 보상에서 제외되는 문제가 있다. 따라서 다른 사업으로 조성된 토지를 활용하거나 사업시행자 기보유 토지를 활용하는 방법 등을 모색해야 할 것이다.

사례 135 생활보상 및 이주대책 불복수단

갑(무주택세대주)은 1986.4.29. 병으로부터 병이 미등기상태로 사실상 소유하고 있던 가옥을 매수한 후, 같은 해 5.29. 을에게 전세금 1,200,000원에 임대하였다. 그런데 2014. 경 광명시 하안동, 철산동 및 서울시 구로구 구로동 일원에 택지개발사업이 시행되면서 갑 소유의 미등기 가옥은 철거대상이 되었다. 택지개발사업의 시행에 따른 지장물 철거 시 그 손실보상의 한 방법으로서 그 철거대상건물의 사실상 소유자를 대상으로 그가 무주택자일 경우에는 거주지에 관계없이 ○○아파트의 특별분양권을 부여하기로 하는 토지보상법상 이주대책이 수립, 실시되었다. 사업시행자는 이주대책에 따라 철거대상물들의 소유자를 조사하는 과정에서 갑 소유의 가옥에 대한 지장물세목조서상의 소유명의를 갑으로 하여야 함에도 불구하고 착오로 임차인에 지나지 아니한 을로 등재하고, 을에게 ○○아파트의 특별분양권을 부여하였다. 이에 갑은 ○○아파트의 특별분양권의 공급대상은 을이 아닌 자신이라고 주장한다. 30점

(1) 이와 관련하여 생활보상 및 이주대책의 법적 근거를 설명하시오. 5점
(2) 갑이 관철할 수 있는 권리구제수단을 논하시오. 25점

(설문1)의 해결
Ⅰ 개설(생활보상 및 이주대책의 의의)
Ⅱ 생활보상 및 이주대책의 법적 근거
   1. 헌법적 근거
   2. 개별법적 근거

(설문2)의 해결
Ⅰ 쟁점의 정리
Ⅱ 수분양권의 법적 성질 및 발생시기
   1. 수분양권의 의의
   2. 수분양권의 법적 성질 및 발생시기

(1) 공법관계인지
(2) 발생시기
   1) 학설
   2) 판례
   3) 검토
Ⅲ 권리구제수단
   1. 이주대책 대상자 선정행위의 법적 성질
   2. 권리구제 및 소송형식
      (1) 확인·결정시설을 취하는 경우
      (2) 이주대책계획수립이전설을 취하는 경우
      (3) 이주대책계획수립시설을 취하는 경우
Ⅳ 사안의 해결

(설문 1)의 해결

Ⅰ 개설(생활보상 및 이주대책의 의의)

생활보상이란 사업의 시행으로 생활의 근거를 상실하게 되는 피수용자의 생활재건을 위한 보상을 말하며, 이주대책이란 주거용 건축물을 제공하여, 생활의 근거를 상실하는 자에게 종전 생활을 유지시켜주는 일환으로 택지 및 주택을 공급하거나 이주정착금을 지급하는 것을 말한다.

Ⅱ 생활보상 및 이주대책의 법적 근거

1. 헌법적 근거
① 다수견해는(헌법 제23조 및 제34조 결합설) 정책배려로 마련된 생활보상의 일환이라고 한다. ② 소수견해는(제23조설) 정당보상 범주 내의 손실보상의 일환이라고 한다. ③ 헌법재판소는 생활보호 차원의 시혜적 조치라고 한다. ④ 생각건대 생활보상의 근거는 생존권 보장인 점과, 손실보상의 근거는 헌법 제23조 제3항이므로 통합설이 타당하다.

2. 개별법적 근거
토지보상법 제78조에서는 주거용 건축물을 제공한 자에 대한 이주대책을 규정하고 있으며, 동법 제78조의2에서는 공장용 부지를 제공한 자에 대한 입주대책을 규정하고 있다. 이 외에도 각 개별법에서 사업의 특수성을 고려한 내용의 이주대책을 규정하고 있다.

(설문 2)의 해결

Ⅰ 쟁점의 정리

갑 소유의 가옥은 택지개발계획사업의 시행으로 인하여 철거될 예정이며, 이에 대한 손실보상의 방법으로 특별분양권이 공급될 것이다. 이 경우 갑에게 특별분양권이 공급되어야 함에도 임차자인 을에게 공급되었는바, ○○아파트를 분양받을 수 있는 권리인 수분양권의 법적 성질과 성립시기를 검토하여, 갑이 항고소송 및 수분양권자의 지위를 구하는 확인소송을 제기할 수 있는지를 논한다.

Ⅱ 수분양권의 법적 성질 및 발생시기

1. 수분양권의 의의
수분양권이란 이주자가 이주대책을 수립, 실시하는 사업시행자로부터 이주대책 대상자로 확인, 결정을 받음으로써 취득하게 되는 택지나 아파트를 분양받을 수 있는 권리를 말한다.

2. 수분양권의 법적 성질 및 발생시기

(1) 공법관계인지

이주대책의 수립 및 집행은 공행정사무이며, 판례도 수분양권은 대상자 확인, 결정에 의해 취득하는 공법상 권리라고 한다.

(2) 발생시기

1) 학설

① 수분양권은 실체적 권리이므로 이주대책계획수립이전에 법상요건이 충족되는 시점에서 발생한다는 이주대책수립이전시설, ② 사업시행자가 이주대책에 관한 구체적인 계획을 수립하여 통지 및 공고한 경우에 발생한다는 이주대책계획수립시설, ③ 사업시행자가 이주대책 대상자로 확인·결정하여야 비로소 수분양권이 발생한다고 보는 확인결정시설의 견해가 있다.

2) 판례

판례는 "이주대책에 정한 절차에 따라 사업시행자에게 이주대책 대상자 선정신청을 하고 사업시행자가 이를 받아들여 이주대책 대상자로 확인·결정하여야만 비로소 구체적인 수분양권이 발생한다"고 하여 확인·결정시설을 취하고 있다.

3) 검토

이주대책 대상자의 경우 법상의 추상적인 이주대책권이 이주대책계획이 수립됨으로써 구체적 권리로 되는 것이므로 이주대책계획수립시설이 타당하다. 법상의 이주대책 대상자가 아닌 자는 확인결정시설이 타당하다.

III 권리구제수단

1. 이주대책 대상자 선정행위의 법적 성질

이주대책 대상자 선정행위로 인해 구체적인 수분양권이 실현되는 것이므로 수분양권의 발생시기를 언제로 보느냐에 따라서 형성처분 및 이행처분으로 볼 수 있다. 어느 견해에 따르더라도 이주대책 대상자 선정에 대한 거부는 이주대책 대상자의 권익에 영향을 미치는 처분으로 볼 수 있다.

2. 권리구제 및 소송형식

(1) 확인·결정시설을 취하는 경우

이주대책 대상자 선정신청에 대한 거부는 거부처분이 되므로 이에 대하여 취소소송을 제기하고 부작위인 경우에는 부작위위법확인소송을 제기하여야 한다. 민사소송이나 공법상 당사자소송으로 이주대책상의 수분양권의 확인 등을 구하는 것은 허용될 수 없다.

(2) 이주대책계획수립이전설을 취하는 경우

이주대책 대상자 선정신청의 거부나 부작위에 대하여 행정쟁송을 제기할 수 있을 뿐만 아니라 이주대책 대상자로서 분양을 받을 권리 또는 그 법률상 지위의 확인을 공법상 당사자소송으로 구할 수 있다고 본다.

(3) 이주대책계획수립시설을 취하는 경우

　　이주대책계획을 수립한 이후에는 분양신청이 거부당한 경우에는 그 거부의 취소를 구하는 행정쟁송을 제기할 수 있을 것이다. 이주대책계획을 수립한 이후에는 이주대책 대상자의 추상적인 수분양권이 구체적 권리로 바뀌게 되므로 확인판결을 얻음으로써 분쟁이 해결되고 권리구제가 가능하여 그 확인소송이 권리구제에 유효 적절한 수단이 될 수 있는 경우에는 당사자소송으로 수분양권 또는 그 법률상의 지위의 확인을 구할 수 있다고 보아야 한다.

Ⅳ 사안의 해결

갑이 공급받을 수 있는 ○○아파트의 특별분양권은 갑 소유의 가옥을 제공함으로써 발생되는 실체적인 손실보상의 내용으로 볼 수 있다. 따라서 갑이 ○○아파트의 특별분양권을 공급받을 권리가 있음을 확인받는 것이 가장 유효적절한 경우에는 수분양권자의 지위를 구하는 확인소송을 제기할 수 있을 것이며, 확인소송의 보충성이 인정되지 않는 경우에는 사업시행자를 대상으로 특별공급대상자 선정과 관련된 항고소송을 제기할 수 있을 것이다.

사례 136 이주대책 불복(계획수립 및 대상자 결정)

LH공사가 경기도 부천시 원미구 상동일대에 택지개발촉진법에 의한 택지개발사업을 시행하려고 2021년 5월에 사업인정을 국토교통부장관에게 신청하여 2021년 6월 20일 사업인정을 받았다. 택지개발사업 시행지구에는 갑 등을 포함해서 20,000여세대의 주민들이 거주하고 있는데 아직 LH공사가 거주민을 위한 이주대책을 수립하지 않고 있다. 이와 관련하여 다음의 설문에 답하시오(택지개발촉진법상 이주대책에 관하여는 토지보상법을 준용하도록 되어 있음). **40점**

(1) LH공사가 이주대책계획을 수립하지 않은 경우 갑은 이주대책계획의 수립을 청구할 수 있는가? 청구할 수 있다면 특정한 내용의 이주대책을 요구할 수 있는가? **20점**

(2) LH공사가 이주대책으로 택지분양권을 주기로 계획을 수립하였고 이에 따라 갑이 이주자로서 이주대책 대상자 신청을 하였으나 주택공사가 확인ㆍ결정을 거부한 경우, 갑의 권리구제수단에 대해서 설명하시오. **20점**

관련 규정

[토지보상법 제78조(이주대책의 수립 등)]

① 사업시행자는 공익사업의 시행으로 인하여 주거용 건축물을 제공함에 따라 생활의 근거를 상실하게 되는 자(이하 "이주대책 대상자"라 한다)를 위하여 대통령령으로 정하는 바에 따라 이주대책을 수립ㆍ실시하거나 이주정착금을 지급하여야 한다.
② 사업시행자는 제1항에 따라 이주대책을 수립하려면 미리 관할 지방자치단체의 장과 협의하여야 한다.
③ 국가나 지방자치단체는 이주대책의 실시에 따른 주택지의 조성 및 주택의 건설에 대하여는 「주택도시기금법」에 따른 주택도시기금을 우선적으로 지원하여야 한다.
④ 이주대책의 내용에는 이주정착지(이주대책의 실시로 건설하는 주택단지를 포함한다)에 대한 도로, 급수시설, 배수시설, 그 밖의 공공시설 등 통상적인 수준의 생활기본시설이 포함되어야 하며, 이에 필요한 비용은 사업시행자가 부담한다. 다만, 행정청이 아닌 사업시행자가 이주대책을 수립ㆍ실시하는 경우에 지방자치단체는 비용의 일부를 보조할 수 있다.
⑤ 제1항에 따라 이주대책의 실시에 따른 주택지 또는 주택을 공급받기로 결정된 권리는 소유권이전등기를 마칠 때까지 전매(매매, 증여, 그 밖에 권리의 변동을 수반하는 모든 행위를 포함하되, 상속은 제외한다)할 수 없으며, 이를 위반하거나 해당 공익사업과 관련하여 다음 각 호의 어느 하나에 해당하는 경우에 사업시행자는 이주대책의 실시가 아닌 이주정착금으로 지급하여야 한다.
  1. 제93조, 제96조 및 제97조 제2호의 어느 하나에 해당하는 위반행위를 한 경우
  2. 「공공주택 특별법」 제57조 제1항 및 제58조 제1항 제1호의 어느 하나에 해당하는 위반행위를 한 경우
  3. 「한국토지주택공사법」 제28조의 위반행위를 한 경우
⑥ 주거용 건물의 거주자에 대하여는 주거 이전에 필요한 비용과 가재도구 등 동산의 운반에 필요한 비용을 산정하여 보상하여야 한다.
⑦ 공익사업의 시행으로 인하여 영위하던 농업ㆍ어업을 계속할 수 없게 되어 다른 지역으로 이주하는 농민ㆍ어민이 받을 보상금이 없거나 그 총액이 국토교통부령으로 정하는 금액에 미치지 못하는 경우에는 그 금액 또는 그 차액을 보상하여야 한다.

⑧ 사업시행자는 해당 공익사업이 시행되는 지역에 거주하고 있는「국민기초생활 보장법」제2조 제1호·제11호에 따른 수급권자 및 차상위계층이 취업을 희망하는 경우에는 그 공익사업과 관련된 업무에 우선적으로 고용할 수 있으며, 이들의 취업 알선을 위하여 노력하여야 한다.
⑨ 제4항에 따른 생활기본시설에 필요한 비용의 기준은 대통령령으로 정한다.
⑩ 제5항 및 제6항에 따른 보상에 대하여는 국토교통부령으로 정하는 기준에 따른다.

[토지보상법 시행령 제40조(이주대책의 수립·실시)]
① 사업시행자가 법 제78조 제1항에 따른 이주대책(이하 "이주대책"이라 한다)을 수립하려는 경우에는 미리 그 내용을 같은 항에 따른 이주대책 대상자(이하 "이주대책 대상자"라 한다)에게 통지하여야 한다.
② 이주대책은 국토교통부령으로 정하는 부득이한 사유가 있는 경우를 제외하고는 이주대책 대상자 중 이주정착지에 이주를 희망하는 자의 가구 수가 10호(戶) 이상인 경우에 수립·실시한다. 다만, 사업시행자가「택지개발촉진법」또는「주택법」등 관계 법령에 따라 이주대책 대상자에게 택지 또는 주택을 공급한 경우(사업시행자의 알선에 의하여 공급한 경우를 포함한다)에는 이주대책을 수립·실시한 것으로 본다.
③ 법 제4조 제6호 및 제7호에 따른 사업(이하 이 조에서 "부수사업"이라 한다)의 사업시행자는 다음 각 호의 요건을 모두 갖춘 경우 부수사업의 원인이 되는 법 제4조 제1호부터 제5호까지의 규정에 따른 사업(이하 이 조에서 "주된 사업"이라 한다)의 이주대책에 부수사업의 이주대책을 포함하여 수립·실시하여 줄 것을 주된 사업의 사업시행자에게 요청할 수 있다. 이 경우 부수사업 이주대책 대상자의 이주대책을 위한 비용은 부수사업의 사업시행자가 부담한다.
  1. 부수사업의 사업시행자가 법 제78조 제1항 및 이 조 제2항 본문에 따라 이주대책을 수립·실시하여야 하는 경우에 해당하지 아니할 것
  2. 주된 사업의 이주대책 수립이 완료되지 아니하였을 것
④ 제3항 각 호 외의 부분 전단에 따라 이주대책의 수립·실시 요청을 받은 주된 사업의 사업시행자는 법 제78조 제1항 및 이 조 제2항 본문에 따라 이주대책을 수립·실시하여야 하는 경우에 해당하지 아니하는 등 부득이한 사유가 없으면 이에 협조하여야 한다.
⑤ 다음 각 호의 어느 하나에 해당하는 자는 이주대책 대상자에서 제외한다.
  1. 허가를 받거나 신고를 하고 건축 또는 용도변경을 하여야 하는 건축물을 허가를 받지 아니하거나 신고를 하지 아니하고 건축 또는 용도변경을 한 건축물의 소유자
  2. 해당 건축물에 공익사업을 위한 관계 법령에 따른 고시 등이 있은 날부터 계약체결일 또는 수용재결일까지 계속하여 거주하고 있지 아니한 건축물의 소유자. 다만, 다음 각 목의 어느 하나에 해당하는 사유로 거주하고 있지 아니한 경우에는 그러하지 아니하다.
     가. 질병으로 인한 요양
     나. 징집으로 인한 입영
     다. 공무
     라. 취학
     마. 해당 공익사업지구 내 타인이 소유하고 있는 건축물에의 거주
     바. 그 밖에 가목부터 라목까지에 준하는 부득이한 사유
  3. 타인이 소유하고 있는 건축물에 거주하는 세입자. 다만, 해당 공익사업지구에 주거용 건축물을 소유한 자로서 타인이 소유하고 있는 건축물에 거주하는 세입자는 제외한다.
⑥ 제2항 본문에 따른 이주정착지 안의 택지 또는 주택을 취득하거나 같은 항 단서에 따른 택지 또는 주택을 취득하는 데 드는 비용은 이주대책 대상자의 희망에 따라 그가 지급받을 보상금과 상계(相計)할 수 있다.

(설문 1)의 해결
Ⅰ 쟁점의 정리
Ⅱ 갑이 이주대책계획의 수립을 청구할 수 있는지
   1. 이주대책의 의의 및 수립절차
   2. 이주대책의 법적 근거 및 법적 성격
   3. 강행규정인지 여부
   4. 사안의 경우
Ⅲ 갑이 특정내용의 이주대책을 요구할 수 있는지
   1. 이주대책의 수립내용(법 제78조 제4항)
   2. 이주대책 수립내용의 재량성 인정 여부
   3. 사안의 경우
Ⅳ 사안의 해결(이주대책계획 미수립에 대한 권리구제 등)

(설문 2)의 해결
Ⅰ 쟁점의 정리
Ⅱ 수분양권의 발생시기
   1. 수분양권의 의의
   2. 수분양권의 법적 성질 및 발생시기
     (1) 공법관계인지
     (2) 발생시기
       1) 학설
         ① 이주대책계획수립이전설(법상 취득설)
         ② 이주대책계획수립시설
         ③ 확인·결정시설
      2) 판례
      3) 검토
Ⅲ 이주대책 대상자 확인·결정거부에 대한 권리구제수단
   1. 확인·결정의 법적 성질
   2. 판례와 같이 확인·결정시설을 취하는 경우
   3. 이주대책계획수립이전설(법상 취득설)을 취하는 경우
   4. 이주대책계획수립시설을 취하는 경우
Ⅳ 사안의 해결

(설문 1)의 해결

Ⅰ 쟁점의 정리

설문은 갑이 특정내용의 이주대책을 요구할 수 있는지를 묻고 있다. ① 갑에게 이주대책수립을 요청할 만한 권리가 있는지를 토지보상법 제78조 및 동법 시행령 제40조 등을 검토하여 확인하고, ② 사업시행자에게 이주대책의 수립내용에 대한 재량권이 인정되는지를 검토하여 설문을 해결한다.

Ⅱ 갑이 이주대책계획의 수립을 청구할 수 있는지

1. 이주대책의 의의 및 수립절차

토지보상법 제78조에서는, 사업시행자는 공익사업의 시행으로 인하여 주거용 건축물을 제공함에 따라 생활의 근거를 상실하게 되는 자를 위하여 이주대책을 수립·실시하되, 토지보상법 시행령

제40조 제2항에서는 ① 조성토지가 없는 경우, ② 비용이 과다한 경우를 제외하고는, ③ 이주대책 대상이 10호 이상이 된다면 이주대책을 수립하도록 하고 있다. 이에 따라 사업시행자는 해당 지역 자치단체와 협의하여 이주대책계획을 수립하고 이주대책 대상자에게 통지한 후 이주대책의 신청 및 대상자확인결정을 통하여 분양절차를 마무리하게 된다.

2. 이주대책의 법적 근거 및 법적 성격

이주대책은 공공사업의 시행에 의하여 생활의 근거를 상실하는 자에게 종전의 생활상태를 원상으로 회복시키면서 동시에 인간다운 생활을 보장하여 주기 위한 이른바 생활보상의 일환으로 국가의 적극적이고 정책적인 배려에 의하여 마련된 제도이며, 토지보상법 제78조에서는 주거용 건축물을 제공한 자에 대한 이주대책을 규정하고 있다. 또한 생활보상의 성격을 손실보상의 일환으로 보게 되면 이주대책도 공법상 관계로 볼 수 있다.

3. 강행규정인지 여부

법상 예외가 인정되고 있는 경우를 제외하고는 사업시행자에게 이주대책을 실시할 의무만을 부여하고 있다고 보아야 하므로 이 법규정만으로는 법상의 이주대책 대상자에게 특정한 이주대책을 청구할 권리는 발생하지 않지만 이주대책을 수립할 것을 청구할 권리는 갖는다고 보아야 한다. 판례도 "사업시행자의 이주대책 수립·실시의무는 사업시행자의 재량에 의하여 적용을 배제할 수 없는 강행규정"이라고 판시하고 있다(대판 2013.6.28, 2011다40465).

4. 사안의 경우

이주대책의 수립의무는 사업시행자가 재량에 의하여 배제할 수 없으며, 토지보상법 제78조 및 동법 시행령 제40조 규정에 의해 이주대책의 수립의무가 부여된다고 할 것이다. 따라서 갑은 동 규정에 근거하여 사업시행자에게 이주대책수립을 청구할 수 있다.

Ⅲ 갑이 특정내용의 이주대책을 요구할 수 있는지

1. 이주대책의 수립내용(법 제78조 제4항)

이주대책의 내용에는 이주정착지(이주대책의 실시로 건설하는 주택단지를 포함한다)에 대한 도로, 급수시설, 배수시설, 그 밖의 공공시설 등 통상적인 수준의 생활기본시설이 포함되어야 하며, 이에 필요한 비용은 사업시행자가 부담한다. 다만, 행정청이 아닌 사업시행자가 이주대책을 수립·실시하는 경우에 지방자치단체는 비용의 일부를 보조할 수 있다.

2. 이주대책 수립내용의 재량성 인정 여부

이주대책의 내용에 사업시행자의 재량이 인정된다고 봄이 다수견해이며, 판례도 '사업시행자는 특별공급주택의 수량, 특별공급대상자의 선정 등에 있어 재량을 가진다'고 판시한 바 있다. 따라서 사업시행자는 해당 사업의 목적과 기간 등을 고려하여 생활기본시설이 설치된 택지 및 주택에 대한 공급계획을 수립해야 할 것이다.

3. 사안의 경우

이주대책의 주요 내용은 사업의 목적, 규모, 기간 및 이주대책 대상자의 수 등에 따라 사업마다 다르게 결정되어야 할 것이다. 따라서 갑은 LH공사에게 자신의 기호에 따른 특정내용의 이주대책 수립을 청구할 수 없으며, 생활기본시설이 설치된 일정내용의 이주대책수립을 청구할 수 있을 뿐이다.

Ⅳ 사안의 해결(이주대책계획 미수립에 대한 권리구제 등)

이주대책은 공공사업의 시행에 의하여 생활의 근거를 상실하는 자에게 종전의 생활상태를 원상으로 회복시켜주는 제도이므로, 갑은 토지보상법 제78조 및 동법 시행령 제40조 등을 근거로 이주대책수립을 청구할 수 있을 것이다. 다만, 사업시행자는 이주대책의 수립내용에 대해서 재량을 가지고 있으므로 특정내용이 아닌 일정내용의 수립청구만을 할 수 있을 것이다.

또한, 법상의 이주대책 대상자가 이주대책계획의 수립을 청구하였음에도 불구하고 사업시행자가 이주대책을 수립하지 않는 경우에는 의무이행심판 또는 부작위위법확인소송을 제기할 수 있고, 이주대책수립을 거부한 경우에는 의무이행심판(또는 거부처분취소심판) 또는 거부처분취소소송을 제기할 수 있다고 보아야 한다.

(설문 2)의 해결

Ⅰ 쟁점의 정리

설문은 확인·결정거부에 대한 권리구제수단을 묻고 있다. 설문의 해결을 위하여 수분양권이 언제 발생되었는지 여부 및 이주대책 대상자 확인·결정행위에 대한 법적 성질을 검토한 후, 권리구제수단에 대해 설명한다.

Ⅱ 수분양권의 발생시기

1. 수분양권의 의의

수분양권이란 이주자가 이주대책을 수립, 실시하는 사업시행자로부터 이주대책 대상자로 확인, 결정을 받음으로서 취득하게 되는 택지나 아파트를 분양받을 수 있는 권리를 말한다. 문제는 이주대책 대상자에게 언제 수분양권 등 특정한 실체법상의 권리가 취득되는가 하는 것이다.

2. 수분양권의 법적 성질 및 발생시기

(1) 공법관계인지

이주대책의 수립 및 집행은 공행정사무로 보아야 하므로, 판례도 수분양권은 대상자 확인, 결정에 의해 취득하는 공법상 권리라고 한다.

(2) 발생시기

1) 학설

① 이주대책계획수립이전설(법상 취득설)

토지보상법 제78조 및 동법 시행령 제40조의 요건을 충족하는 경우에 실체적 권리인 수분양권이 취득된다고 보는 견해이다.

② 이주대책계획수립시설

사업시행자가 이주대책에 관한 구체적인 계획을 수립하여 이를 해당자에게 통지 내지 공고한 경우에 이것으로 이주자에게 수분양권이 취득된다고 보는 견해이다.

③ 확인·결정시설

이주대책계획 수립 후 이주자가 이주대책 대상자 선정을 신청하고 사업시행자가 이를 받아들여 이주대책 대상자로 확인·결정하여야 비로소 수분양권이 발생한다고 보는 견해이다.

2) 판례

판례는 "이주대책에 정한 절차에 따라 사업시행자에게 이주대책 대상자 선정신청을 하고 사업시행자가 이를 받아들여 이주대책 대상자로 확인·결정하여야만 비로소 구체적인 수분양권이 발생한다"고 하여 확인·결정시설을 취하고 있다(대판 1994.5.24, 92다35783 全合).

3) 검토

이주대책 대상자의 경우 법상의 추상적인 이주대책권이 이주대책계획이 수립됨으로써 구체적 권리로 되는 것이므로 이주대책계획수립시설이 타당하다. 다만, 법상의 이주대책 대상자가 아닌 이주자는 이주대책 대상자 선정신청을 하고 사업시행자가 이를 받아들여 이주대책 대상자로 확인·결정하여야 비로소 실체적인 권리를 취득한다고 보아야 한다.

Ⅲ 이주대책 대상자 확인·결정거부에 대한 권리구제수단

1. 확인·결정의 법적 성질

이주대책 대상자 확인·결정행위의 법적 성질을 이행처분 또는 형성처분으로 보는 견해가 있는데, 어느 견해에 의하든 처분성이 인정된다.

2. 판례와 같이 확인·결정시설을 취하는 경우

이주대책 대상자 선정신청에 대한 거부는 거부처분이 되므로 이에 대하여 취소소송을 제기하고 부작위인 경우에는 부작위위법확인소송을 제기하여야 한다. 이주대책 대상자 선정신청 및 이에 따른 확인·결정 등 절차를 밟지 아니하여 구체적인 수분양권을 아직 취득하지도 못한 상태에서 곧바로 분양의무의 주체를 상대방으로 하여 민사소송이나 공법상 당사자소송으로 이주대책상의 수분양권의 확인 등을 구하는 것은 허용될 수 없다.

3. 이주대책계획수립이전설(법상 취득설)을 취하는 경우

이주대책 대상자 선정신청의 거부나 부작위에 대하여 행정쟁송을 제기할 수 있을 뿐만 아니라 구체적 이주대책계획에서 제외된 이주대책 대상자는 자기 몫이 참칭 이주대책 대상자에게 이미 분양되어 분양신청을 하더라도 거부할 것이 명백한 특수한 경우에는 이주대책 대상자로서 분양을 받을 권리 또는 그 법률상 지위의 확인을 공법상 당사자소송으로 구할 수 있다고 보아야 한다.

4. 이주대책계획수립시설을 취하는 경우

이주대책계획을 수립한 이후에는 이주대책 대상자에서 제외된 이주대책 대상자는 수분양권에 터잡은 분양신청을 하여 거부당한 경우에는 그 거부의 취소를 구하는 행정쟁송을 제기할 수 있을 것이다. 사업시행자가 실제로 이주대책계획을 수립하기 이전에는 이주자의 수분양권은 아직 추상적인 권리나 법률상의 지위 내지 이익에 불과한 것이어서 그 권리나 지위의 확인을 구할 수 없을 것이나, 이주대책계획을 수립한 이후에는 이주대책 대상자의 추상적인 수분양권이 구체적 권리로 바뀌게 되므로 확인판결을 얻음으로써 분쟁이 해결되고 권리구제가 가능하여 그 확인소송이 권리구제에 유효적절한 수단이 될 수 있는 경우에는 당사자소송으로 수분양권 또는 그 법률상의 지위의 확인을 구할 수 있다고 보아야 한다.

Ⅳ 사안의 해결

갑은 이주대책 대상자 확인·결정거부에 대하여 거부처분 취소소송 또는 무효등확인소송을 제기할 수 있을 것이며, 보충성이 충족되는 경우에 한해서 수분양권자의 지위확인을 구하는 당사자소송을 제기할 수 있을 것이다. 다만, 판례의 태도에 따르면 갑은 거부처분에 대한 항고소송만을 제기할 수 있을 것이다.

사례 137 생활보상

생활보상에 대해서 설명하시오. [20점]

```
Ⅰ 서설(의의 및 취지)                    2) 판례
Ⅱ 생활보상의 내용                       3) 검토
  1. 생활보상의 범위                  (3) 개별법적 근거
    (1) 학설                        3. 생활보상의 (헌법적) 기준
    (2) 판례                        4. 생활보상의 성격 및 특색
    (3) 검토                        5. 생활보상의 내용
  2. 생활보상의 근거                    (1) 주거의 총체적 가치보상
    (1) 이론적 근거(대물적 보상의 한계와 복리    (2) 생활재건조치
        국가주의의 요청)                (3) 소수잔존자보상(이어·이농비보상 등)
    (2) 헌법적 근거(생활보상이 헌법 제23조의   (4) 이어·이농비보상
        정당보상 범주인지 문제)           (5) 기타생활보상
        1) 학설                   Ⅲ 결어
```

Ⅰ 서설(의의 및 취지)

생활보상이란 사업의 시행으로 생활의 근거를 상실하게 되는 피수용자의 생활재건을 위한 보상을 말한다. 이는 생활의 근거를 상실한 자에게 인간다운 생활을 할 수 있도록 마련된 제도이다.

> 종전에는 도로, 운동장 등 점·선적 사업에 대해 보상하고 인근의 대토를 구입하여 생활유지가 가능하였으나 면적사업으로(댐, 택지 등) 확대됨에 따라서 생활터전을 잃게 된다. 이 경우 객관적 가치만으로는 정당보상이라고 할 수 없다.

Ⅱ 생활보상의 내용

1. 생활보상의 범위

(1) 학설

최광의설은 재산권 보장 및 일체의 손실을 생활보상의 범주로 본다. 광의설은 재산권의 객관적 가치 이외의 유기체적인 생활보상을 그 범위로 본다. 협의설은 종전 생활에 대해 재산권 보상으로는 메워지지 않는 부분으로 보면서 재산권 보상과 부대적 손실을 제외한 나머지로 본다.

(2) 판례

판례는 이주대책을 생활보상의 한 유형으로 판시한 바 있다.

(3) 검토

생각건대, 재산권 보상의 범위를 넓히고 생활보상의 범위를 좁게 보는 것이 국민의 권리구제에 유리하므로 협의설이 타당하다고 본다.

2. 생활보상의 근거

(1) 이론적 근거(대물적 보상의 한계와 복리국가주의의 요청)

재산권 보장과 법의 목적인 정의, 공평의 원칙 및 생존권 보장 등을 종합적으로 그 이론적 근거로 봄이 타당하다.

(2) 헌법적 근거(생활보상이 헌법 제23조의 정당보상 범주인지 문제)

1) 학설

헌법 제23조설은 생활보상은 정당보상 범주에 해당된다고 한다. 헌법 제34조설은 인간다운 생활을 할 권리로 본다. 결합설은 생존권적 기본권과 관련하여 정당보상의 내용으로 본다.

> 〈헌법 제23조설〉
> 정당보상의 범위는 재산권의 객관적 가치보상, 부대적 손실보상, 생활보상이라고 할 것이다.
>
> 〈헌법 제34조설〉
> 헌법재판소는 최소한의 인간다운 생활을 위한 물적기초를 보장하는 사회적 기본권으로 보고 있다.
>
> 〈헌법 제23조 및 제34조 통합설〉
> 인간의 존엄성을 유지할 정도의 최소한도의 수준 이상만 되면 헌법 제23조 제3항의 정당보상에 위반되는 것은 아니라고 보아야 할 것이다. 이 경우 최소한의 수준은 사회, 경제가치관에 따라 시대적으로 달리 평가된다.

2) 판례

대법원은 정당한 보상 내지 인간다운 생활을 할 권리라 판시하여 결합설의 입장이나, 헌법재판소는 이주대책은 시혜적인 조치에 불과하다고 한 바 헌법 제34조설의 입장인 듯하다.

3) 검토

어느 견해에 따르더라도 헌법적 근거를 가지나 생활보상도 결국 정당보상의 실현 여부에 관심이 있는 것인 바 결합설이 타당하다.

(3) 개별법적 근거

토지보상법에서는 이주대책 및 간접보상규정 등을 규정하고 있으며, 이외에도 각 개별법률에서 생활보상적 내용을 규정하고 있다.

3. 생활보상의 (헌법적) 기준

생활보상은 완전한 보상이 되어야 하며, 이때의 기준은 인간다운 생활을 영위할 수 있는 최소한의 수준이 될 것이다. 헌법재판소는 최소한의 물리적 수준을 의미한다고 판시한 바 있다.

4. 생활보상의 성격 및 특색

① 생활보상은 이전 주거 수준의 회복이라는 점에서 존속보장적인 측면이 있고 원상회복적 성격을 갖는다(사업이 없었던 것과 같은 상태로의 복귀).
② 생활보상은 대인보상에 비해 그 대상이 객관적이고, 대물보상에 비해 대상의 확장성을 갖는다. 또한 보상의 역사에 있어 최종단계의 보상성을 갖는다(수용이 없었던 것과 같은 상태회복).

5. 생활보상의 내용

(1) 주거의 총체적 가치보상

주거용 건축물 상실로 인한 총체적 가치의 보상으로 ① 비준가격특례, ② 최저보상액(600만원), ③ 재편입가산금, ④ 주거이전비 및 이사비를 들 수 있다.

> 주거의 총체적 가치보상이란 사람이 거주하기에 부적합한 주거의 수용에 있어서 지급될 보상액이 그 주거의 총체가치보다 적은 경우에는 주거의 총체적 가치로 보상하는 것을 말한다.

(2) 생활재건조치

보상금이 피수용자 등의 생활재건을 위하여 가장 유효하게 사용될 수 있도록 하기 위한 각종 조치를 말한다. ① 이주대책, ② 대체지 알선, ③ 직업훈련, ④ 고용 또는 알선, ⑤ 각종의 상담 등, ⑥ 보상금에 대한 조세감면 등이 있다.

(3) 소수잔존자보상(이어·이농비보상 등)

소수잔존자보상이란 공공사업의 시행의 결과로 인하여 종전의 생활공동체로부터 분리되어 잔존자의 생활환경이 현저하게 불편하게 됨으로써 더 이상 그 지역에서 계속 생활하지 못하고 이주가 불가피하게 되는 경우에, 종전에 준하는 생활을 보장하여 주기 위하여 이전비·이사비·이농비·실농보상·실어보상 등을 지급하는 것을 말한다.

(4) 이어·이농비보상

공익사업으로 이주해야 하는 농·어민에게 그 보상금이 일정금액 이하인 경우 가구원수에 따라 1년분의 평균생계비를 보상액과의 차액만큼 지급한다.

(5) 기타생활보상

국가와 지방자치단체 이외의 자가 공공사업주체인 경우에 사실상 행하여지는 것으로 특산물보상, 사례금 등을 들 수 있다. 그리고 정신적 고통에 대한 보상으로서의 위자료를 인정하는 방향에서 보상이론을 구성하는 것도 하나의 과제이다.

III 결어

손실보상은 대물적 보상을 당연한 전제로 하되 공익사업의 시행이 없었던 것과 같은 생활상태의 확보를 가능하게 하는 생활보상이 이루어져야 한다. 이는 헌법상 복리국가의 당연한 요구라 보아야 할 것이다.

> **사례 138** 이주대책(생활기본시설설치의무 및 대상자 결정 불복)
>
> 사업시행자 갑은 공익사업을 위한 관계 법령에 따른 고시 등이 있은 날부터 계약체결일 또는 수용재결일까지 계속하여 거주하고 있는 을과 그렇지 아니한 갑을 이주대책 대상자로 확인·결정하였다. 50점
>
> (1) 사업시행자가 '공익사업을 위한 토지등의 취득 및 보상에 관한 법률' 제78조 제1항, 같은 법 시행령 제40조 제3항이 정한 이주대책 대상자의 범위를 넘어 미거주 소유자까지 이주대책 대상자에 포함시킬 수 있는가? 이때 미거주 소유자에 대하여도 같은 법 제78조 제4항에 따라 생활기본시설을 설치하여 줄 의무를 부담하는가? 25점
> (2) 만약 사업시행자가 이주대책 대상자 을에 대한 이주대책 대상자 확인·결정을 거부한 경우라면, 을의 권리구제수단을 논하시오. 25점

(설문 1)의 해결
Ⅰ 쟁점의 정리
Ⅱ 이주대책 수립내용
  1. 의의 및 근거
  2. 요건 및 절차
    (1) 수립요건
    (2) 절차
    (3) 대상자요건(시행령 제40조 제5항)
  3. 사업시행자의 이주대책 내용에 대한 재량성 인정 여부
  4. 생활기본시설 설치규정이 강행규정인지 여부
    (1) 생활기본시설의 의미
    (2) 생활기본시설 설치규정이 강행규정인지 여부
Ⅲ 사안의 해결

(설문 2)의 해결
Ⅰ 쟁점의 정리
Ⅱ 수분양권의 발생시기
  1. 수분양권의 의의
  2. 수분양권의 법적 성질 및 발생시기
    (1) 공법관계인지
    (2) 발생시기
      1) 학설
      2) 판례
      3) 검토
Ⅲ 이주대책 대상자 확인·결정거부에 대한 권리구제수단
  1. 확인·결정의 법적 성질
  2. 권리구제수단
Ⅳ 사안의 해결

(설문 1)의 해결

Ⅰ 쟁점의 정리

설문은 토지보상법상 이주대책 대상자가 아닌 경우에도, 사업시행자의 재량으로 이주대책을 수립·실시할 수 있는지가 문제된다. 이주대책 수립내용에 사업시행자의 재량성이 인정되는지 및 생활기본시설의 설치의무가 강행규정인지를 검토하여 설문을 해결한다.

Ⅱ 이주대책 수립내용

1. 의의 및 근거

이주대책이란 주거용 건축물을 제공하여, 생활의 근거를 상실하는 자에게 종전 생활을 유지시켜 주는 일환으로 택지 및 주택을 공급하거나 이주정착금을 지급하는 것을 말한다. 토지보상법 제78조에서는 주거용 건축물을 제공한 자에 대한 이주대책을 규정하고 있다.

2. 요건 및 절차

(1) 수립요건

토지보상법 시행령 제40조 제2항에서는 ① 조성토지가 없는 경우, ② 비용이 과다한 경우를 제외하고는, ③ 이주대책 대상이 10호 이상이 된다면 이주대책을 수립하도록 하고 있다.

(2) 절차

사업시행자는 해당 지역 자치단체와 협의하여 이주대책 계획을 수립하고 이주대책 대상자에게 통지한 후 이주대책의 신청 및 대상자확인결정을 통하여 분양절차를 마무리하게 된다.

(3) 대상자요건(시행령 제40조 제5항)

① 허가를 받거나 신고를 하고 건축 또는 용도변경을 하여야 하는 건축물을 허가를 받지 아니하거나 신고를 하지 아니하고 건축 또는 용도변경을 한 건축물의 소유자, ② 해당 건축물에 공익사업을 위한 관계법령에 의한 고시 등이 있은 날부터 계약체결일 또는 수용재결일까지 계속하여 거주하고 있지 아니한 건축물의 소유자, ③ 타인이 소유하고 있는 건축물에 거주하는 세입자는 이주대책 대상자에서 제외된다.

3. 사업시행자의 이주대책 내용에 대한 재량성 인정 여부

판례는 "공급할 택지 또는 주택의 내용이나 수량을 정할 수 있고, 이를 정하는 데 재량을 가지므로, 이를 위해 사업시행자가 설정한 기준은 그것이 객관적으로 합리적이 아니라거나 타당하지 않다고 볼 만한 다른 특별한 사정이 없는 한 존중되어야 한다"고 하여 재량성을 인정하고 있다(대판 2009.3.12, 2008두12610).

4. 생활기본시설 설치규정이 강행규정인지 여부

(1) 생활기본시설의 의미

토지보상법 제78조 제4항에서 규정하고 있는 '도로·급수시설·배수시설 그 밖의 공공시설 등 해당 지역조건에 따른 생활기본시설'은 주택법 등 관계 법령에 의하여 주택건설사업이나 대지조성사업을 시행하는 사업주체가 설치하도록 되어 있는 도로 및 상하수도시설, 전기시설·통신시설·가스시설 또는 지역난방시설 등 간선시설을 의미한다고 보아야 할 것이다.

(2) 생활기본시설 설치규정이 강행규정인지 여부

이주대책은 공익사업의 시행에 필요한 토지등을 제공함으로 인하여 생활의 근거를 상실하게 되는 이주대책 대상자들에게 종전 생활상태를 원상으로 회복시키면서 동시에 인간다운 생활을 보장하여 주기 위하여 마련된 제도이므로, 생활기본시설의 설치의무 역시 사업시행자의 재량에 의하여 적용을 배제할 수 없는 강행법규라고 할 것이다.

Ⅲ 사안의 해결

(1) 토지보상법 시행령 제40조 제5항 제2호는 '해당 건축물에 공익사업을 위한 관계 법령에 의한 고시 등이 있은 날부터 계약체결일 또는 수용재결일까지 계속하여 거주하고 있지 아니한 건축물의 소유자는 이주대책 대상자에서 제외하도록 규정하고 있으나, 이 경우에도 사업시행자가 위 법령에서 정한 이주대책 대상자의 범위를 확대하는 기준을 수립하여 실시하는 것은 허용된다.

(2) 다만 사업시행자가 토지보상법이 정한 이주대책 대상자의 범위를 넘어 미거주 소유자까지 이주대책 대상자에 포함시킨다고 하더라도, 법령에서 정한 이주대책 대상자가 아닌 미거주 소유자에게 제공하는 이주대책은 법령에 의한 의무로서가 아니라 시혜적인 것으로 볼 것이므로, 사업시행자가 이러한 미거주 소유자에 대하여도 토지보상법 제78조 제4항에 따라 생활기본시설을 설치하여 줄 의무를 부담한다고 볼 수는 없다.

(설문 2)의 해결

Ⅰ 쟁점의 정리

설문은 확인·결정거부에 대한 권리구제수단을 묻고 있다. 설문의 해결을 위하여 수분양권이 언제 발생되었는지 여부 및 이주대책 대상자 확인·결정행위에 대한 법적 성질을 검토한 후, 권리구제수단에 대해 설명한다.

Ⅱ 수분양권의 발생시기

1. 수분양권의 의의

수분양권이란 이주자가 이주대책을 수립, 실시하는 사업시행자로부터 이주대책 대상자로 확인, 결정을 받음으로서 취득하게 되는 택지나 아파트를 분양받을 수 있는 권리를 말한다.

2. 수분양권의 법적 성질 및 발생시기

(1) 공법관계인지

이주대책의 수립 및 집행은 공행정사무로 보아야 하므로, 판례도 수분양권은 대상자 확인·결정에 의해 취득하는 공법상 권리라고 한다.

(2) 발생시기

1) 학설

① 토지보상법상 요건이 충족되면 수분양권이 취득된다는 이주대책계획수립이전설(법상 취득설), ② 구체적인 이주대책 계획이 수립되고 통지된 경우에 수분양권이 취득된다는 이주대책계획수립시설, ③ 이주대책계획 수립 후, 사업시행자가 그 대상자로 확인·결정하여야 수분양권이 발생한다는 확인·결정시설의 견해가 있다.

2) 판례

판례는 "이주대책에 정한 절차에 따라 사업시행자에게 이주대책 대상자 선정신청을 하고 사업시행자가 이를 받아들여 이주대책 대상자로 확인·결정하여야만 비로소 구체적인 수분양권이 발생한다"고 하여 확인·결정시설을 취하고 있다(대판 1994.5.24, 92다35783 全合).

3) 검토

이주대책 대상자의 경우 법상의 추상적인 이주대책권이 이주대책계획이 수립됨으로써 구체적 권리로 되는 것이므로 이주대책계획수립시설이 타당하다.

Ⅲ 이주대책 대상자 확인·결정거부에 대한 권리구제수단

1. 확인·결정의 법적 성질

이주대책 대상자 확인·결정행위의 법적 성질을 이행처분 또는 형성처분으로 보는 견해가 있는데, 어느 견해에 의하든 처분성이 인정된다.

2. 권리구제수단

이주대책 대상자 선정신청에 대한 거부는 거부처분이 되므로 이에 대하여 취소소송을 제기하고 부작위인 경우에는 부작위위법확인소송을 제기할 수 있다. 수분양권자 지위확인소송의 경우, ① 확인·결정시설의 경우는 확인·결정 이전에는 이를 제기할 수 없고, ② 계획수립이전시설 및 계획수립시설을 취하는 경우에는 보충성이 충족되는 경우에 이를 제기할 수 있을 것이다.

Ⅳ 사안의 해결

을은 이주대책 대상자 확인·결정거부에 대하여 거부처분 취소소송 또는 무효등확인소송을 제기할 수 있을 것이며, 보충성이 충족되는 경우에 한해서 수분양권자의 지위확인을 구하는 당사자소송을 제기할 수 있을 것이다. 다만, 판례의 태도에 따르면 갑은 거부처분에 대한 항고소송만을 제기할 수 있을 것이다.

> **사례 139** 이주대책(대상자요건 판단)
>
> 관할 행정청으로부터 건축허가를 받아 택지개발사업구역 안에 있는 토지 위에 주택을 신축하였으나, 사용승인을 받지 않은 주택의 소유자 갑이 한국토지주택공사에 이주자택지 공급대상자 선정신청을 하였는데 위 주택이 사용승인을 받지 않았다는 이유로 한국토지주택공사가 이주자택지 공급대상자 제외 통보를 하였다. 갑은 구제받을 수 있는지, 그리고 갑이 이주대책 대상자인지 검토하시오.
>
> 10점

Ⅰ 쟁점의 정리
Ⅱ 갑이 이주대책 대상자인지(이주대책 대상자의 요건규정)
  1. 의의 및 취지
  2. 근거 및 성격
  3. 요건 및 절차
    (1) 수립요건
    (2) 절차
	(3) 대상자요건(토지보상법 시행령 제40조 제5항)
	    1) 무허가건축물이 아닐 것
	    2) 거주기간 요건
	    3) 사용승인이 필요한지 여부
	    4) 검토
	  4. 사안의 경우

Ⅰ 쟁점의 정리

갑은 관할 행정청으로부터 적법한 건축허가를 득하였음에도 불구하고, 사업시행자는 사용승인을 받지 않았음을 이유로 이주자택지 공급대상자에서 제외하였다. 따라서 사용승인이 이주대책 대상자 요건에 해당되는지를 검토한다.

Ⅱ 갑이 이주대책 대상자인지(이주대책 대상자의 요건규정)

1. 의의 및 취지

이주대책이란 주거용 건축물을 제공하여, 생활의 근거를 상실하는 자에게 종전 생활을 유지시켜 주는 일환으로 택지 및 주택을 공급하거나 이주정착금을 지급하는 것을 말한다.

2. 근거 및 성격

이주대책은 생활보호 차원의 시혜적인 조치로서 정책배려로 마련된 제도이며, 생활보상의 성격을 손실보상의 일환으로 보게 되면 이주대책도 공법상 관계로 볼 수 있다.

3. 요건 및 절차

(1) 수립요건

토지보상법 시행령 제40조 제2항에서는 ① 조성토지가 없는 경우, ② 비용이 과다한 경우를 제외하고는, ③ 이주대책 대상이 10호 이상이 된다면 이주대책을 수립하도록 하고 있다.

(2) 절차

사업시행자는 해당 지역 자치단체와 협의하여 이주대책 계획을 수립하고 이주대책 대상자에게 통지한 후 이주대책의 신청 및 대상자확인결정을 통하여 분양절차를 마무리하게 된다.

(3) 대상자요건(시행령 제40조 제5항)

1) 무허가건축물이 아닐 것

허가를 받거나 신고를 하고 건축 또는 용도변경을 하여야 하는 건축물을 허가를 받지 아니하거나 신고를 하지 아니하고 건축 또는 용도변경을 한 건축물의 소유자는 제외된다.

2) 거주기간 요건

해당 건축물에 공익사업을 위한 관계 법령에 의한 고시 등이 있은 날부터 계약체결일 또는 수용재결일까지 계속하여 거주하고 있지 아니한 건축물의 소유자와 타인이 소유하고 있는 건축물에 거주하는 세입자는 이주대책 대상자에서 제외된다.

3) 사용승인이 필요한지 여부

토지보상법 시행령 제40조 제5항 제1호는 무허가건축물 또는 무신고건축물의 경우를 이주대책대상에서 제외하고 있을 뿐 사용승인을 받지 않은 건축물에 대하여는 아무런 규정을 두고 있지 않고 있다.

4) 검토

이주대책의 취지가 가급적 이주대책의 혜택을 받을 수 있도록 규정하는 것이므로, 건축허가를 받아 건축되었으나 사용승인을 받지 못한 건축물이 건축허가와 전혀 다르게 건축되어 실질적으로는 건축허가를 받은 것으로 볼 수 없는 경우가 아니라면, 무허가건축물로 보지 않는 것이 타당하다.

4. 사안의 경우

갑은 사용승인을 득하지 못했지만 관할 행정청으로부터 건축허가를 득하였으므로 무허가건축물에 해당되지 않는다고 볼 것이다. 또한, 설문상 거주기간의 요건은 특별히 문제되지 않는 것으로 보이며, 건축허가의 내용과 전혀 다르게 건축되었다는 사정도 보이지 않는다. 따라서 갑은 이주대책 대상자에 해당된다.

Chapter 04 손실보상의 산정기준 및 절차

📝 사례 140 손실보상의 산정기준 및 산정절차

손실보상의 산정기준 및 절차에 대해서 설명하시오. [25점]

Ⅰ 손실보상의 산정기준
 1. 가격시점(토지보상법 제67조 제1항)
 2. 평가방법의 적용원칙(토지보상법 시행규칙 제20조 : 구분평가)
 3. 산정기준
  (1) 취득하는 토지의 평가
  (2) 사용하는 토지의 평가
  (3) 지장물
Ⅱ 산정절차
 1. 제도적 취지
 2. 보상평가의 의뢰

 (1) 감정평가의 의뢰(토지보상법 제68조 제1항)
 (2) 시·도지사 추천(토지보상법 시행령 제28조 제3항)
 (3) 토지소유자 추천(토지보상법 시행령 제28조 제4항)
 3. 감정평가법인등의 보상평가
 4. 보상액 산정결정
 5. 재평가(토지보상법 시행규칙 제17조)
  (1) 해당 업자에게 재평가를 의뢰하는 경우
  (2) 다른 업자에게 의뢰하는 경우
  (3) 결정

Ⅰ 손실보상의 산정기준

1. 가격시점(토지보상법 제67조 제1항)

보상액의 산정은 협의에 의한 경우에는 협의 성립 당시의 가격을, 재결에 의한 경우에는 수용 또는 사용의 재결 당시의 가격을 기준으로 한다.

2. 평가방법의 적용원칙(토지보상법 시행규칙 제20조 : 구분평가)

취득할 토지에 건축물·입목·공작물 그 밖에 토지에 정착한 물건이 있는 경우에는 토지와 그 건축물 등을 각각 평가하여야 한다. 다만, 건축물 등이 토지와 함께 거래되는 사례나 관행이 있는 경우에는 그 건축물 등과 토지를 일괄하여 평가하여야 하며, 이 경우 보상평가서에 그 내용을 기재하여야 한다.

3. 산정기준

(1) 취득하는 토지의 평가

취득하는 토지는 객관적인 이용상황기준, 현황기준, 나지상정(최유효이용기준), 개발이익 배제, 공시지가기준을 적용한다.

(2) 사용하는 토지의 평가

협의 또는 재결에 의하여 사용하는 토지에 대하여는 그 토지와 인근 유사토지의 지료, 임대료, 사용방법, 사용기간 및 그 토지의 가격 등을 고려하여 평가한 적정가격으로 보상하여야 한다. 이 경우 사용하는 토지와 그 지하 및 지상의 공간 사용에 대한 구체적인 보상액 산정 및 평가방법은 투자비용, 예상수익 및 거래가격 등을 고려하여야 한다(토지보상법 제71조).

(3) 지장물

건축물·입목·공작물과 그 밖에 토지에 정착한 물건에 대하여는 이전에 필요한 비용으로 보상하여야 한다. 다만, ① 건축물 등을 이전하기 어렵거나 그 이전으로 인하여 건축물 등을 종래의 목적대로 사용할 수 없게 된 경우, ② 건축물 등의 이전비가 그 물건의 가격을 넘는 경우, ③ 사업시행자가 공익사업에 직접 사용할 목적으로 취득하는 경우에는 해당 물건의 가격으로 보상하여야 한다(토지보상법 제75조 제1항). 농작물에 대한 손실은 그 종류와 성장의 정도 등을 종합적으로 고려하여 보상하여야 한다(제2항). 토지에 속한 흙·돌·모래 또는 자갈(흙·돌·모래 또는 자갈이 해당 토지와 별도로 취득 또는 사용의 대상이 되는 경우만 해당한다)에 대하여는 거래가격 등을 고려하여 평가한 적정가격으로 보상하여야 한다(제3항). 분묘에 대하여는 이장에 드는 비용 등을 산정하여 보상하여야 한다(제4항).

Ⅱ 산정절차

1. 제도적 취지

개정 전 공특법(공공용지의 취득 및 손실보상에 관한 특례법)에서는 보상액의 산정을 위한 평가절차가 법률의 위임없이 시행규칙에 규정되어 있었다. 또한 토지수용법에서도 절차규정이 없어서 보상액 산정절차가 불명확하였다. 이러한 법체계의 모순을 극복하기 위해 토지보상법은 평가의뢰절차 및 방법을 규정하였다(토지보상법 제68조 및 제70조 제6항).

2. 보상평가의 의뢰

(1) 감정평가의 의뢰(토지보상법 제68조 제1항)

사업시행자는 토지등에 대한 보상액을 산정하려는 경우에는 감정평가법인등 3인(시·도지사와 토지소유자가 모두 감정평가법인등을 추천하지 아니하거나 시·도지사 또는 토지소유자 어느 한쪽이 감정평가법인등을 추천하지 아니하는 경우에는 2인)을 선정하여 토지등의 평가를 의뢰하여야 한다. 다만, 사업시행자가 국토교통부령으로 정하는 기준에 따라 직접 보상액을 산정할 수 있을 때에는 그러하지 아니하다.

(2) 시·도지사 추천(토지보상법 시행령 제28조 제3항)

시·도지사는 감정평가 수행능력, 소속 감정평가사의 수, 감정평가 실적, 징계 여부 등을 고려하여 추천대상 집단을 선정해야 한다.

(3) 토지소유자 추천(토지보상법 시행령 제28조 제4항)

토지소유자가 요청하는 경우에는 토지소유자가 감정평가법인등 1인을 선정할 수 있다. 이는 보상액 산정의 객관성과 타당성을 확보하기 위함이다. 보상계획 열람기간 만료일부터 30일 이내에 요청(토지면적의 1/2 이상에 해당하는 소유자와 해당 소유자 총수의 과반수의 동의 필요)해야 한다.

3. 감정평가법인등의 보상평가

감정평가법인등은 토지보상법 규정에 의거하여 평가하고 보고서를 작성하고 심사받아야 한다. 심사자는 보상평가서의 틀린 계산·오기 여부와 대상물건이 관계 법령이 정하는 바에 의하여 적정하게 평가되었는지 여부 및 평가액의 타당성을 심사한 후 서명한다. 감정평가법인등은 심사를 받은 후 제출기간 내(의뢰일로부터 30일 이내로 한다. 단 대상물건이나 내용이 특수한 경우는 예외이다)에 사업시행자에게 이를 제출하여야 한다.

4. 보상액 산정결정

감정평가법인등이 산정한 보상금액의 산술평균치로 결정한다.

5. 재평가(토지보상법 시행규칙 제17조)

(1) 해당 감정평가법인등에게 재평가를 의뢰하는 경우

관계법령에 위반하여 평가한 경우와 표준지공시지가와 현저한 차이가 있는 등 부당하게 평가되었다고 인정하는 경우에는 당해 감정평가법인등에게 재평가를 의뢰한다. 이 경우 사업시행자는 필요하면 국토교통부장관이 보상평가에 관한 전문성이 있는 것으로 인정하여 고시하는 기관에 해당 평가가 위법 또는 부당하게 이루어졌는지에 대한 검토를 의뢰할 수 있다.

(2) 다른 감정평가법인등에게 의뢰하는 경우

㉠ 당해 감정평가법인등에게 요구할 수 없는 특별한 사유가 있는 경우, ㉡ 평가액의 최고·최저액이 1.1배 이상 차이가 나는 경우(지장물의 경우는 소유자별 합계액의 비교), ㉢ 평가 후 1년 이내에 계약체결이 안되는 경우에는 다른 감정평가법인등에게 재평가를 의뢰해야 한다. 평가액의 최고·최저액이 1.1배 이상 차이가 나는 경우에는, 사업시행자는 평가내역 및 당해 감정평가법인등을 국토교통부장관에게 통지하여야 하며, 국토교통부장관은 당해 감정평가가 관계 법령이 정하는 바에 따라 적법하게 행하여졌는지 여부를 조사하여야 한다.

(3) 결정

산술평균으로 결정한다. 종전에는 재평가액이 원평가액보다 낮아진 경우에는 종전 평가액을 적용하였으나, 현재는 낮아진 경우에도 재평가액을 적용한다.

사례 141 　실무기준 법적 성질, 산출근거 기재의 정도, 비교표준지 선정 및 공법상 제한

토지수용위원회는 도시지역인 목포시 상동 일반주거지역(해당 하천사업의 시행을 위하여 자연녹지지역으로 변경되었다) 내 '갑'토지(100번지, 이용상황 '전')가 하천구역에 편입되어 감정평가법인 을에게 보상평가를 의뢰하였다. 을은 감정평가실무기준에 따라 목포시 상동 149-2의 보상선례(상업지역, 대) 및 같은 동 509-1의 보상선례(자연녹지, 전)를 인근 유사토지의 보상선례라 보고, 이러한 보상선례를 보상액 산정에 참작하였다. '그 밖의 요인'보정 항목을 보면, 격차율 산정의 기초가 되는 보상선례 기준 대상지가격을 구함에 있어 그 요소가 되는 개별요인 등에 관하여 '보상선례보다 개별요인 우세함'이라는 기재와 그 격차율 수치가 '1.652'라고 되어 있는 것이 사실상 전부여서, 결국 격차율의 산정 결과에 해당하는 수치만이 나타나 있을 뿐 어떤 이유로 그와 같은 결과치가 산출되었는지에 관하여 객관적으로 납득할 수 있는 설명은 전혀 없었다. 50점

(1) 보상액 산정 시 그 밖의 요인보정을 할 수 있는지를 그 근거와 함께 논하시오. 25점
(2) 해당 보상액을 인정할 수 있는가? (기재의 타당성에 대해 논하시오) 15점
(3) 비교표준지 선정기준 및 해당 사업을 직접 목적으로 변경된 용도지역은 평가를 함에 있어서 어떻게 고려해야 하는지를 설명하시오. 10점

관련 규정

[감정평가실무기준]
800.5.6.6 그 밖의 요인 보정
① 그 밖의 요인 보정은 [610-1.5.2.5]에 따른다.
② 그 밖의 요인 보정을 할 때에는 해당 공익사업의 시행에 따른 가격의 변동은 보정하여서는 아니 된다.
③ 그 밖의 요인을 보정하는 경우에는 대상토지의 인근 지역 또는 동일수급권 안의 유사지역(이하 "인근지역등"이라 한다)의 정상적인 거래사례나 보상사례(이하 이 조에서 "거래사례 등"이라 한다)를 참작할 수 있다. 다만, 이 경우에도 그 밖의 요인 보정에 대한 적정성을 검토하여야 한다.
④ 제3항의 거래사례 등(보상사례의 경우 해당 공익사업에 관한 것은 제외한다)은 다음 각 호의 요건을 갖추어야 한다. 다만, 제4호는 해당 공익사업의 시행에 따른 가격의 변동이 반영되어 있지 아니하다고 인정되는 사례의 경우에는 적용하지 아니한다.
　1. 용도지역 등 공법상 제한사항이 같거나 비슷할 것
　2. 실제 이용상황 등이 같거나 비슷할 것
　3. 주위환경 등이 같거나 비슷할 것
　4. 이 절 [5.6.3]에 따른 적용공시지가의 선택기준에 적합할 것

610.1.5.2.5 그 밖의 요인 보정
① 시점수정, 지역요인 및 개별요인의 비교 외에 대상토지의 가치에 영향을 미치는 사항이 있는 경우에는 그 밖의 요인 보정을 할 수 있다.
⑤ 그 밖의 요인 보정을 한 경우에는 그 근거를 감정평가서(감정평가액의 산출근거)에 구체적이고 명확하게 기재하여야 한다.

(설문 1)의 해결
① 쟁점의 정리
② 감정평가실무기준의 법적 성질
　1. 논의의 필요성
　2. 세부적, 기술적 사항으로서 업무상 위임이 불가피한 사항인지 여부
　3. 수권규정의 유무 및 포괄위임금지의 원칙에 반하는지 여부
　4. 대내·외적인 구속력 발생 여부
　　(1) 대내적 구속력의 인정여부
　　(2) 대외적 구속력의 인정 여부
　5. 예측가능성
　6. 검토(감정평가에 관한 규칙 제28조상 '고시'가 법령보충적 행정규칙인지 여부)
③ 그 밖의 요인을 보정할 수 있는지 여부
　1. 그 밖의 요인보정과 제도적 취지
　2. 관련 판례의 태도
　　(1) 인근 유사토지의 정상거래가격
　　(2) 보상선례
　　(3) 호가
　　(4) 자연적인 지가상승분
　3. 검토
④ 사안의 해결

(설문 2)의 해결
① 문제의 제기
② 산출근거 기재에 대한 근거규정 및 판례의 태도
　1. 현행 규정의 검토
　2. 관련판례의 태도
　　(1) 판례의 기본적 태도
　　(2) 보상선례의 경우
③ 사안의 해결

(설문 3)의 해결
① 비교표준지의 선정기준
　1. 비교표준지의 의의
　2. 토지보상법 시행규칙 제22조 제3항
　3. 판례의 태도
　4. 검토
② 공법상 제한을 받는 토지의 평가기준
　1. 공법상 제한의 의의 및 기능
　2. 공법상 제한을 받는 토지의 평가기준(토지보상법 시행규칙 제23조)
　　(1) 일반적 제한
　　(2) 개별적 제한
　　(3) 해당 사업으로 인한 용도지역 등의 변경
　　(4) 당초의 목적사업과 다른 공익사업에 편입된 경우

(설문 1)의 해결

I 쟁점의 정리

2014.1.1. 시행되는 감정평가실무기준에서는 보상액 평가 시 "시점수정, 지역요인 및 개별요인의 비교 외에 대상토지의 가치에 영향을 미치는 사항이 있는 경우에는 그 밖의 요인 보정을 할 수 있다"고 규정하고 있다. 감정평가실무기준은 국토교통부장관의 고시형식으로 제정되어 시행되고 있으므로 동 고시가 법규적 성질을 갖는다면, 이는 '그 밖의 요인 보정'에 대한 법적 근거가 될 것이다. 따라서 동 고시의 법적 성질을 규명하고, 관련된 판례의 태도를 검토하여 '그 밖의 요인'을 보정할 수 있는지를 해결한다.

Ⅱ 감정평가실무기준의 법적 성질

1. 논의의 필요성

감정평가실무기준은 부동산공시법 제31조 및 감정평가에 관한 규칙 제28조의 위임을 받아 고시 형식으로 제정된 것이므로, 상기 법령의 위임한계를 벗어나지 않는 한, 그것들과 결합하여 대외적인 구속력이 있는 법규명령으로서의 효력을 가진다고 할 것이다. 행정규제기본법 제2조 제1항 제1호 및 제2호에서는 국민의 권리를 제한하거나 의무를 부과하는 행정규제는 '법령 등'으로 규정될 수 있음을 규정하고 있으며, '법령 등'에 고시도 포함시키고 있다. 또한 동법 제4조 제2항에서는 "법령에서 전문적ㆍ기술적 사항이나 경미한 사항으로서 업무의 성질상 위임이 불가피한 사항에 관하여 구체적으로 범위를 정하여 위임한 경우에는 고시 등으로 정할 수 있다."고 규정하고 있으므로, 감정평가실무기준이 "전문적ㆍ기술적 사항으로서 업무의 성질상 위임이 불가피한 사항"인지의 검토가 요구된다.

2. 세부적, 기술적 사항으로서 업무상 위임이 불가피한 사항인지 여부

토지등의 경제적 가치를 판정하여 그 결과를 가액으로 표시하는 감정평가업무가 각종 경제활동이나 재산권 관련 분쟁에서 매우 중요한 역할을 하고 있는 점(따라서 법원 감정 업무와 같은 경우에는 일정한 경력을 요구하고 있다)에 비추어, 토지등의 경제적 가치를 판정하여 그 결과를 가액으로 표시하는 감정평가는 법률상 일정한 자격이 부여된 자만이 할 수 있으며, 일반 국민에게는 그러한 감정평가권이 부여되지 않음을 알 수 있다. 따라서 감정평가행위와 관련된 내용은 상당히 전문적이고, 기술적인 내용이 인정된다고 볼 수 있다.

3. 수권규정의 유무 및 포괄위임금지의 원칙에 반하는지 여부

감정평가실무기준에서 제정할 수 있는 내용은 감정평가에 관한 규칙 규정의 구체적인 적용을 위한 세부적인 사항은 물론이고 각 개별법에서 감정평가사법상 감정평가를 적용하도록 규정한 내용과 관련된 세부적인 사항까지도 제한할 수 있다고 보아야 할 것이다. 감정평가에 관한 규칙 제1조 내지 제27조에서는 기본적인 원칙과 기준을 자세히 규정하고 있고, 각 개별법에서 감정평가에 관한 내용은 감정평가사법상 감정평가를 따르도록 규정한 입법형식을 고려할 때, 감정평가사법에서는 이와 관련된 평가기준도 마련해야 하는 것으로 해석하여야 할 것이다. 따라서 고시로 규율될 내용은 충분히 예측이 가능하므로 포괄위임금지에 위배되지 않는 것으로 볼 수 있다.

4. 대내ㆍ외적인 구속력 발생 여부

(1) 대내적 구속력의 인정여부

공무원은 감정평가실무기준의 법적 성질을 어떻게 보든지 간에 행정규칙 형식으로 제정되었기에 합리적인 사유가 없는 한, 내부사무처리기준으로서 이를 따를 의무가 발생한다고 볼 것이다.

(2) 대외적 구속력의 인정 여부

감정평가사법 제49조에서는 "감정평가법인등이 아닌 자로서 감정평가업을 영위한 자는 3년 이하의 징역 또는 3천만원 이하의 벌금에 처한다."고 규정하고 있으므로 감정평가법인등이 아닌 자는 감정평가업을 영위할 수 없다. 감정평가는 법상 일정요건을 갖춘 경우에만 할 수 있으며 감정평가 시에는 실무기준을 준수해야 하므로, 실무기준은 결과적으로 일반국민의 권익에 영향을 미치는 것으로서 대외적 구속력이 인정된다고 볼 것이다.

5. 예측가능성

감정평가실무기준은 2011년 11월 28일 "국토교통부 공고 제2011-1109호"를 통해 그 취지와 주요내용을 국민에게 미리 알려 의견청취절차를 거쳤으며, 2013년 10월 22일 관보에 고시(국토교통부 고시 제2013-620호)함으로써 일반 국민에게 공표하였다. 따라서 감정평가실무기준은 의견청취 및 공표절차를 통한 예측가능성이 인정된다고 볼 것이다.

6. 검토(감정평가에 관한 규칙 제28조상 '고시'가 법령보충적 행정규칙인지 여부)

감정평가와 관련된 사항은 전문적이고 기술적인 사항이며, 각 개별법에서 감정평가사법상 감정평가를 기초로 정책을 수립하고 실행하고 있는 현실에 비추어 볼 때, 국토교통부장관이 고시한 '감정평가실무기준'은 상위법령인 감정평가사법 제3조 제3항 및 감정평가에 관한 규칙 제28조와 결합하여 법규적 사항을 규정하는 법령보충적 행정규칙에 해당한다고 볼 수 있다. 또한, 실무기준에서 규정할 수 있는 기준범위로는 타법에서 규정하고 있는 감정평가와 관련된 사항에 대한 세부적인 사항까지도 포함하는 것으로 해석되어야 할 것이다.

Ⅲ 그 밖의 요인을 보정할 수 있는지 여부

1. 그 밖의 요인보정과 제도적 취지

그 밖의 요인이란 토지보상법 제70조의 해석상 토지의 위치, 형상, 환경, 이용상황 등 개별적 요인을 제외한 요인으로서 해당 토지의 가치에 영향을 미치는 사항을 의미하며, 이는 ① 정당보상을 실현하고, ② 보상의 형평성을 도모함에 취지가 있다.

2. 관련 판례의 태도

(1) 인근 유사토지의 정상거래가격

인근 유사토지의 정상거래가격이라고 하기 위해서는 대상토지의 인근에 있는 지목, 등급, 지적, 형태, 이용상황, 용도지역, 법령상의 제한 등 자연적, 사회적 조건이 수용대상토지와 동일하거나 유사한 토지에 관하여 통상의 거래에서 성립된 가격으로서 개발이익이 포함되지 아니하고 투기적인 거래에서 형성된 것이 아닌 가격이어야 하고, 그와 같은 인근 유사토지의 정상거래사례에 해당한다고 볼 수 있는 거래사례가 있고 그것을 참작함으로써 보상액 산정에 영향을 미친다고 하는 점은 이를 주장하는 자에게 입증책임이 있다(대판 1994.1.25. 93누11524).

(2) 보상선례

구 국토이용관리법 제29조 제5항은 인근 유사토지의 정상거래가격을 보상액산정요인의 하나로 명시하고 있었던 만큼 수용대상토지에 대한 보상액을 산정함에 있어서는 반드시 인근 유사토지의 거래사례 유무와 거래가격의 정상여부를 밝혀 이를 보상액산정에 참작하여야 한다고 해석되었던 것이나, 구 토지수용법(현행 토지보상법) 제46조 제2항이나 구 지가공시 및 토지등의 평가에 관한 법률(현행 부동산공시법 및 감정평가사법) 제9조, 제10조 등의 관계규정에서는 인근 유사토지의 정상거래가격을 특정하여 보상액산정의 참작요인으로 들고 있지 않으므로 구 국토이용관리법 당시와 같이 해석할 수는 없고, 다만 인근 유사토지의 정상거래사례가 있고 그 거래가격이 정상적인 것으로서 적정한 보상액평가에 영향을 미칠 수 있는 것임이 입증된 경우에 한하여 이를 참작할 수 있다.

구 토지수용법 제46조 제2항이나 지가공시 및 토지등의 평가에 관한 법률 등의 관계규정에서는 수용대상토지의 보상액을 산정함에 있어 보상선례를 그 가격산정요인의 하나로 들고 있지 아니하므로 이를 참작하지 아니하였다고 하여 그 평가가 반드시 위법한 것이라고 할 수는 없을 것이고, 다만 경우에 따라서는 보상선례가 인근 유사토지에 관한 것으로서 해당 수용대상토지의 적정가격을 평가하는 데에 있어 중요한 자료가 될 수도 있을 것이므로 이러한 경우에는 이를 참작함이 상당할 것이다(대판 1992.10.23. 91누8562).

(3) 호가

구체적 거래사례 가격이 아닌 호가라 하여 수용대상토지의 보상가액 산정 시 참작할 수 없는 것은 아니지만, 보상액 산정 시 참작될 수 있는 호가는 그것이 인근 유사토지에 대한 것으로, 투기적 가격이나 해당 공공사업으로 인한 개발이익 등이 포함되지 않은 정상적인 거래가격 수준을 나타내는 것임이 입증되는 경우라야 한다(대판 1993.10.22. 93누11500).

(4) 자연적인 지가상승분

수용대상 토지에 적용될 표준지의 공시지가가 택지개발사업시행으로 지가가 동결된 관계로 개발이익을 배제한 자연적인 지가상승분도 반영하지 못한 경우 자연적인 지가상승률을 산출하여 이를 기타사항으로 참작한 감정평가는 적정한 것으로 수긍된다(대판 1993.3.9. 92누9531).

대법원은 '인근 유사토지의 정상거래사례가 있고 그 거래를 참작하는 것으로서 적정한 보상평가에 영향을 미칠 수 있는 것이 입증된 경우에는 이를 참작할 수 있다.' 인근 유사토지의 정상거래가격, 호가, 보상선례, 자연적인 지가상승분이 해당되고 개발이익이 포함되지 않고 투기적인 거래에서 형성된 것이 아니어야 한다고 한다(주장하는 자가 입증해야 한다).

3. 검토

종래에는 구 국토이용관리법 제29조 제5항은 인근 유사토지의 정상거래가격을 보상액산정요인의 하나로 명시하고 있었으나 이를 삭제한 것은 감정평가법인등의 자의성을 배제하기 위한 것이므로 '그 밖의 요인' 보정을 할 수 없다는 견해가 있었으나, 2014.1.1. 시행되는 감정평가실무기준은 대외적 구속력이 인정되는 법령보충적 행정규칙이므로 현재에는 이를 근거로 '그 밖의 요인'을 보정할 수 있을 것이다.

Ⅳ 사안의 해결

헌법상 정당보상은 재산권의 객관적 가치를 완전하게 보상하여야 하며, 보상의 시기나 방법에도 제한이 있어서는 아니 된다고 할 것이다. 따라서 정당보상을 결정함에 있어서 '그 밖의 요인' 보정이 필요하다면 국민의 재산권 보장을 위하여 적용할 수 있을 것이며, 구체적인 근거로는 감정평가실무기준이 될 것이다.

(설문 2)의 해결

Ⅰ 문제의 제기

정당보상액은 보상의 방법 및 시기에 제한이 없는 재산권의 객관적 가치를 완전히 보상하는 것이다. 또한, 이러한 보상액을 산정하는 과정도 객관적으로 납득이 갈 수 있을 정도로 구체적으로 설명이 되어야 할 것이다. 만약, 보상액을 산정하는 과정이 구체적이지 못하다면 이는 법령상 평가기준을 모두 준수하지 못한 것이 되어 위법하다 할 것이다.

Ⅱ 산출근거 기재에 대한 근거규정 및 판례의 태도

1. 현행 규정의 검토

감정평가실무기준 "610.1.5.2.5 그 밖의 요인 보정"에서는 "그 밖의 요인 보정을 한 경우에는 그 근거를 감정평가서(감정평가액의 산출근거)에 구체적이고 명확하게 기재하여야 한다"고 규정하고 있다. 감정평가실무기준은 대외적 구속력을 갖는 법령보충적 행정규칙이므로 그 밖의 요인 보정의 기재에 대한 근거규정이 될 것이다.

2. 관련판례의 태도

(1) 판례의 기본적 태도

토지의 수용・사용에 따른 보상액을 평가함에 있어서는 관계 법령에서 들고 있는 모든 산정요인을 구체적・종합적으로 참작하여 그 요인들을 모두 반영하여야 하고, 이를 위한 감정평가서에는 모든 산정요인의 세세한 부분까지 일일이 설시하거나 그 요인들이 평가에 미치는 영향을 수치적으로 나타내지는 않더라도 그 요인들을 특정・명시함과 아울러 각 요인별 참작 내용과 정도를 객관적으로 납득할 수 있을 정도로 설명을 기재하여야 한다(대판 2002.6.28, 2002두2727 등 참조).

(2) 보상선례의 경우

이는 보상선례를 참작하는 것이 상당하다고 보아 이를 보상액 산정요인으로 반영하여 평가하는 경우에도 마찬가지라 할 것이므로, 감정평가서에는 보상선례토지와 평가대상인 토지의 개별요인을 비교하여 평가한 내용 등 산정요인을 구체적으로 밝혀 기재하여야 한다. 따라서 보상선례를 참작하면서도 위와 같은 사항을 명시하지 않은 감정평가서를 기초로 보상액을 산정하는 것은 위법하다고 보아야 한다(대판 2013.6.27, 2013두2587).

Ⅲ 사안의 해결

설문상, 감정평가서 중 보상선례 참작에 관한 '그 밖의 요인' 보정 항목을 보면, 격차율 산정의 기초가 되는 보상선례 기준 대상지가격을 구함에 있어 그 요소가 되는 개별요인 등에 관하여 '보상선례보다 개별요인 우세함'이라는 기재와 그 격차율 수치가 '1.652'라고 되어 있는 것이 사실상 전부여서, 결국 격차율의 산정 결과에 해당하는 수치만이 나타나 있을 뿐 어떤 이유로 그와 같은 결과치가 산출되었는지에 관하여 객관적으로 납득할 수 있는 설명이 전혀 없다. 따라서 보상선례를 참작하면서도 위와 같은 사항을 명시하지 않은 감정평가서를 기초로 한 해당 보상액은 위법하다고 할 것이다.

(설문 3)의 해결

Ⅰ 비교표준지의 선정기준

1. 비교표준지의 의의

비교표준지란 보상액을 산정함에 있어서 대상토지와 용도지역·이용상황 등이 유사한 표준지로서, 보상액 산정을 위하여 대상토지와 비교되는 표준지를 말한다.

2. 토지보상법 시행규칙 제22조 제3항

토지보상법 시행규칙에서는 ① 용도지역, 용도지구, 용도구역 등 공법상 제한이 같거나 유사할 것, ② 평가대상 토지와 실제 이용상황이 같거나 유사할 것, ③ 평가대상 토지와 주위 환경 등이 같거나 유사할 것, ④ 평가대상 토지와 지리적으로 가까울 것을 규정하고 있다.

3. 판례의 태도

비교표준지는 특별한 사정이 없는 한 도시지역 내에서는 용도지역을 우선으로 하고, 도시지역 외에서는 현실적 이용상황에 따른 실제 지목을 우선으로 하여 선정해야 한다. 또한 수용대상 토지가 도시지역 내에 있는 경우 용도지역이 같은 비교표준지가 여러 개 있을 때에는 현실적 이용상황, 공부상 지목, 주위환경, 위치 등의 제반 특성을 참작하여 자연적, 사회적 조건이 수용대상 토지와 동일 또는 유사한 토지를 해당 토지에 적용할 비교표준지로 선정해야 하고, 마찬가지로 수용대상토지가 도시지역 외에 있는 경우 현실적 이용상황이 같은 비교표준지가 여러 개 있을 때에는 용도지역까지 동일한 비교표준지가 있다면 이를 해당 토지에 적용할 비교표준지로 선정해야 한다(대판 2011.9.8, 2009두4340).

4. 검토

비교표준지는 대상토지의 보상액 산정 시의 기준이 되는 표준지이므로, 대상토지와 용도지역 및 이용상황 등의 유사성이 가장 큰 표준지를 선정해야 할 것이다.

II 공법상 제한을 받는 토지의 평가기준

1. 공법상 제한의 의의 및 기능

공법상 제한받는 토지라 함은 관계법령에 의해 가해지는 토지 이용규제나 제한을 받는 토지로서, 이는 국토공간의 효율적 이용을 통해 공공복리를 증진시키는 수단으로 기능한다.

2. 공법상 제한을 받는 토지의 평가기준(토지보상법 시행규칙 제23조)

(1) 일반적 제한

제한 그 자체로 목적이 완성되고 구체적 사업의 시행이 필요하지 않은 경우로 그 제한받는 상태대로 평가한다. 그 예로는 국토의 이용 및 계획에 관한 법률에 의한 용도지역, 지구, 구역의 지정·변경, 기타 관계법령에 의한 토지이용계획 제한이 있다.

(2) 개별적 제한

그 제한이 구체적 사업의 시행을 필요로 하는 경우를 말하며, 개별적 제한이 해당 공익사업의 시행을 직접 목적으로 가해진 경우에는 제한이 없는 상태로 평가한다.

(3) 해당 사업으로 인한 용도지역 등의 변경

용도지역 등 일반적 제한일지라도 해당 사업 시행을 직접 목적으로 하여 변경된 경우에는 변경되기 전의 용도지역을 기준으로 하여 평가한다. 이는 개발이익의 배제 및 피수용자의 보호에 목적이 있다.

(4) 당초의 목적사업과 다른 공익사업에 편입된 경우

공법상 제한을 받는 수용대상 토지의 보상액을 산정함에 있어서는 그 공법상 제한이 해당 공공사업의 시행을 직접 목적으로 가하여진 경우는 물론 당초의 목적사업과는 다른 목적의 공공사업에 편입수용되는 경우에도 그 제한을 받지 아니하는 상태대로 평가하여야 할 것이다(대판 1998.9.18, 98두4498).

종래 지가체계

1. 기준지가 : 보상액 산정기준
2. 기준시가 : 양도소득세, 상속세, 증여세 등 국제징수 목적
3. 과세시가표준액 : 취득세, 등록세, 재산세 등 지방세의 과표기준
4. 감정가격(한국부동산원) : 담보나 자산재평가

구분	과세시가표준액	기준지가	기준시가	토지시가
평가기관	내무부(시·군)	건설부	국세청	한국부동산원
근거법률	지방세법	국토이용관리법	소득세법·상속세법 등	감정평가에 관한 법률
평가목적	취득세, 등록세, 재산세 등의 과표	토지수용보상가 산정의 기준	특정지역 내 양도소득세 등의 과표	담보, 자산재평가 등의 산정기준
평가회수	연 1회	연 2회	연 2회	연 1회
평가자	표준지 : 토지평가사 또는 공인감정사 비준지 : 공무원	토지평가사	공무원	공인감정사
최종 승인권자	시·도지사	건설부장관	국세청장	한국부동산원장
적용지역	전국과세대상필지 (2,500만필지)	기준지가 고시지역 (전국토의 83%)	특정지역 고시지역 (전국토의 2%)	전국 수탁지

정부기관에서 사용하던 지가가 다원화되어 공적지가에 대한 공신력이 저하되는 등 여러 가지 문제점이 발생하자 국무총리실에서 지가제도 및 감정평가 자격제도의 일원화 문제를 1981년 성장발전저해제도개선과제로 선정하고 개선방안을 마련하였으나, 관계기관 및 이해당사자의 이견으로 합의에 도달하지 못하였다.

이에 총무처는 경제기획원에 지가체계의 조정을 의뢰하였고 경제기획원은 관계기관의 의견을 조정하기 위하여 학계 및 전문가들로 구성된 토지관련제도개선연구작업단을 구성하여 토지체계 일원화방안을 연구하도록 하였으며, 1986.12.26. 동 연구작업단의 연구결과를 부동산대책실무위원회에 상정하여 지가체계의 일원화방안을 확정하였다. 그 후 1989.4.1. 지가공시 및 토지등의 평가에 관한 법률(현 부동산 가격공시에 관한 법률)을 제정하여 공적지가체계를 공시지가로 일원화하였으며, 매년 1월 1일을 가격기준일로 하여 표준지 가격을 공시하고 있다.

대판 1992.10.23, 91누8562[토지수용재결처분취소]

[판시사항]
가. 수용재결과 이의재결이 다 같이 지가공시 및 토지등의 평가에 관한 법률의 시행일인 1989.7.1. 이후 최초의 공시지가의 공시가 있었던 1989.12.30. 이전 사이에 이루어진 경우의 감정평가방법
나. 토지수용보상액산정에 반드시 인근 유사토지의 정상거래가격을 참작하여야 하는지 여부
다. 토지수용보상액산정에 보상선례를 참작하여야 하는지 여부
라. 토지수용보상액산정에 당해 공공사업의 시행을 직접목적으로 하는 계획의 승인, 고시로 인한 가격변동을 참작하여야 하는지 여부(소극)

[판결요지]
가. 수용재결과 이의재결이 다 같이 지가공시 및 토지등의 평가에 관한 법률의 시행일인 1989.7.1. 이후 최초의 공시지가의 공시가 있었던 1989.12.30. 이전 사이에 이루어진 경우에는 종래의 기준지가를 공시지가로 갈음하되, 표준지의 선정 및 가격산정요인의 참작방법 등 구체적인 감정평가방법은 구 국토이용관리법 제29조 제5항(1989.4.1. 법률 제4120호로 삭제)이 아니라 구 토지수용법(1991.12.31. 법률 제4483호로 개정되기 전의 것) 제46조 제2항 및 지가공시 및 토지등의 평가에 관한 법률 제9조, 제10조 등이 정하는 바에 의하여야 할 것이다.
나. 구 국토이용관리법 제29조 제5항은 인근 유사토지의 정상거래가격을 보상액산정요인의 하나로 명시하고 있었던 만큼 수용대상토지에 대한 보상액을 산정함에 있어서는 반드시 인근 유사토지의 거래사례 유무와 거래가격의 정상여부를 밝혀 이를 보상액산정에 참작하여야 한다고 해석되었던 것이나, 구 토지수용법 제46조 제2항이나 지가공시 및 토지등의 평가에 관한 법률 제9조, 제10조 등의 관계규정에서는 인근 유사토지의 정상거래가격을 특정하여 보상액산정의 참작요인으로 들고 있지 않으므로 구 국토이용관리법 당시와 같이 해석할 수는 없고, 다만 인근 유사토지의 정상거래사례가 있고 그 거래가격이 정상적인 것으로서 적정한 보상액평가에 영향을 미칠 수 있는 것임이 입증된 경우에 한하여 이를 참작할 수 있다.
다. 구 토지수용법 제46조 제2항이나 지가공시 및 토지등의 평가에 관한 법률 등의 관계규정에서는 수용대상토지의 보상액을 산정함에 있어 보상선례를 그 가격산정요인의 하나로 들고 있지 아니하므로 이를 참작하지 아니하였다고 하여 그 평가가 반드시 위법한 것이라고 할 수는 없을 것이고, 다만 경우에 따라서는 보상선례가 인근 유사토지에 관한 것으로서 당해 수용대상토지의 적정가격을 평가하는 데에 있어 중요한 자료가 될 수도 있을 것이므로 이러한 경우에는 이를 참작함이 상당할 것이다.
라. 토지수용으로 인한 손실보상액을 산정함에 있어서는 당해 공공사업의 시행을 직접목적으로 하는 계획의 승인, 고시로 인한 가격변동은 이를 고려함이 없이 수용재결 당시의 가격을 기준으로 하여 적정가격을 정하여야 한다.

 대판 2012.3.29, 2011두28066[손실보상금]

[판시사항]
하천편입토지 보상 등에 관한 특별조치법에 따른 보상대상 토지에 대하여 보상금액 산정을 위한 감정평가를 하면서, 공시지가 산정 과정에서 인근 유사토지의 거래가격 등이 참작된 토지를 비교 대상 표준지로 삼은 경우, 감정평가가 인근 유사토지의 보상사례 등을 이중으로 참작하는 것이 되어 위법한지 여부(소극)

감정평가 및 보상법규 기본사례노트 182선

- 2권 개별법 -

- 2권 개별법 -

PART 04

손실보상 각론

Chapter 01 간접손실과 현황평가
Chapter 02 평가방법 및 보상평가기준
Chapter 03 영업손실보상과 농업손실보상
Chapter 04 주거이전비의 성격 및 보상협의회

Chapter 01 간접손실과 현황평가

📝 사례 142 간접손실보상

수산업협동조합 갑은 수산물인 김 위탁판매장을 운영하면서 위탁판매수수료를 지급받아 왔고, 그 운영에 대하여는 법령에 의해 그 대상지역에서의 독점적 지위가 부여되어 있었다. 그런데, 항만건설을 위한 공유수면매립사업의 시행으로 그 사업대상지역에서 어업활동을 하던 일부 조합원들의 조업이 불가능하게 되어 배후지의 5분의 3이 줄었고, 위탁판매장에서의 위탁판매사업이 축소되어 위탁판매수수료가 종전보다 5분의 3이 줄어 5분의 2로 줄어들게 되었다. (공익사업 근거법령에는 사업대상 구역 밖의 재산권 침해에 대한 보상규정이 규정되어있지 않음) 30점

(1) 수산업협동조합 갑이 김 위탁판매수수료 수입의 감소로 입은 손실은 헌법 제23조 제3항의 손실보상에 포함되는지와 그 손실보상의 법적 성질을 논하시오. 10점

(2) 갑은 현행법상 손실보상을 받을 수 있는지를 논하시오. 받을 수 있다고 보는 견해에 입각하는 경우에 그 손실보상의 법적 근거를 함께 논하시오. 20점

Ⅰ (설문 1)의 해결
  1. 문제의 소재
  2. 간접손실보상
     (1) 간접손실 및 간접손실보상의 개념
     (2) 간접손실의 외연
  3. 헌법 제23조 제3항의 손실보상에 간접손실보상이 포함되는지 여부
     (1) 부정설
     (2) 긍정설
     (3) 판례
     (4) 검토
  4. 문제의 해결

Ⅱ (설문 2)의 해결
  1. 문제의 소재
  2. 보상의 대상이 되는 간접손실인지 여부
     (1) 간접손실보상의 요건
        1) 간접손실의 존재
        2) 특별희생의 발생
        3) 사안에의 적용

  3. 보상규정이 결여된 간접보상의 가능 여부
     (1) 제79조 제4항을 일반적 근거조항으로 볼 수 있는지 여부
     (2) 보상규정이 결여된 경우의 간접손실보상의 근거
        1) 학설
        2) 판례
        3) 검토
  4. 보상에 관한 명시적 규정이 없는 경우의 간접손실의 보상(보상법 유추적용)
     (1) 현행 "토지보상법"상 간접손실보상
        1) 토지보상법 시행규칙 제64조의 규정 검토(지구 밖 영업손실규정)
        2) 사안의 경우
  5. 문제의 해결

I [설문 1]의 해결

1. 문제의 소재
수산업협동조합 갑이 김 위탁판매수수료 수입의 감소로 입은 손실이 간접손실인지 여부와 헌법 제23조 제3항의 손실보상에 포함되는지 여부가 문제된다.

2. 간접손실보상

(1) 간접손실 및 간접손실보상의 개념
간접손실이라 함은 공익사업으로 인하여 사업시행지 밖의 재산권자에게 가해지는 손실 중 공익사업으로 인하여 필연적으로 발생하는 손실을 말한다. 간접손실보상이란 간접손실에 대한 보상을 말한다.

(2) 간접손실의 외연
간접손실이 공익사업으로 인한 토지취득으로 인한 손실을 포함한다는 점에는 의견이 일치하고 있으나, 공익사업의 시행상 공사로 인한 손실 또는 공익사업 완성 후 시설의 운영으로 인한 손실도 포함하는지에 관하여는 견해가 나뉘고 있다.

3. 헌법 제23조 제3항의 손실보상에 간접손실보상이 포함되는지 여부

(1) 부정설
헌법 제23조 제3항은 공용침해로 인하여 재산권자에게 직접적으로 발생한 손실만을 보상하는 것으로 규정하고 있으며, 간접손실보상은 규율대상으로 하지 않는다고 본다.

(2) 긍정설
간접손실도 적법한 공용침해에 의해 필연적으로 발생한 손실이므로 손실보상의 개념에 포함시키고, 헌법 제23조 제3항의 손실보상에도 포함시키는 것이 타당하다.

(3) 판례
판례는 간접손실을 헌법 제23조 제3항에서 규정한 손실보상의 대상이 된다고 보고 있다(대판 1999.10.8, 99다27231).

(4) 검토
간접손실도 적법한 공용침해로 인하여 예견되는 통상의 손실이고, 헌법 제23조 제3항을 손실보상에 관한 일반적 규정으로 보는 것이 타당하므로 헌법 제23조 제3항의 손실보상에 포함시키는 것이 타당하다.

> ✎ 손실보상의 성격
>
> 간접손실보상은 일반적으로 사회정책적 견지에서 인간다운 생활을 보상하고 유기체적인 생활을 종전의 상태로 회복하기 위한 측면을 갖는다. 따라서 손실이 있은 후에 행하는 사후적 보상의 성격을 갖고 재산권보상과 생활보상적 성격을 갖는다.

4. 문제의 해결

수산업협동조합 갑이 김 위탁판매수수료 수입의 감소로 입은 손실은 항만건설을 위한 공유수면매립사업의 시행으로 필연적으로 발생한 손실이고, 사업시행지 밖의 제3자에게 발생한 손실이므로 간접손실이라고 볼 수 있다.

Ⅱ [설문 2]의 해결

1. 문제의 소재

갑이 김 위탁판매수수료 수입의 감소로 입은 손실이 보상의 대상이 되는 간접손실인지 여부, 즉 간접손실보상의 요건에 해당하는지가 문제된다.

2. 보상의 대상이 되는 간접손실인지 여부

(1) 간접손실보상의 요건

간접손실보상이 인정되기 위하여는 간접손실이 발생하여야 하고, 해당 간접손실이 특별한 희생이 되어야 한다.

1) 간접손실의 존재

간접손실이 되기 위하여는 ① 공공사업의 시행으로 사업시행지 이외의 토지소유자(제3자)가 입은 손실이어야 하고, ② 그 손실이 공공사업의 시행으로 인하여 발생하리라는 것이 예견되어야 하고, ③ 그 손실의 범위가 구체적으로 특정될 수 있어야 한다(대판 1999.12.24, 98다57419·57426 참조).

2) 특별희생의 발생

간접손실이 손실보상의 대상이 되기 위하여는 해당 간접손실이 특별한 희생에 해당하여야 한다. 간접손실이 재산권에 내재하는 사회적 제약에 속하는 경우에는 보상의 대상이 되지 않는다.

3) 사안에의 적용

사업시행지 밖의 갑에게는 독점적 지위가 부여되어 있으므로 손실발생을 예견할 수 있다고 보며, 영업실적을 통하여 손실도 구체적으로 특정할 수 있을 것이다. 따라서 공유수면매립사업의 시행으로 인하여 판매수수료의 3/5이 줄어든 것은 갑이 수인해야 할 재산권에 대한 제한의 한계를 넘어선 것으로 보이므로 특별희생이라고 볼 수 있다.

3. 보상규정이 결여된 간접보상의 가능 여부

(1) 제79조 제4항을 일반적 근거조항으로 볼 수 있는지 여부

① 동 규정을 기타 손실보상에 대한 일반적 근거조항으로 보아 손실보상청구를 할 수 있다는 견해와, ② 동 규정은 보상하여야 하는 경우이지만 법률에 규정되지 못한 경우에 대한 수권조항일 뿐이므로 보상의 근거가 될 수 없다는 견해가 있다. ③ 〈생각건대〉 일반적 근거조항으로 보는 것이 국민의 권리구제에 유리하나, 개괄수권조항으로 보게 되면 보상규정이 흠결된 경우에 해당한다.

(2) 보상규정이 결여된 경우의 간접손실보상의 근거

1) 학설

① 보상부정설은 규칙 제59조 내지 제65조 규정에서 정하지 않은 손실은 보상의 대상이 되지 않는다고 한다. ② 유추적용설은 헌법 제23조 제3항 및 토지보상법상 간접손실보상규정을 유추적용해야 한다고 한다. ③ 직접적용설은 헌법 제23조 제3항의 직접효력을 인정하고 이를 근거로 보상청구권이 인정된다고 한다. ④ 평등원칙 및 재산권보장규정근거설은 평등원칙과 재산권보장규정이 직접근거가 될 수 있다면 보상해야 한다고 한다. ⑤ 수용적 침해이론은 간접손실도 비의도적 침해에 의해 발생한바 수용적 침해이론을 적용하여 보상해야 한다고 한다. ⑥ 손해배상설은 명문규정이 없는 한 손해배상청구를 해야 한다고 한다.

2) 판례

① 간접손실이 공익사업의 시행으로 기업지 이외의 토지소유자가 입은 손실이고, ② 그 손실의 범위도 구체적으로 이를 특정할 수 있으며, ③ 손실이 발생하리라는 것을 쉽게 예견할 수 있는 경우라면, ④ '그 손실보상에 관하여 토지보상법 시행규칙의 관련규정들을 유추적용할 수 있다'고 한다.

3) 검토

간접손실도 헌법 제23조 제3항의 손실보상 범주에 포함되므로 예견, 특정가능성이 인정된다면 헌법 제23조 제3항을 근거로 하여 손실보상을 청구할 수 있다고 판단된다. 이 경우 구체적인 보상액은 토지보상법상 관련규정을 적용할 수 있을 것이다.

4. 보상에 관한 명시적 규정이 없는 경우의 간접손실의 보상(보상법 유추적용)

(1) 현행 "토지보상법"상 간접손실보상

1) 토지보상법 시행규칙 제64조의 규정 검토(지구 밖 영업손실규정)

① 시행규칙 제45조의 영업보상대상요건에 충족하고, ② 배후지의 2/3 이상이 상실되어 영업을 계속할 수 없는 경우, ③ 진출입로의 단절, 그 밖의 사유로 휴업이 불가피한 경우를 요건으로 규정하고 있다.

2) 사안의 경우

설문상 배후지의 2/3 이상이 상실되어 영업을 계속할 수 없는 경우로 볼 수 없지만, 휴업이 불가한 다른 사유가 인정된다면 보상받을 수 있을 것이다.

5. 문제의 해결

토지보상법 제79조 제4항을 손실보상의 일반근거조항으로 보면 갑은 이에 근거하여 간접손실보상을 청구할 수 있으며, 이를 일반적 근거조항으로 보지 않는다면 헌법 제23조 제3항을 근거로 토지보상법상 관련규정을 유추적용하여 손실보상을 청구할 수 있을 것이다.

사례 143 간접손실보상

甲은 충남 부여에서 참게 축양업을 하고 있는데 농어촌진흥공사가 금강종합개발사업을 시행하면서 참게의 산란장이 파괴되고 참게알의 부화에 악영향을 미쳐 막대한 영업상의 손실을 입게 되었다. 따라서 甲은 자신의 손실을 보상받아야 한다고 주장하고 있다. 이와 관련하여 간접손실보상의 의의와 근거 및 성질을 설명하고 甲의 주장이 타당한지를 논술하시오. 20점

Ⅰ 쟁점의 정리
Ⅱ 간접손실보상의 의의와 근거 및 성질
　1. 간접손실보상의 의의 및 종류
　2. 간접손실보상의 근거
　　(1) 이론적 근거
　　(2) 헌법적 근거
　　(3) 법률적 근거
　3. 간접손실보상의 성격
Ⅲ 갑 주장의 타당성
　1. 간접손실보상의 요건
　　(1) 간접손실이 발생할 것(판례)
　　(2) 특별한 희생
　　　1) 특별한 희생의 의의 및 구별기준
　　　2) 사안의 경우

　2. 보상규정이 결여된 간접보상의 가능 여부
　　(1) 제79조 제4항을 일반적 근거조항으로 볼 수 있는지 여부
　　(2) 보상규정이 결여된 경우의 간접손실보상의 근거
　　　1) 학설
　　　2) 판례
　　　3) 검토
　　(3) 보상규정의 존재
　　　1) 법 시행규칙 제64조의 규정 검토
　　　2) 사안의 경우
　3. 갑 주장의 타당성
Ⅳ 사안의 해결(간접보상의 한계와 개선방안)

Ⅰ 쟁점의 정리

1. 설문의 해결을 위해서 간접보상의 의의와 근거 및 성질에 대해서 설명하되, 이러한 간접보상이 헌법 제23조 제3항에서 규정하는 보상의 대상에 해당하는지를 살펴본다.

2. 갑의 주장이 타당하기 위해서는 간접손실보상의 요건을 충족해야 한다. 따라서 이하에서는 간접보상의 요건을 충족하는지를 살펴보고 갑주장의 타당성을 검토한다.

Ⅱ 간접손실보상의 의의와 근거 및 성질

1. 간접손실보상의 의의 및 종류

간접손실이란 공익사업의 시행으로 인하여 사업시행지 밖의 재산권자에게 필연적으로 발생하는 손실을 말하며, 이러한 손실을 보상하는 것을 간접손실보상이라 한다. ① 공사 중의 소음, 진동이나 교통불편으로 인한 손실, 완성된 시설물로 인한 일조의 감소 등 물리적 기술적 손실과 ② 지역경제, 사회적 구조가 변경되어 발생하는 경제적·사회적 손실이 있다.

2. 간접손실보상의 근거

(1) 이론적 근거

간접손실도 공익사업이 원인이 되어 발생한 것이므로 특별한 희생에 해당하는 경우에는 사유재산의 보장과 공적부담 앞의 평등의 원칙상 보상하여야 한다.

(2) 헌법적 근거

헌법 제23조 제3항의 손실보상에 간접손실이 포함되는지에 대한 견해대립이 있으며, 판례는 간접손실도 헌법 제23조 제3항의 손실보상의 대상이 된다고 판시한 바 있으며, 간접손실도 적법한 공용침해로 인하여 예견되는 손실이므로 헌법 제23조 제3항에 포함된다고 보는 것이 타당하다.

(3) 법률적 근거

간접손실도 헌법 제23조 제3항에 포함되는 손실이므로 토지보상법 제79조 제2항 및 시행규칙 제59조 내지 제65조에서 이와 관련된 내용을 규정하고 있다.

3. 간접손실보상의 성격

간접손실보상은 일반적으로 사회정책적 견지에서 인간다운 생활을 보상하고 유기체적인 생활을 종전의 상태로 회복하기 위한 측면을 갖는다. 따라서 손실이 있은 후에 행하는 사후적 보상의 성격을 갖고 재산권보상과 생활보상적 성격을 갖는다.

Ⅲ 갑 주장의 타당성

1. 간접손실보상의 요건

(1) 간접손실이 발생할 것(판례)

① 공공사업의 시행으로 사업시행지 이외의 토지소유자(제3자)가 입은 손실이어야 하고, ② 그 손실의 발생이 예견 가능하고, ③ 손실의 범위가 구체적으로 특정될 수 있어야 한다. 〈사안에서는〉 사업의 시행으로 영업상 손실이 발생했으며, 금강종합개발사업을 시행함으로써 주변 어장에 피해가 발생할 수 있다는 것을 예측할 수 있었을 것으로 판단된다. 또한 이러한 손실은 참게 판매에 기초한 매출액을 기준으로 특정할 수 있으므로 상기요건을 충족한다.

(2) 특별한 희생

1) 특별한 희생의 의의 및 구별기준

특별한 희생이란 사회적 제약을 넘는 특별한 손해를 의미하며, ① 침해의 인적 범위를 기준으로 판단하는 형식설과 ② 침해의 정도와 강도를 고려해서 판단하는 실질설을 모두 고려하여 각 사안의 개별, 구체성을 고려하는 것이 타당하다고 판단된다.

2) 사안의 경우

설문상 명시되지 않았으나, ① 갑에게만 발생한 것으로 판단하고, ② 막대한 영업상의 손실은 물리적 해석상 수인한도를 넘는 것으로 유추할 수 있다. 따라서 이는 특별한 희생에 해당한다고 판단된다.

2. 보상규정이 결여된 간접보상의 가능 여부

(1) 제79조 제4항을 일반적 근거조항으로 볼 수 있는지 여부

토지보상법 제79조 제4항을 보상에 관한 일반적 근거조항으로 해석하여 보상이 가능하다는 견해도 있으나, 일반적 근거조항으로 보면 제79조 제4항의 입법취지를 지나치게 확장해석하게 되고 포괄적위임금지의 관점에서 타당하지 않다고 사료된다.

(2) 보상규정이 결여된 경우의 간접손실보상의 근거

1) 학설

① 보상부정설은 시행규칙 제59조 내지 제65조에서 간접보상을 모두 해결하였으므로 동 규정에서 정하지 않은 손실은 보상의 대상이 되지 않는다고 한다. ② 유추적용설은 헌법 제23조 제3항 및 토지보상법상 간접손실보상규정을 유추적용해야 한다고 한다. ③ 직접적용설은 헌법 제23조 제3항의 직접효력을 인정하고 이를 근거로 보상청구권이 인정된다고 한다. ④ 평등원칙 및 재산권보장규정근거설은 평등원칙과 재산권 보장규정이 직접근거가 될 수 있다면 보상해야 한다고 한다. ⑤ 수용적 침해이론은 간접손실도 비의도적 침해에 의해 발생한바 수용적 침해이론을 적용하여 보상해야 한다고 한다. ⑥ 손해배상설은 명문규정이 없는 한 손해배상청구를 해야 한다고 한다.

2) 판례

① 간접손실이 공익사업의 시행으로 기업지 이외의 토지소유자가 입은 손실이고, ② 그 손실의 범위도 구체적으로 이를 특정할 수 있으며, ③ 손실이 발생하리라는 것을 쉽게 예견할 수 있는 경우라면, ④ '그 손실보상에 관하여 토지보상법 시행규칙의 관련규정들을 유추적용할 수 있다'고 한다.

3) 검토

간접손실도 헌법 제23조 제3항의 손실보상 범주에 포함되므로 예견, 특정가능성이 인정된다면 헌법 제23조 제3항을 근거로 하여 손실보상을 청구할 수 있다고 판단된다.

(3) 보상규정의 존재

1) 법 시행규칙 제64조의 규정 검토(지구 밖 영업손실규정)

① 시행규칙 제45조의 영업보상대상요건에 충족하고, ② 배후지의 2/3 이상 상실되어 영업을 계속할 수 없는 경우, ③ 진출입로의 단절, 그 밖의 사유로 휴업이 불가피한 경우를 요건으로 규정하고 있다.

2) 사안의 경우

설문상 배후지의 2/3 이상이 상실되어 영업을 계속할 수 없는지 여부가 불분명하나 휴업이 불가피한 경우를 입증한다면 손실보상을 청구할 수 있을 것이다.

3. 갑 주장의 타당성

설문상 갑은 금강종합개발사업의 시행으로 막대한 영업상 손실이 발생하였으며, 이는 예측, 특정 가능할 것으로 판단되었다. 또한 간접손실도 헌법 제23조 제3항에 포함되는 내용이므로 특별한 희생에 해당한다면 보상해 주어야 하며, 구체적인 보상액은 판례의 태도에 따라 관련 제 규정을 유추적용하여 보상해 주는 것이 타당하다고 사료된다. 휴업이 불가피한 상황을 입증한다면 막대한 영업손실에 대하여 보상을 해주어야 한다는 갑의 주장은 타당하다.

Ⅳ 사안의 해결(간접보상의 한계와 개선방안)

1. 간접손실이란 공익사업의 시행으로 사업지 밖에 위치한 타인의 토지등의 재산에 손실을 가하는 것을 말하며, 이러한 손실은 헌법 제23조 제3항의 내용에 포함되는 것으로 볼 수 있다.

2. 설문상 갑이 입은 막대한 영업상의 손실은 갑에게만 발생한 특별한 희생으로, 종래의 매출액을 기준으로 손실을 예측, 특정할 수 있다. 휴업이 불가피한 상황을 입증한다면 관련 제 규정을 고려하여 보상을 해주어야 할 것으로 판단된다.

3. 간접보상과 관련하여 보상의 대상 및 보상의 시기 등을 객관화하는 입법적 해결이 필요하다고 판단된다.

📝 사례 144 간접손실보상

강원도 영월군에 거주하는 갑(사업자등록 등, 법령상 적법요건을 모두 갖춘 영농법인)은 영월군이 시행하는 댐공사로 인하여 수몰될 지역 밖에 과수원을 소유하고 있다. 댐공사가 시작되어 갑의 과수원에 이르는 농로가 차단됨으로써 영농상 큰 애로에 봉착하였고, 그에 따라 갑은 과일생산에 큰 결손을 입었다. 갑은 영농상의 손실이 댐공사에 기인하였다는 이유로 영월군에 대하여 가능한 권리구제 수단을 모색하고자 한다. 그 성공여부를 논술하시오. 30점

Ⅰ 쟁점의 정리
Ⅱ 간접손실보상청구의 가능 여부
  1. 간접손실보상의 의의 및 근거
  2. 간접손실보상의 요건
    (1) 간접손실이 발생할 것(판례)
    (2) 특별한 희생(의의 및 구별기준)
    (3) 보상규정의 존재
  3. 보상규정이 결여된 간접보상의 가능 여부
    (1) 토지보상법 제79조 제4항을 일반적 근거조항으로 볼 수 있는지 여부
    (2) 보상규정이 결여된 경우의 간접손실보상의 근거

    1) 학설
    2) 판례
    3) 검토
  4. 손실보상청구절차
  5. 간접손실보상청구의 가능 여부(사안의 경우)
Ⅲ 기타 권리구제수단의 검토
  1. 손해배상
  2. 환경분쟁조정
  3. 방해배제청구
  4. 시민고충처리위원회 민원제기
Ⅳ 사안의 해결

Ⅰ 쟁점의 정리

설문의 경우 댐공사로 인해 수몰되는 지역 밖의 과수원에 대한 영농상의 손실이 토지보상법상 간접손실보상에 해당된다면 명시적인 보상규정이 없는 경우에도 손실보상을 받을 수 있는지를 검토한다. 또한 손해배상, 방해배제청구 등 기타 구제수단에 대해서도 살펴보고자 한다.

Ⅱ 간접손실보상청구의 가능 여부

1. 간접손실보상의 의의 및 근거

간접손실이란 공익사업의 시행으로 인하여 사업시행지 밖의 재산권자에게 필연적으로 발생하는 손실을 말하며, 이러한 손실을 보상하는 것을 간접손실보상이라 한다. 판례는 간접손실도 헌법 제23조 제3항의 손실보상이라고 판시한 바 있다.

2. 간접손실보상의 요건

(1) 간접손실이 발생할 것(판례)

① 공공사업의 시행으로 사업시행지 이외의 토지소유자(제3자)가 입은 손실이어야 하고, ② 그 손실의 발생이 예견 가능하며, ③ 손실의 범위가 구체적으로 특정될 수 있어야 한다.

(2) 특별한 희생(의의 및 구별기준)

특별한 희생이란 사회적 제약을 넘는 특별한 손해를 의미하며, ① 침해의 인적 범위를 기준으로 판단하는 형식설과 ② 침해의 정도와 강도를 고려해서 판단하는 실질설을 모두 고려하여 각 사안의 개별, 구체성을 고려하는 것이 타당하다고 판단된다.

(3) 보상규정의 존재

토지보상법 제79조 제2항 및 동법 시행규칙 제59조 내지 제65조에서는 사업지구 밖의 대지 및 건축물 등에 대한 손실보상을 규정하고 있다.

3. 보상규정이 결여된 간접보상의 가능 여부

(1) 토지보상법 제79조 제4항을 일반적 근거조항으로 볼 수 있는지 여부

토지보상법 제79조 제4항을 보상에 관한 일반적 근거조항으로 해석하여 보상이 가능하다는 견해도 있으나, 일반적 근거조항으로 보면 토지보상법 제79조 제4항의 입법취지를 지나치게 확장해석하게 되고 포괄적 위임금지의 관점에서 타당하지 않다고 사료된다.

(2) 보상규정이 결여된 경우의 간접손실보상의 근거

1) 학설

① 보상부정설은 시행규칙 제59조 내지 제65조에서 간접보상을 모두 해결하였으므로 동 규정에서 정하지 않은 손실은 보상의 대상이 되지 않는다고 한다. ② 유추적용설은 헌법 제23조 제3항 및 토지보상법상 간접손실보상규정을 유추적용해야 한다고 한다. ③ 직접적용설은 헌법 제23조 제3항의 직접효력을 인정하고 이를 근거로 보상청구권이 인정된다고 한다. ④ 평등원칙 및 재산권보장규정근거설은 평등원칙과 재산권 보장규정이 직접 근거가 될 수 있다면 보상해야 한다고 한다. ⑤ 수용적 침해이론은 간접손실도 비의도적 침해에 의해 발생한바 수용적 침해이론을 적용하여 보상해야 한다고 한다. ⑥ 손해배상설은 명문규정이 없는 한 손해배상청구를 해야 한다고 한다.

2) 판례

① 간접손실이 공익사업의 시행으로 기업지 이외의 토지소유자가 입은 손실이고, ② 그 손실의 범위도 구체적으로 이를 특정할 수 있으며, ③ 손실이 발생하리라는 것을 쉽게 예견할 수 있는 경우라면, ④ '그 손실보상에 관하여 토지보상법 시행규칙의 관련규정들을 유추적용할 수 있다'고 한다.

3) 검토

간접손실도 헌법 제23조 제3항의 손실보상 범주에 포함되므로 예견, 특정가능성이 인정된다면 헌법 제23조 제3항을 근거로 하여 손실보상을 청구할 수 있다고 판단된다. 이 경우 구체적인 보상액은 토지보상법상 관련규정을 적용할 수 있을 것이다.

4. 손실보상청구절차

종전에는 공익사업 시행지구 밖의 사업손실보상을 청구하는 절차에 대해서는 토지보상법이 근거규정을 두고 있지 않았으나, 현행 토지보상법 제80조에서는 손실보상에 대한 협의 및 재결절차를 규정하고 있다.

5. 간접손실보상청구의 가능 여부(사안의 경우)

갑은 댐공사로 인하여 수몰되는 지역 밖의 재산권자로서, 법령상 제 요건을 모두 갖추고 과수원을 경영중이었으며, 이러한 제 요건을 사전에 검토함으로써 갑의 영농손실을 예측 및 특정할 수 있었을 것이다. 또한 진출입로(농로) 단절로 인해 발생된 큰 결손은 갑에게만 발생한 특별한 희생으로 볼 수 있다. 토지보상법 시행규칙 제64조를 적용하여 보상할 수 있을 것이다.

Ⅲ 기타 권리구제수단의 검토

1. 손해배상

간접침해가 손해배상의 요건을 충족하는 경우에는 손해배상을 청구할 수 있을 것이나 위법성이나 고의 과실여부가 명확하지 않아서 손해배상책임을 인정하기 어려운 면이 많다.

2. 환경분쟁조정

간접침해의 유형 중 소음, 진동 등은 물리적 기술적 침해로서 환경분쟁조정법상 환경피해에 해당한다. 환경분쟁조정제도는 행정기관이 지니고 있는 전문성과 절차의 신속성을 충분히 활용하여 환경분쟁을 간편하고 신속, 공정하게 해결하기 위하여 마련된 제도이다. 반면에 이는 침해행위에 대한 명확한 기준이 없어서 형평성의 논란이 있을 수 있다.

3. 방해배제청구

간접침해가 생활방해나 주거환경의 침해를 의미하는 때에는 민법상 방해배제청구를 할 수 있다. 그러나 일반적으로 간접침해를 받은 사익이 공익사업의 공익성보다 크기는 어려울 것이므로 방해배제청구권이 인정되기는 어렵다.

4. 시민고충처리위원회 민원제기

국민의 권리를 침해하거나 국민에게 불편을 주는 고충을 간편하고 신속하게 처리하기 위한 제도이나 집행력이 없다는 한계가 있다.

Ⅳ 사안의 해결

갑의 과수원에 이르는 농로가 차단됨으로써 발생한 영농상의 손실은 헌법 제23조 제3항의 범주에 속하는 손실로서, 토지보상법상 제 규정을 유추적용하여 손실보상을 받을 수 있을 것이다. 그 외에 손해배상, 환경분쟁조정, 방해배제청구, 민원제기 등을 고려할 수 있으나, 각 수단이 갖는 한계점으로 인하여 실효적인 구제수단이 되지는 못할 것이다.

> **사례 145** 간접손실보상 유형(토지보상법 시행규칙 제59조 내지 제65조)
> 토지보상법 시행규칙 제59조 내지 제65조에서는 사업시행지구 밖의 손실에 대한 보상을 규정하고 있다. 이에 대해 설명하고 간접보상의 한계점에 대해 설명하시오. 20점

Ⅰ 토지보상법 시행규칙상 간접보상의 규정 내용
  1. 공익사업시행지구 밖의 대지 등에 대한 보상(시행규칙 제59조)
  2. 건축물에 대한 보상(시행규칙 제60조)
  3. 소수잔존자에 대한 보상(시행규칙 제61조)
  4. 공작물 등에 대한 보상(시행규칙 제62조)
  5. 어업의 피해에 대한 보상(시행규칙 제63조)
  6. 영업손실에 대한 보상(시행규칙 제64조)
  7. 농업의 손실에 대한 보상(시행규칙 제65조)
Ⅱ 간접손실보상청구의 가능 여부
  1. 손실보상의 대상의 문제
  2. 손실보상 측정 및 보상의 시기 문제
  3. 재정상 한계와 공공사업의 위축우려
  4. 검토(개선안)

Ⅰ 토지보상법 시행규칙상 간접보상의 규정 내용

1. 공익사업시행지구 밖의 대지 등에 대한 보상(시행규칙 제59조)

① 대지(조성된 대지를 말한다), 건축물, 분묘, 농지가 사업의 시행으로 ② 교통두절 및 경작불가능 시 소유자의 청구에 의해 보상한다. ③ 도로, 도선설치로 보상에 갈음할 수 있다. 이에 대해 규정해석이 구체적이지 못하므로 상당한 정도로 장애 받아 특별한 희생에 해당되면 보상해주는 것이 타당하다.

2. 건축물에 대한 보상(시행규칙 제60조)

① 소유농지의 대부분이(소유자의 영농이 불가능해질 정도의 면적이나 비율을 의미) 편입됨으로써 ② 건축물(건축물의 대지 및 잔여농지를 포함한다)만이 사업지구 밖에 남아 ③ 매매가 불가능하고(사실상 불능 또는 종전 가격으로 매매불능인 경우), 이주가 부득이한 경우에 소유자의 청구에 의하여 보상한다. 이에 대해 이주가 부득이하지 않아도 생활에 상당한 불편이 있는 경우는 보상함이 타당하다.

3. 소수잔존자에 대한 보상(시행규칙 제61조)

① 1개 마을의 주거용 건축물이 대부분(어느 정도인지는 생활공동체, 잔존규모 등을 고려해서 판단한다) 편입되어, ② 생활환경이 현저히(사회통념상 판단) 불편하게 되어 이주가 부득이한 경우는 소유자의 청구에 의해 토지등을 보상해 주어야 한다.

4. 공작물 등에 대한 보상(시행규칙 제62조)

공익사업시행지구 밖에 있는 공작물 등이 공익사업의 시행으로 인하여 그 본래의 기능을 다할 수 없게 되는 경우에는 그 소유자의 청구에 의하여 이를 공익사업시행지구에 편입되는 것으로 보아 보상하여야 한다.

5. 어업의 피해에 대한 보상(시행규칙 제63조)

사업시행지구 인근에 있는 어업에 피해발생 시 실제피해액을 확인할 수 있는 때에 보상(취소보상액 한도상한)을 하여야 한다.

6. 영업손실에 대한 보상(시행규칙 제64조)

① 시행규칙 제45조의 영업보상대상요건에 충족하고, ② 배후지의 2/3 이상이 상실되어 영업을 계속할 수 없는 경우, ③ 진출입로의 단절, 그 밖의 사유로 휴업이 불가피한 경우에는 손실을 보상하여야 한다. 그러나 공익사업의 시행으로 인하여 배후지의 2/3 미만이 상실된 경우에도 그 장소에서 종전의 영업을 계속할 수 없는 경우가 있을 수 있고, 배후지의 2/3 미만이 상실된 경우에도 그 장소에서 종전의 영업을 계속할 수 있지만 영업이 축소될 수 있는데, 이 경우의 영업손실은 토지보상법 시행규칙 제64조에 의해 보상되지 않는 문제가 있다.

7. 농업의 손실에 대한 보상(시행규칙 제65조)

경작농지의 2/3 이상이 편입되어 영농을 계속할 수 없는 농민의 지구 밖 농지에 대해서도 영농손실액을 보상하여야 한다. 이에 대해 영농은 계속할 수 있으나 수입이 상당히 감소된 경우도 보상함이 타당하다.

II 간접보상의 한계

1. 손실보상의 대상의 문제

토지보상법 제79조 제2항에서는 본래의 기능을 다할 수 없는 경우를 규정하고 있으나, 본래의 기능을 다할 수 없는 경우의 구체적 기준이 없으므로 대상 예측이 어렵다.

2. 손실보상 측정 및 보상의 시기 문제

① 해당 사업으로 인한 부정적 영향의 측정기준이 모호하다. ② 명문의 규정이 없으므로 보상시기와 관련해서 자의성이 개입될 우려가 있다.

3. 재정상 한계와 공공사업의 위축우려

예기치 못한 비용증가는 사업의 타당성에 영향을 줄 수 있으며, 이로 인해서 시행되어야 할 공익사업의 시행이 이루어지지 못하는 경우가 발생할 수 있다.

4. 검토(개선안)

간접손실보상은 침해의 예상 및 그로 인한 보상기준 산정이 어려우므로 모든 경우의 간접손실대상을 법률로 규정하기에 어려움이 있다. 따라서 현재 규정된 시행규칙 제59조 내지 제65조의 문제점을 개선하되, 필요한 경우에는 토지보상법 제79조 제4항을 근거로 하여 보상입법을 통한 해결이 도모되어야 할 것이다.

사례 146 간접침해 구제수단

간접침해에 대한 구제수단을 설명하시오. 10점

Ⅰ 의의
Ⅱ 간접침해의 유형
Ⅲ 간접침해보상의 법적 근거

Ⅳ 간접침해에 대한 권리구제
  1. 손실보상
  2. 손해배상
  3. 환경분쟁조정
  4. 방해배제청구
  5. 시민고충처리위원회 민원제기

Ⅰ 의의

간접침해보상이란 대규모 공익사업의 시행 또는 완성 후의 시설로 인하여 사업지 밖에 미치는 사업손실 중 사회적, 경제적 손실을 의미하는 간접보상을 제외한 물리적, 기술적 손실에 대한 보상을 말한다.

Ⅱ 간접침해의 유형

① 공공사업으로 인한 소음, 진동, 먼지 등에 의한 침해, ② 환경오염 및 용수고갈 등으로 인한 손실, ③ 일조권 침해 등이 있다.

Ⅲ 간접침해보상의 법적 근거

간접침해가 손실보상의 요건을 갖추는 경우에는 보상이 가능하도록 보상규정을 두는 입법적 개선이 필요하지만 현행 토지보상법에는 명문의 규정이 없다.

Ⅳ 간접침해에 대한 권리구제

1. 손실보상

간접손실의 범위와 기준을 정하기 어렵고 유형화하기 힘들므로 구체적으로 보상의 대상이 되기 어려운 한계가 있다. 현행 토지보상법 제79조 제4항에서는 보상이 필요한 경우의 수권조항을 규정하고 있으므로, 이는 입법정책을 통하여 점진적인 해결방안을 모색해야 할 것이다.

2. 손해배상

간접침해가 손해배상의 요건을 충족하는 경우에는 손해배상을 청구할 수 있을 것이나 위법성이나 고의 과실 여부가 명확하지 않아서 손해배상책임을 인정하기 어려운 면이 많다.

3. 환경분쟁조정

간접침해의 유형 중 소음, 진동 등은 물리적, 기술적 침해로서 환경분쟁조정법상 환경피해에 해당한다. 환경분쟁조정제도는 행정기관이 지니고 있는 전문성과 절차의 신속성을 충분히 활용하여 환경분쟁을 간편하고 신속, 공정하게 해결하기 위하여 마련된 제도이다. 반면에 이는 침해행위에 대한 명확한 기준이 없어서 형평성의 논란이 있을 수 있다.

4. 방해배제청구

간접침해가 생활방해나 주거환경의 침해를 의미하는 때에는 민법상 방해배제청구를 할 수 있다. 그러나 일반적으로 간접침해를 받은 사익이 공익사업의 공익성보다 크기는 어려울 것이므로 방해배제청구권이 인정되기는 어렵다.

5. 시민고충처리위원회 민원제기

국민의 권리를 침해하거나 국민에게 불편을 주는 고충을 간편하고 신속하게 처리하기 위한 제도이나 집행력이 없다는 한계가 있다.

사례 147 정신적 손실

공익사업의 시행으로 인해 발생한 정신적 손실이 손실보상 대상인지 논하시오. [10점]

Ⅰ 개설
Ⅱ 정신적 손해의 의미
Ⅲ 공익사업으로 인한 정신적 고통의 예시

Ⅳ 견해의 대립
  1. 학설
    (1) 부정설
    (2) 긍정설
  2. 판례
  3. 검토

Ⅰ 개설

공익사업이 면적사업으로 확대되면서 대물보상만으로는 보상되지 않는 생활보상, 정신보상, 간접보상 등의 개념이 생겨났다. 토지보상법은 이러한 변화에 맞추어 생활보상, 간접보상에 대해서는 규정을 마련하고 있으나 정신보상에 관하여는 규정이 없다.

사업시행으로 인한 정신적 고통이 수인한도를 넘어서는 경우에는 이 역시 보상함이 타당하다고 본다.

Ⅱ 정신적 손해의 의미

민법에서는 불법행위에 의한 손해를 재산상, 정신상 손해로 나누고 있다. 정신적 손해란 피해자가 느끼는 고통, 불쾌감 등 정신상태에 발생한 불이익이라고 한다.

Ⅲ 공익사업으로 인한 정신적 고통의 예시

① 공익사업의 시행으로 인한 소음, 진동 등에 의한 불쾌감, ② 공공사업으로 인하여 조상 전래의 전·답으로부터 떠나는 것에 대한 정신적 고통, ③ 소수잔존자로 잔류결정한 경우에 발생할 수 있는 소외 감등이 있다.

Ⅳ 견해의 대립

1. 학설

(1) 부정설

① 정신적 손실은 사회적 수인의무범위에 속한다. ② 재산적 보상에 의해 정신적 고통은 회복되고, ③ 정신적 고통이 원인이 되어 병이 되어버리면 그로 인한 재산적·실질적 피해를 배상 또는 보상하면 된다고 한다.

(2) 긍정설
① 수인한계의 객관적 기준이 없으며, 정신적 손실도 수인한계를 넘을 수 있고, ② 정신적 고통과 재산상 손실은 무관하므로 재산보상으로 치유된다고 볼 수 없다. ③ 또한 민사소송법상 위자료가 공익사업과 관련하여 부정될 이유가 없다고 한다.

2. 판례

정신적 손해에 대한 손실보상을 인정한 판례는 없다. 그러나 손해배상에서는 정신적 손해도 손해배상의 대상이 된다. 재산적 손해배상으로 회복할 수 없는 정신적 손해가 있다는 사정이 입증되는 경우에는 정신적 손해에 대한 배상이 가능한 것으로 보고 있다. 이에 관하여는 이를 주장하는 사람에게 그 증명책임이 있다. 손실보상금의 지급이 지연되었다는 사정만으로는 정신적 손해의 발생사실이 증명되었다고 볼 수는 없다.

3. 검토

정신적 손실이 수인한도를 넘는 경우에는 보상함이 타당하다. 실무상으로는 일부에서 사례금, 답례금, 위로금, 감사금, 협력금 등의 명목으로 지불되는 경우가 있다. 사업의 원활한 진행과 복리국가적 요구에서 입법적인 보완이 요구된다.

Chapter 02 평가방법 및 보상평가기준

> **사례 148** 무허가건축부지 및 불법형질변경 토지의 평가방법
>
> 갑은 서초구 방배동 204-1(전, 400제곱미터), 205-1번지(임야, 1,000제곱미터)를 소유하고 있었다. 1986.1.24. 204-1번지에 2층 규모의 무허가건물(주거용, 건폐율 20%)을 건축하였고, 205-1번지는 을에게 임대하였다. 을은 3층 규모의(샌드위치판넬조, 판넬지붕) 공장을 건축할 계획으로 해당 임야를 대지로(관계법령의 적법한 허가 없이) 형질변경을 하였다. 그 후, 2013.1.7. 갑소유의 토지 2필지가 도로사업 부지로 수용되면서 204-1번지는 2억('전' 기준), 205-1번지는 1억('임야' 기준)으로 보상금이 결정되었다. 갑은 204-1 및 205-1번지는 현황이 대지이므로 2필지 모두 대지를 기준하여 보상금을 산정해야 한다고 주장한다. 30점
>
> (1) 갑의 주장과 관련하여 무허가건축물 부지의 평가방법 등에 대해서 검토하고 갑주장의 타당성을 검토하시오. 15점
> (2) 갑의 주장과 관련하여 불법형질변경된 토지의 평가방법 및 입증책임 등에 대해서 검토하고, 이를 토대로 갑주장의 타당성을 검토하시오. 15점

(설문 1)의 해결
Ⅰ 쟁점의 정리
Ⅱ 현황평가의 원칙과 무허가건축물 부지
　1. 현황평가의 원칙(보상법 제70조 제2항)
　2. 무허가건축물 등의 부지
　　(1) 의의 및 근거규정(시행규칙 제24조)
　　(2) 평가방법
　　　1) 원칙 및 취지
　　　2) 경과조치에 의한 예외
　　(3) 무허가건축물 부지의 범위
　　(4) 입증책임
Ⅲ 사안의 해결

(설문 2)의 해결
Ⅰ 쟁점의 정리
Ⅱ 불법형질변경된 토지
　1. 의의 및 근거규정(시행규칙 제24조)
　2. 평가방법
　　(1) 원칙 및 취지
　　(2) 경과조치에 의한 예외
　3. 보상평가방법의 정당성 검토
　　(1) 평등의 원칙 위배 여부
　　(2) 소급입법에 의한 재산권 침해 여부
　4. 입증책임(불법형질변경토지라는 사실에 관한 증명책임의 소재 및 증명의 정도)
　5. 관련문제(무허가건축물부지와의 관계)
Ⅲ 사안의 해결

(설문 1)의 해결

I 쟁점의 정리

토지보상법 제70조 제2항에서는 현황평가를 기준하여 보상액을 산정하도록 규정하고 있다. 따라서 204-1 및 205-1번지의 현황이 불법에 기인한 경우가 아니라면 현황 대지를 기준하여 보상하여야 하는바, 토지보상법 시행규칙 제24조(무허가건축물 등의 부지 및 불법형질변경된 토지의 평가)를 검토하여 설문을 해결한다.

II 현황평가의 원칙과 무허가건축물 부지

1. 현황평가의 원칙(토지보상법 제70조 제2항)

현황평가의 원칙이란, 토지에 대한 보상액은 가격시점에서의 현실적인 이용상황과 일반적인 이용방법에 의한 객관적 상황을 고려하여 산정하되, 일시적인 이용상황과 토지소유자나 관계인이 갖는 주관적 가치 및 특별한 용도에 사용할 것을 전제로 한 경우 등은 고려하지 아니하는 것을 말한다.

2. 무허가건축물 등의 부지

(1) 의의 및 근거규정(시행규칙 제24조)

무허가건축물 부지란 관계법령에 의하여 허가를 받거나 신고를 하고 건축 또는 용도변경을 하여야 하는 건축물을 허가를 받지 아니하거나 신고를 하지 아니하고 건축 또는 용도변경한 건축물의 부지를 말한다.

(2) 평가방법

1) 원칙 및 취지

무허가건축물 부지에 대해 무허가건축물이 건축 또는 용도변경될 당시의 이용상황을 상정하여 평가하도록 한다. 이 취지는 현실이용상황 기준평가의 예외로 위법의 합법화로 현저히 공정성을 잃은 불합리한 보상이 될 가능성이 있기 때문이다.

2) 경과조치에 의한 예외

시행규칙 부칙 제5조에 따라서 1989년 1월 24일 현재 이미 존재하는 무허가건축물의 부지에 대하여는 이를 적법한 건축물로 보아 현실이용상황에 따라 평가하게 된다.

(3) 무허가건축물 부지의 범위

무허가건축물의 부지면적 산정 시에는 '「국토의 계획 및 이용에 관한 법률」' 등의 건폐율을 적용하여 산정한 면적을 초과할 수 없다'고 규정하고 있다.

(4) 입증책임

현황평가가 원칙이므로 이에 대한 예외로서 건축될 당시의 이용상황을 상정하여 평가하기 위하여서는 그것을 주장하는 사업시행자가 입증함이 타당하다.

Ⅲ 사안의 해결

설문상 204-1번지는 관계법령에 의한 허가를 받지 않은 무허가건축물의 부지이나, 건축시기가 1986.1.24.이므로 시행규칙 부칙 제5조 규정에 따라 적법한 건축물 부지로 평가되어야 할 것이다. 단, 무허가건축물 부지의 면적범위와 관련해서는 관계법령인 「국토의 계획 및 이용에 관한 법률」 등의 건폐율을 적용하여 산정한 면적을 초과할 수 없을 것이다. 따라서 갑 주장 중 80제곱미터 부분에 대한 타당성은 인정되나, 나머지 320제곱미터 부분에 대해서는 타당성이 인정되지 않는다.

(설문 2)의 해결

Ⅰ 쟁점의 정리

204-1 및 205-1번지의 현황이 불법에 기인한 경우라 하더라도 현황평가원칙에 따라 현황평가를 할 수 있는 경우가 있으므로, 토지보상법 시행규칙 제24조(무허가건축물 등의 부지 및 불법형질변경된 토지의 평가)를 검토하여 설문을 해결한다.

Ⅱ 불법형질변경된 토지

1. 의의 및 근거규정(시행규칙 제24조)

불법형질변경토지란 관계 법령에 의해 허가, 신고가 필요함에도 이를 하지 않은 채 형질변경한 토지를 말한다. 불법형질변경이란 ① 절토, 성토, 정지 등 형질변경과 공유수면매립, ② 단순히 용도만 변경하는 경우도 해당되며, ③ 농지 상호 간의 변경은 형질변경으로 보지 않는다.

2. 평가방법

(1) 원칙 및 취지

불법형질변경된 토지는 형질변경될 당시의 이용상황을 상정하여 평가하도록 되어 있다. 이는 현황평가주의의 예외로, 동규정의 취지는 위법행위의 합법화를 통한 불합리한 보상의 배제에 있다.

(2) 경과조치에 의한 예외

시행규칙 부칙 제6조에 따라 '1995.1.7. 당시 공익사업시행지구에 편입된 불법형질변경 토지'에 대해서는 이를 현실적 이용상황에 따라 보상한다.

3. 보상평가방법의 정당성 검토

(1) 평등의 원칙 위배 여부

95.1.7. 이전의 불법형질변경된 토지가 공공사업시행지구에 포함된 경우에 현황평가를 하며, 그 외의 토지는 언제 변경이 되었느냐를 묻지 않고 무조건 변경 당시를 기준으로 평가하는 것이 불합리한 차별로 평등원칙 위반이 아닌지 문제가 제기되지만, 불법 앞의 평등은 평등원칙에 포함되지 않으므로 평등원칙 위반이 아니다.

(2) 소급입법에 의한 재산권 침해 여부

과거에 시작하였으나 아직 완성되지 아니한 사실관계나 법률관계를 규율의 대상으로 하는 부진정소급효의 입법의 경우는 원칙적으로 허용된다고 보므로 불법형질변경 토지에 대한 규정이 소급입법에 반한다고 볼 수 없다.

4. 입증책임(불법형질변경 토지라는 사실에 관한 증명책임의 소재 및 증명의 정도)

현황평가원칙에 따라 사업시행자가 입증해야 한다는 견해가 통설이며, 판례는 '수용대상 토지의 이용상황이 일시적이라거나 불법형질변경토지에 해당하는지 여부는 이를 주장하는 쪽에서 증명해야 하며, 수용대상 토지의 형질변경 당시 관계 법령에 의한 허가 또는 신고의무가 존재하였고 그럼에도 허가를 받거나 신고를 하지 않은 채 형질변경이 이루어졌다는 점이 증명되어야 한다'고 판시한 바 있다(대판 2012.4.26, 2011두2521).

5. 관련문제(무허가건축물 부지와의 관계)

무허가건축물 부지이면 불법형질변경에 해당되지 않는 것으로 보아야 할 것이다.

Ⅲ 사안의 해결

설문상 205-1번지는 관계법령에 의한 허가를 받지 않은 불법형질변경 토지이며, 95.1.7. 이후에 도로사업에 편입되었으므로 부칙 제6조 규정도 적용되지 않는다. 따라서 '임야를 기준하여 산정된 보상금은 합당하므로 갑의 주장은 타당하지 않다.

사례 149 미지급용지

미지급용지의 평가방법에 대하여 설명하시오. [15점]

Ⅰ 의의 및 근거
Ⅱ 평가방법
  1. 원칙
  2. 적용대상
    (1) 학설
      1) 무제한 적용설
      2) 제한 적용설
    (2) 판례
    (3) 검토

Ⅲ 관련문제
  1. 보상의무자
  2. 국가 등의 점유시효취득

Ⅰ 의의 및 근거

미지급용지란 종전에 시행된 공익사업의 부지로서 보상금이 지급되지 않은 토지를 말하며, 현황평가의 예외에 해당한다. 이는 시행규칙 제25조에 규정되어 있으며, 피수용자의 불이익 방지에 취지가 인정된다.

Ⅱ 평가방법

1. 원칙

종전 공익사업에 편입될 당시의 이용상황을 상정하여 평가한다. 또한 용도지역 등 공법상 제한은 가격시점을 기준한다. 단, 종전 사업의 시행으로 용도지역이 변경된 경우는 종전을 기준한다.

2. 적용대상

(1) 학설

  1) 무제한 적용설

    공익사업의 시행결과가 토지소유자에게 유·불리한 경우에 모두 미지급용지 규정을 적용해야 한다고 한다.

  2) 제한 적용설

    상기 규정을 제한적으로 적용해야 한다고 보면서 종전보다 현황이 불리해진 경우에만 미지급용지 규정을 적용해야 한다고 한다.

(2) 판례

판례는 공공사업의 시행자가 적법한 절차에 의하여 취득하지도 못한 상태에서 공공사업을 시행하여 토지의 현실적인 이용상황을 변경시킴으로써 오히려 토지가격을 상승시킨 경우에는 미불용지라고 볼 수 없다고 판시하였으나(대판 1992.11.10, 92누4833), 공공사업에 편입된 국유토지를 일반 매매의 방식으로 취득하여 적법하게 공공사업을 시행한 후 그 토지에 대한 소유권이 취득시효 완성을 원인으로 사인에게 이전된 경우에는 공공사업에 편입될 당시의 이용상황을 상정하여 평가하여야 한다고 판시한 바 있다(대판 1999.3.23, 98두13850).

(3) 검토

미지급용지는 그 취지가 토지소유자의 손해방지 차원에서 이루어진 것이므로 하락한 경우에만 적용하는 것이 타당하다.

Ⅲ 관련문제

1. 보상의무자

논리적으로 종전 사업시행자가 의무자가 되는 것이 타당하나 종전 사업시행자가 없는 등의 경우에 토지소유자를 보호하기 위하여 새로운 사업시행자가 보상의무자가 된다.

2. 국가 등의 점유시효취득

민법 제245조 제1항에서는 부동산을 20년간 소유의 의사로서 평온, 공연하게 점유한 자는 등기함으로써 그 소유권을 취득한다고 규정하고 있다. 이에 대해 종전에는 판례가 국가 등 점유를 자주점유로 보아 시효취득을 인정하였으나 전원합의체 판결로 악의의 무단점유자에게는 시효취득이 인정되지 않는다고 판시하였다. 시효취득이 인정되면 소유자에게 너무 가혹하므로 판례가 타당하다.

3. 부당이득 반환청구

판례는 국가 등이 도로부지를 점유하는 경우 사권행사가 제한되는 것이며, 소유권은 존재한다고 보아 점유상실에 대한 사용료의 부당이득 반환 청구권을 인정하였다. 다만, 국가에 대한 채권 소멸시효는 5년으로 가격시점으로부터 과거 5년 동안만 청구가 가능하다.

사례 150 공법상 제한

공법상 제한을 받는 토지의 평가기준과 근거를 설명하시오. 15점

Ⅰ 의의 및 기능
Ⅱ 공법상 제한을 받는 토지의 평가기준(토지보상법 시행규칙 제23조)
   1. 일반적 제한
   2. 개별적 제한
   3. 해당 사업으로 인한 용도지역 등의 변경

Ⅲ 공법상 제한받는 토지의 평가 근거
   1. 문제점
   2. 특별한 희생의 구별기준
     (1) 학설
     (2) 판례
     (3) 검토
   3. 공법상 제한이 특별한 희생인지 여부
Ⅳ 결어

Ⅰ 의의 및 기능

공법상 제한받는 토지라 함은 관계법령에 의해 가해지는 토지이용규제나 제한을 받는 토지로서, 이는 국토공간의 효율적 이용을 통해 공공복리를 증진시키는 수단으로 기능한다.

Ⅱ 공법상 제한을 받는 토지의 평가기준(토지보상법 시행규칙 제23조)

1. 일반적 제한

제한 그 자체로 목적이 완성되고 구체적 사업의 시행이 필요하지 않은 경우로 그 제한받는 상태대로 평가한다. 그 예로는 국토의 이용 및 계획에 관한 법률에 의한 용도지역, 지구, 구역의 지정, 변경, 기타 관계법령에 의한 토지이용계획 제한이 있다.

2. 개별적 제한

그 제한이 구체적 사업의 시행을 필요로 하는 경우를 말하며, 개별적 제한이 해당 공익사업의 시행을 직접 목적으로 가해진 경우에는 제한이 없는 상태로 평가한다.

3. 해당 사업으로 인한 용도지역 등의 변경

용도지역 등 일반적 제한일지라도 해당 사업 시행을 직접 목적으로 하여 변경된 경우에는 변경되기 전의 용도지역을 기준으로 하여 평가한다. 이는 개발이익의 배제목적이 있다.

Ⅲ 공법상 제한받는 토지의 평가 근거

1. 문제점
해당 공익사업의 직접 제한의 경우 달리 평가하고 있는 근거는 사회적 제약과 특별한 희생의 구별 기준과 관련된다.

2. 특별한 희생의 구별기준

(1) 학설

침해의 대상이 특정될 수 있는지로 판단하는 형식적 기준설과 침해의 성질, 내용 등을 목적, 사적효용 감소, 보호가치, 수인한도, 중대성, 상황구속성 등으로 파악하는 실질적 기준설이 대립한다.

(2) 판례

대법원은 개발제한 구역 내 토지소유자의 불이익은 명백하나 공공복리를 위해 감수하지 않으면 안될 것으로 보아 사회적 제약이라 판시하였다. 그러나 헌법재판소는 동일 사안에서 비례원칙을 근거로 토지를 종래 목적대로 사용할 수 없거나, 토지이용방법이 전혀 없는 경우 특별한 희생이라는 입장을 취한 바 있다.

(3) 검토

생각건대 어느 한쪽의 기준만으로는 만족할 만한 결론 도출이 어려우며, 각 사안마다 기준을 종합적으로 적용하여 타당한 결론을 도출하도록 하는 종합적 검토설이 타당하다.

3. 공법상 제한이 특별한 희생인지 여부
일반적 제한은 전체 토지이용의 합리적 조정이라는 공익목적을 갖는 사회적 제약이며, 개별적 제한은 구체적인 사업을 목적으로 특정인에게 가해지므로 특별한 희생으로 볼 수 있다.

Ⅳ 결어

공법상 제한을 받는 토지는 일반적 제한과 개별적 제한으로 나눌 수 있다. 양자의 구별기준은 특별한 희생이며, 특별한 희생이 있는 개별적 제한의 경우 지가하락 등의 손실이 있을 수 있으며 해당 토지의 취득보상에 이를 그대로 반영하게 되면 헌법상 정당보상에 위배되므로 제한을 받지 않는 상태대로 평가한다. 특별한 희생의 유무는 형식적, 실질적 기준을 모두 종합적으로 고려하여 판단하여야 할 것이다.

사례 151 공법상 제한과 개발이익

대전시는 개발제한구역인 대전시 외곽 일대에 대하여 행정도시 건설을 위한 도시계획시설결정 고시를 하였고 국토교통부는 해당 지역에 대하여 개발제한구역을 해제하였다. 이러한 개발제한구역의 해제는 정부에서 계획하고 있는 행정도시 건설이라는 국책사업을 위한 것이었다. 이에 따라 대전시는 도시계획사업 실시계획고시를 하였다. 사업시행자는 행정도시 건설을 위해 개발제한구역이 해제된 토지에 대하여 보상을 하고자 한다. 이와 관련하여 해당 사업을 위하여 개발제한구역의 해제를 반영해야 하는지 여부 및 해당 사업의 시행으로 인한 개발이익을 손실보상에 포함시켜야 하는지를 논하시오. 20점

Ⅰ 쟁점의 정리
Ⅱ 공법상 제한 및 개발이익과 보상액 산정기준
　1. 공법상 제한을 받는 토지의 평가
　　(1) 관련규정의 검토
　　(2) 판례의 태도
　　(3) 사안의 경우

2. 개발이익의 배제
　(1) 관련규정의 검토
　(2) 개발이익 배제의 정당성
　　1) 학설
　　2) 판례
　　3) 검토
　(3) 사안의 경우
Ⅲ 사안의 해결

Ⅰ 쟁점의 정리

헌법 제23조 제3항에서는 손실보상에 대하여 정당보상의 원칙을 천명하고 있고, 정당보상이란 "보상의 시기·방법 등에 어떠한 제한도 없는 재산권의 객관적 가치를 완전하게 보상"하는 것을 의미한다. 설문의 해결을 위하여 개발제한구역으로 지정된 상태로 평가하여야 하는지, 아니면 해제된 상태로 평가하여야 하는지와 행정도시 건설에 따른 개발이익이 피수용재산의 객관적 가치로 인정될 수 있는지를 검토한다.

Ⅱ 공법상 제한 및 개발이익과 보상액 산정기준

1. 공법상 제한을 받는 토지의 평가

(1) 관련규정의 검토

토지보상법 시행규칙 제23조 제2항에서는 "당해 공익사업의 시행을 직접 목적으로 하여 용도지역 또는 용도지구 등이 변경된 토지에 대하여는 변경되기 전의 용도지역 또는 용도지구 등을 기준으로 평가한다"고 규정하고 있다.

(2) 판례의 태도

공법상 제한을 받는 토지의 수용보상액을 산정함에 있어서는 그 공법상의 제한이 해당 공공사업의 시행을 직접목적으로 하여 가하여진 경우에는 그 제한을 받지 아니하는 상태대로 평가하여야 하고, 해당 공공사업의 시행 이전에 이미 해당 공공사업과 관계없이 도시계획법에 의한 고시 등으로 일반적 계획제한이 가하여진 경우에는 그러한 제한을 받는 상태로 평가하여야 한다고 판시한 바 있다.

(3) 사안의 경우

사안에서 개발제한구역은 해당 공익사업인 행정도시 건설사업으로 인해 해제된 바, 이러한 개발제한구역이 해제되지 않고 지정된 상태를 기준으로 손실보상액을 평가하여야 한다.

2. 개발이익의 배제

(1) 관련규정의 검토

개발이익이란 공익사업의 계획 또는 시행이 공고 또는 고시나 공익사업의 시행에 따른 절차 등으로 인해 토지소유자의 노력에 관계없이 지가가 상승되어 현저하게 받은 이익으로 정상지가 상승분을 초과하여 증가된 부분을 말한다. 토지보상법 제67조 제2항에서는 "보상액의 산정에 있어서 해당 공익사업으로 인하여 토지등의 가격에 변동이 있는 때에는 이를 고려하지 아니한다."고 명문으로 규정하였다.

(2) 개발이익 배제의 정당성

1) 학설

미실현이익은 보상대상이 아니고 이는 사업시행을 볼모로 한 주관적 가치이므로 배제되어야 한다는 긍정설과, 인근 토지소유자와의 형평성 문제와 주변 토지로 대토할 수 없는 측면에서 부정하는 부정설이 있다.

2) 판례

개발이익은 궁극적으로는 모든 국민에게 귀속되어야 할 성질의 것이므로 이는 피수용자의 토지의 객관적 가치 내지 피수용자의 손실이라고는 볼 수 없다고 판시한 바 있다(헌재 1990.6.25, 89헌마107; 헌재 2009.9.24, 2008헌바112; 헌재 2009.12.29, 2009헌바142).

3) 검토

생각건대, 개발이익은 공익사업의 시행으로 비로소 발생하므로 그 성질상 해당 토지의 객관적 가치에 해당되지 않고, 토지소유자의 노력과 무관한 바, 형평의 관념에 비추어 보더라도 토지소유자의 귀속분에 해당된다고 볼 수 없다. 따라서 개발이익을 배제하는 것이 정당보상에 합치된다.

(3) 사안의 경우

사안의 경우 행정도시건설사업으로 인한 개발이익은 해당 공익사업의 시행으로 직접 발생한 개발이익으로 볼 수 있으므로 대상토지의 수용 당시 객관적 가치에 포함되지 않으므로 이를 배제하고 손실보상액을 평가하여야 할 것이다.

Ⅲ 사안의 해결

사안의 경우 개발제한구역해제라는 공법상 제한은 해당 공공사업으로 인한 것이므로 개발제한구역으로 지정된 상태를 기준으로 보상액을 산정해야 할 것이며, 행정도시 건설이라는 공익사업의 시행에 따른 개발이익은 피수용자의 재산권이 갖는 객관적 가치가 아니므로 이를 배제한 상태로 보상액을 산정하여야 할 것이다.

> **사례 152** 무허가건축물의 보상대상 판단 및 보상내용
>
> 사업인정 전의 무허가건축물이 보상대상인지를 설명하고, 무허가건축물의 평가기준에 대해서 설명하시오. 25점

```
Ⅰ 서                                    (1) 비주거용 건축물
Ⅱ 무허가건축물이 보상대상인지 여부        (2) 주거용 건축물
   1. 학설                                  1) 비준가격의 고려
      (1) 부정하는 견해                     2) 최저보상액 및 재편입가산금 고려
      (2) 긍정하는 견해(허가의 성질과 재산권)   3) 주거이전비
   2. 판례의 태도                           4) 이주대책
   3. 검토                              2. 특례(89.1.24.) 적용 이후부터 사업인정고
Ⅲ 시기에 따른 무허가건축물의 평가기준        시일 전까지
   1. 특례(89.1.24.) 이전의 경우          3. 사업인정 고시 이후
                                       Ⅳ 결
```

Ⅰ 서

무허가건축물이라 함은 건축법 등 관계법령에 의하여 허가를 받거나 신고를 하고 건축하여야 하는 건축물을 허가나 신고 없이 건축한 건축물을 말한다(시행규칙 제24조).

무허가건축물 중 특히 사업인정 이전 무허가건축물의 보상 대상 여부에 관한 명문의 법률규정이 없어 해석상 그 보상이 가능한지가 문제된다. 손실보상의 요건과 관련하여 공공필요, 적법한 침해, 특별한 희생은 문제되지 않으나, 무허가건축물이 보상의 대상이 되는 재산권에 해당하는지가 문제된다.

Ⅱ 무허가건축물이 보상대상인지 여부

1. 학설

(1) 부정하는 견해

무허가건축물은 대집행의 대상이 되므로, 대집행을 실행하는 경우 재산적 가치가 소멸하게 되므로 보상대상에서 제외된다고 한다.

(2) 긍정하는 견해(허가의 성질과 재산권)

허가란 법령에 의하여 일반적, 상대적 금지를 특정한 경우에 해제하여 적법하게 일정행위를 할 수 있게 하는 행위이다. 허가를 요하는 행위를 허가 없이 행한 경우 행정상 강제집행이나 처벌의 대상이 될 수 있는 것은 별론으로 하고 행위 자체의 효력이 부인되는 것은 아니다. 따라서 허가유무에 따라 재산권의 범위가 달라질 수 없다고 한다.

2. 판례의 태도

대법원은 지장물인 건물을 보상대상으로 함에 있어서 건축허가 유무에 따른 구분을 두고 있지 않을 뿐만 아니라, 주거용 건물에 관한 보상특례 및 주거이전비는 무허가 건물의 경우에는 적용되지 아니한다고 규정하여 무허가건물도 보상의 대상에 포함됨을 전제로 하고 있는 바, 사업인정고시 이전에 건축된 건물이기만 하면 손실보상의 대상이 됨이 명백하다고 판시한 바 있다(대판 2000.3.10, 99두10896). 다만, 사업인정고시 이전에 설치된 경우에도 투기목적으로 설치된 경우에는 보상대상을 부정한다.

3. 검토

허가는 그 성질에 비추어 행위의 적법성 여부에만 관여하고 유효성 여부와는 무관하므로 사업인정 이전 건축물에 대하여는 무허가건축물도 재산권 요건을 충족하는 것으로 보아 보상의 대상이 된다고 보는 것이 타당하다.

Ⅲ 시기에 따른 무허가건축물의 평가기준

1. 특례(89.1.24.) 이전의 경우

(1) 비주거용 건축물

특례 이전의 경우는 용도 및 이용상황과 관계없이 적법한 건축물로 간주되며, 비주거용 건축물의 경우 원가법에 의한 가격으로 평가한다.

(2) 주거용 건축물

1) 비준가격의 고려

거래사례비교법에 의하여 평가한 금액이 원가법에 의하여 평가한 금액보다 큰 경우와 「집합건물의 소유 및 관리에 관한 법률」에 의한 구분소유권의 대상이 되는 건물의 가격은 거래사례비교법으로 평가한다(시행규칙 제33조 제2항).

2) 최저보상액 및 재편입가산금 고려

상기 평가금액이 6백만원 미만일 경우에는 6백만원으로 한다(시행규칙 제58조 제1항). 또한 공익사업으로 이주한지 20년 이내에 주거용 건축물이 재편입된 경우에는 주거용 건축물과 토지가격의 합산액의 30%를 지급하며, 이때 상한금액은 1천만원으로 한다(동조 제2항).

3) 주거이전비

주거용 건축물 소유자에게는 가구원 수에 따른 2개월분의 주거이전비를 지급하고, 세입자에게는 사업인정고시일등 이전 3개월 이상 거주한 자에 대하여 4월의 주거이전비를 지급한다(시행규칙 제54조 제1항 및 제2항).

4) 이주대책

주거용 건축물의 소유자에게 이주대책을 마련해 주어야 하며, 미수립 시에는 이주정착금을 지원해야 한다. 이주정착금은 보상대상인 주거용 건축물에 대한 평가액의 30퍼센트에 해당하는 금액으로 하되, 그 금액이 1천2백만원 미만인 경우에는 1천2백만원으로 하고, 2천4백만원을 초과하는 경우에는 2천4백만원으로 한다(시행규칙 제53조 제2항).

2. 특례(89.1.24.) 적용 이후부터 사업인정고시일 전까지

무허가건축물도 재산권의 대상에 포함되므로 보상의 대상이 된다. 따라서 비준가격을 고려하여 평가하여야 하나, 최저보상액·재편입가산금·이주대책의 규정은 적용되지 않을 것이다.

3. 사업인정고시 이후

사업인정고시 이후의 무허가건축물은 보상투기의 목적이 있거나, 토지의 보전의무(토지보상법 제25조)를 위반한 행위가 되므로 보상의 대상이 될 수 없다.

Ⅳ 결

무허가건축물도 재산권이 인정되어 보상의 대상이 되지만, 무허가건축물에 대한 특례가 적용되는지의 여부에 따라 보상평가방법이 상이하다고 할 수 있을 것이다. 또한, 무허가건축물은 통상 그 구조·재료 등이 적법한 허가나 신고를 득하고 건축한 건축물에 비하여 시공의 정도가 떨어지고, 최초 허가·신고에 소요되는 비용 및 사용승인에 소요되는 비용과 보유기간 동안의 재산세 등은 이를 부담하지 않았으므로 이를 고려하여 평가하여야 할 것이다.

 대판 2000.3.10, 99두10896

[판결요지]
도시계획법에 의한 토지 및 지장물의 수용에 관하여 준용되는 토지수용법 제49조 제1항, 제57조의2, 공공용지의 취득 및 손실보상에 관한 특례법 제4조 제2항 제3호, 같은법 시행령 제2조의10 제4항, 제5항, 제8항, 같은법 시행규칙 제10조 제1항, 제2항, 제4항에 의하면, 지장물인 건물의 경우 그 이전비를 보상함이 원칙이나, 이전으로 인하여 종래의 목적대로 이용 또는 사용할 수 없거나 이전이 현저히 곤란한 경우 또는 이전비용이 취득가격을 초과할 때에는 이를 취득가격으로 평가하여야 하는데, 그와 같은 건물의 평가는 그 구조, 이용상태, 면적, 내구연한, 유용성, 이전가능성 및 그 난이도 기타 가격형성상의 제 요인을 종합적으로 고려하여 특별히 거래사례비교법으로 평가하도록 규정한 경우를 제외하고는 원칙적으로 원가법으로 평가하여야 한다고만 규정함으로써 지장물인 건물을 보상대상으로 함에 있어 건축허가의 유무에 따른 구분을 두고 있지 않을 뿐만 아니라, 오히려 같은법 시행규칙 제5조의9는 주거용 건물에 관한 보상특례를 규정하면서 그 단서에 주거용인 무허가건물은 그 규정의 특례를 적용하지 아니한 채 같은법 시행규칙 제10조에 따른 평가액을 보상액으로 한다고 규정하고, 같은법 시행규칙 제10조 제5항은 지장물인 건물이 주거용인 경우에 가족수에 따른 주거비를 추가로 지급하되 무허가건물의 경우에는 그러하지 아니하다고 규정함으로써 무허가건물도 보상의 대상에 포함됨을 전제로 하고 있는바, 이와 같은 관계 법령을 종합하여 보면, 지장물인 건물은 그 건물이 적법한 건축허가를 받아 건축된 것인지 여부에 관계없이 토지수용법상의 사업인정의 고시 이전에 건축된 건물이기만 하면 손실보상의 대상이 됨이 명백하다.

사례 153 공도, 사도, 사실상 사도

공도, 사도, 사실상 사도의 평가방법을 설명하시오. [5점]

Ⅰ 의의 및 근거(규칙 제26조)
Ⅱ 공도부지 평가방법
Ⅲ 사도부지 평가방법

Ⅳ 사실상 사도 평가방법
　1. 의의 및 평가방법
　2. 취지
　3. 판례의 태도
　4. 시행규칙 제26조의 법적 성질
　5. 관련문제

Ⅰ 의의 및 근거(규칙 제26조)

도로는 불특정 다수인이 통행하는 토지로서 사도, 사실상 사도, 공도가 있다.

Ⅱ 공도부지 평가방법

도로법상 국도 등을 말하며, 인근 토지의 표준적 이용상황을 기준으로 평가한다. 도로임에 대한 감가는 적용하지 않는다.

Ⅲ 사도부지 평가방법

시장 등의 허가를 받아서 자기토지의 편익을 위하여 개설한 도로를 말하며, 인근 토지의 1/5 이내로 평가한다.

Ⅳ 사실상 사도 평가방법

1. 의의 및 평가방법

사실상 사도란 사도법상의 사도 외에 관할 시장 또는 군수의 허가를 받지 않고 개설하거나 형성된 사도로, 토지보상법 시행규칙 제26조 제2항은 그 대상을 보다 구체화시키고 있다. 사실상의 사도는 인근 토지평가액의 1/3 이내로 평가한다.

2. 취지

토지소유자가 자기 소유의 다른 토지의 효용증진을 위하여 스스로 설치한 도로이고, 화체이론에 의한 것이다.

3. 판례의 태도

사실상의 사도는 도로 개설경위, 목적, 주위환경 기타 제반 사항을 비추어 해당 토지가 인근 토지에 비하여 낮은 가격으로 보상하여 주어도 될 만한 객관적 사유가 인정되는 경우에만 인근 토지의 1/3 이내로 평가한다고 본다.

4. 시행규칙 제26조의 법적 성질

과거 판례는 사실상의 사도 등에 관한 평가규정을 행정규칙으로 보았으나(95누14718), 토지보상법 시행규칙은 법규명령의 형식을 가지며 토지보상법 제70조 제6항에 위임근거가 있기에 법규명령으로 보는 것이 타당하다.

> 과거 판례는 토지수용에 따른 손실보상액을 산정하는 경우에 준용되는 구 공공용지의 취득 및 손실보상에 관한 특례법 시행규칙을 행정규칙으로 보았는데, 이는 상위 법률인 구 공공용지의 취득 및 손실보상에 관한 특례법에 위임규정이 없었기 때문이다. 현행 토지보상법에서는 위임근거규정을 두었기에 법규명령으로 보는 것이 타당하다.

5. 관련문제

① 타인통행을 제한할 수 없는 토지 중 분할양도로 인한 통행권의 경우는 감가하는 것이 타당하나,
② 정상임료 또는 그 이상의 지료를 받는 경우는 화체되었다고 보기 어려우므로 정상평가함이 타당하다.

사례 154 개간비

개간비 평가방법에 대하여 설명하시오. 5점

---

1. 의의 및 근거
2. 보상요건

3. 개간비 평가방법
   (1) 원칙
   (2) 예외
4. 관련문제

---

1. 의의 및 근거

개간비란 토지의 매립, 간척 등 개간에 소요된 비용을 말한다. 이는 실비변상적 성격을 가지며, 시행규칙 제27조에서 규정하고 있다.

2. 보상요건

① 국가, 지방자치단체 소유의 토지를, ② 적법하게 개간하고, ③ 개간 시부터 보상 당시까지 계속 점유하고 있을 것을 요건으로 한다(상속인정).

3. 개간비 평가방법

(1) 원칙

가격시점 현재 개간비용으로 평가하되, 개간 전후의 가격차이를 한도로 한다.

(2) 예외

가격시점 현재 개간비용을 알 수 없는 경우는 개간 후의 토지가격에 일정비율을 적용하여 산정한다. ① 주거, 상업, 공업지역은 1/10, ② 녹지지역은 1/5, ③ 도시지역 외는 1/3을 적용한다.

4. 관련문제

일반적인 권리금 관행을 무시하고, 개간이 쉬울수록 개간가치가 높음에도 단순히 비용만 보상하는 것은 문제가 있다는 비판이 있다.

사례 155 공작물(대체시설)

주택재개발사업조합 갑은 주택재개발사업의 시행을 위하여 재개발사업구역 내 한국전력공사 소유의 배전설비를 해당 공작물의 가격으로 보상금을 지급하고 아파트 신축공사를 시행하였다. 아파트 신축공사의 내역에는 지중화된 전력설비가 포함되어 있었으며 조합 갑은 이러한 전력설비(조합 소유)는 종전 한국전력공사의 배전설비를 대체하는 시설이므로 배전설비에 대한 보상금은 부당이득으로써 그 반환이 이루어져야 한다고 주장한다. 갑 주장의 타당성을 검토하시오. [15점]

Ⅰ 쟁점의 정리
Ⅱ 지장물에 대한 보상평가방법
  1. 지장물의 의의(토지보상법 시행규칙 제2조 제3호)
  2. 지장물에 대한 평가기준 및 원칙(토지보상법 제75조 : 건축물 등 물건에 대한 보상)
    (1) 건축물・입목・공작물과 그 밖에 토지에 정착한 물건
      1) 이전비 지급원칙
      2) 물건의 가격으로 보상하는 경우
    (2) 시행규칙 제36조 공작물 등의 평가
Ⅲ 갑 주장의 타당성
  1. 공작물에 대한 보상평가규정의 취지
  2. 대체시설로 인정되기 위한 요건
  3. 사안의 경우

Ⅰ 쟁점의 정리

설문은 재개발사업조합 갑이 해당 사업의 시행을 위하여 지급한 배전설비에 대한 대체시설의 설치를 이유로 보상금의 반환을 주장하고 있다. 토지보상법 제75조 및 동법 시행규칙 제36조에서는 공작물의 경우 대체시설을 설치하는 경우, 별도의 손실보상은 불요한 것으로 규정하고 있는바, 지장물에 대한 보상평가방법을 설명하고 동 지장물인 지중화된 전력설비가 대체시설로 인정되기 위한 요건 등을 검토하여 설문을 해결한다.

Ⅱ 지장물에 대한 보상평가방법

1. 지장물의 의의(토지보상법 시행규칙 제2조 제3호)

지장물이란 공익사업시행지구 내의 토지에 정착한 건축물・공작물・시설・입목・죽목 및 농작물 그 밖의 물건 중에서 당해 공익사업의 수행을 위하여 직접 필요하지 아니한 물건을 말한다.

2. 지장물에 대한 평가기준 및 원칙(토지보상법 제75조 : 건축물 등 물건에 대한 보상)

(1) 건축물・입목・공작물과 그 밖에 토지에 정착한 물건

  1) 이전비 지급원칙

    건축물・입목・공작물과 그 밖에 토지에 정착한 물건에 대하여는 이전에 필요한 비용으로

보상하여야 한다. 이전비란 대상 물건의 유용성을 동일하게 유지하면서 이를 해당 공익사업 시행지구 밖의 지역으로 이전·이설 또는 이식하는 데 소요되는 비용(물건의 해체비, 건축허가에 일반적으로 소요되는 경비를 포함한 건축비와 적정거리까지의 운반비를 포함하며, 「건축법」 등 관계법령에 의하여 요구되는 시설의 개선에 필요한 비용을 제외한다)을 말한다.

2) 물건의 가격으로 보상하는 경우

① 건축물 등을 이전하기 어렵거나 그 이전으로 인하여 건축물 등을 종래의 목적대로 사용할 수 없게 된 경우, ② 건축물 등의 이전비가 그 물건의 가격을 넘는 경우에는 물건의 가격으로 보상하여야 한다.

(2) 시행규칙 제36조 공작물 등의 평가

공작물 등의 평가는 건축물에 대한 평가방법을 준용하나, ① 공작물 등의 용도가 폐지되었거나 기능이 상실되어 경제적 가치가 없는 경우, ② 공작물 등의 가치가 보상이 되는 다른 토지등의 가치에 충분히 반영되어 토지등의 가격이 증가한 경우, ③ 사업시행자가 공익사업에 편입되는 공작물 등에 대한 대체시설을 하는 경우에는 공작물 등은 이를 별도의 가치가 있는 것으로 평가하여서는 아니 된다.

Ⅲ 갑 주장의 타당성

1. 공작물에 대한 보상평가규정의 취지

토지보상법 시행규칙 제36조에서는 지장물의 경우 건물 등의 평가방법을 준용하여 이전비를 원칙으로 하되, 이전비가 공작물의 가격을 초과하는 경우에는 물건의 가격으로 보상하도록 규정하고 있다. 다만, 대체시설을 하는 등의 경우에는 별도의 손실보상을 하지 않도록 규정하고 있는데, 이는 이러한 대체시설로서 공작물 소유자에게 실질적으로 손실이 보상된 것으로 볼 수 있기 때문이다.

2. 대체시설로 인정되기 위한 요건

대체시설로 인정되기 위해서는 ① 기존 공작물과 기능적인 측면에서 대체가 가능한 시설이어야 할 뿐만 아니라, ② 특별한 사정이 없는 한 기존 공작물 소유자가 대체시설의 소유권을 취득하거나 소유권자에 준하는 관리처분권을 가지고 있어야 한다. 그렇게 보지 않으면 새로 설치한 설비에 대하여 사용료를 청구하거나 다른 경쟁업체가 생겼을 때 원소유자의 권리행사를 배제하는 데 대하여 달리 대항할 수 없게 될 수 있기 때문이다.

3. 사안의 경우

재개발사업조합 갑과 한국전력공사 사이에 새로 설치한 지중화된 전력설비에 대하여 소유권은 갑 조합이 가지지만 한국전력공사가 이를 그 소유처럼 제한 없이 무상으로 관리·사용할 수 있는 권리가 보장되어 있어서 철거된 종전 시설과 기능적으로 뿐 아니라 권리행사 측면에서도 실질적 차이가 없다고 볼 수 있는 관계가 설정되어 있는 경우라면 갑 조합의 주장은 타당하여 부당이득반환을 청구할 수 있을 것이다.

대체시설(대판 2012.9.13, 2011다83929)

[판시사항]
[1] 공익사업을 위한 토지등의 취득 및 보상에 관한 법률 시행규칙 제36조 제2항 제3호에서 정한 '대체시설'로 인정하기 위한 요건
[2] 甲주택재개발정비사업조합이, 주택재개발정비사업으로 철거된 한국전력공사의 배전설비에 대하여 대체시설을 제공하였음을 이유로 공사가 甲조합으로부터 지급받은 철거시설 잔존가치 상당액의 손실보상금에 대하여 부당이득반환을 구한 사안에서, 새로 설치한 설비가 공익사업을 위한 토지등의 취득 및 보상에 관한 법률 시행규칙에서 정한 대체시설에 해당하기 위한 요건을 충족하는지에 대한 별다른 심리 없이 공사가 받은 손실보상금이 부당이득에 해당한다고 본 원심판결에 법리오해의 위법이 있다고 한 사례

[재판요지]
[1] 공익사업을 위한 토지등의 취득 및 보상에 관한 법률(이하 '공익사업법'이라 한다) 제75조 제1항 제1호는 공작물에 대하여 이전에 필요한 비용으로 보상하되 이전이 어렵거나 그 이전으로 인하여 공작물을 종래의 목적으로 사용할 수 없게 된 경우에는 당해 물건의 가격으로 보상하도록 규정하고 있고, 같은 조 제6항의 위임에 따라 공작물에 대한 보상액의 구체적인 산정 및 평가방법과 보상기준을 정하고 있는 공익사업을 위한 토지등의 취득 및 보상에 관한 법률 시행규칙 제36조 제2항 제3호는 '사업시행자가 공익사업에 편입되는 공작물 등에 대한 대체시설을 하는 경우'에는 이를 별도의 가치가 있는 것으로 평가하여서는 아니 된다고 규정하고 있다. 이처럼 대체시설을 하는 경우 별도의 손실보상을 하지 않도록 규정한 것은 그러한 대체시설로서 공작물소유자에게 실질적으로 손실이 보상된 것으로 볼 수 있기 때문이므로, 대체시설로 인정되기 위해서는 기존 공작물과 기능적인 측면에서 대체가 가능한 시설이어야 할 뿐만 아니라, 특별한 사정이 없는 한 기존 공작물 소유자가 대체시설의 소유권을 취득하거나 소유권자에 준하는 관리처분권을 가지고 있어야 한다.
[2] 甲주택재개발정비사업조합이, 주택재개발정비사업으로 철거된 한국전력공사의 배전설비에 대하여 대체시설을 제공하였음을 이유로 공사가 甲조합으로부터 지급받은 철거시설 잔존가치 상당액의 손실보상금에 대하여 부당이득반환을 구한 사안에서, 甲조합이 공사에 기존 배전설비의 철거보상금을 지급할 때 단순히 철거비용뿐 아니라 그 시설에 대한 손실보상금까지 포함하여 지급하였다는 등 다른 특별한 사정이 없는 이상 甲조합은 공사에 철거시설에 대한 손실보상금을 별도로 지급할 의무가 있고, 당사자 사이에 새로 설치한 지중화된 전력설비에 대하여 소유권은 甲조합이 가지지만 공사가 이를 그 소유처럼 제한 없이 무상으로 관리·사용할 수 있는 권리가 보장되어 있어서 철거된 종전 시설과 기능적으로 뿐 아니라 권리 행사 측면에서도 실질적 차이가 없다고 볼 수 있는 관계가 설정되어 있다는 등 특별한 사정이 없는 이상 이는 공익사업을 위한 토지등의 취득 및 보상에 관한 법률 시행규칙에서 말하는 대체시설에 해당한다고 볼 수 없으므로, 위 시행규칙의 대체시설에 해당하기 위한 요건의 충족여부 등에 대하여 더 심리해 보지 않고는 공사가 지급받은 철거시설에 대한 손실보상금이 법률상 원인 없이 얻은 이득이라고 쉽사리 단정할 수 없음에도, 위와 같은 점에 대한 별다른 심리 없이 공사가 받은 손실보상금이 부당이득에 해당한다고 본 원심판결에 법리오해의 위법이 있다고 한 사례

Chapter 03 영업손실보상과 농업손실보상

사례 156 영업손실보상

갑은 건축법상 근린생활시설의 건축허가를 받았으나 허가받은 건축행위에 착수하지 않고 있었는데, 그 사이에 공익사업을 위한 토지등의 취득 및 보상에 관한 법률상 사업인정고시가 되었다. 그 후, 갑은 예정대로 건축행위를 하고 낙농용 물통을 판매하였다. 7개월 후, 해당 토지가 수용되었고 해당 건물은 보상대상에서 제외되었다. 갑은 해당 건물은 건축법상 허가를 받은 적법한 건물이므로 이에 대한 보상을 받아야 한다고 주장하며, 낙농용 물통판매에 대한 영업보상도 받아야 한다고 주장한다. 갑 주장의 타당성을 논하시오. 15점

Ⅰ 쟁점의 정리
Ⅱ 사업인정 후 지장물이 보상대상인지
   1. 지장물 보상대상의 일반원칙
   2. 토지보상법 제25조 관련규정 검토
   3. 사안의 경우
Ⅲ 낙농용 물통판매 행위가 영업보상 대상인지
   1. 영업손실 보상의 의의 및 보상의 성격
   2. 대상영업(규칙 제45조)
   3. 사안의 경우
Ⅳ 사안의 해결

Ⅰ 쟁점의 정리

건축허가를 득한 후, 사업인정고시가 이루어진 경우 별도의 건축허가를 다시 받아야 하는지와 이를 행하지 않고 건축행위를 계속하여 영업행위를 한 경우 영업손실보상을 받을 수 있는지를 검토한다.

Ⅱ 사업인정 후 지장물이 보상대상인지

1. 지장물 보상대상의 일반원칙

지장물이란 해당 사업의 시행에 직접 목적이 되지 않는 토지 위의 물건을 말한다. 판례는 사업인정 전에 설치된 지장물의 경우는 적법성과 무관하게 보상대상을 인정하나, 예외적으로 보상투기만을 위해 설치된 경우에는 보상대상성을 부정하였다.

2. 토지보상법 제25조 관련규정 검토

토지보상법 제25조 제2항은 "사업인정고시가 있은 후에는 고시된 토지에 건축물의 건축·대수선, 공작물의 설치 등의 행위는 관할 행정청의 허가를 받아야 하며, 이를 위반한 경우에는 원상으로 회복하여야 한다"고 규정하고 있다.

3. 사안의 경우

상기 규정의 취지에 비추어 보면, 건축법상 건축허가를 받았더라도 허가받은 건축행위에 착수하지 아니하고 있는 사이에 토지보상법상 사업인정고시가 된 경우 고시된 토지에 건축물을 건축하려는 자는 토지보상법 제25조에 정한 허가를 따로 받아야 하고, 그 허가 없이 건축된 건축물에 관하여는 토지보상법상 손실보상을 청구할 수 없다고 할 것이다.

Ⅲ 낙농용 물통판매 행위가 영업보상 대상인지

1. 영업손실 보상의 의의 및 보상의 성격

영업보상이란 공공사업의 시행에 따라 영업을 폐업 또는 휴업하게 되는 경우에 사업시행자가 장래 예상되는 전업 또는 이전에 소요되는 일정한 기간 동안의 영업소득 또는 영업시설 및 재고자산에 대한 손실을 보상하는 것으로서, 합리적 기대이익의 상실이라는 점에서 일실손실의 보상의 성격이 있다.

2. 대상영업(규칙 제45조)

영업은 적법한 장소에서 인적·물적 설비를 갖추고 계속적으로 행하고 있는 일체의 경제활동을 의미하며, 영업보상은 허가·신고·면허를 받은 영업으로서 허가의 범위 내에서 영업을 대상으로 한다. 이때 보상계획의 공고, 사업인정 고시 후 행하는 영업은 영업으로 보지 아니한다.

3. 사안의 경우

설문상 갑의 건축물은 토지보상법상 적법한 허가를 득하지 못하였는바, 이에 따라 낙농용 물통판매를 영위하는 영업행위는 손실보상의 대상에 해당되지 않을 것이다.

Ⅳ 사안의 해결

갑은 건축허가를 득하였으나, 사업인정 고시로 인해 동 허가는 효력이 소멸되었다. 따라서 해당 건축물은 손실보상 대상에서 제외될 것이며, 동 장소에서 행한 낙농용 물통판매 행위도 영업손실보상 대상에서 제외될 것이다. 다만, 해당 사업으로 더 이상 건축행위를 유지할 수 없게 된바, 보상법 시행규칙 제57조에 근거하여 건축 설계비의 보상을 받을 수 있을 것이다.

사례 157 농업손실보상

甲 등이 자신들의 농작물 경작지였던 각 토지가 공익사업을 위하여 수용되었음을 이유로 공익사업 시행자를 상대로 구 공익사업을 위한 토지등의 취득 및 보상에 관한 법률 제77조 제2항에 의하여 농업손실보상을 청구하였다. 이와 관련하여 손실보상청구권의 법적 성질을 논하고 농업손실에 대한 보상평가방법에 대하여 설명하시오. 20점

Ⅰ 서설
Ⅱ 농업손실보상청구권의 법적 성질
  1. 학설
    (1) 사권설
    (2) 공권설
  2. 판례
  3. 검토
Ⅲ 농업손실에 대한 보상평가방법
  1. 농업손실보상의 의의 및 성격
  2. 보상의 기준
  3. 구체적 보상 방법 및 내용
    (1) 보상의 방법
    (2) 농업손실보상의 대상인 농지의 범위(농업손실보상의 물적 범위)
    (3) 농업손실보상의 지급대상자(실농보상의 인적 범위)
    (4) 농기구 등에 대한 보상
Ⅳ 관련문제(농업손실보상의 간접보상 : 토지보상법 시행규칙 제65조)

Ⅰ 서설

손실보상이란 공공필요에 의한 적법한 공권력의 행사로 가하여진 개인의 특별한 재산권침해에 대하여, 행정주체가 사유재산권 보장과 평등부담의 원칙 및 생존권 보장차원에서 행하는 조절적인 재산적 전보를 말한다. 이는 재산권 보장에 대한 예외적인 조치이므로 이에 대한 검토는 국민의 권리보호와 관련하여 중대한 위치를 차지한다. 이하에서 농업손실보상에 대하여 설명한다.

Ⅱ 농업손실보상청구권의 법적 성질

1. 학설

(1) 사권설

손실보상청구권은 원인이 되는 공용침해행위와는 별개의 권리이며, 기본적으로 금전지급청구권이므로 사법상의 금전지급청구권과 다르지 않다고 본다.

(2) 공권설

공권설은 손실보상청구권은 공권력 행사인 공용침해로 인하여 발생한 권리이며, 공익성이 고려되어야 하므로 공권으로 보아야 한다고 한다.

2. 판례

(1) 판례는 최근 하천법상 손실보상청구권과 관련하여 행정상 당사자소송의 대상이 된다고 본 바 있으며, 세입자의 주거이전비 및 시행규칙 제57조에 따른 사업폐지 등에 대한 보상청구권은 공법상 권리라고 판시한 바 있다.

(2) 또한 '토지보상법상 농업손실보상청구권은 공익사업의 시행 등 적법한 공권력의 행사에 의한 재산상의 특별한 희생에 대하여 전체적인 공평부담의 견지에서 공익사업의 주체가 그 손해를 보상하여 주는 손실보상의 일종으로 공법상의 권리임이 분명하므로 그에 관한 쟁송은 민사소송이 아닌 행정소송절차에 의하여야 할 것'이라고 판시한 바 있다(대판 2011.10.13, 2009다43461).

3. 검토

손실보상은 공법상 원인을 이유로 이루어지고, 개정안에서는 손실보상에 관한 소송을 당사자소송으로 하도록 규정하고 있는 점에 비추어 공권으로 봄이 타당하다.

Ⅲ 농업손실에 대한 보상평가방법

1. 농업손실보상의 의의 및 성격

농업손실보상이란 공익사업시행지구에 편입되는 농지에 대하여 해당 지역의 단위 경작면적당 농작물 수입의 2년분을 보상함을 의미한다. 이는 전업에 소요되는 기간을 고려한 합리적 기대이익의 상실에 대한 보상으로 일실손실의 보상이며, 다만 유기체적인 생활을 종전 상태로 회복하는 의미에서 생활보상의 성격도 존재한다.

2. 보상의 기준

헌법 제23조 제3항은 국민의 재산권에 대한 강제적 박탈이나 침해에 대하여 정당한 보상을 규정하고, 판례는 이를 보상의 시기·방법에도 제한이 없는 완전한 보상으로 해석하고 있다. 이러한 정당보상의 실현을 토지보상법상 보상의 기준으로 두고 있다.

3. 구체적 보상 방법 및 내용

(1) 보상의 방법

공익사업지구에 편입되는 농지(농지법 제2조 제1호 가목에 해당되는 토지)에 대하여는 해당 도별 연간 농가평균 단위 경작면적당 농작물총수입의 직전 3년간 평균의 2년분을 영농손실액으로 지급한다. 다만, 국토교통부장관이 고시한 농작물로서 그 실제소득을 증명한 경우에는 농작물총수입 대신에 실제소득으로 보상한다.

(2) 농업손실보상의 대상인 농지의 범위(농업손실보상의 물적 범위)

보상을 함에 있어서는 해당 토지의 지목에도 불구하고 실제로 농작물을 경작하는 경우에는 이를 농지로 본다. ① 토지이용계획, 주위환경 등으로 보아 일시적으로 농지로 이용되고 있는 토지(종전 불법형질변경된 토지로서 농지로 이용되고 있는 토지는 제외됨), ② 불법으로 점유하여 경작하고 있는 토지, ③ 농민에 해당하지 아니하는 자가 경작하고 있는 토지, ④ 사업인정고시일등 이후부터 농지로 이용되고 있는 토지, ⑤ 취득보상 이후 사업시행자가 2년 이상 계속하여 경작하도록 허용하는 토지는 농지로 보지 아니한다.

(3) 농업손실보상의 지급대상자(실농보상의 인적 범위)

자경농지가 아닌 농지에 대한 영농손실액은 실제의 경작자에게 지급한다. 다만, 해당 농지의 소유자가 해당 지역에 거주하는 농민의 경우에는 소유자와 실제의 경작자가 협의하는 바에 따라 보상하고, 협의가 성립되지 아니할 경우 2분의 1씩 보상한다. 다만, 실제소득인정 기준에 따라 보상하는 경우 농지의 소유자에 대한 보상금액은 평균소득기준에 따라 산정한 영농손실액의 50퍼센트를 초과할 수 없다.

(4) 농기구 등에 대한 보상

경작지의 3분의 2 이상에 해당하는 토지가 공익사업지구에 편입되어 해당 지역에서 영농을 계속할 수 없게 된 경우에는 농기구에 대하여 매각손실액으로 평가하여 보상한다. 다만, 매각손실액의 평가가 사실상 곤란한 경우에는 원가법에 의하여 산정한 가격의 60% 이내에서 매각손실액을 정할 수 있다.

Ⅳ 관련문제(농업손실보상의 간접보상 : 토지보상법 시행규칙 제65조)

경작하고 있는 농지의 3분의 2 이상에 해당하는 면적이 공익사업시행지구에 편입됨으로 인하여 영농을 계속할 수 없게 된 농민에 대해서는 공익사업시행지구 밖에서 그가 경작하고 있는 농지에 대하여도 영농손실액을 지급하도록 규정하고 있다.

농업손실(대판 2011.10.13, 2009다43461)

[판시사항]

[1] 구 공익사업을 위한 토지등의 취득 및 보상에 관한 법률 제77조 제2항에서 정한 농업손실보상청구권에 관한 쟁송은 행정소송절차에 의하여야 하는지 여부(적극) 및 공익사업으로 인하여 농업손실을 입게 된 자가 사업시행자에게서 위 규정에 따른 보상을 받기 위해서는 재결절차를 거쳐야 하는지 여부(적극)

[2] 甲 등이 자신들의 농작물 경작지였던 각 토지가 공익사업을 위하여 수용되었음을 이유로 공익사업 시행자를 상대로 구 공익사업을 위한 토지등의 취득 및 보상에 관한 법률 제77조 제2항에 의하여 농업손실보상을 청구한 사안에서, 甲 등이 재결절차를 거쳤는지를 전혀 심리하지 아니한 채 농업손실보상금 청구를 민사소송절차에 의하여 처리한 원심판결을 파기한 사례

[재판요지]
[1] 구 공익사업을 위한 토지등의 취득 및 보상에 관한 법률(2007.10.17. 법률 제8665호로 개정되기 전의 것, 이하 '구 공익사업법'이라 한다) 제77조 제2항은 "농업의 손실에 대하여는 농지의 단위면적당 소득 등을 참작하여 보상하여야 한다."고 규정하고, 같은 조 제4항은 "제1항 내지 제3항의 규정에 의한 보상액의 구체적인 산정 및 평가방법과 보상기준은 국토교통부령으로 정한다."고 규정하고 있으며, 이에 따라 구 공익사업을 위한 토지등의 취득 및 보상에 관한 법률 시행규칙(2007.4.12. 국토교통부령 제556호로 개정되기 전의 것)은 농업의 손실에 대한 보상(제48조), 축산업의 손실에 대한 평가(제49조), 잠업의 손실에 대한 평가(제50조)에 관하여 규정하고 있다. 위 규정들에 따른 농업손실보상청구권은 공익사업의 시행 등 적법한 공권력의 행사에 의한 재산상의 특별한 희생에 대하여 전체적인 공평부담의 견지에서 공익사업의 주체가 그 손해를 보상하여 주는 손실보상의 일종으로 공법상의 권리임이 분명하므로 그에 관한 쟁송은 민사소송이 아닌 행정소송절차에 의하여야 할 것이고, 위 규정들과 구 공익사업법 제26조, 제28조, 제30조, 제34조, 제50조, 제61조, 제83조 내지 제85조의 규정 내용 및 입법 취지 등을 종합하여 보면, 공익사업으로 인하여 농업의 손실을 입게 된 자가 사업시행자로부터 구 공익사업법 제77조 제2항에 따라 농업손실에 대한 보상을 받기 위해서는 구 공익사업법 제34조, 제50조 등에 규정된 재결절차를 거친 다음 그 재결에 대하여 불복이 있는 때에 비로소 구 공익사업법 제83조 내지 제85조에 따라 권리구제를 받을 수 있다.

[2] 甲 등이 자신들의 농작물 경작지였던 각 토지가 공익사업을 위하여 수용되었음을 이유로 공익사업 시행자를 상대로 구 공익사업을 위한 토지등의 취득 및 보상에 관한 법률(2007.10.17. 법률 제8665호로 개정되기 전의 것, 이하 '구 공익사업법'이라 한다) 제77조 제2항에 의하여 위 농작물에 대한 농업손실보상을 청구한 사안에서, 원심으로서는 농업손실보상금 청구가 구 공익사업법 제34조, 제50조 등에 규정된 재결절차를 거쳐 같은 법 제83조 내지 제85조에 따른 당사자소송에 의한 것인지를 심리했어야 함에도, 이를 간과하여 甲 등이 재결절차를 거쳤는지를 전혀 심리하지 아니한 채 농업손실보상금 청구를 민사소송절차에 의하여 처리한 원심판결에는 농업손실보상금 청구의 소송형태에 관한 법리오해의 위법이 있다고 한 사례

Chapter 04 주거이전비의 성격 및 보상협의회

 **사례 158** 주거이전비 지급요건 및 불복수단

갑은 자연녹지 내 주택을 소유하고 있었는데, 1990년 월드컵 공원 조성사업에 편입되었다. 이후 1998년 공원조성 실시계획 고시와 더불어 토지취득절차가 진행되었다. 1990년 갑의 토지가 포함된 상암동 일대는 대체로 자연녹지지역으로 소규모 공장 및 근린생활시설과 전·답 등 농경지가 혼재된 지역이었으나, 2002 월드컵 개최와 더불어 대규모 아파트 개발공사가 한창이었고 1998년 월드컵 공원 주위는 대부분 자연녹지지역에서 제3종 주거지역으로 변경되어 대규모 택지로 개발되었다.

1998년 7월 3일 갑의 토지는 자연녹지지역을 기준하여 1억원으로 평가되었다. 갑은 월드컵 공원 사업이 없었다면 자신의 토지도 제3종 주거지역으로 변경되었을 것이지만 월드컵 공원사업 때문에 자연녹지지역으로 유지된 것이라고 주장하며, 당해 사업의 시행을 위하여 용도지역이 변경되지 못한 것이기에 공법상 제한을 받는 토지에 대한 보상금산정에 위법이 있다고 주장한다. 40점

(1) 공법상 제한을 받는 토지에 대해서 설명하고, 갑 주장의 타당성에 대해서 검토하시오. 15점

(2) 갑 주택은 건축물 대장상 공장으로 기재되어 있었으나, 1980년 이를 주택으로 무단용도변경하고 1981년 을과 임대차 계약을 작성하여 1층은 을에게 임대하였고 2층은 갑이 사용중이다.

(2-1) 갑은 주거이전비를 받을 수 있는가? 갑은 추후 보상금 수령과 관련하여 을 때문에 불이익을 받을 것을 염려하여 보상금수령과 관련된 일체의 권리를 포기하기로 하는 포기각서를 받았다. 을은 주거이전비 보상금 지급을 요구할 수 있는가? 20점

(2-2) 주거이전비에 대한 불복수단을 재결 전·후를 나누어 설명하시오. 5점

(설문1)의 해결
Ⅰ 쟁점의 정리
Ⅱ 공법상 제한을 받는 토지의 평가기준
  1. 의의 및 기능
  2. 공법상 제한을 받는 토지의 평가기준
    (토지보상법 시행규칙 제23조)
    (1) 일반적 제한
    (2) 개별적 제한
    (3) 해당사업으로 인한 용도지역 등의 변경
    (4) 당초사업과 다른사업에 편입된 경우

Ⅲ 사안의 해결
  1. 관련판례의 태도
  2. 사안의 경우

(설문2-1)의 해결
Ⅰ 쟁점의 정리
Ⅱ 주거이전비의 지급요건 등
  1. 주거이전비의 의의 및 취지
  2. 주거이전비의 법적 성격
    (1) 공법상 권리
    (2) 강행규정인지 여부

    3. 소유자에 대한 주거이전비 보상
    4. 세입자에 대한 주거이전비 보상
        (1) 주거이전비 보상 기준
        (2) 무허가건축물 등인 경우
    5. 부칙 제5조 검토
  Ⅲ 사안의 해결
    1. 무허가건축물등의 의미
    2. 사안의 해결

(설문2-2)의 해결
Ⅰ 쟁점의 정리
Ⅱ 주거이전비를 향유할 수 있는 소송
    1. 토지보상법상 재결 이전인 경우
    2. 토지보상법상 재결 이후인 경우

(설문 1)의 해결

Ⅰ 쟁점의 정리

용도지역을 제3종주거지역으로 반영해야 하는지를 공법상 제한과 관련하여 검토한다.

Ⅱ 공법상 제한을 받는 토지의 평가기준

1. 의의 및 기능

공법상 제한받는 토지라 함은 관계법령에 의해 가해지는 토지 이용규제나 제한을 받는 토지로서, 이는 국토공간의 효율적 이용을 통해 공공복리를 증진시키는 수단으로 기능한다.

2. 공법상 제한을 받는 토지의 평가기준(토지보상법 시행규칙 제23조)

(1) 일반적 제한

제한 그 자체로 목적이 완성되고 구체적 사업의 시행이 필요하지 않은 경우로 그 제한받는 상태대로 평가한다. 그 예로는 국토의 이용 및 계획에 관한 법률에 의한 용도지역, 지구, 구역의 지정, 변경 기타 관계법령에 의한 토지이용계획 제한이 있다.

(2) 개별적 제한

그 제한이 구체적 사업의 시행을 필요로 하는 경우를 말하며, 개별적 제한이 해당 공익사업의 시행을 직접 목적으로 가해진 경우에는 제한이 없는 상태로 평가한다.

(3) 해당사업으로 인한 용도지역 등의 변경

용도지역 등 일반적 제한일지라도 해당 사업 시행을 직접 목적으로 하여 변경된 경우에는 변경되기 전의 용도지역을 기준으로 하여 평가한다. 이는 개발이익의 배제 및 피수용자의 보호에 목적이 있다.

(4) 당초사업과 다른 사업에 편입된 경우

공법상 제한을 받는 수용대상 토지의 보상액을 산정함에 있어서는 그 공법상 제한이 해당 공공사업의 시행을 직접 목적으로 가하여진 경우는 물론 당초의 목적사업과는 다른 목적의 공공사업에 편입수용되는 경우에도 그 제한을 받지 아니하는 상태대로 평가하여야 할 것이다(98두4498).

Ⅲ 사안의 해결

1. 관련판례의 태도

판례는 "특정 공익사업의 시행을 위하여 용도지역 등의 지정 또는 변경을 하지 않았다고 볼 수 있으려면, 토지가 특정 공익사업에 제공된다는 사정을 배제할 경우 용도지역 등의 지정 또는 변경을 하지 않은 행위가 계획재량권의 일탈·남용에 해당함이 객관적으로 명백하여야만 한다."라고 판시한 바 있다.

2. 사안의 경우

갑의 토지가 해당 공익사업에 편입되지 않는다면, 제3종 일반주거지역으로 변경되어야 함에도 불구하고 제3종 주거지역으로 변경하지 않은 행위가 계획재량권의 일탈·남용에 해당함이 객관적으로 명백한 경우라면, 이는 해당 사업의 시행을 위하여 용도지역을 변경하지 않은 것이라 할 것이다. 따라서 이러한 경우라면 제3종 일반주거지역을 기준하여 감정평가하여야 할 것이다.

(설문 2-1)의 해결

Ⅰ 쟁점의 정리

설문은 甲과 乙이 주거이전비 지급대상자에 포함되는지를 묻고 있다. 설문의 해결을 위하여 토지보상법 시행규칙 제54조의 주거이전비 규정을 검토한다.

Ⅱ 주거이전비의 지급요건 등

1. 주거이전비의 의의 및 취지

주거이전비는 해당 공익사업 시행지구 안에 거주하는 세입자들의 조기이주를 장려하여 사업추진을 원활하게 하려는 정책적인 목적과 주거이전으로 말미암아 특별한 어려움을 겪게 될 세입자들을 대상으로 하는 사회보장적인 차원에서 지급하는 금원을 말한다.

2. 주거이전비의 법적 성격

(1) 공법상 권리

판례는 세입자의 주거이전비는 ① 사업추진을 원활하게 하려는 정책적 목적과 ② 사회보장적인 차원에서 지급되는 금원의 성격을 가지므로 세입자의 주거이전비 보상청구권은 공법상 권리이고, 공법상 법률관계를 대상으로 하는 행정소송에 의해 다투어야 한다고 판시한 바 있다.

(2) 강행규정인지 여부

세입자에 대한 주거이전비는 공익사업 시행으로 인하여 생활근거를 상실하게 되는 세입자를 위하여 사회보장적 차원에서 지급하는 금원으로 보아야 하므로, 당사자 합의 또는 사업시행자 재량에 의하여 적용을 배제할 수 없는 강행규정이라고 보아야 한다(대판 2011.7.14, 2011두3685). 따라서 세입자가 주거이전비를 받을 수 있는 권리를 포기한다는 취지의 포기각서를 제출하였다 하여도 이는 무효이므로 세입자는 주거이전비를 청구할 수 있다.

3. 소유자에 대한 주거이전비 보상

공익사업시행지구에 편입되는 주거용 건축물의 소유자에 대하여는 해당 건축물에 대한 보상을 하는 때에 가구원 수에 따라 2개월분의 주거이전비를 보상하여야 한다. 다만, 건축물의 소유자가 해당 건축물 또는 공익사업시행지구 내 타인의 건축물에 실제 거주하고 있지 아니하거나 해당 건축물이 무허가건축물 등인 경우에는 그러하지 아니한다.

4. 세입자에 대한 주거이전비 보상

(1) 주거이전비 보상 기준

공익사업의 시행으로 인하여 이주하게 되는 주거용 건축물의 세입자로서 사업인정고시일등 당시 또는 공익사업을 위한 관계 법령에 따른 고시 등이 있은 당시 해당 공익사업시행지구 안에서 3개월 이상 거주한 자에 대하여는 가구원 수에 따라 4개월분의 주거이전비를 보상해야 한다.

(2) 무허가건축물 등인 경우

무허가건축물 등에 입주한 세입자로서 사업인정고시일등 당시 또는 공익사업을 위한 관계 법령에 따른 고시 등이 있은 당시 그 공익사업지구 안에서 1년 이상 거주한 세입자에 대해서는 본문에 따라 주거이전비를 보상해야 한다.

5. 부칙 제5조 검토

1989년 1월 24일 당시의 무허가건축물등에 대하여는 주거이전비 요건 충족검토에 있어서 적법한 건축물로 본다.

Ⅲ 사안의 해결

1. 무허가건축물등의 의미
무허가건축물등이란 관계법령에 의하여 허가를 받거나 신고를 하고 건축 또는 용도변경을 하여야 함에도 이를 받지 못한 건축물을 말한다.

2. 사안의 해결
① 갑은 1980년 무단용도변경을 하였으나 부칙 제5조에 의해 적법한 건축물로 간주되어 주거이전비를 지급받을 수 있다. ② 주거이전비는 사회보장적 차원에서 지급되는 강행규정으로써 이에 대한 포기각서는 무효이기에 을은 주거이전비를 청구할 수 있다.

(설문 2-2)의 해결

Ⅰ 쟁점의 정리
주거이전비에 대한 재결이 있는 경우와 재결이 없는 경우를 구분하여 권리구제에 적합한 소송을 설명한다.

Ⅱ 주거이전비를 향유할 수 있는 소송

1. 토지보상법상 재결 이전인 경우
세입자의 주거이전비 보상청구권은 그 요건을 충족하는 경우에 당연히 발생하는 것이므로, 주거이전비 보상청구소송은 행정소송법 제3조 제2호에 규정된 당사자소송에 의하여야 할 것이다.

2. 토지보상법상 재결 이후인 경우
세입자의 주거이전비 보상에 관하여 재결이 이루어진 다음 세입자가 보상금의 증감 부분을 다투는 경우에는 토지보상법 제85조 제2항에 규정된 보상금증감청구소송(형식적 당사자소송)에 따라 권리구제를 받을 수 있을 것이다.

행정소송의 형태(2006두2435)

세입자의 주거이전비 보상청구소송의 형태에 관하여 보건대, 공익사업법 제78조 제5항, 제7항, 공익사업법 시행규칙 제54조 제2항 본문, 제3항의 각 조문을 종합하여 보면 위 주거이전비 보상청구권은 그 요건을 충족하는 경우에 당연히 발생되는 것이므로, 주거이전비 보상청구소송은 행정소송법 제3조 제2호에 규정된 당사자소송에 의하여야 할 것이다.

다만, 구 도시 및 주거환경정비법(2007.12.21. 법률 제8785호로 일부 개정되기 전의 것) 제40조 제1항에 의하여 준용되는 공익사업법 제2조, 제50조, 제78조, 제85조 등의 각 조문을 종합하여 보면, 세입자의 주거이전비 보상에 관하여 재결이 이루어진 다음 세입자가 보상금의 증감 부분을 다투는 경우에는 공익사업법 제85조 제2항에 규정된 행정소송에 따라, 보상금의 증감 이외의 부분을 다투는 경우에는 같은 조 제1항에 규정된 행정소송에 따라 권리구제를 받을 수 있다고 봄이 상당하다.

재개발사업 현금청산자 및 세입자 보상항목(2019다207813)

구 도시정비법 제49조 제6항 단서의 내용, 개정 경위와 입법 취지를 비롯하여 구 도시정비법 및 토지보상법의 관련 규정들을 종합하여 보면, 토지보상법 제78조에서 정한 주거이전비, 이주정착금, 이사비(이하 '주거이전비 등'이라 한다)도 구 도시정비법 제49조 제6항 단서에서 정한 '토지보상법에 따른 손실보상'에 해당한다. 그러므로 주택재개발사업의 사업시행자가 공사에 착수하기 위하여 현금청산대상자나 세입자로부터 정비구역 내 토지 또는 건축물을 인도받기 위해서는 협의나 재결절차 등에 의하여 결정되는 주거이전비 등도 지급할 것이 요구된다. 만일 사업시행자와 현금청산대상자나 세입자 사이에 주거이전비 등에 관한 협의가 성립된다면 사업시행자의 주거이전비 등 지급의무와 현금청산대상자나 세입자의 부동산 인도의무는 동시이행의 관계에 있게 되고, 재결절차 등에 의할 때에는 주거이전비 등의 지급절차가 부동산 인도에 선행되어야 한다.

사례 159 보상협의회

토지보상법상 보상협의회에 대하여 약술하시오. 5점

1. 보상협의회의 의의 및 성격(토지보상법 제82조)

보상협의회는 보상에 관한 사항을 협의하기 위한 기구를 말한다. 이는 협의기관, 자문기관의 성격을 갖는다.

2. 설치, 구성 및 운영

① 지방자치단체장이 필요하다고 인정하는 경우, 해당 사업을 관할하는 시·군·구에 설치한다.
② 위원장 1인을 포함하여 8인에서 16인 이내로 구성하되 1/3 이상은 토지소유자 및 이해관계인으로 구성해야 한다.
③ 보상협의회의 회의는 재적위원 과반수의 출석으로 개의한다.
④ 10만제곱미터 이상과 토지소유자 50인 이상인 경우는 의무적으로 설치해야 한다.

3. 협의사항

① 보상액 평가를 위한 사전의견수렴, ② 잔여지 범위, ③ 이주대책수립에 관한 사항, ④ 지방자치단체장이 필요하다고 인정하는 사항을 협의한다.

부동산공시법

Chapter 01 표준지공시지가
Chapter 02 개별공시지가
Chapter 03 공시지가와 부동산가격공시위원회
Chapter 04 주택가격 및 비주거용 부동산가격 공시제도

Chapter 01 표준지공시지가

📝 사례 160 표준지공시지가 평가절차 및 위법성 판단

국토교통부장관은 A 소유의 상업용 나지의 2014년 표준지공시지가를 공시하기 위해서 감정평가법인 갑과 을에게 표준지 조사, 평가를 의뢰하면서 "표준지공시지가는 해당 토지뿐 아니라 인근 유사 토지의 가격을 결정하는 데에 전체적, 표준적 기능을 수행하는 것이어서 특히 그 가격의 적정성을 구체적으로 설명해 달라"고 부탁하였다.

국토교통부장관의 부탁에도 불구하고 갑은 개인 사정으로 거래선례나 평가선례를 수집하지 못해서 거래사례비교법, 원가법 및 수익환원법 등을 구체적으로 적용하지 못하였다. 결국, 갑은 전년도 공시지가를 기준으로 2014년 공시지가를 평가하였다.

한편 을은 열심히 사례자료를 수집하고 감정평가 3방식을 적용하여 표준지공시지가를 평가하였으나 평가보고서에는 평가원인을 구체적으로 특정하지 않았고, 아울러 각 요인별 참작 내용과 정도가 객관적으로 납득이 갈 수 있을 정도로 설명하지도 않았다. 국토교통부장관은 갑과 을의 보고서를 제출받고, 산술평균하여 2014년 2월 29일에 표준지공시지가를 공시하였다.

그 후, 3월 15일 A 소유의 토지가 재래시장의 활성을 목적으로 한 공익사업의 대상이 되었다. A는 자신의 보상금이 얼마가 나올지 궁금하여 표준지공시지가를 열람하였는데 표준지공시지가는 인근의 토지의 1/10 수준밖에 되지 않아서 상기의 표준지공시지가를 기준으로 보상금을 산정하면, 보상금이 시가의 1/10 이하에도 못 미칠 것이고 이는 헌법상 정당한 보상이 아니라고 생각하였다. A는 이러한 이유를 알고 싶어서 표준지공시지가의 산출근거를 열람하였는데 거래사례비교법, 원가법 및 수익환원법 등의 가격란은 공란으로 되어있으며 전년도의 공시지가와 세평가격만이 참고가격으로 적시되어있고, 별다른 요인별 참작내용은 없는 것을 보았다. 이에 이러한 공시지가는 적정성을 인정할 수 없는 것이므로 표준지공시지가 결정은 취소되어야 한다고 주장한다. 설문과 관련하여 아래의 물음에 답하시오. [40점]

(1) 표준지공시지가의 법적 성질을 설명하시오. [10점]
(2) 표준지공시지가의 평가절차와 효력 및 적용대상을 설명하시오. [20점]
(3) A의 주장대로 표준지공시지가의 결정은 취소되어야 하는지의 타당성을 검토하시오. [10점]

(설문 1) 표준지공시지가의 법적 성질
Ⅰ 개설(의의 및 취지)
Ⅱ 법적 성질에 대한 제 견해
  1. 문제점
  2. 학설

3. 판례
Ⅲ 검토

(설문 2) 표준지공시지가의 평가절차와 효력
Ⅰ 개설
Ⅱ 표준지공시지가의 평가절차
  1. 표준지선정
  2. 조사・평가
    (1) 조사 및 평가의 의뢰
    (2) 조사 및 평가
    (3) 제출 및 결정
    (4) 재평가
  3. 중앙부동산가격공시위원회의 심의
  4. 표준지공시지가의 조사협조
  5. 지가의 공시 및 열람
    (1) 공시
    (2) 열람

Ⅲ 표준지공시지가의 효력 및 적용대상
  1. 효력
  2. 적용범위

(설문 3) A 주장의 타당성 검토
Ⅰ 쟁점의 정리
Ⅱ 판례의 요지
  1. 표준지공시지가의 중요성
  2. 감정평가서의 평가원인의 기재 정도
Ⅲ A 주장의 타당성
  1. 평가원인의 구체적 특정성 여부
  2. 요인별 참작 내용과 정도가 객관적으로 설명되었는지 여부
  3. A 주장의 타당성

(설문 1) 표준지공시지가의 법적 성질

Ⅰ 개설(의의 및 취지)

표준지공시지가라 함은 국토교통부장관이 조사, 평가하여 공시한 표준지의 단위면적당 가격을 말한다. 이는 적정가격을 공시하여 ① 적정한 가격형성을 도모하고, ② 국토의 효율적 이용 및 국민경제발전, ③ 조세형평성을 향상시키기 위함에 취지가 인정된다.

Ⅱ 법적 성질에 대한 제 견해

1. 문제점

부동산공시법에서는 항고소송에 대한 규정이 없는 바 공시지가의 처분성 유무가 권리구제수단과 관련하여 문제된다.

2. 학설

① 공시지가는 보상액산정 및 개발부담금 산정에 있어서 구속력을 갖는다는 행정행위설, ② 이는 지가정책집행의 활동기준 및 대내적인 구속적 계획이라는 행정계획설, ③ 공시지가는 개별성, 구체성을 결여한 지가정책의 사무처리기준이라는 행정규칙설, ④ 각종 부담금 및 개별공시지가 산정의 기준이 되고, 위법한 표준지공시지가를 기준으로 행해진 처분도 위법하다고 보아야 하므로 법규명령의 성질을 갖는 고시로 보아야 한다는 법규명령의 성질을 갖는 고시설이 있다.

3. 판례

공시지가에 불복하기 위하여서는 처분청을 상대로(부동산공시법상) 이의신청 절차를 거쳐 그 공시지가 결정의 취소를 구하는 행정소송을 제기하여야 한다고 판시한 바 있다.

Ⅲ 검토

① 국민의 권리구제 측면에서는 법규명령의 성질을 갖는 고시설이 유리하나 다양한 정책수립기준으로 활용되므로 적정공시가격의 안정성이 인정될 필요가 있다. ② 따라서 미리 다툴 수 있게 하여 법률관계의 조기확정을 통한 법적 안정성 확보를 도모하기 위하여 처분성을 긍정함이 타당하다.

(설문 2) 표준지공시지가의 평가절차와 효력

Ⅰ 개설

국토교통부장관은 표준지 선정 및 관리지침에 따라 선정된 표준지에 대하여 공시일 현재의(시행령 제3조, 1월 1일) 적정가격을 조사·평가하고 중앙부동산가격공시위원회의 심의를 거쳐 공시해야 한다.

Ⅱ 표준지공시지가의 평가절차

1. 표준지선정(부동산공시법 제3조 제1항)

토지이용상황, 환경, 사회적, 자연적 조건이 유사한 일단의 지역 내에서 표준지선정관리지침상 ① 대표성, ② 중요성, ③ 안정성, ④ 확실성을 충족하는 표준지를 선정한다.

2. 조사·평가

(1) 조사 및 평가의 의뢰(부동산공시법 제3조 제5항)

국토교통부장관은 감정평가법인등의 업무실적, 신인도, 업무수행능력을 고려하여 둘 이상의 감정평가법인등에게 의뢰한다. 다만, 지가 변동이 작은 경우 등 대통령령으로 정하는 기준에 해당하는 표준지에 대해서는 하나의 감정평가법인등에게 의뢰할 수 있다.

(2) 조사 및 평가(부동산공시법 제3조 제4항 및 시행령 제6조)

인근 토지의 거래사례(사정개입 없는 사례)가격, 임대료 및 조성비용(표준적조성비 및 통상의 부대비용)을 고려하여 적정가격을 평가한다. 구체적으로 표준지 조사평가기준에 따른다.

(3) 제출 및 결정(부동산공시법 제3조 제2항 및 시행령 제8조)

해당 토지 소유자의 의견을 들어야 하며 시·도지사 및 시·군·구청장의 의견을 청취한 후(시·군·구 부동산가격공시위원회의 심의 후) 보고서를 제출한다. 표준지의 적정가격은 감정평가법인등이 제출한 조사·평가액의 산술평균치를 기준으로 한다.

(4) 재평가(부동산공시법 시행령 제8조)

① 국토교통부장관은 감정평가법인등이 행한 표준지의 조사·평가가 관계법령에 위반하여 수행되었다고 인정되는 경우에는 해당 감정평가법인등에게 그 사유를 통보하고 다른 감정평가법인등 2인에게 다시 조사·평가를 의뢰하여야 한다. ② 조사·평가액이 부적정하거나 조사·평가액 중 최고평가액이 최저평가액의 1.3배를 초과하는 경우에는 해당 감정평가법인등에게 대상 표준지의 조사·평가를 다시 의뢰할 수 있다.

3. 중앙부동산가격공시위원회의 심의(부동산공시법 제3조 제1항, 제24조)

국토교통부장관은 공시하고자 하는 공시지가의 적정성 확보 및 지역 간 균형확보를 위해서 중앙부동산가격공시위원회의 심의를 거쳐야 한다.

4. 표준지공시지가의 조사협조(부동산공시법 제4조)

국토교통부장관은 표준지의 선정 또는 표준지공시지가의 조사·평가를 위하여 필요한 경우에는 관계 행정기관에 해당 토지의 인·허가 내용, 개별법에 따른 등록사항 등 관련 자료의 열람 또는 제출을 요구할 수 있다. 이 경우 관계 행정기관은 정당한 사유가 없으면 그 요구를 따라야 한다.

5. 지가의 공시(부동산공시법 제5조) 및 열람(부동산공시법 제6조)

(1) 공시(제5조)

① 표준지의 지번, 표준지의 단위면적당 가격, 표준지의 면적 및 형상, 표준지 및 주변토지의 이용상황, ② 지목, 용도지역, 도로 상황 등을 공시하여야 한다.

(2) 열람(제6조)

국토교통부장관은 지가를 공시한 때에는 그 내용을 특별시장·광역시장 또는 도지사를 거쳐 시장·군수 또는 구청장에게 송부하여 일반으로 하여금 열람하게 하고, 대통령령이 정하는 바에 따라 이를 도서·도표 등으로 작성하여 관계 행정기관 등에 공급하여야 한다.

Ⅲ 표준지공시지가의 효력 및 적용대상

1. 효력(부동산공시법 제9조)

표준지공시지가는 ① 토지시장의 지가정보를 제공하고, ② 일반적인 토지거래의 지표가 되며, ③ 국가·지방자치단체 등의 기관이 그 업무와 관련하여 지가를 산정하거나, ④ 감정평가법인등이 개별적으로 토지를 감정평가하는 경우에 그 기준이 된다.

2. 적용범위

① 감정평가법인등의 토지평가기준(제9조), ② 개별공시지가의 산정기준(제10조)이 된다. ③ 행정목적을 위한 산정기준(제8조)이 된다. 이 경우 가감조정이 가능하다. 여기서 행정목적을 위한 경우라 함은 ㉠ 공공용지 매수, ㉡ 토지보상, 국공유지 취득 또는 처분, ㉢ 국계법상 조성된 용지 등의 공급 또는 분양, ㉣ 토지관리, 매입가격산정 시, ㉤ 환지・체비지의 매각 또는 환지신청을 의미한다.

(설문 3) A 주장의 타당성 검토

I 쟁점의 정리

A는 자신의 토지에 결정, 공시된 표준지공시지가가 부적정한 것이라고 주장하고 있다. 부동산공시법 제3조에서는 표준지의 적정가격을 조사・평가하는 경우에는 인근 유사토지의 거래가격, 임대료 및 조성에 필요한 비용추정액 등을 종합적으로 참작하여야 한다고 규정하고 있는데, 감정평가보고서에 이러한 내용이 결여된 경우 표준지공시지가 결정이 적법한지가 문제된다.

II 판례의 요지 [대판 2009.12.10, 2007두20140 : 공시지가확정취소처분 : 평가서의 기재내용과 정도]

1. 표준지공시지가의 중요성(표준지공시지가의 위상)

표준지공시지가는 해당 토지뿐 아니라 인근 유사토지의 가격을 결정하는 데에 전체적, 표준적 기능을 수행하는 것이어서 특히 그 가격의 적정성이 엄격하게 요구된다. 따라서 감정평가보고서에는 평가액의 도출 과정과 원인 등이 상세히 적시될 필요성이 인정된다.

2. 감정평가서의 평가원인의 기재 정도

감정평가서에는 평가원인을 구체적으로 특정하여 명시함과 아울러 각 요인별 참작 내용과 정도가 객관적으로 납득이 갈 수 있을 정도로 설명됨으로써, 그 평가액이 해당 토지의 적정가격을 평가한 것임을 인정할 수 있어야 한다.

III A 주장의 타당성

1. 평가원인의 구체적 특정성 여부

갑의 표준지공시지가의 감정평가서는 거래선례나 평가선례를 수집하지 못해서 거래사례비교법, 원가법 및 수익환원법 등을 구체적으로 적용하지 못하였다. 또한 을의 감정평가서는 평가원인을 구체적으로 특정하지 못하였다.

2. 요인별 참작 내용과 정도가 객관적으로 설명되었는지 여부

2012년 표준지공시지가에는 거래사례비교법, 원가법 및 수익환원법 등의 가격란은 공란으로 되어 있고 전년도의 공시지가와 세평가격만이 참고가격으로 적시되어 있고 별다른 요인별 참작 내용은 없었으므로 이는 객관적으로 설명되었다고 보기 어렵다고 판단된다.

3. A 주장의 타당성

갑과 을의 감정평가보고서를 기초로 공시된 2012년 표준지공시지가는 평가원인을 구체적으로 특정하여 명시함과 아울러 각 요인별 참작 내용과 정도가 객관적으로 납득이 갈 수 있을 정도로 설명되었다고 보기 어렵다. 표준지공시지가는 해당 토지뿐 아니라 인근 유사토지의 가격을 결정하는 데에 전체적, 표준적 기능을 수행하는 것이어서 특히 그 가격의 적정성이 엄격하게 요구된다는 점에 비추어 A 소유의 상업용 나지의 표준지공시지가 결정은 적정성이 인정되지 않는다. 따라서 이는 공시제도의 취지에 비추어 위법하다고 판단되므로 국토교통부장관은 공시지가확정을 취소하고 적정한 공시지가를 재공시해야 할 것이다.

 대판 2009.12.10, 2007두20140[공시지가 확정 처분취소]

[판시사항]
[1] 보통우편의 방법으로 우편물을 발송한 경우 그 송달을 추정할 수 있는지 여부(소극) 및 그 송달에 관한 증명책임자
[2] 표준지공시지가의 결정절차와 그 효력
[3] 감정평가업자의 토지 평가액 산정의 적정성을 인정하기 위한 감정평가서의 기재 내용과 정도
[4] 국토교통부장관이 표준지공시지가를 결정·공시하는 절차에서 감정평가서에 토지의 전년도 공시지가와 세평가격 및 인근 표준지의 감정가격만을 참고가격으로 삼고 평가의견을 추상적으로만 기재한 사안에서, 평가요인별 참작 내용과 정도가 평가액 산정의 적정성을 알아볼 수 있을 만큼 객관적으로 설명되어 있다고 보기 어려워, 이를 근거로 한 표준지공시지가 결정은 토지의 적정가격을 반영한 것이라고 인정하기 어려워 위법하다고 한 사례

[판결요지]
[1] 내용증명우편이나 등기우편과는 달리, 보통우편의 방법으로 발송되었다는 사실만으로는 그 우편물이 상당한 기간 내에 도달하였다고 추정할 수 없고, 송달의 효력을 주장하는 측에서 증거에 의하여 이를 입증하여야 한다.
[2] 구 부동산 가격공시 및 감정평가에 관한 법률(2008.2.29. 법률 제8852호로 개정되기 전의 것) 제2조 제5호, 제6호, 제3조 제1항, 제5조, 제10조와 같은 법 시행령(2008.2.29. 대통령령 제20722호로 개정되기 전의 것) 제8조 등을 종합하여 보면, 국토교통부장관은 토지이용상황이나 주변 환경 그 밖의 자연적·사회적 조건이 일반적으로 유사하다고 인정되는 일단의 토지 중에서 표준지를 선정하고, 그에 관하여 매년 공시기준일 현재의 적정가격을 조사·평가한 후 중앙부동산가격공시위원회의 심의를 거쳐 이를 공시하여야 한다. 표준지의 적정가격을 조사·평가할 때에는 인근 유사토지의 거래가격, 임대료, 당해 토지와 유사한 이용가치를 지닌다고 인정되는 토

지의 조성에 필요한 비용추정액 등을 종합적으로 참작하되, 둘 이상의 감정평가업자에게 이를 의뢰하여 평가한 금액의 산술평균치를 기준으로 하고, 감정평가업자가 행한 평가액이 관계 법령을 위반하거나 부당하게 평가되었다고 인정되는 경우 등에는 당해 감정평가업자 혹은 다른 감정평가업자로 하여금 다시 조사·평가하도록 할 수 있으며, 여기서 '적정가격'이란 당해 토지에 대하여 통상적인 시장에서 정상적인 거래가 이루어지는 경우 성립될 가능성이 가장 높다고 인정되는 가격을 말하고, 한편 이러한 절차를 거쳐 결정·공시된 표준지공시지가는 토지시장의 지가정보를 제공하고 일반적인 토지거래의 지표가 되며, 국가·지방자치단체 등의 기관이 그 업무와 관련하여 지가를 산정하거나 감정평가업자가 개별적으로 토지를 감정평가하는 경우에 기준이 되는 효력을 갖는다.

[3] 표준지공시지가의 결정절차 및 그 효력과 기능 등에 비추어 보면, 표준지공시지가는 당해 토지뿐 아니라 인근 유사토지의 가격을 결정하는 데에 전제적·표준적 기능을 수행하는 것이어서 특히 그 가격의 적정성이 엄격하게 요구된다. 이를 위해서는 무엇보다도 적정가격 결정의 근거가 되는 감정평가업자의 평가액 산정이 적정하게 이루어졌음이 담보될 수 있어야 하므로, 그 감정평가서에는 평가원인을 구체적으로 특정하여 명시함과 아울러 각 요인별 참작 내용과 정도가 객관적으로 납득이 갈 수 있을 정도로 설명됨으로써, 그 평가액이 당해 토지의 적정가격을 평가한 것임을 인정할 수 있어야 한다.

[4] 국토교통부장관이 2개의 감정평가법인에 토지의 적정가격에 대한 평가를 의뢰하여 그 평가액을 산술평균한 금액을 그 토지의 적정가격으로 결정·공시하였으나, 감정평가서에 거래선례나 평가선례, 거래사례비교법, 원가법 및 수익환원법 등을 모두 공란으로 둔 채, 그 토지의 전년도 공시지가와 세평가격 및 인근 표준지의 감정가격만을 참고가격으로 삼으면서 그러한 참고가격이 평가액 산정에 어떻게 참작되었는지에 관한 별다른 설명 없이 평가의견을 추상적으로만 기재한 사안에서, 평가요인별 참작 내용과 정도가 평가액 산정의 적정성을 알아볼 수 있을 만큼 객관적으로 설명되어 있다고 보기 어려워, 이러한 감정평가액을 근거로 한 표준지공시지가 결정은 그 토지의 적정가격을 반영한 것이라고 인정하기 어려워 위법하다고 한 사례

> **사례 161** 표준지공시지가와 개별공시지가의 비교
>
> 우리나라에서 종전에는 행정업무의 집행과 관련하여 공적 부문에서 조사하던 공적 지가와 금융기관을 중심으로 하여 평가되던 사적 지가로 지가체계가 이원화되어 있었다. 그중 공적 지가는 국토교통부(현재 국토교통부)의 기준지가, 행정자치부(현 행정안전부)의 과세시가표준액, 국세청의 기준시가 등으로 다원화되어 있었기에 동일한 토지에 대하여 행정기관별로 각각 다른 지가를 관리하여 공적 지가에 대한 혼란과 불신이 야기되었다.
> 이러한 토지문제를 정책적으로 해결하기 위하여 종전의 기준지가고시제도를 폐지하고 공시지가제도를 도입하게 되었다. 공시지가 제도는 토지의 적정가격을 평가·공시하여 지가산정의 기준이 되게 하고 이의 적정한 가격형성을 도모하며, 나아가 국토의 효율적인 이용과 국민경제의 발전에 이바지하도록 함으로써 우리나라의 고질적인 토지문제들이 해소될 수 있는 계기를 마련하고자 한 점에서 그 의미는 매우 크다고 할 수 있겠다.
> 지가공시제에 의한 공시지가는 조사평가자와 공시권자, 그리고 그 결정절차나 적용범위를 각각 달리하고 있는 표준지공시지가와 개별공시지가로 구분된다. 양자를 비교 설명하시오. [20점]

Ⅰ 서설
Ⅱ 공통점
  1. 제도의 취지상 같은 점
  2. 법적 성질
  3. 의견청취제도의 존재
  4. 권리구제상 공통점

Ⅲ 차이점
  1. 제도의 취지상 차이점
  2. 공시주체의 차이점
  3. 산정절차의 차이점
  4. 효력 및 적용범위의 차이점
  5. 적정성 확보방안의 차이점
  6. 그 외(이의신청의 청구 대상)
Ⅳ 결(하자승계)

Ⅰ 서설

표준지공시지가라 함은 국토교통부장관이 조사, 평가하여 공시한 표준지의 단위면적당 가격을 말하고, 개별공시지가란 시·군·구청장이 공시지가를 기준으로 산정한 개별토지의 단위당 가격을 말한다. 이하에서는 표준지공시지가와 개별공시지가의 조사·산정방법, 절차, 기간, 이의신청절차, 개별공시지가의 검증, 확인 절차 등을 중심으로 설명한다.

II 공통점

1. 제도의 취지상 같은 점
① 표준지공시지가는 적정가격을 공시하여 적정한 가격형성을 도모하고 국토의 효율적 이용 및 국민경제발전, 조세형평성을 향상시키기 위함이고, ② 개별공시지가는 조세 및 부담금산정의 기준이 되어 행정의 효율성 제고에 취지가 인정된다. 따라서 각각의 공시제도는 조세제도의 형평성을 도모함에 공통적인 취지가 인정된다.

2. 법적 성질
표준지공시지가와 개별공시지가의 처분성 인정 여부에 대해서 견해의 대립이 있으나, 양자 모두 보상평가 및 조세의 기준이 되므로 조기에 이를 다툴 수 있게 함이 합당하므로 처분성을 인정함이 타당하다. 판례도 표준지공시지가와 개별공시지가의 처분성을 인정하고 있다.

3. 의견청취제도의 존재
공시지가가 결정된 때에는 그 타당성에 대해서 토지소유자의 의견을 들어야 하고, 토지소유자가 의견을 제시한 때에는 그 평가가격의 적정 여부를 재검토하여야 한다.

4. 권리구제상 공통점
표준지공시지가와 개별공시지가에 이의가 있는 자는 각 공시일로부터 30일 이내에 이의를 신청할 수 있으며, 각 공시제도의 처분성이 인정되므로 행정쟁송을 제기할 수 있다. 최근 이와 관련하여 대법원은 개별공시지가의 이의신청을 거친 후에도 행정심판을 제기할 수 있다고 하여, 국민의 권리구제의 방법이 넓어지는 측면에서 합당하다고 판단된다.

III 차이점

1. 제도의 취지상 차이점
개별공시지가는 주로 부담금이나 조세부과의 형평성을 도모하나 표준지공시지가는 조세는 물론 적정가격의 공시를 통하여 다양한 지가정보를 제공하고 국민경제발전에 이바지함을 목적으로 한다. 따라서 표준지공시지가의 제도적 취지가 개별공시지가의 취지를 포괄하여 더 넓은 것으로 볼 수 있겠다.

2. 공시주체의 차이점
표준지공시지가는 국토교통부장관이 공시(부동산공시법 제3조)하는 반면에, 개별공시지가는 시・군・구청장이 공시(부동산공시법 제10조)한다.

3. 산정절차의 차이점

① 표준지공시지가는 국토교통부장관이 '표준지 선정 및 관리지침'에 따라 선정된 표준지에 대하여 공시일 현재의(시행령 제3조, 1월 1일) 적정가격을 조사 평가하고 중앙부동산가격공시위원회의 심의를 거쳐 공시해야 한다. ② 개별공시지가는 시·군·구청장이 지가를 산정하고, 그 타당성에 대하여 감정평가법인등의 검증을 받고 토지소유자 기타 이해관계인의 의견을 들은 후 시·군·구 부동산가격공시위원회의 심의를 거쳐 공시한다.

4. 효력 및 적용범위의 차이점

표준지공시지가는 ① 토지시장의 지가정보제공, 일반적인 토지거래의 지표, 행정기관이 지가산정 시 및 감정평가법인등이 개별적으로 토지평가를 하는 경우에 기준이 되고, ② 감정평가법인등의 토지평가기준 및 개별공시지가 산정기준(제10조)이 된다. 또한 행정목적을 위한 산정기준(제9조)이 되는데 이 경우 가감조정이 가능하다.

개별공시지가는 ① 국세, 지방세, 부담금 산정기준의 과세표준이 되고, ② 행정목적의 지가산정기준이 된다.

5. 적정성 확보방안의 차이점

표준지공시지가는 의견청취, 이의신청, 행정쟁송 및 규정된 절차를 거침으로써 적정성을 확보할 수 있으며, 개별공시지가는 이에 검증제도(제10조 제5항) 및 정정제도(제12조)가 부동산공시법에 규정되어 있다.

6. 그 외(이의신청의 청구 대상)

상기의 차이점 외에도 이의신청과 관련하여 표준지공시지가는 국토교통부장관에게 신청하나, 개별공시지가는 시·군·구청장에게 신청하는 차이점이 있다.

Ⅳ 결(하자승계)

판례는 개별 토지가격 산정의 기초가 된 표준지공시지가의 위법성을 다툴 수는 없다(대판 1996.5.10, 95누9808)고 판시하여 표준지공시지가와 개별공시지가간의 하자승계를 부정하고 있다.

사례 162 시가보정(그 밖의 요인 보정)

표준지가 수용목적물인 경우 표준지공시지가와 보상평가액 간에 현실적으로 차이가 발생하는 이유를 설명하고, 만약 표준지공시지가가 객관적인 시장가치를 반영하고 있지 못하다면 보상평가 시에 이를 보정하는 방법을 설명하라. 20점

Ⅰ 서론
Ⅱ 표준지공시지가와 보상가격과의 차이 발생 이유
  1. 지가에 대한 이해관계인의 이중성
  2. 적정가격과 헌법상 정당한 보상
    (1) 공시지가와 적정가격
    (2) 손실보상과 정당보상
    (3) 검토
  3. 평가방법의 차이

Ⅲ 보상평가 시에 시장가치와의 차이를 보정하는 방법
  1. 그 밖의 요인의 의미와 그 밖의 요인 보정의 필요성
  2. 그 밖의 요인 보정의 정당성
    (1) 학설
    (2) 판례(보상선례, 거래사례가 그 밖의 요인으로 포함될 수 있는지)
    (3) 검토
    (4) 관련문제(그 밖의 요인 산출근거 기재의 정당성)
Ⅳ 결론

Ⅰ 서론

부동산 가격공시에 관한 법률(이하 '부동산공시법')에 의한 표준지공시지가는 적정가격으로 표시되고 보상관련법령에서는 보상액을 공시지가를 기준으로 평가하도록 규정하고 있다. 따라서 표준지가 보상대상이 되는 경우 시점수정을 제외한다면 양 가격은 이론상 일치하여야 함에도 불구하고 현실적으로 일치하지 않는 경우가 발생하는데 그 이유는 다음과 같다.

Ⅱ 표준지공시지가와 보상가격과의 차이 발생 이유

1. 지가에 대한 이해관계인의 이중성

표준지공시지가는 국토교통부장관이 조사, 평가하여 공시하는 공시기준일 현재 표준지의 단위면적당 가격으로서 ① 공공용지의 매수 및 토지의 수용, 사용에 대한 보상액산정의 기준이 될 뿐만 아니라 ② 그 자체는 표준지의 개별공시지가가 되어 과세표준으로 활용되기도 한다.

따라서 표준지공시지가는 과세 시에는 낮은 가격, 보상 시에는 높은 가격을 선호하는 국민의 이중적 이해관계가 어느 정도 반영된 것이라면 보상가격은 되도록 높은 가격을 선호하는 일면성을 반영하기 때문이다.

2. 적정가격과 헌법상 정당한 보상

(1) 공시지가와 적정가격

공시지가는 적정가격으로 공시되는데, 이 경우 적정가격이란 "토지, 주택 및 비주거용 부동산에 대하여 통상적인 시장에서 정상적인 거래가 이루어지는 경우 성립될 가능성이 가장 높다고 인정되는 가격"으로서 객관적 시장가격을 의미한다고 할 수 있다.

(2) 손실보상과 정당보상

손실보상의 헌법상 기준인 정당한 보상의 해석을 놓고 ① 재산권의 객관적 가치와 부대적 손실을 보상해야 한다는 완전보상설과 ② 사회통념상 합당한 보상이면 된다는 상당보상설이 나누어져 있으며, ③ 이에 개별적으로 양자를 절충해서 판단해야 한다는 절충설도 있다.

(3) 검토

정당한 보상은 그 보상범위에 있어서 재산권의 객관적 시장가치 이외에 부대적 손실에 대한 보상도 포함되는 개념으로 파악되어야 할 것으로 본다. 또한 〈판례〉는 정당한 보상이란 보상의 시기, 방법, 절차 등에 있어서도 어떠한 제한도 없는 완전한 보상이어야 한다고 하였다.
따라서 정당한 보상을 이와 같이 객관적 가치와 부대적 손실까지도 포함하는 완전한 보상으로 보아야 하므로, 객관적 시장가치로만 공시되는 공시지가와는 차이가 있게 된다.

3. 평가방법의 차이

(1) 공시지가는 도시계획시설저촉 등의 공법상 제한을 받는 상태대로 평가되며, 또한 현실적으로 실현된 개발이익이 반영되게 평가하여 공시한다.

(2) 반면에 보상가격은 ① 해당 공익사업의 시행을 직접 목적으로 가하여진 공법상 제한은 제한이 없는 것으로 보고 평가하며, ② 개발이익을 배제시키기 위해서 공익사업의 계획 또는 시행의 공고・고시일 또는 사업인정고시일 이전을 공시기준일로 하는 공시지가를 선정하여 해당 공익사업으로 인한 지가의 영향을 받지 아니하는 지역의 지가변동률을 적용하여 평가하도록 하고 있는 점에서 차이가 있다.

Ⅲ 보상평가 시에 시장가치와의 차이를 보정하는 방법

1. 그 밖의 요인의 의미와 그 밖의 요인 보정의 필요성

그 밖의 요인이란 토지보상법 제70조의 해석상 토지의 위치, 형상, 환경, 이용상황 등 개별적 요인을 제외한 요인으로서 해당 토지의 가치에 영향을 미치는 사항을 의미한다. 이는 ㉠ 정당보상을 실현하고, ㉡ 보상의 형평성을 도모함에 취지가 있다.

2. 그 밖의 요인 보정의 정당성

(1) 학설
① 부정설은 기타사항 근거규정을 삭제한 것[4]은 평가주체의 자의성을 배제하기 위함이고, 토지보상법은 개별요인의 비교항목을 열거하고 있음을 이유로 부정한다. ② 긍정설은 정당보상의 산정방법에는 제한이 없고, 개별요인 비교항목은 예시적 규정이므로 이를 긍정한다.

(2) 판례(보상선례, 거래사례가 그 밖의 요인으로 포함될 수 있는지)
'인근 유사토지의 정상거래사례가 있고 그 거래를 참작하는 것으로서 적정한 보상평가에 영향을 미칠 수 있는 것이 입증된 경우에는 이를 참작할 수 있다.' 인근 유사토지의 정상거래가격, 호가, 보상선례, 자연적인 지가상승분이 해당되고 개발이익이 포함되지 않고 투기적인 거래에서 형성된 것이 아니어야 한다고 한다(주장하는 자가 입증해야 한다).

(3) 검토
기타사항을 참작하는 것이 정당보상을 실현하는 것이라면 당연히 허용되어야 하나, 개발이익이 배제된 사례를 엄격하게 적용하여야 할 것이다.

(4) 관련문제(그 밖의 요인 산출근거 기재의 정당성)
① 판례는 토지를 평가할 때 품등비교 및 그 밖의 요인의 가격산정요인을 구체적으로 특정하여 명시하지 않은 것은 위법하다고 하였으며, ② 국토교통부는 그 밖의 요인 보정치에 대한 합리적이고 구체적인 산출근거를 기재하지 아니하였다는 사유로(신의성실의무 위반) 업무정지를 징계한바 있다.

감정평가의 사회적인 영향을 고려할 때 기재의 타당성은 당연하다. 따라서 이를 토지보상법에 명문으로 규정할 필요가 있다.

Ⅳ 결론

표준지공시지가가 시가에 못 미치는 경우 현실적으로 그 밖의 요인의 보정을 통해 그 형평성을 제고하고 있다. 따라서 이를 제도권 내에서 긍정적으로 융화하는 작업, 즉 완전보상을 할 수 있는 제도개선 및 지가공시제도의 보완을 강구하여야 할 것이다.

---

[4] 기준시가 당시의 감정평가방법에서는 기타사항으로 정상거래사례를 참고하도록 규정되어 있었으나 현행 토지보상법에서는 이러한 규정을 삭제하였고, 삭제한 이유는 감정평가주체의 주관성을 배제하기 위한 목적이라고 한다.

Chapter 02 개별공시지가

사례 163 개별공시지가의 적정성 확보

개별공시지가란 시·군·구청장이 공시지가를 기준으로 산정한 개별토지의 단위당 가격을 말한다. 이는 감정평가사의 평가가 아니므로 이에 대한 적정성 확보가 중요하다. 이와 관련하여 부동산가격 공시법에서는 의견청취, 검증, 직권정정, 분할합병 등이 발생한 토지에 대한 재공시 등 개별공시지가의 적정성을 확보할 수 있는 제도를 규정하고 있다. 이에 대하여 설명하시오. 20점

Ⅰ 개설
Ⅱ 의견청취
Ⅲ 개별공시지가의 검증(부동산공시법 제10조 제5항)
  1. 의의 및 취지
  2. 법적 성질
  3. 내용
    (1) 주체 및 책임
    (2) 약식 검증
    (3) 정밀 검증
  4. 문제점 및 개선방향
Ⅳ 직권정정(틀린 계산·오기 등 명백한 오류를 직권으로 정정하는 제도)
  1. 의의 및 취지
  2. 정정사유
  3. 정정절차
  4. 효과
  5. 정정신청 거부에 대한 권리구제
  6. 검토
Ⅴ 분할·합병 등이 발생한 토지의 재공시 결정
  1. 의의 및 취지
  2. 분할·합병 등이 발생한 토지
  3. 공시일
Ⅵ 불복수단
Ⅶ 개별공시지가 산정의 절차
Ⅷ 결어

Ⅰ 개설

개별공시지가는 전문가에 의한 평가가 아닌 산정으로서 결정·공시하게 되는 바, 그 적정성을 검토하기 위한 여러 가지 제도가 있다. 이하에서는 적정성 확보제도에 대해 알아본다.

Ⅱ 의견청취

시장·군수·구청장은 결정·공시 전에 20일 이상 지가열람부를 일반에게 열람하게 하고 의견제출을 할 수 있도록 규정하고 있으며, 의견제출 시 감정평가법인등에게 정밀검증을 하도록 하고 있다.

Ⅲ 개별공시지가의 검증(부동산공시법 제10조 제5항)

1. 의의 및 취지
개별공시지가의 검증이란 감정평가법인등이 시·군·구청장이 산정한 개별공시지가의 타당성에 대하여 전문가적 입장에서 검토하는 것으로서, 부동산공시법 제10조 제5항에 근거한다. 이는 개별공시지가 산정의 전문성을 보완하고 개별공시지가의 신뢰성과 객관성을 확보함에 취지가 인정된다.

2. 법적 성질
개별공시지가의 검증은 검증 자체로는 법률효과의 발생이 없으며, 개별공시지가 산정에 대한 적정성을 단순히 확인하고 의견을 제시하는 것이므로 사실행위로 볼 수 있다.

3. 내용

(1) 주체 및 책임(시행령 제18조)

검증의 주체는 감정평가법인등으로 시·군·구청장은 해당 지역의 표준지공시지가를 조사하고 평가한 감정평가법인등이나, 실적이 우수한 감정평가법인등을 지정할 수 있으며, 검증업무를 수행하는 감정평가법인등은 공무원으로 의제된다.

(2) 약식 검증(산정지가검증)

1) 의의(부동산공시법 제10조 제5항 및 시행령 제18조)

약식검증이란 시·군·구청장이 개별공시지가를 산정한 후, 개별공시지가에 대한 타당성을 감정평가법인등에게 검증받는 것을 말한다. 이는 산정지가검증이라고도 하며, 지가현황도면 및 지가조사자료를 기준으로 하여 개별공시지가 산정대상의 전체 필지에 대하여 행하여진다.

2) 검증 실시 및 생략사유(시행령 제18조 제3항)

개발사업이 있거나 용도지역·지구가 변경된 경우에는 반드시 검증해야 하며, 개별 토지의 지가변동율과 시·군·구의 연평균 지가변동의 차이가 작은 순으로 검증을 생략할 수 있다.

3) 검증내용(시행령 제18조 제2항)

① 비교표준지 선정, ② 가격산정의 적정성, 비준표적용, ③ 인근 토지 지가와의 균형 및 ④ 공시지가와의 균형 등을 검증해야 한다.

4) 검증을 결한 개별공시지가의 효력

검증을 임의적으로 생략했거나, 하자 있는 검증은 개별공시지가의 효력에 영향을 미치게 되며, 하자의 정도에 따라 무효 또는 취소할 수 있는 행위가 된다.

(3) 정밀 검증(시행령 제19조 제4항, 시행령 제22조 제2항)

의견제출 검증과 이의신청 검증이 있다. ① 의견제출 검증은 토지소유자 등이 의견을 제출한 토지만을 대상으로 하여 현장조사를 하며, 개별공시지가의 결정 공시 전에 행하게 된다. ② 이의신청 검증은 이의신청된 토지를 대상으로 현장조사를 하며, 개별공시지가가 결정 공시된 이후에 이루어진다.

4. 문제점 및 개선방향

① 검증기간이 부족하므로 검증을 통한 적정성 확보가 어려운 바, 적정한 검증기간이 필요하다.
② 방대한 양의 공적자료의 충분한 제시가 요구되므로 관련 공무원의 협조요청이 필요하다.
③ 검증수수료의 현실화 및 예산집행의 실효성 확보가 필요하다.

Ⅳ 직권정정(틀린 계산, 오기 등 명백한 오류를 직권으로 정정하는 제도)

1. 의의 및 취지(부동산공시법 제12조)

개별공시지가에 틀린 계산, 오기, 표준지선정 착오 등 명백한 오류가 있는 경우에 이를 직권으로 정정해야 하는 제도를 말하며, 이는 명시적 규정을 두어 책임문제로 인한 정정회피문제를 해소하고 불필요한 쟁송을 방지하여 행정의 능률화를 도모함에 취지가 있다.

2. 정정사유(시행령 제23조 제1항)

정정사유로는 틀린 계산·오기 및 대통령령이 정하는 명백한 오류가 있는 경우로서 ① 토지소유자의 의견청취를 결여한 경우, ② 용도지역 등 주요 요인의 조사를 잘못한 경우, ③ 토지가격 비준표 적용에 오류가 있는 경우, ④ 공시절차를 거치지 않은 경우가 있다.

> **정정사유가 예시규정인지(93누15588)**
> 개별토지가격합동조사지침(현 개별토지가격 조사·산정지침)에 의하면 토지특성조사의 착오 기타 위산·오기 등 지가산정에 명백한 잘못이 있을 경우에는 시장·군수 또는 구청장이 지방토지평가위원회의 심의를 거쳐 경정결정할 수 있고, 다만 경미한 사항일 경우에는 지방토지평가위원회의 심의를 거치지 아니할 수 있다고 규정되어 있는바, 여기서 토지특성조사의 착오 또는 위산·오기는 지가산정에 명백한 잘못이 있는 경우의 예시로서 이러한 사유가 있으면 경정결정할 수 있는 것으로 보아야 하고 그 착오가 명백하여야 비로소 경정결정할 수 있다고 해석할 것은 아니다.

3. 정정절차(시행령 제23조 제2항)

시·군·구청장은 시·군·구 부동산가격공시위원회 심의를 거쳐 정정사항을 결정·공시하며, 틀린 계산·오기의 경우에는 심의 없이 직권으로 결정·공시할 수 있다.

4. 효과

판례는 공시일에 소급하여 그 효력이 발생한다고 한다.

5. 정정신청 거부에 대한 권리구제

신청권에 대해 판례는 정정 신청권을 부정하면서 국민의 정정신청은 직권발동 촉구에 지나지 않는 바, 그 거부는 항고소송의 대상이 되는 처분이 아니라고 한다. 그러나 행정절차법 제25조 규정상 (처분의 정정) 신청권이 인정된다는 점을 볼 때 판례의 태도는 비판의 여지가 있다고 여겨진다.

> **행정절차법 제25조**
> 행정청은 처분에 오기, 오산 또는 그 밖에 이에 준하는 명백한 잘못이 있는 때에는 직권 또는 신청에 따라 지체 없이 정정하고 그 사실을 당사자에게 통지하여야 한다.

6. 검토

정정제도는 경미한 개별공시지가의 절차하자를 이유로, 개별공시지가 내지는 향후 과세처분을 대상으로 소송이 진행되는 번거로움을 막기 위하여 규정하고 있는 만큼 효율적으로 활용하여 불필요한 다툼을 막고 조기에 개별토지소유자의 법적 지위를 안정화시켜야 할 것이다.

V 분할·합병 등이 발생한 토지의 재공시 결정

1. 의의 및 취지(부동산공시법 제10조 제3항)

시·군·구청장은 개별공시지가의 공시기준일 이후에 토지의 분할·합병 등이 발생한 토지에 대해서, 대통령령이 정하는 기준일에 개별공시지가를 결정·공시하도록 규정하고 있다. 이는 개별공시지가의 변동사항을 신속하게 반영하여 각종 조세산정기준이 되는 기능에 충실하도록 하기 위함이다.

2. 분할·합병 등이 발생한 토지(시행령 제16조 제1항)

① '공간정보의 구축 및 관리 등에 관한 법률'에 따라 분할 또는 합병된 토지, ② 공유수면매립 등으로 '공간정보의 구축 및 관리 등에 관한 법률'에 따라 신규로 등록된 토지, ③ 토지의 형질변경 또는 용도변경으로 '공간정보의 구축 및 관리 등에 관한 법률'에 따라 지목변경이 된 토지, ④ 국유·공유에서 매각 등에 따라 사유로 된 토지로서 개별공시지가가 없는 토지를 대상으로 한다.

3. 공시일(시행령 제16조 제2항)

① 1월 1일부터 6월 30일 사이에 사유가 발생한 토지는 7월 1일을 공시기준일로 하여 10월 31일까지 결정·공시한다. ② 7월 1일부터 12월 31일 사이에 사유가 발생한 토지는 다음 해 1월 1일을 공시기준일로 하여 5월 31일까지 결정·공시한다.

Ⅵ 불복수단

부동산 가격공시에 관한 법률에서는 이의신청을 규정하고 있으며, 개별공시지가의 처분성을 긍정하면 행정쟁송에 의한 권리구제가 가능하다.

Ⅶ 개별공시지가 산정의 절차

부동산공시법 제10조에서는 ① 시·군·구청장이 지가를 산정하고, ② 그 타당성에 대하여 감정평가법인등의 검증을 받고, ③ 토지소유자 기타 이해관계인의 의견을 들으며, ④ 시·군·구 부동산가격공시위원회 심의 후, 결정·공시하도록 절차를 규정하고 있으므로 임의로 산정할 수 없다.

Ⅷ 결어

개별공시지가는 조세산정 및 각종 부담금 산정의 기준이 되어, 국민의 권익에 영향을 주게 된다. 따라서 법정된 산정절차, 검증제도, 의견청취, 직권정정 등의 제도를 규정하고 있다. 이에 지가산정공무원의 지속적인 전문성 교육이 이루어져야 할 것이다.

사례 164 이의신청의 법적 성질

甲은 태양광발전시설을 설치하기 위해 관할 군수 乙에게 개발행위허가를 신청하였는데 구청장 乙은 과도한 개발부담금 부과명령을 하였다. 이에 따라 甲은 부동산공시법상 개별공시지가가 낮게 산정되어 개발부담금이 과도하게 산정됐다고 생각하고 乙에게 이의신청을 하였다. 乙은 甲의 이의신청을 검토한 후 이의신청을 기각하는 결정을 하였다. 乙의 기각결정을 행정심판의 기각재결로 볼 수 있는지 설명하시오. 15점

Ⅰ 쟁점의 정리
Ⅱ 이의신청이 특별법상 행정심판인지 여부
  1. 행정심판인 이의신청과 '행정심판이 아닌 이의신청 등'과의 구별
    (1) 행정심판과 이의신청의 의의
    (2) 구별실익
  2. 이의신청과 행정심판의 구별기준
    (1) 학설

      1) 심판기관기준설
      2) 쟁송절차기준설
    (2) 판례
    (3) 검토
  3. 행정심판이 아닌 이의신청에 따른 결정의 성질과 효력
Ⅲ 사안의 해결

Ⅰ 쟁점의 정리

설문은 개별공시지가의 이의신청에 대한 기각결정을 행정심판의 기각재결로 볼 수 있는지가 문제된다. 부동산공시법상 이의신청이 특별법상 행정심판인지를 검토하여 사안을 해결한다.
행정심판법 제51조에서는 재심판청구를 금지하고 있기에 이의신청이 특별법상 행정심판이라면 행정심판법상의 행정심판을 청구할 수 없다.

Ⅱ 이의신청이 특별법상 행정심판인지 여부

1. 행정심판인 이의신청과 '행정심판이 아닌 이의신청 등'과의 구별

(1) 행정심판과 이의신청의 의의

행정심판이라 함은 행정청의 위법·부당한 처분 또는 부작위에 대한 불복에 대하여 행정기관이 심판하는 행정심판법상의 행정쟁송절차를 말한다. 이의신청은 통상 처분청에 제기하는 불복절차를 말한다.

(2) 구별실익

개별법률에서 정하고 있는 불복절차(특히 이의신청)가 행정심판법상의 행정심판이라고 한다면 해당 불복절차에 관하여 개별법률에서 정하고 있는 것을 제외하고는 행정심판법이 적용되게 된다. 또한, 해당 불복절차를 거친 후에는 다시 행정심판법상의 행정심판을 제기할 수 없게 된다.

2. 이의신청과 행정심판의 구별기준

(1) 학설

1) 심판기관기준설
이 견해는 심판과 이의신청을 심판기관으로 구별하는 견해이다. 즉, 이의신청은 처분청 자체에 제기하는 쟁송이고, 행정심판은 행정심판위원회에 제기하는 쟁송이라고 본다.

2) 쟁송절차기준설
이 견해는 쟁송절차를 기준으로 행정심판과 '행정심판이 아닌 이의신청'을 구별하는 견해이다. 즉, 헌법 제107조 제3항은 행정심판절차는 사법심판절차가 준용되어야 한다고 규정하고 있는 점에 비추어 개별법률에서 정하는 이의신청 중 준사법절차가 보장되는 것만을 행정심판으로 보고, 그렇지 않은 것은 행정심판이 아닌 것으로 본다.

(2) 판례
최근 판례는 부동산공시법상 이의신청에 대하여 ① 부동산공시법에 행정심판의 제기를 배제하는 명시적 규정이 없고, ② 부동산공시법상 이의신청과 행정심판은 그 절차 및 담당기관에 차이가 있는 점을 종합하면 "다른 법률에 특별한 규정이 있는 경우"에 해당한다고 볼 수 없으므로 이의신청을 거친 경우에도 행정심판을 거쳐 소송을 제기할 수 있다고 판시한 바 있다.

(3) 검토
준사법적 절차가 보장되는 행정불복절차만이 행정심판이라고 보아야 할 것이다. 현행 헌법 제107조 제3항은 행정심판은 준사법적 절차가 되어야 한다고 규정하고 있고, 행정심판법은 행정심판을 규율하는 준사법적 절차를 규정하고 있기 때문이다.

3. 행정심판이 아닌 이의신청에 따른 결정의 성질과 효력

행정심판이 아닌 이의신청에 따라 한 처분청의 결정통지는 새로운 행정처분이다. 이의신청의 대상이 된 처분을 취소하는 처분은 직권취소이고, 변경하는 결정통지는 종전의 처분을 대체하는 새로운 처분이다. 동일한 내용의 처분이라도 처분사유가 변경되면 독립된 변경처분으로 보아야 할 것이다. 행정심판이 아닌 이의신청에서 기각하는 결정통지는 종전의 처분을 단순히 확인하는 행위로 독립된 처분의 성질을 갖지 않는 것으로 보는 것이 타당하다.

Ⅲ 사안의 해결

부동산공시법상 이의신청은 특별법상 행정심판이 아닌 강학상 이의신청의 성질을 갖는다고 볼 것이다. 이의신청 결정에 대한 행정소송을 제기하기 위한 제소기간의 기산일은 원고의 권리보호 측면에서 결정에 대한 회신일로부터 기산하는 것이 유리하다고 할 것이며, 행정기본법 제36조에서도 이의신청에 대한 결과 통지일로부터 행정쟁송을 제기할 수 있다고 규정하고 있다.

사례 165 개별공시지가 종합(법적 성질 및 불복(위법성 및 제소기간 등))

A군수는 2025년 5월 31일 갑 토지에 대한 개별공시지가를 결정·공시(1,000원/m²)하였으며, 6월 1일 갑에게 통지하였다. 甲은 자신이 보유하는 토지에 대한 개별공시지가가 너무 높게 책정되었다고 생각하고 있다. 이에 甲은 즉시 이의신청을 제기하였고 2025.6.30. A군수는 개별공시지가를 종전보다 낮게 변경(900원/m²)하였다. 그럼에도 불구하고 甲은 개별공시지가가 지나치게 높다고 생각하고 있다. 50점

(1) 개별공시지가의 법적 성질을 논하시오. 10점
(2) 甲은 이의신청에 불복하여 행정심판을 제기할 수 있는가? 10점
(3) 개별공시지가와 시가와의 관계를 설명하시오. 10점
(4) 甲이 이의신청의 제기 없이 직접 행정소송을 제기하고자 하는 경우에 소송형식과 불복기간을 논하시오. 20점

(설문 1)의 해결
Ⅰ 개설(의의 및 취지 등)
Ⅱ 법적 성질에 대한 학설 및 판례의 태도
  1. 논의 필요   2. 견해의 대립
  3. 판례의 태도
Ⅲ 결어

(설문 2)의 해결
Ⅰ 쟁점의 정리
Ⅱ 부동산공시법상 이의신청의 법적 성질
  1. 이의신청의 의의 및 취지(부동산공시법 제11조)
  2. 이의신청과 행정심판의 구별기준
    (1) 심판기관기준설
    (2) 쟁송절차기준설
    (3) 검토
  3. 판례의 태도
  4. 부동산공시법상 이의신청이 행정심판인지 여부
Ⅲ 사안의 해결

(설문 3)의 해결
Ⅰ 개설
Ⅱ 학설
  1. 정책가격설   2. 시가설
Ⅲ 판례

Ⅳ 검토

(설문 4)의 해결
Ⅰ 쟁점의 정리
Ⅱ 갑이 제기할 수 있는 소송형식
  1. 개별공시지가의 의의 및 취지(부동산공시법 제10조)
  2. 법적 성질
  3. 개별공시지가의 위법성 사유 및 위법성 정도
    (1) 위법성 사유
    (2) 위법성 판단기준(중대명백설)
  4. 갑이 제기할 수 있는 소송형식
    (1) 취소소송의 제기 가능성
    (2) 무효등확인소송의 제기 가능성
Ⅲ 소를 제기할 수 있는 불복기간
  1. 문제점
  2. 제소기간의 의의 및 취지
  3. 처분 등이 공고, 고시로 이루어진 경우의 있은 날
    (1) 있은 날의 의미   (2) 검토
  4. 처분 등이 공고, 고시로 이루어진 경우의 안 날
    (1) 안 날의 의미   (2) 견해의 대립
    (3) 판례
  5. 검토
  6. 사안의 경우
Ⅳ 사안의 해결

(설문 1)의 해결

I 개설(의의 및 취지 등)

개별공시지가란 시·군·구청장이 공시지가를 기준으로 산정한 개별토지의 단위당 가격을 말한다. 이는 조세 및 개발부담금 산정의 기준이 되어 행정의 효율성 제고를 도모함에 제도적 취지가 인정된다.

II 법적 성질에 대한 학설 및 판례의 태도

1. 논의 필요

부동산공시법에서는 공시지가에 대한 항고소송을 규정하고 있지 않으므로, 이에 대한 처분성 유무에 따라서 행정쟁송법의 적용 여부가 결정될 것이다.

2. 견해의 대립

① 개별공시지가는 가감 없이 그대로 과세기준이 되어 국민의 권익에 영향을 주는 물건의 성질·상태에 관한 규율이라는 물적행정행위설, ② 행정행위의 개념징표인 개별성, 구체성이 결여된다는 행정규칙설, ③ 개별토지가격을 알리는 사실행위라는 사실행위설, ④ 부담금 및 과세의 기준이 되므로 조기의 권리구제를 위하여 처분성은 인정하나 구체성 결여(공시지가 자체만으로 권익에 영향을 주지 않음)로 행정행위로 보는 것은 타당하지 않다는 법규명령의 성질을 갖는 고시설이 있다.

3. 판례의 태도

판례는 "개별토지가격결정은 관계법령에 의한 토지초과이득세 또는 개발부담금 산정의 기준이 되어 국민의 권리나 의무 또는 법률상 이익에 직접적으로 관계되는 것으로서 항고소송의 대상이 되는 행정처분에 해당한다(대판 1994.2.8, 93누111)"고 하여 처분성을 인정하고 있다.

III 결어

개별공시지가의 결정·고시가 있다고 해도 그 자체로 일정한 권리나 의무가 발생하는 것은 아니지만, 개별공시지가는 세금이나 부담금의 산정기준이 되어 그 납부액에 직접 반영되는 것이므로 개인의 재산권에 영향을 준다고 볼 수 있다. 따라서 그 처분성을 인정할 수 있다.

(설문 2)의 해결

I 쟁점의 정리

행정심판법 제51조는 심판청구에 대한 재결이 있는 경우에는 해당 재결 및 동일한 처분 또는 부작위에 대하여 다시 심판청구를 제기할 수 없다고 하여 재심판청구를 금지하고 있다. 따라서 부동산공시법상 이의신청이 특별법상 행정심판인지가 문제된다.

II 부동산공시법상 이의신청의 법적 성질

1. 이의신청의 의의 및 취지(부동산공시법 제11조)

이의신청이란 개별공시지가에 대하여 이의 있는 자가 서면으로 시장, 군수 또는 구청장에게 이의를 신청하는 것을 말하며, 개별공시지가의 정당성을 확보하는 제도이다.

2. 이의신청과 행정심판의 구별기준

(1) 심판기관기준설

이 견해는 심판과 이의신청을 심판기관으로 구별하는 견해이다. 즉, 이의신청은 처분청 자체에 제기하는 쟁송이고, 행정심판은 행정심판위원회에 제기하는 쟁송이라고 본다.

(2) 쟁송절차기준설

이 견해는 쟁송절차를 기준으로 행정심판과 '행정심판이 아닌 이의신청'을 구별하는 견해이다. 즉, 헌법 제107조 제3항은 행정심판절차는 사법심판절차가 준용되어야 한다고 규정하고 있는 점에 비추어 개별법률에서 정하는 이의신청 중 준사법절차가 보장되는 것만을 행정심판으로 보고, 그렇지 않은 것은 행정심판이 아닌 것으로 본다.

(3) 검토

헌법 제107조 제3항이 행정심판에 사법절차를 준용하도록 규정하고 있는 점에 비추어 쟁송절차기준설이 타당하다.

3. 판례의 태도

최근 판례는 ① 부동산공시법에 행정심판의 제기를 배제하는 명시적 규정이 없고, ② 부동산공시법상 이의신청과 행정심판은 그 절차 및 담당기관에 차이가 있는 점을 종합하면 행정심판법 제3조 제1항의 "다른 법률에 특별한 규정이 있는 경우"에 해당한다고 볼 수 없으므로 이의신청을 거친 경우에도 행정심판을 거쳐 소송을 제기할 수 있다고 판시한 바 있다.

4. 부동산공시법상 이의신청이 행정심판인지 여부

부동산공시법상 이의신청절차를 준사법적 절차로 하는 어떠한 규정도 두어지고 있지 않은 점에 비추어 부동산공시법상 이의신청은 행정심판이 아니라고 보는 것이 타당하다.

Ⅲ 사안의 해결

부동산공시법상 이의신청은 행정심판이 아니므로 갑은 이의신청에 불복하여 행정심판을 제기할 수 있을 것이다.

(설문 3)의 해결

Ⅰ 개설

시가란 불특정 다수의 시장에서 자유로이 거래가 이루어지는 경우에 통상 성립된다고 인정되는 가액으로서, 토지의 현실거래가격은 아니므로 비정상적인 경로에 의해 상승 또는 감소한 가격은 배제된다. 시가와 현저히 차이가 나는 공시지가결정이 위법한지의 문제와 관련하여 공시지가가 시가와 어떠한 관계가 있는지를 검토하여야 한다.

Ⅱ 학설

1. 정책가격설

공시제도의 목적은 부동산공시법 제1조에 나타나는 바와 같이, 공시지가의 공시를 통하여 적정한 지가형성을 도모하는데 있으므로, 이는 현실에서 거래되는 가격이 아니라 투기억제 또는 지가안정이라는 정책적 목적을 위해 결정·공시되는 가격이라고 본다.

2. 시가설

공시지가는 각종 세금이나 부담금의 산정기준이 되는 토지가격으로서 현실시장 가격을 반영한 가격이지 이와 유리된 가격일 수 없다고 본다.

Ⅲ 판례

"개별토지가격의 적정성 여부는 규정된 절차와 방법에 의거하여 이루어진 것인지 여부에 따라 결정될 것이지", 해당 토지의 시가와 직접적인 관련이 있는 것이 아니므로, 단지 개별지가가 시가를 초과한다는 사유만으로는 그 가격 결정이 위법하다고 단정할 것은 아니라고 판시하여 공시지가를 정책적으로 결정한 가격으로 보고 있다(대판 1996.9.20, 95누11931).

IV 검토

공시지가가 통상적인 시장에서 형성되는 정상적인 시가를 제대로 반영하는 것이 바람직하나, 공시지가가 시가대로 산정된다면 공시지가 제도를 둔 취지가 훼손될 수 있다. 따라서 공시지가와 시가가 현저히 차이가 난다는 사유만으로 그 위법을 인정할 수는 없으며, 이러한 경우 그 산정절차나 비교표준지의 사정 등에 위법이 있을 수 있으므로 이러한 위법을 이유로 주장할 수 있을 것이다.

(설문 4)의 해결

I 쟁점의 정리

설문은 갑토지의 개별공시지가 결정·공시에 대한 소송형식과 불복기간을 묻고 있다. ① 개별공시지가가 시가와 차이나는 것이 개별공시지가의 하자가 되는 경우라면, 그 위법성 정도에 따라 취소소송 또는 무효등확인소송의 제기가 가능할 것이며, ② 처분이 공고 또는 고시의 형태로 이루어지는 경우, 처분이 있음을 안 날과 있은 날의 의미를 검토하여 갑이 불복할 수 있는 기간을 논하고자 한다.

II 갑이 제기할 수 있는 소송형식

1. 개별공시지가의 의의 및 취지(부동산공시법 제10조)

개별공시지가란 시·군·구청장이 공시지가를 기준으로 산정한 개별토지의 단위당 가격을 말한다. 이는 조세 및 개발부담금 산정의 기준이 되어 행정의 효율성 제고를 도모함에 제도적 취지가 인정된다.

2. 법적 성질

개별공시지가의 결정·고시가 있다고 해도 그 자체로 일정한 권리나 의무가 발생하는 것은 아니지만, 개별공시지가는 세금이나 부담금의 산정기준이 되어 그 납부액에 직접 반영되는 것이므로 개인의 재산권에 영향을 준다고 볼 수 있다. 따라서 그 처분성을 인정할 수 있다(판례동지).

3. 개별공시지가의 위법성 사유 및 위법성 정도

(1) 위법성 사유

판례는 "개별토지가격의 적정성 여부는 규정된 절차와 방법에 의거하여 이루어진 것인지 여부에 따라 결정될 것이지", 해당 토지의 시가와 직접적인 관련이 있는 것이 아니므로, 단지 개별지가가 시가를 초과한다는 사유만으로는 그 가격 결정이 위법하다고 단정할 것은 아니라고 판시한 바 있다(대판 1996.9.20, 95누11931).

(2) 위법성 판단기준(중대명백설)

중대명백설이란 행정행위의 하자의 내용이 중대하고, 그 하자가 외관상 명백한 때에는 해당 행정행위는 무효가 되고, 그중 어느 한 요건 또는 두 요건 전부를 결여한 경우에는 해당 행정행위는 취소할 수 있는 행정행위에 불과하다는 학설이며, 다수 및 판례의 태도이다.

4. 갑이 제기할 수 있는 소송형식

(1) 취소소송의 제기 가능성

취소소송이라 함은 '행정청의 위법한 처분 등을 취소 또는 변경하는 소송'을 말한다(제4조 제1호). 취소소송은 위법한 처분이나 재결을 다투어 위법한 처분이나 재결이 없었던 것과 같은 상태를 만드는 것을 주된 내용으로 한다. 따라서 개별공시지가 결정공시행위에 취소사유의 하자가 존재한다면 갑은 취소소송을 제기할 수 있을 것이다.

(2) 무효등확인소송의 제기 가능성

무효등확인소송이라 함은 '행정청의 처분이나 재결의 효력 유무 또는 존재 여부의 확인을 구하는 소송'을 말한다. 무효등확인소송에는 처분이나 재결의 존재확인소송, 부존재확인소송, 유효확인소송, 무효확인소송, 실효확인소송이 있다. 따라서 개별공시지가 결정공시행위에 무효사유의 하자가 존재한다면 갑은 무효등확인소송을 제기할 수 있을 것이다.

Ⅲ 소를 제기할 수 있는 불복기간

1. 문제점

행정소송법 제20조에서는 처분이 있음을 안 날로부터 90일, 있은 날로부터 1년의 제소기간을 규정하고 있다. 표준지공시지가와 개별공시지가처럼 처분 등이 공고, 고시로 이루어지는 경우 이의 해석이 문제된다.

2. 제소기간의 의의 및 취지

제소기간이란 행정소송을 제기할 수 있는 시간적 간격을 말한다. 이는 법률관계확정을 통한 법적 안정성을 도모함에 제도적 취지가 인정된다.

3. 처분 등이 공고, 고시로 이루어진 경우의 있은 날

(1) 있은 날의 의미

처분이 있은 날이란 처분이 공고·고시에 의해 외부에 표시되어 효력이 발생한 날을 의미한다.

(2) 검토

부동산공시법상 이의신청 제기기간을 공시일로부터 30일로 규정하므로, 이와의 균형을 도모하기 위하여 공시일을 있은 날로 봄이 타당하다. 또한 판례도 공고일부터 효력이 발생한다고 판시한 바 있다(대판 1993.12.24, 92누17204).

4. 처분 등이 공고, 고시로 이루어진 경우의 안 날

(1) 안 날의 의미

안 날은 "통지, 공고" 등으로 현실적으로 안 날을 의미한다. 간접적으로 처분이 있음을 안 것에 불과한 경우에는 안 것에 해당하지 않는다. 개별통지가 안 된 경우가 문제된다.

(2) 견해의 대립

① 공시일을 안 날로 의제하는 명문규정이 없으므로 〈현실적으로 안 날〉로 보는 견해와 ② 불특정 다수의 이해관계와 관련하여 공시가 적절한 수단이고 불가쟁력의 기산점을 통일하여 법정 안정을 도모해야 하므로 〈공시일〉로 보는 견해가 있다.

(3) 판례

개별토지가격 결정과 같이 처분의 효력이 각 상대방에게 개별적으로 발생하는 경우는 개별공시지가의 공시에 의해 개별토지가격결정처분이 있음을 알았다고까지 의제할 수 없으므로 행정심판법 제27조 제3항을 적용하여 180일 이내에 제기할 수 있다고 판시한 바 있다.

5. 검토

〈생각건대〉 개별공시지가는 해당 토지의 과세의 기준이 되는 것이므로 불특정 다수인의 불가쟁력 발생시점의 통일을 기할 필요가 없다고 사료된다. 따라서 현실적으로 알았다는 사정이 없는 한 고시일로부터 180일 및 1년 이내에 심판 및 소송을 제기할 수 있다고 본다.

6. 사안의 경우

설문상 갑은 A군수로부터 6월 1일 개별공시지가를 통지받았으므로, 6월 1일부터 90일 이내에 취소소송을 제기할 수 있으며, 무효등확인소송의 경우에는 제소기간의 제한이 없으므로 갑은 제소기간에 구애됨이 없이 무효등확인소송을 제기할 수 있을 것이다.

Ⅳ 사안의 해결

갑은 개별공시지가 결정·공시행위의 위법성 정도에 따라서 취소소송 또는 무효등확인소송을 제기할 수 있으나, 취소소송의 경우 통지일인 6월 1일부터 90일 이내에 제기하여야 할 것이다(초일불산입).

사례 166 공무원의 과실책임(인과관계)

개별공시지가 산정업무 담당공무원 등이 잘못(자연림을 공업용으로 판단함) 산정·공시한 개별공시지가를 신뢰한 나머지 토지의 담보가치가 충분하다고 믿고 그 토지에 관하여 근저당권설정등기를 경료한 후 물품을 공급함으로써 손해를 입은 경우, 그 담당공무원이 속한 지방자치단체가 손해를 배상해야 하는가? 10점

Ⅰ 쟁점의 정리
Ⅱ 국가배상책임의 요건충족 여부
  1. 국가배상법 제2조상 요건
  2. 공무원의 직무의무 위반
    (1) 담당공무원 등의 직무상 의무
    (2) 사안의 경우

  3. 손해 사이에 상당인과관계
    (1) 개별공시지가의 산정목적 범위
    (2) 사안의 경우
Ⅲ 사안의 해결

Ⅰ 쟁점의 정리

해당 지방자치단체가 손해를 배상하기 위해서는 국가배상법 제2조의 규정상 요건을 모두 충족하여야 한다. 이하에서 검토한다.

Ⅱ 국가배상책임의 요건충족 여부

1. 국가배상법 제2조상 요건

국가배상법 제2조에 의한 국가배상책임이 성립하기 위하여는 ① 공무원이 직무를 집행하면서 타인에게 손해를 가하였을 것, ② 공무원의 가해행위는 고의 또는 과실로 법령에 위반하여 행하여졌을 것, ③ 손해가 발생하였고, 공무원의 불법한 가해행위와 손해 사이에 인과관계(상당인과관계)가 있을 것이 요구된다. 〈설문에서는〉 직무의무 위반과 손해 사이에 상당인과관계가 특히 문제된다.

2. 공무원의 직무의무 위반

(1) 담당공무원 등의 직무상 의무

개별공시지가 산정업무를 담당하는 공무원으로서는 해당 토지의 실제 이용상황 등 토지특성을 정확하게 조사하고 해당 토지와 토지이용상황이 유사한 비교표준지를 선정하여 그 특성을 비교하는 등 법령 및 '개별공시지가의 조사·산정지침'에서 정한 기준과 방법에 의하여 개별공시지가를 산정하고, 산정지가의 검증을 의뢰받은 감정평가법인등은 산정지가가 관련 규정을 준수하였는지 등을 검토하고, 시·군·구 부동산가격공시위원회로서는 위 산정지가 또는 검증지가가

위와 같은 기준과 방법에 의하여 제대로 산정된 것인지 여부를 검증, 심의함으로써 적정한 개별공시지가가 결정·공시되도록 조치할 직무상의 의무가 있다.

(2) 사안의 경우

개별공시지가는 이용상황에 따라 가격이 상이하므로, 이용상황은 개별공시지가의 결정에 있어서 중대한 영향을 미치는 요소이고 이를 잘못 판단한 것은 적정한 개별공시지가가 결정·공시되도록 해야 하는 통상의 주의의무를 다하지 않은 것으로 볼 수 있다.

3. 손해 사이에 상당인과관계

(1) 개별공시지가의 산정목적 범위

개별공시지가는 그 산정 목적인 개발부담금의 부과, 토지 관련 조세부과 등 다른 법령이 정하는 목적을 위해 지가를 산정하는 경우에 그 산정 기준이 되는 범위 내에서는 납세자인 국민 등의 재산상 권리·의무에 직접적인 영향을 미칠 수 있다.

(2) 사안의 경우

공시지가는 행정기관이 사용하는 지가를 일원화하여 일정한 행정목적을 위한 기준으로 삼음으로써 국토의 효율적인 이용과 국민경제의 발전에 기여하려는 목적과 기능이 있으므로, 개별공시지가가 해당 토지의 거래 또는 담보제공을 받음에 있어 그 실제 거래가액 또는 담보가치를 보장한다거나 어떠한 구속력을 미친다고 할 수는 없다. 따라서 담당공무원 등의 개별공시지가 산정에 관한 직무상 위반행위와 위 손해 사이에 상당인과관계가 있다고 보기 어려울 것으로 보인다.

Ⅲ 사안의 해결

개별공시지가 산정업무 담당공무원 등이 그 직무상 의무에 위반하여 현저하게 불합리한 개별공시지가가 결정되도록 함으로써 국민 개개인의 재산권을 침해한 경우에는 그 손해에 대하여 상당인과관계 있는 범위 내에서 그 담당공무원 등이 소속된 지방자치단체가 배상책임을 지게 된다. 다만, 설문에서는 담당 공무원 등의 직무상 의무위반행위는 인정되지만 그 손해와의 사이에서 상당인과관계가 있다고 보기 어려우므로 해당 지방자치단체는 손해배상의 책임을 지지 않는다.

Chapter 03 공시지가와 부동산가격공시위원회

> **사례 167** 공시지가와 시가
>
> 공시지가와 시가의 관계를 설명하시오. [10점]

I 개설

시가란 불특정 다수의 시장에서 자유로이 거래가 이루어지는 경우에 통상 성립된다고 인정되는 가액으로서, 토지의 현실거래가격은 아니므로 비정상적인 경로에 의해 상승 또는 감소한 가격은 배제된다. 시가와 현저히 차이가 나는 공시지가결정이 위법한지의 문제와 관련하여 공시지가가 시가와 어떠한 관계가 있는지를 검토하여야 한다.

II 학설

1. 정책가격설

공시제도의 목적은 부동산공시법 제1조에 나타나는 바와 같이, 공시지가의 공시를 통하여 적정한 지가형성을 도모하는 데 있으므로, 이는 현실에서 거래되는 가격이 아니라 투기억제 또는 지가안정이라는 정책적 목적을 위해 결정·공시되는 가격이라고 본다.

2. 시가설

공시지가는 각종 세금이나 부담금의 산정기준이 되는 토지가격으로서 현실시장 가격을 반영한 가격이지 이와 유리된 가격일 수 없다고 본다.

III 판례

"개별토지가격의 적정성 여부는 규정된 절차와 방법에 의거하여 이루어진 것인지 여부에 따라 결정될 것이지", 해당 토지의 시가와 직접적인 관련이 있는 것이 아니므로, 단지 개별지가가 시가를 초과한다는 사유만으로는 그 가격 결정이 위법하다고 단정할 것은 아니라고 판시하여 공시지가를 정책적으로 결정한 가격으로 보고 있다.

IV 검토

공시지가가 통상적인 시장에서 형성되는 정상적인 시가를 제대로 반영하는 것이 바람직하나, 공시지가가 시가대로 산정된다면 공시지가 제도를 둔 취지가 훼손될 수 있다. 따라서 공시지가와 시가가 현저히 차이가 난다는 사유만으로 그 위법을 인정할 수는 없으며, 이러한 경우 그 산정절차나 비교표준지의 사정 등에 위법이 있을 수 있으므로 이러한 위법을 이유로 주장할 수 있을 것이다.

사례 168 시가와 현실화 계획

갑 토지의 2030년 표준지공시가는 제곱미터당 800원이었으나 2031년 표준지공시지가는 제곱미터당 880원으로 전년 대비 10%가 상승하였다. 그러나 최근 금리인상으로 부동산 거래는 단절되었고 시가수준은 하락하고 있었다. 갑은 2031년 표준지공시지가는 현실적인 시가수준 변동과 역행하는 것으로서 이러한 상황이 발생된 연유를 국토교통부장관에게 문의하였다. 이에 국토교통부장관은 2031년 표준지공시지가가 20% 상승한 것은 공시지가에 대한 현실화계획에 따른 것으로 시세 대비 70~80% 수준의 공시지가를 형성하기 위한 것이라고 답변하였다.

갑은 부동산 가격공시에 관한 법령상 표준지공시지가를 평가함에 있어서 현실화 계획을 고려한다는 내용이 없으므로 이는 법령에 반하는 위법한 표준지공시지가라고 주장한다.

(현실화 계획이란 표준지공시지가를 시세의 80~90% 수준으로 공시하는 계획을 말한다. 현재시점에서 공시지가의 현실화율은 시세의 50% 수준이었으며 향후 5년간 매년 10%씩 상승시키는 계획을 말한다) 갑 주장은 타당한가? 10점

참조 조문

[부동산 가격공시에 관한 법률]

제26조의2(적정가격 반영을 위한 계획 수립 등)
① 국토교통부장관은 부동산공시가격이 적정가격을 반영하고 부동산의 유형·지역 등에 따른 균형성을 확보하기 위하여 부동산의 시세 반영률의 목표치를 설정하고, 이를 달성하기 위하여 대통령령으로 정하는 바에 따라 계획을 수립하여야 한다.
② 제1항에 따른 계획을 수립하는 때에는 부동산 가격의 변동 상황, 지역 간의 형평성, 해당 부동산의 특수성 등 제반사항을 종합적으로 고려하여야 한다.
③ 국토교통부장관이 제1항에 따른 계획을 수립하는 때에는 관계 행정기관과의 협의를 거쳐 공청회를 실시하고, 제24조에 따른 중앙부동산가격공시위원회의 심의를 거쳐야 한다.
④ 국토교통부장관, 시장·군수 또는 구청장은 부동산공시가격을 결정·공시하는 경우 제1항에 따른 계획에 부합하도록 하여야 한다.

[부동산 가격공시에 관한 법률 시행령]

제74조의2(적정가격 반영을 위한 계획 수립)
① 국토교통부장관은 법 제26조의2 제1항에 따른 계획을 수립하는 때에는 다음 각 호의 사항을 포함하여 수립해야 한다.
　1. 부동산의 유형별 시세 반영률의 목표
　2. 부동산의 유형별 시세 반영률의 목표 달성을 위하여 필요한 기간 및 연도별 달성계획
　3. 부동산공시가격의 균형성 확보 방안
　4. 부동산 가격의 변동 상황 및 유형·지역·가격대별 형평성과 특수성을 반영하기 위한 방안
② 국토교통부장관은 법 제26조의2 제1항에 따른 계획을 수립하기 위하여 필요한 경우에는 국가기관, 지방자치단체, 부동산원, 그 밖의 기관·법인·단체에 대하여 필요한 자료의 제출 또는 열람을 요구하거나 의견의 제출을 요구할 수 있다.

Ⅰ 쟁점의 정리	2. 시가와의 관계
Ⅱ 표준지공시지가 평가와 시가와의 관계	3. 관계 법령의 검토
1. 표준지공시지가 평가절차(부공법 제3조)	Ⅲ 사안의 해결

Ⅰ 쟁점의 정리

현실화 계획에 따른 공시지가 법령에 반하는 것이지를 검토한다.

Ⅱ 표준지공시지가 평가와 시가와의 관계

1. 표준지공시지가 평가절차(부공법 제3조)

국토교통부장관은 표준지 선정 및 관리지침에 따라 선정된 표준지에 대하여 공시일 현재의(1월 1일) 적정가격을 조사 평가하고 중앙부동산가격공시위원회의 심의를 거쳐 공시해야 한다.

2. 시가와의 관계

"개별토지가격의 적정성 여부는 규정된 절차와 방법에 의거하여 이루어진 것인지 여부에 따라 결정될 것이지", 해당 토지의 시가와 직접적인 관련이 있는 것이 아니므로, 단지 개별지가가 시가를 초과한다는 사유만으로는 그 가격결정이 위법하다고 단정할 것은 아니라고 판시하여 공시지가를 정책적으로 결정한 가격으로 보고 있다(대판 1996.9.20, 95누11931).

3. 관계 법령의 검토

부공법 제26조의2 제1항은 '국토교통부장관은 부동산공시가격이 적정가격을 반영하고 부동산의 유형·지역 등에 따른 균형성을 확보하기 위하여 부동산의 시세 반영률의 목표치를 설정하고, 이를 달성하기 위하여 대통령령으로 정하는 바에 따라 계획을 수립하여야 한다.'고 정하고 있고, 같은 법 시행령 제74조의2 제1항은 위 계획에 포함되어야 하는 사항으로 '1. 부동산의 유형별 시세 반영률의 목표, 2. 부동산의 유형별 시세 반영률의 목표 달성을 위하여 필요한 기간 및 연도별 달성계획, 3. 부동산공시가격의 균형성 확보 방안, 4. 부동산 가격의 변동 상황 및 유형·지역·가격대별 형평성과 특수성을 반영하기 위한 방안'을 열거하고 있다.

Ⅲ 사안의 해결

공시가격 현실화 계획 및 이에 대한 구체적인 기준은 부공법 제26조의2 및 동법 시행령 제74조의2에 명확한 근거를 두고 있으므로, 공시지가가 급격하게 상승된 이유가 위 공시가격 현실화 계획 때문이라는 갑의 주장이 사실이라 하더라도 그러한 사정만으로 공시지가가 위법하다고 평가하기는 어렵다.

> **서울행정법원 2023.5.11, 2022구합71561**
> 공시지가가 급격히 상승한 사유가 현실화 계획에 따른 것이라는 사정만으로 공시지가가 위법하다고 평가하기는 어렵다.

사례 169 부동산가격공시위원회

부동산가격공시위원회에 대하여 약술하시오. 10점

I 의의

부동산가격공시위원회란 부동산공시법상의 내용과 관련된 사항을 심의하는 위원회를 말하며, 국토교통부장관 소속하에 두는 중앙부동산가격공시위원회와 시·군·구청장 소속하에 두는 시·군·구 부동산가격공시위원회가 있다.

II 부동산가격공시위원회의 성격

1. 필수기관

중앙부동산가격공시위원회는 국토교통부장관의 소속하에 두고 시·군·구 부동산가격공시위원회는 시·군·구청장 소속하에 두는 필수기관이다.

2. 심의기관의 성격

의결기관과 자문기관의 중간 형태인 심의기관의 성격이 있다고 본다.

III 중앙부동산가격공시위원회

1. 설치 및 운영

① 국토교통부장관 소속하에 둔다. 위원장은 국토교통부 제1차관이 되고, 위원장을 포함한 20명 이내의 위원으로 구성한다. 공무원이 아닌 위원은 2년을 임기로 한다. ② 위원회의 회의는 재적위원 과반수의 출석, 과반수 찬성으로 의결한다.

2. 권한

① 부동산 가격공시 관계법령의 제정·개정에 관한 사항 중 국토교통부장관이 심의에 부치는 사항, ② 표준지의 선정 및 관리지침, ③ 조사·평가된 표준지공시지가, ④ 표준지공시지가에 대한 이의신청에 관한 사항, ⑤ 표준주택의 선정 및 관리지침, ⑥ 조사·산정된 표준주택가격, ⑦ 표준주택가격에 대한 이의신청에 관한 사항, ⑧ 공동주택의 조사 및 산정지침, ⑨ 조사·산정된 공동주택가격, ⑩ 공동주택가격에 대한 이의신청에 관한 사항, ⑪ 비주거용 표준부동산의 선정 및 관리지침, ⑫ 조사·산정된 비주거용 표준부동산가격, ⑬ 비주거용 표준부동산가격에 대한 이의신청에 관한 사항, ⑭ 비주거용 집합부동산의 조사 및 산정지침, ⑮ 조사·산정된 비주거용 집합부동산가격, ⑯ 비주거용 집합부동산가격에 대한 이의신청에 관한 사항, ⑰ 계획수립에 관한 사항, ⑱ 그 밖에 부동산정책에 관한 사항 등 국토교통부장관이 심의에 부치는 사항을 심의한다.

Ⅳ 시·군·구 부동산가격공시위원회

1. 설치 및 운영

① 시·군·구청장 소속하에 둔다. 위원장은 부시장, 부군수, 부구청장이다. 위원장 1명을 포함하여 10명~15명 이하의 위원으로 구성하며 성별을 고려해야 한다. ② 시·군·구 부동산가격공시위원회의 구성과 운영에 관하여 필요한 사항은 해당 시·군·구의 조례로 정한다.

2. 권한

① 개별공시지가의 결정에 관한 사항, ② 개별공시지가에 대한 이의신청에 관한 사항, ③ 개별주택가격의 결정에 관한 사항, ④ 개별주택가격에 대한 이의신청에 관한 사항, ⑤ 비주거용 개별부동산가격의 결정에 관한 사항, ⑥ 비주거용 개별부동산가격에 대한 이의신청에 관한 사항, ⑦ 그 밖에 시장·군수 또는 구청장이 심의에 부치는 사항을 심의한다.

Chapter 04 주택가격 및 비주거용 부동산가격 공시제도

사례 170 주택가격공시제도

주택가격공시제도에 대해서 설명하시오. 20점

Ⅰ 의의
Ⅱ 표준주택공시가격
  1. 의의
  2. 법적 성질
  3. 산정 및 효과
    (1) 조사・산정절차
    (2) 공시사항
    (3) 효과
  4. 불복
Ⅲ 개별주택공시가격
  1. 의의
  2. 법적 성질
  3. 산정 및 효과
    (1) 산정기준
    (2) 산정절차
    (3) 공시사항
    (4) 개별주택가격을 공시하지 아니하는 단독주택
    (5) 효과
  4. 불복
Ⅳ 공동주택공시가격
  1. 의의
  2. 법적 성질
  3. 산정 및 효과
    (1) 산정기준
    (2) 산정절차
    (3) 공시사항
    (4) 효과
  4. 불복

Ⅰ 의의

주택가격공시제도는 정부의 조세형평주의의 일환으로 종합부동산세를 부과하기 위한 기준을 마련하기 위하여 도입된 제도이다. 주택에 대한 공시가격의 필요성이 불거짐에 따라 주택가격공시제도를 입법하게 되었다.

Ⅱ 표준주택공시가격

1. 의의

표준주택이라 함은 국토교통부장관이 용도지역, 건물구조 등이 일반적으로 유사하다고 인정되는 일단의 단독주택 중 해당 일단의 단독주택을 대표할 수 있는 주택을 말한다(부동산공시법 제16조 제1항).

2. 법적 성질

표준주택공시가격은 표준지공시지가와 매우 흡사한 부분이 있다. 그러나 표준지공시지가는 여러 가지 다양한 행정목적을 위하여 만들어진 공적지가이지만 표준주택공시가격은 과세의 기준으로만 활용된다. 표준주택공시가격의 법적 성질은 개별공시지가와 유사하게 국민의 권리·의무에 직접적인 영향이 있다고 보아야 한다. 따라서 처분성이 있다고 보인다.

3. 산정 및 효과

(1) 조사·산정절차

국토교통부장관은 일단의 단독주택 중에서 해당 일단의 주택을 대표할 수 있는 주택을 선정하여야 하고, 한국부동산원에게 의뢰를 하게 된다. 이후 중앙부동산가격공시위원회의 심의를 거쳐 표준주택가격을 공시하게 된다(부동산공시법 제16조 제1항). 표준주택가격의 공시기준일은 원칙적으로 1월 1일로 한다.

(2) 공시사항

표준주택가격을 공시할 때에는 지번, 표준주택가격, 대지면적, 형상, 용도, 연면적, 구조, 사용승인일, 지목, 용도지역, 도로상황 및 공시에 필요한 사항을 공시하여야 한다(부동산공시법 제16조 제2항).

(3) 효과

표준주택가격은 국가, 지방자치단체 등의 기관이 그 업무와 관련하여 개별주택가격을 산정하는 경우에 그 기준이 된다(동법 제19조 제1항).

4. 불복

표준주택공시가격에 불복하는 방법에는 표준주택가격공시 과정상 표준지공시지가의 이의신청을 준용하도록 규정하고 있는 바, 표준지공시지가의 이의신청을 준용하여 부동산가격공시법에서 정한 이의신청절차를 거치게 된다. 이후 표준주택공시가격의 처분성을 인정하게 되면 행정쟁송을 제기할 수 있다.

Ⅲ 개별주택공시가격

1. 의의

지방자치단체의 장(시장·군수·구청장)은 표준주택 중 비교표준주택을 선정하고 비준율을 곱하여 개별주택의 가격을 산정하게 된다(부동산공시법 제17조 제1항). 개별주택의 가격은 과세산정의 과표가 된다.

2. 법적 성질

개별주택공시가격은 개별공시지가와 같이 과세의 기준이 된다는 점에서 법적 성질이 동일하다고 볼 수 있다. 개별주택공시가격은 국민의 권리·의무에 직접적인 영향이 있다고 보아야 하므로 처분성이 있다고 보인다.

3. 산정 및 효과

(1) 산정기준

시장·군수·구청장이 개별주택가격을 결정·공시하는 경우에는 해당 주택과 유사한 이용가치를 지닌다고 인정되는 표준주택가격을 기준으로 주택가격비준표를 사용하여 가격을 산정하되, 해당 주택의 가격과 표준주택가격이 균형을 유지하도록 하여야 한다(부동산공시법 제17조 제5항).

(2) 산정절차

시장·군수·구청장은 국토교통부장관이 제정한 지침에 따라 원칙적으로 전국의 모든 개별주택가격을 조사·산정한다. 산정된 개별주택가격은 한국부동산원의 검증을 받게 된다. 이후 시·군·구 부동산가격공시위원회의 심의를 거쳐서 공시한다(부동산공시법 제17조). 개별주택가격의 공시기준일은 원칙적으로 1월 1일로 한다.

(3) 공시사항

개별주택가격을 공시할 때에는 지번, 개별주택가격, 개별주택의 용도 및 면적, 공시에 필요한 사항을 공시하여야 한다(부동산공시법 제17조 제3항).

(4) 개별주택가격을 공시하지 아니하는 단독주택

① 표준주택으로 선정된 단독주택은 해당 가격을 개별주택가격으로 보기 때문에 별도로 개별주택가격을 산정하지 않는다. ② 국세 또는 지방세의 부과대상이 아닌 단독주택은 개별주택가격을 산정하지 않는다.

(5) 효과

개별주택가격은 주택시장의 가격정보를 제공하고, 국가·지방자치단체 등의 기관이 과세 등의 업무와 관련하여 주택의 가격을 산정하는 경우에 그 기준으로 활용될 수 있다(부동산공시법 제19조 제2항).

4. 불복

개별주택공시가격에 불복하는 방법에는 개별주택가격공시 과정상 개별공시지가 이의신청을 준용하도록 규정하고 있는바, 개별공시지가의 이의신청을 준용하여 부동산공시법에서 정한 이의신청절차를 거치게 된다. 이후 개별주택공시가격의 처분성을 인정하게 되면 행정쟁송을 제기할 수 있다.

Ⅳ 공동주택공시가격

1. 의의
국토교통부장관은 공동주택에 대한 부동산세 부과를 위하여 공동주택의 적정가격을 조사한다(부동산공시법 제18조 제1항).

2. 법적 성질
공동주택공시가격은 개별공시지가 및 개별주택공시가격과 같이 과세의 기준이 된다는 점에서 법적 성질이 동일하다고 볼 수 있다. 공동주택공시가격은 국민의 권리·의무에 직접적인 영향이 있다고 보아야 하므로 처분성이 있다고 본다.

3. 산정 및 효과

(1) 산정기준

공동주택의 적정가격을 조사·산정하는 경우에는 인근 유사공동주택의 거래가격·임대료 및 해당 공동주택과 유사한 이용가치를 지닌다고 인정되는 공동주택의 건설에 필요한 비용추정액, 인근 지역 및 다른 지역과의 형평성·특수성, 공동주택가격 변동의 예측 가능성 등 제반사항 등을 종합적으로 참작하여야 한다(부동산공시법 제18조 제5항).

(2) 산정절차

국토교통부장관은 원칙적으로 전국의 모든 공동주택에 대하여 매년 공시기준일 현재의 적정가격을 조사·산정한다. 이를 위해서 부동산가격의 조사·산정에 관한 전문성이 있는 기관인 부동산원에 의뢰를 한다(부동산공시법 제18조 제6항). 이후 중앙부동산가격공시위원회의 심의를 거쳐 공시하게 된다. 공시기준일은 원칙적으로 1월 1일로 한다.

(3) 공시사항

공동주택가격을 공시할 때에는 소재지, 명칭, 동 호수, 공동주택가격, 공동주택의 면적 및 이의신청에 관한 사항 등을 공시하여야 한다.

(4) 효과

공동주택가격은 주택시장의 가격정보를 제공하고, 국가·지방자치단체 등의 기관이 과세 등의 업무와 관련하여 주택의 가격을 산정하는 경우에 그 기준으로 활용될 수 있다(부동산공시법 제19조 제2항).

4. 불복
공동주택공시가격에 불복하는 방법에는 공동주택가격공시 과정상 표준지공시지가 이의신청을 준용하도록 규정하고 있는바, 표준지공시지가의 이의신청을 준용하여 부동산가격공시법에서 정한 이의신청절차를 거치게 된다. 이후 표준주택공시가격의 처분성을 인정하게 되면 행정쟁송을 제기할 수 있다.

사례 171 비주거용 부동산가격공시제도

비주거용 부동산가격공시제도에 대해서 설명하시오. 20점

Ⅰ 비주거용 표준부동산가격
 1. 의의
 2. 법적 성질
 3. 산정 및 효과
  (1) 산정절차
  (2) 공시사항
  (3) 효과
 4. 불복
Ⅱ 비주거용 개별부동산가격
 1. 의의
 2. 법적 성질
 3. 산정 및 효과
  (1) 산정기준
  (2) 산정절차

  (3) 공시사항
  (4) 비주거용 개별부동산가격을 공시하지 아니하는 경우
  (5) 효과
 4. 불복
Ⅲ 비주거용 집합부동산가격
 1. 의의
 2. 법적 성질
 3. 산정 및 효과
  (1) 산정기준
  (2) 산정절차
  (3) 공시사항
  (4) 효과
 4. 불복

Ⅰ 비주거용 표준부동산가격

1. 의의

국토교통부장관은 용도지역, 이용상황, 건물구조 등이 일반적으로 유사하다고 인정되는 일단의 비주거용 일반부동산 중에서 선정한 비주거용 표준부동산에 대하여 매년 공시기준일 현재의 적정가격을 조사·산정하고, 중앙부동산가격공시위원회의 심의를 거쳐 이를 공시할 수 있다(부동산공시법 제20조).

2. 법적 성질

비주거용 표준부동산공시가격은 표준지공시지가와 매우 흡사한 부분이 있다. 그러나 표준지공시지가는 여러 가지 다양한 행정목적을 위하여 만들어진 공적 지가이지만 비주거용 표준부동산공시가격은 과세의 기준으로만 활용된다. 비주거용 표준부동산가격의 법적 성질은 개별공시지가와 유사하게 국민의 권리·의무에 직접적인 영향이 있다고 보아야 한다. 따라서 처분성이 있다고 보인다.

3. 산정 및 효과

(1) 산정절차

국토교통부장관이 비주거용 표준부동산가격을 조사·산정하는 경우에는 인근 유사 비주거용

일반부동산의 거래가격·임대료 및 해당 비주거용 일반부동산과 유사한 이용가치를 지닌다고 인정되는 비주거용 일반부동산의 건설에 필요한 비용추정액 등을 종합적으로 참작하여야 한다(부동산공시법 제20조 제5항).

(2) 공시사항

비주거용 표준부동산가격을 공시할 때에는 지번, 표준부동산의 가격, 대지면적, 형상, 용도, 연면적, 구조, 사용승인일, 용도지역, 지목, 도로상황 및 필요한 사항을 공시하여야 한다(부동산공시법 제20조 제2항).

(3) 효과

비주거용 표준부동산가격은 국가·지방자치단체 등이 그 업무와 관련하여 비주거용 개별부동산가격을 산정하는 경우에 그 기준이 된다(부동산공시법 제23조 제1항).

4. 불복

비주거용 표준부동산가격에 불복하는 방법에는 표준지공시지가의 이의신청을 준용하도록 규정하고 있는 바, 표준지공시지가의 이의신청을 준용하여 부동산공시법에서 정한 이의신청절차를 거치게 된다. 이후 비주거용 표준부동산가격의 처분성을 인정하게 되면 행정쟁송을 제기할 수 있다.

Ⅱ 비주거용 개별부동산가격

1. 의의

지방자치단체의 장(시장·군수·구청장)은 비주거용 표준부동산 중 비교표준부동산을 선정하고 비준율을 곱하여 비주거용 개별부동산의 가격을 결정·공시할 수 있다(부동산공시법 제21조 제1항).

2. 법적 성질

비주거용 개별부동산가격은 개별공시지가와 같이 과세의 기준이 된다는 점에서 법적 성질이 동일하다고 볼 수 있다. 따라서 비주거용 개별부동산가격은 국민의 권리·의무에 직접적인 영향이 있다고 보아야 하므로 처분성이 있다고 보인다.

3. 산정 및 효과

(1) 산정기준

시장·군수 또는 구청장이 비주거용 개별부동산가격을 결정·공시하는 경우에는 해당 비주거용 일반부동산과 유사한 이용가치를 지닌다고 인정되는 비주거용 표준부동산가격을 기준으로 비주거용 부동산가격비준표를 사용하여 가격을 산정하되, 해당 비주거용 일반부동산의 가격과 비주거용 표준부동산가격이 균형을 유지하도록 하여야 한다(부동산공시법 제21조 제5항).

(2) 산정절차

시장·군수·구청장은 국토교통부장관이 제정한 지침에 따라 원칙적으로 전국의 모든 비주거용 개별부동산가격을 조사·산정한다. 산정된 비주거용 개별부동산가격은 감정평가법인등 또는 한국부동산원이 검증을 하게 된다. 이후 시·군·구 부동산가격공시위원회의 심의를 거쳐서 공시한다(부동산공시법 제21조 제6항).

(3) 공시사항

비주거용 개별부동산가격을 공시하는 경우에는 비주거용 부동산의 지번, 비주거용 부동산가격, 용도 및 면적, 필요한 사항을 공시한다(부동산공시법 제21조 제3항).

(4) 비주거용 개별부동산가격을 공시하지 아니하는 경우

비주거용 표준부동산으로 선정된 비주거용 일반부동산, 국세 또는 지방세 부과대상이 아닌 비주거용 일반부동산, 그 밖에 국토교통부장관이 정하는 비주거용 일반부동산의 경우에는 비주거용 개별부동산가격을 공시하지 않을 수 있다(부동산공시법 제21조 제2항).

(5) 효과

비주거용 개별부동산가격은 비주거용 부동산시장에 가격정보를 제공하고, 국가·지방자치단체 등이 과세 등의 업무와 관련하여 비주거용 부동산의 가격을 산정하는 경우에 그 기준으로 활용될 수 있다(부동산공시법 제23조 제2항).

4. 불복

비주거용 개별부동산가격에 불복하는 방법에는 비주거용 개별부동산가격공시 과정상 개별공시지가 이의신청을 준용하도록 규정하고 있는바, 개별공시지가의 이의신청을 준용하여 부동산가격공시법에서 정한 이의신청절차를 거치게 된다. 이후 비주거용 개별부동산가격의 처분성을 인정하게 되면 행정쟁송을 제기할 수 있다.

Ⅲ 비주거용 집합부동산가격

1. 의의

국토교통부장관은 비주거용 집합부동산에 대한 부동산세 부과를 위하여 매년 공시기준일 현재의 적정가격을 조사·산정하여 중앙부동산가격공시위원회의 심의를 거쳐 공시할 수 있다(부동산공시법 제22조 제1항).

2. 법적 성질

개별공시지가 및 개별주택공시가격과 같이 과세의 기준이 된다는 점에서 법적 성질이 동일하다고 볼 수 있다. 따라서 비주거용 집합부동산가격은 국민의 권리·의무에 직접적인 영향이 있다고 보아야 하므로 처분성이 있다고 본다.

3. 산정 및 효과

(1) 산정기준
국토교통부장관이 비주거용 집합부동산가격을 조사·산정하는 경우에는 인근 유사비주거용 집합부동산의 거래가격·임대료 및 해당 비주거용 집합부동산과 유사한 이용가치를 지닌다고 인정되는 비주거용 집합부동산의 건설에 필요한 비용추정액 등을 종합적으로 참작하여야 한다(부동산공시법 제22조 제6항).

(2) 산정절차
국토교통부장관은 원칙적으로 전국의 모든 비주거용 집합부동산에 대하여 매년 공시기준일 현재의 적정가격을 조사·산정한다. 조사·산정할 때에는 부동산원 및 이에 관한 전문성이 있는 자(감정평가법인등)에게 의뢰를 한다(부동산공시법 제22조 제7항). 이후 중앙부동산가격공시위원회의 심의를 거쳐 공시하게 된다. 공시기준일은 원칙적으로 1월 1일로 한다.

(3) 공시사항
비주거용 집합부동산의 소재지·명칭·동·호수, 비주거용 집합부동산가격, 비주거용 집합부동산의 면적, 그 밖에 비주거용 집합부동산가격 공시에 필요한 사항을 공시하여야 한다(부동산공시법 시행령 제64조).

(4) 효과
비주거용 집합부동산가격은 비주거용 부동산시장에 가격정보를 제공하고, 국가·지방자치단체 등이 과세 등의 업무와 관련하여 비주거용 부동산의 가격을 산정하는 경우에 그 기준으로 활용될 수 있다(부동산공시법 제23조 제2항).

4. 불복

비주거용 집합부동산가격에 불복하는 방법에는 표준지공시지가 이의신청을 준용하도록 규정하고 있는바, 표준지공시지가의 이의신청을 준용하여 부동산공시법에서 정한 이의신청절차를 거치게 된다. 이후 비주거용 집합부동산가격의 처분성을 인정하게 되면 행정쟁송을 제기할 수 있다.

감정평가 및 보상법규 기본사례노트 182선

- 2권 개별법 -

PART 06

감정평가사법

Chapter 01 등록, 신고 및 인가의 법적 성질
Chapter 02 감정평가법인등의 권리, 의무 및 책임
Chapter 03 손해배상책임 및 징계
Chapter 04 불공정감정과 과태료
Chapter 05 기타 감정

Chapter 01 등록, 신고 및 인가의 법적 성질

> **사례 172** 자격등록, 소속평가사 신고, 법인합병인가 취소소송(협의소익)
>
> 갑, 을, 병, 정은 감정평가사 시험에 합격하였다. 합격 후에 감정평가업무를 수행하기 위해서 각각 국토교통부장관에게 적법한 요건을 모두 갖추고 등록신청을 했다. 국토교통부장관은 갑에 대한 등록은 거부하고 을과 병 및 정에게는 등록증을 교부하였다.
> 을과 병은 사무소를 개설하고 병은 소속평가사를 두고 업무의 효율성을 증대시켰는데 소속평가사가 개인사정으로 그만둠으로써 새로운 소속평가사를 고용하고 이에 대한 적법한 요건을 모두 갖추고 소속평가사 변경신고를 하였다. 국토교통부장관은 새로 고용된 소속평가사가 종전의 소속평가사보다 경력이 부족하여 업무수행의 지장이 염려된다는 이유로 수리를 거부하였다.
> 정은 법인 A에 소속되어 열심히 감정평가업무를 수행하고 있었는데 법인 A는 자금사정의 악화로 B법인과의 합병을 추진하고 있었다. 그 후, A법인은 사원 중 일부만이 동의하였음에도 불구하고 사원 전원이 동의한 것으로 하여 B법인과 합병하였고, 국토교통부장관의 인가를 받았다. [40점]
>
> (1) 갑은 국토교통부장관의 등록거부를 대상으로 취소소송을 제기하려고 한다. 등록거부는 소의 대상이 되는가? [10점]
> (2) 병은 소속평가사의 변경신고수리가 거부되어 소속평가사가 아닌 자로 하여금 업무를 수행하도록 시키는 것이 되어 1년 이하의 징역이나 1천만원 이하의 벌금이 부과될 수 있을지도 모른다는 불안함에 수리거부에 대하여 취소소송을 제기하려고 한다. 수리거부행위는 소의 대상이 되는가? [15점]
> (3) 정은 B법인과의 합병과 관련하여 기본행위의 하자가 있음을 이유로 인가취소소송을 제기할 수 있는가? [15점]

Ⅰ 개설(감정평가법인등의 지위발생)

Ⅱ (설문 1)의 해결
  1. 문제점
  2. 감정평가사 자격등록의 의의 및 취지
  3. 등록의 법적 성질
    (1) 강학상 수리인지
    (2) 기속행위성
  4. 등록거부의 법적 성질
    (1) 거부가 처분이 되기 위한 요건
    (2) 등록거부의 법적 성질
  5. 사안의 경우

Ⅲ (설문 2)의 해결
  1. 문제점
  2. 자기완결적 신고와 행위요건적 신고
    (1) 의의
    (2) 구별실익
    (3) 구별기준
      1) 학설
      2) 판례
      3) 검토
  3. 정보제공적 신고와 금지해제적 신고
    (1) 의의
    (2) 구별실익

4. 소속평가사변경신고의 법적 성질
　　5. 사안의 경우
Ⅳ (설문 3)의 해결
　　1. 문제점
　　2. 인가의 의의 및 취지
　　3. 법적 성질(형성행위, 기속행위)

　　4. 합병인가의 요건 및 인가의 효력
　　5. 기본행위의 하자와 소의 이익
　　　(1) 협의의 소익의 의의 및 취지
　　　(2) 취소소송에서의 협의의 소익
　　　(3) 기본행위의 하자와 협의의 소익
　　6. 사안의 경우

Ⅰ 개설(감정평가법인등의 지위발생)

감정평가업무를 수행하기 위해서는 감정평가사 자격증을 국토교통부장관에게 등록하고 사무소를 개설하거나 법인설립인가를 받아야 한다. 이는 감정평가업무의 사회성과 공공성 측면에서 감정평가사의 효율적인 관리를 도모함에 취지가 인정된다. 이하에서 각 설문에 답한다.

Ⅱ (설문 1)의 해결

1. 문제점

행정소송법 제19조에서는 취소소송의 대상으로 처분 등을 규정하고 있다. 따라서 등록거부가 취소소송의 대상이 되는 처분인지의 검토가 필요하다.

2. 감정평가사 자격등록의 의의 및 취지

등록이란 사인이 알린 일정한 사실을 유효한 것으로 받아들이는 것을 말한다. 즉, 국토교통부장관이 자격요건의 구비사실에 대한 신청을 장부에 등재하여 유효한 것으로 받아들이는 것을 말한다. 이는 감정평가사의 효율적 관리 및 신뢰성 제고에 취지가 인정된다.

3. 등록의 법적 성질

(1) 강학상 수리인지

① 사인의 신청을 유효한 행위로 받아들이는 행위로 보는 〈수리설〉, ② 자격요건을 갖춘 사실을 공적으로 증명하는 것이라는 〈공증설〉, ③ 감정평가업을 할 수 있는 요건을 판단하는 〈허가설〉이 있다.

〈생각건대〉 등록신청에 대하여 감정평가사법 제18조에서 규정한 등록거부사유에 해당하는지를 확인하여 등록거부사유에 해당하지 않으면 유효한 것으로 받아들이므로 강학상 수리로 본다.

(2) 기속행위성

시행령 제17조에서는 "등록거부사유가 없으면 등록증을 교부하여야 한다"고 규정하는 바 기속행위로 볼 수 있다.

4. 등록거부의 법적 성질

(1) 거부가 처분이 되기 위한 요건
거부가 행정쟁송의 대상인 처분이 되기 위해서는 ① 공권력 행사의 거부이어야 하며, ② 국민의 권리·의무에 영향을 미쳐야 한다. ③ 이에 판례는 법규상 또는 조리상 신청권을 요하는데 이에 대해 원고적격이나 본안요건의 문제로 보는 견해도 있다.

(2) 등록거부의 법적 성질
등록신청에 대한 거부는 공권력 행사의 거부로서, 갑이 감정평가업무를 수행할 수 있는 권리에 영향을 미치고, 감정평가사법 제17조에 의한 신청권이 인정되는 바, 행정쟁송의 대상이 되는 처분에 해당한다.

5. 사안의 경우
국토교통부장관의 등록거부는 처분이므로 갑은 이를 대상으로 취소소송을 제기할 수 있다.

Ⅲ [설문 2]의 해결

1. 문제점
신고란 사인이 일정한 법률효과의 발생을 위해 일정사실을 행정청에 알리는 것을 말한다. 병에 대한 수리거부에 대하여 취소소송을 제기하기 위해서는 수리거부의 처분성이 인정되어야 한다. 이에 대한 전제로서 소속평가사 변경신고의 법적 성질을 검토해야 한다.

2. 자기완결적 신고와 행위요건적 신고

(1) 의의
① 사인이 일정사항을 행정청에 통지함으로써 효력이 발생(행정절차법 제40조 제2항)하는 신고를 자기완결적 신고라 하고, ② 이를 수리함으로써 효력이 발생하는 신고를 행위요건적 신고라 한다.

(2) 구별실익
자기완결적 신고의 수리행위는 국민의 권리·의무에 영향을 주는 행정행위가 아니므로 처분성이 인정되지 않는다.

(3) 구별기준

1) 문제점

행정기본법 제34조에서는 법령등에서 수리의무를 규정하고 있는 경우에 한하여 수리를 요하는 신고로 규정하고 있으나, 수리규정이 없는 경우라 하더라도 법령의 취지상 수리를 요하는 신고로 봐야 하는 경우도 있을 수 있으므로 이러한 경우에 법적 성질이 문제될 수 있을 것이다.

2) 학설

① 형식적 요건 외에 실질적 요건을 요하는 지로 구분하는 신고요건기준설, ② 해당 법령의 목적과 관련 조문에 대한 합리적이고 유기적인 해석을 통해 구분하는 입법자의사설, ③ 형식적 심사만 하는 경우에는 자기완결적 신고, 실질적 심사를 할 수 있는 경우에는 행위요건적 신고로 보는 심사방식기준설, ④ 입법자의 객관적 의사와 복수의 구체적인 구별기준을 유형화하여 제시하는 복수기준설이 대립한다.

3) 판례

대법원은 관계법이 실질적 적법요건을 규정한 경우 행위요건적 신고로 보며, ① 건축법상 신고는 자기완결적, ② 건축주명의변경신고는 행위요건적 신고로 판시한 바 있다.

4) 검토

① 행정기본법 제34조에 따라 입법규정을 1차적인 기준으로 판단하고, ② 입법자의 의사가 불분명한 경우에는 심사방식기준에 따라 실질적 심사를 요구하는 경우에는 행위요건적 신고로 보아야 한다.

3. 정보제공적 신고와 금지해제적 신고

(1) 의의

정보제공적 신고란 행정의 대상이 되는 사실에 관한 정보를 제공하는 기능을 갖는 신고를 말하고, 금지해제적 신고란 정보제공 기능뿐만 아니라 건축활동 등 사적활동을 규제하는 기능을 갖는 신고를 말한다.

(2) 구별실익

정보제공적 신고의 경우 신고 없이 행위를 하여도 행위자체는 위법하지 않으므로 행정질서벌인 과태료의 대상이 된다. 반면에 금지해제적 신고의 경우 신고 없이 한 행위는 법상 금지된 행위가 되며 행정형벌이나 시정조치의 대상이 된다.

4. 소속평가사변경신고의 법적 성질

감정평가사법에서는 소속평가사 고용신고에 대해서 국토교통부장관에게 신고서를 제출해야 한다고만 규정하고 있으며, 수리에 의해 소속평가사로서의 업무수행 지위가 설정되는 것으로 규정하고 있지 않으므로 수리를 요하지 않는 신고로 볼 수 있다. 또한 감정평가사법상 소속평가사가 아닌 자에게 업무수행을 시킨 경우에는 징계사유에 해당될 수 있으므로 금지해제적 신고로 볼 수 있다.

5. 사안의 경우

최근 판례는(대판 2010.11.18, 2008두167 全合) 건축신고의 경우에도 건축신고의 반려로 인하여 시정명령, 이행강제금, 벌금의 대상이 되거나 해당 건축물을 사용하여 행할 행위의 허가가 거부될 우려가 있어 불안정한 지위에 놓이게 되므로 항고소송의 대상이 된다고 판시한 바 있다.

따라서 설문상 소속평가사 변경신고의 수리가 거부되어 소속평가사가 아닌 자로 하여금 업무를 수행하게 한 것이 되어 감정평가사법 제50조에 따른 징역 및 벌금의 벌칙규정이 적용될 불안정한 지위에 놓일 우려가 있는 경우는 수리거부에 대해서 취소소송을 제기할 수 있을 것이다.

Ⅳ [설문 3]의 해결

1. 문제점

설문상 정이 법인 합병의 기본행위에 하자가 있음을 이유로 인가취소소송을 제기하기 위해서는, 기본행위의 하자를 다툴 수 있음에도 인가를 대상으로 소를 제기할 현실적 필요성이 인정되는지를 검토하여야 한다.

2. 인가의 의의 및 취지(감정평가사법 제29조)

인가란 타인의 법률적 행위를 보충하여 그 법적 효력을 완성시켜 주는 행정행위를 말한다. 즉, 국토교통부장관이 감정평가법인의 설립행위를 보충하여 사인 간의 법인설립행위의 효력을 완성시켜 주는 행위이다.

3. 법적 성질(형성행위, 기속행위)

① 인가는 기본행위의 효력을 완성시켜주는 형성행위이다. ② 인가는 새로운 권리설정 행위가 아니고, 공익판단의 규정이 없는 점에 비추어 볼 때, 요건구비시에 인가를 거부할 수 없는 기속행위로 보아야 한다.

4. 합병인가의 요건(감정평가사법 제29조 제8항) 및 인가의 효력

① 감정평가법인은 사원 전원의 동의 또는 주주총회의 의결이 있을 때, 국토교통부장관의 인가를 받을 것을 요건으로 한다. ② 인가는 기본적 행위의 효력을 완성시켜 주는 보충적 효력을 갖는다.

5. 기본행위의 하자와 소의 이익

(1) 협의의 소익의 의의 및 취지

협의의 소익은 본안판결을 받을 현실적 필요성을 의미한다(행정소송법 제12조 제2문). 협의소익은 원고적격과 함께 소송요건이 되며, 이는 남소방지와 충실한 본안심사를 통해 소송경제를 도모함에 취지가 인정된다.

(2) 취소소송에서의 협의의 소익

① 처분의 효력이 소멸한 경우, ② 원상회복이 불가능한 경우, ③ 처분 후의 사정에 의해 이익침해가 해소된 경우, ④ 보다 간이한 구제방법이 있는 경우에는 소의 이익이 없는 것으로 보아야 한다.

(3) 기본행위의 하자와 협의의 소익

인가의 보충성에 비추어 인가에 대한 항고소송에서 승소하더라도 기본행위 자체의 소송을 별도로 제기하여야 하므로 인가에 대한 항고소송은 본안판결을 받을 법적 이익이 없다.

〈판례〉도 '인가처분에 하자가 없다면 기본행위에 하자가 있다 하더라도 따로 그 기본행위의 하자를 다투는 것은 별론으로 하고, 기본행위에 하자가 있으면 기본행위를 다투어야 하며 기본행위의 하자를 이유로 인가처분의 취소 또는 무효확인을 소구할 법률상 이익이 없다'고 판시한 바 있다.

6. 사안의 경우

기본행위인 법인합병행위가 하자를 이유로 성립하지 않거나 취소되면 인가도 무효가 되어서 인가의 효력이 발생하지 않는다. 따라서 정은 기본행위의 하자를 다투어 권리보호를 받을 수 있으므로 인가처분의 취소를 구하는 취소소송을 제기할 수 없다.

감정평가법인등의 권리, 의무 및 책임

> **사례 173** 법인등의 법적 지위(권리, 의무, 책임)
> 감정평가법인등의 법적 지위를 권리, 의무, 책임을 중심으로 설명하시오. 30점

```
Ⅰ 서                                  2. 감정평가사 자격등록 및 갱신등록 의무
Ⅱ 감정평가법인등의 권리                3. 성실의무 등
   1. 감정평가권                        4. 감정평가서 교부 및 보존의무
   2. 타인토지출입권                    5. 국토교통부장관의 지도·감독에 따를 의무
   3. 명칭사용권                        6. 관련 법령 준수의무
   4. 보수청구권                      Ⅳ 감정평가법인등의 책임
   5. 청문권                            1. 민사상 책임
   6. 쟁송권                            2. 행정상 책임
Ⅲ 감정평가법인등의 의무                 3. 형사상 책임
   1. 적정가격 평가의무               Ⅴ 결
```

Ⅰ 서

법적 지위는 법률관계에서 주체 또는 객체로서의 지위를 말하는 것으로 이는 권리와 의무로 나타난다. 감정평가법인등은 주로 부동산의 감정평가와 관련하여 권리·의무·책임의 주체 또는 객체가 된다. 부동산 감정평가는 사회성·공공성이 크므로 전문성을 요한다 할 것이므로, 감정평가사법은 일정한 자격과 요건을 갖춘 감정평가법인등만이 감정평가를 할 수 있도록 규정하고 있고, 그에 따른 의무와 책임을 법정하고 있다.

Ⅱ 감정평가법인등의 권리

1. 감정평가권

감정평가사법은 감정평가법인등에게만 토지등의 평가권을 부여하고 있다.

2. 타인토지출입권

감정평가법인등은 표준지공시지가의 조사·평가 또는 개별공시지가 검증업무를 위해 타인토지에 출입하여 조사할 필요가 있는 경우 이를 행할 수 있는 권한을 갖는다. 이는 지가공시제도의 적정성 확보를 위해 인정된 것이며, 토지소유자 등은 명문의 규정은 없으나 이를 인용할 의무를 갖는다고 본다.

3. 명칭사용권

감정평가법인등은 인가신청권, 사무소명칭, 명함 등에 '감정평가사' 또는 '감정평가사사무소', '감정평가법인'이라는 명칭을 사용할 수 있다. 그리고 감정평가법인등이 아닌 자는 이와 유사한 명칭을 사용할 수 없으며, 이에 위반한 경우 300만원 이하의 과태료에 처하게 된다.

4. 보수청구권

감정평가법인등은 근로의 대가로 보수를 청구할 수 있다. 보수는 의뢰물건의 일정률인 수수료와 사실확인, 출장 등에 소요되는 실비가 해당된다. 의뢰물건의 특수성에 의해 가산금이 포함될 수 있으며 실비를 미리 요청할 수도 있다.

5. 청문권(제45조)

국토교통부장관은 감정평가사의 자격취소(부당한 방법으로 자격을 취득한 경우) 및 감정평가법인의 설립인가취소처분 등을 하고자 하는 경우에는 청문을 실시하여야 한다. 따라서 감정평가법인등의 신분은 법에 의하여 보장되며 감정평가법인등은 청문을 하도록 요청할 수 있는 권리를 가진다.

6. 쟁송권

이는 실체적 권리구제수단으로서 위법한 등록·설립인가취소에 대하여는 항고쟁송을 제기할 수 있고, 위법한 등록·설립인가취소로 손해가 발생한 경우에는 손해배상을 청구할 수 있다.

Ⅲ 감정평가법인등의 의무

1. 적정가격 평가의무

토지등의 적정한 가격형성을 통하여 국토의 효율적 이용과 국민경제의 발전을 위해서는 토지의 적정가격 평가·공시가 선행되어야 한다. 따라서 감정평가법인등은 토지등의 평가권을 가짐과 동시에 토지등의 적정가격을 평가할 의무를 부담한다.

2. 감정평가사 자격등록 및 갱신등록 의무

감정평가사 자격이 있는 자는 감정평가업을 영위하기 위해서는 국토교통부장관에게 등록을 하여야 하며, 일정기간(5년)마다 갱신등록을 하여야 평가업을 영위할 수 있다.

3. 성실의무 등

감정평가법인등은 감정평가업무를 행함에 있어 품위를 유지하여야 하고 신의와 성실로써 공정하게 감정평가를 하여야 하며, 고의 또는 중대한 과실로 잘못된 평가를 할 수 없는 등의 의무를 부담한다.

4. 감정평가서 교부 및 보존의무

감정평가법인등이 감정평가를 의뢰받은 경우에는 지체 없이 감정평가를 실시하여 감정평가서를 교부하여야 하며, 그 원본은 5년, 관련서류는 2년 이상 보존하여야 한다.

5. 국토교통부장관의 지도·감독에 따를 의무

감정평가법인등은 감정평가협회의 정관에 따라야 하며, 국토교통부장관이 감독상 필요한 경우에는 감정평가법인등 및 협회를 지도·감독할 수 있다. 필요한 경우 소속공무원으로 하여금 그 사무소에 출입하여 장부 및 서류를 검사하게 할 수 있다.

6. 관련 법령 준수의무

감정평가법인등은 '공익사업을 위한 토지등의 취득 및 보상에 관한 법률', '부동산 가격공시에 관한 법률' 등 관련 법령을 준수하여야 한다.

Ⅳ 감정평가법인등의 책임

1. 민사상 책임

감정평가사법은 성실한 평가를 유도하고 불법행위로 인한 평가의뢰인 및 선의의 제3자를 보호하기 위하여 감정평가법인등에게 손해배상책임을 인정하고 있다.

2. 행정상 책임

감정평가법인등이 각종 의무규정에 위반하였을 경우의 제재수단으로서 설립인가취소 또는 업무정지 등과 행정질서벌로서 500만원 이하의 과태료 등이 부과될 수 있다. 또한 새로이 과징금제도를 신설하여 행정상 책임을 강화시키고 있다.

3. 형사상 책임

이는 형법이 적용되는 책임으로서 행정형벌이다. 또한 감정평가법인등이 공적평가업무를 수행하는 경우에는 공무원으로 의제하여 알선수뢰죄 등 가중처벌을 받도록 규정하고 있다. 그리고 형사상 책임은 법인의 대표자, 법인 또는 개인의 대리인이나 사용인 기타의 종업원이 위반행위를 한 경우에 그 행위자를 벌하는 외에 그 법인이나 개인에 대하여도 벌금에 처하도록 하여 양벌규정을 두고 있다. 다만, 법인 또는 개인이 그 위반행위를 방지하기 위하여 해당 업무에 관하여 상당한 주의와 감독을 게을리하지 아니한 경우에는 그러하지 아니하다.

Ⅴ 결

이상에서 살펴본 바와 같이 감정평가법인등에게는 부동산 감정평가의 권리로서 감정평가권이 부여되어 있고, 감정평가권을 적절히 수행할 수 있도록 하기 위하여 그와 관련된 일정한 권리를 인정하고 있으며, 감정평가권을 유효하게 담보하기 위한 보호제도가 인정되고 있다.

그리고 부동산의 감정평가는 그 사회성, 공공성으로 인하여 사회일반에 미치는 영향이 크기 때문에 감정평가법인등에게는 각종 의무가 부과되어 있으며, 감정평가법인등이 그러한 의무를 이행하지 아니한 경우에는 그에 따른 책임을 지거나 처벌을 받아야 한다.

Chapter 03 손해배상책임 및 징계

📝 사례 174 손해배상

최근 경기침체로 인하여 가계대출이 급증하고 있다. 그중 주택을 담보로 하는 주택담보대출의 비중이 전체 가계대출의 80%를 차지하고 있었다. 감정평가법인 갑은 금융기관과의 담보대출 협약을 체결하고 이에 따라 주택담보평가를 시행하고 있었다. 협약내용 중에는 담보물에 결부된 권리관계를 상세히 조사해줄 것과 임대차관계에 대한 조사내용도 포함되어 있었다. 갑은 금융기관의 의뢰에 따라 을부동산의 담보평가액을 산정하기 위하여 현장조사를 하고 있었다. 그런데 갑은 을부동산에 거주하고 있는 사람이 으레 집주인인 을이라고 생각하고 특별한 조사 없이 감정평가서에 '임대차 없음'이라고 기재하고 감정평가액을 3억으로 결정하였다. 그러나 사실 을부동산에 거주하고 있는 사람은 을이 아니라 보증금 1억의 확정일자를 받은 임차자 병이었다. 금융기관은 갑의 평가액을 신뢰하여 을에게 2억5천만원을 대출하였으나, 경기침체로 인하여 을은 대출금을 갚지 못하였고 이에 따라 을부동산은 대출금상환을 위하여 경매로 넘어가게 되었다. 그런데 경매평가액은 3억원으로 결정되고 확정일자를 받은 병의 보증금 1억원을 제외한 2억원만이 금융기관의 배당금으로 결정되었다. 이에 금융기관은 갑이 임대차 조사의무를 성실하게 수행하지 않아서 손해가 발생하였으므로 갑에게 5천만원의 손해를 배상해줄 것을 청구하였다. 감정평가법인 갑은 5천만원의 손해를 배상해야 하는가? [30점]

Ⅰ. 문제제기
Ⅱ. 손해배상책임의 의의 및 취지
Ⅲ. 갑과 금융기관 사이의 감정평가 법률관계
   1. 논의의 실익
   2. 공법관계인지 사법관계인지
   3. 도급계약인지 위임계약인지
Ⅳ. 감정평가사법 제28조와 민법 제390조 및 제750조와의 관계
   1. 논의의 실익
   2. 견해의 대립
     (1) 특칙이라는 견해(면책설)
     (2) 특칙이 아니라는 견해(보험관계설)
   3. 판례
   4. 검토

Ⅴ. 손해배상책임의 요건
   1. 고의 또는 과실
   2. 부당한 감정평가
     (1) 적정가격과의 현저한 차이
     (2) 거짓의 기재
   3. 의뢰인 및 선의의 제3자에게 손해가 발생할 것
   4. 인과관계
   5. 위법성이 필요한지 여부
   6. 보고의무
Ⅵ. 손해배상책임의 내용
   1. 손해배상범위
   2. 임대차조사내용
Ⅶ. 사안의 해결(갑이 손해배상을 해야 하는지 여부)
   1. 손해배상 요건충족 여부
   2. 손해배상액의 결정
   3. 갑이 5천만원의 손해를 배상해야 하는지

I 문제제기

갑과 금융기관과의 협약내용에는 임대차조사의 내용도 포함되어 있으나 갑은 이에 대한 특별한 조사를 하지 않았다. 따라서 협약내용의 이행을 게을리한 갑에게 손해배상의 책임이 인정되는지가 문제된다. 이와 관련하여 갑과 금융기관의 법률관계가 사법상 계약관계인지, 사법상 계약관계라면 위임계약인지를 검토하여 감정평가사법 제28조의 손해배상규정과의 관계를 살펴본다.
감정평가사법 제28조가 민법상 손해배상규정의 특칙인 경우, 제 요건을 모두 갖추었는지 검토하여 5천만원의 손해를 배상해야 하는지를 해결한다.

II 손해배상책임의 의의 및 취지

손해배상이란 고의, 과실로 감정평가 당시의 적정가격과 현저한 차이가 있는 경우 이를 배상하는 것으로, ① 선의의 평가의뢰인이 불측의 피해를 입지 않도록 하기 위함이며, ② 또한 토지등의 적정가격 형성으로 국토의 효율적 이용과 국민경제의 발전을 도모하기 위함에 그 취지가 있다.

III 갑과 금융기관 사이의 감정평가 법률관계

1. 논의의 실익

공법관계인지 사법관계인지에 따라서 법체계상 소송절차의 선택 및 적용법규 등에 있어서 차이가 있을 수 있다.

2. 공법관계인지 사법관계인지

감정평가의 의뢰는 상호 대등한 관계로 사법관계의 성질을 갖는다고 볼 수 있다. 다만, 감정평가의 사회성 공공성에 비추어 공법적 성질도 내포하고 있다고 볼 수 있다. 단, 공적업무를 위탁받은 경우는 공법상 관계이다. 사법관계로 보는 경우 어떠한 계약관계인지가 문제된다.

3. 도급계약인지 위임계약인지

① 일의 완성을(감정평가) 목적으로 수수료지급을 약정하는 도급계약이라는 견해와 ② 일정한 사무처리를 위한 통일적 노무의 제공을 목적으로 하는 유상특약의 위임계약이라는 견해가 있다.
③ 〈생각건대〉 업무수행 시 독립성이 인정되고 업무중단 시 수행부분의 보수청구가 인정되므로 위임계약으로 봄이 타당하다.

IV 감정평가사법 제28조와 민법 제750조와의 관계

1. 논의의 실익

위임계약으로 보면 선관의무에 따라 사무를 처리할 채무를 지게 된다. 따라서 감정평가결과가 부당하고 의뢰인이 그 결과 손해를 본 경우 ① 의뢰인에 대하여는 채무불이행 중 불완전이행의 법리에 따라 손해배상책임을 지고, ② 선의의 제3자에게는 민법 제750조의 불법행위책임을 지게 된다. 따라서 위임계약으로 보면 감정평가사법 제28조의 규정이 없어도 손해배상책임이 인정되므로 감정평가사법 제28조 규정이 특칙인지가 문제된다.

2. 견해의 대립

(1) 특칙이라는 견해(면책설)

감정평가의 경우 적정가격 산정이 어렵고 수수료에 비해 배상의 범위가 넓으므로 감정평가사법 제28조를 감정평가법인등을 보호하기 위한 특칙으로 보는 견해이다.

(2) 특칙이 아니라는 견해(보험관계설)

감정평가사법 제28조 제1항은 제2항의 보험이나 공제에 관련하여 처리되는 감정평가법인등의 손해배상책임의 범위를 한정한 것이므로 특칙이 아니라고 한다.

3. 판례

'감정평가법인등의 부실감정으로 인하여 손해를 입게 된 경우 감정평가의뢰인이나 선의의 제3자는 지가공시법상의 손해배상책임과 민법상의 불법행위로 인한 손해배상책임을 함께 물을 수 있다.'고 판시하여 특칙이 아니라고 보았다.

4. 검토

① 적정가격의 산정이 어려움에도 손해배상책임을 널리 인정하면 평가제도가 위태로울 수 있고, ② 특칙이 아니라고 보면 감정평가사법 제28조 제1항 규정의 의미가 무색해지므로 특칙으로 봄이 타당하다.

V 손해배상책임의 요건

1. 고의 또는 과실

① 고의란 부당한 감정평가임을 알고 있는 것을 말하며, ② 과실이란 감정평가를 함에 있어서 통상 주의의무를 위반한 것을 말한다. 입증책임은 주장하는 자에게 있다.
〈판례〉는 ③ 임대차사항을 상세히 조사할 것을 약정한 경우, 업자로선 협약에 따라 성실하고 공정하게 주택에 대한 임대차관계를 조사하여 금융기관이 불측의 손해를 입지 않도록 협력하여야 할 의무가 있다고 판시한 바 있다. 단순히 다른 조사기관의 전화조사로만으로 확인된 실제와는 다른 임대차관계 내용을 기재한 임대차확인조사서를 제출한 사안에서 협약에 따른 조사의무를 다하지 아니한 과실이 있다고 판시한 바 있다. ④ 금융기관의 신속한 감정평가요구에 따라 그의 양해 아래 건물소유자를 통해 임대차관계를 조사한 경우에는 과실이 없다고 판시한 바 있다.

2. 부당한 감정평가

(1) 적정가격과의 현저한 차이
판례는 공시지가결정(1.3배), 보상액결정(1.3배 : 현행 1.1배)의 1.3배가 유일한 판단기준이 될 수 없고 부당감정에 이르게 된 귀책사유를 고려하여 사회통념에 따라 탄력적으로 판단하여야 하므로 현저한 차이는 고의와 과실의 경우를 다르게 보아야 한다고 한다.

(2) 거짓의 기재
물건의 내용, 산출근거, 평가액의 거짓 기재로써 가격변화를 일으키는 요인을 고의, 과실로 진실과 다르게 기재하는 것을 말한다.

3. 의뢰인 및 선의의 제3자에게 손해가 발생할 것
손해라 함은 주로 재산권적 법익에 관하여 받은 불이익을 말한다. 선의의 제3자 범위와 관련하여 〈판례〉는 ① 선의의 제3자는 감정내용이 허위 또는 적정가격과 현저한 차이가 있음을 인식하지 못한 것뿐만 아니라 타인이 사용할 수 없음이 명시된 경우에도 그러한 사용사실까지 인식하지 못한 제3자를 의미한다. 다만, 입증책임은 선의의 제3자에게 있으며 입증하지 못한 경우에는 상당한 인과관계에 있다고 할 수 없다고 한다. ② 사용주체가 달라도 동일한 목적에 사용된 경우에는 상당한 인과관계를 인정한 바 있다.

4. 인과관계
부당한 감정평가가 없었더라면 손해가 발생하지 않았을 것을 요한다. 〈판례〉는 감정평가의 잘못과 낙찰자의 손해 사이에는 상당인과관계가 있는 것으로 보아야 한다고 판시한 바 있다.

5. 위법성이 필요한지 여부
① 긍정설은 민법상 채무불이행의 경우도 별도의 규정은 없으나 위법성을 요구하고 있으므로 감정평가사법상 손해배상에서도 위법성이 요구된다고 한다. ② 이에 부정설은 고의과실에 포함되거나 부당감정에 포함되어 있다고 본다. ③ 〈생각건대〉 감정평가사법 제28조는 민법에 대한 특칙으로 보는 것이 타당하므로 위법성 요건은 불필요하다고 보며, 이는 부당감정개념에 포함된 것으로 봄이 합당하다.

6. 보고의무
감정평가법인등은 감정평가 의뢰인이나 선의의 제3자에게 법원의 확정판결을 통한 손해배상이 결정된 경우에는 국토교통부령으로 정하는 바에 따라 그 사실을 국토교통부장관에게 알려야 한다.

Ⅵ 손해배상책임의 내용

1. 손해배상범위

불법행위로 인한 재산상 손해는 위법한 가해행위로 인하여 발생한 재산상 불이익, 즉 위법행위가 없었더라면 존재하였을 재산 상태와 위법행위가 가해진 현재의 재산 상태와의 차이가 되며, 계약의 체결 및 이행경위와 당사자 쌍방의 잘못을 비교하여 종합적으로 판단하여야 한다(과실상계인정).

〈판례〉는 ① 부당한 감정가격에 의한 담보가치와 정당한 감정가격에 의한 담보가치의 차액을 한도로 하여 실제로 정당한 담보가치를 초과한 부분이 손해액이 된다고 판시한 바 있다. ② 대출금이 연체되리라는 사정을 알기 어려우므로 대출금이 연체되리라는 사정을 알았거나 알 수 있었다는 특별한 사정이 없는 한 연체에 따른 지연손해금은 부당한 감정으로 인하여 발생한 손해라고 할 수 없다.

2. 임대차조사내용

〈판례〉는 ① 금융기관의 양해 아래 임차인이 아닌 건물소유자를 통해 임대차관계를 조사한 경우는 과실이 없으므로 손해배상책임을 인정하지 않는다. ② 임대차조사내용은 감정평가범위는 아니지만 고의과실로 임대차관계에 관한 허위의 기재를 하여 손해를 발생케 한 경우에는 손해를 배상할 책임이 있다고 판시한 바 있다.

Ⅶ 사안의 해결(갑이 손해배상을 해야 하는지 여부)

1. 손해배상 요건충족 여부

① 감정평가법인 갑은 금융기관의 의뢰에 의하여 주택담보평가액을 산정하게 되었으며, ② 금융기관과의 협약에도 불구하고 임대차 사실관계를 성실하게 조사하지 않은바 과실이 인정된다. ③ 이러한 과실로 인하여 임차보증금을 고려하지 않고 산정한 감정평가액은 대상 부동산 가치를 적정하게 반영하지 못한 것으로 부당한 감정평가에 해당한다고 볼 수 있다. ④ 이로 인하여 금융기관은 대출채권을 전액회수하지 못하는 손해가 발생하였으며, 이는 감정평가법인 갑의 부당감정평가에 기초한 것이므로 인과관계가 인정된다. ⑤ 위법성의 경우 부당감정평가의 개념에 포함된 것으로 보므로 문제되지 않는다. 따라서 감정평가사법 제28조의 제 요건을 모두 충족한다.

2. 손해배상액의 결정

판례의 태도에 따를 때, 갑이 배상하여야 하는 손해배상액은 부당감정평가액과 적정감정평가액과의 차액이 될 것이다. 설문의 경우 손해배상액의 한도 임대차 보증금을 고려하지 않은 3억원에서 임대차 보증금을 고려한 2억원의 차액이 될 것이다.

3. 갑이 5천만원의 손해를 배상해야 하는지

갑은 과실에 의해 주택의 담보가치를 높게 평가하였는바, 이는 부당한 감정평가에 해당한다. 따라서 갑은 보증금을 고려하지 못함으로 발생한 5천만원을 금융기관에 배상해야 할 것이다.

사례 175 감정평가 법률관계 및 감정평가 외의 업무

감정평가 및 감정평가사에 관한 법률 제4조는 "감정평가사는 타인의 의뢰를 받아 토지등을 감정평가하는 것을 그 직무로 한다"라고 규정하고, 동법 제10조는 "감정평가법인등은 다음 각 호의 업무를 행한다"라고 하여 업무범위를 열거하고 있다. 여기서 감정평가사의 직무와 감정평가법인등의 업무에 관하여 다음 사항을 설명하시오. 30점

(1) 감정평가사의 직무상 법률관계 및 업무상 법률관계 15점
(2) 감정평가법인등의 업무 중 감정평가 이외의 업무 및 수탁업무 15점

(설문 1)의 해결
Ⅰ 감정평가사의 직무상 법률관계
  1. 직무의 의의
  2. 공법관계
  3. 법적 효과
Ⅱ 감정평가법인등의 업무상 법률관계
  1. 업무의 의의
  2. 사법관계
  3. 법적 효과

(설문 2)의 해결
Ⅰ 감정평가 이외의 업무
  1. 개별공시지가의 검증
  2. 감정평가와 관련한 상담 및 자문
  3. 토지등의 이용 및 개발 등에 대한 조언이나 정보 등의 제공
Ⅱ 수탁업무
  1. 근거규정
  2. 수탁업무

(설문 1)의 해결

Ⅰ 감정평가사의 직무상 법률관계

1. 직무의 의의

직무라 함은 행정법상의 용어로서 일반적으로 사무의 범위, 관할 또는 권한이라고 하며, 그 범위가 권한인 점이 강조될 때에는 직권이라고 하지만 의무인 점이 강조될 때에는 직무라고 한다.

2. 공법관계

토지등의 감정평가주체는 감정평가평가법인 등이 아니라 감정평가사이며, 토지등을 감정평가함에 있어서 감정평가사는 의뢰자와 어떤 타협이나 동의를 요하는 대등관계가 아니라 법률의 규정에 의하여 일반적, 우월적 지위에서 일반적으로 시장가치를 결정하게 된다. 감정평가사의 이러한 결정은 타인의 사무를 대리, 대행 또는 대서하는 성질이 아니라 독자적, 선언적 판단작용이며, 감정평가의 특성상 의뢰자에 대해 사실상의 구속력이 잠재하여 있다는 점에서 공법관계라고 할 수 있다. 이러한 관계에서 감정평가사의 감정평가권을 공권이라고 한다.

3. 법적 효과

감정평가사가 정상가격을 감정평가함으로써 오는 법적 효과는 자신에게 귀속되는 것이 아니라 의뢰자, 국가나 사회에 귀속된다. 그리고 의뢰자는 후행 법률행위나 행정행위가 있기 전 위법, 부당한 감정평가에 대하여는 감정평가사법 제8조 규정에 의하여 타당성조사요구권을 가진다.

II 감정평가법인등의 업무상 법률관계

1. 업무의 의의

감정평가법인등의 업무는 감정평가 및 그 외의 일을 말한다. 즉, 감정평가는 감정평가사의 직무이지만, 그것을 영업목적으로 하는 것은 감정평가법인등의 일이다. 그리고 감정평가 이외의 일도 영업범위로 할 수 있다.

2. 사법관계

감정평가업은 감정평가서의 교부와 수수료 지급을 내용으로 하는 감정평가법인등과 의뢰자 간의 사법관계이다.

감정평가업은 서로 대등한 관계에서 감정평가계약을 매개로 하며, 감정평가계약의 법적 성질은 도급계약설과 위임계약설로 나누어 논의되고 있다. 감정평가의뢰가 중도에 중지되는 경우에도 일의 진행률을 감안한 수수료청구가 발생하므로, 감정평가계약의 목적은 감정평가에 대한 노무를 제공하는 위임사무로 보는 것이 타당하다. 따라서 위임계약의 관계를 갖는다고 본다.

3. 법적 효과

감정평가법인등은 법령의 규정에 따라 감정평가서를 의뢰자에게 교부할 의무가 있고, 의뢰자에 대하여 수수료청구권을 가진다. 이는 원칙적으로 동시이행관계라 할 수 있다. 감정평가의뢰인 또는 감정평가를 믿고 거래한 선의의 제3자가 손해를 입은 때에는 감정평가사법 제28조의 규정에 의하여 감정평가법인등에게 손해배상을 청구할 수 있고, 손해배상을 한 감정평가법인등은 그 감정평가서를 작성한 감정평가사에게 구상권을 행사할 수 있다 할 것이다.

(설문 2)의 해결

I 감정평가 이외의 업무

1. 개별공시지가의 검증(부동산공시법 제10조 제5항)

감정평가법인등이 시·군·구청장이 산정한 개별공시지가의 타당성에 대하여 전문가적 입장에서 검토하는 것으로 부동산공시법 제10조 제5항에 근거한다. 이는 개별공시지가 산정의 전문성을 보완하고 개별공시지가의 신뢰성과 객관성을 확보함에 취지가 있다. 검증 자체로는 법률효과 발생이 없어, 산정의 적정성을 단순확인하고 의견을 제시하는 사실행위이다.

2. 감정평가와 관련한 상담 및 자문(감정평가사법 제10조 제6호)

감정평가사는 담보, 과세기준 등 감정평가와 관련된 업무를 수행하기에 앞서서, 감정평가의 결과가 상이해짐에 따라 달라질 수 있는 결과 등에 대해서 상담이나 자문을 제공할 수 있다.

3. 토지등의 이용 및 개발 등에 대한 조언이나 정보 등의 제공(감정평가사법 제10조 제7호)

① 정보제공 등의 목적, ② 정보제공 등의 업무범위, ③ 대상물건 및 자료수집의 범위, ④ 정보제공 등의 의뢰조건 및 시점을 고려하여 토지등의 이용 및 개발 등에 대한 조언이나 정보를 제공한다. 이 경우, 정보제공 등과 관련한 모든 분석은 합리적이어야 하며 객관적인 자료에 근거하여야 한다.

II 수탁업무

1. 근거규정

감정평가사법 제46조에서는 감정평가 타당성조사, 감정평가사시험의 관리, 감정평가사 등록 및 등록의 갱신, 감정평가사 또는 사무직원의 신고 및 그 밖에 대통령령으로 정하는 업무에 대해서 한국부동산원, 한국산업인력공단 및 협회에 위탁할 수 있다고 규정하고 있다.

2. 수탁업무(감정평가사법 시행령 제47조 업무의 위탁)

국토교통부장관은 ① 한국부동산원에 감정평가 정보체계의 구축·운영, 타당성조사를 위한 기초자료 수집 및 감정평가 내용 분석을, ② 협회에 감정평가서의 원본과 관련 서류의 접수 및 보관, 감정평가사의 등록 신청과 갱신등록 신청의 접수 및 갱신등록의 사전통지, 소속 감정평가사 또는 사무직원의 고용 및 고용관계 종료 신고의 접수, 보증보험 가입 통보의 접수, ③ 한국산업인력관리공단에 감정평가사시험의 관리업무를 위탁한다.

사례 176 과징금

국토교통부장관은 2014년 4월 평창동계올림픽 유치에 필요한 예정부지의 매입을 위해서 매입가격 평가를 서울에 소재하는 감정평가법인 갑에게 의뢰하였고, 갑은 성실하게 토지를 평가하고 감정평가보고서를 지체 없이 발송하였다. 그 후, 갑은 2014년 11월에 경기도 안양시 석수동에 소재하는 A토지의 2015년 표준지공시지가 조사평가 업무를 충청남도에 소재하는 감정평가법인 을과 맡게 되었다. 갑은 사전조사를 위해서 거소를 경기도로 옮겼으나 이 과정에서 2014년 동계올림픽과 관련된 보고서 원본 및 관련자료를 분실하였다.

표준지공시지가를 공시하기 위해서 갑과 을의 보고서를 검토하던 국토교통부장관은 갑과 을의 보고서에는 거래사례비교법, 원가법 및 수익환원법 등의 가격란은 공란으로 되어있으며 전년도의 공시지가와 세평가격만이 참고가격으로 적시되어있고, 별다른 요인별 참작내용은 없는 것을 보았다. 이에 국토교통부장관은 갑과 을에게 보고서의 타당성을 인정할 수 없으므로 다시 평가하여 줄 것을 의뢰하였다. 이 당시 법인에 소속된 대부분의 평가사가 4대강과 관련된 대운하 보상사업에 투입되었고 마땅한 대체 평가사는 부족한 상황이었다.

동시에 국토교통부장관은 다시 평창올림픽 유치와 관련하여 부지매입과 관련된 보고서를 재검토하다가 의문점을 발견하고 갑에게 보고서를 다시 보내줄 것을 요청하였으나 갑은 이를 이행하지 않았고, 이로 인해 갑의 감정평가보고서 원본 및 관련서류의 분실 사실을 알게 되었다.

이에 따라 갑에게는 업무정지 6개월의 처분을 하였다.

갑은 업무정지 6개월의 처분을 하게 되면 표준지 조사, 평가업무의 정상적인 수행에 지장을 초래하는 등 공익을 해칠 우려가 있으므로 업무정지처분 대신에 과징금을 부과해야 한다고 주장한다. 이러한 갑의 주장은 타당한가? 20점

관련 규정

[감정평가사법 제6조(감정평가서)]
③ 감정평가법인등은 감정평가서의 원본과 그 관련 서류를 국토교통부령으로 정하는 기간 이상 보존하여야 하며, 해산하거나 폐업하는 경우에도 대통령령으로 정하는 바에 따라 보존하여야 한다.

[감정평가사법 시행규칙 제3조(감정평가서 등의 보존)]
감정평가서의 원본 : 발급일부터 5년
감정평가서의 관련 서류 : 발급일부터 2년

[감정평가사법 시행령 제29조 [별표 3]]

해당사항	해당법 조문	처분기준
바. 법 제6조에 따른 감정평가서의 작성·발급 등에 관한 사항을 위반한 경우 5) 감정평가서의 원본과 그 관련 서류를 보존기간동안 보존하지 아니한 경우	법 제32조 제1항 제6호	(3차 이상 위반) 업무정지 6월

[감정평가사법 제41조(과징금의 부과)]
① 국토교통부장관은 감정평가법인등이 제32조 제1항 각 호의 어느 하나에 해당하게 되어 업무정지처분을 하여야 하는 경우로서 그 업무정지처분이 「부동산 가격공시에 관한 법률」 제3조에 따른 표준지공시지가의 공시 등의 업무를 정상적으로 수행하는 데에 지장을 초래하는 등 공익을 해칠 우려가 있는 경우에는 업무정지처분을 갈음하여 5천만원(감정평가법인인 경우는 5억원) 이하의 과징금을 부과할 수 있다.
② 국토교통부장관은 제1항에 따른 과징금을 부과하는 경우에는 다음 각 호의 사항을 고려하여야 한다.
   1. 위반행위의 내용과 정도
   2. 위반행위의 기간과 위반횟수
   3. 위반행위로 취득한 이익의 규모

Ⅰ 쟁점의 정리(제도의 취지 및 근거)
Ⅱ 과징금제도의 개관
  1. 과징금의 개념 및 구별개념
    (1) 과징금의 의의 및 구별개념
    (2) 감정평가사법상 과징금의 의미(변형된 의미의 과징금) 및 취지
  2. 법적 성질
  3. 요건(공익을 해칠 우려가 있는 때)
  4. 과징금 부과절차(법 제41조)
  5. 과징금징수 및 체납
	Ⅲ 사안의 해결(갑 주장의 타당성)
	  1. 업무정지사유의 유무판단
	    (1) 근거규정
	    (2) 사안의 경우
	  2. 비주거용부동산가격 공시제도
	    (1) 표준지공시지가의 공적 효력
	    (2) 사안의 경우
	  3. 갑 주장의 타당성

Ⅰ 쟁점의 정리(제도의 취지 및 근거)

과징금제도는 공적업무수행 시에(표준지, 표준주택 가격조사 등) 업무정지처분을 받는다면, 공적업무에 지장을 초래할 수 있으므로 이를 개선하기 위한 제도이다.

설문에서는 갑이 업무정지처분에 갈음하는 과징금을 부과해야 한다고 주장하고 있으므로, 감정평가사법 제41조의 요건을 검토하여 갑 주장의 타당성을 살펴본다.

Ⅱ 과징금제도의 개관

1. 과징금의 개념 및 구별개념

(1) 과징금의 의의 및 구별개념

과징금은 행정법상 의무위반 행위로 얻은 경제적 이익을 박탈하기 위한 금전상 제재금을 말한다. 과징금은 의무이행확보수단으로 가해지는 점에서 의무위반에 대한 벌인 과태료와 구별된다.

(2) 감정평가사법상 과징금의 의미(변형된 의미의 과징금) 및 취지

감정평가사법상 과징금은 계속적인 공적업무수행을 위하여 업무정지처분에 갈음하여 부과되는 것으로 변형된 과징금에 속한다. 이는 인가, 허가 및 철회나 정지처분으로 인해 발생하는 국민생활 불편이나 계속적인 공적업무수행의 공익을 고려함에 취지가 인정된다.

2. 법적 성질

과징금 부과는 금전상의 급부를 명하는 〈급부하명〉으로서 처분에 해당한다. 또한 "할 수 있다"는 규정에 비추어 재량행위로 판단된다.

3. 요건(공익을 해칠 우려가 있는 때)

① 감정평가사법 제32조의 업무정지처분을 할 경우로서, ② 표준지 및 표준주택가격 조사, 평가 등 공적업무수행에 영향을 미칠 우려가 있을 것을 요건으로 한다.

4. 과징금 부과절차(법 제41조)

① 위반행위의 내용과 정도, 위반행위의 기간과 횟수, 위반행위로 취득한 이익의 규모를 고려하여 5천만원 이하를 부과한다. ② 또한 시행령 제43조에서는 1/2 범위 내에서 가중, 감경할 수 있다고 규정하고 있다. ③ 이에 위반행위의 종별과 과징금의 금액을 명시하여 납부할 것을 서면으로 통지한다.

5. 과징금징수 및 체납

통지일부터 60일 이내에 납부하여야 하며 미납시 가산금을 징수할 수 있다. 과징금과 가산금 징수에 관하여는 국세체납처분에 의해 징수할 수 있다.

Ⅲ 사안의 해결(갑 주장의 타당성)

1. 업무정지사유의 유무판단

(1) 근거규정

갑은 감정평가사법 제6조 제3항 및 동법 시행규칙 제3조 규정에 의해 ① 평창 동계올림픽 예정부지를 위한 감정평가보고서의 원본은 5년 이상 보존하여야 하고, ② 관련 서류는 2년 이상 보존하여야 할 의무가 있다.

(2) 사안의 경우

〈설문에서는〉 2014년 4월에 평가보고서를 작성한 것으로 보이므로 분실 시까지의 기간이 상기 기간을 충족하지 못한 것으로 판단된다. 따라서 갑은 감정평가서 보존의무를 위반하여 감정평가사법 제32조 제1항 제6호의 업무정지사유에 해당한다고 볼 수 있다.

2. 공적 업무에 영향을 미치는지

(1) 표준지공시지가의 공적 효력

갑은 현재 표준지공시지가의 재평가 업무를 수행하고 있으며, 표준지공시지가는 토지시장의 지가정보를 제공하고 일반적인 토지거래의 지표가 되며, 국가·지방자치단체 등의 기관이 그 업무와 관련하여 지가를 산정하거나 감정평가법인등이 개별적으로 토지를 감정평가하는 경우에 기준이 되는 효력을 갖는다.

(2) 사안의 경우

〈설문에서는〉 현재 대운하사업으로 인하여 마땅한 대체인력이 없음에도 갑에게 업무정지를 부과하는 것은 ① 표준지 조사평가업무의 정상적인 수행에 지장을 초래하고, ② 상기의 표준지공시지가와 결부된 후행작용에 영향을 미칠 수 있으므로, 이는 공적업무의 정상적인 수행에 지장을 초래하는 등 공익을 해칠 우려가 있는 경우에 해당한다고 볼 수 있다.

3. 갑 주장의 타당성

갑은 평창 동계올림픽 예정부지에 대한 감정평가보고서를 분실하여 감정평가서 보존의무를 다하지 못하였지만, 현재 표준지공시지가의 재평가 업무를 수행하고 있으므로 공익을 고려하여 업무정지에 갈음하는 과징금을 부과하여야 할 것이다. 이 경우 구체적인 금액은 위반행위의 내용과 정도 등을 고려하여 결정하여야 할 것이다.

> **사례 177 과징금**
>
> 감정평가 및 감정평가사에 관한 법률 제41조에서 규정하고 있는 과징금에 대해서 설명하시오.
> 20점

```
Ⅰ 서(제도의 취지 및 근거)              (2) 과징금 부과
Ⅱ 개념 및 구별개념                     (3) 과징금징수 및 체납
   1. 과징금의 의의 및 구별개념          (4) 과징금의 승계(법 제41조 제3항)
   2. 감정평가사법상 과징금의 의미 및 취지  Ⅴ 권리구제
Ⅲ 법적 성질                              1. 이의신청(법 제42조)
Ⅳ 요건 및 절차                           2. 행정심판(법 제42조)
   1. 요건(공익을 해칠 우려가 있는 때)     3. 행정소송
   2. 절차                               4. 부당이득반환청구소송
      (1) 과징금 부과기준(법 제41조)    Ⅵ 결(개선안)
```

Ⅰ 서(제도의 취지 및 근거)

감정평가의 업무영역이 확대되고 면적사업이 증대되는 등, 공공성이 강화됨에 따라 공적업무수행 역할의 중요성도 증대하였다. 따라서 공적업무수행 시에(표준지, 표준주택 가격조사 등) 업무정지처분을 받는다면 공적업무에 지장을 초래할 수 있으므로 이를 개선하기 위하여 과징금제도를 도입하였다(감정평가사법 제41조).

Ⅱ 개념 및 구별개념

1. 과징금의 의의 및 구별개념

과징금은 행정법상 의무위반 행위로 얻은 경제적 이익을 박탈하기 위한 금전상 제재금을 말한다. 과징금은 의무이행의 확보수단으로서 가해진다는 점에서 의무위반에 대한 벌인 과태료와 구별된다.

2. 감정평가사법상 과징금의 의미(변형된 의미의 과징금) 및 취지

감정평가사법상 과징금은 계속적인 공적업무수행을 위하여 업무정지처분에 갈음하여 부과되는 것으로 변형된 과징금에 속한다. 이는 인허가 철회나 정지처분으로 인해 발생하는 국민생활 불편이나 공익을 고려함에 취지가 인정된다.

Ⅲ 법적 성질

과징금 부과는 금전상의 급부를 명하는 급부하명으로서 처분에 해당한다. 또한 "할 수 있다"는 규정에 비추어 재량행위로 판단된다.

Ⅳ 요건 및 절차

1. 요건(공익을 해칠 우려가 있는 때)

① 감정평가사법 제32조에 의한 업무정지처분을 할 경우로서, ② 업무정지처분을 하게 되면 표준지 및 표준주택가격 조사평가 등 공적업무수행에 영향을 미칠 우려가 있어야 할 것을 요건으로 한다.

2. 절차

(1) 과징금 부과기준(감정평가사법 제41조)

① 위반행위의 내용과 정도, ② 위반행위의 기간과 횟수, ③ 위반행위로 취득한 이익의 규모를 고려하여 5천만원 이하의 과징금을 부과한다. ④ 시행령 제43조에서는 1/2 범위 내에서 가중 또는 감경할 수 있다고 규정하고 있다.

(2) 과징금 부과

위반행위의 종별과 과징금의 금액을 명시하여 이를 납부할 것을 서면으로 통지한다.

(3) 과징금징수 및 체납

통지일부터 60일 이내에 납부하여야 하며 미납시 가산금을 징수할 수 있다. 과징금과 가산금 징수에 관하여는 국세체납처분에 의해 징수할 수 있다.

① 국토교통부장관은 과징금납부의무자가 납부기한까지 과징금을 납부하지 아니한 경우에는 납부기한의 다음 날부터 과징금을 납부한 날의 전날까지의 기간에 대하여 가산금을 징수할 수 있다.

② 국토교통부장관은 과징금납부의무자가 납부기한까지 과징금을 납부하지 아니하였을 때에는 기간을 정하여 독촉을 하고, 그 지정한 기간 내에 과징금이나 가산금을 납부하지 아니하였을 때에는 국세체납처분의 예에 따라 징수할 수 있다.

③ 독촉은 납부기한이 지난 후 15일 이내에 서면으로 하여야 한다. 독촉장을 발부하는 경우 체납된 과징금의 납부기한은 독촉장 발부일부터 10일 이내로 한다.

(4) 과징금의 승계(감정평가사법 제41조 제3항)

국토교통부장관은 감정평가법인이 합병을 하는 경우 그 감정평가법인이 행한 위반행위는 합병 후 존속하거나 합병에 의하여 신설된 감정평가법인이 행한 행위로 보아 과징금을 부과·징수할 수 있다.

Ⅴ 권리구제

1. 이의신청(감정평가사법 제42조)

① 제41조에 따른 과징금의 부과처분에 이의가 있는 자는 그 처분을 통보받은 날부터 30일 이내에 사유를 갖추어 국토교통부장관에게 이의를 신청할 수 있다(제1항). ② 국토교통부장관은 이의신청에 대하여 30일 이내에 결정을 하여야 한다. 다만, 부득이한 사정으로 그 기간 이내에 결정을 할 수 없는 경우에는 30일의 범위 내에서 기간을 연장할 수 있다(제2항).

2. 행정심판(감정평가사법 제42조 제3항)

이의신청에 대한 결정에 이의있는 자는 행정심판을 청구할 수 있다.

3. 행정소송

과징금 부과는 급부하명으로서 소송의 대상이 되므로, 위법성 정도에 따라 취소소송 또는 무효등확인소송을 제기할 수 있다.

4. 부당이득반환청구소송

잘못 부과된 과징금은 부당이득반환청구소송을 제기할 수 있을 것이다. 다만, 현실적으로 거의 드물 것으로 보인다.

Ⅵ 결(개선안)

과징금은 공적업무수행의 확보를 목적으로 하므로 공적업무에 영향을 미치는지를 객관적 기준에 의해 판단해야 할 것이다. 따라서 공적업무에 영향을 미치는지에 대한 객관적인 기준이 입법적으로 제정되어야 할 것이다.

사례 178 감정평가관리·징계위원회

"감정평가 및 감정평가사에 관한 법률"상 감정평가관리·징계위원회에 대하여 약술하시오. 10점

Ⅰ 서(징계위원회의 도입배경)
Ⅱ 징계위원회의 의의 및 법적 성격
   1. 의의 및 근거
   2. 법적 성격
Ⅲ 징계위원회의 내용
   1. 설치 및 구성
   2. 위원의 임기 및 제척·기피

Ⅳ 징계의 절차
   1. 징계의결 요구
   2. 의결
   3. 징계사실의 통보
Ⅴ 징계의결의 하자
   1. 의결에 반하는 처분
   2. 의결을 거치지 않은 처분
Ⅵ 징계의 종류
Ⅶ 결(개선점 : 조사위원회의 필요성)

Ⅰ 서(징계위원회의 도입배경)

징계위원회는 기존에 감정평가협회에서 운영해 왔으나 징계위원회를 형식적으로 운영하여 실효성에 대한 문제가 제기되었다. 따라서 ① 감정평가사에 대한 징계의 공정성을 확보하고 ② 엄격한 절차에 따라 징계처분을 하여 공신력을 제고하기 위해 징계위원회 제도를 신설하였다.

Ⅱ 징계위원회의 의의 및 법적 성격

1. 의의 및 근거

징계위원회는 감정평가사의 징계에 관한 사항을 의결하는 기관으로 감정평가사법 제40조 및 시행령 제37조를 근거로 한다.

2. 법적 성격

① 징계 시 반드시 설치해야 하는 필수기관이다. ② 또한 징계내용에 관한 의결권을 가진 의결기관이다.

Ⅲ 징계위원회의 내용

1. 설치 및 구성

징계위원회는 국토교통부에 설치한다. 징계위원회는 위원장 1인 및 부위원장 1인을 포함한 13명의 위원으로 구성하고, 위원장은 국토교통부장관이 지명한다.

2. 위원의 임기 및 제척·기피

위원의 임기는 2년으로 하되 1차에 한하여 연임할 수 있다. 당사자와 친족, 동일법인 및 사무소 소속의 평가사는 제척되고 불공정한 의결을 할 염려 있는 자는 기피될 수 있다.

Ⅳ 징계의 절차

1. 징계의결 요구

국토교통부장관은 위반사유가 발생한 경우 징계의결을 요구할 수 있다. 위반사유가 발생한 날부터 5년이 지난 때에는 할 수 없다.

2. 의결

① 의결이 요구되면 요구일로부터 60일 이내에(부득이 시 30일 연장) ② 당사자에게 구술 또는 서면으로 의견진술 기회를 주어야 한다. ③ 위원회의 회의는 과반수 출석으로 개의하고 과반수 찬성으로 의결한다.

3. 징계사실의 통보

서면으로 당사자와 협회에 통보한다.

Ⅴ 징계의결의 하자

1. 의결에 반하는 처분

징계위원회는 의결기관이므로 징계위원회의 의결은 국토교통부장관을 구속한다. 따라서 징계위원회의 의결에 반하는 처분은 무효이다.

2. 의결을 거치지 않은 처분

국토교통부장관은 징계위원회의 의결에 구속되므로 징계위원회의 의결을 거치지 않고 처분을 한다면 권한 없는 징계처분이 되므로 무효이다.

Ⅵ 징계의 종류

징계위원회는 자격의 취소, 등록취소, 2년 이내의 업무정지, 견책을 징계할 수 있다.

Ⅶ 결(개선점 : 조사위원회의 필요성)

징계위원회제도는 대외적으로 공정성 확보에 기여한다. 징계위원회가 사실관계의 명확한 파악과 공정하고 객관적인 징계를 위해서는 별도의 "조사위원회"를 신설하여 개별적, 구체적 사실관계를 확정할 필요가 있다. 따라서 조사위원회를 설치하여 내부적인 감사를 진행하는 것이 보다 공정성과 신뢰성을 확보할 수 있다.

Chapter 04 불공정감정과 과태료

사례 179 불공정 감정과 재평가(보상)

한국토지주택공사는 택지개발사업이 시행될 지역의 토지에 대한 보상평가를 감정평가법인 갑에게 의뢰하였다. 갑은 평소 친분관계가 있는 을 소유의 토지에 대해 인근 유사토지에 비해 약 50% 높게 평가하였고, 이는 다른 감정평가법인의 감정평가액에 비해서도 약 50% 높은 것이었다. 이에 주변 토지소유자들은 평가가 잘못 이루어졌다는 불만을 토로하면서 재평가를 요구하고, 한국토지공사의 협의에 불응하였다. 이 사안과 관련하여 다음 물음에 답하시오. 25점

(1) 감정평가법인 갑의 보상평가가 타당하게 이루어진 것인가에 대하여 논하시오. 15점
(2) 이 사안과 관련하여 사업시행자인 한국토지주택공사는 재평가를 의뢰해야 하는지를 설명하시오. 10점

(설문 1) 감정평가법인 갑의 평가가 타당한 것인지 여부

Ⅰ 문제제기

Ⅱ 친분관계에 있는 사람의 토지를 평가하는 것이 불공정평가에 해당하는지 여부
 1. 감정평가사법의 규정
 2. 사안의 경우 불공정한 평가에 해당하는지 여부

Ⅲ 인근 유사토지 및 다른 감정평가사의 평가금액과 20% 차이가 나는 것이 타당성이 없는 평가인지 여부
 1. 판례의 태도
 2. 사안의 경우 타당성 없는 평가인지 여부

Ⅳ 문제해결

(설문 2) 한국토지주택공사가 재평가를 의뢰해야 하는지 여부

Ⅰ 문제제기

Ⅱ 재평가 사유(토지보상법 시행규칙 제17조)
 1. 해당 감정평가법인등에게 재평가를 요구하는 경우
 2. 다른 2인 이상의 감정평가법인등에게 재평가를 요구하는 경우
 3. 사안의 경우

Ⅲ 문제해결

(설문 1) 감정평가법인 갑의 평가가 타당한 것인지 여부

Ⅰ 문제제기

사안에서 감정평가법인 갑의 평가가 타당한 것인지 여부를 검토하기 위해서는 ① 친분관계가 있는 사람의 토지를 평가하는 것이 감정평가 및 감정평가사에 관한 법률상의 불공정한 감정평가에 해당

하는가를 검토하여야 하며, ② 인근 유사토지의 평가금액 및 다른 감정평가법인의 평가금액과 비교하여 평가가액이 20%의 차이가 있는 경우에 이를 타당성이 없다고 할 수 있는지 여부를 검토하여야 한다.

II 친분관계에 있는 사람의 토지를 평가하는 것이 불공정평가에 해당하는지 여부

1. 감정평가사법의 규정

감정평가사법은 제25조 제2항에서 '감정평가법인등은 자기 또는 친족 소유, 그 밖에 불공정한 감정평가를 할 우려가 있다고 인정되는 토지등에 대하여는 이를 감정평가하여서는 아니 된다'고 규정하고 있다.

2. 사안의 경우 불공정한 평가에 해당하는지 여부

감정평가법인 갑과 토지소유자 을은 평소의 친분관계가 있으므로, 을 소유의 토지는 감정평가사법 제25조 제2항의 '기타 불공정한 감정평가를 할 우려가 있다고 인정되는 토지'에 해당한다고 볼 수 있다. 따라서 갑은 비록 평가의뢰를 받았다고 하여도 이를 반려했어야 하며, 이를 평가함은 정당성을 결여한 것이라고 판단할 수 있다.

III 인근 유사토지 및 다른 감정평가사의 평가금액과 50% 차이가 나는 것이 타당성이 없는 평가인지 여부

1. 판례의 태도

판례는 감정평가법인등의 손해배상책임 성립요건과 관련하여 부당감정에 이르게 된 감정평가법인등의 귀책사유가 무엇인가 하는 점을 고려하여 사회통념에 따라 탄력적으로 판단해야 한다고 판시한 바 있다(대판 1997.5.7, 96다52427).

2. 사안의 경우 타당성 없는 평가인지 여부

감정평가법인 갑이 50% 고가로 평가한 것에 대해서 평가금액 자체만으로는 부당하다고 단정할 수는 없다. 다만, 갑은 을과 친분관계가 있기 때문에 불공정한 감정평가를 할 개연성을 가지고 있고, 갑이 자신과 친분관계가 있는 자의 토지를 평가한 귀책사유를 고려하여 사회통념에 따라 판단하여 볼 때, 50%의 차이가 있는 평가는 타당성이 없는 평가에 해당한다고 판단할 수 있다.

IV 문제해결

감정평가법인 갑의 평가는 감정평가사법 제25조 제2항의 기타 불공정한 평가를 할 우려가 있는 평가에 해당하며, 을 소유의 토지에 대한 평가금액이 인근 유사토지 및 다른 감정평가사의 평가금액과 50% 고가로 평가된 것은 타당하지 못하여 정당성을 결여한 평가에 해당한다.

(설문 2) 한국토지주택공사가 재평가를 의뢰해야 하는지 여부

I 문제제기

감정평가법인 갑이 을 소유의 토지를 인근 유사토지에 비하여 50% 높게 평가하여 인근 토지소유자들은 재평가를 요구하고 있으며, 한국토지공사와의 협의에 불응하고 있다.

이러한 경우에 한국토지주택공사가 취하여야 할 조치로는 재평가를 통한 재협의가 가능하다. 따라서 설문과 같은 경우가 공익사업을 위한 토지등의 취득 및 보상에 관한 법률(이하 '토지보상법')상 재평가 사유에 해당하는지 검토하여 판단하여야 한다.

II 재평가 사유(토지보상법 시행규칙 제17조)

1. 해당 감정평가법인등에게 재평가를 요구하는 경우

사업시행자가 보상평가서를 검토한 결과 그 평가가 관계법령에 위반하여 평가되었거나 합리적 근거 없이 비교 대상이 되는 표준지의 공시지가와 현저하게 차이가 나는 등 부당하게 평가되었다고 인정하는 경우에는 해당 감정평가법인등에게 그 사유를 명시하여 다시 평가할 것을 요구하여야 한다(토지보상법 시행규칙 제17조 제1항).

2. 다른 2인 이상의 감정평가법인등에게 재평가를 요구하는 경우

① 평가가 관계법령에 위반하여 평가되었거나 부당하게 평가된 경우에 해당 감정평가법인등에게 다시 평가를 요구할 수 없는 특별한 사유가 있는 경우, ② 평가액 중 최고평가액이 최저평가액의 110%를 초과하는 경우, ③ 평가를 한 후 1년이 경과할 때까지 보상계약이 체결되지 아니한 경우(토지보상법 시행규칙 제17조 제2항)에는 다른 2인 이상의 법인 등에게 재평가를 요구하여야 한다.

3. 사안의 경우

(설문 1)에서 감정평가법인 갑의 평가는 부당한 평가임을 검토하였다. 또한 다른 법인과의 평가액과도 1.1배 이상 차이가 나므로 다른 감정평가법인등에게 재평가를 요구하여야 한다.

III 문제해결

사안은 감정평가법인 갑 이외에 다른 감정평가법인등에게 재평가를 요구하여야 하는 사유에 해당한다. 따라서 다른 감정평가법인등에게 재감정을 의뢰하여 주민들과 재협의에 나서야 하며, 불공정한 감정평가를 한 갑을 국토교통부장관에게 통지하여야 하며, 국토교통부장관은 해당 감정평가가 관계법령이 정하는 바에 따라 적법하게 행하여졌는지 여부를 조사하여야 한다.

사례 180 벌금과 과태료의 병합가능성

감정평가사 갑은 감정평가 결과를 정보체계에 등록하지 않아서 150만원의 과태료 부과처분을 받았다. 갑의 불복수단에 대해서 설명하시오. [20점]

> **관련 규정**
>
> [질서위반행위규제법]
>
> 제20조(이의제기)
> ① 행정청의 과태료 부과에 불복하는 당사자는 제17조 제1항에 따른 과태료 부과 통지를 받은 날부터 60일 이내에 해당 행정청에 서면으로 이의제기를 할 수 있다.
> ② 제1항에 따른 이의제기가 있는 경우에는 행정청의 과태료 부과처분은 그 효력을 상실한다.
>
> 제21조(법원에의 통보)
> ① 제20조 제1항에 따른 이의제기를 받은 행정청은 이의제기를 받은 날부터 14일 이내에 이에 대한 의견 및 증빙서류를 첨부하여 관할 법원에 통보하여야 한다.
>
> 제25조(관할 법원)
> 과태료 사건은 다른 법령에 특별한 규정이 있는 경우를 제외하고는 당사자의 주소지의 지방법원 또는 그 지원의 관할로 한다.
>
> 제36조(재판)
> ① 과태료 재판은 이유를 붙인 결정으로써 한다.
>
> 제37조(결정의 고지)
> ① 결정은 당사자와 검사에게 고지함으로써 효력이 생긴다.
>
> 제38조(항고)
> ① 당사자와 검사는 과태료 재판에 대하여 즉시항고를 할 수 있다. 이 경우 항고는 집행정지의 효력이 있다.
> ② 검사는 필요한 경우에는 제1항에 따른 즉시항고 여부에 대한 행정청의 의견을 청취할 수 있다.

Ⅰ 쟁점의 정리 Ⅱ 과태료의 의의 및 법적 성질 　1. 과태료의 의의 　2. 과태료의 성질 　3. 과태료부과 행위가 행정소송의 대상인 처분인지 여부	Ⅲ 과태료부과에 대한 구제수단 　1. 이의제기(질서위반행위규제법 제20조) 　2. 과태료 재판 　3. 행정소송의 가능성 Ⅳ 사안의 해결

I 쟁점의 정리

국토교통부장관의 과태료 부과처분은 갑에게 금전납부의무를 부과시키는 하명이므로, 이를 대상으로 행정심판이나 항고소송이 가능한지를 검토한다.

II 과태료의 의의 및 법적 성질

1. 과태료의 의의

통상 과태료라 함은, 국가 또는 지방자치단체가 일정한 행정상의 질서위반행위에 대하여 과하는 금전벌로서의 행정질서벌을 말한다. 과태료는 행정법상의 의무위반의 정도가 비교적 경미하여 직접적으로 행정목적을 침해하지 않는다 하여도 간접적으로 행정목적에 장애를 줄 위험성이 있는 정도의 의무위반에 과하는 일종의 금전벌이다.

2. 과태료의 성질

과태료는 행정형벌과 구별된다. 행정형벌은 행정법규위반이 직접적으로 행정목적과 사회법익을 침해하는 경우에 과하여지나, 과태료는 간접적으로 행정상의 질서에 장해를 줄 위험이 있는 정도의 의무태만에 과하여진다는 점에서 구별된다. 과태료와 행정형벌은 그 성질이나 목적·내용이 다르기 때문에, 과태료는 형법총칙의 적용이 없고 형사소송법이 아니라 개별행정법규나 질서위반행위규제법에 따른다.

3. 과태료부과 행위가 행정소송의 대상인 처분인지 여부

질서위반행위규제법에 따르면 과태료의 1차 부과처분을 행정청이 하고 이의제기 시 법원이 비송사건절차법에 따라 재판하도록 되어 있다. 따라서 과태료처분의 당부는 최종적으로 비송사건절차법에 의해 판단되어야 한다고 보므로, 과태료처분은 행정소송의 대상이 되는 처분이라고 볼 수 없다.

III 과태료부과에 대한 구제수단

1. 이의제기(질서위반행위규제법 제20조)

이의제기란 행정청의 과태료 부과에 불복하여 그 과태료부과의 재심사를 청구하는 것을 말한다. 행정청의 과태료부과에 불복하는 당사자는 과태료부과통지를 받은 날부터 60일 이내에 해당 행정청에 서면으로 이의제기를 할 수 있다. 이 경우 행정청의 과태료부과처분은 그 효력을 상실한다.

2. 과태료 재판

이의제기를 받은 행정청은 이의제기가 인정되지 않는 한, 이의제기를 받은 날부터 14일 이내에 이에 대한 의견 및 증빙서류를 첨부하여 관할 법원에 통보하여야 한다. 이와 같이 당사자의 의견제기를 수용하지 않을 경우 법원에 통보하여 재판으로 과태료를 정하도록 하였다. 과태료재판은 당사자의 주소지의 지방법원이 비송사건절차법에 따라 재판한다.

3. 행정소송의 가능성

과태료 부과처분에 대해 불복하는 당사자는 이의제기를 함으로써 과태료부과처분의 효력이 상실되기 때문에 항고소송의 대상적격으로서 처분성이 부정된다 할 것이다.

Ⅳ 사안의 해결

갑은 과태료를 부과받은 경우이므로 질서위반행위규제법의 적용을 받는다. 과태료부과통지를 받은 날부터 60일 이내에 국토교통부장관에게 서면으로 이의제기를 할 수 있고, 국토교통부장관이 이의제기를 받아들이지 않는다면 관할 지방법원에 과태료재판을 청구하여 비송사건절차법에 의한 재판절차가 이루어질 것이다.

사례 181 과태료 불복

성실의무를 위반한 감정평가사 갑에게 감정평가사법상 벌금과 과태료를 병과할 수 있는지 논하시오.
[20점]

- Ⅰ 쟁점의 정리
- Ⅱ 관련행위의 검토
  1. 행정형벌(벌금)의 성립과 절차
  2. 행정질서벌(과태료)의 성립과 절차
- Ⅲ 행정형벌과 행정질서벌의 병과 가능성
  1. 견해의 대립
     (1) 부정설
     (2) 긍정설
  2. 판례
  3. 검토
- Ⅳ 사안의 해결

Ⅰ 쟁점의 정리

갑의 행위가 감정평가사법에 위반된 경우 행정형벌인 벌금과 행정질서벌인 과태료를 중복부과할 수 있는지가 과잉금지 및 일사부재리의 원칙과 관련하여 문제된다.

Ⅱ 관련행위의 검토

1. 행정형벌(벌금)의 성립과 절차

벌금은 행정상 중한 의무를 위반한 경우에 주어지는 행정형벌을 말한다. 행정형벌은 행정목적을 달성하기 위해 행정법규가 의무를 정해놓고 이를 위반한 경우의 제재수단이다. 행정형벌은 특별한 규정이 없는 한 형법총칙이 적용되고 법원에 의한 형사소송법절차에 의하여 부과한다.

2. 행정질서벌(과태료)의 성립과 절차

행정질서벌이란 행정상 경미한 의무를 위반한 경우에 주어지는 벌로서 그 내용은 과태료 처분이다. 행정질서벌도 법치행정의 원리와 죄형법정주의의 원칙상 법률에 의하지 아니하고는 부과하지 못하며, 고의 또는 과실이 없는 질서위반행위는 과태료를 부과할 수 없다.

Ⅲ 행정형벌과 행정질서벌의 병과 가능성

1. 견해의 대립

(1) 부정설

동일한 사안에 대해서 과징금과 벌금을 중복부과하는 것은 모두 금전적 제재라는 점에서 동일하며, 동일한 사안에 대하여 2번의 제재를 가하는 것이므로 이는 과잉금지(최소침해) 및 일사부재리에 비추어 정당하지 못하다는 견해이다.

(2) 긍정설

과징금과 벌금의 취지가 적정한 행정의무이행과 공익보호에 있으므로 과징금과 벌금의 중복부과는 정당하다는 견해가 있다.

2. 판례

판례는 벌금과 과태료는 그 성질과 목적을 달리하는 것이므로 양자를 병과할 수 있으며, 일사부재리의 원칙이 적용되지 않는다고 판시한 바 있다.

3. 검토

과징금과 벌금이 법적으로는 그 목적 및 성격이 구분되지만 위반행위에 대한 금전적 제재라는 점에서 형식 및 기능이 유사하며, 중복 부과할 경우 국민의 입장에서는 이중의 제재를 받게 돼 과도한 제재로 볼 수 있다고 판단된다. 따라서 과징금과 벌금의 중복부과처분은 정당하지 않다고 사료된다.

Ⅳ 사안의 해결

갑에게 부과하려는 벌금은 행정형벌이고 과태료는 행정질서벌이라 할 것이다. 이는 동일한 질서위반행위에 대한 제재처분인바, 양자를 병과하여 부과할 수 없다.

Chapter 05 기타 감정

사례 182 징계의 공고

공정한 감정평가에 대한 감정평가사의 책무를 명시하고, 감정평가의 신뢰를 제고하기 위하여 징계 이력을 공개하도록 하는 등 감정평가사의 책임과 의무도 강화하려는 취지로 징계 정보에 대한 규정이 신설되었다. 징계의 공고에 대해서 설명하시오. 10점

Ⅰ 징계공고(법 제39조의2)의 의의 및 취지	Ⅳ 게시기간
Ⅱ 법적 성질	Ⅴ 징계정보의 열람
Ⅲ 절차	

Ⅰ 징계공고(법 제39조의2)의 의의 및 취지

국토교통부장관이 징계사실을 대외적으로 공표하는 것으로서 명단공표행위에 해당한다. 명단공표는 행정법상의 의무 위반 또는 의무불이행이 있는 경우에 그 위반자의 성명, 위반사실 등을 일반에게 공개하여 명예 또는 신용에 침해를 가함으로써 심리적인 압박을 가하여 행정법상의 의무이행을 확보하는 간접강제수단을 말한다. 이는 공정한 감정평가에 대한 감정평가사의 책무를 명시하고, 감정평가의 신뢰를 제고함에 취지가 인정된다.

Ⅱ 법적 성질

징계공고는 일반 대중에게 징계사실을 공표함으로써 그의 명예를 훼손하고 그에게 수치심을 느끼게 하여 감정평가사의 책무를 간접적으로 강제하려는 조치로서 감정평가사법에 근거하여 이루어지는 공권력의 행사에 해당한다.

Ⅲ 절차

① 국토교통부장관은 징계를 한 때에는 지체 없이 그 구체적인 사유를 해당 감정평가사, 감정평가법인등 및 협회에 각각 알리고, 통보일부터 14일 이내에 징계를 받은 감정평가사의 성명, 생년월일, 소속된 감정평가법인등의 명칭 및 사무소 주소, 징계의 종류, 징계 사유(징계사유와 관련된 사실관계의 개요 포함), 징계의 효력발생일(징계의 종류가 업무정지인 경우에는 업무정지 시작일 및 종료일)을 관보에 공고해야 하고 감정평가 정보체계에도 게시해야 한다(시행령 제36조 제2항).

② 협회는 국토교통부장관으로부터 통보받은 내용을 협회가 운영하는 인터넷홈페이지에 3개월 이상 게재하는 방법으로 공개하여야 한다.

Ⅳ 게시기간

자격의 취소 및 등록의 취소의 경우에는 3년, 업무정지의 경우에는 업무정지 기간(업무정지 기간이 3개월 미만인 경우에는 3개월), 견책의 경우에는 3개월의 기간까지로 한다.

Ⅴ 징계정보의 열람

협회는 감정평가를 의뢰하려는 자가 해당 감정평가사에 대한 징계 사실을 확인하기 위하여 징계 정보의 열람을 신청하는 경우에는 그 정보를 제공하여야 한다. 정보를 열람하게 한 경우에는 지체 없이 해당 감정평가사에게 그 사실을 알려야 한다. 열람가능 정보는 신청일부터 역산하여 자격의 취소 및 등록의 취소의 경우에는 10년, 업무정지의 경우에는 5년, 견책의 경우 1년까지 공고된 정보로 한다.

박문각 감정평가사

도승하 감정평가 및 보상법규
2차 | 기본사례노트 182선

제1판 인쇄 2025. 8. 20. | **제1판 발행** 2025. 8. 25. | **편저자** 도승하
발행인 박 용 | **발행처** (주)박문각출판 | **등록** 2015년 4월 29일 제2019-0000137호
주소 06654 서울시 서초구 효령로 283 서경 B/D 4층 | **팩스** (02)584-2927
전화 교재 문의 (02)6466-7202

저자와의
협의하에
인지생략

이 책의 무단 전재 또는 복제 행위를 금합니다.

정가 44,000원
ISBN 979-11-7519-027-6